Alja Rachmanowa

Tolstoi
Tragödie einer Ehe

Aus dem russischen Manuskript übertragen
von Prof. Arnulf von Hoyer

BASTEI-LÜBBE-TASCHENBUCH
Band 10 144

Copyright 1978 by Paul Neff Verlag, Wien
Von der Autorin durchgesehene Fassung der
1937 erschienenen Erstausgabe
Lizenzausgabe: Gustav Lübbe Verlag GmbH,
Bergisch Gladbach
Printed in Western Germany 1981
Einbandgestaltung: Ratschinski & Ratschinski
Titelfoto: Preußischer Kulturbesitz
Gesamtherstellung: Ebner Ulm
ISBN 3-404-10144-8

Der Preis dieses Bandes versteht sich einschließlich
der gesetzlichen Mehrwertsteuer

Inhalt

Vorwort 7
I Liebe . . .? 9
II »Selbstverständlich, ja . . .!« 37
III »Ssonja, warum sagst du niemals du?« 68
IV Jassnaja Poljana 105
V Wie soll man das Herz des Mannes verstehen? 161
VI Der Dämon 177
VII Wo ist der Weg? 207
VIII »Ich bin ein wildes, egoistisches Tier!« 259
IX Kreutzersonate 288
X Hunger 343
XI »Auch mein Herz braucht Liebe« 364
XII Schatten des Todes 400
XIII »Sie zerreißen mich in Stücke« 432
XIV Lew Nikolajewitschs Tod 450

Vorwort

»Alle glücklichen Ehen sind einander gleich, jede unglückliche aber ist auf ihre eigene Art unglücklich.« Diese Worte stammen von Lew Tolstoi, und was den zweiten Teil der Behauptung anlangt: auf seine eigene Ehe trifft er zu. Sie dauerte 48 Jahre, 16 Kinder entsprossen ihr, und trotz gegenseitiger tiefer Liebe entwickelte sie sich zur Tragödie. In Rußland wie im Ausland verfolgte man mit lebhaftem Interesse die immer größer werdenden Spannungen in der Familie Tolstois, und weil Tolstoi ein Genie war, schrieb man die Schuld daran allein seiner Frau zu.

Als diese Tragödie mit dem Tode Tolstois ihr Ende fand, war ich eine kleine Gymnasiastin. Mit meiner Familie war damals ein Freund und eifriger Jünger Tolstois eng befreundet. Dieser Mann war in unsere Stadt verbannt worden, weil er die Lehren Tolstois verbreitet hatte. Fast jeden Abend verbrachte er bei uns, schmähte ohne Unterlaß die Gräfin Tolstoi und behauptete, sie sei ein Mühlstein an des Dichters Hals. Schon damals glaubte ich, daß da etwas nicht stimme; und trotz meiner Jugend nahm ich mir vor, der Sache nachzugehen.

Während meines Universitätsstudiums beschäftigte ich mich dann viel mit den Werken und mit dem Leben Tolstois. Allmählich reifte in mir die Absicht, ein Buch über seine Ehe zu schreiben. Über zwanzig Jahre lang sammelte und studierte ich Hunderte von Büchern, und ich kam zu der Überzeugung, daß selten einem Menschen soviel Ungerechtigkeit, Grausamkeit und Undank widerfahren ist wie der Gräfin Tolstoi. In diesem Buche habe ich, zwar in literarischer Form, aber streng den Tatsachen folgend, die Geschichte dieser Ehe geschildert.

Alja Rachmanowa

I

Liebe . . .?

August 1862

»Das also ist die Liebe, über die ich immer gelacht und an die ich niemals geglaubt habe!«

Wohl zum hundertsten Mal schon wiederholt Graf Lew Nikolajewitsch Tolstoi diese Worte, während er zu Fuß nach Pokrowskoje geht, der Sommerfrische der Familie des Hofarztes Dr. Baers.

»Wie konnte das nur geschehen? Wie ist es dazu gekommen?« fragt er sich immer wieder, ohne eine Antwort zu finden.

Frauen haben stets eine überwältigende Rolle in seinem Leben gespielt. Sie bedeuteten für ihn immer das Lockendste und Heißeste, das ihm das Leben an Freuden geben konnte. Vergebliche Mühe wäre es gewesen, sich an all die vielen Frauen, die er geküßt, die er umarmt, denen er von Liebe gesprochen, erinnern zu wollen. Aber hat er auch nur eine einzige von ihnen geliebt? Nein, niemals! Alles, was er bei diesen vielen Begegnungen erlebt hat, war anders als das, was er jetzt für Ssonja fühlt.

Gerade die Stärke dieses Gefühls, diese geheimnisvolle, unheimliche Macht, die sein ganzes Wesen gefangennimmt, kann er mit seinem scharfen, zergliedernden Verstand nicht meistern. Wie die Handschuhe hatte er bisher die Frauen gewechselt. Er hatte sie als etwas angesehen, das er wohl unbedingt für die Bedürfnisse seines Leibes benötigte, ohne sich aber auch nur im geringsten um die seelischen Vorgänge in dem jeweiligen Gegenstand seiner Liebe zu kümmern. Und so ist Lew Nikolajewitsch bis ins tiefste ergriffen von der erschütternden Gewalt und Ursprünglichkeit der Liebe, die ihn jetzt erfaßt hat. Diese Liebe, das spürt er, ist sein Schicksal.

Immer schon war es die Absicht Lew Nikolajewitschs gewesen,

einmal zu heiraten. Früher, um seine durch das Hasardspiel in Unordnung geratenen Finanzen wieder in Ordnung zu bringen. Später wollte er warten, bis die große leidenschaftliche Liebe käme. – Aber das war längst vorüber. Seit langem war er vollständig davon überzeugt, daß es für ihn niemals eine solche Liebe geben könne. Es gab auch eine Zeit, in der er aus rein verstandesmäßigen Beweggründen heiraten wollte, und in der er sich vorgenommen hatte, eine Frau ausfindig zu machen, die eben diesen Anforderungen entsprechen würde. Jetzt aber gab es keine Gründe mehr. Es schien ihm einfach, daß ihn nur eine Ehe mit Ssonja vor dem Untergang retten könne. Diese Liebe, das spürt er, ist sein Schicksal.

Aber wenn Ssonja ihn nicht liebte, was könnte ihm ihre Liebe ersetzen? Sein schriftstellerischer Ruhm? *Vor* seiner Liebe zu Ssonja bedeutete ihm der unendlich viel, ja manchmal, wenn er bis zum letzten aufrichtig mit sich selbst war, wollte ihm scheinen, als ob er diesen Ruhm noch mehr geliebt als all das Streben nach dem Guten, das er doch in den Mittelpunkt seines Lebens gestellt. Doch jetzt, was sollte ihm dieser Ruhm noch, wenn ihn Ssonja nicht liebte? Und was sollte ihm all die harte Arbeit an sich selbst, all sein Bemühen nach sittlicher Vollkommenheit, nach dem Höchstmaß der Tugend, nach dem, was ihn in seinen eigenen Augen zu einem wertvollen Menschen machte? Wozu sollte er besser werden, wenn nicht für Ssonja?

Es war wie ein Sturm über ihn gekommen. Was bisher in seinem Leben festgewurzelt schien, war mit einem Male hinweggefegt und in die dunkle, ferne Vergangenheit zurückgetragen. Nichts mehr blieb übrig als der einzige Gedanke an sie, die einzige Sehnsucht nach dem Zusammensein mit ihr . . .

Warum hatte sie ihn gestern so lange und so traurig mit ihren leuchtenden, braunen Augen angesehen, mit einem Blick, der sein Herz erbeben machte? Was hat sie damit sagen wollen? – Und wenn sie dennoch einen andern liebt? Man sagt, daß Poliwanow, dieser junge Offizier, so gut wie ihr Bräutigam sei. Wenn das wahr wäre? Lew Nikolajewitsch fühlt, wie ihm die Tränen in die Augen treten.

Da taucht der Vorgarten auf. Endlich! Hier blühen die violetten

Astern hinter dem niedrigen, grünen Zaun, und die roten und gelben Georginen mit den schon leicht vom Herbstwind zerzausten Blättern. Aus dem geöffneten Fenster dringen Mädchenstimmen und lautes Lachen an sein Ohr, und dann die Melodie einer Romanze, voll und schwer von Liebe und Leidenschaft. Er kann nicht begreifen, wie man singen, lachen und sich des Lebens freuen kann, während er nicht weiß, ob Ssonja ihn liebt. Wie können diese leichten, weiß-violetten Wolken so ruhig über den Himmel ziehen, während sein Herz so voll Sehnen ist? Wie ist es möglich, daß sich hier in Pokrowskoje nichts geändert hat, daß alles so gewöhnlich, so werktäglich aussieht, da doch sie hier lebt?

Weiße Spinnenfäden schweben in der Luft, die schwer ist vom derben Duft des Wermutkrautes. Eine Herde Kühe zieht vorüber. Geduldig kauen die Mäuler wieder, und die Schwänze wehren unruhig die lästigen Fliegen ab. Der Hirt geht nebenher, schwingt langsam die lange Peitsche und singt ein eintöniges Lied vor sich hin.

Lew Nikolajewitsch denkt daran, daß er nun in wenigen Augenblicken Ssonja sehen wird. Dies erscheint ihm als ein so wundervolles Glück, dem er nichts gleichzustellen vermag.

Woher kommt diese Schüchternheit und Zaghaftigkeit, die er immer empfindet, wenn er vor ihr steht? Er ist vierunddreißig Jahre alt, sie nur achtzehn. Er ist also um volle sechzehn Jahre älter als sie! Fast ein Kind ist sie noch, und er hat schon ein ganzes Leben gelebt, voll von Gefahren, von tiefem Fall und von hohem Aufschwung. Er hat eine wilde Jugendzeit hinter sich, kennt alle dunklen Seiten des Lebens und alle die Kämpfe, die aus den Niederungen des Lasters emporführen. Hart hat er an sich selbst gearbeitet, um besser zu werden, mit der gleichen Stärke des Willens, die ihn seine Werke schaffen ließ. Er ist berühmt, die Frauen verzärteln ihn, die vornehmsten Salons schätzen sich glücklich, ihn als Gast zu sehen, und er zittert vor diesem Mädchen, vor diesem Kind mit den klaren, reinen Augen!

Am meisten aber wundert ihn, daß er an sie eigentlich kaum Anforderungen stellt. Früher, wenn er sich mit dem Gedanken trug, zu heiraten, gab es eine Unzahl von Bedingungen und

Voraussetzungen. Er analysierte jedes Wort, jede Bewegung des Gegenstandes seiner Wahl, und keine noch hatte bis jetzt auch nur annähernd dem strengen Maßstab seiner Kritik standgehalten. Aber bei Ssonja denkt er über keines ihrer Worte nach und nörgelt über keine einzige ihrer Handlungen. Alles, was sie sagt, was sie tut, ist ihm nichts anderes als ein unwiderstehlicher Ruf nach Zärtlichkeit, nach heißer, leidenschaftlicher Liebe.

Was weiß er überhaupt von Ssonja, von der Welt ihrer Gedanken und ihrer Gefühle? Nichts! Aber es ist ihm, als ob sich in ihren Augen, die so ruhig, so stet und so klar in die seinen blicken, ihre ganze Seele, ihr ganzes Wesen vor ihm erschlösse. Ihm ist, als ob ihm ihre geheimsten Regungen offenbar würden, wenn er die zarte Linie ihres Nackens sieht, oder wenn er sie beobachtet, wie sie mit mütterlicher Geschäftigkeit ihr zweijähriges Brüderchen umsorgt.

Ist das also die wirkliche, die echte Liebe, wenn man an dem geliebten Wesen keine Fehler erkennen kann, oder man diese Fehler als besonders reizvoll und liebenswert ansieht?

In wenigen Augenblicken wird sie vor ihn treten, ihm in die Augen blicken, ihm die Hand reichen, ihm freundlich zulächeln und einige liebenswürdige Worte an ihn richten – und er wird kaum verstehen, was sie sagt, denn jeder Laut, der aus ihrem Mund kommt, wird wundervolle Musik für ihn sein, ganz gleichgültig, was er bedeutet.

Ja, es muß jene Liebe sein, wenn es ihm schon genügt, ihre feine, zarte Stimme zu hören, um seine Seele mit dem größten, unwahrscheinlichsten Glück zu erfüllen, wenn die ganze Welt um ihn versinkt und nichts anderes übrigbleibt als ihre Augen und ihr leises, schüchternes Lächeln.

Warum sie so schüchtern sein mag in seiner Gegenwart? Ist es der große Altersunterschied? Oder das Bewußtsein ihrer Unerfahrenheit ihm gegenüber, der schon so viele Frauen gekannt? Oder – oder sollte diese Schüchternheit die gleiche Ursache haben, wie bei ihm selbst? Sollte auch sie ihn lieben?

Wieder treten ihm Tränen in die Augen. Die Knie zittern ihm. Er vermeint, das Glück, im nächsten Augenblick schon vor ihr stehen zu dürfen, nicht zu ertragen. Er fürchtet, vor Aufregung kein Wort hervorzubringen, da sich jetzt die Türe des Hauses öffnet.

Ljubow Andrejewna tritt heraus, einstmals die Gespielin seiner Kinderjahre, jetzt eine Dame von vornehmer, kühler, reifer Schönheit – die Mutter Ssonjas, des Mädchens, das er heiraten will. Der Hausherr selbst, würdig und stolz, mit großen, blauen Augen und einem langen, weißen Bart, geht ihm entgegen. Lew Nikolajewitsch eilt auf ihn zu, um ihn ganz besonders herzlich zu begrüßen. Doch in diesem Augenblick kommt ihm in den Sinn, daß es ganz und gar von diesem guten Alten abhängt, ob er ihm Ssonja zur Frau geben will oder nicht, und das bringt ihn so in Verwirrung, daß seine Begrüßung recht ungeschickt und kalt ausfällt, worüber er sich sogleich die heftigsten Vorwürfe macht.

Mit einem markerschütternden Freudengeheul eilt nun Tanja, Ssonjas Schwester, auf ihn zu. Lew Nikolajewitsch hat sie ganz besonders gern; er nennt sie das »Tanja-Teufelchen«, weil in ihr alles nur so kocht und überschäumt von wildem Leben, oder die »Feiertags-Tanja«, weil ihr ganzes fünfzehnjähriges Dasein wie ein einziges Fest abläuft, oder auch »Madame Viardot«, weil sie so schön und ergreifend zu singen vermag, daß man gleichzeitig lachen und weinen, und die ganze Welt umarmen möchte.

Aber wo ist Ssonja? Unruhig blickt Lew Nikolajewitsch nach der Türe. Ist sie krank? Seine Sehnsucht nach ihr wächst zum Schmerz, zur Verzweiflung. Doch er darf nicht nach ihr fragen, will er sich nicht sofort verraten. Er bemüht sich, ein gleichgültiges Gesicht zu machen und plaudert mit dem Doktor über die Epidemie einer Kinderkrankheit, die gerade in der Gegend herrscht, und die ihn nicht im geringsten interessiert.

Da öffnet sich wiederum die Tür. Wie ein Feuerstrahl durchzuckt es sein Herz, er wird mit einem Mal über und über rot und, um die Situation zu retten, täuscht er einen heftigen Hustenanfall vor. Aber es ist Lisa, die ältere Schwester Ssonjas, mit ihrem langsamen, ruhigen und für ein neunzehnjähriges Mädchen seltsam abgemessenen Schritt. Sie ist hoch, schlank, hat große, schöne Augen und ist zweifellos schöner als Ssonja; aber es ist eine kalte Schönheit, wie Eis – und Ssonja ist das heiße, pulsierende Leben.

Aber wo bleibt sie nur, seine liebe, liebe Ssonja?

Lisa nimmt sich energisch um Lew Nikolajewitsch an, führt ihn ins Zimmer, heißt ihn Platz nehmen und setzt sich neben ihn. Sie ist fest davon überzeugt, daß der Graf nur ihretwegen das Haus ihrer Eltern besucht und erwartet von einem Tag zum andern seine feierliche Erklärung. Auch er ist sich vollkommen klar darüber, was man von ihm will, und ein Gefühl des Hasses beginnt in ihm aufzusteigen gegen die schöne Lisa, die heute in ihrem wie immer auffallend eleganten Kleid noch schöner erscheint. Lew Nikolajewitsch bemerkt, wie der Blick der Mutter auf ihrer Tochter ruht und dann wieder mit dem Ausdruck vollster Befriedigung auf ihm. Er sieht ihre Gedanken und gerät in Erregung. Wie, wenn man ihm einfach die Hand Ssonjas verweigerte? Sie ist ja die zweite Tochter. Wenn sich die Familie auf den Standpunkt stellte, Ssonja könne nicht heiraten, solange die ältere Schwester noch ledig ist, was soll dann aus ihm werden? Was für einen Sinn hätte das Leben noch für ihn? Nichts anderes bliebe ihm dann übrig, als sich zu erschießen.

So sehr ist er in seine Gedanken vertieft, so sehr hat er seine Umgebung vergessen, daß er es gar nicht bemerkt, wie Ssonja jetzt das Zimmer betritt, mit einem Mal dicht vor ihm steht und ihre Augen mit der ihn so sehr entzückenden Eigenart, ein klein wenig von unten nach oben zu blicken, voll auf ihm ruhen läßt. Dieser Blick genügt, um ihn vollständig in Verwirrung zu bringen. Er vergißt, daß er sich erheben und sie begrüßen soll, er starrt ihr einfach in die Augen, bis ihm wiederum die Tränen kommen – und er wie vorhin seine Rettung in einem Hustenanfall sucht.

Endlich springt er auf, und Ssonja lächelt ihn freundlich an, mit dem stillen, sanften Lächeln, das er so unendlich liebt, während er immer noch nicht weiß, ob er husten oder sprechen soll. Er ist überzeugt davon, daß es eigentlich erst das Lächeln ist, das die Schönheit eines Gesichtes ausmacht; und welches könnte dann schöner sein als das Ssonjas?

Sie trägt ein ganz einfaches, bis zum Hals geschlossenes, dunkelviolettes Kleid, das ihn an die im Garten verblühenden Astern erinnert und an die violett getönten Abendwolken, deren Anblick ihn immer so seltsam bewegt. Ganz eng liegt das Kleid um die Taille, und Lew Nikolajewitsch kann seinen Blick nicht wenden von der ungewöhnlich feinen Linie ihrer Gestalt und der noch knospenzarten Brust.

Er will irgendeine Frage an sie stellen, findet aber keine. Sie steht vor ihm, vor Verlegenheit über und über errötend, und in dieser Verwirrung nur noch schöner und begehrenswerter. Warum sie wohl so schüchtern sein mag, wenn sie vor mir steht? denkt Lew Nikolajewitsch und wird sich dabei gar nicht bewußt, wie ungeschickt und peinlich die Situation ist, die sich durch sein Benehmen ergeben hat.

Endlich, ohne daß beide auch nur ein Wort gewechselt, verläßt ihn Ssonja. Mit finsterer Miene nimmt er seinen Platz wieder ein und beantwortet all die zahllosen Fragen, die Lisa an ihn stellt, und die, je weiter sich das Gespräch ausdehnt, immer mehr einen wissenschaftlichen Charakter annehmen. Während er rein mechanisch antwortet, beschäftigt er sich in Gedanken unausgesetzt mit Ssonja. Warum war sie so verlegen, fragt er sich immer und immer wieder? Sie hat meine Liebe gefühlt, weil sie in meinen Augen lebt. Aber sie? Liebt sie mich? Oder bin ich ihr zu alt? Oder stößt sie mein Äußeres ab?

Recht unbehaglich fühlt sich nun Lew Nikolajewitsch bei dem Gedanken an sein Aussehen. Denn von nichts ist er mehr überzeugt, als von seiner Häßlichkeit und davon, daß er auf seine Mitmenschen nicht im geringsten anziehend, ja eher abstoßend wirkt. Wie oft betrachtet er aufmerksam im Spiegel sein Gesicht, und kommt dann immer wieder zu dem Ergebnis, daß es keinen häßlicheren Menschen auf der ganzen weiten Welt geben könne, als gerade ihn.

In seiner Phantasie stellt er Ssonja in der ganzen Schönheit, Feinheit und Vornehmheit ihrer Erscheinung neben sich, den kleinen, fleischigen, grobschultrigen, massiven Menschen, mit der breiten Nase, den unter den buschigen Brauen ganz versteckten grauen Augen, den dicken Lippen, die, wie er meint, nichts anderes als Abscheu einflößen können, mit den blutlosen, abstehenden Ohren und mit dem weichlichen, welken Gesichtsausdruck.

Am meisten schmerzt ihn, daß er so gar nichts Edles, Vornehmes, so gar nichts an einen Grafen Gemahnendes in seinem Gesicht entdecken kann, und daß auch seine Beine und Hände mehr an einen Muschik, als an einen Aristokraten erinnern. Und zu allem noch der wilde Urwald seiner unordentlich durcheinanderstehenden Haare, die zu zähmen bisher noch keinem Haarkünstler gelungen ist.

Ach, niemals noch hat ihn sein unvorteilhaftes Aussehen so sehr in Verzweiflung gebracht wie in diesen Tagen, da er begreift, daß er Ssonja liebt. Niemals noch hat er seine großen Hände und Füße, seine kleinen, zornigen Augen so sehr gehaßt wie heute. Wenn ihn doch Gott durch irgendein Wunder zu einem schönen, jungen Mann machen könnte! Dafür möchte er jetzt alles hingeben, sogar seine Zukunft und seinen dichterischen Genius. Früher tröstete er sich mit dem Gedanken, daß seine Häßlichkeit nichts bedeute, wenn man seinen Verstand, sein Talent und die Vorzüge seines Herzens dagegenstellt. Jetzt aber bleibt vor allem die eine Frage: Wird auch Ssonja diese Vorzüge verstehen und schätzen können?

Mit fast unwiderstehlicher Macht drängt es ihn, vor Ssonja hinzutreten, die, über die Handarbeit gebeugt, bescheiden am Fenster sitzt, um ihr zu sagen, daß in seiner Seele klingt, was anderen zu hören verwehrt ist, daß er ein Genie ist, wie sie die Erde nur ganz selten trägt, daß, wenn er auch oft gefallen, dennoch sein ganzes Leben vom Streben erfüllt war, immer besser zu werden. Am Ende seiner Gedanken aber steht die Frage: Kann Schönheit durch Genialität ersetzt werden?

Kann das Genie die Schönheit ersetzen, fragt er sich, während er wie gebannt auf das Profil Ssonjas hinstarrt, das sich am leichten Tüllvorhang abzeichnet. Warum hat sich Ssonja dorthin zurückgezogen? Warum will sie nicht am allgemeinen Gespräch teilnehmen? Und warum kann ihm Lisa, diese abscheuliche Lisa, keine Ruhe lassen? Was geht ihn das Buch an, das sie gelesen, und das sie jetzt so vernünftig, so genau und langweilig bespricht? Ssonja redet niemals so kluge Dinge mit einem so gescheiten Gesicht wie Lisa, und dennoch hält sie Lew Nikolajewitsch für intelligenter als die ältere Schwester. Aber sie hat einen weiblichen Verstand. Sie erfaßt alles mit einer feinen, raschen Einfühlungsgabe, sie ist eine echte Frau, von echt fraulicher Zartheit, Schüchternheit – und verborgener Leidenschaftlichkeit. Lisa ist vernünftelnd und kalt, Ssonja ist – ja, mit einem Male erfaßt er den tiefsten Grund ihrer Anmut: Ssonja ist die werdende Mutter! Ja, lächelt still Lew Nikolajewitsch vor sich hin, die frauenhafte Sehnsucht nach der Mutterschaft ist es, die durch ihre großen, braunen Augen blickt, die in allen ihren Bewegungen Ausdruck sucht und in all den kleinen Sorgen um die jüngeren Geschwister und um das Wohl der Menschen, die sie umgeben.

Lew Nikolajewitsch hat niemals in seinem Leben erfahren, was Mutterliebe bedeutet. Seine Mutter starb, als er noch ein ganz kleines Kind war. All die Zärtlichkeit und liebende frauliche Sorge, die ihm in seiner Kindheit und auch in seiner sinnlos einsamen Junggesellenzeit versagt war, erwartet er nun mit der ganzen Sehnsucht seines Herzens von ihr, von Ssonja!

Ssonja ist die liebende, sorgende Frau, die Mutter seiner Kinder! Wie viele Frauen hat er schon gekannt! Aber noch bei keiner einzigen ist ihm jemals der Gedanke gekommen, er wolle von ihr Kinder haben. Es kann übrigens schon sein, daß sie Kinder von ihm bekamen, aber er hat sich nie darum gekümmert, sich niemals für sie interessiert. Das also, denkt er, muß die wirkliche, echte Liebe sein, wenn man in den Augen der geliebten Frau die Augen seiner Kinder glänzen sieht. Das also ist die Liebe, an die er nie geglaubt, über die er immer gelacht hat.

Warum hat Ssonja gerade in dem Augenblick, als sie spürte, wie sein Blick auf ihr ruht, die Augen noch tiefer über dieses weiße Stück Leinwand gesenkt, an dem sie die ganze Zeit näht? Und warum muß diese unerträgliche Lisa fortwährend von dem Artikel über Mohammed und Luther sprechen, den sie für seine Zeitschrift geschrieben, der ihn aber jetzt nicht im geringsten interessiert? Wie soll er es nur anstellen, daß er von ihr loskommt? Wenn es sich nur irgendwie machen ließe, daß er mit Ssonja Schach spielen könnte. Er hat zwar eine Abneigung gegen das Spiel, aber er kann dann bei Ssonja sitzen, den Duft ihres Atems an seiner Wange fühlen, ganz nahe ihre hohe, weiße Stirne sehen und ihren Mund. Ach, dieser Mund! Ein wenig zu groß vielleicht, aber so energisch, so rein und wahr! Dieses gerade Näschen, und vor allem die tiefen, schimmernden braunen Augen mit einem Ausdruck, der nur ihr allein eigen ist. Wenn sie ihn mit diesen Augen ansieht, so ganz aus der Nähe, dann ist ihm, als ob sie sich mit ihrem Wesen einsaugen wollte in ihn. Dabei empfindet er ein solches Glück, daß ihm das Herz stillstehen möchte.

Wenn er ihr gegenüber am Schachbrett säße! Da könnte er manchmal, ganz zufällig, ihre Hand streifen, manchmal könnten sich ihre Knie berühren, und das wäre der Gipfel der Seligkeit! Warum? Sollte dies auch ein Merkmal der von ihm immer so sehr verlachten, echten Liebe sein, dieses quälende Dürsten nach einer, wenn auch noch so leichten Berührung?

Lew Nikolajewitsch blickt hilflos um sich. Ssonjas Mutter, die seine Erregung und seine Unruhe bemerkt, ohne sie freilich richtig zu deuten, setzt sich zu ihm und beginnt ein langes, unendlich langweiliges Gespräch über einen Ball, der kürzlich im Haus irgendeiner Gräfin abgehalten wurde.

Lew Nikolajewitsch muß nun wohl einsehen, daß es zu auffällig wäre, wenn er sich mit Ssonja unter dem Vorwand eines Schachspiels gleichsam in die Einsamkeit zurückziehen wollte. Aber wenn er sie auffordert, mit ihm zusammen den Anwesenden etwas auf dem Klavier vorzuspielen? Dann könnte er ganz nahe neben ihr sitzen, könnte die wundervolle Linie ihres feinen, weißen Halses bewundern und das zarte und dabei doch so ernste und energische Profil ihres lieben Gesichts, zu dem die dunklen, reichen Locken einen herrlichen Rahmen bilden, und das kleine, rosige Ohrläppchen, das so keck zwischen den schwarzen Strähnen hervorguckt. Und wenn sich dann eine solche Strähne eigenwillig losmachte und leicht, ganz leicht, sein Gesicht streifte, dann wäre ihm diese Berührung die Bekräftigung dessen, was er sich immer und immer wieder sagt: daß er ohne Ssonja einfach nicht leben kann.

Wie lieb, wie rührend sie ist, wenn sie beim Spiel einen Fehler macht, wenn sich dabei ihre Wangen mit brennendem Rot übergießen und ihre Finger verzweifelt versuchen, wieder in den rechten Takt zu kommen. Diese kleinen, mageren, zarten Fingerchen, fast noch wie die eines Kindes! Kann es etwas Reizenderes geben, als wenn sie dann, endgültig das Konzept verlierend, wie ein erschrockenes Vögelein ganz in sich zusammensinkt, ihn demütig und hilfeflehend anblickt und mit zitternder Stimme flüstert:

»Ach, bitte, entschuldigen Sie, ich bin ganz aus dem Takt gekommen!«

Nein, und hundertmal nein! Wenn Ssonja nicht seine Frau werden kann, dann bleibt ihm nichts übrig, als sich zu erschießen, dann hat das Leben keinen Wert mehr für ihn.

Wie schnell die Zeit vergeht! So lange ist er schon hier, und er beginnt bereits die Minuten zu zählen, die ihm noch bleiben, bis er den Heimweg antreten muß. Wie die Zeit verfliegt! Er möchte so gerne noch das Glück erleben, ihr in die Augen sehen, ihre Stimme hören zu dürfen, lange, lange mit ihr sprechen zu können, bevor er wieder in seine dumpfe, einsame Junggesellenwohnung zurückkehren muß.

Da erhebt sich Ssonja, und ohne ein Wort zu sprechen, verläßt sie das Zimmer.

»Ach, sie geht, um beim Tischdecken zu helfen«, erklärt Lisa mit Ironie und Verachtung in der Stimme. Während Ssonja mit großer Freude und Bereitwilligkeit im Hause hilft, meidet Lisa alles, was mit der Wirtschaft zusammenhängt. Erneut wirft sich nun Lisa auf die Fortführung ihres wissenschaftlichen Gesprächs, doch kurzentschlossen erhebt sich Lew Nikolajewitsch, setzt sich ans Klavier und spielt ein Stück nach dem andern. Er legt alles in sein Spiel hinein, seine Liebe und seine Sehnsucht und seinen ohnmächtigen Zorn gegen sich selbst, weil er noch immer nicht den Mut gefunden hat zu sprechen, und weil er fürchtet, daß er es auch niemals zustande bringen wird, Ssonja mit Worten auszudrücken, wie sehr er sie liebt.

Da öffnet sich die Tür, und man bittet zum Abendessen. Lew Nikolajewitsch ärgert sich, wie Ssonja mit sorgender Hand und voller Hingabe noch hier und da Hand anlegt, um allem die letzte Ordnung zu geben, denn er denkt, sie könnte sich nicht so vollständig dieser Arbeit hingeben, wenn sie ihn liebte und wenn ihre Gedanken bei ihm weilten.

Während des ganzen Mahls spricht Ssonja kaum ein Wort, während Lisa wiederum ihre gescheiten Bemerkungen über

Mohammed weiterführt. Was geht ihn dieser Mohammed an? Ob Ssonja seine Frau werden will, das allein ist es, was er wissen möchte.

Das Essen ist vorüber. Lew Nikolajewitsch zählt die Augenblicke, die ihm nun noch bleiben. Er hat mit Ssonja weder Schach noch Klavier gespielt, mit ihr kaum ein Wort gesprochen. Und jetzt ist es schon Zeit zu gehen, er fühlt es ganz genau. Auf dem Gesicht des gutmütigen Arztes bemerkt er bereits Ärger und Gereiztheit. Er versteht, daß der Hausherr nicht begreifen kann, wem eigentlich die Besuche von Lew Nikolajewitsch gelten, und daß er den Verdacht hegt, er komme wegen seiner Gattin, der Jugendgefährtin des Besuchers, einer Frau von blendender Schönheit, obwohl sie die Dreißig schon überschritten hat. Auch Ssonjas Mutter, der die Unzufriedenheit ihres Gatten nicht verborgen bleibt und die wie Lew Nikolajewitsch den Grund errät, gelingt es nicht ganz, ihre gedrückte Stimmung zu verbergen. Lisa sitzt bleich und still da; sie ist vollständig erschöpft von der Anspannung des ganzen Abends, an dem sie alle Kräfte ihres Verstandes spielen ließ, um den Grafen an sich zu fesseln, von dem sie schon lange die entscheidende Erklärung erwartet. Und Tanetschka endlich, die Jüngste, öffnet ihren unschönen Mund zu einem herzhaften Gähnen, erklärt, sie wolle schlafen gehen und verläßt ohne weitere Zeremonien das Zimmer. Lew Nikolajewitsch fühlt, wie er in diesem Augenblick allen Mitgliedern dieser Familie zur Last ist – außer Ssonja, die ihn von Zeit zu Zeit mit einem innigen, mitleidsvollen Blick ansieht, als ob sie fühlte, wie schwer ihm ums Herz ist. Und er bleibt und bleibt, und kann sich nicht aufraffen, das Zusammensein zu beenden.

Endlich erhebt sich der Doktor, und während er seinen Ärger nur notdürftig verbergen kann, erklärt er, es sei schon sehr spät und höchste Zeit, schlafen zu gehen. Finster reicht er Lew Nikolajewitsch die Hand. Eigentlich müßte sich dieser beleidigt fühlen, aber er weiß, daß es von Dr. Baers abhängt, ob er Ssonja zur Frau bekommt, und so bemüht er sich, möglichst unbefangen zu scheinen. Lisa sieht ihm mit einem warmen, verheißenden Blick in die Augen. Wie zuwider sie ihm ist, diese Lisa, und dennoch hat er jetzt ihr gegenüber das Gefühl, als hätte er einen

Bettler bestohlen. Und Ssonja! Sie errötet, während sie ihm die Hand reicht, und ihre Augen schimmern feucht von Tränen. Tränen in ihren Augen! Was soll das bedeuten? Liebt sie ihn? Oder ist sie nur deshalb bewegt, weil sie ihn nicht liebt und darum Mitleid mit ihm hat? Fühlt sie den Aufruhr, der in seiner Seele herrscht, weiß sie um all das Glück, um all die Verzweiflung, die er an diesem langen Abend durchlebt hat? Versteht sie, daß sein ganzes Leben, seine ganze Zukunft in ihrer Hand liegt, und auch das Schicksal seines Genius?

Lew Nikolajewitsch betritt die Straße. Lange noch steht er vor Ssonjas Fenster und wartet, bis das Licht verlöscht. Sie geht jetzt schlafen. Und er irrt die ganze Nacht umher und vermag vor Sehnsucht nach ihr kein Auge zu schließen.

Er macht sich endlich zu Fuß auf nach Moskau.

Am dunklen Herbsthimmel leuchten die Sterne und der blasse, gelbe Mond. Tiefe Stille. Der Duft der verblühenden Blumen erfüllt die schwere Luft. Ganz in der Ferne, irgendwo, klingt ein eintöniges, sehnsuchtsvolles Lied und dazwischen das dumpfe Klappern vom Schlagbrett des Nachtwächters, dessen dunkle, hohe Silhouette sich gespenstisch gegen die im bleichen Licht schimmernde Wiese abhebt. Schwer biegt sich unter seinen Füßen das taudurchnäßte Gras. Längs der Häuser, in denen schon kein Licht mehr brennt, zieht er dahin, langsam, still und demütig, und in seiner Brust brennt mit Allgewalt der Schmerz, die Liebe . . .

Irgendwoher kommt das Kreischen einer Tür oder eines alten Fensterladens, geheimnisvolle Schatten von Fledermäusen fliegen geräuschlos an ihm vorbei, und ein leises Rauschen und Flattern unterbricht die Stille, wenn Blätter von den Bäumen zu Boden sinken. Die ganze Nacht ist voll von Geheimnis und Liebe! Liebe! Das große, ewige, ewig unlösbare Geheimnis des Lebens!

Lew Nikolajewitsch geht in der Dunkelheit dahin, ohne darauf zu achten, ob er sich auf der Straße befindet oder ob er durch die Wiesen und Felder streift. Er sieht nicht den Weg unter seinen Füßen, er sieht nur Ssonja vor sich, ihre liebevollen, großen Augen, ihre nackten Arme, die sich ihm in heißer Leidenschaft entgegenstrecken, die ihn an ihre Brust ziehen wollen, und er weiß, daß der Augenblick, in dem dies geschähe, das ganze Glück seines Lebens wäre, für das er alles, auch den letzten Funken seines Genius, gäbe . . .

Was soll er nun tun? Endlich einmal offen mit ihr sprechen oder ihr schreiben? In welchen Worten soll er ihr seine Liebe ausdrücken? Er hat schon so viele Werke geschrieben, die die Menschen erschütterten, aber wo fände er die Worte, die seine Liebe zu Ssonja ausdrücken? Noch niemals sind solche Worte gefunden worden, und niemand wird sie finden! Alle sagen, er wäre ein Genie, er würde bald eine in der ganzen Welt anerkannte und bewunderte Größe sein. Aber was nützt ihm dieses Talent, wenn er nicht imstande ist, diesem kleinen, achtzehnjährigen Mädchen zu erklären, daß er sie liebt und daß er voll Sehnsucht ist nach ihrer Liebe?

Moskau! Lew Nikolajewitsch hat nicht bemerkt, wie er zur Stadt gekommen ist. Nach Hause gehen kann er in diesem Zustand nicht.

In dieser Nacht schlafen? Unmöglich!

In Moskau sieht der Mond ganz anders aus als draußen über dem offenen Feld. Hier ist er tief orangefarben, umgeben von einem breiten, rötlichgelben Schleier, dann wieder, wenn er aus der leichten Wolkenhülle hervortritt und sich messerscharf von dem dunkelblauen Nachthimmel abhebt, schimmert er in einem phantastischen silbernen Glanz, der alles durchdringt, überall hindurchrieselt, durch das schwarze Blätterwerk der Bäume, unter denen Lew Nikolajewitsch dahinwandelt, durch die Ritzen im hohen Bretterzaun, und durch das Gitterwerk des Feuerwehrturms, auf dem der dunkle Schatten des Postens wie ein Gespenst langsam hin und her wandelt . . .

Eine einzige Frage stellt sich Lew Nikolajewitsch immer und immer wieder, den ganzen langen Weg von Ssonjas Heim bis hierher nach Moskau: Warum ist sie so zusammengezuckt, als er sie ansah mit der ganzen Kraft seiner Liebe? Sie hat ihn verstanden, diesen seinen Blick, und auch das, was er in ihren Augen las, war etwas wie Liebe. Aber warum fürchtet sie sich so sehr vor dieser Liebe?

Plötzlich findet er sich hart am Rande des Flusses. Bezaubert bleibt er stehen und blickt hinab. Die Oberfläche des Wassers ist übersät von blei- und stahlfarbenen Reflexen. Gerade vor ihm läuft eine breite, flimmernde Lichtstraße hinüber zum andern Ufer, und rechts und links davon kleine glänzende, lustig hin und her schwankende Streifen, die Spiegelbilder der bescheidenen Flammen, die in den Straßenlaternen brennen. Durch die trüben Scheiben können sie gerade noch so viel Helligkeit abgeben, daß die eng aneinandergeschmiegten Gestalten liebender Paare zu sehen sind, die gleich Lew Nikolajewitsch hinunter ins Wasser blicken und sich ebenfalls nicht losreißen können von dem Spiele, das der Mond hier treibt, der jetzt hoch oben dahinschwebt, in seiner kalten, rätselhaften, quälenden Pracht...

Während Lew Nikolajewitsch noch immer in das zauberhafte Blinken und Glitzern blickt, erinnert er sich wieder der hochmütigen Verachtung, mit der er bisher auf Liebespärchen herabgesehen, die sich im Mondenschein hinter dunklen Sträuchern lächerliche Dinge ins Ohr flüstern. Ein Gefühl tiefer Bitterkeit steigt in ihm auf, und er sagt sich, gerade diese unglückliche Art, alle Empfindungen bis ins kleinste zu analysieren und das Unvermögen, irgend etwas ganz unmittelbar, ohne jede Reflexion zu erleben, ist die Ursache davon, daß er sich so unendlich einsam fühlt, daß es ihm so unsäglich schwer erscheint, das Leben zu ertragen.

Nur Ssonja allein, mit ihrer wahrhaftigen, einfachen, treuherzigen Unmittelbarkeit, wäre noch imstande, ihn zu retten. Er hat sich schon seit langem hoffnungslos verirrt in seinem eigenen Leben. Wie sehr ist er von guten Vorsätzen erfüllt, wie sorgfältig und genau hat er den Ablauf seines Lebens mit Regeln und Gesetzen eingesäumt, wie viele triumphierende Phrasen enthält doch sein Tagebuch, in dem er mit minutiöser Genauigkeit alle Phasen seines beständigen Kampfes mit sich selbst, seines zielbewußten Strebens um sein Besserwerden aufgezeichnet – und das Ergebnis? Einmal ist es das Kartenspiel, das ihn zwingt, seine besten Werke um einen Pappenstiel zu verkaufen, nur um die dringendsten Ehrenschulden zahlen zu können; dann das ewige Versinken im Sumpf der Unzucht, das ewige Sichherumschleppen mit Dirnen, mit dem entsetzlichen Ekel des Wiedererwachens, die unaufhörlichen Kopfschmerzen vom zuviel getrunkenen Wein, die immerwährende Furcht vor der Schwindsucht und die namenlose Angst vor dem Sterben, die sein ganzes Denken und Sinnen umdüstert! Ssonja, nur Ssonja kann ihn vor all diesem Grauen retten, Ssonja, das demütige Kind mit den reinen, klaren Augen, in denen die Wahrhaftigkeit wohnt!

Aber wenn Ssonja sich von ihm wendete, von ihm, wie er wirklich ist, ohne Schminke und Tünche, nicht so, wie er sich in der alles verhüllenden Atmosphäre des Salons zeigt? Er will ja nicht, daß Ssonja den berühmten, verhätschelten Dichter liebt, sondern ihn, wie er wirklich ist, mit der Hölle in seiner Seele, mit seiner ganzen schweren, quälenden, dunklen Vergangenheit! Nicht den gefeierten Helden, sondern den Feigling, der schon seit langer Zeit jeden Tag, jede Stunde vor dem Tode zittert! Nicht die stolze Fassade, die er so sorgfältig für die Augen der Menschen aufgebaut, soll sie lieben, sondern ihn selbst, wie er ist, ohne jede Hülle.

Ja, Ssonja muß ihm glauben, daß er ein guter, reiner Mensch ist, trotz des bisherigen Lebens, das gerade das Gegenteil von Güte und Reinheit ist, des Lebens, das nur er allein kennt, das er nur für sich allein gelebt. Ssonja soll ihn lieben mit all seinen Schwächen, seinen Fehlern, seinen Sünden, Unwahrhaftigkeiten und Unappetitlichkeiten, die er so sorgfältig vor den Menschen verbirgt, die nur er allein kennt!

Wie aber, wenn sie dennoch nur den Grafen, den Dichter, den Gutsbesitzer liebt, oder wenn sie ihn überhaupt nicht liebt? Was dann?

Lew Nikolajewitsch betritt sein Haus. In dem kalten, düsteren Junggesellenzimmer wirft er sich unausgekleidet auf das Bett und spricht laut:

»Wenn sie nein sagt, erschieße ich mich!«

August 1862

Lew Nikolajewitsch kann es kaum erwarten, bis der Morgen graut. Die ganze Nacht hat er kein Auge geschlossen, denn nur ein Gedanke quält ihn: Ssonja, sie sehen, mit ihr sprechen!

Nutzlos, unwiederbringlich aus seinem Leben gestrichen erscheint ihm jede Minute ohne sie. Seine Vernunft sagt ihm wohl, daß es peinlich berühren würde, wenn er, nachdem er den ganzen Abend dort verbracht, jetzt am Morgen wieder nach Pokrowskoje zurückkehrte. Aber sein Herz klopft mit so ungestümer, unerträglicher Heftigkeit, daß er es nicht länger zu ertragen vermeint. Er, der sich immer so sehr seiner unerschütterlichen Willensstärke gerühmt, der stets so stolz darauf gewesen, daß er alle Regeln des gesellschaftlichen Anstandes kennt und getreulich befolgt – er kleidet sich an und begibt sich, obwohl die Sonne eben erst aufgeht, auf der noch menschenleeren Straße nach Pokrowskoje. Es ist ihm gleichgültig, was man von ihm denken mag. Heute noch, das ist sein felsenfester Entschluß, will er ihr alles sagen, und sofort soll die Hochzeit stattfinden, wenn möglich gleich heute oder wenigstens morgen, oder wenn es schon gar nicht anders ginge, übermorgen. Auf keinen Fall aber später. Denn wie könnte er diese Qual noch länger ertragen?

Einige Stunden wandert er schon. Welch herrlicher Tag! Am wolkenlosen Himmel scheint die Sonne, aber nicht heiß und ermattend wie im Sommer, sondern mit der kosenden, zarten, milden Wärme des Herbstes. Alles erscheint so ungewöhnlich klar und durchsichtig, als wäre alles aus Kristall. Das feine, an den Spitzen leicht vergilbte Gras und das zarte, goldbraune Laub, das verstreut unter den Birken liegt, leuchtet und flimmert im Sonnenglanz. Hoch in der Luft schweben Schwalben, und auf dem Teich, an dessen Rand Ssonja so gerne zu weilen pflegt, wiegt sich langsam, träumerisch, das hohe Schilfrohr.

Ist es wirklich so ungewöhnlich schön heute, oder scheint es mir nur so, weil Ssonja jeden Tag hier vorübergeht? fragt sich Lew Nikolajewitsch. Da hört er auf einmal Tanja freudig ausrufen:

»Der Graf! Der Graf ist gekommen! Wollen wir laufen? Oder Fangen spielen?«

Sie wirft sich ihm an den Hals und will ihn nicht mehr freigeben. Lew Nikolajewitsch ist überglücklich. Diese Sonne, diese leuchtende grüne Wiese, das liebe kleine Mädchen an seiner Brust, und da, nur mehr ein paar Schritte vor ihm, Lisa und Ssonja, beide so frisch, so zart und so schön! Und wie freundlich ihm Ssonja zulächelt! Einen so fröhlichen, ja fast ausgelassen frohen Gesichtsausdruck hat er noch nie an ihr gesehen, die doch sonst immer so still und bescheiden ist, das gerade Gegenteil der wilden, lauten Tanja, die stets wie ein Wirbelwind durch die Zimmer fliegt. Aber heute ist etwas in Ssonja wie ein Jubeln und Jauchzen, etwas, das sich aus irgendeiner Gebundenheit in die Freiheit reißen will.

Sie weiß es, daß ich sie liebe, und sie liebt mich, denkt Lew Nikolajewitsch. Dies ist ihm jetzt zur Gewißheit geworden. Mit einem Blick sieghafter Freude sieht er Ssonja in die Augen, und sie erwidert diesen Blick, ohne Zagen, ohne Scheu.

»Gehen wir ins Haus«, läßt sich nun Lisa vernehmen, »ich habe ein neues philosophisches Werk aus Frankreich bekommen, das Sie sicher sehr interessieren wird!«

»Ach«, ruft Tanja mit keckem Ausdruck dazwischen, »sie hat heute die ganze Nacht nicht geschlafen und gescheite Gespräche für Sie ausgedacht. Gehen Sie nicht ins Haus! Spielen Sie lieber hier draußen mit uns! Es ist doch so warm und so schön heute.«

Sie faßt Lew Nikolajewitsch an beiden Händen und beginnt, sich mit ihm auf der Wiese im Kreis zu drehen. Weit breitet sich Tanjas weißes Mädchenkleid und streift dabei Ssonja, die den beiden lachend mit den Augen folgt.

»Jetzt mit mir!« ruft Ssonja auf einmal dem Grafen zu. Heute will auch sie lachen und tanzen und tanzen ohne Ende.

Lew Nikolajewitsch läßt Tanja los, die, laut aufkreischend, ins Gras fliegt, und beginnt sich mit Ssonja zu drehen. Der blaue Herbsthimmel blickt zwischen den Bäumen des nahen Wäldchens durch, und die Birkenstämme fliegen nur so vorbei. So zart sind sie und so weiß, so fein und so schlank wie die kleinen Hände Ssonjas, denkt er, die er fest umschlungen hält und nie, nie mehr loslassen will. Als sie aber fast keinen Atem mehr bekommt und erklärt, sie könne nicht mehr weiter, führt er sie zu einer kleinen Bank. Wie verzaubert steht er vor ihr und zauberhaft schön dünkt ihm heute die Welt. Gleich Tanja möchte er sich einfach in die Wiese werfen und vor Wonne schreien wie sie.

»Wenn ich Zarin sein werde«, ruft plötzlich Ssonja aus, während sie energisch ihr Köpfchen zurückwirft und fröhlich ins

Weite schaut, »will ich immer einen so schönen blauen Himmel haben!« Zum erstenmal hört Lew Nikolajewitsch sie so laut rufen, und er ist erstaunt über die klingende Musik in ihrer Stimme.

»Ja«, sagt er, »Ssofja Andrejewna ist heute unsere Zarin, und heute muß alles so geschehen, wie sie es will!«

Der Ton, in dem er spricht, ist scherzend, aber es liegt so viel Freude und Entzücken darin, daß Lisa, die bisher stillschweigend zugeschaut, die Achseln zuckt und ärgerlich hinwirft:

»Ach, Ssonja hat den Verstand verloren. Sie ist genauso wie Tanja schon seit dem frühen Morgen ganz aus dem Häuschen. Nur ist Tanja erst fünfzehn Jahre alt, während Ssonja schon achtzehn ist!«

Da Lisas Worte ungehört verhallen, setzt sie sich seitwärts auf eine Bank und blättert in einem Buch, um so zu zeigen, daß sie es für unter ihrer Würde hält, an solchen Dummheiten teilzunehmen.

Ssonja jedoch fühlt, daß heute ihr Tag ist. Sie fühlt es mit ihrem ganzen Wesen, mehr noch als gestern abend, daß Lew Nikolajewitsch sie liebt, und seine Liebe erfüllt ihr Herz mit unendlicher Freude. All ihre Schüchternheit und Verschämtheit ist mit einem Mal verschwunden. Wie ein übermütiges Kind verharrt sie in ihrer Zarinnenrolle und ruft einen Wunsch nach dem andern aus, einen unsinniger als den andern, und springt und tollt mit Tanetschka und Lew Nikolajewitsch auf der Wiese umher, der heute alle Regeln gesellschaftlichen Lebens ebenso vergessen hat wie seine Berühmtheit und Würde.

»Wenn ich Zarin bin, werden vor meinem Haus genau solche schlanke weiße Birken wachsen!« ruft Ssonja und eilt vor Lew Nikolajewitsch her, der sie zu haschen sucht. Ihm scheint in diesem Augenblick, als ob es auf der ganzen Welt keine schöneren Bäume gäbe, und er gibt sich das Wort, daß er, wenn er Ssonja nach Jassnaja Poljana heimführt, dort überall Birken pflanzen will.

»Wenn ich Zarin bin, wird vor meinem Haus ein ebenso schöner Teich mit ebenso schönen weißen Lilien sein!« ruft Ssonja wieder und läuft zum Ufer. Lew Nikolajewitsch eilt ihr nach, holt sie ein. Er faßt sie bei der Hand, sie verliert das

Gleichgewicht und fällt ihm an die Brust. Feuerröte übergießt ihr Antlitz, sie senkt die Augen und sucht leise ihre Hände aus den seinen zu befreien. Ihr heißer Atem umfängt sein Gesicht, ihre langen, dunklen Wimpern zittern vor seinen Augen, und während er spürt, wie sich ihm ihre Hände entwinden, sieht er nichts als den gelben Stoff des Kleides, das sich über ihre wie im Fieber auf und ab wogende Brust spannt. Wie ein kleiner, gelber Schmetterling kommt ihm dieses Bild vor.

Einige Augenblicke steht Ssonja vor ihm, die Arme schlaff und hilflos herabhängend, die schmalen, mageren Schultern etwas nach vorn gebeugt, die Lippen bebend – aber da kehrt sie um und eilt dem Hof zu, zu dem Wagen, den man gerade dort stehen ließ, damit ihn der Hausknecht später reinige. Schnell schwingt sie sich auf den Sitz, und mit ihrer zierlichen Taille und dem langen gelben Kleid, das sich weit über die schwarzen Polster breitet, gleicht sie wieder einem Schmetterling, mehr noch als vorher.

»Wenn ich Zarin bin, werde ich immer nur in einem solchen Wägelchen fahren!« ruft sie und hält ihre kleinen Hände vor, als ob sie die Zügel führte.

»Und ich werde mein ganzes Leben lang meiner Zarin dienen!« ruft triumphierend Lew Nikolajewitsch, während er die Deichsel faßt und mit weiten Sprüngen, wie ein rassiges Zirkuspferd, den Wagen durch den Hof zieht.

»Halt, halt! Sie werden sich weh tun, der Wagen ist ja schwer!« warnt ihn Ssonja laut, und während sie sich wegen der grotesken Art, in der der Graf seine Liebe zum Ausdruck bringt, vor den andern doch ein wenig schämt, ist sie trotzdem über alle Maßen glücklich, so glücklich wie noch nie in ihrem Leben.

»Wenn ich Zarin bin, werde ich immer so glücklich sein wie heute«, ruft Ssonja. Da hält der Graf an, so plötzlich, daß Ssonja beinahe hintenüber stürzt, und sagt mit einem solchen Ausdruck von Glück in den Augen, daß sie ihre Lider senkt:

»Es gibt keine Bitte, die ich meiner Zarin nicht erfüllen würde!«

Ssonja fühlt, daß Lew Nikolajewitsch sie in diesem Augenblicke liebt, wie er noch nie zuor liebte, und wie er wohl niemals in seinem Leben lieben wird. Und langsam richtet sie ihre klaren, dunklen, großen Augen auf ihn, als wollte sie sagen: Ich liebe dich!

Lew Nikolajewitsch packt wieder die Deichsel und springt und läuft durch den Hof.

»Ssonja«, läßt sich Lisa jetzt hören, »schämst du dich denn nicht, den Grafen so zu quälen?«

Ihre Stimme zittert vor Erregung, und Ssonja wird mit einem Mal ernst. Sie fühlt sich schuldig vor Lisa, denn während der Graf sie liebt, glaubt doch Lisa, von ihm geliebt zu werden.

Auch Lew Nikolajewitsch ist betreten. Keuchend und krebsrot im Gesicht, die feuchten Haare an der Stirn klebend, steht er neben den herabhängenden Deichselarmen und wirft Lisa einen finsteren, zornigen Blick zu. Ein großer, gelber Falter mit schwarzen und braunen Flecken schwebt schwankend um Ssonja, die, den Blick träumend ins Leere gerichtet, in sich zusammengesunken, bewegungslos im Wagen sitzt. Ach, denkt der Graf, kann denn diese gescheite Lisa verstehen, welcher Zauber in diesen leichten Faltern liegt, die nur einen einzigen Tag leben, in diesen schlanken Birken mit den grünen und goldenen Blättern, und in dieser süßen, kleinen, teuren Ssonja, die ich so über alles liebe?

»Wenn ich Zarin bin, werde ich Lisa nicht mehr gehorchen«, ruft da plötzlich Ssonja, die mit einem Mal wieder lebendig geworden ist. Laut lachend und vor Vergnügen kreischend, springt sie vom Wagen, packt Tanja bei der Hand und eilt mit ihr dem Wald zu. Ohne sich umzusehen, läuft ihnen Lew Nikolajewitsch nach, dorthin, wo zwischen den silbernen Stämmen lustig die gelben und weißen Kleider der beiden Mädchen schimmern.

Lisa bleibt allein zurück. Auf ihrem Gesicht malt sich das Gefühl tiefer Kränkung. Dann erhebt sie sich, zuckt mit den Achseln, preßt die Lippen fest zusammen und – voll von Bitterkeit gegen Ssonja, die ihr heute ganz offensichtlich vor ihren Augen den Grafen weggestohlen hat – geht sie dem Haus zu.

»Was er denn nur an diesem dummen, sentimentalen Mädchen finden mag?« murmelt sie vor sich hin. »Was ist denn eigentlich an ihr? Ich bin doch sicherlich schöner und klüger als sie!«

August 1862

Abends, als sich Ssonja in ihr Zimmer begeben will, und am Schlafzimmer der Eltern vorübergeht, hört sie diese in erregtem Ton miteinander sprechen. Unwillkürlich bleibt sie stehen.

»Ach, du kannst sagen, was du willst«, sagt Doktor Baers, »dieser Graf treibt sich nur deinetwegen die ganze Zeit in unserem Haus herum. Er war schließlich dein Jugendgespiele. Ich muß sagen, diese ganze Sache bringt mich zur Verzweiflung.«

In der Stimme des Vaters liegt so viel Ärger und Zorn, daß Ssonja zusammenzuckt, voll Mitleid für ihre Mutter.

»Aber nein, beruhige dich!« gibt die Mutter zur Antwort. »Er kommt doch nur wegen Lisa. Lisa erwartet ja jeden Tag seine Erklärung.«

Ein solcher Ausdruck von Demut und Kummer klingt in diesen Worten, daß Ssonjas Herz sich zusammenkrampft. Sie hört noch, wie der Vater etwas entgegnet, zornig und scharf, ohne ihn aber richtig zu verstehen. Und dann eilt sie weiter, aus Furcht, hier gesehen zu werden. Im Schlafzimmer, das sie mit ihren Schwestern teilt, empfängt Lisa sie mit bitteren Vorwürfen.

»Du hast heute«, sagt sie, »in geradezu unverschämter Weise mit dem Grafen kokettiert. Du weißt, daß er mir den Hof macht, und du hast kein Recht dazu, dich so an ihn zu hängen.«

Schweigend geht Ssonja zu ihrem Bett mit dem Gefühl, daß sie allein die Schuld an der unangenehmen Stimmung in der Familie trägt. Wenn sie sich aber nur einen Augenblick an den zärtlichen, glückseligen, liebevollen Ausdruck der Augen Lew Nikolajewitschs erinnert, vergißt sie alles um sich her, und es wird ihr wieder ganz warm ums Herz.

Ssonja wendet sich dem großen venezianischen Fenster zu und blickt in die Nacht hinaus. Mit derselben Pracht wie gestern steht wieder der Mond am Himmel und gießt sein Silberlicht über die Wiese und über die welken Blätter, die gleich einem riesigen Netz aus Spitzengewebe die weite Grasfläche überdecken. Mit einemmal scheint es, als ob eine neue, noch gewaltigere Flut von Licht sich aus der hellen Scheibe des Mondes zur Erde ergösse, so daß die Glasscherben, die am Wege zerstreut liegen, grell aufblitzen. Nur eine Sekunde lang, dann ist der Mond plötzlich hinter einer großen Wolke verschwunden. Grau, einsam und dunkel liegt die Nacht wieder da; ringsherum ist es so still geworden, als ob der Mond mit dem Licht auch alle Laute weggetragen hätte.

»Ssonja, mach doch das Fenster zu!« ruft da Lisa und streckt ihr zorniges Gesicht unter der Decke hervor. »Spürst du denn nicht, welche Feuchtigkeit von der Wiese hereinkommt?«

Gehorsam schließt Ssonja das Fenster. Aber schlafen gehen kann sie jetzt nicht.

Tanja schnarcht laut, den großen Mund weit geöffnet, und Lisa bewegt sich unruhig in ihrem Bett. Ssonja entkleidet sich, schlüpft in ihr langes weißes Nachthemd und flicht ihr reiches Haar in Zöpfe. Dann setzt sie sich an den Rand des Bettes und lächelt still, verträumt vor sich hin.

»Lösch doch endlich das Licht aus!« sagt Lisa böse.

Ssonja gehorcht sofort, und gleich wieder ist das ganze Zimmer erfüllt vom bleichen Schein des Mondes. Sie fühlt, daß es ihr ganz unmöglich wäre, die Augen zu schließen; so erhebt sie sich, schleicht leise auf Zehenspitzen aus dem Zimmer und geht zum Schlafgemach der Mutter.

Die Mutter liegt schon im Bett, kann aber, gleich Ssonja, keinen Schlaf finden.

»Auf eine Minute nur!« flüstert Ssonja, und wie ein Mäuslein huscht sie unter die Decke. Lange wirft sie sich hin und her, als ob es ihr gar nicht gelingen wollte, ein warmes und gemütliches Plätzchen zu finden.

»Hast wohl wieder etwas angestellt?« fragt die Mutter mit erheuchelter Strenge.

»Der Graf liebt mich, nicht Lisa!« sagt da Ssonja ganz unvermittelt, ohne jede Einleitung und vergräbt sich noch tiefer unter die Decke.

Ljubow Andrejewna setzt sich hastig im Bett auf, und mit zitternder Stimme fragt sie:

»Hat er dir das selbst gesagt?«

»Nein, er hat es nicht gesagt, aber in seinen Augen habe ich es deutlich gesehen!«

»Ah so? Das ist ja dann nichts als Einbildung! Der Graf liebt Lisa«, gibt die Mutter beruhigt zur Antwort und legt sich wieder nieder. »Übrigens ist Lisa viel schöner und viel klüger als du«, fügt sie in einem Ton hinzu, der keinen Widerspruch gelten läßt.

»Bin ich denn häßlich und dumm?« fragt Ssonja schmollend, während sie ihr Näschen unter der Decke hervorsteckt.

»Ach, es braucht dir nur irgend jemand ein nichtssagendes Kompliment zu machen, und gleich bildest du dir ein, er ist verliebt in dich!« ärgert sich die Mutter. »Geh schlafen und denke dir keine Dummheiten aus!«

Gehorsam kriecht Ssonja aus dem Bett. Die Mutter macht ihr das Kreuzzeichen auf die Stirn. Da tut ihr das Kind plötzlich leid.

»Du bist nicht dumm«, sagt sie, »und bist ein recht hübsches Ding. Aber du mußt doch begreifen, daß für ein Genie wie den Grafen eine so gescheite, intelligente und belesene Frau wie Lisa besser paßt!«

Lisa ist eine Puppe und ich bin ein Mensch, will Ssonja zur Antwort geben. Aber sie schweigt und geht in ihr Schlafzimmer zurück.

Lisa schläft bereits. Ssonja tritt zu ihrem Bett und betrachtet lang das Gesicht der älteren Schwester, die, genau wie Tanja, mit weitgeöffnetem Mund auf dem Rücken liegt. Der Mond wirft scharfe, grelle Lichter auf ihr Antlitz, das Ssonja in diesem Augenblick ganz gewöhnlich, ja beinahe dumm und uninteressant scheint. Dann begibt sie sich zum Wandspiegel; ihr blicken dort zwei große, dunkle, rätseltiefe Augen entgegen, und jetzt ist ihr, als sie mit einem Mal verstünde, warum der Graf sie liebt, warum er sie lieben muß, sie und nicht Lisa!

»Er liebt mich wegen meiner Seele. Lisa hat keine«, flüstert sie vor sich hin. »Und meine Seele, ich will sie ihm ganz schenken, mein ganzes Leben will ich ihm weihen, und ich werde alles tun, damit er glücklich wird und sein Genius sich zur höchsten Höhe zu erheben vermag!«

Eilig geht Ssonja zu ihrem Bett, zieht unter der Matratze ihr Tagebuch hervor und schreibt, ohne die Lampe anzuzünden, auf dem Fensterbrett im hellen Licht des Mondes:

»Er liebt mich, ich liebe ihn! Ich will ihm mein ganzes Leben weihen, meine ganze Seele. Ich bin so glücklich, wie ich es noch nie in meinem ganzen Leben gewesen bin!«

Ssonja legt die Feder weg. Da erinnert sie sich an Poliwanow, der in der letzten Zeit begann, ihr nicht ganz gleichgültig zu sein. Aber sein Bild verblaßt neben dem Lew Nikolajewitschs. Mit Poliwanow hätte sie ohne Zweifel ein ruhiges, solides, ganz gewöhnliches Familienglück gefunden. Aber die Ehe mit dem Grafen verspricht ihr ein Leben voller Schaffensfreude, voll der hohen Verantwortung, einem Menschen wie ihm zu helfen, sein Talent immer weiter und weiter zu entwickeln. Sein Talent hat sie schon immer geliebt; erst heute aber hat die Liebe zu ihm selbst ihr ganzes Herz erfüllt. Bisher hat sie immer die Unbeständigkeit seines Wesens und die ewige Unruhe seiner Seele erschreckt, die sich in seinen Augen spiegeln. Der ungestüm heftige Druck seiner Hände und der Glanz seines Blickes haben ihr fast Angst eingejagt, und seine merkwürdige Unbeholfenheit im Verkehr mit ihr, seine Häßlichkeit, seine dicken Lippen und seine breite Nase haben sie beinahe abgestoßen. Heute aber ist alles verschwunden, ohne Spur, alles ist vergessen, und nur eines, ein Einziges ist in ihr geblieben: die Liebe zu ihm.

16. September 1862

Vor dem Fenster seines Zimmers sitzt Lew Nikolajewitsch und liest die kurzen, dürftigen Eintragungen seines Tagebuchs.

28. August 1862. Dumme Fresse, denk nicht an die Ehe. Dein Beruf ist ein anderer und viel ist dir dafür gegeben worden!

30. August 1862. Dummkopf, nicht für dich ist sie bestimmt, und dennoch bist du verliebt in sie wie in die S. K. und in die A.

31. August 1862. Nicht für dich, alter Teufel, ist sie! Schreib lieber kritische Artikel!

7. September 1862. Steck deine Nase nicht dort hinein, wo Jugend, Poesie, Schönheit und Liebe sind ... Das Kloster, die Arbeit, das ist dein Gebiet, von dessen hoher Warte aus du froh und in Frieden auf Liebe und Glück anderer herunterschauen kannst. – Und ich war schon in diesem Kloster – und ich komme wieder zurück!

8. September 1862. Was immer an anderen war und ist, das, was man als das Poetische und Anziehende bezeichnet, nichts davon

finde ich bei ihr für mich – und dennoch drängt es mich unwiderstehlich zu ihr!

9. September 1862. Ich kann und kann nicht aus Moskau fort!!! ... Bis drei Uhr habe ich nicht geschlafen. Wie ein sechzehnjähriger Knabe habe ich geträumt und mich herumgequält.

10. September 1862. Mein Gott, hilf mir, zeig mir den Weg! Wieder eine schlaflose, qualvolle Nacht. Ich, der ich immer über die Qualen der Verliebten lache, ich fühle sie jetzt selbst. Das, worüber man spottet, kommt über einen selber... Mein Gott, hilf mir, zeig mir den Weg! Mutter Gottes, hilf mir!

11. September 1862. Niemand kann mir helfen, außer Gott!

12. September 1862. Ich hätte mich früher in acht nehmen sollen. Jetzt kann ich mir nicht mehr Einhalt gebieten!

Ich bin verliebt, wie ich es niemals geglaubt hätte, daß man verliebt sein kann. Ich werde verrückt, ich erschieße mich, wenn das so weitergeht. Ihre Eltern haben einen Abend gegeben. Sie ist in jeder Beziehung reizend.

13. September 1862. Jeden Tag glaube ich, man könnte nicht noch mehr leiden und dabei glücklich sein, und jeden Tag verliere ich noch mehr den Verstand...

Morgen, gleich wenn ich aufgestanden bin, gehe ich hin und sage alles, oder ich erschieße mich... Es ist vier Uhr nachts... Ich habe ihr einen Brief geschrieben und gebe ihn morgen ab, das heißt heute, am 14. Mein Gott, wie ich mich fürchte, jetzt zu sterben! Es wäre ein so großes Glück, daß es mir ganz unmöglich erscheint. Mein Gott, hilf mir!

Tief seufzend erhebt sich Lew Nikolajewitsch. Er wirft einen Blick auf den Kalender. Der Sechzehnte ist! Und noch immer hat er keine offizielle Erklärung abgegeben, nur aus seinen Blicken und aus seinen Andeutungen kann Ssonja verstehen, daß er sie liebt. Doch heute, heute, da muß es geschehen, endgültig, unwiderruflich!

So spricht Lew Nikolajewitsch zu sich und beginnt sich sorgfältig vor dem Spiegel anzukleiden.

Die Familie Baers ist inzwischen nach Moskau zurückgekehrt und wohnt wieder im Kreml. Als Lew Nikolajewitsch das Haus betritt, ist alles voll von jungen Menschen. Ssonjas Bruder Ssascha, der Kadett, ist mit seinen Freunden hier. Sie treiben sich in allen Zimmer herum, und gerade überall dort, wo Lew Nikolajewitsch eine Gelegenheit sucht, um Ssonja unbemerkt den Brief zu überreichen, den er nun schon seit einigen Tagen mit sich herumträgt. Schließlich geht er, ohne seinen Ärger und seine Gereiztheit länger verbergen zu können, auf Ssonja zu, die von einer ganzen Schar dieser jungen, rotwangigen Burschen umgeben ist, und sagt mit rauher, fast grober Stimme zu ihr:

»Ssofja Andrejewna, spielen Sie, bitte, irgend etwas!«

Ssonja blickt ihm erschrocken ins Antlitz, auf dem sich eine verzweifelte Entschlossenheit ausdrückt; gehorsam erhebt sie sich, setzt sich ans Klavier und beginnt den Walzer »Il bacio« zu spielen, den sie gerade gelernt. Kaum hat sie die ersten Takte gespielt, zeichnet sich Schmerz, ja Qual auf seinem Gesicht, und er sagt:

»Ach, spielen Sie lieber nicht! Unterhalten wir uns besser!«

In seiner Stimme liegt dabei so viel Erregung, daß Ssonja tief errötet. Mit weitgeöffneten Augen sieht sie ihn an, aber gleich wieder senkt sie ihren Blick. Sie kann die Glut nicht ertragen, die ihr aus seinen Augen entgegenleuchtet. Wie hat sie sich den ganzen Tag nach diesem Blick gesehnt, und jetzt fürchtet sie sich vor ihm. Und wie hat sie auf die Worte gewartet, von denen sie weiß, daß er sie heute sprechen wird, und jetzt, da sie kommen müssen, möchte sie fliehen vor ihnen. Immer mehr wächst Ssonjas Verwirrung. Da stürzt Tanja wie ein Wirbelwind herein.

»Tanja, Tanja, komm, sing den Walzer, ich glaube, ich kann schon die Begleitung spielen!« ruft ihr Ssonja zu, denn sie muß der unerträglichen Spannung, deren ihre Seele voll ist, irgendwie ein Ende bereiten. Lew Nikolajewitsch wirft ihr einen wütenden Blick zu. Daß sie ihm in dieser Minute zumutet, Tanjas Gesang anzuhören, erscheint ihm wie Spott, wie eine Beleidigung. Tanja sieht das und begreift sofort, daß zwischen den beiden etwas vorgeht; sie wird von der gleichen Erregung ergriffen, die den Grafen und ihre Schwester beherrscht. Sie begibt sich in die Mitte des Zimmers, von wo, wie sie meint, ihre Stimme besonders gut klingt, und richtet sich mit zitternden Händen die Noten zurecht. Auch Ssonjas Hände beben, und sie macht einen Fehler nach dem andern.

Lew Nikolajewitsch ist Ssonja ernstlich böse. Daß sie Tanja in dem Augenblick zum Singen auffordern konnte, da er ihr seinen Brief übergeben wollte! Als aber die zarte, reine Stimme Tanjas die ersten Takte gesungen, da fühlt er, daß er gar nicht imstande wäre, Ssonja wirklich zu zürnen. Er läßt seine Blicke auf ihrem zarten Hals ruhen, der sich so reizend aus dem lila Kleid mit den Bändern emporreckt, und da kommt ihm plötzlich ein Entschluß:

Wenn Tanja die Schlußnote gut nimmt, dann werde ich Ssonja den Brief übergeben, wenn sie ihr mißlingt, dann nicht!

Ssonja, die fühlt, wie sein Blick auf ihr ruht, wird immer verlegener, verliert endgültig die Fassung und ist bald nahe daran, vom Klavier zu flüchten. Da erhebt sich Lew Nikolajewitsch, aufgeregt durch den Vorsatz, den er eben gefaßt, stellt sich neben Ssonja, drängt sie sanft vom Klavier weg und spielt selbst die Begleitung. Und er spielt mit einem solchen Ausdruck, daß Tanja von dem Gefühl, das ihn beherrscht, selbst ganz ergriffen wird, und so schön singt wie nie zuvor. Es liegt so viel Fühlen und Wollen, so viel Zauber und Entzücken in seiner Musik, daß sich Tanja vollständig der Gewalt seines Spiels hingibt und mit triumphierender Sieghaftigkeit ihre Stimme ertönen läßt. Und sie fühlt, daß sie schöner und ergreifender singt als sie es jemals auch nur geträumt hätte.

Lew Nikolajewitsch spürt, während er seine Finger über die Tasten gleiten läßt, daß in dieser Minute seine Seele und die Ssonjas eins geworden, daß in ihrer Seele niemals mehr etwas sein könnte, das er nicht ganz verstehen und bis zum letzten lieben würde. Er fühlt, daß sein Leben sich in dieser Minute auf ewig mit dem Ssonjas verbindet. Und auch sie weiß, daß sie für immer zueinander gehören, daß es kein Zurück mehr gibt. Es ist die Stimme ihres Schicksals, die durch Tanjas Gesang zu ihnen spricht.

Es kommt zum Schluß. Tanja erhebt sich in ihren weißen Schuhen auf die Zehenspitzen und jubelt zuversichtlich, voll und klingend, das Finale hinaus, so leicht und rein, so graziös und klar, daß die Stille, die nun über dem Zimmer liegt, das eben noch von Klang erfüllt war, nur noch geheimnisvoller, noch wirklichkeitsferner scheint ...

Alle spüren, daß etwas vorgefallen ist, etwas Großes, Entscheidendes. Aber niemand vermag etwas zu tun oder zu sagen. Tanja steht noch immer in der Mitte des Zimmers und fächelt sich mit ihrem Spitzentüchlein Luft zu.

»Wie schön Sie singen!« ruft endlich Lew Nikolajewitsch aus, und bemüht sich gar nicht, seine Aufregung zu verbergen. »Und wie Ihnen dieser Schluß gelungen ist!«

Wieder ist es Tanja, als ob in seinen Worten noch ein ganz anderer Sinn läge als der, den sie bedeuten. Sie sieht den Grafen und Ssonja groß an, doch da wird zum Tee gerufen, und wie der Wind ist sie verschwunden, wie sie gekommen war.

Lew Nikolajewitsch blickt schnell um sich. Sie sind allein im Raum, Ssonja steht neben ihm. Er sieht ihre schlanke, feine Gestalt in seinem lila Lieblingskleid, er blickt auf ihre kleinen Hände und weiß, daß er sich jetzt oder nie entschließen muß.

»Ssofja Andrejewna«, spricht er, »kommen Sie mit mir!«

Schnellen Schrittes geht er dem Zimmer ihrer Mutter zu. Ssonja folgt ihm und weiß, daß sich jetzt ihr Geschick entscheiden wird. Sie stößt einen Stuhl um und stellt ihn nicht auf, wie sie es sonst in ihrer gewohnten Ordnungsliebe gemacht hätte. Ihr Herz krampft sich zusammen vor der ungeheuren Freude, die ihrer wartet, und vor der Angst vor dem Unbekannten, das jetzt kommen soll.

Lew Nikolajewitsch hat, als er Ssonjas leichte Schritte hinter sich hört, das Empfinden, als ob er in diesem Augenblick zu einem neuen, reinen Menschen würde, der nur das Gute, Wahre und Schöne will, dem es jetzt gelingen wird, den Gipfel der sittlichen Vollkommenheit zu erreichen, so wie es nur ganz wenigen Menschen auf dieser Erde beschieden ist. Dies alles nur, weil ihm die Liebe eines so reinen, vollkommenen Wesens wie Ssonja zuteil geworden ist. Seine Rettung, seine sittliche Auferstehung und die letzte Entfaltung seines Genius, alles wird von dem ›Ja‹ abhängen, das ihm Ssonja sagen wird.

Er bleibt stehen. Sie sind im Zimmer von Ssonjas Mutter angelangt. Allein! Ssonja steht vor ihm, und ihre großen, leuchtenden Augen blicken ihn voll und in erwartungsvoller Frage an. Er will ihr jetzt alles erzählen, von diesen Tagen der Qual, von den schlaflosen Nächten, von seinen Hoffnungen, von seiner Liebe –

aber er ist nicht imstande, ein Wort hervorzubringen. Statt dessen kramt er mit zitternden Händen in den Taschen, zieht den schon ganz zerdrückten Brief hervor, überreicht ihn Ssonja und sagt, nachdem er endlich die Sprache wiedergefunden:

»Hier, nehmen Sie diesen Brief. Lesen Sie ihn. Ich werde hier auf Antwort warten!«

In Ssonjas Antlitz spiegelt sich solches Leid, solche Angst, ja solches Entsetzen, daß Lew Nikolajewitsch, der schon vor Aufregung zittert und bebt, nur noch mehr aus der Fassung kommt.

Hastig nimmt ihm Ssonja den Brief aus der Hand und eilt fort, als ob sie fliehen müßte. Die Schleppe ihres weiten lila Kleides streift bei dem jähen Wenden seine Füße, eine feine Wolke ihres Parfüms steigt an ihm empor, dann noch ein kurzes Rascheln und Knistern von Seide – und sie ist verschwunden. Lew Nikolajewitsch bleibt allein zurück und wartet.

Ssonja eilt die Treppe hinauf in ihr Schlafzimmer, riegelt schnell die Türe von innen ab, setzt sich auf den Rand ihres Bettes und beginnt, nachdem sie in fieberhafter Hast den Umschlag heruntergerissen, zu lesen:

»Ssofja Andrejewna! Ich ertrage es nicht mehr! Drei Wochen schon sage ich mir jeden Tag: Jetzt mußt du alles sagen, und mit Sehnsucht, Reue, Furcht und Glück im Herzen gehe ich dann wieder fort. Und jede Nacht wühle ich, wie jetzt auch, im Vergangenen herum, quäle mich und sage mir: Warum habe ich es nicht gesagt? Und wie, und was hätte ich gesagt? Ich nehme diesen Brief mit mir, um ihn Ihnen zu übergeben, wenn ich wieder keine Gelegenheit finde, oder wenn mir wieder der Mut fehlt, Ihnen alles zu sagen.

Der Irrtum, den Ihre Familie in bezug auf mich begeht, liegt, wie mir scheint, darin, daß sie meint, ich wäre in Ihre Schwester Lisa verliebt. Das ist nicht so . . .

Jetzt kann ich nichts mehr tun und fühle, daß ich in Ihre Familie Unfrieden getragen, daß meine Beziehungen zu Ihnen, als zu einem Freunde, zu einem ehrlichen und aufrichtigen Menschen, verloren sind. Und ich kann nicht fort und wage nicht zu bleiben.

Sie sind ein ehrlicher Mensch; legen Sie Ihre Hand aufs Herz, und, ohne daß Sie sich übereilen, um Gottes willen, nur nicht übereilen, sagen Sie mir, was ich tun soll. Worüber man lacht, dem verfällt man selbst. Ich hätte mich totgelacht, wenn man mir vor einem Monat gesagt hätte, ich könnte mich derart quälen und dabei so glücklich sein.

Sagen Sie als ehrlicher Mensch: Wollen Sie meine Frau werden?«

Ssonja liest diese Zeilen, und es wird ihr schwarz vor den Augen. Sie weiß nicht, wie ihr geschieht.

In diesem Augenblick vernimmt sie, wie jemand verzweifelt an die Tür klopft und wie Lisa mit lauter, befehlender und ganz ungewöhnlich aufgeregter Stimme ruft:

»Ssonja, mach auf! Sofort mach auf!«

Unbeweglich, Tränen in den Augen, bleibt Ssonja auf ihrem Bett sitzen.

»Mach auf, sofort! Ich muß mit dir sprechen!« ruft Lisa wieder, und von ihrer gewohnten Ruhe und Überlegenheit ist keine Spur geblieben.

Schnell erhebt sich Ssonja und überfliegt noch einmal die letzten Zeilen des Briefes, so rasch und so abgerissen, daß sie kaum ihren Sinn versteht:

»Aber nur, wenn Sie kühn, von ganzem Herzen ›ja‹ sagen können! Sonst sagen Sie lieber ›nein‹, wenn in Ihnen auch nur ein Schatten von Zweifel ist. Fragen Sie sich gut, um Gottes willen! Es wird mir furchtbar sein, ein Nein zu hören, aber ich sehe es so kommen und werde in mir die Kraft finden, es zu ertragen. Aber wenn ich einst als Gatte nicht so geliebt werden sollte, wie ich selbst liebe, das wäre entsetzlich!«

Das drängende Klopfen wird immer stärker und stärker. Lisa schlägt mit beiden Fäusten an die Tür und mit Tränen in der Stimme schreit sie immer und immer wieder:

»Ssonja, mach auf! Mach auf!«

Ssonja geht mechanisch zur Tür, und, kaum mehr an Lisa denkend, öffnet sie langsam.

»Ssonja, was schreibt dir der Graf?« fragt Lisa keuchend, während sie in Ssonjas strahlendes Gesicht blickt.

»Er hat sich mir erklärt!« erwidert Ssonja mit einer Stimme, die einen ganz neuen Klang hat, und ein seliges Lächeln liegt um ihren Mund.

»Sag ihm sofort ab! Hörst du? Sofort sage ihm ab!« ruft Lisa weinend. Ssonja sieht sie schweigend an, das Lächeln weicht nicht aus ihrem Gesicht. Sie kann einfach nicht begreifen, was Lisa von ihr will.

Da rauscht es vor der Türe von steifer Seide, und im nächsten Augenblick steht die Mutter vor ihren beiden Töchtern. Ein Blick auf das vor Glück und Seligkeit strahlende Gesicht Ssonjas, die den Brief noch in der ausgestreckten Hand hält, und auf das zornige, verweinte Antlitz Lisas – und sie hat alles begriffen. Energisch packt sie Ssonja bei den Schultern und befiehlt ihr mit ungewohnter Strenge:

»Geh zu ihm und sag ihm deine Antwort!«

Ohne auf Lisa einen Blick zu werfen, eilt Ssonja in das Zimmer der Mutter zurück, wo Lew Nikolajewitsch ihrer harrt, still, unbeweglich, in einer Ecke stehend, das Gesicht gegen die Wand gekehrt. Als er ihre Schritte hört, wendet er sich rasch um und hält ihr beide Hände entgegen.

Ssonja, noch immer ihr verlegenes, glückliches Lächeln auf den Lippen, sieht ihm gerade in die Augen und geht schnellen Schrittes, ohne zu zögern, auf ihn zu.

»Nun?« fragt Lew Nikolajewitsch mit zitternder Stimme, während er fest ihre Hände drückt. Er hat die Antwort bereits in Ssonjas Augen gelesen, als sie laut sagt:

»Selbstverständlich ja!«

II

»Selbstverständlich ja . . .!«

16. September 1862

»Lisa, sei vernünftig und nimm dich zusammen!« sagt die Mutter mit fester Stimme, während sie Lisa, die bitterlich weinend an der Wand lehnt, umarmt.

»Du mußt verstehen, daß es deiner nicht würdig ist, Kummer zu zeigen! Im Gegenteil, bitte den Vater, daß er Ssonja dem Grafen gebe. Der Graf liebt Ssonja, und du darfst nicht zeigen, daß es dich so schwer ankommt. Ich kenne dich und zähle auf deine Vernunft.«

Der ruhige Ton der Mutter, mit der Lisa so viel Ähnlichkeit hat, der Appell an ihre Klugheit und an ihren Stolz, Eigenschaften, deren sich Lisa immer ganz besonders bewußt ist, haben vollen Erfolg. Lisas Augen werden mit einem Mal trocken.

»Denk daran«, fährt die Mutter fort, »daß du einem Mann niemals zeigen darfst, daß er dir mehr ist als du ihm. Was jetzt geschehen ist, ist auch für mich ganz unerwartet gekommen, denn ich habe immer damit gerechnet, daß der Graf dich zur Frau nimmt. Aber da es eben so ist, heißt es vernünftig sein.«

Ljubow Andrejewna streichelt Lisas bleiche Wangen. Sie liebkost ihre Töchter sehr selten, darum wirkt diese Zärtlichkeit um so mehr auf Lisa und macht es ihr leichter, diese schwere Minute zu ertragen.

»Ich will jetzt den Vater vorbereiten«, sagt die Mutter mit schon ganz ruhiger und gleichmütiger Stimme, »und dann komm du und bitte für Ssonja. Glaube mir, wenn du das tust, wirst du dich in den Augen aller erheben und wirst dir deinen Stolz bewahren.«

Ljubow Andrejewna begibt sich in das Zimmer ihres Mannes, der krank ist und in der denkbar schlechtesten Laune auf dem

Sofa liegt. Mit äußerster Vorsicht legt sie ihm langsam den Sachverhalt dar, immer demütiger werdend unter den Blicken ihres Gatten, die mit jedem Wort, das sie spricht, wütender und wütender werden.

»Ssonja dem Grafen geben? Niemals!« schreit er endlich mit zitternden Lippen, das Gesicht von Wut verzerrt. Er erhebt sich zu seiner ganzen Größe, nervös zupft er an seinem langen weißen Bart, und, die zornfunkelnden Augen scharf auf seine Frau gerichtet, ruft er:

»Die jüngere Tochter vor der älteren verheiraten? Wie kannst du nur überhaupt so etwas wollen? Ssonja ist noch ein Kind! Und er? Er ist viel zu kompliziert für sie! Er wird sie mit seinen Tüfteleien und seinen Predigten zu Tode quälen. Lisa würde mit ihm fertig werden, aber nicht Ssonja, dieses wehrlose Lämmlein. Nein, auf keinen Fall! Und ich will auch kein Wort mehr darüber hören!«

»Aber der Graf liebt Ssonja«, wirft Ljubow Andrejewna schüchtern ein.

»Er liebt sie? Was heißt das, er liebt sie? Er wird auch Lisa lieben«, schreit der Doktor dagegen. »Er hat übrigens schon viele geliebt und ist bis jetzt noch niemals an der Liebe gestorben. Lisa ist stark genug für ihn. Aber Ssonja? Nein, Ssonja gebe ich ihm nicht.«

»Aber Lisa will ja selbst, daß Ssonja den Grafen heiratet«, läßt Ljubow Andrejewna ihren letzten Trumpf vernehmen.

»Lisa?« stößt der Doktor hervor, wie vor den Kopf gestoßen. »Lisa sollte das selbst wollen? Nein, das kann ich nicht glauben.«

Da klopft es an der Tür, und ohne eine Antwort abzuwarten, tritt Lisa ins Zimmer. Ihr Antlitz ist bleich, aber ruhig. So wie immer hat sie sich auch jetzt wieder vollständig in der Gewalt. Bewundernd steht die Mutter vor ihrer stolzen Schönheit und ihrer ungeheuren Willenskraft. Wie ein Leuchten kommt es von diesem feinen, stolzen Gesicht, und niemand könnte glauben, daß dies die gleiche Lisa sei, die noch vor einigen Minuten wie eine Verzweifelte an Ssonjas Tür geklopft, die geweint und geschrien und mit erhobenen Händen gebeten hat, sie solle des Grafen Antrag ablehnen.

»Mama«, sagt sie mit der ihr eigenen Betonung, die keine Widerrede zuläßt, »Mama, hole jetzt gleich Ssonja!«

Gehorsam verläßt die Mutter das Zimmer und denkt noch einmal mit Bitterkeit daran, welch ungeheuren Fehler der Graf macht, daß er nicht Lisa zur Frau nimmt. Lisa, mit ihrem edlen Stolz und ihrer majestätischen Schönheit, das wäre eine richtige Gräfin geworden, aber nicht Ssonja, dieses kleine, schwache, sentimentale Ding.

Als sie sich schon im Gang befindet, hört sie noch, wie Lisa mit lauter, fester Stimme spricht:

»Papa, Ssonja soll den Grafen heiraten! Das ist ihr Schicksal!«

Wenige Augenblicke später steht Ssonja vor ihrem Vater, schüchtern und verweint, aber strahlend vor Glück.

»Ssonja«, sagt der Vater mit strenger Stimme, »ich gebe mein Einverständnis, aber nur, weil Lisa für dich gebeten hat. Bei ihr allein mußt du dich bedanken!«

Ssonja wirft sich ihm an die Brust, und die Augen des Vaters, die vorher noch vor Zorn gesprüht, füllen sich nun mit Tränen der Rührung.

»Ssonja, mein Täubchen«, fragt er weich, »wirst du mit ihm auch glücklich werden?«

»Papa, er liebt mich ja so sehr!« gibt Ssonja, noch schluchzend, zur Antwort.

»Ssonja«, spricht der Arzt, während auch ihm die Tränen über die Wangen laufen, »du bist achtzehn Jahre alt, und er vierunddreißig! Er hat schon ein halbes Leben hinter sich, und du beginnst gerade erst zu leben. Überlege es dir noch!«

Wieder klopft es an der Tür, und diesmal ist es Lew Nikolajewitsch, der mit verlegenem, aber dabei doch vor Freude erregtem Gesicht eintritt.

»Ich bitte um die Hand Ihrer Tochter Ssofja Andrejewna!« stottert er, während sich sein Gesicht mit Röte übergießt.

»Sie hat mir bereits davon Mitteilung gemacht«, gibt der Doktor zur Antwort, wobei es ihm nicht ganz gelingt, freundlich zu erscheinen. »Ihr beide müßt es ja wissen«, fügt er fast hart hinzu. »Ihr müßt ja zusammenleben!«

»Und könnte nicht die Hochzeit morgen stattfinden?« ruft Lew

Nikolajewitsch aus, erfaßt von einem Taumel der Glückseligkeit.

»Morgen?« fragt der Doktor, während er den Grafen verwundert ansieht. »Morgen? Ach, Graf, mein Täubchen, man sieht, daß alle Verliebten gleich sind, alle verlieren sie den Kopf, mögen sie sonst noch so gescheit sein. Morgen! Und die Mitgift? Und alles andere?«

»Ich brauche keine Mitgift!« wirft Lew Nikolajewitsch freudig ein. »Und auch Ausstattung brauche ich keine. Ssonja ist ohnehin immer so fein herausgeputzt. Ssonja selbst ist ja die schönste Mitgift!«

Ljubow Andrejewna lacht unter Tränen. »Es müssen Kleider genäht, die Mitgift muß gerichtet werden. Wir haben ja nie gedacht, daß Ssonja schon so bald heiraten könnte. Es ist rein gar nichts für sie vorbereitet. Frühestens in drei Monaten! Vorher ist es gar nicht möglich!«

»In drei Monaten!« ruft Lew Nikolajewitsch aus, während sein Antlitz bleich wie Leinwand wird. Er greift sich an die Stirn und läßt sich in einem Lehnstuhl nieder. »Drei Monate halte ich es nicht aus, ich sterbe vor Sehnsucht!« Er sagt es mit solcher Energie und solcher Verzweiflung in der Stimme, daß Ssonjas Eltern erschrecken.

»Du hast ja nicht einmal einen Wagen hier, um sie zu dir nach Jassnaja Poljana zu führen!« wirft die Mutter nachdenklich ein.

»Ach, Wagen!« ruft der Bräutigam verzweifelt aus. »Ich kann ohne Ssonja nicht leben! Mehr als drei Tage halte ich es nicht aus.«

»Nun, was soll man da machen?« gibt Ljubow Andrejewna nach. »Meinetwegen soll die Hochzeit in einer Woche stattfinden. So lange braucht man unbedingt, um das Hochzeitskleid zu nähen und um das Service und das Silber einzukaufen!«

»Eine Woche!« ruft Lew Nikolajewitsch wieder. »Eine Woche halte ich es nicht aus!«

»Gut, dann wird die Hochzeit am Sonntag, dem 23. September, stattfinden«, greift der Vater ein, mit einem Ton, der keine Widerrede duldet. Lew Nikolajewitsch seufzt tief auf und blickt zu Ssonja. Und Ssonja sieht auf ihn mit ihren großen, weit geöffneten, glänzenden Augen, die ihm sagen wollen, daß er sie heute zum glücklichsten Menschen der Erde gemacht, weil er, der beste, gescheiteste und liebste Mensch auf der Welt, ihr Mann werden soll!

September 1862

Die ganze Nacht stürmt es draußen. Unheimlich schlagen die Fensterläden an die Mauern, ächzen die Stämme der Bäume unter dem Druck des Windes, der mit aller Wucht gegen die Fenster stößt. Als ein Heulen wie von einem weinenden Menschen durch die Nacht schrillt, erwacht Lew Nikolajewitsch plötzlich mit einem Gefühl rasender Angst vor dem, was seiner wartet. Die ganze Freude, die ihn gestern abend erfüllte, als er in die glücklichen Augen seiner Braut geschaut, die ganze Lust und Wonne ist wie vom Wind hinweggeweht, und nichts ist zurückgeblieben als eine namenlose Angst vor der Zukunft und vor Ssonja, vor diesem geheimnisvollen, unergründbaren Wesen.

Er setzt sich im Bett auf, umfaßt die Knie mit seinen eiskalten Händen und mit einem Mal sagt er halblaut vor sich hin:

»Welches Glück wäre es, wenn ich ihr jetzt gleich einen Absagebrief schreiben könnte!«

Kaum hat er diesen Gedanken gefaßt, verwundert er sich selbst über dessen Unsinnigkeit.

Was ist mit mir? denkt er, während er dem Toben und Heulen des Windes lauscht. Gestern war Namenstagsfeier von Ssonjas Mutter und von Ssonja. Viele Gäste waren da – der Festtisch, mit Torten, Konfekt und Blumen – mit vielen, vielen Blumen. Und Ssonja, die man allen als seine Braut vorgestellt, war ungewöhnlich lieb und reizend in dem lila Kleid mit den Bändern, der feine Hals hob sich so rührend und naiv aus dem Ausschnitt, und die hohe Frisur machte sie größer, ernster und älter als gewöhnlich. In ihren Augen spiegelte sich das Glück und gleichzeitig tiefes, verhaltenes Leid. Warum leidet sie, wenn sie meine Braut ist? Ist sie müde? Oder hat sie Angst vor der Trennung von Eltern und Geschwistern? Oder fürchtet sie sich vor dem neuen Leben, vor dem Leben mit mir?

Die Angst in ihm wächst und wächst ...

Warum hat sie kein einziges Mal du zu mir gesagt, obwohl ich sie so darum gebeten habe? Warum ist sie immer so schüchtern mit mir? Warum ist es fast so, als ob sie mich fliehen wollte? Warum ist sie aus dem Zimmer gegangen, als dieser Poliwanow eintrat, zum erstenmal in seiner neuen Uniform? Oh, ich habe es wohl bemerkt, wie siegesgewiß er aufgetreten ist, wie seine Augen vor allem Ssonja gesucht haben, wie Ssonja errötete, als er sie begrüßte, wie sie dann schnell das Zimmer verließ, und er gleich hinter ihr her war.

Mit einem Gefühl aus Zorn und Scham erinnert er sich daran, wie ihm in diesem Augenblick maßlose Eifersucht das Herz zerfraß, wie er selbst fühlte, daß sein Antlitz einen abstoßenden Ausdruck annahm und entsetzlich häßlich war im Vergleich zu dem netten, sympathischen Gesicht dieses Poliwanow. Wie bitter das war!

Dann kehrte Ssonja zurück, grübelte Lew Nikolajewitsch weiter. Ihr Gesicht war noch blasser als zuvor, und sie vermied meinen Blick und meine Gegenwart. Poliwanow war lange nicht zu sehen, und als er dann doch erschien, da war er ebenso blaß wie Ssonja, seine Augen zeigten die Spuren von Tränen, die er vor den andern Anwesenden zu verbergen suchte. Sie hat ihm mitgeteilt, daß sie mich heiraten wird; das war ein schwerer Schlag für ihn und – auch für sie!

Wie entsetzlich, schauerlich die Bäume rauschen in dieser langen Nacht, und wie die Fensterläden an die Mauer schlagen – immer und immer wieder, ohne Aufhören!

Und wenn Ssonja in mir nicht das liebt, was ich wirklich bin? Wenn sie in mir nur ein Phantom liebt, das sich ihre naive Mädchensehnsucht ausgedacht hat? Wenn sie nur das Bild des genialen Schriftstellers liebt, den sie in mir sieht, und sie dann zutiefst enttäuscht sein wird, in mir den gewöhnlichen Menschen zu erkennen, mit dem schweren, düsteren Charakter?

Da erinnert sich Lew Nikolajewitsch plötzlich an die Erzählung, die Ssonja geschrieben, und in der sie unter dem Namen Dublitzky ihn als einen Menschen von »ungewöhnlich unschönem Äußeren« und von »unbeständigem Urteil« gezeichnet. Der Schluß der Novelle war, daß sie nicht den Helden, sondern einen andern heiratete. Unter diesem andern hat sie Poliwanow verstanden! Und wenn sie jetzt doch ihn zum Mann nehmen will, so waren da andere Gründe im Spiele, nicht aber Liebe!

Ja, wenn es wirklich so ist, daß sie nicht ihn liebt, sondern nur das Phantasiebild, das sie sich um ihn herum gebildet? Was wäre, wenn sie ihn kennen würde, wie er in Wirklichkeit ist? Hat er ein Recht, auf der Täuschung aufzubauen, mit der dieses Kind sich selber täuscht? Hat er ein Recht, sich vor ihr anders zu geben, als er ist, ihr all den Schmutz und Unflat zu verbergen, durch den er bisher gewatet ist?

Er hat einmal stolz und selbstvertrauend geschrieben, daß das Ideal, vor dem er sich beugt, die Wahrhaftigkeit ist. Ist das Wahrhaftigkeit, wenn er seine schmutzige Vergangenheit vor seiner reinen, keuschen Braut verbirgt? Nein, das darf nicht sein, sie soll alles wissen, alles erfahren! Sie soll jetzt, noch vor der Ehe, bis zur Neige die Schale seiner Vergangenheit austrinken, und der Gram, der ihr Herz erfüllen wird, wird ihn selbst reinigen und erneuern!

Es beginnt licht zu werden. Die lange Nacht ist vorübergegangen, unheimlich schnell in den Gedanken an Ssonja. Lew Nikolajewitsch erhebt sich und nimmt seine Tagebücher aus dem Schrank. Nachdenklich sieht er sie an und sagt sich, daß wohl ein ganz anderes Leben in ihnen aufgeschrieben wäre, hätte er gewußt, er würde sie einmal Ssonja geben.

Liebe, kleine Ssonja! Sie wand Seidenbändchen um den Stuhl, auf dem er gesessen, sie schrieb Sentenzen aus seinen Werken heraus und trug sie an ihrer Brust: Wird sie es ertragen, wenn ihr Ideal in Staub zerfällt?

Lew Nikolajewitsch wäscht sich heute ganz besonders sorgfältig, gleichsam als wollte er sich damit von dem Schmutz seiner Vergangenheit reinigen. Dann kleidet er sich mit ungewohnter Genauigkeit an und, trotz der frühen Stunde, die für Besuche völlig ungeeignet ist, macht er sich auf den Weg in den Kreml, zu Ssonja.

Der Wind hat sich gelegt, und ein blaßblauer Himmel spannt sich über die Stadt, so blaß, als hätte es gerade heute nicht an Farben für ihn gereicht. Die Sonne scheint, aber sie gibt kein richtiges Licht und keine Wärme. Von den Bäumen fallen die Blätter, und mit Verwunderung bemerkt Lew Nikolajewitsch, daß diese Blätter noch ganz grün sind, und doch schon runzlig, schwach und welk, als ob sie vorzeitig die Kraft verloren hätten, ihr kurzes Leben zu Ende zu leben.

September 1862

Ssonja empfängt Lew Nikolajewitsch voll Erstaunen und Unruhe.

Sie trägt jenes gelbe Kleid mit braunen Tupfen, in dem sie wie ein großer Falter aussah, als sie damals, an dem wunderbaren Sonntag in Pokrowskoje, mit ihrer Schwester im Hof spielte und als sie immer rief: »Wenn ich Zarin sein werde.« Aber heute ist ihr Antlitz blaß, still, fast traurig. Sie steht vor ihm, ohne ein Wort zu sagen, und nur in ihren Blicken liest er die quälende Frage. Es ist, als ob sie einen Schlag von ihm erwarte und noch im letzten Augenblick um Gnade bäte.

Fast dünkt ihn jetzt, als ob es besser wäre, sie zu schonen, als ob es eine gewisse Grenze der Aufrichtigkeit gäbe, die man nicht überschreiten dürfe, ohne dem andern etwas in der Seele zu zerbrechen.

Es tut ihm leid um Ssonja, und er will ihr nicht eine Pein antun, die ihr ganzes Leben vergiften könnte.

Aber dann denkt er wieder, daß es ihm unmöglich sein werde, seine Vergangenheit ganz allein zu tragen, und daß es gerade Ssonja auferlegt sein müsse, ihn mit all seinem seelischen Schmutz, mit all seinen Niedrigkeiten, und doch auch mit dem ganzen Durst nach dem Guten, der in seinem Herzen wohnt, zu lieben. Nicht die Liebe einer Schülerin will er, sondern die Liebe einer Frau, die alles verstehen, alles verzeihen und trotz allem ihn lieben kann.

Sein Antlitz ist hart und fahl, während er ihr die Hefte übergibt.

»Was ist das?« fragt Ssonja, noch um einen Schatten bleicher, und flüstert, kaum die Lippen bewegend: »Ihre Vergangenheit?«

Schweigend nickt er, und seine grauen Augen bleiben starr auf ihr haften.

»Ist das unbedingt nötig?« fragt Ssonja langsam, als ob ihr jedes einzelne Wort eine große Anstrengung koste, als ob ihr die Zunge am Gaumen angetrocknet wäre.

Da faßt Lew Nikolajewitsch schon bittere Reue über sein Tun. Mein Gott, fragt er sich, ist es wirklich notwendig, daß ich ihr die ersten Tage unserer jungen Liebe vergifte und in ihr den Glauben an mich töte?

Seine Hilflosigkeit, seine Verlegenheit und Verzweiflung setzen Ssonja in Verwunderung. Sie begreift nicht, wie dieser geniale, von allen verehrte Schriftsteller so demütig vor ihr stehen kann, daß er von ihr verlangt, sie solle in die tiefsten Tiefen seiner Seele blicken, daß er um ihre Hilfe, um ihre Verzeihung, um ihre bedingungslose Liebe fleht. Aber plötzlich, zum erstenmal in ihrem jungen Leben, versteht Ssonja, daß es selbst für den stärksten und mutigsten Mann Augenblicke gibt, in denen er nirgends anders Stütze und Hilfe finden kann, als gerade bei einem so jungen, schwachen Geschöpf, wie sie es mit ihren achtzehn Jahren ist.

»Gut«, sagt sie mit energischer Stimme, »ich werde sie lesen, wenn Sie glauben, es muß sein!«

Während sie ihm die Hand reicht, ist er erstaunt darüber, wieviel Festigkeit, Mut und Kraft in dem Druck dieser kleinen Finger liegt. Er macht eine Verbeugung und, außerstande auch nur ein einziges Wort hervorzubringen, verläßt er das Zimmer.

Wie sehr hat sich Ssonja auf die wundervollen Tage ihrer Brautzeit gefreut! Sie hat nicht geahnt, daß diese Tage gerade für sie die qualvollsten werden sollten, die sie in ihrem ganzen Leben bisher durchgemacht.

Mit der ersten Zeile, die sie in den Tagebüchern ihres Bräutigams liest, beginnt ein wilder, grausamer Sturm über sie hereinzubrechen. Es ist, als ob das Leben selbst seine ganze Kraft einsetzte, um die Vorstellungen zu zerstören, die sie sich von diesem Leben gemacht. Alle ihre naiven, süßen Träume, alle die Bilder, in denen sie sich das Zusammensein mit einem treuen, ehrlichen Mann ausgemalt – dieses ganze zarte, feine Gebäude stürzt wie ein Kartenhaus zusammen, und eine neue, ihr völlig unbekannte Welt eröffnet sich in aller Schonungslosigkeit.

Ssonja liest und liest, sie kann an nichts anderes mehr denken als an diese Tagebücher; sie vergißt die Gäste, die Gratulationsbriefe und das Anprobieren ihrer Kleider.

Seine Schrift liebt sie nicht. Es ist eine Unbeständigkeit, eine Flüchtigkeit in ihr, die sie abstößt. Viele Wörter kann sie kaum entziffern, die dünnen, unsympathischen Buchstaben stehen oft wirr durcheinander. Und es ist, als ob das ganze Tagebuch von zwei völlig verschiedenen Menschen geschrieben wäre. Der eine ein Mönch, ein Asket, der sein Fleisch abtötet und in rührender Demut zu seinem Herrn, dem großen Schöpfer, betet. Lew Nikolajewitsch versteht zu beten. Die von ihm selbst verfaßten Gebete überraschen Ssonja durch ihre monumentale Einfachheit, durch die Tiefe des religiösen Gefühls und durch das ungestüme Hindrängen zur vollkommenen Vereinigung mit Gott. Er versteht es, zum Himmel zu schauen und dort die Sterne zu sehen und hinter ihnen all das Große und Erhabene. Und dieser eine Mensch, der Asket, ist unendlich streng gegen sich selbst, verurteilt schonungslos jeden einzelnen Gedanken, der ein Abgleiten von dem Weg bedeutet, den er sich in den »Regeln seines Lebens« vorgezeichnet, er liebt die Menschen und dürstet nach ihrer Liebe als nach dem höchsten der Güter, er ist bereit, für die Menschen alles, auch sein eigenes Leben, hinzugeben, er ist tapfer, mutig und stark im Wollen, das er zu immer vollständigerer Gewalt über seinen Körper zu erheben strebt. Das ist der Mensch, den sie aus seinen Werken kennt, den sie liebt, den sie vergöttert ...

Aber da ist der andere, ihr gänzlich unbekannte, völlig neue, von dessen Dasein sie nichts gewußt, von dem sie nur – und selbst dessen wird sie sich erst jetzt bewußt – eine ferne, dunkle, tief vergrabene Ahnung gehabt. Dieser andre lacht über das, was er verehrt, er glaubt nicht an den Gott, zu dem er betet, er verachtet die Menschen, die er lieben will, er ist ehrsüchtig, streitlustig, lügt und schmeichelt denen, die er verachtet. Er ist voll Wut und Zorn, schlägt unbarmherzig seinen Burschen, gibt sich widerstandslos seinen Leidenschaften hin, verspielt bei den Karten sein väterliches Erbe, durchsäuft die Nächte wie ein Tier, frißt sich voll, bis er sich vor Schmerzen windet, und gibt sich zügelloser Wollust hin, immer und ewig auf der Jagd hinter den »Mädchen« her ...

Ganz getrennt von diesen beiden Menschen, über ihnen schwebend, ist sein Genie, das ihn fest in der Hand hält, ihn zu arbeiten und zu schreiben zwingt, unter Verhältnissen, in denen niemand anderer dazu imstande wäre: während der Schlacht, da er nicht weiß, ob er aus ihr zurückkehren wird, nach einer schlaflosen, durchzechten Nacht, in der er so tief gefallen ist, wie nur ein Mensch zu fallen vermag, am Krankenlager, wo er nicht weiß, ob er sich jemals davon erheben wird. Dieses Genie ist es, das den Menschen in ihm rettet, und das auch denen Rettung gibt, die seine Werke lesen.

Ssonja liest und liest. In ganzer Offenheit und Unbedecktheit liegt das Wesen ihres Bräutigams vor ihr, in seiner ganzen Weite, Kompliziertheit, Zerrissenheit, und – in jeder Zeile ist dies offenbar – auch in seiner ganzen Genialität. Ssonja weiß nicht, was sie tun soll. Ihm absagen und sich für immer von ihm trennen? Oder ihn doppelt lieben und ihm helfen? Denn das eine ist ihr klar: Er bedarf der schnellsten Hilfe und der heißesten, hingebungsvollsten Liebe. Er hat recht daran getan, daß er sie in seinem Brief bat, alles genau zu überdenken und ihm dann als ehrlicher Mensch zu sagen, ob sie ihn zum Mann nehmen will. Sie ist bisher immer ein ehrlicher Mensch gewesen, und als solcher will sie auch weiter handeln. Und so will sie sich ganz offen und ehrlich die Frage vorlegen, ob sie imstande ist, dieses Kreuz auf sich zu nehmen und ob sie es vermag, die Frau dieses schwerblütigen, komplizierten Mannes zu werden, der – das ist ohne Zweifel – nicht nur sich quält, sondern der auch den Menschen quälen wird, der mit ihm zusammen den Weg des Lebens schreitet.

Dieser Weg ist nun plötzlich ein ganz anderer geworden, als Ssonja noch vor ein paar Stunden ihn sich vorgestellt. Sie träumte davon, von einem starken Mann geführt zu werden, wie ein Kind an der Hand des Vaters, klar und sicher, einem unverrückbaren Ziel zu. Und jetzt ist es so geworden, daß sie ihm das Sichere, Feste, Unverrückbare sein soll, das er sucht, daß ihr und sein Glück davon abhängen, ob es ihr gelingen wird, immer sie selbst zu bleiben und ihm nicht nachzufolgen, wenn er schwankt. Denn, das sieht Ssonja mit aller Deutlichkeit, er ist ein Mensch, in dem das Leben nach allen Seiten auseinanderfließt und niemals ruhig in einem Bett dahinströmen kann. Er ist ein Mensch mit vielen Gesichtern, sie aber muß eines bleiben: die Ssonja, die er liebt und die er nötig hat.

Es ist eine schwere, niederdrückende Entdeckung, die Ssonja da gemacht hat. Aber das Fürchterlichste, das sie in seinen Tagebüchern findet, womit sie einfach nicht fertig werden kann, ist seine Auffassung von der Frau. Ssonja hat schon lange Zeit, und vielleicht mehr noch als andere Mädchen, von der Ehe geträumt und sich einen Mann gewünscht, der rein und keusch wäre und es nicht nötig hätte, sich »auszuleben« wie die andern. Ihr Jugendfreund Poliwanow ist dieser Art, ein reiner, unverdorbener Jüngling, von dem sie jeden Schritt und jede Regung seiner Seele kennt. Aber Lew Nikolajewitsch? Sie soll einfach die Stelle einer der vielen einnehmen, die er immer suchte und immer gefunden hat?

Ssonja kann sich gut vorstellen, daß er zu einer andern Frau wirkliche Liebe gefühlt hat. So hat sie mit großem Interesse und ehrlicher Anteilnahme von seiner Neigung zu Sinaida Molostowa und zu Waleria Arssenjewa gelesen. Doch diese vielen, triebhaften, temperamentvollen Verhältnisse, von denen seine ganze Zeit vor der Brautschaft voll war, wie soll sie die begreifen und sie ihm verzeihen können?

Mit dreiundzwanzig Jahren schon diese fortwährenden Klagen, wie »mich quält die Lüsternheit, eigentlich nicht so sehr die Lüsternheit, wie die Macht der Gewohnheit«.

Wie Ssonja weint, als sie diese Zeilen liest: »18. April 1851. Ich konnte mich nicht zurückhalten, gab irgendeinem rosenroten Ding, das mir von weitem recht hübsch aussah, ein Zeichen und öffnete die Hintertür. Sie kam.«

Und wenn er auch dann schrieb, es wäre ihm nachher alles zum Ekel gewesen, so erscheint dies Ssonja doch ganz unwahrscheinlich niedrig; etwas ihm ganz Fremdes war diese Frau, er wußte überhaupt nichts von ihrer Seele; aber irgend etwas »Rosenrotes« lockte ihn, und das war schon genug, daß er sie an sich zog. Und wenn er nun auch in Ssonja im Grunde nichts anderes sucht als das Stillen eines augenblicklichen Verlangens? Er hat sich ja auch dieser »Rosenroten« später mit keinem einzigen Wort mehr erinnert. Dafür spricht er aber am 10. August 1851 von irgendeiner Zigeunerin Katja, von ihrem Lächeln, ihren Küssen, ihren Zärtlichkeiten und sagt: »Sie erzählte mir, daß sie mich liebt, daß sie sich andern nur deshalb zugänglich zeigt, weil dies die Truppe von ihr fordert, daß sie aber niemand anderem als mir die Freiheiten erlaubt, die vom Vorhang der Scham verdeckt sein müssen.«

Es ist Ssonja auch unbegreiflich, wie er zur gleichen Zeit, als er am Kaukasus in ständiger Todesgefahr schwebte und die feine, liebe, von Ssonja über alles geliebte Erzählung »Kindheits-, Knaben- und Jünglingszeit« schrieb, irgendeinen betrunkenen Kosaken Jepischka drängt, er solle ihm »Mädel« verschaffen. Am 22. August 1851 schrieb er in seinem Tagebuch: »Der betrunkene Jepischka sagte, daß die Angelegenheit mit der Ssalomonida in Ordnung geht. Ich möchte sie gerne nehmen und . . .«

Und nach dieser Ssalomonida wird er Ssonja umarmen! Wenn es wenigstens nur die eine gewesen wäre! Aber nach der Ssalomonida läuft er einer ganzen Menge von anderen hübschen Kosakentöchtern nach, und er rechnet es sich immer als ein großes Glück an, wenn er bei einer von ihnen Erfolg hat.

Am 20. März 1851 bemüht er sich, seine Gefühle zu analysieren: »Soweit ich mich selbst kennenlernen konnte, scheint es mir, daß in mir drei schlechte Leidenschaften vorherrschen: die Spielsucht, die Geilheit und die Ehrsüchtigkeit.«

Früher gab er sich mit zahllosen Frauen ohne Sinn und ohne Wahl ab. Die letzten vier Jahre freilich hatte er nur eine, die Aksinja, aber auch sie war für ihn im Grunde nichts anderes als ein Gegenstand zur Befriedigung seiner Lust. Und jetzt, denkt Ssonja, jetzt will er mich! Wozu will er mich? Wie liebt er mich? So wie alle die anderen und wie die Aksinja?

Sie wirft sich auf den Diwan, vergräbt ihr Antlitz in den Kissen und weint laut auf. Sie hat jetzt nur ein einziges Gefühl: weglaufen, weit weg von ihm, von seinen Küssen und Umarmungen, von seiner Liebe . . .

»Ssonja!« ruft da die Mutter zur Tür herein, »komm doch, wir müssen die Fasson für dein Brautkleid aussuchen!«

»Ach bitte, macht das ohne mich!« antwortet Ssonja unter Tränen. Was sollen ihr das Brautkleid und die Hochzeitsgeschenke und seine Liebkosungen? Nichts, nichts kann sie vergessen machen, was in diesen entsetzlichen Heften niedergeschrieben ist.

Da steht die Mutter hinter ihr und legt ihr sanft die Hand auf die Schulter. Ssonja, die nur sehr selten Liebkosungen von ihrer Mutter erfährt, richtet sich erschrocken auf und sucht die Hefte rasch unter dem Diwanpolster zu verstecken.

»Armes Kind«, sagt die Mutter mit einem zärtlichen und traurigen Lächeln, »das ist seine Vergangenheit?«

Ssonja schluchzt laut auf und nickt bejahend.

»Ssonja«, fährt die Mutter fort, mit ruhiger, ernster Stimme, »wir alle sind da hindurchgegangen. Ich auch. Steh auf, mein Kind. Und wisse, daß das Leben der Frau ein ewiges Opfern ist. Alles geben und fast nichts dafür erhalten, das ist das Schicksal fast aller Frauen.«

Ssonja läßt die Hände sinken, mit denen sie das Gesicht bedeckt hat, und blickt ihrer Mutter in die Augen. Zum erstenmal in ihrem Leben fühlt sie, daß sie ihre Mutter ganz verstanden hat. Sie faßt ihre Hände und bedeckt sie mit heißen Küssen.

»Auch ich habe das mitgemacht!« sagt die Mutter noch einmal, traurig und gedankenvoll, und dann, wieder mit einem schwachen Lächeln, fügt sie hinzu:

»Aber auch Freuden wirst du in der Ehe finden. Jetzt aber komm, wir müssen dir das Kleid auswählen!«

Ssonja wischt sich die Tränen aus den Augen und folgt der Mutter. An dem Tisch, der mit weißen Stoffen voll belegt ist, sitzt in majestätischer Wichtigkeit die Schneiderin.

»Also Sie glauben, man sollte lieber leichtes Material nehmen und nicht diesen schweren Stoff?« fragt die Mutter mit geschäftigem Ernst die Schneiderin, die neugierig in Ssonjas verweintes Gesicht blickt. »Bei der Fürstin hat mir unlängst ein Rock sehr gut gefallen, der seitlich mit breitem Plissee belegt war.«

»Wir machen eine lange Schleppe«, rät die Schneiderin wichtig, »mit tiefen Falten. Da das Fräulein sehr schmal ist, wird ihr etwas Leichtes und Luftiges am besten stehen.«

Wie sie nur über solche Kleinigkeiten streiten mögen, denkt Ssonja bitter; mir ist vielleicht mein ganzes Leben zerbrochen, und sie reden da von Stoffen!

»Aber wissen Sie«, läßt sich wieder die Mutter vernehmen, »sehr elegant wäre es, beim Rock ein schmales Plissee vorstehen zu lassen, so einen schmalen gauffrierten Saum vorne, und dann an den Rock noch ein paar Fleurs d'orange anzustecken. Ja, und neben den Blumen würde sich ein kleiner plissierter Volant auch sehr gut machen!«

»Freilich, und einen solchen Volant könnte man auch um das Dekolleté machen«, führt die Schneiderin begeistert den Ideengang der Mutter fort.

»Ach«, seufzt diese, »gegen das Dekolleté bin ich sehr voreingenommen!«

»Aber wo denken Sie hin«, wirft die Schneiderin, aufs höchste erregt, ein, »ein Dekolleté, das ist jetzt die letzte Mode!«

»Aber sehen Sie, wie mager die Arme ist«, meint die Mutter, »da paßt doch ein hoher, geschlossener Kragen viel besser, und dazu kann man noch die Rüschen über die Brust nehmen!«

»Nein, nein«, gibt die Schneiderin nicht nach, »heute kann man nur mehr Dekolleté tragen. Geschlossener Kragen! Wo denken Sie hin? Was würden da die Leute sagen?«

Und so verhandeln sie weiter, zuerst noch des langen und breiten über das Dekolleté, dann über die Krinoline, über die Falten und tausend andere Kleinigkeiten. Ssonja stiehlt sich langsam zum Fenster und blickt hinaus. Es ist finster geworden. Ein heftiger Wind treibt große Regentropfen an die Scheiben. Von den Kirchen des Kremls her schallt feierlicher Glockenton. Im Nebenzimmer erklingt lautes Lachen.

»Ssonja«, stürmt da Tanja ins Zimmer. »Gäste sind da, sie wollen dich beglückwünschen.«

Und Ssonja bleibt nichts anderes übrig, als in den Saal zu gehen, die Glückwünsche entgegenzunehmen, ein heiteres Gesicht zu machen, zu lächeln, zu lächeln und ihren Gram zu verbergen.

Nun erscheint Lew Nikolajewitsch. Er wirft einen fragenden Blick auf Ssonjas bleiches Gesicht. Wieder, und noch mehr als früher, muß er an ein armes, flügellahm geschossenes Vöglein denken, als er sie so vor sich stehen sieht. Keine Regung zeigt sich in diesem blassen Antlitz, als er ihr zulächelt. Sofort nach dem Erscheinen Lew Nikolajewitschs haben sich alle Gäste diskret zurückgezogen, um die Brautleute nicht zu stören. Ganz allein sind sie. Aber mit einem Mal sehen beide, daß sie sich jetzt nichts zu sagen haben. Nichts! Und beiden ist es eine große Erleichterung, als Tanja fröhlich zu Ssonja läuft und ihr zuruft:

»Ach, Ssonja, komm mit mir zur Mutter, hilf mir bitten, daß ich zu deiner Hochzeit etwas Buntes bekomme, und nicht wieder, wie immer und immer, diese faden weißen Kleider!«

September 1862

Zwei Tage sind es nur noch bis zur Hochzeit. Am Abend will Lew Nikolajewitsch kommen und sich Antwort holen, und noch immer weiß Ssonja nicht, ob sie die Kraft besitzen wird, alles zu vergessen, seine Frau zu werden und das Kreuz auf sich zu nehmen. Ja, das Kreuz! Denn, je mehr sie über seine Tagebücher nachdenkt, desto mehr wird ihr klar, daß die Liebe nicht dieses freudenvolle, leichtbeschwingte Gefühl ist, für das sie es bisher immer gehalten hat. Sie beginnt jetzt zu verstehen, daß es etwas ungemein Schweres und Verantwortungsvolles ist, zu lieben, und sie stellt sich immer wieder die Frage, ob ihr die Fähigkeit dazu gegeben ist. Es scheint ihr jetzt, als ob es nicht genügte, dieses eine große, feierliche Ja, sondern daß noch viele tausend kleiner, alltäglicher, immer von neuem beschlossener Ja darauf folgen müßten.

Er hat ihr von Verzeihen gesprochen. Was aber soll hier ein Verzeihen? Nicht darum handelt es sich, sondern um den Glauben an ihn, darum, ob sie ihn auch jetzt noch lieben kann, trotz allem. Noch ist sie nicht seine Frau, und alle Vorstellungen, die sie sich von ihm gemacht, sind bereits zerfallen. Jetzt muß sie sich die Frage stellen: Werde ich die Kraft haben, ihn lieben zu können, so wie er ist, so wie ihn mir das Leben gegeben hat?

Trotz ihrer achtzehn Jahre ist Ssonja gewohnt, sich mehr um das Wohl anderer zu kümmern als um das eigene. Sie tut dies nicht aus irgendwelchen Grundsätzen, sondern einfach deshalb, weil ihr Charakter so beschaffen ist. Aber in der Ehe, hat sie gemeint, würde es doch anders werden. Poliwanow hätte sicher nur für sie gelebt. Lew Nikolajewitsch, dessen ist sie nun gewiß, würde in erster Linie für sich selbst leben, für sich und sein Genie, trotz seiner leidenschaftlichen, rasenden Liebe. Ssonja weiß wohl gut, daß die Liebe Liebe und das Leben Leben ist. Auch zu Hause kennt Ssonja den Werktag. Sie kennt das Alltagsleben in der Ehe ihrer Eltern und in der Familie. Sie denkt mit Liebe und Sehnsucht an den Alltag ihrer eigenen Ehe, sie fürchtet sich nicht davor, nein, im Gegenteil, sie freut sich darauf. Aber er? Wird er ihn ertragen? Sie hat kein Vertrauen mehr zu ihm...

Ssonja nimmt die Hefte zur Hand und beginnt von neuem darin zu blättern. Heute will sie alle die Stellen heraussuchen und sich an sie klammern, die von seinem Streben nach dem Guten sprechen. Noch bevor sie aber auch nur eine Zeile gelesen, schiebt sie sie wieder von sich und sagt sich, sie dürfte ihn doch nicht nur wegen des Guten in ihm lieben. Lieben muß man den ganzen Menschen, so wie er ist. Aber warum scheint ihr dies so schwer? Warum kann sie dieses zweite Ja nicht mit der gleichen Freude und Selbstverständlichkeit sagen wie das erste?

In allen schweren Minuten ihres Lebens hat Ssonja stets Zuflucht zum Gebet genommen; so will sie sich auch jetzt an ihren Schöpfer wenden, der es ja besser weiß als sie, warum er das Schicksal Lew Nikolajewitschs mit dem ihren verbunden. Denn, daß sie vom Schicksal dazu bestimmt war, seine Frau zu werden, daß sie ihm kein Nein sagen könnte, das fühlt sie als Unabwendbarkeit. Sie faßt den Entschluß, überhaupt keine Zeile mehr in den Tagebüchern zu lesen. Nicht mehr in ihnen will sie suchen, was ihr den Weg weisen soll, sondern in der Kirche.

Noch nie hat Ssonja das Gotteshaus mit solcher Ehrfurcht und Scheu betreten wie heute. Es ist ganz leer, nur ein alter, weißhaariger Mönch steht, unbeweglich wie eine Statue, vor einem Muttergottesbild. Die Gottesmutter! Zu ihr will sich Ssonja wenden, sie weiß am besten, was Schmerz ist. Ssonja sinkt in die Knie und betet. Es ist die einzige Zuflucht in diesem Wirbel von

Schmerz, Verzagtheit und Unentschlossenheit.

»Mein Gott«, flüstert sie, »du hast mir seine Liebe geschickt, aber es ist schwer, sie zu tragen. Ich bin noch so jung und eine solche Last legt sich auf meine Schultern! Ich weiß, daß er ein Genie ist, und ich weiß, daß es von seiner Frau abhängen wird, wohin ihn sein Genius führt. Er ist schwach, und ich bin schwach. Ohne deine Hilfe, o Gott, werde ich es nicht tragen können. Hilf mir, daß ich ihn mit dieser Liebe liebe, für die du ihn mir gesandt hast. Hilf mir, daß ich mich ganz vergesse, daß ich nur an ihn und an sein großes Talent denke, das du nun mir anvertraut hast, hilf mir, damit ich ihn den Weg führe, den er allein nicht zu Ende gehen kann! Hilf mir, o Gott, das Schicksal, das du mir in die Hände gelegt, so zu lenken, daß es in deinen Händen bleibt. Denn er glaubt nicht an dich, o Gott, wenn er auch immer deinen Namen im Munde führt. Er betet wohl, aber er ist stolz, er streitet und rechtet mit dir, denn er selbst ist zu stark, zu groß . . .

Ich werde ihm heute zum zweiten Mal das Ja sagen. Aber wenn du mir nicht beistehst, o Gott, so wird es eine Lüge sein, denn nur du allein kannst mir helfen, all das zu vergessen, was in ihm war, und mich mit all dem abzufinden, was immer in ihm sein wird.

Es wird mir schwer werden, mein Gott, ihn zu lieben ohne deine Hilfe. Hilf mir, ihn zu lieben, ihn zu führen und in ihm das Licht zu entzünden, das dir brennen soll, denn dann erst wird sich die große Gabe ganz entfalten, die du ihm in die Wiege gelegt!«

Ssonja weint und schluchzt, daß ihre Schultern beben. Neben ihr, nur ein paar Schritte weit, steht der Mönch, immer noch unbeweglich, seine Augen gegen das Muttergottesbild gerichtet, und über seinem Antlitz liegt der Schein des Glücks, das ihm Glaube und Entsagung geben. Da erhebt Ssonja ihr Haupt und wirft einen Blick auf ihn. Warum, denkt sie, kann dieser Mensch alles, alles seinem Schöpfer geben, nichts für sich behalten, und doch so glücklich sein? Und warum sollte es mir so schwerfallen, mich für den zu opfern, der mich liebt und den doch auch ich liebe?

Voller, klingender Glockenton rauscht jetzt durch die Kirche.

Vor den Ikonen beginnt man Lichter anzuzünden, und langsam kommen Menschen herein. Ssonja erhebt sich noch ein letztes Mal zur Gottesmutter, deren Antlitz in mildem, goldenem Schein von den Kerzen erleuchtet ist, und mit einem Mal wird es licht und frei in ihrem Herzen.

»Wir werden Kinder haben«, sagt sie, »und werden sie lieben. Die Kinder werden unser Leben erfüllen. Er wird arbeiten, und ich werde ihm helfen. Ihm und unseren Kindern werde ich mein Leben hingeben. Sich ganz hingeben und immer lieben, was auch komme, ist das nicht genug des Glücks für eine Frau?«

Die Augen noch feucht von Tränen, doch schon voll von Glück in ihrem Herzen, küßt sie die starre, dunkle Hand des Muttergottesbildes und geht nach Hause.

Da sie eintritt, steht gerade Lew Nikolajewitsch im Vorzimmer und legt langsam seinen Mantel ab. Sein Gesicht ist bleich, traurig und hart. Mit fragendem Blick sieht er Ssonja an. Die letzten Tage haben sie kaum ein Wort miteinander gesprochen, seine Tagebücher haben sie vollständig auseinandergebracht. Jetzt ist er gekommen, sich Antwort zu holen.

Es fällt ihm auf, wie blaß sie in den letzten Tagen geworden, wie sie abgemagert ist und wie sich überhaupt ihr ganzes Aussehen verändert hat. Ihr Gesicht hat scharfe Züge bekommen, die Augen sind noch größer und zeigen einen traurigen Glanz, wie wenn sie eine schwere Krankheit hinter sich hätte. Er bemerkt noch Spuren von Tränen in ihren Augen und versteht, daß sie wegen seiner Vergangenheit geweint hat. Als sie ihn begrüßt, zucken ihre Finger in seiner großen, festen Hand.

Sie begeben sich ins Gastzimmer. Es ist leer, aber jeden Augenblick könnte Tanja auftauchen oder Lisa. Sie müssen sich beeilen.

»Nun, haben Sie gelesen? Alles? Ja?« fragt er hastig. »Können Sie mich nach alledem noch lieben?«

Ssonja hebt langsam ihre großen dunklen Augen zu ihm auf und sagt deutlich und bestimmt:

»Selbstverständlich ja!«

Es sind dieselben Worte wie damals, nachdem sie den Brief mit seinem Antrag gelesen. Aber sie, die diese Worte gesprochen, ist inzwischen eine andere geworden. Vor ihm steht nicht mehr das kleine, naive, blind ins Leben laufende Mädchen, sondern eine Frau, die erlebt, die verzichtet, die schon gelernt hat, sich abzufinden und Opfer auf sich zu nehmen. Voll Verwunderung, Verehrung und Entzücken blickt er sie an, sie, die wieder so neu, so unerwartet, so ganz anders ist als alle Frauen, die er bisher gekannt. Er sieht zu ihr empor mit dem Gefühl, als ob sie nun viel älter, viel weiser geworden wäre als er selbst es ist.

Da gibt er sich einen Ruck, die Muskeln um seinen Unterkiefer spannen sich seltsam krampfhaft an, und er sagt:

»Ssonja, auch an Gott glaube ich nicht! Ich soll zur Beichte gehen vor der Hochzeit, und ich habe keinen Funken von Glauben.«

»Auch das weiß ich!« gibt Ssonja kurz zur Antwort.

Sie verliert kein Wort, um ihn zu überzeugen, kein Wort, um ihn zu trösten. Sie legt nur ihre schmale, magere Hand auf die seine. Und da wird ihm so gut, so warm und freudig ums Herz. Voll Zärtlichkeit und Entzücken blickt er auf sie. In ihren Augen stehen Tränen, doch sie bemüht sich zu lächeln. Er sieht auf diese Lippen, die vom Lächeln und vom Weinen beben – und jetzt begreift er erst ganz, welch unendliches Glück das Geschick in seine Hände gelegt, als es ihm Ssonja gegeben. Er versteht, daß er nun nichts anderes mehr nötig hat, als sie von ganzer Seele und aus allen Kräften zu lieben, und alles muß gut werden, sie wird sein Leben richtig und gut gestalten.

Ssonja hat die Augen nicht von ihm gewandt, voll Hoffnung und voll Glauben blicken sie ihn an; sein so häßliches Gesicht scheint ihr jetzt wunderschön. Mit einem Mal ist alle Furcht und alles Bangen vor ihm verschwunden, und zum ersten Mal sagt sie ihm:

»Ljowotschka, ich liebe dich! Und ich werde alles tun, damit du glücklich wirst!«

22. September 1862

Lew Nikolajewitsch legt sich mit einem solchen Gefühl unermeßlichen Glücks zu Bett, daß er vermeint, er könnte es nicht ertragen, es müßte ihm das Herz zerspringen, und er könnte den morgigen Tag nicht mehr erwarten – den Tag der Hochzeit!

Lange liegt er wach im Bett, bevor er endlich Schlaf findet. Aber kaum sind einige Stunden vergangen, da schreckt ihn etwas auf.

Feuerlärm ertönt auf der Straße, Läuten, Rennen, Rufen. Entsetzt starrt er in die Finsternis, kalter Schweiß tritt ihm auf die Stirn und – nicht das Feuer, das da irgendwo wüten mag, ist es, das ihn so plötzlich in Angst gebracht, es ist wieder die Zukunft, die ihm unheimlich drohend entgegentritt.

Liebe ich sie denn wirklich? Das ist der Gedanke, den er klar formen kann, als er sich zurechtzufinden beginnt. Ist es wirklich die Liebe, oder ist es bloß der Durst nach Liebe?

Es ist ganz finster im Zimmer. Nur der Schein einer düster brennenden Laterne trifft das Fenster mit einem schwachen Schimmer, in dem die Regentropfen phantastisch an die Scheiben schlagen. Unheimlich regelmäßig und beständig klopfen sie an, mit aller Macht, als ob sie an etwas erinnern wollten, das er längst vergessen hat.

Lew Nikolajewitsch setzt sich im Bett auf, faßt sich mit den Händen an den Kopf, so wie früher in der Jugend, als er immer so heftig an Zahnschmerzen gelitten, und er stöhnt laut, wie vor körperlichem Schmerz.

»Unglückseliger!« sagt er, »was tue ich? Ich kenne sie ja gar nicht! Und vielleicht ist das alles nichts anderes als Einbildung und die Sehnsucht, eine Familie zu haben! Und bei ihr ist es bloß Berechnung! Gräfin will sie werden, Gutsbesitzerin! Nicht mich liebt sie, sondern diesen Gardeoffizier, diesen Poliwanow! Mich nimmt sie nur aus niedriger Berechnung!«

Der Wind stößt ans Fenster und heult, der Regen klatscht an die Scheiben, Hundegebell ertönt von ferne, und das hastige Klingeln der Feuerwehrwagen. Es ist etwas unerklärlich Gespenstisches, in seiner Unwirklichkeit Entsetzen Einflößendes in dieser wilden Herbstnacht.

Und wie da draußen der Sturm, so jagen die Gedanken durch sein Hirn und fressen alles weg von dem, was am Tag in ihm gewesen. Seine ganze Brautschaft und die Hochzeit, die morgen kommen soll, zeigen sie ihm als etwas Wahnwitziges, Läppisches, Unmögliches, und sogar Ssonja entblößen sie aller Farben und aller Reize und lassen nichts übrig von ihr als ein scheußliches, abstoßendes Gerippe.

»Mein Gott«, sagt er, »wie gewöhnlich sie ist, mit ihren ewigen Haushaltssorgen, und welche dumme, oberflächliche Religiosität in ihr steckt! In den Kirchen läuft sie herum, küßt die Ikonen, macht Wallfahrten in die Klöster und glaubt an alle diese Zeremonien, dieses dumme, ungebildete Ding! Wie soll ich mit ihr leben können, ich, der ich schon mit sechzehn Jahren aufgehört habe zu beichten und in die Kirche zu rennen? Und jetzt schon habe ich ihretwegen diese unwürdige Komödie mitmachen müssen! Weil ich morgen heiraten soll, mußte ich zur Beichte gehen! Und wie sie das alles ernst nimmt! Mit welch naiver Feierlichkeit sie diese Zeremonien aufnahm!

Freilich, ich habe selbst immer geglaubt, und auch jetzt noch glaube ich an etwas, aber nicht so dumm formell wie diese Ssonja. Auch ich habe Gott niemals geleugnet, doch an welchen Gott ich glaube, das weiß ich selbst nicht - und Ssonja, die noch niemals ein einziges philosophisches Buch gelesen hat, sie vermeint alles genau zu verstehen und ganz genau zu wissen, wie und was sie glauben muß . . .«

Er erinnert sich, wie streng und bekümmert sie ihn gestern angeblickt hat, als er ironisierend von seiner Beichte sprach, unehrerbietige Bemerkungen über den Geistlichen machte, und wie er ihr dessen Verlegenheit schilderte, als er offen bekannte, er hätte keine Ahnung davon, worin die Lehre Christi bestünde. Sie entgegnete ihm kein Wort des Vorwurfs, versuchte nicht, ihn zu überzeugen, sondern blickte ihn nur traurig an. Und dann begann sie zu lächeln, genauso wie eine Mutter über ihr dummes kleines Kind, das allerlei Unsinn zusammenfaselt, ohne zu wissen, was es eigentlich spricht.

Dieser Blick ist es, warum er sie jetzt hassen muß. Gestern noch war er tief gerührt über ihn, heute aber versetzt er ihn in Wut. Welches Recht hat sie, so auf ihn zu schauen, als wäre er der nächstbeste Dummkopf? Welch ungeheure Arbeit hat ihn die Welt seiner Gedanken gekostet, wieviel hat er um ihretwillen gekämpft und gelitten. Und diese dumme Ssonja ist einfach in ihren Glauben hineingeboren worden, wird in ihm leben, satt, gemütlich und bequem, und dann wird sie in ihm sterben. Während sie seine Tagebücher gelesen, ist sie wohl nicht einmal gewahr geworden, wie er um das Göttliche gekämpft und gelitten hat, und jetzt lächelt sie über ihn! Wie kann ihn überhaupt diese Ssonja verstehen, die unter den Fittichen ihrer Mutter aufgewachsen ist, ohne Entbehrungen, vom Leben nicht berührt und nicht getreten? Wie kann sie ihn verstehen, der immer allein war, seinem Geschick ausgeliefert, von seiner Umgebung und seinen Kameraden immer nur in die Tiefe gezogen, und der dennoch das geworden ist, was er jetzt ist, der trotz allem den lichten, göttlichen Funken in sich bewahrt hat? Was kann dieses dumme Mädchen, das unter dem Glassturz des häuslichen Herdes sitzt, von den Gefahren wissen, die am Weg eines jungen Mannes lauern?

Draußen heult ein Hund. Ein anderer antwortet aus der Ferne und wieder einer bellt anderswo, und wieder einer. Lew Nikolajewitsch ist nicht mehr imstande, länger im Bette zu bleiben. Er erhebt sich. Woher nur in Moskau die vielen Hunde kommen mögen, denkt er.

Ssonja wird es doch niemals verstehen, daß ich, wenn ich etwas Schlechtes getan, es niemals als Gutes bezeichnet habe. Es ist wahr, daß ich gespielt, getrunken, debauchiert, Duellhändel angezettelt habe, doch ich habe dann oft auch die qualvollsten Gewissensbisse gehabt! Ssonja, Ssonja hingegen – doch was kann sie dafür? fragt er sich plötzlich. Warum kann ich sie jetzt nicht leiden, weil sie nicht dieselbe qualvolle Vergangenheit hinter sich hat wie ich? Warum? Ja, ich weiß es, warum. Weil es bei ihr nichts ist als gemeine Berechnung. Ich bin für sie nur eine gute Partie. Wie könnte sie mich auch so lieben, so wie ich bin . . .

Es erhebt sich wohl wieder eine Stimme in ihm, die ihn warnt, die ihm sagen will, daß er Ssonja unrecht tut, daß sie ihm ihr ganzes Herz, ihre ganze Seele schenken, daß sie alles tun will, um ihn glücklich zu machen. Doch sie kommt nicht auf, diese Stimme, und traurig muß sich Lew Nikolajewitsch selbst gestehen, daß diese Jahre der Jugend, in denen er seine körperlichen und seelischen Kräfte so sinnlos vergeudete, aus ihm einen

Skeptiker, einen kalten und grausamen Pessimisten gemacht, und daß die Frauen, mit denen er bisher Umgang gehabt, ihm die Freude an Ssonja vergiftet und ihm den Glauben an ihre reine Seele geraubt haben.

Ssonja, arme Ssonja, denkt er voll Verzweiflung, noch sind wir nicht verheiratet, und was habe ich dir schon angetan mit meinen groben, grausamen Verdächtigungen! Ich habe dich heruntergezogen, weil ich selbst ein schmutziger, niedriger Mensch bin! Aber das entsetzlichste ist, daß ich an Ssonjas Liebe nicht glaube und nicht glauben kann – und daß ich sie selbst nicht liebe. Und nichts kann mich von der Überzeugung abbringen, daß Ssonja mich nur zum Manne nimmt, um Gräfin zu werden, um in Jassnaja Poljana zu herrschen, mit einem Wort, aus der niedrigsten, gemeinsten Berechnung! Lew Nikolajewitsch kann kaum den Morgen erwarten. Ihm klappern die Zähne, als ob er im Fieber wäre, sein Antlitz ist fahl und übernächtig, und wie ein Wahnsinniger hat er nur einen Gedanken: schnell zu Ssonja laufen und sich freimachen von ihr, die Hochzeit um jeden Preis verhindern, weil sie ihn nicht liebt!

Lew Nikolajewitsch weiß wohl, daß es gegen alle Regeln des Anstands ist, wenn er am Tag der Hochzeit vor der kirchlichen Feier seine Braut besucht. Doch was kümmert sich Lew Nikolajewitsch um Formalitäten und um die Vorschriften alter Weiber, wenn es um das Glück seines Lebens geht? Er stürzt ins Vorzimmer und bittet das Stubenmädchen, Ssonja sprechen zu können, mit einem solch verstörten Gesicht, daß sie ihn einführt, ohne ihn vorher anzumelden. Ssonja steht vor den Koffern, denn gleich nach der Hochzeit soll sie nach Jassnaja Poljana fahren. Sie hält gerade sein Lieblingskleid in den Händen, das lila Kleid, das sie anhatte, als er ihr den Antrag gemacht, und sie will sich schlüssig werden, in welchen der offenen Koffer sie es legen soll, damit es keinen Schaden leide.

Als sie Lew Nikolajewitsch erblickt, bleich, ungekämmt, mit vor Erregung verzerrten Zügen, fährt sie erschreckt zusammen und sieht ihn mit einem solchen Ausdruck von hilfloser Angst an, daß selbst er überrascht ist.

Ssonja ist blaß wie der Tod, tiefe blaue Ringe liegen unter ihren

Augen, und er versteht sofort, daß auch sie die ganze Nacht nicht geschlafen, daß sie am Ende ihrer Kräfte angelangt ist. Ihre Lippen zucken, und ihre Hände zittern, als sie ihm die Hand reicht.

»Ssofja Andrejewna«, beginnt er ganz unvermittelt, »es ist vielleicht besser, wir heiraten nicht! Sie haben es sich wahrscheinlich doch nicht richtig überlegt! Wenn Sie mich lieben, so erklären Sie mir, wofür und wie Sie mich lieben!«

Lew Nikolajewitsch fühlt selbst, während er spricht, wie unendlich töricht und ungeschickt seine Worte klingen. Entsetzt starrt ihn Ssonja an, aber er bemerkt es nicht. Sein Antlitz ist über die Maßen häßlich von der Aufregung, von der durchwachten Nacht und von den niedrigen Gedanken, die in seinem Hirn gewühlt. Die Nüstern seiner breiten Nase blähen sich und geben seinem Ausdruck etwas Tierhaftes. Die kleinen grauen Augen verstecken sich fast unter den buschigen Brauen und funkeln böse und grausam.

Ssonja bedeckt ihr Gesicht mit den Händen und schluchzt laut auf. Aber ohne darauf im geringsten zu achten, fährt er fort:

»Vielleicht ist Ihnen Poliwanow teurer als ich, aber Sie haben mich vorgezogen, weil meine gesellschaftliche Position vorteilhafter ist? Denken Sie noch nach darüber, jetzt ist es noch nicht zu spät!« schreit er der weinenden Ssonja ins Ohr.

»Wozu ist es nicht zu spät?« fragt erregt und gebieterisch Ssonjas Mutter, die in ihrem eleganten Seidenkleid ins Zimmer rauscht und die letzten Worte gerade noch vernommen hat. Lew Nikolajewitsch starrt sie an, ohne ein Wort herauszubringen.

»Ach, Mama, Mama«, wirft sich ihr Ssonja in die Arme. »Der Graf sagt, ich liebe ihn nicht, und er will keine Hochzeit!«

Und dabei weint und schluchzt sie nur noch heftiger.

»Bist du denn verrückt geworden, Ljowotschka?« wendet sich da die Mutter streng und erzürnt an ihn. »Noch seid ihr nicht einmal verheiratet, und schon hast du meine Ssonja beinahe ins Grab gebracht! Schau sie dir nur an, was du in einer Woche aus ihr gemacht hast! Nur Haut und Knochen sind von ihr noch übriggeblieben. Zuerst quälst du sie mit deinen Tagebüchern, und dann denkst du dir noch solche Dummheiten aus! Wenn meine Ssonja einmal ›ja‹ gesagt hat, so heißt das, daß sie dich liebt. Schäm dich doch, mit deinem ›Liebst du mich?‹, ›Liebst du mich nicht?‹. Wenn sie gesagt hat, sie liebt dich, so heißt das, sie liebt dich, und damit basta! Schau sie dir nur an! Ihr Gesicht ist eingefallen, in den Nächten schläft sie nicht, am Tage ißt sie nicht, eine Schande, sich mit einer solchen Braut in der Kirche zu zeigen. Du jagst ihr nur die Seele aus dem Leib mit deinen dummen Spintisierereien. Denk doch daran, was sie heute noch alles aushalten muß. Die Hochzeit, und dann die Fahrt! Und überhaupt, was für ein Recht hast du denn, hier zu erscheinen, weißt du nicht, daß der Bräutigam am Tag der Hochzeit die Braut nicht besuchen darf? Mach, daß du sofort heimkommst! Nun, wird's bald?!«

Sie packt ihn energisch bei den Schultern und schiebt ihn einfach zur Tür hinaus. Und merkwürdig! Der unzeremonielle, grobe Ton Ljubow Andrejewnas hat um so beruhigender auf Lew Nikolajewitsch gewirkt, je länger und je eindringlicher sie auf ihn eingeredet. Als er nun die Straße betritt, spielt bereits ein Lächeln um seinen Mund, und kaum ist er ein paar Schritte gegangen, beginnt er ein Liedchen vor sich hinzupfeifen. Alles, was er sich während der Nacht zusammengedacht, worüber er sich so entsetzt hat, während draußen im Sturm und in der Finsternis die Hunde heulten und die Kirchenglocken tönten, all dies erscheint ihm nun als kindliches, lächerliches Hirngespinst. Natürlich liebt ihn Ssonja, grenzenlos liebt sie ihn, und er liebt Ssonja, und er ist der glücklichste Mensch auf der Welt. Wie hat er auch nur einen einzigen Augenblick etwas anderes denken können!

Lew Nikolajewitsch ruft einen Kutscher heran, und während er sich in den Wagen setzt, beginnt er mit ihm zu scherzen. Es gefällt ihm, daß der dicke Muschik einen so langen, gemütlichen Bart hat und daß sein ganzes Gesicht von einem dichten Urwald bedeckt ist.

»Bist du verheiratet, Kutscher?« fragt er.

»Versteht sich, daß ich verheiratet bin!« ist die Antwort.

»Nun, und liebt dich deine Frau?« forscht er weiter, und wieder nimmt er sich vor, die Worte dieses Mannes als bedeutungsvolles Zeichen zu nehmen: Wenn er ja sagt, so soll es gewiß sein, daß

Ssonja ihn sein ganzes Leben lieben wird.

»Natürlich liebt sie mich!« sagt der Kutscher mit ruhiger Stimme. »Dafür ist sie ja auch meine Frau, daß sie mich liebt!«

Diese Antwort beruhigt ihn nun vollständig. Natürlich, wozu sollte sie denn sonst seine Frau werden, als um ihn zu lieben? Wie hat er nur an der Liebe der kleinen, schmächtigen Ssonja zweifeln können?

So ruhig und leicht und gut ist ihm ums Herz. Und er beginnt die Stunden zu zählen, die ihn noch von dem Augenblick trennen, da er ganz allein mit Ssonja bleiben und sie nach Jassnaja Poljana führen wird, heim, fürs ganze Leben!

III

»Ssonja, warum sagst du niemals du?«

23. September 1862

Lew Nikolajewitsch ist gegangen, und Ssonja setzt sich auf einen der noch offenen Koffer, in die sie ihre Kleider einpacken wollte. Neben ihr steht die Mutter und spricht auf sie ein, aber Ssonja weint und schluchzt. Sie fühlt sich zutiefst beleidigt. Mit solcher Liebe und mit solch reinem Herzen hat sie ihm dieses zweite Ja gesagt, mit solchem Glauben an ihn und an die gemeinsame Zukunft, und er kommt nun mit solch niedrigen Zweifeln! Die Freude und Zuversicht, zu der sie sich so mühsam durchgerungen, sind wie weggeweht, und allen Ernstes fragt sie sich, ob sie nicht besser getan hätte, Poliwanow zum Mann zu nehmen. Poliwanow, der heute als Brautführer die Krone über ihrem Haupt halten wird, würde sie sicher nicht so quälen.

Da tritt Lisa ins Zimmer. Als sie der weinenden Ssonja und der sie tröstenden Mutter gewahr wird, sagt sie in ihrem kalten, ein wenig verächtlichen Ton:

»Sie bekommt einen Grafen zum Mann, einen berühmten Schriftsteller, und heult, als ob sie sich in der nächsten Minute ertränken wollte!«

»Ach, Lisa, was verstehst du davon!« schluchzt Ssonja. Dann eilt sie in ihr Zimmer, wirft sich auf das Kanapee und bleibt dort in Tränen stundenlang liegen.

»Ssonja, Ssonja, wo bist du?« bringt die Stimme Tanjas sie in die Wirklichkeit zurück. »Es ist höchste Zeit, daß du dich ankleidest!«

Ssonja erhebt sich und blickt Tanja entsetzt an. Die Tränen haben ihr Gesicht aufschwellen lassen und es beinahe häßlich gemacht.

»Mein Gott, wirklich schon anziehen?« seufzt sie. Es fiebert sie, und sie hat nur den einen Wunsch, irgend etwas recht Heißes zu trinken und sich ins Bett zu legen, nicht aber in die Kirche zu gehen und zu heiraten.

»Ssonja, liebe Ssonja, ist es denn so schrecklich, zu heiraten?« fragt Tanja schüchtern, während sie sich neben Ssonja auf die Knie niederläßt.

»Ach Tanja, Tanja, wenn du wüßtest, wie schlecht, wie entsetzlich er heute mit mir umgegangen ist! Und welch stechender, böser Blick in seinen Augen war«, beginnt Ssonja wieder zu weinen, und Tanja stimmt ein, wobei sie, noch ganz wie ein Kind, ihren großen, unschönen Mund weit öffnet und mit den Händen die Tränen über das ganze Gesicht verschmiert.

Tanja weint so laut, daß die Mutter erschrocken herbeieilt.

»Ihr seid ja beide verrückt geworden!« ruft sie aus. »Es ist höchste Zeit zum Ankleiden!«

Wie immer bisher, bewirkt auch jetzt die ruhige Strenge, die in der Stimme der Mutter liegt, daß Ssonja sich beruhigt. Sie erhebt sich und geht aus dem Zimmer, um sich zu waschen.

Dann kommen Ssonjas Freundinnen. Lisa empfängt sie, und zu ihnen gesellt sich auch Tanja, die inzwischen ihre gewöhnliche Heiterkeit wiedergefunden hat und ganz aufgeregt überall mithelfen will, dabei aber alle nur stört.

Endlich erscheint auch Ssonja, um die jungen Mädchen zu begrüßen, die gerade dabei sind, die Brautwäsche zu bewundern.

»Welch reizendes Hemdchen«, meint die eine, »und wie zierlich dieses lila Bändchen durch die Spitzen gezogen ist!«

»Aber zu wenig Spitzen sind daran«, bemerkt eine andere. »Ich liebe Hemden mit einer Fülle von feinen Spitzen.«

»Nein, es ist schöner mit wenig Spitzen«, sagt Ssonja nachdenklich. »Ich liebe das Einfache. Und dieses lila Band habe ich eingezogen, weil Lew Nikolajewitsch alles, was lila ist, so liebt. Ich hatte ein lila Kleid an, als er mir seine Erklärung machte.«

Bei diesen Worten erinnert sie sich wieder an das, was morgens zwischen ihr und ihrem Bräutigam vorfiel, und nur mit der größten Mühe vermag sie vor ihren Freundinnen die Tränen zurückzuhalten.

»Ssonja«, fragt sie da die Mutter, »willst du dich denn allein kämmen?«

»Ich brauche keinen Friseur, ich bringe es schon allein zuwege!« gibt Ssonja energisch zur Antwort und macht sich gleich an die Arbeit. Sie strählt ihr wundervolles langes Haar glatt und legt es zurück. Ihr blasses Gesicht wirkt unter der dunklen Last wie weißer Marmor.

»Ich will ihr das Kleid anlegen«, ruft Tanja aus, als Ssonja mit der Frisur fertig ist. Sie reißt das leichte Kleid aus den Händen der Freundinnen und zieht es Ssonja vorsichtig über den Kopf. Wie nun die schmalen, mageren Schultern aus der duftigen Wolke von Gaze hervorstechen, schüttelt die Mutter den Kopf und sagt bedauernd:

»Ach, wir hätten doch kein Dekolleté machen sollen! Du siehst darin aus wie eine Hungerleiche!«

»Mit dem Schleier wird es schon besser werden«, tröstet Tanja, indem sie ihrer Schwester den Tüll überwirft und die Fleur-d'orange-Zweige an die Schultern heftet.

Alle rühren sich und helfen da und dort, nur Lisa hält sich die ganze Zeit über abseits, merkwürdig kalt und gleichgültig.

Ssonja steht in der Mitte des Zimmers wie eine Statue. Ungewöhnlich hoch erscheint sie in dem langen Kleid mit der langen Schleppe. Es paßt wirklich nicht zu ihrem Gesicht, und das Dekolleté läßt sie unscheinbar, fast unschön aussehen. Ihre Augen sind voll Trauer, und ihre Lippen beben wie von verhaltenem Weinen.

Nun aber ist alles bereit. Es beginnt ein peinliches, quälendes Warten. Der vom Bräutigam geschickte Brautführer sollte schon lange da sein. Die Mutter geht aufgeregt zum Fenster, kehrt zurück, geht wieder zum Fenster, der Vater hüstelt nervös in seinem Zimmer. Da wirft sich Ssonja in einen Lehnstuhl und bricht in Weinen aus. Sie ist überzeugt, daß der Bräutigam nicht kommen wird, daß er, um es brutal zu sagen, einfach durchgebrannt ist.

»Das ist ganz unwahrscheinlich, ganz unmöglich!« schimpft Dr. Baers, der mit großen Schritten auf und ab geht. »Ich habe ja gewußt, daß er irgend etwas anstellt! Das ist doch ein Mensch, auf den man sich nicht im geringsten verlassen kann!«

»Es hat ihn wohl irgend etwas mit dem Ankleiden aufgehalten!« sagt die Mutter entschuldigend, aber in ihrem Gesicht zuckt es, und sie muß sich selbst gestehen, daß ihr Mann recht hat, daß man vom Bräutigam das Schlimmste erwarten kann, sogar, daß er tatsächlich davonläuft.

Ssonja, die sich inzwischen erhoben hat und so wie ihre Mutter von Fenster zu Fenster geht, denkt nichts anderes, als daß er niemals mehr kommen wird: Er hat einfach festgestellt, daß sie ihn nicht liebt, oder daß er sie nicht liebt, oder er ist bei seiner Bäuerin Aksinja geblieben. Und das soll der glücklichste Tag ihres Lebens sein? Hat es schon einen Tag gegeben, an dem sie so erniedrigt und beleidigt worden wäre?

»Vom Grafen ein Bote!« stürzt da das Stubenmädchen ins Zimmer, ganz rot vor Aufregung.

»Ruf ihn herein!« befehlen alle wie aus einem Munde.

Er hat mich verlassen und meldet mir dies nun durch seinen Lakaien, denkt Ssonja und erhebt sich, bereit, die Nachricht entgegenzunehmen.

Da tritt ins Zimmer der lahme, hinkende, stotternde Diener Lew Nikolajewitschs. Vom schnellen Laufen hat er so sehr den Atem verloren, daß er zuerst überhaupt kein Wort herausbringt, und dann endlich stoßweise zu reden beginnt:

»Der Graf ... der Graf ... kann nicht fahren ... heiraten ... heiraten ...«

Ssonja läßt sich in den Lehnstuhl fallen. Sie meint nicht mehr imstande zu sein, das Ende des Berichtes anzuhören. Da hat sich der Lakai endlich ein wenig von seiner Atemnot erholt und setzt seinen Bericht fort:

»Kann nicht heiraten ... weil ... weil ... er kein reines Hemd hat!«

Das schallende Lachen Tanjas erfüllt den ganzen Salon.

»Das sieht ihm ähnlich!« schreit sie. »Und ich habe schon geglaubt, er wäre davongelaufen.«

»In alle Geschäfte ... haben wir geschickt ...«, beendet nun der Lakai seine Botschaft, »aber ... überall zugesperrt, weil Sonntag! ... Der Graf bittet ... aus dem Gepäck ...«

Ljubow Andrejewna stürzt sich auf den Koffer, in dem sich die bereits für die Reise hergerichtete Wäsche des Bräutigams befindet, und sucht eilig ein weißes Hemd hervor. Sie übergibt es dem Diener, der schnell den Salon verläßt.

Noch lange müssen die Versammelten warten. Ssonja hat sich schon längst von ihrem Stuhl erhoben und blickt zum Fenster hinaus. Ein feiner, melancholischer Herbstregen rieselt vom Himmel herab. Es beginnt bereits zu dämmern, in den Zimmern steckt man schon die Lichter an, und nachdenklich blickt Ssonja auf die Schatten, die auf dem großen Perserteppich hin- und herschwanken.

Endlich erscheint der Brautführer und meldet, daß Lew Nikolajewitsch Ssonja in der Kirche erwartet. Ohne einen Funken Freude nimmt Ssonja diese Nachricht auf. Sie geht zum Vater, der sich schon niedergelegt hat, da er sich sehr unwohl fühlt. Ssonja umarmt ihn weinend, um sich von ihm zu verabschieden. Schweigend küßt sie der Vater und macht das Kreuzzeichen über sie. Im Salon segnet sie dann die Mutter und der Bruder ihrer Mutter. Der Vater selbst, der von seinen deutschen Vorfahren her noch dem lutherischen Glauben treu geblieben ist, kann an seiner Tochter diese Zeremonie nicht vollziehen, da sie, ihrer Mutter folgend, der orthodoxen Kirche angehört. Die Mutter hält in der Hand die Ikone der Märtyrerin Sofia, der Namenspatronin Ssonjas, und weint dabei bitterlich. Die zurückhaltende, hoheitsvolle Ljubow Andrejewna ist nicht mehr zu erkennen. Der Onkel hält das Brot und das Salz, und auch in seinen Augen glänzen Tränen.

»Ich sterbe ohne dich, Ssonja«, heult Tanja und wirft sich ihrer Schwester an die Brust.

»Gerade, als ob ihr sie begraben, und nicht zur Hochzeit fahren würdet«, sagt kalt lächelnd die schöne Lisa.

Zur Hofkirche des Kremls ist es nicht weit, aber Ssonja möchte, daß sich der Weg unendlich hinziehe. Im Wintergarten erwartet sie Lew Nikolajewitsch, im Frack, feierlich und majestätisch. Er führt sie zur festlich beleuchteten Kirche. Einige Male wirft er dabei einen zärtlichen, liebevollen Blick auf Ssonja und drückt ihr leise die Hand. Aber Ssonja kann nichts mehr empfinden. Eine hoffnungslose Gleichgültigkeit hat sie erfaßt, und eine dumpfe, lähmende Angst vor der Zukunft, vor dem Geschick, das keine Macht der Welt mehr abzuändern vermag, legt sich wie eine bleierne Last auf ihre Seele . . .

Da der Bräutigam und die Braut die Kirche betreten, stimmen die Sänger das Lied »Oh, meine Taube . . .« an, das mit seinen Klängen den weiten, hohen Raum erfüllt. Die Kirche ist dicht besetzt von einem vornehmen, festlich geschmückten Publikum. Es singt der Chor der Hofkirche, die Sänger in golddurchwirkten Kleidern, die Geistlichen in den prächtigen goldbrokatenen Ornaten. Alles ist so feierlich, so glückverheißend – nur sie allein steht bleich, traurig, gequält inmitten der strahlenden Menge.

»Eine traurige Braut!« hört man ringsum flüstern. »Man sieht es gleich, daß sie ihn nicht aus eigenem Willen heiratet.«

Neben Ssonja, eingezwängt in die goldstrotzende Paradeuniform des Garderegiments, steht der Freund ihrer Kindheit, Poliwanow, der sie so sehr liebt, und er hält die goldene Krone über ihrem Haupt. Er ist äußerlich ganz ruhig, und seine Hand zittert nicht, aber Ssonja fühlt, daß er leidet, und das erhöht noch ihr Mitleid mit ihm und ihren Schmerz um sich selbst. Nichts Lichtes und Heiteres ist in ihrem Herzen in der großen Stunde, da alles um sie von strahlendem Glanz erfüllt ist. In ihr wühlt nur die Erinnerung an die qualvolle Woche, die sie mit dem Lesen der Tagebücher verbracht, an die furchtbaren Worte, die er ihr an diesem Morgen gesprochen, und an die entsetzlichen Minuten, da sie im Brautkleid gestanden und geglaubt, er hätte sie verlassen.

Es ist ihr, als wäre eine Ewigkeit vergangen, seit sie an ein Glück mit ihm geglaubt. Sie betet jetzt nur mehr um die Kraft, ihre Pflicht erfüllen und ihr ganzes Leben ihm und ihren Kindern opfern zu können.

Als sie Lew Nikolajewitsch nach dem Ende der Zeremonie mit liebevollem, zärtlichem Blick ansieht, erschrickt er bis ins Innerste über den Ausdruck hoffnungslosen Entsetzens, das aus den Augen seiner jungen Frau zu ihm spricht.

23.–24. September 1862

Festreden, perlender Champagner in hochstieligen Pokalen, die verweinten Augen der Mutter, das ohrenzerreißende Heulen Tanjas, der Festtisch mit Leckereien, Torten und Früchten – das alles schwimmt in einem bunten Wirbel vor Ssonjas Augen, die in einem Reisekleid aus dunkelblauer Wolle, mit dem sie ihr Hochzeitskleid vertauscht, abseits von der großen Gesellschaft wartet.

»Die Pferde sind angespannt«, hört man irgend jemand rufen. Ssonja versteht, daß die letzte Minute gekommen ist, daß sie sich nun auf immer von ihrer Familie und von ihrem Jungmädchenleben trennen muß. Rasch geht sie zu ihrem kleinen, zweijährigen Brüderchen, das sie ganz besonders liebt. Es schläft bereits. Ssonja küßt seine dicken Händchen, und eine heiße Träne fällt auf seine runde, vom Schlaf gerötete Wange. Sie läuft wieder nach unten, und als sie an einem Spiegel vorbeikommt und einen Blick hineinwirft, erkennt sie kaum ihr eigenes Gesicht, so entsetzlich bleich und fremd sieht es ihr entgegen.

»Mein Gott«, flüstert sie schnell, während sie auf die Ikone mit dem brennenden Lämpchen davor blickt, »schicke mir bald ein Kind! Die Kinder werden meine Rettung sein.«

Jetzt kommt der letzte, endgültige Abschied von den Eltern. Der Vater kann seine Tränen nicht mehr zurückhalten, zum erstenmal sieht sie ihn weinen. Tanja heult, und sogar die Augen der kalten Lisa glänzen verdächtig. Die Mutter geht mit Ssonja hinaus. Es ist stockfinster, es gießt noch immer in Strömen und der kalte Herbstwind winselt um den Wagen. Düster und zaghaft brennen die Laternen, deren Licht kaum durch die von einem dichten Wasservorhang bedeckten Gläser dringt. Der schwarze Landauer mit den regentriefenden Koffern auf dem Dach sieht wie ein riesiger Sarg aus, auf den ein paar kleine Särge getürmt sind, und die sechs ungeduldig scharrenden Pferde, deren Konturen nur ganz undeutlich aus dem Dunkel treten, gleichen einem vorweltlichen, vielfüßigen Ungeheuer.

Lew Nikolajewitsch öffnet die Wagentür. Noch einmal umarmt die Mutter ihr Kind und drückt es fest an sich; dann stößt sie plötzlich einen lauten, herzzerreißenden Schrei aus, so entsetzlich und verzweifelt, daß Ssonja meint, sie könnte es nicht ertragen, sie würde lieber auf der Stelle sterben als sich von ihrer Mutter trennen. Lew Nikolajewitsch schiebt die fast ohnmächtige Ssonja in den dunklen Wagen, wo sie im tiefsten Winkel auf den Sitz niedersinkt. Dann steigen Alexej Stepanowitsch, der Lakai des Grafen, und die uralte Barbara, das Stubenmädchen Ssonjas, in die rückwärtigen Obersitze ein. Lew Nikolajewitsch verabschiedet sich noch von jemandem, dann hört Ssonja den Ruf »Glückliche Reise« und eine Sekunde später »Los«. Nun fühlt sie, wie sich Lew Nikolajewitsch ganz dicht neben ihr niederläßt und sie instinktiv eine Bewegung macht, um sich ein wenig von ihm zu entfernen. Durch die kleinen Fenster in der Wagentüre blitzen die Lichter der Stadt, phantastisch gebrochen durch das herabfließende Wasser, und immer schneller fliegt der Wagen mit donnerndem Rollen über das höckerige Pflaster . . .

Ssonja sitzt in ihrem Winkel und weint still vor sich hin. Der Abschied vom kranken Vater, die ungewisse Zukunft, die quälenden Erlebnisse der letzten Woche, und vor allem dieser entsetzliche Aufschrei ihrer sonst so ruhigen und zurückhaltenden Mutter – all das hat ihre Nerven bis zum letzten Rest erschöpft.

Lew Nikolajewitsch blickt einige Augenblicke auf die Silhouette Ssonjas, die sich gegen die Scheibe abzeichnet, dann, mit einer scharfen, groben Bewegung, die ihr Schamgefühl tief verletzt, faßt er sie an. Es ist etwas so Tierhaftes darin, etwas so unendlich ihre Persönlichkeit Mißachtendes, daß sie sich, laut aufschluchzend, noch mehr von ihm weg an die Seite drückt. Mit einem Mal steht alles das, was er ihr aus seinem Tagebuch zu lesen gegeben, lebendig vor ihren Augen.

»Ssonja, was ist mit dir?« fragt er erstaunt und unwillig zugleich. Dann rückt er ihr nach, noch näher, und preßt sie mit solcher Gewalt an sich, daß sie laut aufstöhnt vor Schmerz. Sein Atem, der ihr ins Gesicht schlägt, ist voll von dem Geruch des Champagners, und im Schein einer Straßenlaterne sieht sie in seinem Antlitz einen Ausdruck, der sie mit einem unerklärlichen, panischen Schrecken erfüllt. Wieder reißt sie sich von ihm los. Mit Zorn und Enttäuschung in der Stimme sagt er:

»Ssonja, ich dachte, du würdest dich freuen, wenn wir allein sind, und jetzt weinst du!«

Wie kann er nicht begreifen, denkt Ssonja, daß mir jetzt schwer ums Herz ist? Wie kann er, der berühmte Schriftsteller und feine Seelenkenner, nicht verstehen, was in mir vorgeht? Er hat mich eine ganze Woche lang gequält, ich verlasse für immer mein Haus, meine Lieben, und er packt mich jetzt in wüster Gier, statt mich mit zärtlichen, liebevollen Worten zu trösten.

Die letzten Häuser verschwinden, undurchdringliche Finsternis hüllt nun die Reisenden ein. Der Wind springt in doppelter Stärke die Scheiben an, der Kot, der von den breiten Rädern aufgewühlt wird, spritzt bis über die Fenster hinauf, und der Wagen schwankt tief von einer Seite auf die andere. Der Regen klatscht gegen die Wände, gegen das Dach und gegen die Koffer und unheimlich eintönig klingen die Glöckchen, die an den Jochen des Gespannes hängen. Mit einer energischen Geste schließt Lew Nikolajewitsch die Vorhänge, und nun dringt nichts mehr von der großen weiten Welt hinein in den dunklen, kleinen, schwankenden Raum, als das Rauschen des Wassers, das vom Himmel stürzt oder von den Hufen der Pferde aus den Lachen aufgepeitscht wird, das Brausen und Heulen des Windes, das Schellen der Glocken und von Zeit zu Zeit ein schläfriger Ruf des Kutschers.

Einige Minuten ist alles wie tot im Innern des Wagens. Dann überkommt es Lew Nikolajewitsch wieder wie ein Sturm, ein Orkan; er stürzt sich auf Ssonja, umarmt sie und preßt sie an sich, noch wilder, noch rücksichtsloser, noch weniger ihres mädchenhaften Schamgefühls achtend als vorher. Und wieder reißt sich Ssonja schweigend von ihm los. Erbost rückt Lew Nikolajewitsch von ihr weg, in die entgegengesetzte Ecke des Wagens. Er fühlt sich aufs tiefste beleidigt und ist überzeugt, daß Ssonjas Benehmen nichts anderes ist als eine dumme, unverzeihliche Laune. Finster, mürrisch sitzt er in seinem Winkel. Einige Minuten vergehen, bevor er wieder mit seinem Blick das Dunkel des Wagens zu durchdringen sucht, aufgescheucht aus seinen düsteren Gedanken dadurch, daß das Schluchzen aus der andern Ecke plötzlich aufgehört hat. Er beugt sich über Ssonja und sieht, daß sie fest eingeschlafen ist. Verdrossen und doch wieder gerührt, zieht er sich zurück.

Da hält der Wagen an. Leute laufen herbei, und eine heisere Stimme ruft:

»Wer ist angekommen?«

Ssonja, durch den Lärm aufgeschreckt, hört, wie der Lakai zur Antwort gibt:

»Graf Tolstoi mit seiner jungen Frau! Neuvermählt!«

Er ist ungemein stolz auf seine Herrschaft, und dies spiegelt sich auch in der triumphierenden Stimme, mit der er die Auskunft gibt.

Jetzt erst kommt Ssonja so recht zu sich. Sie ist traurig darüber, daß sie nach dem guten, tiefen Schlaf, der sie umfangen, in die Wirklichkeit dieser rauhen, stürmischen Herbstnacht zurückgekehrt ist.

Wieder läßt sich die rauhe Stimme vernehmen, in der nun die Ehrfurcht zu erkennen ist, die der Mann den Neuangekommenen entgegenbringt:

»Bitte, die Zarenzimmer stehen ihnen zur Verfügung!«

»Ssonja, wir müssen aussteigen, die Relaisstation!« mahnt Lew Nikolajewitsch. Ssonja fühlt in seiner Stimme die Unzufriedenheit mit ihrem Benehmen nachzittern, und in ihr steigt das Bewußtsein tiefer Schuld ihm gegenüber auf und gleichzeitig furchtbare Angst vor dem, was hier auf der Station geschehen könnte. Sie steigt aus dem Wagen, und der kalte Wind schlägt ihr dicke Regentropfen entgegen. Ein alter Mann, mit einer Laterne in der Hand, murmelt unterwürfig: »Glückwunsch zur gesetzlichen Ehe! Eine Kleinigkeit bitte, Euer Gnaden!«

Lew Nikolajewitsch wirft ihm eine Münze zu, die er geschickt in der Luft auffängt. Die Laterne, die er in der andern Hand hält, schwankt dabei heftig und wirft gespenstische Lichter auf die mageren, schmutzigen Beine des Greises.

Nun führt der Graf seine Frau in die prunkvollen, riesengroßen, eiskalten »Zarenzimmer«, die für vornehme Durchreisende reserviert sind. Einige Kerzen brennen flackernd und erleuchten nur spärlich den Raum. Im ersten Zimmer steht in der Mitte ein ungeheurer Tisch, bedeckt mit einer roten, nach Moder riechenden Decke, an den Wänden reihen sich Diwane und Stühle, mit rotem, gestreiftem Plüsch bespannt, so hochlehnig und steif und schmal, daß man gar nicht auf den Gedanken käme, sie wären zum Niedersetzen da.

Ssonja nimmt doch auf einem der Diwane Platz und blickt wie verstört um sich. Ihr Kleid mit der breiten Krinoline kommt ihr ebenso fremd und in diesem Zimmer unmöglich vor, wie sie sich selbst. Der hohe schwarze Hut mit den silbergrauen Bändern und dem grauen Vögelchen sitzt ihr merkwürdig schief und verstärkt den Eindruck, als wäre sie selbst ein Vöglein, das sich zufällig in diese modrigen, kalten, einsamen Räume verflogen hat.

Ein Diener in roter Rubaschka und hohen, glänzenden Stiefeln bringt den dampfenden Samowar und stellt ihn auf den Tisch. Lew Nikolajewitsch sieht zuerst den Samowar an, dann die noch immer unbeweglich auf dem Diwan sitzende Ssonja, und sagt:

»Nun, kümmere dich! Gieß den Tee ein!«

Ssonja erhebt sich gehorsam und geht zum Tisch. Die ihr so vertraute Beschäftigung des Tee-Eingießens und des Brötchenauflegens beruhigt sie, und mit einer Unvermitteltheit, die sie selbst in Erstaunen setzt, fühlt sie sich, zum ersten Mal in den letzten Tagen, geradezu wohl und heiter, fast fröhlich gestimmt. Mit einem leichten, schelmischen und dabei verschämten Lächeln blickt sie Lew Nikolajewitsch ein wenig von unten herauf an, während sie ihm die Fleischpirogen und den Kuchen reicht und ihm das Brot mit Butter bestreicht. Aber dies währt nicht lange; bald nehmen Furcht und Angst wieder von ihr Besitz, und während sie ihm den Tee eingießt, zittern ihre Hände, und in ihrem Gesicht macht das Lächeln wieder dem Ausdruck Platz, der die letzten Stunden nicht von ihr gewichen war. Ein Gericht nach dem andern zieht sie aus dem Reisekorb, den ihr die Mutter fürsorglich mitgegeben, eine Speise nach der andern reicht sie ihm, alles sorgfältig und umständlich, nur um das Abendessen nach Möglichkeit in die Länge zu ziehen. Am liebsten wäre ihr, es fände niemals ein Ende.

»Vielleicht ein Stück Truthahn?« fragt sie fast verzweifelt, als sie sieht, wie er sich mit der Serviette den Mund abwischt und dabei zärtlich und bittend den Blick auf sie richtet.

»Ssonja, warum sagst du zu mir niemals du?« fragt er, ohne auf ihren Vorschlag zu achten. »Du hast bisher noch kein einziges Mal du zu mir gesagt!«

Sie blickt ihn an und will lächeln, aber statt des Lächelns entsteht eine Grimasse, die dem Weinen viel ähnlicher sieht. Und sosehr sie sich auch bemüht, sie zurückzuhalten, stürzen ihr die Tränen wieder aus den Augen.

»Ach, Ssonja, schon wieder weinst du!« sagt Lew Nikolajewitsch ärgerlich und wendet sich mit einer heftigen Bewegung von ihr ab. Ssonja schweigt und beginnt das Teegeschirr abzuwaschen und die Eßvorräte in den Korb einzuräumen, all dies wieder mit solch unendlicher Sorgfalt und Genauigkeit, als ob ihr Leben davon abhinge. Er sieht ihr zu, folgt jeder ihrer Bewegungen mit den Augen und gerät immer mehr in Zorn.

»Ssonja«, spricht er, »findest du in unserer Hochzeitsnacht wirklich keine bessere Beschäftigung, als diese dummen Teeschalen zu waschen? Das kann doch wohl auch das Stubenmädchen besorgen.«

Ssonja zuckt unter seinen Worten zusammen, aber sie antwortet nicht.

»Gehen wir schlafen«, sagt Lew Nikolajewitsch nach kurzer Pause mit energischer Stimme. Er erhebt sich und läßt Ssonja als erste in das große, kalte Schlafzimmer treten, in dem zwei ungeheure Betten wie zwei Königssärge in der Mitte stehen, trotz ihrer Größe wie verloren in dem großen leeren Raum. Eine schwere, dicke Luft schlägt den Eintretenden entgegen, und von der feuchten Bettwäsche geht ein scharfer Geruch von Naphthalin und irgendwelchen getrockneten Kräutern aus.

Ssonja löscht das Licht. Im nun stockfinsteren Zimmer leuchten die Fenster in ganz schwachem Schimmer auf und lassen erkennen, daß draußen immer noch der Regen in Strömen vom Himmel fließt.

Ssonja hört, wie Lew Nikolajewitsch sich schnell in der Dunkelheit entkleidet, und ihr Herz krampft sich in Angst zusammen. Wieder erinnert sie sich an die Seiten seines Tagebuchs, wie er unter den Fenstern verdächtiger Mädchen promenierte, an die Bäuerin Aksinja, mit der er so lange wie Mann und Frau zusammengelebt, an die Zigeunerin Katja, von der er so genau beschreibt, wie sie auf seinen Knien gesessen. Sie erinnert sich an seine begeisterten Ergüsse von nackten Beinen und anderen Einzelheiten und fühlt, daß sie nicht imstande sein wird, seine Umarmung zu ertragen.

»Ssonja!« spricht da mit heißem Flüstern Lew Nikolajewitsch. Ganz nahe hört sie seine nackten Füße über den Boden schlurfen, und im nächsten Augenblick verspürt sie seine wilde, heiße, grausame Umarmung.

»Nein! Nein!« ruft sie mit unterdrückter Stimme und windet sich mit der Kraft eines verwundeten Tieres aus seinen Händen. Der Widerstand, den die kleine, schüchterne, schwache Ssonja ihm leistet, ist so unerwartet stark und entschlossen, daß Lew Nikolajewitsch zurückweicht und hilflos die Arme sinken läßt. Er fühlt sich erniedrigt und ist gleichzeitig erzürnt und niedergeschlagen.

Ohne weiter ein Wort zu sprechen, wendet er sich ab, begibt sich zu seinem Bett, zieht die Decke über den Kopf, wickelt sich fest in sie ein und – fällt nach kurzer Zeit in tiefen Schlaf. Bald vernimmt Ssonja sein pfeifendes und gurgelndes Schnarchen.

Sie richtet sich in ihrem Bett auf und blickt zum Fenster. Durch die flimmernden Regenbäche, die die Scheiben herunterfließen, sieht sie eine dunkle Gestalt über den Hof gehen und hört, wie jemand über etwas schimpft und nach etwas sucht. Ein Pferd wiehert laut auf, Schellenklang verklingt in der Ferne und dann ist alles still draußen. Ach, wenn sie doch noch in dieser Minute in den Kreml laufen könnte, zu den ihren, wenn sie auf immer vergessen dürfte, daß sie verheiratet ist!

Leise, ganz vorsichtig, damit sie den schlafenden Lew Nikolajewitsch nicht wecke, streckt sie sich, ohne sich zu entkleiden, auf ihrem riesengroßen Bett aus, und ebenso schnell wie vorher Lew Nikolajewitsch, verfällt sie in tiefen, traumlosen Schlaf.

Am nächsten Morgen erwacht Lew Nikolajewitsch zuerst. Durch das schmutzige Fenster mit dem gelbbraunen Rahmen und durch den Schleier, den der herabrieselnde Regen bildet, starrt er auf den Hof. In nasses Segeltuch eingehüllte Gestalten eilen schimpfend und fluchend hin und her.

Lew Nikolajewitsch wendet sich ab und richtet seinen Blick auf das andere Bett. Ganz zusammengekrümmt, in der unbequemsten Stellung, liegt Ssonja am äußersten Rand des Bettes, während ihr Gesicht noch immer die Spuren des überstandenen Schreckens zeigt.

Tief aufseufzend beginnt sich Lew Nikolajewitsch anzukleiden. Wer kann sich in der Seele einer Frau zurechtfinden? fragt er sich und schüttelt nachdenklich den Kopf. Dann setzt er sich leise neben sie auf einen Stuhl. Er will sie nicht aufwecken, sondern geduldig warten, bis sie erwacht. Von seinem Zorn und seiner Unzufriedenheit ist keine Spur mehr verblieben. Fast kann er sie sogar verstehen; er bemitleidet sie wie ein armes, krankes Kind.

Da öffnet Ssonja plötzlich die Augen, und ihre Züge umspielt ein zartes, herzliches Lächeln, mit dem sie wohl gewohnt war, am beginnenden Tag ihre Mutter oder ihre Schwester zu begrüßen. Doch kaum hat sie erfaßt, daß sie sich nicht zu Hause befindet, nimmt ihr Gesicht wieder den erschrockenen, sorgenvollen Ausdruck wie am Vortag an. Schnell richtet sie sich auf, bringt das Kleid in Ordnung und breitet es über ihre Beine, die unter dem Saum hervorlugen. Lew Nikolajewitsch kann nicht anders, als in ein herzliches Lachen ausbrechen, als er diese so reizende, kindlich-naive Bewegung sieht. Er erhebt sich von seinem Stuhl und küßt ihr zärtlich und respektvoll die Hand. Ssonja blickt ihn an und erfaßt sofort, daß er sich heute in einer ganz anderen Stimmung befindet als gestern, daß er ihr nicht im geringsten zürnt, und gleich wird ihr ganz wohl ums Herz.

Die jungen Eheleute setzen sich nun zum Frühstückstisch. Während sie den Tee zu sich nehmen, bemüht sich Lew Nikolajewitsch, seiner jungen Frau das Du-Sagen beizubringen. Ssonja ist verlegen, wird rot, stottert, aber langsam gelingt es doch.

Nach dem Tee setzen sie die Reise zum neuen Heim fort. Lew Nikolajewitsch versucht nicht mehr, sie mit seinen groben Zärtlichkeiten zu bedrängen; eine Rücksichtnahme, die Ssonja ihm mit herzlichen Blicken dankt.

Es geht durch Wälder, die in gelber, roter, dunkelgrüner Farbe prangen, und viele Bäume sind auch schon vollständig ihres Blätterkleides beraubt. Auf den Feldern liegt das fahle, gelbe Herbstgras. Und immer noch regnet es in Strömen, die Schellen klingen, und die Hufe der Pferde klatschen in die riesigen Pfützen, die die Landstraße über und über bedecken...

Als es zu dämmern beginnt, legt sich wieder Traurigkeit um Ssonjas Herz. Sie hat Angst vor den Verwandten ihres Mannes, vor dem neuen Haus, vor der Dienerschaft, und vor allem vor der Begegnung mit dieser Aksinja, mit der er vier Jahre zusammengelebt.

Jassnaja Poljana. Lew Nikolajewitsch wird feierlich ernst. Der Wagen hält. Es hat aufgehört zu regnen, und der freundliche, abendliche Himmel blickt da und dort durch die Wolken, als Ssonja, gestützt von ihrem Mann, aus dem Wagen steigt. In ihren Ohren summt noch immer der Klang der Schellen, aber ihr Sinn ist bereits in die Zukunft gerichtet, dem neuen Leben entgegen. Durch die Fenster des Hauses sieht man, wie Leute mit Lichtern hin und her eilen und aus dem Inneren hört man freudiges Rufen und Schreien. Als die beiden Neuvermählten die hell beleuchtete Treppe betreten, empfangen sie Tatjana Alexandrowna, die alte Tante, die Lew Nikolajewitsch erzogen, und neben ihr dessen Bruder. Sie hält ein Muttergottesbild in den Händen und er eine Schüssel mit Brot und Salz. Klopfenden Herzens steigt Ssonja die Stufen empor, macht eine tiefe Verbeugung, bekreuzigt sich, küßt zuerst das Heiligenbild und dann die Tante. Lew Nikolajewitsch tut dasselbe. Sie ist feierlich als Herrin und als Gattin Lew Nikolajewitschs im Hause aufgenommen...

In dieser Nacht ist sie auch seine Frau geworden. Es war eine Nacht voll Qual für sie, und voll unsagbaren Glücks für ihn. Am 25. September, am Morgen des neu erwachenden Tages, schreibt er in sein Tagebuch:

»Ein unnennbar großes Glück! Es kann nicht sein, daß dieses mit dem Leben sein Ende fände!« ...

Oktober 1862

»Wenn du mich wirklich liebtest, könnten dir meine Liebkosungen nicht zuwider sein!«

In gereiztem Ton spricht Lew Nikolajewitsch beim Ankleiden diese Worte zu Ssonja und blickt sie mit seinen kleinen, tief unter den Brauen sitzenden Augen zornerfüllt an.

»Ljowotschka, ich liebe dich«, gibt Ssonja flehend zur Antwort, und die Tränen kugeln über ihre Wangen, die seit ihrem Einzug in Jassnaja Poljana so bleich und mager geworden sind. »Ich liebe dich jeden Tag mehr und mehr.«

»Ich glaube nicht an deine Liebe«, entgegnet Lew Nikolajewitsch finster, während er sich vergeblich bemüht, in den Ärmel des Hemdes hineinzukommen, das er eben anzuziehen im Begriffe ist. »Du müßtest doch verstehen, daß jede Nacht für mich eine Qual ist. Was anderen die höchste Freude im irdischen Leben bedeutet, ist für dich eine unangenehme und quälende Verpflichtung. Du mußt aber ein für allemal verstehen, daß ich ohne das nicht gesund bleiben, nicht arbeiten, nicht schaffen, einfach nicht leben kann!«

Zornig zieht er sich den Stiefel über das Bein, wobei er die Schlaufe abreißt, die er, dadurch noch wütender geworden, heftig auf den Boden schleudert. Ssonja steht vor ihm, mit schlaff herabhängenden Armen, Tränen strömen ihr über die Wangen. Sie fühlt sich unendlich unglücklich und schuldig.

»Du schämst dich vor mir, als ob ich ein Fremder wär. Ich spüre nichts von deiner Liebe und kann auch nicht an sie glauben. Du mußt ein für allemal verstehen, daß ich nicht anders sein kann. Soll ich denn zu einem fremden Weib gehn, wenn ich eine junge Frau im Hause habe?«

So spricht Lew Nikolajewitsch und gürtet sich mit einem schmalen, schmutzigen Leibriemen, dessen unappetitliches Aussehen Ssonjas Gefühl verletzt, den durch einen neuen zu ersetzen sie sich aber doch nicht getraut.

Von der eleganten Kleidung, in der ihn Ssonja in Moskau zu sehen gewöhnt war, ist keine Spur mehr geblieben. Eine formlose graue Rubaschka ist nun sein gewöhnliches Kleid.

Ssonja schweigt. Sie steht vor ihm in ihrem langen, spitzengeschmückten Morgenkleid, das ihr so gar nicht zu Gesicht steht und sie um viele Jahre älter macht, und in der mit himbeerfarbenen Bändern geschmückten Haube, wie sie verheirateten Frauen zukommt.

»Du mußt dich daran gewöhnen und es liebgewinnen, sonst

weiß ich nicht, was geschieht«, läßt sich Lew Nikolajewitsch noch vernehmen, dann kehrt er sich um und verläßt das Zimmer. Die Stiefel knarren durch den Korridor, irgendwo fällt laut krachend eine Türe zu, dann tritt Stille ein. Die Stille, die jetzt Ssonjas Leben erfüllt.

Er ist fort, denkt sie, und nicht einmal verabschiedet hat er sich von mir. Wieder läßt er mich den ganzen Tag mutterseelenallein zurück.

Ssonja wirft sich auf das große Doppelbett, neben das rote, harte Lederkissen, auf dem Lew Nikolajewitsch immer schläft und das er ihr nicht einmal mit einem Überzug zu versehen gestattet. Tränen füllen ihre Augen. Sie weint um ihre zerstörten Mädchenträume und darum, daß die Liebe Ljowotschkas zu ihr immer mehr schwindet, während sie fühlt, wie sie ihm von Tag zu Tag stärker zugetan wird. Im Nebenzimmer schnarrt die alte Uhr die Stunden herunter. Ssonja zählt nicht die Schläge. Es ist ihr auch ganz gleichgültig, bleibt ihr ja auf jeden Fall mehr als genug Zeit zum Alleinsein. Dort, wo diese Uhr schlägt, in dem warmgeheizten Zimmer mit dem altertümlichen Heiligenschrank und dem großen Erlöserbild, vor dem das rote Lämpchen brennt, sitzt die alte, graue Tante und legt endlose Patiencen. Die Tante auf dem schmalen Rotholzdiwan, der ihr als Sitz und als Schlafstelle dient und der einen eigentümlichen Geruch nach getrockneten Kräutern und nach irgendeinem Öl verbreitet – diese Tante mit dem weißen Haar und den vor ihr auf dem Tisch ausgebreiteten Karten ist für Ssonja das Symbol eines Lebens, das längst zu eisiger Starre geworden ist.

Diese Stille! Ljowotschka kommt nicht vor fünf Uhr zum Mittagessen und bis dahin ist Ssonja allein, mutterseelenallein, abgeschnitten von der ganzen Welt.

Wie lustig und lebendig war es doch im Kreml! Den ganzen Tag das Geplauder der Geschwister, fröhliche, anregende Arbeit, klingende junge Stimmen, Musik, Gesang! Das war Leben! Den ganzen Tag über gingen die Menschen aus und ein. Verwandte und Bekannte reichten einander die Tür. Das Haus im Kreml war wie eine offene Schale, die jedem Leben gibt. Hier aber ist alles tot, und das einzige, was hier ihr Leben erfüllt, ist Ljowotschka.

Aber welch bitteren, schweren, qualvollen Inhalt er ihm gibt!

Ssonja erhebt sich und geht langsam zum Fenster. Draußen liegt Schnee, und feuchte, riesengroße Flocken fallen in einem dichten Vorhang vom Himmel. Noch nicht alle Bäume haben ihre Blätter verloren, und die grünen Zweige beugen sich tief unter der nassen, schweren Last. Nahe an der Mauer stehen riesige Huflattichblätter, in denen der Schnee wie in Schalen liegt, und daneben ein ganzer Wald von Brennesseln, die von der weißen Last dicht an den Boden gedrückt werden.

Dazwischen wieder ein paar Kletter-Stauden mit ihren lila und weißen Blüten und den schmalen, spitzen Blättern, an denen sich der Schnee nicht hält.

Dieses wuchernde Unkraut vor den Fenstern ihres Heims ärgert Ssonja. Warum muß hier alles voll Brennesseln stehen, denkt sie, warum kann man sie nicht ausrotten und Gras oder Blumen pflanzen? Warum muß da schon tagelang diese Schaufel mit dem zerscharteten Blatt herumliegen, oder dieser Beerenkorb mit dem ausgebrochenen Boden? Ich muß mich doch dieser Dinge annehmen. Ljowotschka hat zu wenig Sinn für Schönheit und Ordnung. Überall zeigt sich das. Es läßt ihn gleichgültig, daß die Fensterläden so alt und wurmstichig sind, daß von den Fensterrahmen schon seit einer Ewigkeit die Farbe abgewittert ist, daß sie nicht schließen und der kalte Wind in vollem Schwall hereinweht, daß die Scheiben wohl nie gewaschen, und, wenn sie zerbrechen, nie erneuert, sondern einfach mit Papier verklebt werden. Und nicht aus Geiz oder Mangel an Geld geschieht das, sondern einfach deshalb, weil er denkt, man könnte auch so leben.

Und wie die Fußböden, von denen an vielen Stellen schon jede Spur des Anstrichs verschwunden ist, erbarmungslos unter den Füßen knarren! Wie die Türen in den Angeln kreischen! Überall Unachtsamkeit, Schlamperei, Verwahrlosung! Das alles muß anders werden, alles muß ich selbst in die Hand nehmen! So sehr hat sich Ssonja in die Aufgaben, die ihrer als Hausfrau warten, hineingelebt, daß sie die traurigen Gedanken ganz vergißt, die sie immer erfüllten, wenn sie über das Verhältnis zwischen sich und ihrem Mann grübelte.

Flitterwochen! Oh, ihr ganzes Leben wird sie mit Wehmut und Angst an diese Zeit zurückdenken. Und kein Mensch, mit dem sie sich darüber aussprechen könnte! Sie muß ja vor allen die glückstrahlende, junge Ehefrau spielen, und er den ebenso glückstrahlenden Ehemann. Spielen! Warum spielen? Was fehlt ihnen beiden denn zum Glück? Er liebt sie, und sie liebt ihn. Es ist doch alles gut!

Aber dann erinnert sie sich wieder, wie erbarmungslos er ihr zürnt, weil sie seine groben Liebkosungen nicht mit Freude aufnehmen kann, wie sie sich quält und wie sie darunter leidet, und wie er nicht begreifen kann, daß er doch Geduld mit ihr haben müßte. Mit zärtlicher Liebe würde er alles erreichen, aber seine Grobheit und seine Roheit! Was kann sie dafür, daß er sie damit abstößt, so sehr, daß sie einfach nicht die Kraft finden kann, dagegen anzukämpfen? Wie kann er nur so roh sein? Und wie ist es möglich, daß er es nicht einmal bemerkt?

Von den Bäumen und Sträuchern muß man den Schnee abschütteln, gleiten plötzlich ihre Gedanken ab. Unbedingt! Sonst halten es die Äste nicht aus und brechen ab.

Doch schon im nächsten Augenblick kehrt sie zu ihrem Grübeln zurück. Zu viel der Bürde legt er mit einem Mal auf ihre Seele! Diese schrecklichen Abende! Wie sie sich fürchtet, wenn seine Augen wie von einem wilden, tierischen Feuer zu leuchten und zu flackern beginnen. Wie sie sich vor seinen Umarmungen fürchtet! Nichts macht er ihr auch nur ein wenig leichter, denn er vermeint, es müßte so sein, es wäre sein Recht, ihre Pflicht. Er zürnt und wütet, wenn sie widerstrebt, wenn er sieht, daß sie leidet, und nachher, da wird er mit einem Mal kalt und mürrisch, und sie hört vollständig auf, für ihn auch nur zu existieren. Am Morgen steht er verdrießlich auf und begibt sich sofort, ohne sich um sie zu kümmern, zur Gutswirtschaft, wo er meist den ganzen Tag verbleibt. Was sie allein macht, was sie, ganz sich selbst überlassen, fühlt, das interessiert ihn nicht. Bedeutet sie für ihn wirklich nichts anderes als nur das Weib?

Ist es dann aber auch ein Wunder, wenn er sich enttäuscht fühlt, wenn er beginnt, sie weniger und weniger zu lieben? Und wie soll sie es erklären, daß ihre Liebe zu ihm mit jedem Tag wächst? Ist es das Mitleid mit seinem Zustand oder das Bewußtsein ihrer Schuld, daß sie ihm nicht geben kann, was er von ihr fordert? Oder ist es einfach die Liebe zu dem Mann, dem sie als erstem mit Leib und Seele gehört, eben diese unerklärliche Liebe des Schwachen zu dem, der bis zum letzten Herr ist über sie? Ssonja weiß es nicht. Aber das eine weiß sie, daß sie den ganzen Tag auf ihn warten muß, daß sie jedem Kreischen irgendeiner Türe lauscht und mit klopfendem Herzen aufspringt und ihm entgegeneilt, wenn er, nachlässig und schlampig gekleidet, auftaucht, umgeben vom Geruch nach Dünger und Mist.

Sie liebt ihn aus ganzem Herzen und mit solcher Zärtlichkeit! Sie liebt sein Wesen, seine Seele, seine Gedanken, sein Schaffen, aber mit einer Liebe, die so ganz anders ist als die seine und die er deshalb auch nicht verstehen kann. Er behauptet, sie liebe ihn nicht, und er wiederholt ihr das jeden Tag. Wie soll sie ihre innige, zarte, vielleicht auch ein wenig melancholische Liebe einem Menschen beweisen, der Liebe nur als letzte physische Äußerung kennt?

Ssonja geht zum Klavier und schlägt einige Akkorde an. Sie spielt den graziösen, süßen Walzer »Il bacio«, den Tanja an dem Tag gesungen, an dem er sich ihr erklärt hat. Aber sie kommt nicht bis zum Schluß des Stückes. Die Musik führt das zu Ende, was ihr langes Sinnen und Grübeln begonnen: Ssonja legt die Stirn auf die Tasten des verstimmten Klaviers und weint, weint, weint . . .

Freilich ist sie schuldig. Freilich, er hat recht, daß in ihrem Gehaben etwas Krankhaftes, Unnatürliches liegt. Aber jedesmal, wenn er sie zu küssen beginnt, steigen vor ihren Augen all die Frauen auf, die er vor ihr geküßt, von denen er in seinen Tagebüchern geschrieben. Sie sagt sich, wenn er dich nicht hätte, so wäre es eine andere, und nichts würde sich für ihn ändern. Er sucht ja doch nichts anderes in mir als nur und nur das Weib. Und dann steigt in ihr mit unwiderstehlichem Zwang das Gefühl des Abscheus auf, und das Gefühl, sie müßte sich wehren, um jeden Preis. Und jeden Tag die gleiche Qual! Sie nimmt sich wohl vor und bemüht sich aus allen Kräften, sich zu bezwingen, aber sie ist es nicht einmal imstande, auch nur zu verbergen, was ihr Inneres aufwühlt. Er aber, statt ihr zu helfen, zürnt ihr, beschimpft sie und läuft davon.

Was soll sie tun? Um Rat nach Hause schreiben? Aber schreibt man denn über solche Dinge? Solche Angelegenheiten macht man mit sich selbst ab und tut so, als ob alles in Ordnung wäre. Mit wem darf sie sich aussprechen? Wer soll ihr helfen? Niemand!

Da erinnert sich Ssonja an den Augenblick, in dem sie feierlich ihr Tagebuch abgeschlossen, weil sie glaubte, es würde ihr nun niemals mehr notwendig sein. Denn was soll das tote Papier, wenn man doch einen Mann hat, dem man alles, alles anvertrauen, mit dem man über alles sprechen kann? So hat sie damals gedacht. Und heute? Wenn sie jemanden sucht, dem sie ihr Herz öffnen darf, wer bleibt ihr denn noch als das liebe alte Tagebuch?

Ssonja steht wieder vor dem Fenster, und ihr Blick fällt auf die Akazie vor dem Haus, deren gelbe Blätter hoch beladen sind von der kalten, weißen Last, die die Zweige tief herunterzieht. Ssonja kann es nicht ertragen, wie dieser arme Baum fast zu Boden gedrückt wird. Sie klingelt dem Stubenmädchen und befiehlt ihr, sofort den Schnee abzuschütteln. Ein Seufzer der Erleichterung kommt von ihren Lippen, als sie sieht, wie der Baum seine Äste langsam wieder emporrichtet. Dann geht sie in ihr Zimmer, holt ein Heft hervor und beginnt zu schreiben:

»Immer schon habe ich von dem Menschen, den ich lieben würde, als von einem völlig reinen, unberührten Menschen geträumt. Es sind kindliche Träume, von denen ich mich selbst nur schwer lossagen kann, aber ich habe in meiner Phantasie diesen Menschen immer vor mir gesehen, daß ich auch den kleinsten Gedanken und das kleinste Gefühl in ihm kennen würde, daß er sein ganzes Leben nur mich allein lieben dürfte, und daß wir beide uns nicht so, wie es viele andere tun, vorher ›ausleben‹ müßten, um dann erst solide Leute zu werden. Diese Träume waren mir so teuer, und sie waren es, die mich beinahe dazu gebracht hätten, Poliwanow zu lieben.«

Ssonja seufzt tief auf, und während ihre Tränen auf das weiße Papier tropfen, fährt sie fort zu schreiben:

»Jetzt, da ich verheiratet bin, muß ich erkennen, daß alle diese meine Jugendträume Torheiten waren; ich müßte mich eigentlich von ihnen lossagen; aber ich kann es nicht. Die Vergangenheit meines Mannes ist so entsetzlich für mich, daß es mir scheinen will, ich könnte mich nie damit abfinden. Es sei denn, mein Leben werde von neuen Zielen erfüllt, von Kindern, nach denen ich mich so sehne, daß ich in ihnen diese Reinheit ohne Vergangenheit haben darf, ohne diesen Schmutz und ohne das, was ich jetzt mit solcher Bitterkeit bei meinem Mann sehe.«

Wie kann er es nur nicht verstehen, denkt Ssonja bitter, daß zwischen mir und ihm seine Vergangenheit steht, daß ich nicht die Kraft habe, nicht daran zu denken, sie zu vergessen.

Warum hat er mir nur diese entsetzlichen Tagebücher zu lesen gegeben? Warum diese Grausamkeit, die sich durch nichts mehr gutmachen läßt?

Ssonja taucht die Feder in die Tinte und schreibt weiter:

»Er küßt mich, und ich muß dabei denken: Nicht das erstemal ist es, daß er sich vergnügen will! Und da wird mir so leid und weh um mein eigenes Erleben, das ihn so unzufrieden macht, und das mir so teuer ist, weil es mein letztes und mein erstes zugleich ist. Auch ich habe Verlockungen gefühlt, doch nur in der Phantasie. Er aber hat lebendige Frauen gehabt, hübsche, mit ganz bestimmten Zügen des Charakters, des Herzens, des Gesichts, Frauen, die er liebte, an denen er sich ergötzte, wie er sich jetzt an mir ergötzt... Was soll ich tun? Ich kann Gott nicht verzeihen, daß er es so eingerichtet hat, daß sich alle erst ›ausleben‹ müssen, bevor sie zu anständigen Menschen werden. Was soll ich tun, wenn es mir weh und bitter ist, daß auch mein Mann zu dieser allgemeinen Kategorie gehört?«

Da klopft es, das Stubenmädchen meldet:

»Das Frühstück ist bereit, Gräfin!«

Es scheint Ssonja, als ob Dunjascha nicht nur mit Ehrerbietung, sondern auch mit Mitgefühl und Bedauern auf ihre Herrin blickte.

»Ich will jetzt nicht essen, ich werde bis zum Mittagsmahl warten«, gibt Ssonja zur Antwort und bemüht sich, ihr verweintes Gesicht vor dem Mädchen zu verbergen. Kaum hat es das Zimmer verlassen, beginnt sie wieder zu schreiben:

»Eine schlimme, trostlose Lage. Wie soll ich meine Liebe einem

Mann beweisen, der mich um der körperlichen Lust willen geheiratet hat, ohne die er nicht zu leben vermag, und der, wenn er die Lust bei seiner Frau nicht sieht, glaubt, sie könnte ihn nicht lieben?«

Wieder schlägt es eine Stunde, und bei jedem Schlag kreischt und zetert die alte Uhr, an die sich Ssonja nicht gewöhnen kann...

Sie schließt das Heft. Nachdem sie all ihren Kummer dem Tagebuch anvertraut, ist ihr leichter geworden. Er hat ja recht, sagt sie sich, ich bin in vielem selbst schuldig vor ihm. Ich weine, weil es mich schmerzt, aber ich müßte doch bedenken, daß dies alles sein muß. Ich will doch Kinder haben. Um alles in der Welt will ich Kinder haben.

Kinder! Und mit einem Mal ergreift sie ein unwiderstehlicher Drang, alles in diesem Haus von unterst zu oberst zu kehren, so daß alles von Reinlichkeit, Ordnung und Licht nur so glänzt. Alles rund herum muß gemütlich, heimlich und sonnig werden, damit sich den Seelen ihrer Kinder von Anfang an das Leben mit seinem freundlichsten Lächeln einpräge. Sie erinnert sich daran, wieviel Mühe ihre eigenen Eltern darauf verwendet haben, sie auf den Beruf einer guten Mutter und Hausfrau vorzubereiten. Ihre ersten Gouvernanten waren Deutsche, und sie haben ihr den Sinn für Ordnung geschärft und weitergebildet. Dieser Sinn für Ordnung liegt ihr im Blut, vielleicht von ihren Vorfahren her, gehörte doch ihr Urgroßvater zu den vier Kürassieroffizieren, die der preußische König einst der Kaiserin Elisabeth nach Petersburg gesandt hatte.

Da bemerkt Ssonja, daß sie immer noch im Morgengewand ist, und kleidet sich rasch um. Sie legt ein bescheidenes Hauskleid an und bindet mit Entzücken eine riesige Arbeitsschürze darüber. Dann setzt sie wieder eine Haube auf, das Zeichen ihrer Hausfrauenwürde, aber mit weniger Bändern, einfacher, nüchterner.

Wenn ich für Ljowotschka, denkt sie, als Weib nicht das sein kann, was er von mir verlangt, so will ich ihm wenigstens eine gute Hausfrau und seinen Kindern eine gute Mutter werden. Ab heute nehme ich die Wirtschaft in die Hand. Ich lege mir einen Gürtel um und hänge daran alle Schlüssel. Er wird noch sehen, wozu seine dumme, launenhafte, tränenreiche Ssonja fähig ist!

Es blitzt in ihren Augen nur so von Energie, wie sie zur Tante läuft und sie bittet, sie möge ihr die Schlüssel und damit die Aufsicht über die Wirtschaft überantworten. Mit dem größten Vergnügen willigt die alte Dame ein.

Ssonjas erster Weg ist in die Küche, in der unglaubliche Unordnung herrscht. Auf Tischen liegen die Reste des Essens vom Vortag, und irgend etwas Unbestimmbares säuert in einem alten Krug. Der Boden ist mit schmutzigen Tüchern bedeckt, am Heiligenbild in der Ecke hängen dichte Spinnweben, und in der andern Ecke gähnt Ssonja die Öffnung des riesigen Herdes entgegen, in dem eine ganze Anzahl von Ziegelsteinen ausgebrochen ist. Der alte Koch Nikolai Michailowitsch mit seiner unsäglich schmutzigen Schürze erhebt sich erschrocken beim Anblick seiner Herrin. Ein scharfer Geruch nach Branntwein geht von ihm aus. Ssonja blickt ihn aufmerksam und streng an und sagt:

»Von heute an übernehme ich die Wirtschaft, und vor allem will ich dich von nun an immer in einer reinen Schürze sehen.«

»Gut, Gräfin«, gibt der Alte verwundert, aber willig zur Antwort.

»Was gibt es heute zum Mittagessen?« fragt Ssonja und stürzt sich dann kopfüber in den Wirbel der Wirtschaft. Sie stellt sich dabei vor, wie freudig es Lew Nikolajewitsch stimmen wird, wenn er das erstemal das unter ihrer Aufsicht bereitete Essen vorgesetzt bekommt. Er aber soll sich, denkt Ssonja, lieber mehr mit den Büchern beschäftigen als immerfort nur mit dem Nachdenken darüber, ob ich ihn genügend liebe. Er soll eine Beschäftigung haben, die ihn mitreißt und ablenkt.

Draußen beginnt es zu dämmern. Ein bläulich-weißes Licht, von den mit Schnee bedeckten Bäumen zurückgeworfen, fällt noch in das Zimmer, aber finstere Schatten kriechen schon aus den Winkeln und Ecken hervor. Noch einmal sieht Ssonja nach, ob auf dem gedeckten Tisch alles in Ordnung ist. Unordnung kann sie nicht vertragen, schief gelegte Bestecke oder Geschirr mit abgeschlagenem Rand, alles Dinge, die ihr Mann überhaupt nicht bemerkt, sind ihr ein Greuel.

Endlich knarrt eine Tür, schwere Schritte erklingen. Lew Nikolajewitsch betritt das Speisezimmer in der schmutzigen, nach Dünger riechenden Arbeitskleidung, die Haare voll von Strohhalmen. Sein Gesicht ist finster, mürrisch. Ssonja ist es noch von der Stadt her gewohnt, gut und sauber gekleidete Menschen bei Tisch zu sehen. Sein Anblick will ihr gar nicht gefallen, aber sie beherrscht sich und geht ihm mit einem liebenswürdigen Lächeln entgegen.

»Ljowotschka«, sagt sie zärtlich, »ich habe für dich alles hergerichtet, komm, wasche dich und kleide dich um, ich werde dir helfen!«

Lew Nikolajewitsch blickt sie verwundert an. Er hat erwartet, Ssonja weinend anzutreffen, und vor ihm steht nun ein reines, liebes, puppenschönes Ding, in einem eleganten Hauskleid und mit dem koketten Häubchen auf den Haaren. Sie duftet förmlich nach Heimlichkeit, Gemütlichkeit, Jugend und Frische und sieht ihn mit offenem, bittendem Blick an.

»Wozu mich umkleiden?« fragt Lew Nikolajewitsch, noch immer in schlechter Laune. »Mir ist auch so wohl.«

»Ach, Ljowotschka«, schmeichelt Ssonja, »zum Essen muß man sich umkleiden, es wird dir alles viel besser schmecken als in der Rubaschka, die nach Dünger riecht.«

»Warum kannst du den Düngergeruch so wenig leiden?« fragt er. Er kann Ssonja nicht verzeihen, daß sie diesen Geruch nicht mag, der ihm so lieb ist und ihm als etwas ganz Heimliches und Trautes erscheint.

»Ich werde mich schon noch daran gewöhnen«, beruhigt ihn Ssonja, während sie ihn am Arm nimmt und zum Waschtisch führt. Es liegt etwas so Entschiedenes in ihren Bewegungen, daß Lew Nikolajewitsch es nicht wagt, sich zu widersetzen. Er wundert sich, wie geschickt sie ihm beim Waschen und beim Umkleiden behilflich ist, wie sie ihm sogleich die Hausschuhe unter die Füße stellt. Man sieht es ihr an, daß sie geradezu ein Talent hat, für andere zu sorgen, daß sie als Mädchen eine gute Schule der Häuslichkeit durchgemacht hat.

Seine schlechte Laune geht bald in ein inniges Glücksgefühl über, und mit der Schnelligkeit, mit der sich bei ihm Stimmungen zu ändern pflegen, ist er in kurzer Zeit fest davon überzeugt, daß er der glücklichste Mensch auf dieser Welt ist, ein paar Sekunden nur, nachdem er gemeint, er müßte sich wohl zu den allerunglücklichsten zählen.

»Ljowotschka, ich habe mich entschlossen«, sagt dann Ssonja, »selbst die Wirtschaft zu führen. Ich habe mir schon die Schlüssel umgebunden!«

Stolz läßt sie den großen Bund an ihrem Gürtel klirren. Lew Nikolajewitsch blickt ihr mit Entzücken in die Augen.

»Ljowotschka«, fährt Ssonja fort, »es ist mir zu langweilig, den ganzen Tag untätig dazusitzen. Ich habe deshalb beschlossen, alles im Haus in vollste Ordnung zu bringen. Jetzt habe ich ja noch Zeit genug dazu. Aber dann, weißt du, wenn . . .«

Sie errötet bis an die Haarwurzeln, und ihre heißen Lippen ganz dicht an seinem Ohr, spricht sie flüsternd weiter:

». . . dann, wenn die Kinder kommen, wird es mir nicht mehr so leichtfallen.«

Lew Nikolajewitschs Entzücken kennt keine Grenzen mehr.

»Morgen«, sagt Ssonja, »mußt du mir alles zeigen, auch in die Ställe führe mich, und einen Blumengarten müssen wir vor dem Haus anlegen. Ich kann diese Brennesseln knapp unter den Fenstern nicht mehr ertragen. Ich werde dir einen Teil deiner Arbeit in der Wirtschaft abnehmen, damit dir mehr Zeit zum Schreiben bleibt.«

»Du mußt schreiben«, sagt sie dann mit energischer Stimme, während sie ihn zum Tisch führt. »Du wirst schreiben, und ich werde dir alles ins Reine übertragen!«

Das Speisezimmer ist durch das Licht der Talgkerzen in gemütliche Helle getaucht. Wie Ssonja und Lew Nikolajewitsch sich setzen, knistert und raschelt das feine, weiße, frisch gestärkte Tischtuch. In einer Vase prangen Feldblumen, die letzten, die sich wie durch ein Wunder unter dem Schnee erhalten haben.

Ssonja beginnt die Suppe einzugießen. In ihren Bewegungen spiegelt sich dabei so viel Wichtigkeit, Freude und Stolz, und die Hausfrauenhaube sitzt ihr so naiv und so gar nicht zu ihrem Gesicht passend auf dem Haar, daß Lew Nikolajewitsch sich mit einem Ruck von seinem Sessel erhebt und sie küßt.

»Ach, Ssonja, ich bin der glücklichste Mensch auf dieser Welt!

Womit hab' ich nur ein solches Glück verdient?« flüstert er, und Tränen der Rührung erglänzen in seinen Augen.

»Iß lieber, sonst wird dir die Suppe kalt!« bemerkt in sachlichem Tone Ssonja. »Wie findest du sie übrigens?«

Lew Nikolajewitsch seht ihr zu, wie sie von der Suppe kostet und dann ihr kleines Zünglein, das sie sich dabei verbrennt, so komisch herausstreckt. Keinen Blick läßt er dabei von ihren großen, dunkelbraunen Augen. Das, was ich in ihr suchte, denkt er, das, was mir andere Frauen, besonders Aksinja, gegeben, die heiße, wilde Lust, das habe ich bei Ssonja nicht gefunden. Aber dafür hat mir das Geschick ganz unerwartet, ohne daß ich überhaupt danach gefragt, in ihr einen lieben, feinen, zarten, treuen Menschen geschenkt, der sich um mein eigenes, menschliches Ich sorgt.

Wie sehr ich mich auch bemühen mag, sie zur rechten Liebesglut zu führen, es gelingt mir doch nicht, oder es kommt dabei etwas so Jämmerliches zustande, daß einem die Haare zu Berge stehen. Dafür hat mir aber meine Heirat etwas ganz anderes gebracht, mit so neuen, wundervollen Freuden, daß ich dennoch ein glücklicher Mensch geworden bin.

Er beobachtet, wie sie ihm den Braten auf den Teller legt, genauso zubereitet, wie er es am liebsten hat, und er fühlt, daß alle ihre Gedanken nur ihm gehören, daß alles in ihr darauf gerichtet ist, ihm alles so schön, so bequem und so leicht zu machen wie nur irgend möglich.

Und welch feiner Instinkt ihr Herz lenkt! Gerade heute, als er heimging, hat er ihr in Gedanken vorgeworfen, daß seit seiner Heirat mit ihr sein Schaffen ganz in den Hintergrund getreten ist, eine Tatsache, die ihn schwer bedrückt. Jetzt will sie selbst einen großen Teil seiner Arbeit auf sich nehmen, nur damit er Zeit finde, an seinen Büchern zu arbeiten. Und alles das, was er für sich beansprucht – außer dem einen freilich –, das hat sie ihm nun in ein paar Worten versprochen: das literarische Schaffen, die gemeinsame Arbeit in der Wirtschaft, und – das Kind! Wie konnte dieses junge, unerfahrene Ding mit seinen achtzehn Jahren in einer Minute all das so einfach und klar erfassen, was den ganzen Tag über im dunklen Chaos seiner Seele gebrodelt hat? Wie konnte sie es zustande bringen, daß diese dumpfe Unzufriedenheit mit ihr und mit sich selbst, dieses Schwelen unklarer, unbefriedigter Lüste und Begierden sich mit einem Mal in die lichte Freude des Familienglücks verkehrt und ihm volle Klarheit über die Aufgaben gebracht hat, denen sie beide gemeinsam zu leben haben?

Er ist zu ihr gekommen, müde, erfroren, mürrisch, zornig, und hat schon die Vorwürfe vorbereitet, die er ihr machen wollte. Und Ssonja begegnet ihm mit einem zarten, lieben Lächeln, bereitet ihm fürsorglich alles vor, setzt ihm die besten Speisen auf den Tisch, und so gemütlich leuchten die Kerzen!

»Ljowotschka, wollen wir nicht ein wenig vierhändig spielen?« bittet sie nach dem Essen. »Willst du Mozart? Oder Haydn? Du liebst sie ja beide so!«

Mit Freuden stimmt er zu, und nachdem sie sich lange mit Eifer und Begeisterung im Spiel vertieft, unterbricht er mitten im Stück, umarmt Ssonja, küßt sie zärtlich und flüstert ihr zu:

»Ssonja, mein Täubchen, ich werde dich heute nacht nicht berühren, du magst ganz ruhig schlafen.«

Ssonja preßt ihren schmalen, hageren Körper noch mehr an ihn und sagt:

»Ljowotschka, kränke dich nicht, ich werde mich bemühen, mich an alles, alles zu gewöhnen. Auch daran!«

»Ach, Ssonja, wie ich dich liebe, und wie unendlich glücklich ich mit dir bin«, spricht er, nimmt sie auf die Arme und trägt sie durch das Zimmer.

»Ljowotschka, erzähle mir doch etwas von deinem neuen Buch!« bittet sie ihn und schlägt auf ihrer sonderbaren Fahrt mit Armen und Beinen um sich. Heute ist nichts als Liebe in ihr und keine Spur von Furcht.

»Ssonja«, gibt er zur Antwort. »Ich habe beschlossen, die Herausgabe meiner pädagogischen Zeitschrift einzustellen, und auch meine Beschäftigung mit der Schule. Dafür will ich einen neuen großen Roman schreiben, und ich habe darin eine ebensolche Ssonja wie dich, die man einfach lieben muß, selbst wenn man sich über sie ärgert und sie nicht versteht. Es kommt auch ein Mädchen wie Tanja drin vor, die in der Mitte des Zimmers steht, wenn sie singt, und ihre Hände dabei hängen läßt, und eine wie Lisa, die lauter gescheite Dinge erzählt, die einen immer langweilen, wenn man zuhört...«

»Ach, das wird lustig werden!« ruft Ssonja aus. »Du mußt das recht schnell schreiben, aber bitte, zieh in diesem Buch nicht zu sehr über mich her!«

»Ssonja, Ssonja«, küßt er sie, »du bist ja mein ganzes, ganzes Leben! Du hast mich zu einem neuen, glücklichen Menschen gemacht!«

Dann setzt er hinzu:

»Komm, ich will dich jetzt wieder Englisch unterrichten, und dann wollen wir ›Les misérables‹ mitsammen lesen!«

Sie setzen sich beide zum Tisch, eng aneinander geschmiegt, und für Ssonja beginnt einer der glücklichsten Abende ihres Lebens.

Winter 1862

»Ssonja, ich gehe, mir die kranke Kuh anzusehen!« sagt Lew Nikolajewitsch.

Er fühlt sich wieder nicht gut, klagt über Kopfschmerzen, ist blaß und mürrisch wie der Wintertag draußen mit dem weißen, kalten Himmel.

»Ich gehe mit dir!« spricht Ssonja und ruft dem Stubenmädchen zu:

»Dunjascha, wenn die Waschfrauen kommen, sollen sie auf mich warten, ich will ihnen selbst alles zeigen!«

Ssonja geht ins Vorzimmer und zieht ihre warmen Stiefel an, denn Jassnaja Poljana liegt schon in tiefem Schnee begraben. Dann wirft sie einen schnellen Blick in den Spiegel. Sie ist wieder blaß, fast zitronengelb, und die Lippen sind aufgesprungen. Mit der Puderquaste streicht sie etwas über Nase und Wangen. Sie möchte Ljowotschka so sehr gefallen und kommt sich doch so häßlich vor. Ihr Zustand bringt das mit sich. Ja, Ssonja ist schwanger, daran kann sie nicht mehr zweifeln. Ein ständiges Gefühl der Schwäche, Schwindelanfälle, fortwährend ein fast unwiderstehlicher Drang zum Weinen. Aber sie nimmt sich fest in die Hände und bemüht sich sogar noch, Ljowotschka in bessere Laune zu bringen, eine Aufgabe, die wahrhaftig nicht leicht ist.

Warum Ljowotschka beständig in so schlechter Stimmung ist? Das Schulehalten bei den Dorfkindern, für das er doch so begeistert war, freut ihn nicht mehr, an seiner Erzählung aus dem Leben im Kaukasus schreibt er so langsam, aufs Gut seines Bruders fährt er stets allein – wie soll man sich in der männlichen Psyche zurechtfinden? Ssonja versteht ihn nicht und fürchtet, ihn immer mehr und mehr zu verlieren. Oft will ihr scheinen, daß sie ihm schon zur Last geworden ist. Ein immer stärker werdendes Gefühl der Eifersucht hat von ihr Besitz genommen. Sie ist auf alles und jedes eifersüchtig: auf die alte Tante, der er immer mit einer so zärtlichen Ehrerbietung begegnet, auf ihre Freundin, die schöne Olga, mit der er stundenlang vierhändig spielt, auf die Bauernkinder, die er in seiner Schule unterrichtet, auf die ungekämmten Lehrerstudenten, mit denen er methodische Probleme erörtert und mit denen er seine pädagogische Zeitschrift herausgibt. Sie ist eifersüchtig auf das Volk, zu dem er eine ihrer Meinung nach übertriebene, unnatürliche und unechte Liebe hegt, und sogar auf die Kuh, die er jetzt besuchen will. Und Ssonja argwöhnt sogar, dies wäre überhaupt nur ein Vorwand, einfach von ihrer Gegenwart loszukommen. Ihr scheint, daß er in der letzten Zeit immer kälter wird und immer geiziger mit Beweisen seiner Liebe. Sie beschuldigt sich, daß die Ursachen dazu in ihr selbst lägen; aber wird ihr deshalb leichter zumute? Ihn glücklich zu machen, ist wohl eine Aufgabe, die unendlich schwer ist und ihre Kräfte weit übersteigt. Wenn es aber so ist, hat es dann noch einen Sinn zu leben?

Von Ssonjas Ich ist eigentlich nichts mehr übriggeblieben. Ist er fröhlich, ist auch sie froh, ist er traurig, trauert auch sie. Meist aber ist er mürrisch und schlechter Laune. Wenn sie einmal in gute Stimmung kommt, vor sich hinsingt und nicht ganz gemessenen Schrittes dahingeht, gleich trifft sie sein kalter Blick, und er sagt:

»Ssonja, du darfst nicht ausgelassen werden! Du mußt an dein Kind denken!«

Wozu dann die alte Tante aufgeregt hinzufügt:

»Ma chère Sophie, pensez à votre enfant!«

Glaubt er denn wirklich, denkt Ssonja bitter, daß ich keine anderen Ansprüche ans Leben stellen darf als die Sorge um eingesalzene Gurken, um das Einstampfen des Krauts, um den Kauf von Legehühnern und um das Vieh? Für ihn ist das wichtigste die Arbeit, das Werk, dem er sich ganz hingibt, für mich die Menschen, für die ich lebe. Er hat tausend verschiedene Beschäftigungen, Interessen, große und kleine Freuden, ich habe nur ihn. Für ihn bedeute ich nur einen – und vielleicht nicht einmal einen sehr unwesentlichen – Teil seines Lebens, für mich ist er der einzige Inhalt.

Das schrecklichste für Ssonja aber ist, daß sie in ihrem Kummer nicht einmal mehr im Gebet Trost finden kann. Wie innig und warm sie früher beten konnte! Sie zog sich in ihr Zimmer zurück, schloß die Tür hinter sich ab, zündete die Lampade vor der Ikone an und betete mit Tränen in den Augen. Ljowotschka jedoch findet alle religiösen Zeremonien lächerlich, und Ssonja fühlt, daß er dadurch auch ihr die Freude am Gebet verdorben hat.

»Ssonja, wann bist du endlich fertig?« läßt sich da Lew Nikolajewitsch vernehmen.

Ach, wie ungeduldig und böse er ist, denkt Ssonja. Ein liebes Wort findet er nur, wenn er körperliche Nähe von mir haben will; sonst aber schreit er mit mir herum wie mit dem letzten Dienstboten.

Ssonja tritt vor die Tür, wo Lew Nikolajewitsch im Halbpelz schon auf sie wartet. Unter der Pelzmütze blickt er sie mit seinen stahlharten, zornigen Augen an.

»Warum gehst du überhaupt mit«, sagt er mit unzufriedener Stimme. »Ich kann auch allein die Kuh anschauen!«

»Wenn ich aber nicht allein und ohne dich bleiben will!« sagt Ssonja mit Tränen in den Augen. »Ich will nicht, und ich will nicht allein bleiben!«

Lew Nikolajewitsch ärgert sich noch mehr und möchte ihr scharf entgegnen, doch da erinnert er sich ihres Zustandes und beherrscht sich.

Sie gehen nun dem Stall zu. Auf dem Weg steht ein umgestürzter Wagen. Ssonja springt über die Deichsel und wäre fast im glatten Schnee ausgeglitten.

»Ssonja, du bist verrückt!« schreit Lew Nikolajewitsch und faßt sie hart am Arm, so daß sie vor Schmerz laut aufschreien möchte. »Du vergißt ja das Kind!«

Nur immer das Kind, denkt Ssonja; was mit mir geschieht, ist ihm völlig gleichgültig. Sie zürnt ihm wegen des Schmerzes, den er ihr verursacht, aber sie schweigt.

Die kranke Kuh steht im dunklen Stall unbeweglich da und kaut. Der Ausdruck ihres Gesichts ist melancholisch, die Augen tränen und sind stark gerötet. Sie steht unbeweglich da und kaut. Der scharfe Geruch des Düngers, der frisch gemolkenen Milch und des Heus benimmt Ssonja den Atem, und sie fühlt, wie ihr unerträglich übel wird. Schnell läuft sie ins Freie und erbricht sich. New Nikolajewitsch folgt ihr und spricht zornig auf sie ein:

»Launen, nichts als Launen! Warum bist du nur mitgegangen? Du hast genau gewußt, daß dir übel werden muß! Und überhaupt, ich kann nicht verstehen, wie man diesen Geruch nicht vertragen kann. Das ist Laune, nichts als Einbildung!«

Sein böser, herzloser Ton macht Ssonja vollends unglücklich. Sie fühlt sich vollständig krank, zerschlagen und jämmerlich. Ohne ein Wort zu sagen, geht sie fort, dem Haus zu. Sie hat das Gefühl, als ob sie plötzlich häßlich, alt und siech geworden wäre.

Ssonja legt ihre Pelzstiefel ab und begibt sich in die Zimmer. Sie hat ganz vergessen, daß sie die Fußböden waschen lassen wollte, und wundert sich, als ihr jetzt ein paar Weiber mit geschürzten Röcken und dampfenden Eimern gegenübertreten. Von den schmutzigen Waschlappen und den schlecht ausgewaschenen Eimern schlägt ihr derselbe herbe Landgeruch entgegen, an den sie sich nicht gewöhnen kann. Wieder fühlt sie Übelkeit aufsteigen und setzt sich auf den ersten besten Stuhl.

Wenn Ljowotschka mich liebte, denkt sie traurig, wäre er mit mir gegangen. Wenn er aber sieht, wie übel mir ist, und doch bei der Kuh bleibt, so muß ihm die Kuh wohl teurer sein als ich. Ach, er liebt mich überhaupt nur als Weib und nicht als Mensch, er hat nicht das geringste Mitgefühl mit mir.

»Befehlen Sie, Gräfin, daß wir mit dem Bodenwaschen beginnen?« fragt eine unbekannte Stimme dicht neben ihr, und Ssonja hebt die Augen. Eine der Frauen, mit einem hochaufgeschürzten Rock von schreiend roter Farbe, unter dem dicke weiße Beine hervorschauen, steht vor ihr. Sie erkennt in ihr auf den ersten Blick jene Aksinja, von der Lew Nikolajewitsch in seinem Tagebuch geschrieben, daß er »verliebt wie noch nie« in sie sei und daß er zu ihr »nicht nur das Gefühl eines Hirsches, sondern das eines Mannes zur Gattin« hege...

Es will ihr scheinen, als ob Aksinja sie mit ihren dunklen Augen ein wenig spöttisch anblicke, während ihr einfaches, rotbäckiges, von glattgekämmten, stark mit Butter eingefetteten Haaren umrahmtes Gesicht sonst völlig ausdruckslos bleibt. Ein Gefühl maßloser Eifersucht erfaßt Ssonja gegen die, die volle vier Jahre wie seine Frau mit ihm gelebt und von der er ein Kind hat, das ihm, wie die Leute sagen, gleicht wie ein Ei dem andern. Ssonja ist es, als ob sie den Verstand verlieren müsse, als ob es überhaupt keinen Sinn mehr hätte, noch weiter zu leben. Sie eilt in das anliegende Zimmer, dessen Wände voll hängen mit Pistolen, Messern, Säbeln und Dolchen. Ein Stich ins Herz, und es wäre geschehen – und er mag sich dann mit seiner Aksinja trösten! Jetzt kann sie noch ihr Leben auslöschen, solange das Kind nicht da ist. Mit welchem Spott sie mich angeblickt hat, weint Ssonja. Und Ljowotschka ist wohl deshalb immer so schlechter Laune, weil ich ihn nicht befriedige und er immer an sie, Aksinja, denkt. Sie kommt ihm sicher immer unter die Augen, wo sie doch nebenan im Dorf wohnt. Wer mag sie nur zu mir geschickt haben, den Fußboden zu waschen? Ach, sie hat gewiß selbst darum gebeten, damit sie mir weh tun und vielleicht Ljowotschka wieder zu sich zurückbringen kann. Wenn ich doch nur alle seine Tagebücher verbrennen könnte, und mit ihnen zusammen seine ganze Vergangenheit! Welche Qual für mich, seine neue kaukasische Novelle zu lesen! Diese junge Kosakin darin ist bestimmt eine seiner früheren Lieben und diese Mariana ist sicherlich niemand andere als die Ssolomonida, der er so lange nachgelaufen ist...

Ist es eine Folge der Schwangerschaft, daß sie so gereizt ist, oder ist tatsächlich Ljowotschka mit seiner Kälte und seiner Hartherzigkeit der Schuldige? Doch wie dem auch sei, das eine fühlt Ssonja ganz genau, daß sie ihm nichts von ihrem Schmerz zeigen darf, wenn sie ihr Glück nicht ganz verlieren will. Und wie sie ihn mit jedem Tag stärker und inniger liebt, immer zärtlicher und immer quälender! Sie liebt ihn mit der Liebe eines alten Menschen, der um das Leben seines einzigen Kindes zittert ...

Wie konnte er es nur zulassen, daß Aksinja in ihr Haus kam? Diese häßlichen, großen, schmutzigen Füße! Und er liebte diese Füße! Dieser ekle Geruch, der von ihr ausgeht, und diese von Butter triefenden Haare! Nein, niemals wird er sich ganz seinem Weib schenken können, immer wird er sich an diese Aksinja erinnern, mit der er jene geheimen Minuten der Leidenschaft erlebte, irgendwo im Wald, wo es nach frisch gemähtem Heu und nach abgebrochenen Zweigen roch. Und das entsetzlichste ist, daß diese Aksinja ihm gerade das geschenkt hat, was sie selbst ihm einfach nicht geben kann. Ja, jetzt kann sie es ihm viel weniger bieten, denn ihre Abneigung gegen seine körperliche Berührung wird immer größer und ist bereits so stark, daß sie sie gar nicht mehr verbergen kann. Ist es nur der fortwährende Gedanke an seine Tagebücher oder ist auch der Zustand der Schwangerschaft daran schuld, sie weiß es nicht. Er behauptet, sie sei eine Egoistin. Sie aber meint, er selbst wäre der kälteste und seelenloseste Egoist, den man sich nur vorstellen kann.

»Gräfin, wir sind mit dem Zimmer fertig. Befehlen Sie, daß wir jetzt hier waschen?«

Wieder ist es die Stimme, die sie vorher gehört. Sie springt vom Diwan auf und sagt kurz:

»Ach, macht was ihr wollt!«

Dann eilt sie aus dem Raum, als bliebe ihr kein anderes Mittel als die Flucht, um sich vor dem verhaßten roten Rock, vor den plumpen weißen Beinen, an denen ganze Ströme schmutzigen Wassers herunterfließen, zu retten, und vor diesen dunklen, spöttischen Augen.

Es ist schon so, denkt sie, während sie sich in ihrem Zimmer auf das Bett wirft, erst in der Schwangerschaft erkennt man, ob man von seinem Mann wirklich geliebt wird. Wenn er mich liebte, würde er mich dann nicht vor solch schrecklichen Erlebnissen schützen? Ich habe jetzt das Gefühl, als ob ich mein Kind nicht bis zum Ende tragen könnte. Und wie er überhaupt die Schwangerschaft auffaßt, als etwas Unangenehmes, das ihn nur daran hindert, sein gewohntes Leben zu führen.

»Ssonja, mein Täubchen«, vernimmt sie da ganz unerwartet seine Stimme. »Was ist mit dir? Du bist so schnell vom Hof weggelaufen. Ich habe ganz den Kopf verloren. Beruhige dich, mein Liebling! Es tut dir nicht gut, wenn du dich aufregst.«

Zärtlich küßt er ihr die Hände, und sein Gesicht zeigt den Ausdruck innigster Liebe und Anteilnahme. Verwundert blickt ihn Ssonja an. Sie hat erwartet, er würde ihr zürnen und Vorwürfe machen, und nun ist er so lieb, so zart, so gut! Sie wirft sich ihm an die Brust und bricht in bitteres Schluchzen aus.

»Ssonja, Ssonja, was ist mit dir?« dringt er in sie, betroffen von ihrem Schmerz und ihrer Verzweiflung. »Vergiß nicht unser Kind! Weißt du, Ssonja, als ich jetzt heimzu ging, zürnte ich dir. Es war mir so böse und dunkel ums Herz. Du warst grob zu mir, und ich wollte dir gleiches mit gleichem vergelten. Aber da begriff ich auf einmal, daß ich mir selbst weh täte, wenn ich dir Schmerz bereitete, denn wir sind schon so eins geworden, daß ich nicht mehr unterscheiden kann, wo das Ich aufhört und das Du beginnt. Ich weiß jetzt nur eins: daß dein Schmerz auch mein Schmerz ist. Ach, Ssonja, Ssonja, verzeih mir! Du mußt mich verstehen! Ich bin allein aufgewachsen ... und daß ich einen schweren, mürrischen Charakter habe, daß mich mein Schaffen quält... Du darfst meinen Worten nicht soviel Bedeutung beilegen. Wenn ich böse mit dir umgehe, dann sei gut zu mir, und wenn du mir zürnst, dann will ich mich bemühen, gut zu dir zu sein. Ach, Ssonja, wie ich unter unseren Streitigkeiten leide! Ich war überzeugt, ich würde nie mit meiner Frau streiten, und wir haben ständig Mißhelligkeiten miteinander!«

»Ljowotschka«, gibt Ssonja weinend zur Antwort, »ich bin schuld, ich ganz allein bin schuld! Ich liebe dich wahnsinnig, und ich will, daß auch du nur mich allein liebst! Du bist so klug, so talentiert, du hast die ganze Welt für dich, und ich habe außer dir nichts, nichts! Du aber denkst den ganzen Tag nur an dich selbst, läufst in der Wirtschaft herum, und mich läßt du allein!«

»Aber Ssonja, das muß ich doch alles tun!« gibt er zur Antwort und fühlt dabei, wie er sich schon wieder zu ärgern beginnt.

»Ach, Ljowotschka«, schreit sie da auf. Sie erinnert sich an Aksinja und fühlt, wie irgendein Satan in ihr aufsteigt und sie immer weiterstößt, ohne daß sie sich dagegen wehren könnte. »Ach, Ljowotschka, du bist nichts anderes als ein kalter, seelenloser Egoist, der glaubt, seine Frau wäre bloß eine Puppe, mit der man machen kann, was man will. Ich aber wage es, ein eigener Mensch zu sein, dem es schmerzlich und schwer ist, mit dir zusammen zu leben.«

»Wenn es dir so zuwider ist, mit mir zusammen zu sein«, schreit er, noch lauter als sie, »so hat es keinen Zweck, zusammenzubleiben!« Damit verläßt er das Zimmer.

Jetzt ist alles aus, denkt Ssonja verzweifelt. Er hat gesagt, er wolle gut zu mir sein, wenn ich böse bin, und jetzt ist er auch böse geworden. Es ist alles zwischen uns aus . . .

»Ach, mein Gott«, stöhnt sie und faßt sich an den Kopf, »warum habe ich nur geheiratet?«

Lew Nikolajewitsch aber hat inzwischen im Nebenzimmer Aksinja erblickt und bleibt wie angewurzelt stehen. Sie stellt den Eimer auf den Boden und lächelt ihn verheißend an. Lew Nikolajewitsch errötet, verlegen wie ein kleines Kind.

»Aksinja«, fragt er, »warum bist du hier?«

»Den Boden wasche ich«, antwortet sie keck.

»Wie bist du hergekommen?« forscht er weiter.

»Der Verwalter hat Weiber gesucht zum Bodenwaschen, und da hab' ich mich angeboten. Wollte mir die neue Herrin anschauen. Recht hübsch ist sie, da kann man nichts sagen«, gibt sie zur Antwort und blickt ihn dabei herausfordernd an.

»Sofort mach, daß du weiterkommst!« brüllt sie Lew Nikolajewitsch an.

Beleidigt läßt sie den aufgeschürzten Rocksaum herunterfallen und geht, ohne sich umzusehen, zur Tür hinaus.

Lew Nikolajewitsch kehrt zu Ssonja zurück. Sie liegt auf dem Ruhebett und starrt mit weit geöffneten Augen zur Decke.

»Ssonja, du hast Aksinja gesehen?« fragt er unvermittelt.

»Ja!« gibt sie leise zur Antwort. »Schick sie fort, Ljowotschka!«

»Ich habe sie schon fortgeschickt.«

»Ach, Ljowotschka«, sagt sie, bitter weinend, »die Leute sagen, sie zieht mit jedem herum, der sie nur haben will. Wie konnte dir nur nicht ekeln vor ihr?«

»Ssonja, Ssonja, ich liebe ja nur dich«, beteuert Lew Nikolajewitsch. »Ssonja, meine liebe, arme Ssonja, beruhige dich doch!«

Er küßt Ssonja unzählige Male und drückt sie fest an sich. Als er aber dann die in seinen Armen Eingeschlafene verläßt, murmelt er vor sich hin:

»Und trotz allem, nach jedem Streit bleibt etwas zurück. Irgendein bitteres, quälendes Gefühl. Wozu sie doch nur immer kommen, diese Streitigkeiten! Ist ihre Schwangerschaft daran schuld, oder ist es mein rasender, unbeständiger, egoistischer Charakter? Arme kleine, unglückliche Ssonja! Wie leid sie mir jetzt tut, und wie habe ich sie noch vor einigen Stunden gehaßt, ich weiß selbst nicht, warum. Wie schwer es doch ist, sich an einen Menschen zu gewöhnen und nicht immer nur an seine eigenen Gefühle und Erlebnisse zu denken, sondern auch an die des andern.«

IV

Jassnaja Poljana

Juni 1863

»Ach, Ssonja, schon wieder sind drei Ferkel krepiert!« ruft Lew Nikolajewitsch verzweifelt aus, während er seine schmutzige Mütze auf den Tisch wirft. Ssonja sitzt im »Kontor«, einer kleinen, unsauberen Kammer, unter deren von Fliegenspuren bedeckten Tapeten unheimlich das Ungeziefer raschelt. Ssonja trägt ein appetitliches weißes Hauskleid von weitem, bequemem Schnitt, denn nur wenige Wochen noch trennen sie von der Niederkunft ihres ersten Kindes. Aber trotz ihres Zustands läßt sie es sich nicht nehmen, ihrem Mann in der Wirtschaft fleißig zu helfen.

Das ist freilich nicht leicht. Die größte Schwierigkeit besteht darin, daß seine Methoden alles eher als praktisch sind. Ssonja ist felsenfest davon überzeugt, daß es das beste für die Wirtschaft wäre, wenn er vollständig seine Hände davon ließe. Er soll seine Romane schreiben, und sie würde, obwohl sie erst achtzehn Jahre alt ist, die alleinige Leitung der Gutswirtschaft übernehmen. Aber er will alles selbst anordnen und alles nach seinem Kopf machen, hört auch nicht auf Ratschläge. So bleibt ihr nichts übrig, als unter dem Vorwand, seinen Willen und seine Aufträge zu erfüllen, die Dinge nach der Richtung abzubiegen und abzulenken, die sie für die allein mögliche hält.

Ssonja verbringt jetzt einen großen Teil des Tages in diesem dumpfen, chaotischen »Kontor«, das in Ordnung zu bringen er ihr auf keinen Fall gestatten will. Dort führt sie Bücher, erledigt die Geschäftskorrespondenz und zahlt die Arbeiter und Arbeiterinnen aus. Sie hat sich gerade diese peinliche und so gar nicht für eine achtzehnjährige junge Frau passende Arbeit gewählt, da sie der Überzeugung ist, ihr Gatte eigne sich gerade dazu am allerwenigsten.

»Ljowotschka«, sagt Ssonja besorgt, »dieser frühere Starost, dem du deine japanischen Schweine anvertraut hast, eignet sich meiner Meinung nach nicht zu diesem Geschäft.«

Sie erhebt sich und spürt, wohl von dem langen, unbeweglichen Sitzen, einen stechenden Schmerz in der Hüftgegend und in den Schultern. Sie bemüht sich aber, nichts davon merken zu lassen, denn ihr Mann liebt es nicht, wenn sie sich schwach und krank fühlt.

Lew Nikolajewitsch gibt keine Antwort.

»Gehen wir einfach gleich hin«, sagt Ssonja mit fester Stimme. Sie schreitet voran über den Hof und er folgt ihr gehorsam. Überall gewahrt man schon die Spuren ihres Wirkens. Die Brennesseln vor den Fenstern sind verschwunden und an ihrer Stelle breiten sich Blumenbeete aus, auch auf dem riesigen Hof, der bis vor kurzem ein wüstes Durcheinander dargestellt hatte, beginnt sich bereits Ordnung zu zeigen. Aber wie viel bleibt da noch zu tun, denkt Ssonja, als sie an einen umgeworfenen, zerbrochenen Leiterwagen stößt.

»Ljowotschka«, spricht sie zu Lew Nikolajewitsch, »wenn du schon den Verwalter entlassen hast, der dir die Arbeiter aufgewiegelt hat, und wenn du schon selber die Wirtschaft führen willst, so mußt du doch vor allem Leute einstellen, die von ihrer Arbeit etwas verstehen!«

»Ach, Ssonja, du bist noch ein Kind!« entgegnet er zornig. »Wie lange habe ich mich schon mit der Gutswirtschaft beschäftigt! Du aber lebst kaum ein Jahr auf dem Land, und schon meinst du, daß dir alles klar und verständlich geworden sein muß! Ich bin überzeugt, daß ein Verwalter auch nicht mehr versteht als ich, und dazu wird er noch die Hälfte stehlen!«

»Ljowotschka«, entgegnet Ssonja mit sanfter und dabei doch fester Stimme, »das ist ja recht gut und schön. Aber du vergißt, daß wir neunhundert Dessjatinen Grund haben, und du hast nur mich als Gehilfen und diesen vierzehnjährigen Kirjuscha! Wie willst du da etwas erreichen? Die Arbeiter brauchen doch Aufsicht! Sieh, du hast meinem Vater geschrieben, du könntest nicht leben, wenn du nicht die japanischen Schweine hättest, und jetzt, da du sie mit solcher Mühe bekommen hast, überantwortest du sie diesem Trunkenbold von ehemaligem Ortsvorsteher, den die Bauern mit Schimpf und Schande aus seiner Starostwürde gejagt haben. Er wird dir alle deine Schweine verkommen lassen.«

Lew Nikolajewitsch zuckt nervös die Achseln. Inzwischen sind sie beim Schweinestall angelangt, der von undurchdringlichem Schmutz und unglaublichem Gestank erfüllt ist.

»Siehst du«, sagte Ssonja, die nur mit Aufbietung aller Energie die Übelkeit, die in ihr aufsteigen will, niederkämpft. »Wie oft habe ich dir gesagt, daß er es einfach nicht versteht, den Stall reinzuhalten. Welches Tier vermöchte diesen Schmutz zu ertragen? Und warum sind die Fenster noch immer nicht gemacht, wie ich es verlangt habe?«

Erst nachdem sich die Augen an das Halbdunkel gewöhnt haben, kann Ssonja auf dem schlüpfrig-nassen, nur hier und da mit ein wenig Stroh bedeckten Boden drei unbewegliche Körper wahrnehmen. Die merkwürdig geformten Rüssel starren mit einem rührend hilflosen, traurig-komischen Ausdruck nach oben, die Beinchen strecken sich krampfig aufwärts.

Lew Nikolajewitsch kann kaum die Tränen zurückhalten.

»Das ist eine Epidemie«, seufzt er. »Irgendeine epidemische Krankheit hat sie niedergeworfen, die Armen.«

»Ach, sie sind einfach vor Hunger krepiert, und wegen der schlechten Pflege«, erwidert Ssonja, die sich über die unnatürlich mageren Kadaver gebeugt hat.

»Rufe mir sofort den Starosten!«

In Ssonjas Gesicht zeigt sich plötzlich ein energischer, harter Zug. Die Lippen sind in eine scharfe, gerade Linie zusammengepreßt und aus den Augen sprüht Zorn.

»Kirjuscha, hol den Starosten!« ruft Lew Nikolajewitsch seinem Gehilfen zu, einem kaum vierzehnjährigen Burschen, einem seiner ehemaligen Schüler. Kirjuscha setzt seine schmutzigen, bloßen Beine in rasende Bewegung, daß die Fersen nur so blitzen, und verschwindet hinter dem Zaun. Ein paar Minuten später ist er schon wieder da und glänzt über sein ganzes, spitzbübisches Gesicht, aus Stolz über seine verantwortungsvolle Tätigkeit.

»Der Starost«, sagt die ›rechte Hand des Grafen‹, »ist besoffen wie eine Schuhsohle und wälzt sich am Zaun herum. Wie ich ihm aber gesagt habe, er verliert seine Stellung, wenn er nicht sofort kommt, ist er doch aufgestanden. Er wird gleich da sein.«

»Ljowotschka«, wirft Ssonja ihrem Mann vor, »was ist das für eine phantastische Idee, immer Säufer um sich zu haben!«

»Säufer sind stets aufrichtig, und sie sind arme Teufel«, rechtfertigt er sich und starrt traurig auf seine schönen toten japanischen Ferkel.

Nach ein paar Augenblicken schwankt durch die Tür die zerzauste Gestalt des Starosten. In seinem Haar stecken Strohhalme, die Augen sind rot unterlaufen und der Unterkiefer hängt herab. Kaum kann er auf den Beinen stehen.

»Was hast du mit den Schweinen gemacht?« fragt Ssonja zornbebend.

»Ich, ich . . .«, murmelt erschrocken der Betrunkene, »alle im Dorf . . . lachen mich aus . . . daß ich Schweinehirt geworden bin . . . statt Starost . . . Kann sie nicht leiden, diese Schweine . . . diese japanischen Teufel, diese . . .«

»Du hast sie nicht gefüttert?« forscht Ssonja weiter. Der Starost, wie hypnotisiert, bringt nicht die Kraft auf, zu lügen.

»Ich, ich . . .«, lallt er, »ich habe ihnen . . . wenig Futter gegeben. Dann werden sie schwach . . . grunzen und grunzen . . . dann werden sie still . . . und wenn sie einmal still sind, sind sie hin!«

»Du Schurke!« brüllt ihn Lew Nikolajewitsch an. »Du hast deine Starostenstelle verloren wegen deiner Trunksucht. Ich habe Mitleid mit dir gehabt, und zum Dank ruinierst du mir meine Schweine.«

»Wenn der Herr Graf Mitleid gehabt hat«, antwortet der Trunkenbold frech, »dann . . . hätte er mir einen anderen Posten geben sollen . . . aber nicht als Schweinehirt. Alle lachen mich jetzt aus.«

»Hinaus, fort mit dir!« gebietet ihm Ssonja.

»Wie Sie mich gleich beleidigen«, gibt der Starost zur Antwort, während er sich langsam umdreht. »Nun, so geh ich. Bin doch nicht auf der Welt, um Schweine zu hüten.«

An den Schläfen Lew Nikolajewitschs schwillt die Zornesader. Er ballt die Fäuste und wäre bereit, sich selbst zu zerfleischen, so nahe geht ihm der Tod dieser kleinen japanischen Schweinchen.

»Ljowotschka!« sagt Ssonja mit zartem Vorwurf in der Stimme. »Wie kannst du dich nur entschließen, eine Schnapsbrennerei zu errichten? Das ist doch ein Verbrechen! Du siehst, wohin der Schnaps die Menschen bringt. Sie werden zu Tieren.«

»Aber ich brauche die Schnapsbrennerei«, antwortet Lew Nikolajewitsch im Ton eines trotzigen Kindes, »ich brauche doch die Treber zum Füttern der Schweine!«

»Ich verstehe dich nicht, Ljowotschka«, beharrt Ssonja, »auf der einen Seite errichtest du Schulen, plagst dich selbst von früh bis spät mit den Leuten aus dem Volk herum, um gegen die Trunksucht zu predigen, sprichst immer zu allen von deiner grenzenlosen Liebe zu diesem Volk, und dann baust du eine Branntweinbrennerei, in der sich vor allen andern gerade jene Muschiks betrinken werden, denen du Nüchternheit predigst!«

»Ich habe die Fabrik zu bauen angefangen und werde sie vollenden, weil ich Futter für die Schweine brauche«, entgegnet Lew Nikolajewitsch scharf, »und ich möchte dich sehr bitten, dich nicht in meine Angelegenheiten zu mischen. Ich weiß selbst, was ich zu tun habe.«

»Ein Mensch, der das eine predigt und das entgegengesetzte tut. Hätte ich jemals gedacht, ich müßte das einmal von dir sagen?« entgegnet Ssonja, und in ihrer Stimme ist deutlich die tiefe Enttäuschung zu hören, die sie erfaßt hat.

»Die Schwangerschaft hat deinen Charakter endgültig verdorben«, zürnt Lew Nikolajewitsch und wendet sich von Ssonja ab. Während er dem Hause zugeht, ruft er noch:

»Du wirst es bald soweit bringen, daß ich überhaupt nicht mehr zu Hause bin! Wie ein Polizist bist du hinter jeder meiner Bewegungen her und kritisierst mich. Hier bin ich Herr und tue und lasse, was ich will!«

Er entschwindet Ssonjas Augen. Wahrscheinlich ist er zur Bienenweide gegangen, denkt sie, zu seiner neuesten Leidenschaft. Sie lehnt sich an den alten, morschen Zaun, und ihr Herz klopft stürmisch und schmerzhaft. Über ihre Wangen laufen Tränen. Sie kann sich immer noch nicht an seine Ungerechtigkeiten gewöhnen und daran, daß er auf ihren Zustand so gar keine

Rücksicht nehmen will. Was soll sie jetzt tun? Ihm zu den Bienenstöcken nachlaufen? Zwei Werst. Und ihn dann um Verzeihung bitten? Wofür? Dafür, daß sie ihm die Wahrheit sagt? Warum wiederholt er immer und immer wieder diese triumphierende Behauptung, die Helden seiner Werke seien die Wahrheit und nichts als die Wahrheit, wenn er es so wenig liebt, diese Wahrheit zu hören und sich mit ihr abzufinden? Was soll sie also beginnen? Einfach nach Hause gehen und in der Wirtschaft arbeiten, so wie sie es richtig findet, und dabei unmerkbar und bescheiden dennoch ihren Willen durchsetzen?

Eine Welle neuer, frischer Energie kommt über Ssonja. Sie denkt an die Kinder, denen sie das Leben geben wird. Schließlich sind sie es, um die sie sich vor allem sorgen muß, für sie will sie ein warmes, gemütliches Nest schaffen, und ihrem Ljowotschka wird es doch auch nur zum Guten sein, wenn die Wirtschaft in Ordnung ist.

Ssonja lenkt ihre Schritte zur Molkerei. Ein in schmutzige Fetzen gekleidetes altes Weib schlägt gerade Butter, auf die primitivste Weise, die man sich nur denken kann, einfach in einer Flasche. Die bereits fertige Butter befindet sich daneben in einem Faß, das am oberen Rand mit einem Streifen grünen Schimmels eingesäumt ist. Ein dumpfer, modriger Geruch steigt aus dem Faß auf. Ssonja kostet die Butter. Sie schmeckt bitter, ranzig. Mit diesem Produkt will er auf dem Moskauer Markt Erfolg haben? denkt sie. Als sie aber einmal ihrem Mann etwas gegen diese Alte gesagt, hat er protestiert und behauptet, zur Butterbereitung wären keine besonderen Fähigkeiten nötig. Aber wie gut weiß sie, die doch von Kind auf einen Musterhaushalt gewohnt war, daß selbst bei den unscheinbarsten Dingen systematisches Wissen und lange Erfahrung vonnöten sind, selbst dann, wenn es sich bloß um das Entfernen des Staubes oder das Waschen des Fußbodens handelt ...

Ssonja ist nun am großen Krautfeld angelangt, auch einem der neuesten Steckenpferde Lew Nikolajewitschs. Wie das hier alles durcheinanderwächst! Hierher gehörte doch ein Mensch, der sich auskennt! Und wem ist dieses Stück Grund anvertraut? Eben diesen Grünschnäbeln wie diesem Kirjuscha! Hier hat er wieder ein Stück mit Zichorie bepflanzt, dort eins mit Kaffee, hier steht ein ganzer Wald junger Tannen, dort ein ganzer Apfelgarten mit über sechstausend Bäumen! Wieviel Ideen in seinem Kopf wohnen und wie wenig er es versteht, sie in Wirklichkeit umzusetzen!

Mit einem Mal überfällt Ssonja eine schwere Müdigkeit. Der große Schlüsselbund verursacht ihr Schmerzen an der Hüfte und sie fühlt sich wie zerschlagen. Sie blickt zum Himmel auf. Eine dunkle Wolke erhebt sich am Horizont und nähert sich mit unheimlicher Geschwindigkeit. Alles ist so merkwürdig ruhig geworden ringsum, die jungen Blätter sitzen wie festgefroren an den Zweigen. Ein Hund bellt weit unten im Dorf, und fast wie ein Echo, antwortet ihm ein dumpfes Grollen vom Himmel her. Mit einemmal wirbeln Strohhalme empor und steigen wie eine Säule hoch auf in die Luft. Ssonja kann kaum Atem finden in der Wolke von Staub, die lautlos um sie wogt...

Und Ljowotschka ist bei den Bienen! geht es wie ein Blitz durch Ssonjas Gehirn. Wenn er naß wird und sich erkältet? Er klagt ohnehin immer über Kopfschmerzen in der letzten Zeit, und über Schmerzen in den Hüften. Rasch eilt sie zum Haus. Schwere Tropfen fallen auf sie und dringen gleich bis auf die Haut durch ihr dünnes weißes Batistkleid. Noch rascher eilt sie, vollständig das Kind vergessend, nimmt den Regenmantel ihres Mannes und einen großen Schirm aus dem Vorzimmer, wirft ein Tuch über die Schultern und läuft zum Bienenstand. Daß sie ja jemanden hätte schicken können, daran denkt sie nicht. Der Regen fällt in dichten Strömen vom Himmel, ihr Tuch und das Kleid sind im Augenblick vollständig durchnäßt und ebenso ihre Schuhe. Die Haare kleben feucht an den Wangen und im Nacken, aber sie merkt es nicht, sie eilt vorwärts auf dem schlüpfrigen Gras zu ihm!

Da taucht zwischen den Bäumen, knapp vor ihr, eine Gestalt auf, ein paar starke Arme umfassen sie und drücken sie fest an sich. Es ist Lew Nikolajewitsch. Erschrocken ruft er aus: »Ssonja, mein Täubchen! Bist du verrückt geworden? Bei einem solchen Regen! In deinem Zustand! Wieder habe ich dich beleidigt, und wieder beschämst du mich mit deiner Liebe!«

In Strömen ergießt sich der Regen über die beiden, rund um sie brüllt der Donner dieses ersten Sommergewitters, und ohne Ende küßt Lew Nikolajewitsch seine Ssonja. Ihre Tränen mischen sich mit dem Regen und es ist ihr, als ob auch er weinte. So gut ist es, zusammen zu weinen, während es donnert und blitzt um sie, und während so wunderbar rein das frische Gras und das junge Laub um sie duften . . .

Nun sind sie zu Hause. Ssonja liegt auf dem Diwan, in ein großes Tuch gehüllt, wie ein kleines, krankes Kind. Lew Nikolajewitsch sieht ihr zärtlich ins Antlitz, während sie zwischen Wachen und Schlafen schwebt.

Lew Nikolajewitsch erhebt sich vorsichtig und setzt sich an seinen Schreibtisch.

Ganz mechanisch beginnt er dort in seinem Tagebuch zu blättern, und sein Blick bleibt auf der Seite haften, die er am 24. März 1863 geschrieben hat:

»Ich liebe sie immer mehr und mehr. Sie ist jetzt im fünften Monat der Schwangerschaft und ich fühle mich so klein vor ihr, wie noch nie. In diesen Minuten fühle ich, daß ich sie nicht besitze, obwohl sie sich mir ganz hingibt. Ich besitze sie nicht, weil ich es nicht wage, weil ich mich nicht würdig erachte. Meine Nerven sind überreizt, und deshalb kann ich nicht ganz glücklich sein. Irgend etwas quält mich. Die Eifersucht gegen den Menschen, der ihrer ganz würdig wäre. Und ich bin es nicht.«

Lew Nikolajewitsch schließt das Tagebuch wieder und kehrt zu Ssonja zurück. Voll Rührung blickt er sie an und fühlt, wie das Glück ganz von ihm Besitz ergriffen hat, wie er an nichts anderes mehr denken kann, als an seine grenzenlose Liebe zu ihr. Vorsichtig legt er seine flache Hand auf ihren Leib und verspürt das leise, geheimnisvolle Regen in ihr. Ihr Kind! Sein und Ssonjas Kind!

»Ljowotschka«, murmelt Ssonja im Halbschlaf, ohne die Augen zu öffnen, »schon wieder tastest du an meinem Leib!«

»Ssonja, es hat schon Fingernägel«, spricht Lew Nikolajewitsch.

»Wer?« fragt sie, noch immer mit geschlossenen Augen.

»Unser Kind!« antwortet er mit triumphierender Stimme.

Da öffnet Ssonja weit die Lider und lächelt ihm träumend entgegen.

»Ssonja«, fährt er fort, »ich bin überzeugt, daß wir es schon verstehen werden, unser Kind nach allen Regeln der Wissenschaft zu erziehen. Nicht umsonst habe ich so viele medizinische Bücher gelesen – auch pädagogische!«

»Freilich werden wir es verstehen!« flüstert Ssonja, und ihr Antlitz zeigt denselben träumenden Ausdruck wie das seine.

»Aber Ssonja, wir brauchen auch viel Geld«, sagt nach einer Weile Lew Nikolajewitsch mit energischer Stimme. »Weißt du, Kinder kosten Geld. Und ich will, daß unsere Kinder gut und sicher versorgt sind.«

Nun beginnt er Ssonja des langen und breiten seine Pläne zu entwickeln, die ihm helfen sollen, das Vermögen zu vergrößern, aber nach einiger Zeit wird er gewahr, daß sie während seiner Worte eingeschlafen ist. Noch einen liebevollen Blick wirft er auf sie, dann setzt er sich wieder an seinen Schreibtisch. Der Kopf will ihm zerspringen, so sehr drängen sich darin die Gedanken, und um sich ein wenig Luft zu machen, nimmt er einen Bogen Briefpapier und beginnt seinem Freund Fet die neuen Gesichtspunkte für die Führung seiner Wirtschaft darzulegen. Da zeigt ihm eine Bewegung vom Diwan her an, daß Ssonja nicht mehr schläft. Lew Nikolajewitsch erhebt sich und will ihr ein paar zärtliche Worte sagen.

»Ljowotschka, zeig, was du geschrieben hast!« ertönt die feine, schwache Stimme der noch halb schlummernden Ssonja.

Er reicht ihr den fast bis zum Ende beschriebenen Bogen und sie liest:

»Ich habe eine wichtige Entdeckung gemacht, die ich Ihnen sofort mitteilen will: Verwalter, Ökonomen, Starosten, das ist alles nur ein Hindernis in der Wirtschaft! Versuchen Sie, alle Höheren zu verjagen und selbst nur bis zehn Uhr zu schlafen, und es wird sicher nicht schlechter gehen. Ich habe diesen Versuch unternommen und bin mit den Ergebnissen zufrieden...«

Ssonja liest nicht weiter. Sie erhebt keinen Einspruch mehr. Müde schließt sie die Augen und träumt von der Zeit, in der sie ganz allein die Wirtschaft in Jassnaja Poljana führt und Ljowotschka nichts anderes tut, als Romane schreiben. Daß es einmal dazu kommen wird, daran zweifelt sie nicht im geringsten, und auch nicht daran, daß es dann anders und besser gehen wird als unter seiner Führung. Jetzt aber muß sie noch schweigen.

Juli 1863

»Ljowotschka, verzeih mir, daß ich dir dies sage, aber als Mutter bin ich verpflichtet dazu. Du mußt für das Kind ein Mädchen, oder noch besser, eine Amme nehmen. Du siehst ja, wie unendlich schwach Ssonja ist. Die Brust beginnt sich zu entzünden, und da ist doch das Stillen ein Ding der Unmöglichkeit!«

Aufgeregt spricht Ljubow Andrejewna, Ssonjas Mutter, zu Lew Nikolajewitsch, der mit finsterer Miene, die Hände tief in die Taschen vergraben, im Zimmer auf und ab geht. Sein Gesicht ist fast grau, der Ausdruck zornig und gereizt und um den Mund spielt eine tiefe, grausame Falte. Ljubow Andrejewna blickt ihn an, sie versteht, was sich hinter diesem Antlitz abspielt, und tiefer Schmerz erfaßt sie um ihre Tochter Ssonja. Sie fühlt, daß mit ihm nichts anzufangen ist, daß er ganz durchdrungen ist von den papierenen Regeln, die er für sich selbst zusammenspintisiert hat, daß das lebendige Leben für ihn jetzt nicht existiert, ja, daß sogar die Liebe zu seinem Weib an der Mauer der Gesetze zerschellt, die er sich und ihr vorgezeichnet hat.

»Jede Frau muß für ihr Kind sorgen«, entgegnet er mit grausamer Bestimmtheit. »Jede Frau muß ihr Kind selbst stillen. Auch für Ssonja gilt das. Ich lasse kein Kindermädchen zu, und noch viel weniger eine Amme!«

»Aber wenn sie keine Milch hat!« wirft Ljubow Andrejewna unter Tränen ein. »Wenn sie so schwach ist, daß sie einfach nicht imstande ist, in der Nacht aufzustehen, dem Kind die Windeln zu wechseln, es zu baden!«

»Sie muß es tun, denn es ist ihre Pflicht!« entgegnet Lew Nikolajewitsch schneidend scharf.

»Und ich fordere, daß eine Amme genommen wird«, schreit Ljubow Andrejewna, die nun der letzte Rest ihrer gewohnten Zurückhaltung verlassen hat. »Ssonja hält es nicht aus! Sieh sie dir an, wie abgemagert und wie schwach sie ist! Hab doch endlich

Mitleid mit ihr, Ljowotschka!«

»Es handelt sich um das Prinzip«, gibt Lew Nikolajewitsch zornig zur Antwort. »Die Mutter hat kein Recht, ihr Kind einer Fremden zu überantworten! Es ist ein Verbrechen, ein Kind nicht selbst zu stillen! Ich verspreche es euch, wenn ihr eine Amme nehmt, werde ich das Kinderzimmer nicht mehr betreten.«

»Ljowotschka, du bist der kälteste und grausamste Egoist, den ich jemals gesehen«, ruft weinend Ljubow Andrejewna aus und fragt sich entsetzt, wie sie einem solchen Menschen ihr armes, hilfloses Kind hat ausliefern können. »Komm nur zu ihr! Dann wirst du sehen, wohin du sie mit deinen moralischen Vorschriften bringst.«

Sie betreten das Schlafzimmer. Mit großen, erschreckten Augen sieht Ssonja Lew Nikolajewitsch an. Sie fürchtet sich vor seinem kalten, forschenden Blick, der voll ist von Verachtung für ihre Schwäche ... Das Kind, von dem sie gehofft, es würde sie in einer großen, gemeinsamen Liebe mit ihrem Mann zusammenbringen, es hat sie beide nur noch weiter getrennt.

Ssonja hat gerade versucht, das Kind zu stillen, und wieder vergeblich. Erschöpft ist ihr Kopf in die Kissen zurückgesunken. Langsam rollt eine große Träne herab und die zitternden Lippen können kaum ein Schluchzen zurückhalten. Ssonja schweigt, denn sie fühlt, daß er sie haßt wegen ihrer Schwäche, wegen ihrer Hilflosigkeit und Kränklichkeit. Neben der offenen Brust, aus der rotes Blut tropft, liegt das Kind und schreit aus Leibeskräften. Ssonja ist so mager, als ob kein Fäserchen Fleisch mehr an ihr wäre, und das Knäblein gleicht einem mit Haut überzogenen Skelett. Es hat die Augen geschlossen und weint in einem endlos langen, quälenden Ton dahin.

»Nun, Ljowotschka«, dringt Ljubow Andrejewna in Lew Nikolajewitsch, »du siehst es selbst, sie hat eine Brustentzündung, sie braucht eine Amme!«

»Graf, auch ich würde eine Amme empfehlen«, läßt sich mit starkem polnischen Akzent der Arzt vernehmen, der Ssonja behandelt.

»Graf, unsere Patientin ist zu schwach, um selbst zu stillen!« mischt sich energisch auch Marja Iwanowna ins Gespräch, die

Hebamme, eine kleine, bewegliche Person, die gerade Ssonja besuchen gekommen ist. »Es ist schon der zehnte Tag, und noch immer hat sie keine richtige Milch. Sie hat Fieber und ihre Milch ist dem Kind schädlich!«

»Ssonja wird ihr Kind selbst stillen«, ruft Lew Nikolajewitsch zornig dazwischen. »Eine Amme dulde ich nicht!«

Er will das Zimmer verlassen, doch da erhebt sich der sonst so stille und bescheidene Doktor und tritt ihm in den Weg.

»Graf«, sagt er empört, »die Lage ist ernst! Das Kind muß verhungern und die Gräfin selbst ist vollständig von Kräften. Folgen Sie meinem Rat, sonst kann ich weder für das Kind noch für die Mutter einstehen.«

»Es wird geschehen, wie ich gesagt habe«, schreit Lew Nikolajewitsch wütend. »Und Fremde ersuche ich, sich nicht in meine Familienangelegenheiten einzumischen.«

Wild die Augen rollend, läuft er aus dem Zimmer.

Im Hause tritt Totenstille ein. Ssonja weint und kann nicht aufhören zu weinen. Dazu wimmert das kleine schwache Ding, in dem kaum noch Leben wohnt.

»Ich fahre heim! Ich kann diese Komödie nicht länger mit ansehen. Er ist einfach ein verrückter Egoist«, erklärt Ssonjas Mutter und begibt sich in die Küche, um irgend jemanden ausfindig zu machen, der Ssonja die Pflege des Kindes wenigstens teilweise abnehmen könnte.

Ssonja aber liegt in ihrem Bett und Gedanken, einer bitterer und dunkler als der andere, jagen durch ihren Kopf. Sie fühlt, daß etwas in ihr zerbrochen ist, daß Grausamkeit und Herzlosigkeit ihres Mannes sie völlig vernichtet haben. Das einzige, was sie noch wollen kann, ist, alles bis zum Ende durchzuleiden, ganz für sich allein, ohne ihn das geringste von ihrem Schmerz merken zu lassen. Sie erinnert sich, daß es nun zehn Monate sind, seit sie ihre Ehe mit Lew Nikolajewitsch geschlossen, und sie denkt darüber nach, warum denn gerade diese Zeit die schwerste, grausamste und quälendste in ihrem ganzen Leben hat werden müssen.

August 1863

Lew Nikolajewitsch hat sich den ganzen Tag nicht blicken lassen. Das Haus, in dem sich seine junge Frau und sein erstgeborener Sohn befinden, ist ihm zuwider geworden, und zwar nur deshalb, weil Ssonja ihr Kind nicht so zu stillen und zu pflegen vermag, wie er sich das vorstellt.

Welches Verbrechen! Welche Kümmerlichkeit! murmelt er zum hundertsten Mal vor sich hin, während er durch den herbstlichen Wald streift. Die zarten, schlanken Stämme einiger schon kahler Birken rufen ihm mit quälender Lebendigkeit Ssonjas Bild vor Augen, und mit einemmal erinnert er sich an den klaren, sonnigen Herbsttag des vergangenen Jahres, an die Ssonja mit den gesunden roten Wangen, in dem gelben Kleid und mit der zarten und freudigen Liebe in ihren glänzenden Augen . . .

Wie hat er sie geliebt damals! Und jetzt? Die magere, blasse Ssonja mit ihren stets verweinten Augen, die trotz ihrer Krankheit, trotz der Gefahr für ihr Leben und das ihres Kindes mit solcher Geduld und Mannhaftigkeit ihre Mutterpflichten erfüllt? Die er mit seinen kalten Moralpredigten fast zu Tode gequält – liebt er sie denn nicht mehr?

Und mit einemmal ergreift es ihn wie ein Fieber, es ist ihm, als ob sich wie durch Zauberschlag alles in seinem Gehirn verändert hätte. Sechs Wochen lang galt es ihm als ein durch nichts zu erschütterndes Gesetz, daß jede Mutter, so wie jede Frau aus dem Volke, ihr Kind selbst stillen und selbst betreuen muß, auch wenn sie mit ihrem eigenen Leben dafür bezahlen müßte. Plötzlich erscheint ihm diese Forderung unsäglich herzlos, unnötig und grenzenlos läppisch! Ist das denn Liebe? erhebt sich überlaut eine Stimme in ihm, die sechs Wochen lang geschwiegen. Ist das Liebe? Nein, das ist nichts anderes als eine grausame, sinnlose Laune! Er ließ sie allein mit dem Kind, trotz ihrer Bitten, trotz der Mahnungen der Hebamme und des Arztes. Er hat sie systematisch jeden Tag mit Vorwürfen darüber gequält, daß sie Fieber hat, daß ihre Brust entzündet ist, daß sich Eiter in ihre Milch mischt. Er hat sie gequält, weil sie krank und schwach ist, und statt ihr zu helfen, hat er alles getan, um ihre seelischen und körperlichen Kräfte bis zum äußersten zu belasten – und wozu?

Alles nur wegen einer grauen, angelesenen, lebensfremden These! Jede Frau muß, wie es jede Bäuerin tut, ihr Kind selbst stillen und pflegen. Ja, hat denn Ssonja auch nur einmal gesagt, sie wolle das nicht tun, wenn sie es nur vermöchte? Kann man sich denn überhaupt eine Frau und Mutter vorstellen, die mehr von ihren Pflichten durchdrungen wäre als gerade Ssonja?

»Oh, ich Ungeheuer, ich Peiniger, ich verrückter Narr!« ruft er verzweifelt aus und eilt dem Haus zu, über Strünke und Fallholz springend. »Und wenn sie stirbt? Was wird dann aus mir? Ssonja, Ssonja, du bist ja der einzige Sinn meines Lebens! Meine arme, demütige Ssonja, die ich so weit gebracht habe, daß sie schon zu weinen beginnt, wenn ich nur das Zimmer betrete. Und wie sollte sie auch anders? Habe ich ihr denn ein einziges gutes Wort gesagt, seit ihrer Niederkunft, in all den entsetzlichen Tagen, da sie zwischen Leben und Tod geschwebt?«

Da kommen ihm die armseligen, tragikomischen Körper der japanischen Ferkel in den Sinn, die der alte, betrunkene Starost zu Tode gequält hat. Ist es denn nicht das gleiche, was er jetzt mit seiner Frau und seinem Kind tut? Kalter Schweiß tritt ihm auf die Stirn, Entsetzen lähmt seine Glieder. Er, der immer Hymnen des Lebens, Hymnen der Liebe und Hymnen des Mitleidens singt in seinen Büchern, er blickt mit kaltem, gefühllosem Auge auf seine Frau, die langsam dahinwelkt unter der Last ihrer Mutterpflicht, auf sein einziges Kind, in dem der letzte Funke des Lebens verlöscht, er hilft ihnen nicht, er steht ihnen nicht bei, er ist es selbst, der sie zu Tode quält!

Was ist das? Wahnsinn! Kann man sich so weit den wahnwitzigen Gespinsten seines Gehirns hingeben und das Leben so sehr verkennen? Kann man so sehr vergessen, daß der Mensch ein Mensch ist und keine Maschine? Und wenn es schon zu spät ist? Ssonja ist ja bereits so schwach, daß sie sich kaum mehr im Bett aufrichten kann. Das Kind ist nur mehr der Schatten eines Schattens. Und wie leicht wäre es gewesen, dies alles abzuwenden! Ein Bauernmädel, eine gute Amme! Zu Dutzenden hätte man sie in jedem Dorf bekommen können. Aber er hat ihr nicht geholfen, hat es nicht erlaubt, daß ihr geholfen werde. Er ist wahnsinnig gewesen, wahnsinnig!

Lew Nikolajewitsch steht vor der Schwelle des Hauses. Er weiß selbst nicht, wie er bis hierher gekommen ist. Wenn er sie nur noch lebend antrifft! Er will sie umarmen, an sich drücken, will sie auf den Knien um Verzeihung bitten und alles, alles wiedergutmachen. Er eilt in das Zimmer, in dem Ssonja schläft, einen müden, gequälten Ausdruck auf dem bleichen, wächsernen Gesicht, auf dem noch ein paar Tränen glänzen. Und neben ihr das totenblasse, zum Skelett abgemagerte Kind, das noch im Schlafe schluchzt und krampfhaft saugende Bewegungen mit den Lippen macht.

Lew Nikolajewitsch faßt sich verzweifelt an die Stirn. Es ist, als ob er eben erst ganz begriffe, daß Ssonja am Ende ihrer Kräfte ist und daß in seinem Kind der letzte Funke des Lebens verglüht. Er wagt es nicht, die Schlafende zu wecken und setzt sich auf den Stuhl neben Ssonjas Schreibtisch. Offen liegt ihr Tagebuchheft, sie hat wohl eben noch darin geschrieben, bevor sie sich niedergelegt. Er beginnt zu lesen:

»Verbrechen, sein eigenes Kind nicht zu pflegen? Wer ist denn anderer Meinung? Aber was kann man gegen seine körperliche Ohnmacht tun? Mein Instinkt sagt mir, daß er mir unrecht tut. Warum quält er mich immer und immer wieder? Und was ist das für eine Schwäche in ihm, daß er nicht einmal die kurze Zeit bis zu meiner Genesung Geduld haben kann? Ich dulde ja auch, dulde zehnmal mehr ... Es regnet. Ich fürchte, er wird sich erkälten. Ich bin ihm nicht mehr böse, ich liebe ihn ja. Möge ihn Gott retten!«

Lew Nikolajewitsch liest die letzten Zeilen mit Tränen in den Augen. Das ist Ssonja! Die Ssonja, die immer liebt und ihm immer seine Kälte, seine Ungerechtigkeit und seine Grausamkeit verzeiht. Dann nimmt er die Feder und fährt da, wo sie aufgehört zu schreiben, fort:

»Ssonja, verzeih mir, ich weiß erst jetzt, daß ich schuldig bin. Und wie schuldig! Es gibt Tage, an denen man dahinlebt unter einem fremden Willen gleichsam, an denen man sich irgendeinem unübertretbaren Gesetz unterwerfen muß. So war es mit mir in diesen Tagen, dir gegenüber. Ich habe es immer gewußt, daß ich viele Fehler habe und nur einen zehnten Teil an Gerechtigkeit.

Ich war roh und grausam – und gegen wen? Gegen das Wesen, das mir das beste Glück auf dieser Erde gegeben, das allein mich liebt. Ssonja, ich weiß, daß dies nicht vergessen und nicht verziehen werden kann, aber ich sehe noch besser als du meine ganze Niedrigkeit. Ssonja, mein Täubchen, ich bin schuldig; ich bin ein Ungeheuer, aber in mir ist auch ein guter Mensch, der nur manchmal schläft. Liebe ihn, Ssonja, und rüge ihn nicht!«

Da erwacht Ssonja plötzlich. Sie setzt sich im Bett auf, und als sie Lew Nikolajewitsch erblickt, malt sich Schreck und Traurigkeit auf ihrem Antlitz. Aber statt sie zu tadeln, wie sie dies erwartet, wirft sich Lew Nikolajewitsch vor ihr auf die Knie, faßt ihre Hände und bedeckt sie mit Küssen.

»Ssonja, Ssonja!« spricht er. »Du Dulderin, Du Märtyrerin! Ssonja, gleich morgen nehmen wir eine Amme! Verzeih mir, Ssonja, verzeih, verzeih!«

Ssonja streicht mit ihrer mageren, blassen Hand über seine krausen Haare und flüstert leise:

»Ljowotschka, du mußt es nur verstehen! Es ist wirklich keine Laune. Ich bin in der Tat ganz schwach und krank. Und meine entzündete Brust hat es mir wirklich nicht erlaubt, mein Kind selbst zu stillen. Ljowotschka, hab mich lieb, und unsern kleinen Ssergej dazu! Und verzeih mir, verzeih, daß ich krank bin und so gar keine Kraft habe...«

Herbst 1863

»Der Graf schreibt, bitte, macht keinen Lärm!«
»Der Graf schreibt, bitte, schließt die Türen!«
»Der Graf schreibt, bitte, sprecht leise!«

So ermahnt Ssonja alle, und das große Haus scheint wie ausgestorben. Sie hat sich, seit die Amme und ein Kindermädchen im Haus sind, schnell erholt und sieht nun ihre wichtigste Aufgabe darin, ihrem Mann, der an seinem neuen Roman arbeitet, die ihm unbedingt nötige Ruhe zu verschaffen. Sie ist überglücklich. Stolze Freude und ehrfürchtiges Entzücken vor dem großen Geheimnis des Schaffens erglänzen in ihren Augen. Sie ist glücklich, unendlich glücklich, denn Ljowotschka arbeitet, und sie darf ihm dabei helfen!

Die ganze vielfältige Wirtschaft liegt nun auf ihren schwachen Schultern; aber freudig und stolz trägt sie die Last, alles ist sie bereit auf sich zu nehmen, wenn Ljowotschka nur arbeitet. Sie weiß, er ist ein Genie; seine Aufgabe ist es, der Welt die Bücher zu schenken, die nur er allein und niemand sonst ihr geben kann, und Ssonja hat es ein gütiges Geschick gegönnt, daß sie ihm dabei Helfer sein darf. Jeden Abend reicht er ihr, mit müdem, aber tiefste Befriedigung ausdrückendem Gesicht ein paar Seiten seines Manuskripts, die sie ins Reine schreiben soll. Seine Schrift ist freilich ganz entsetzlich. Dazu spart er noch mit dem Papier, schreibt auf alten Briefen und Briefhüllen, und wenn ihm einmal ein ganz reiner Bogen unterkommt, dann beschreibt er ihn sicher nicht nur der Quere, sondern auch der Länge nach, so daß die Entzifferung seiner Hieroglyphen eine fast unlösbare Aufgabe darstellt. Aber trotzdem, wie freut sich Ssonja, wenn der Abend gekommen ist, wenn sie sich neben ihrem Kind, das friedlich in der Wiege schläft, zum Tisch setzen und ins Reine bringen kann, was er am Tag geschaffen!

Es sind oft ganze Nächte, die sie bei dieser Arbeit verbringen muß, so daß ihr am Morgen der Kopf zum Zerspringen schmerzt, daß sie kaum imstande ist, ihre Augen offenzuhalten. Aber sie ist immer auf dem Posten, wie eine treue Schildwache, um ihrem Mann alle Ruhe und Bequemlichkeit zu verschaffen, die er zur Arbeit benötigt. Und immer wieder hört man sie mahnen:

»Der Graf schreibt, stört ihn nicht!«

»Der Graf schreibt, wenn ihr etwas braucht, wendet euch an mich!«

Alle tun, wie sie befiehlt, niemand wagt es, ihm auch nur nahe zu kommen, er wird gleichsam zu einem Gott, der aus einer anderen Welt in dieses Haus versetzt ist: Der Graf schreibt ...

Lew Nikolajewitsch hat wieder eine schwere Nacht hinter sich. Auch im Schlaf verfolgen ihn die Gestalten seiner werdenden Werke und rauben ihm die Ruhe. Sein Kopf ist übervoll mit Gedanken, Gefühlen, Ideen. Ach, denkt er, wer noch niemals ein Buch geschrieben hat, der kann nicht einmal ahnen, welch übermenschlicher Kraft es bedarf, den Gestalten, die nicht mehr sind oder niemals sein werden, lebendiges Leben einzuflößen. Und wie viele ihrer sich in seinem Hirn drängen, wie sie miteinander kämpfen, sich vermischen, sich reihen, sich verändern! Die wirkliche Welt hat schon lange aufgehört, für ihn zu existieren, und wenn er dann Ssonja und seinem kleinen Sohn begegnet, da ist es ihm manchmal, als ob er nicht wüßte, woher diese zwei Wesen kommen, und was sie bei ihm wollen.

Ein grauer, nebliger Morgen. Schnell frühstückt Lew Nikolajewitsch. Von Ssonja nimmt er keine Notiz, und sie selbst ist bemüht, sich möglichst unbemerkt zu halten. Sie schiebt ihm nur den Teller mit der Butter hin, reicht ihm das Brot und gießt den Tee ein. Seine Stirn liegt in tiefen Falten, und vor seinem Gesicht breitet es sich wie eine Wolke von Gedanken. Er erhebt sich und ohne zu grüßen eilt er ins Freie, der Hund hinter ihm her. Im Wald findet er die Gedanken, die das wogende Meer seiner Eingebungen meistern sollen.

Mein Gott, wie wundervoll ist da alles rund um ihn herum! Zwischen den schlanken, zarten Birkenstämmen, durch den wogenden grauen Nebel hindurch schimmern zuerst nur ein paar goldene Strahlen, dann werden ihrer mehr und immer mehr, und mit einem Male ist alles in ein sanftes, weiches Leuchten getaucht, in ein Meer eines geheimnisvollen Lichts, in dem ein eigenes, seltames Leben lebt.

Mit Augen, die von Rührung und Begeisterung feucht sind, läßt sich Lew Nikolajewitsch auf einem Baumstrunk nieder und möchte in einem Zug die ganze Herrlichkeit, die sich um ihn breitet, in sich einsaugen . . .

Das Leben! Was könnte wunderbarer, unnachahmlicher und schöner sein als dieses Leben? Und er, er ist dazu berufen, es festzuhalten, dieses Leben, und es in die Seiten seiner Bücher zu bannen. Das Vergangene zu neuem Leben erwecken, und das Lebendige festhalten, das allein ist es, wonach er dürstet mit seinem durstigen, mit unendlicher Liebe allem Lebenden ergebenen Herzen!

Aber es ist schwer, unendlich schwer! Wieviele Bücher hat er gelesen! Wie viele Manuskripte, Briefe! Mit wie vielen Menschen hat er korrespondiert, gesprochen. Er will ein Gemälde aufstellen aus der Zeit um 1812, der Invasion Napoleons in Rußland. Er will, daß darin alle wirklich leben, sowohl die große russische Gesellschaft, deren Sproß er ist, als auch das einfache russische Volk, dem er mit einer so grenzenlosen Liebe zugetan ist.

Ein gigantisches Werk, wie es noch nie geschrieben wurde, wie es niemand schreiben wird! Er aber will es schaffen! Ein Gefühl unnennbaren Stolzes auf sein Genie erfüllt sein Herz, daß es fast zerspringen möchte. Welches Glück, die lange Reihe dieser Gestalten vor sich zu sehen, das Schlagen ihrer Herzen zu fühlen! Zu wissen, daß er sie alle versteht und sie alle liebt, daß sie alle in ihm leben, diese Ssonja, Natascha, diese Fürsten, diese Soldaten, diese Bauern!

Lew Nikolajewitsch faßt sich an den Kopf und ein tiefer Seufzer entringt sich seiner Brust. Was ist das? Ist es Entzücken, der Dank an den Schöpfer, der ihm diesen Genius gegeben? Oder ist es der angstvolle Notschrei eines Menschen, dem eine überschwere Last auferlegt wurde? Was ist jetzt stärker in ihm, die grenzenlose Seligkeit des Schaffens, oder die bange Angst vor den übermächtigen Wogen der Gedanken und Gefühle, die auf ihn herabstürzen?

Wie soll es ihm gelingen, all die Widersprüche und Gegensätze festzuhalten, von denen seine Helden erfüllt sind, all die Widersprüche, Sinnlosigkeiten und Unbegreiflichkeiten des Lebens, und gleichzeitig dessen trotz allem unergründlich tiefen Sinn? Als er sich nach der schlaflosen Nacht hierher in den Wald begab, schien es ihm, das wäre ein wahnwitziges, aussichtsloses Unterfangen, dem sich kein Mensch unterziehen dürfe. Jetzt aber, da er unter diesen hellen, zarten Birkenstämmen steht und vor ihm die reinen herbstlich leuchtenden Sonnenstrahlen durch die gelben Blätter flimmern, jetzt glaubt er fest daran, daß eine überirdische Gewalt, die gleiche, die ihm einst das Leben geschenkt, ihm nun auch die Kraft geben wird, dieses große Werk zu vollbringen.

In tiefer Erregung geht er durch den Wald. Ohne einen Weg zu suchen, schreiten seine Füße über die raschelnden Blätter. Ein Hase schreckt auf und stürzt kopfüber in die Weite, ein Vogel läßt irgendwo in der Ferne ein Lied ertönen. Alle diese Laute der Natur wirken wie ein stärkendes, erfrischendes Bad, aus dem sein

Denken in neuer Klarheit und Reinheit emporsteigt. Ach, wie er die Sonne liebt, die am Morgen dem Wald neues Leben schenkt, und ihm selbst die Kraft zum Schaffen! All dies, was jetzt um ihn her ist, diese Stimmung, von der der Wald und der junge, frische Herbsthimmel erfüllt sind, wird in seinem Werk leben!

Ein Schwarm winziger Mücken schwirrt um den Stamm eines halbkahlen Baumes. Lew Nikolajewitsch bleibt stehen und sieht dem lautlosen Schweben der zahllosen Insekten aufmerksam zu. Leise schaukelt der Wind die Zweige. Der Duft der Erde und der sterbenden Blätter zu seinen Füßen dringt zu ihm. Alles um ihn her schickt sich zum Sterben an. Aber er fühlt nicht den Tod, sondern das neue Erwachen zum Frühling, das stärker ist als dieses Sterben. Er denkt darüber nach, wie er sich jetzt selbst von der ganzen Welt, die ihn umgibt, zurückgezogen hat, wie er ganz in sich gegangen ist, um die gigantische Arbeit zu vollbringen, die seine Worte zu einem überströmenden neuen Leben in seinen Büchern erwecken wird!

Wie klar, frisch und froh ihm nun ums Herz ist! Jetzt ist es nur an ihm, zu schreiben! Wovon? Etwas Reines, Liebes, Sonniges muß es sein, das er nun in Worte fassen will. Wer könnte dafür Gegenstand sein, wenn nicht Natascha, jene Natascha, die das sprühende Leben selbst ist, die niemand ist als Tanja, aus der die klingenden, singenden Laute kommen. Tanja ist gerade auf Jassnaja Poljana zu Gast und erfüllt das ganze Haus mit ihrem süßen Gezwitscher. Tanja muß so, wie sie leibt und lebt, in seinen Roman eingehen. Sie muß ihm darum bis ins kleinste ihre Erlebnisse mit dem jungen Gardeoffizier erzählen, sie muß eine wesentliche Gestalt in seinem Roman bilden, in einer Reihe mit denen, deren Gebeine schon längst im Grabe modern.

Lew Nikolajewitsch schreitet raschen Schrittes dem Haus zu. An der Schwelle stößt er auf Ssonja. Ihr Gesicht strahlt von zarter, sorgender, mütterlicher Liebe. Sie fühlt es gleich, daß ihr Mann mit dem Schaffen ringt, und daß er heute etwas ganz Besonderes, Wunderbares schreiben wird.

»Rufe mir Tanja!« befiehlt er ihr, ohne sie zu beachten. Schwache goldene Strahlen spielen um ihre zarten Wangen, aber er bemerkt es nicht. Sie fühlt sich nicht gekränkt darüber, sie versteht es, sich selbst vollständig zu vergessen und nichts für sich zu fordern. Sie ist sich wohl vollständig ihrer Pflicht als Gattin eines großen Dichters bewußt.

»Sofort wird Tanja kommen«, gibt sie zur Antwort. Lew Nikolajewitsch begibt sich in sein Zimmer, wo Ssonjas fürsorgliche Hand ihm bereits Feder, Tinte und Papier auf dem Schreibtisch vorbereitet hat.

Aufgeregt blickt er nach der Tür und fühlt, daß er heute eine der besten Seiten schreiben wird, die ihm je gelangen. Dieser Herbstmorgen, dieser Wald und diese Mädchengestalt, die er mit solch zarter, verzückter Liebe liebt! Tanja, die Schwester Ssonjas. Ja, sagt er sich, Ssonja allein, das wäre mir zu wenig. Ssonja geht in mir auf, Tanja bleibt immer sie selbst. Ssonja ist demütig und fürchtet sich vor mir, Tanja ist noch ein Kind, aber sie beharrt immer auf ihren Rechten. Sie ist eine kleine Teufelin, die, da sie für ihn gar nichts übrig hat, sein Herz mit brennender Eifersucht erfüllt gegen jene, in die sie verliebt ist. In diesem kaum siebzehnjährigen Mädchen brodelt und schäumt jenes Leben, das sein Buch erfüllen wird. Ssonja tut alles, damit er schreiben kann, aber das Ferment, das sein Schaffen anregt, das in ihm den Durst des Schaffens hervorruft, das ist Tanja, die kleine, magere Tanja mit dem häßlichen Mund und den schönen, klingenden Liedern.

Könnte er Tanja heiraten? Nein! Seine Frau kann nur Ssonja sein. Aber Tanja ist es, in die er sich verlieben muß, ohne die er sein großes, lebendiges, geniales Werk nicht schreiben könnte. Tanja!

An der Tür klopft es, und Tanja tritt herein, bescheiden und schüchtern.

»Setz dich nieder!« befiehlt Lew Nikolajewitsch mit erzwungener strenger, mürrischer Miene. Tanja darf nicht wissen, daß er von ihr schreibt, sie darf nicht wissen, welche Gefühle er für sie hegt. Für sie muß er ihr Lehrer, ihr Freund, der Mann ihrer Schwester bleiben – sonst nichts.

»Tanja«, spricht er, »du warst sehr in den jungen Gardeoffizier Schostak verliebt, den wir gebeten haben, Jassnaja Poljana zu verlassen?«

Er spricht kühl und gelassen, und erinnert sich dabei an die wahnsinnige Eifersucht, die an seinem Herzen genagt, als er mit ansah, wie sich Tanja immer mehr und mehr diesem hübschen, unbedeutenden, nichtssagenden Petersburger Kavalier zuwendete.

»Ja, sehr!« antwortete Tanja, wie bei einer Beichte.

»Und wenn er dir den Antrag gemacht hätte, dich zu heiraten, hättest du da deine Lieben verlassen und wärest ihm gefolgt?« forscht er weiter.

»Ja!« sagt Tanja errötend und blickt scheu zu Boden. Ihre Augen füllen sich mit Tränen. Sie ist empört über die kalte, grausame Art, mit der sie Lew Nikolajewitsch ausforscht, aber sie wagt es nicht, zu schweigen oder die Unwahrheit zu sagen.

»Und damals im Wald, als dein Sattelzeug in Unordnung kam und du anhalten und absteigen mußtest, hat er dich da geküßt?«

»Ja«, haucht Tanja, kaum vernehmlich und bis an die Haarwurzeln errötend.

Wieder steigt in Lew Nikolajewitsch ein Gefühl namenloser Eifersucht auf, doch er beherrscht sich und fragt weiter:

»Hast du denn damals nicht begriffen, daß er dich durchaus nicht zur Frau nehmen, sondern dich nur als Spielzeug gebrauchen wollte?«

»Er hat gesagt, er hätte kein Geld zum Heiraten.«

»Aber welches Recht hat er dann gehabt, dich zu küssen?« schreit mit einemmal Lew Nikolajewitsch wild auf. »Deshalb habe ich ihn auch gebeten, unser Gut zu verlassen«, fügt er dann schwer atmend hinzu.

Tanja weint still vor sich hin.

»Hast du ihn jetzt vergessen?« forscht er, nun wieder ganz ruhig geworden, weiter.

»Fast ganz!« haucht Tanja.

»Tanja, jetzt bist du wieder in meinen Bruder verliebt?« fragt er, wobei sich Zorn und Schmerz in die verhaltene Strenge seines Tones mischen.

»Ja«, sagt Tanja leise. »Ich habe Mitleid mit ihm, er ist so unglücklich!«

»Aber Tanja, er ist doch zwanzig Jahre älter als du, und dazu hat er noch eine außereheliche Familie. Er lebt doch schon viele Jahre mit der Zigeunerin Mascha und hat auch Kinder mit ihr.«

»Ach«, weint Tanja. »Ljowotschka, warum bist du so grausam und quälst mich so? Ich fühle genau, du willst mich einfach quälen und mir weh tun.«

Sie erhebt sich.

»Tanja . . .«, beginnt Lew Nikolajewitsch, doch plötzlich unterbricht er sich.

»Tanja, geh fort . . .«, befiehlt er dann, und schweigend verläßt Tanja das Zimmer. Draußen beginnt sie zu weinen und zu heulen, noch ganz so, wie sie es als Kind zu tun gewohnt war.

»Tanja, mein Liebling«, fragt Ssonja, »was ist mit dir? Was hat Ljowotschka von dir gewollt?«

»Ach«, murmelt sie, »er hat mich gerügt, wegen dieses Gardeoffiziers.«

Ssonja ist schon seit langem auf Tanja eifersüchtig, denn sie fühlt genau, daß sie ihrem Mann nicht gleichgültig ist. Tanjas Antwort aber beruhigt sie; sie streichelt ihr die Wange und sagt:

»Tanja, du mußt ihn verstehen, er ist dir hier wie ein Vater.«

Tanja weint sich an Ssonjas Brust aus, und dann begeben sich beide zum kleinen Sserjoscha.

Und Lew Nikolajewitsch schreibt inzwischen von der Liebe Nataschas zu dem jungen, schönen Offizier Anatol. So wie es war, schreibt er es nieder, nur die Namen und einige kleine Nebenumstände ändert er, Natascha ist die kleine, zarte, graziöse Tanja, mit der sich seine Seele ganz vollgesogen. So wie sie ist, will er sie festhalten, damit noch viele Jahrzehnte nachher die Leser sich an ihr freuen können. Eine Seite nach der andern schreibt er und fühlt, wie wundervoll ihm jede gelingt. Aber plötzlich legt er die Feder weg, und tiefe Verzweiflung erfaßt ihn. Warum kann denn diese Tanja mit den zarten kleinen Händen und der feinen, von Leidenschaft zitternden Stimme andere lieben und nicht ihn? Warum kann sie für ihn nicht mehr sein als nur die gehorsame Schülerin, und warum muß er für sie immer nur der strenge Ljowotschka bleiben, den sie nicht anlügen darf und vor dem sie sich fürchten soll? Sie achtet ihn, schätzt ihn, ist entzückt von ihm, aber sie liebt andere, zuerst diesen öden Gardeoffizier und dann seinen unglückseligen Bruder Ssergei, für den sie nichts ist als die letzte in einer langen Reihe von Frauen, mit denen er sinnlos sein Leben vergeudet.

Lew Nikolajewitsch vermag nicht mehr weiterzuschreiben. Der Genius seiner Arbeit hat ihn verlassen. Es ist nur der gewöhnliche Mensch zurückgeblieben, mit all seinen Schwächen. Müde legt er das Haupt auf die Hände und ein schwerer, wehmütiger Ausdruck breitet sich über sein Antlitz, da klopft es an der Tür, und Ssonja tritt herein, mit einem frischen, seligen Lächeln.

»Ljowotschka«, sagt sie, sich zärtlich über ihn beugend, »ich bin um das Manuskript gekommen. Du konntest gewiß gut arbeiten heute. Ich möchte gleich alles ins Reine schreiben.«

Da überkommt Lew Nikolajewitsch plötzlich eine namenlose Wut. Er springt auf, stiert sie mit wilden Augen an und brüllt:

»Hinaus! Hinaus! Ich will nichts sehen von dir!«

Dabei erfaßt er ein Glas mit kaltem Tee und schleudert es Ssonja entgegen. Ssonja weicht entsetzt zur Wand zurück und eilt dann laut aufweinend zur Tür hinaus. Eine Löschwiege und irgendein anderer Gegenstand, der am Fußboden laut krachend zerschellt, fliegen ihr noch nach.

»Was ist mit dir, mein Täubchen? Was ist mit dir, Ssonja?« fragt Tanja ihre Schwester, die sich mit einem Schrei auf ihr Bett wirft.

»Ach Tanja, er hat einfach den Verstand verloren«, schluchzt Ssonja. »Ich ging zu ihm, um ihn um das Manuskript zu bitten, und er hat ein Teeglas nach mir geschleudert! Ach, Tanja, ich kann dieses Leben nicht länger ertragen, wenn du wüßtest, wie entsetzlich er mich oft quält!«

Tanja setzt sich neben Ssonja auf den Rand des Bettes und spricht leise zu ihr.

»Weißt du, Ssonja, ich könnte niemals seine Frau werden. Ich bin viel zu sehr meiner selbst bewußt, ich liebe es viel zu sehr, mein eigenes Leben zu leben. Ljowotschka aber kennt nur sich allein, nie denkt er an andere.«

»Und trotz allem habe ich ihn so unendlich lieb«, weint Ssonja.

Da hören die beiden Frauen, wie Lew Nikolajewitsch ins Nebenzimmer tritt und dort in Ssonjas Schreibtisch wühlt. Sie halten den Atem an und lauschen. Es ist so still, daß sie deutlich vernehmen, wie jemand rasche, heftige Federstriche führt. Nach ein paar Sekunden verläßt er wieder das Zimmer und schlägt laut krachend die Tür hinter sich zu. Ssonja und Tanja eilen zum Schreibtisch. Darauf liegt ihr Tagebuch, an jener Stelle geöffnet, auf der er sie damals so rührend um Verzeihung gebeten, als er sie grausam behandelt hatte, weil sie ihr Kind nicht stillen konnte. Diese Seite war nun durchgestrichen.

»Ach Tanja, er hat seine guten, zarten Worte zurückgenommen«, klagt Ssonja. »Warum? Was habe ich getan? Sie waren doch mein einziger Trost in all diesen schweren Tagen.«

Bis zum Mittagessen gehen Tanja und Ssonja leise auf Zehenspitzen im Haus umher, wagen nur zu flüstern und bemühen sich, Lew Nikolajewitsch nicht unter die Augen zu treten. Als sie aber beim Mittagstisch sitzen, gesellt er sich zu ihnen, als ob nicht das geringste vorgefallen wäre. Sein Gesicht ist völlig ruhig, nur ein müder Zug liegt um seine Augen.

»Ssonja, hier ist das Manuskript zur Reinschrift«, sagt er freundlich, während er ihr die Blätter reicht.

»Ljowotschka, was war mit dir?« fragt Ssonja, noch immer vor Erregung zitternd.

»Es ist schon alles vorüber, Ssonja«, gibt er freundlich zur Antwort. »Du mußt dich wohl daran gewöhnen, daß ein Mensch wie ich seine ganz besonderen Stimmungen hat.«

»Ich wäre einem Mann mit solchen Stimmungen schon längst davongelaufen«, sagt Tanja scharf und sieht ihm herausfordernd in die Augen. »Danke dem Himmel, Ljowotschka, daß du nicht mein Mann bist, und daß du ein solches Lamm wie Ssonja zur Frau hast!«

Lew Nikolajewitsch lächelt nur und sagt kein Wort. Die ganze Zeit des Mittagessens über ist er in bester Laune, lacht und scherzt mit Tanja. Ssonja aber bedrückt eine neue Last: die Furcht vor einem Menschen, der sich nicht nur nicht beherrschen kann, sondern sich auch gar nicht beherrschen will.

September 1863

Von einem Fenster zum andern geht Ssonja, und mit jeder Minute steigt ihre Aufregung. Es dämmert schon, der kalte Herbstregen peitscht an die Fensterscheiben, in das Toben des Windes mischt sich das Heulen der Dorfhunde, und von Ljowotschka und Tanja, die am frühen Morgen zur Jagd gefahren sind, ist noch immer nichts zu sehen.

Ach, diese Jagd! Ljowotschka erklärt kategorisch, daß er nicht leben kann ohne ihre aufregenden Erlebnisse. Es ist ihm ganz gleichgültig, ob es stürmt oder schneit, ein Dämon erfaßt ihn da, und es bleibt ganz ohne Wirkung, wenn sie ihn bittet, er möge zu Hause bleiben, möge seine Gesundheit schonen, sie nicht mit dem kranken Kind und mit ihrer Sorge um ihn allein lassen. Es nützt nichts, er kleidet sich an, macht das Kreuzzeichen über das Kind, vergißt beinahe, sich von ihr zu verabschieden und verschwindet mit Tanja für den ganzen Tag.

Mit Tanja! Immer haben die beiden etwas miteinander zu sprechen! Ihre Augen glänzen, und sie erblüht von Tag zu Tag mehr unter seinen Blicken. Sie ist in seinen Bruder verliebt, und er selbst kann keine Stunde ohne sie sein . . .

Daß es Tanja gar nicht in den Sinn will, wie sich ihre Schwester quälen muß. Freilich, dieses Kind mit seinen siebzehn Jahren, was versteht es denn von der Marter der Eifersucht, die an diesem traurigen Herbsttag Ssonjas Herz erfüllt.

Beide haben sie vor ihrer Abfahrt noch versprochen, frühzeitig zurückzukommen. Sie wollen ja heute abend noch den Ball besuchen, bei dem der Adel des ganzen Kreises zusammenkommt, und bei dem sogar der Thronfolger Nikolaj Alexandrowitsch anwesend sein wird. Ssonja hat die letzten Tage mit der Sorge um Tanjas Kleid verbracht. Sie wünscht aufrichtig, daß Tanja elegant und schön aussehe. Aber wieviel Tränen hat sie über diesem Kleid vergossen, das sie doch so gern selbst getragen hätte, um einmal wieder elegant, zart und schön zu erscheinen. Doch Ljowotschka erlaubt das durchaus nicht. Als die Einladung überbracht wurde, hat Lew Nikolajewitsch einfach, ohne sie vorher zu befragen, erklärt, er werde mit Tanja den Ball besuchen. Ssonja müßte zu Hause bleiben, sie fühle sich nicht gesund, und überhaupt, sie habe ja das Kind und die Wirtschaft zu versorgen.

Und jetzt packt sie so heißes Verlangen nach diesem Ball. Sie ist ja kaum neunzehn Jahre alt. Lachen möchte sie, Freude haben, Musik hören und die blendende Welt des Tanzsaals, die verliebten Augen der Männer sehen, den Duft der Blumen und des Parfüms einatmen, wieder einmal die sorglose, übermütige Lust der Jugend genießen, von der sie in ihrer Dorfeinsamkeit so völlig abgeschlossen ist. Aber Ljowotschka ist unnachgiebig. Er wünscht, daß sie Tag für Tag in einem hochgeschlossenen, einfachen Kleid geht, daß sie sich um die kranken Bauern sorgt und das Leben einer Frau führt, die nichts anderes kennt als ihre Pflichten dem Kind und dem Mann gegenüber.

Ssonja wartet noch immer am Fenster, vor dem es nun schon dunkel geworden ist, auf ihren Mann und Tanja. Da erinnert sie sich, wie vor kurzem der junge Pissarew, ein Gast des Hauses, bei Tisch neben ihr saß. Sie hatte mit ihm etwas ganz Nebensächliches geplaudert und ihn dann gebeten, ihr behilflich zu sein, den übrigen Gästen den Tee zu reichen. Wie hart und zornig blickte Lew Nikolajewitsch sie deshalb an, sie krümmte sich geradezu unter seiner grausamen Härte. Am nächsten Morgen ließ er dann die Pferde anspannen und bat den jungen Mann, Jassnaja Poljana zu verlassen. So sinnlos rasend eifersüchtig ist Ljowotschka!

Doch er selbst? Er streift mit Tanja durch Wald und Feld, vom frühen Morgen bis in die späte Nacht hinein. Und wenn er sich nun wirklich in Tanja verliebt? Buchstäblich alle Männer, die sie sehen, verlieben sich in Tanja. Es ist etwas an ihr, das einfach dazu zwingt. Was aber dann? Kann man sich denn überhaupt auf Ljowotschka verlassen, mit seinem beständigen Wechsel der Stimmungen? Einmal behauptet er, der glücklichste Mensch der Welt zu sein, herzt und küßt sie, und im nächsten Augenblick schon erklärt er, in den Krieg ziehen zu wollen, gleichgültig wohin, in den Kaukasus oder gegen die polnischen Aufständischen, denn die Sehnsucht nach stillem Familienglück, nach Kindern und Wohlstand bedeute ein jämmerliches Spießbürgertum. Auf die Dauer könne er es nicht ertragen, ein derartiges Leben zu führen. In solchen Augenblicken dünkt es Ssonja, daß es ein Verhängnis war, ihr Leben an das eines Menschen zu binden, der selbst nie weiß, was er will. Gleichzeitig aber fühlt sie auch, daß solche Gedanken gänzlich zwecklos sind, denn sie liebt ihn trotz allem, und immer mehr und mehr . . .

Aber wie schwer ist es, aus seinem Mund zu vernehmen, daß er sich wie verjüngt fühlt, wenn er von einer Jagd mit Tanja zurückkommt. Einst träumte sie, daß er zu *ihr* kommen würde, wenn er sich »verjüngen« wolle, daß *sie* die Quelle sein würde, aus der er Kraft schöpfe, und nicht eine andere Frau, wäre es selbst ihre leibliche, geliebte Schwester! Alles sträubt sich in ihr, sich mit dem Gedanken abzufinden, daß sie für ihn nicht mehr bedeutet als die Pflegerin seiner Kinder, die Befriedigung seiner Bedürfnisse! Ja, sie bedeutet ihm nicht mehr als eben Weib, und sie hat doch so davon geträumt, ihm als voller ganzer Mensch zur Seite zu stehen! Ihr läßt er nur den Werktag seines Lebens, die Feiertage genießt er ohne sie und fragt nicht danach, ob sie nicht auch einmal ein Fest erleben möchte. Aber ist das jetzt nicht ganz gleichgültig? Wichtig ist doch nur, daß er endlich heimkehrt!

Im Hof schlagen die Hunde an, und mit einem Mal füllt sich das ganze Haus mit Leben. Lärmend, lachend und plappernd stürzt Tanja ins Zimmer, im langen dunklen Amazonenrock mit der riesigen Schleppe, die von gelbem Lehm glänzt. Die Haare, die sich wild aufgelöst um das frische, gerötete Gesicht rahmen, stecken voll gelber Blätter, die Augen glänzen wie helle Sterne, und der halboffene Mädchenmund mit den dunkelroten Lippen lacht und lockt – ein Bild der Schönheit!

»Ssonja, Ssonja«, ruft sie, die Worte nur so hervorsprudelnd, »hör doch, was Ljowotschka wieder angestellt hat! Mein Sattel ist auf die Seite gerutscht, meine Beine haben sich in den Amazonenrock verwickelt, ich fühle, daß ich gleich vom Pferd falle und schreie verzweifelt um Hilfe. Denk dir nur, wenn mich das Pferd über den Graben geschleift hätte! Ljowotschka aber fliegt vorbei, hinter einem Hasen her, und schreit wie verrückt: ›Pack ihn!‹

›Ljowotschka‹, schreie ich im verzweifelt zu, ›rette mich, ich falle!‹

Er aber ruft: ›Warte ein wenig, mein Seelchen‹, und weiter fliegt er wie die wilde Jagd! Lang habe ich in meiner hilflosen Lage verharren müssen, bis er endlich zurückkehrte und mich befreite. Wäre das Pferd inzwischen weitergelaufen, ich wäre jetzt nicht mehr am Leben!«

Mein Gott, denkt Ssonja, wie ihm das ähnlich sieht! Er kennt nie und nirgends eine vernünftige Grenze. Wenn er Tanja wirklich liebte, hätte er da so ruhig an ihr vorübersprengen können, während sie sich in offensichtlicher Lebensgefahr befand? Freilich zittert sie noch bei dem Gedanken, was mit Tanja hätte geschehen können, wenn das Pferd durchgegangen wäre. Aber es macht sie dennoch ganz glücklich, nun die Sicherheit zu haben, daß es für Lew Nikolajewitsch wichtiger ist, einen Hasen zu jagen, als Tanja zu retten. Nun erscheint ihr die Eifersucht, die sie in den letzten Tagen gegen Tanja gehegt, ganz einfältig. Sie streichelt ihr zärtlich die Wange und sagt:

»Mein Kind, du wirst dir noch einmal den Hals brechen. Wie kann man nur so tollkühn sein? Übrigens, hat Ljowotschka seinen Hasen wenigstens bekommen?«

»Nein, er ist ihm davongelaufen«, lacht Tanja.

Da betritt Lew Nikolajewitsch das Zimmer. Eine gesunde, frische Röte bedeckt sein Gesicht, und gleich Tanja ist auch er über und über mit Lehm beschmutzt, während in seinen Haaren welke Blätter hängen. Er winkt Ssonja freundlich zu und sagt in fröhlichem Ton:

»Die Jagd war erfolgreich! Übernimm draußen die Hasen! Und dann möglichst schnell das Nachtmahl! Wir müssen uns ja noch umziehen.«

So gerne möchte ihm Ssonja von ihrem bangen Warten erzählen, von ihrem heißen Wunsch, gerade heute mit ihm den Ball zu besuchen, von der Einsamkeit dieses Abends, die nur vom Bellen der Hunde und dem Heulen des Windes unterbrochen war, aber sie schweigt. Sie legt ihm und Tanja die Speisen vor; beide entwickeln einen wahren Wolfsappetit, und alles, was auf die Teller kommt, ist im Augenblick wieder verschwunden. Dabei plaudern sie ununterbrochen von ihren Jagderlebnissen. Tanja lacht ohne Unterlaß mit ihrem goldenen, perlenden Lachen, voll von strahlender Lebensfreude.

»Nun, jetzt heißt es sich zum Ball ankleiden«, sagt Tanja und legt das Besteck aus den Händen. »Und hoffen will ich, daß sich heute der Thronfolger selbst in mich verliebt! Ach, es ist ja mein erster großer Ball!«

»Tanja, bei dir ist alles möglich«, gibt Ssonja zur Antwort, während sie in das von Schönheit leuchtende Antlitz ihrer Schwester blickt.

Die Erregung, die Tanja erfaßt hat, greift nun auch auf Ssonja über, während sie behilflich ist, das weiße, duftige Kleid anzulegen. Tanja ist überglücklich, als sie ihre reizende, zarte Gestalt im hohen Spiegel bewundert. Da bemerkt sie plötzlich im Spiegelbild, wie Ssonjas Augen traurig, entsagungsvoll blicken und von Tränen feucht sind.

»Ssonja«, fragt sie erschrocken, »was ist mit dir? Aber sag mir doch, um Gottes willen, warum fährst du nicht auch mit auf den Ball? Der kleine Sserjoscha schläft ja schon.«

»Was soll ich dir sagen, Tanja?« erwidert Ssonja. »Denkst du, Ljowotschka würde es mir erlauben? Ich dürfte niemals ein Ballkleid anziehen, mit Halsausschnitt und bloßen Armen. Ljowotschka verachtet doch alle Frauen, die sich, wie er sagt, nackt ausziehen.«

»Ach, Unsinn«, ruft Tanja erregt. »Mich verachtet er doch auch nicht. Das ist nur eine dumme Laune von ihm, weiter nichts.«

»Es mag so sein«, gibt Ssonja seufzend zur Antwort, »doch ich kann es nicht einmal wagen, ihm zu sagen, wie gerne ich mitfahren möchte, er würde sich tief beleidigt fühlen und mir furchtbar zürnen.«

»Freilich«, stimmt Tanja zu, »es ist so, Ljowotschka ist ein Tyrann!«

Doch im nächsten Augenblick schon hat sie Ssonjas Kummer vergessen und ist wieder ganz Erwartung.

Es klopft an der Tür.

»Kann man eintreten, Tanja? Bist du fertig?« fragt Lew Nikolajewitsch. Aus seiner Stimme hört Ssonja die Erregung heraus, mit der schönen Tanja auf den Ball zu gehen. Wieder erfaßt sie ein Gefühl namenloser Eifersucht. Aber sie schweigt.

Vor ihr steht Lew Nikolajewitsch im Frack. Wie die Kleidung doch den Menschen verschönt, denkt sie. Ein ganz anderer Ljowotschka ist er als der, den sie zu sehen gewohnt ist, in der immer zerdrückten, nach Stall riechenden Bluse, mit dem schmalen, schmutzigen Riemen und den kotverkrusteten Stiefeln. Wirklich, geradezu schön ist er – aber nicht für sie!

»Tanja, du bist heute berückend schön!« sagt Lew Nikolajewitsch, ohne von Ssonja die geringste Notiz zu nehmen. »So, wie du heute bist, muß ich dich einmal in einem Buch beschreiben!«

Wiederum flammt quälende Eifersucht durch Ssonjas Herz.

»Höchste Zeit!« ruft Lew Nikolajewitsch nach einem Blick auf die Uhr. Er eilt ins Vorzimmer, und Tanja wirft sich ihrer Schwester an die Brust. Zärtlich fühlt Ssonja ihre weiche, heiße Wange an der ihren.

»Ach, wie schrecklich«, ruft Tanja noch aus, »wie schrecklich und wie schön! Mein erster großer Ball!«

Dann geht sie ins Vorzimmer, in dem Lew Nikolajewitsch auf sie wartet.

»Nun, leb wohl, Ssonja«, verabschiedet er sich. »Gehe gleich zu Bett, du siehst heute etwas ermüdet aus!« fügt er hinzu, nachdem er in ihrem Gesicht den Ausdruck des Wehs bemerkt, das sie ihm verheimlicht hat. Doch schon hat er sie wieder vergessen, und ein Lächeln breitet sich über sein Antlitz, als er die vor Glück und Erwartung strahlenden Augen Tanjas vor sich sieht.

Er reicht ihr den Arm und führt sie hinaus. Ssonja hört, wie die Schellen erklingen, wie die Hufe der Pferde über die Erde fliegen. Dann ist es still. Sie lehnt ihre Stirn gegen die Fensterscheibe und blickt hinaus. Es ist nichts mehr zu sehen auf dem dunklen Hof. Nur die Sterne flimmern ohne Zahl am klaren, reinen Herbsthimmel.

Tief seufzt Ssonja auf und geht langsamen Schrittes ins Kinderzimmer.

Der kleine Sserjoscha schläft. Sie läßt sich neben seinem Bettchen nieder, legt ihr Haupt auf ihre Hände, und leise weinend flüstert sie vor sich hin:

»Mein Gott, schicke mir Kinder, viele Kinder, und viel, viel Arbeit! Und schicke mir bald das Alter, damit ich mein junges Herz vergesse, damit ich nicht mehr weiß, daß es noch ein anderes Leben gibt, als die tote Stille dieses großen Hauses, als das Ticken der alten Uhr, das Hüsteln der gebrechlichen Tante und das Bellen der Hunde...«

Dezember 1871

»Wie langsam doch die Zeit vergeht«, seufzt der kleine, zarte Sserjoscha, der älteste, nun achtjährige Sohn Lew Nikolajewitschs, während er auf die große Uhr blickt.

Sein bleiches, kränkliches Gesicht spiegelt die tiefe Erregung wider, die ihn ganz ergriffen hat.

»Ach, ich habe den Tannenbaum so gern«, fügt er verklärt hinzu. »Es ist so schön, wenn die Kerzen brennen, die vielen, vielen Kerzen.«

Sserjoscha stützt, während er spricht, die Ellbogen auf den Tisch und zerdrückt dabei, ohne es zu bemerken, ein paar bunt bekleidete Holzpuppen, die dort liegen.

»Sserjoscha, bist du verrückt geworden!« schreit ihn erschrocken sein siebenjähriges Schwesterchen Tanja an und sucht die gefährdeten Puppen zu retten. »Du zerdrückst ja alle Skelette und alle Kostüme! Warum ziehst du übrigens den Skeletten nicht die Hosen an und setzt ihnen die Kappen auf?«

Als Skelette bezeichnen die Kinder die kleinen Holzpuppen, die ihre Mutter jedesmal vor Weihnachten einkauft und dann zurichtet, um sie armen Bauernkindern als Weihnachtsgaben zu schenken. Ssonja selbst, die Kinder und die englische Erzieherin kleiden die Körper in bunte Kleider, setzen ihnen Mützen aus Papier auf und kleben goldene und silberne Sternchen darüber. Es ist eine Arbeit, der alle mit voller Begeisterung obliegen. Das größte Vergnügen aber bereitet es den Kindern, wenn sie in dem riesigen Bündel, das die verschiedenartigsten Stoffreste enthält, wühlen und das Material für ihre Arbeit hervorkramen dürfen.

Der kleinen Tanja Gesicht ist ganz rot vor Eifer. Alle sagen, sie wäre ihrer Mutter so ähnlich wie ein Ei dem andern, und Lew Nikolajewitsch hört das gerne, denn er ist noch immer davon überzeugt, daß Ssonja die schönste Frau ist, die es auf Erden gibt. Tanja ist ein liebes, sympathisches kleines Ding, das niemals still ist und fortwährend etwas zu sorgen und zu tun hat. Vor allem kümmert sie sich rührend um ihre kleinen Geschwister, an denen sie mit abgöttischer Liebe hängt.

»Mein Gott, Iljuscha!« ruft sie erregt ihrem fünfjährigen Brüderchen zu, der mit einer langen Schere unbarmherzig in einem großen Stück roten Tuches herumschneidet. »Tragen denn die Mädchen so kurze Röcke?«

Der kleine, dicke, rotwangige Iljuscha tut so, als ob er gar nichts gehört hätte und setzt seine Arbeit ruhig fort. Tanja will ihm die Schere entwinden, da legt er sie auf einmal freiwillig aus der Hand und, die Augen träumerisch in die Ferne gerichtet, spricht er:

»Wird es heute abends Johannisbeergelee geben oder nicht?«

Sein Gesicht verzieht sich dabei, als ob er den Geschmack der Beeren, die er über alles liebt, schon auf der Zunge hätte.

Aber auch auf den kleinen Lew, der mit seinen zwei Jahren wie eine Puppe aussieht, übt das Zauberwort Johannisbeergelee eine ungeheure Wirkung aus. Auch er lächelt und zieht ein Mündchen, als ob er diese herrliche Speise bereits kostete, und klatscht entzückt in die Hände.

Nur auf die einjährige Mascha macht die Erwähnung des Johannisbeergelees noch keinen Eindruck. Sie ist zu klein, um an der allgemeinen Arbeit teilnehmen zu können. So sitzt sie neben dem großen Tisch und wühlt mit ihren mageren, bleichen Händchen, in denen kein einziger Tropfen Blut zu fließen scheint, in einem Haufen bunter Stoffetzen. Mascha, deren Geburt Ssonja beinahe das Leben gekostet hat, ist ein krankes, schwaches und unschönes Kind, wenn man von den großen blauen Augen absieht, die, so gar nicht kindlich, mit einem Ausdruck rätselhafter Wehmut in die Welt blicken.

Eben betritt Ssonja das Zimmer.

»Mama, Mama«, rufen ihr die Kinder freudig entgegen und stürzen auf sie zu. »Mama, schau! Welch herrliche Skelettchen wir gemacht haben!«

Ssonja hat in den letzten Tagen unendlich viel Arbeit geleistet. In größter Eile mußte noch vor Weihnachten der Anbau an das Haus fertiggestellt werden, sie hat die Aufstellung der Möbel und das Aufhängen der Bilder besorgt, hat selbst die Lampen angebracht, die Betten für die vielen Gäste hergerichtet und die

Bereitung der Weihnachtsspeisen beaufsichtigt. Kaum kann sie noch auf den Beinen stehen, aber ihr Gesicht strahlt vor Glück und Zufriedenheit, und mit zärtlichen, liebevollen Augen blickt sie auf ihr ältestes Töchterlein.

Sie hat sich sehr verändert in den neun Jahren ihrer Ehe. Aus der mageren, mitleiderweckenden Ssonja ist nun die »ernsthafte, solide Ssofja Andrejewna« geworden. Sie selbst nennt sich so, und ihre volle, gesunde, gereifte Schönheit rechtfertigt diese Bezeichnung. Sie ist zu einer Frau geworden, deren Schönheit in triumphierender Fülle blüht, deren ganzes Wesen einen unerschöpflich scheinenden Vorrat von Freude, Glück und Tatkraft ausströmt, und vor allem von Liebe. Mit welcher Zärtlichkeit, mit welchem Stolz und Entzücken ruhen ihre Augen auf den Kindern, deren endlosem Geplapper sie mit unendlicher Geduld zuhört.

»Mama, sieh doch, wie schön ich diese Skelettchen angekleidet habe!« ruft Sserjoscha und zupft sie am Kleid.

»Mama, wird es heute eingekochte Johannisbeeren geben?« fragt der dicke Iljuscha mit einem süßen Lächeln.

»Mama, Mama . . .!« wendet sich ohne eigentlichen Sinn und Zweck, aber desto dringender, der kleine, hübsche Ljowa an sie.

Allen gibt Ssonja Antwort, und aus jedem Wort, aus jeder Bewegung ist zu sehen, wie vollständig und untrennbar die Welt dieser Kleinen sich mit der ihren zu einem Ganzen verbunden hat.

Solange Ssonja nur im Kinderzimmer weilt, vermeint sie, es fehle ihr nichts mehr zum höchsten Glück. Mit jedem neuen Kind, das ihr geschenkt worden, gab sie ein Stück ihres Seins auf und widmete sich mit noch größerer Kraft und größerem Mut ihrer Arbeit und ihren Sorgen. Und mit den Jahren kehrte ruhiger Friede in ihr Herz ein. Sie lebt nur mehr für ihre Familie. Ihren Kindern gegenüber ist sie von einer derart überschwenglichen Zärtlichkeit erfüllt, daß sie sich oft mit Gewalt bemühen muß, sich zurückzuhalten, um nicht lächerlich zu erscheinen. Das Leben mit ihren Kindern nimmt sie vollständig gefangen und wenn eines, wie gerade eben der kleine Ljowa, zu ihr gelaufen kommt und sie mit den dünnen Ärmchen zärtlich umfängt, dann überströmt sie ein Gefühl grenzenloser, wunschloser Seligkeit.

Ja, die Liebe zu ihren Kindern ist ihr unaussprechlich großes Glück. Und sie ist es auch, die ihr Rettung bringt, wenn Ljowotschka nervös und überreizt ist, wenn er über Kopfschmerzen klagt, wenn er darunter leidet, daß er nicht so schreiben kann, wie er möchte, wenn ihn, wie es so oft geschieht, diese unerklärliche, aufwühlende Angst vor dem Tod erfaßt, oder aber, wenn er, statt an seinen Werken zu arbeiten, plötzlich viele Tage lang von früh bis spät in den Ställen herumwirtschaftet, Milchkühe auf dem Viehmarkt kauft, bei den Bienenstöcken hantiert oder auf der Jagd verweilt. Ein Blick nur auf den feinen, zarten Sserjoscha, die Plaudertasche Tanja, den dicken Knirps Iljuscha, den graziösen, mädchenhaften Ljowa, die blasse verträumte Mascha – und alles ist wieder gut und ihr Herz schwillt vor Stolz auf diese kleinen Wesen, von denen ihr eines schöner und liebenswerter erscheint als das andere.

Sie stellt sich die Frage, ob es überhaupt gut und in Ordnung wäre, wenn sie ihre Kinder mit solcher Leidenschaft liebt, und ob nicht einmal der Tag kommen könnte, an dem sie schmerzlich fühlen würde, daß sie nicht die gleiche Liebe zurückerhält, die sie schenkt, daß sich einmal eine Mauer aufrichten könnte zwischen diesen Herzen und dem ihren, die jetzt so ganz in eins verschmolzen sind. Eisiger Schreck erfaßt sie, wenn sie nur von ferne diesen Gedanken denkt, um doch gleich wieder erleichtert aufzuatmen, wie von einem sinnlosen Phantom befreit, wenn sie diese lieben, treuen Gesichtlein um sich her erblickt. Ein einziger Wunsch erfüllt dann ihr Herz, daß es zwischen ihr und ihren Kindern immer so bleiben möge, wie es jetzt ist, und daß das Leben, das sie führt, von steter Dauer wäre ...

Nie hat Ssonja Gelegenheit, müßig zu sein. Immerfort tätig, denkt sie an alles, kümmert sich um alles. Von früh bis spät hört man im ganzen Haus ihren schnellen, energischen Schritt, findet man sie Anordnungen gebend und Berichte entgegennehmend. Ihr Leben vollzieht sich vor den Augen des Hausgesindes. Sie besitzt nicht einmal ein eigenes Zimmer, in dem sie sich vor den andern abschließen und sich ausruhen könnte; sogar die so schwierige und verantwortungsvolle Arbeit des Umschreibens der Manuskripte führt sie an einem kleinen Schreibtisch in einer

Ecke des Empfangszimmers durch.

Lew Nikolajewitsch zieht sich jeden Morgen in sein Kabinett zurück und bedarf dort einiger Stunden der vollsten, ungestörtesten Ruhe. Ssonja versteht es, ihm diese Ruhe zu verschaffen, während sie selbst sich um die Wirtschaft kümmert, Kleider näht, Strümpfe stopft, die Kinder französisch sprechen und russisch lesen und schreiben lehrt, den älteren die Elemente des Klavierspiels beibringt oder den kranken Bauern Hilfe leistet, die sich in felsenfestem Vertrauen auf ihre Güte und ihre Heilkenntnisse an sie wenden. Mit einem Wort, das ganze Leben und Wesen des Gutes Jassnaja Poljana hängt an ihr, würde ohne sie sofort ins Stocken geraten. Dabei ist sie fast immer entweder schwanger oder hat ein Kind an der Brust. Und niemals hört jemand sie klagen, sie wäre müde, immer ist sie heiter und voll von unerschöpflicher Energie.

Nur ihr erstes Kind konnte Ssonja nicht selbst stillen, alle andern sind, zur Freude Lew Nikolajewitschs, und obwohl sie die größten Schmerzen erduldete, an ihrer Brust geblieben. Aber wie schwer war das doch manchmal, und wäre nicht diese unendliche Liebe zu ihren Kindern gewesen, sie hätte es nicht vermocht. Welch unsägliche Mühen und Schmerzen kostete es sie, bis der rotwangige und ewig hungrige Iljuscha aufgepäppelt war! Wird er auch nur einmal in seinem Leben dies Opfer ahnen, fragt sie sich, während sie ihn liebevoll anblickt. Und trotz alledem, wie schwer kam es ihr immer wieder an, ein Kind von der Brust zu entwöhnen. Diese Wehmut, wenn damit das innige Band zerreißt, das das Kind mit der Mutter verbindet! Ssonja erinnert sich, wie dies ganz besonders bei dem kleinen Ljowa der Fall war, der eben in seinem spitzenumsäumten Kleid schnell unter den Tisch kriecht, einem Skelettchen nach, das er fallen ließ.

»Ljowa, krieche nicht auf den Knien herum!« ruft sie ihm zu und untersucht seine Strümpfe. »Wieder ein Loch am Knie!« fügt sie mit sanftem Vorwurf hinzu.

Da läßt Ljowa ein leichtes Hüsteln vernehmen. Gleich befühlt ihm Ssonja die Stirn.

»Kein Fieber«, stellt sie fest. »Aber ich werde dir einige dänische Königstropfen geben!«

Ljowa sieht geduldig zu, wie ihm Ssonja die Tropfen in ein Likörgläschen gießt, und schluckt den Trank.

Hannah, die englische Erzieherin, kommt ins Zimmer, um die Kinder anzukleiden. Die Aufregung, von der die Kleinen an diesem Abend ergriffen sind, beginnt nun auch auf die Mutter überzugehen. Es sollen ja so viele Verwandte und Bekannte kommen, eine große Seltenheit für Jassnaja Poljana, dessen Abgeschlossenheit kaum einmal von einigen Gästen unterbrochen wurde. Ssonja ist so stolz auf ihre Kinder und möchte, daß all die vielen Menschen, die heute in ihrem Haus weilen werden, sich davon überzeugen müssen, wie hübsch, gesund und gut erzogen sie sind!

Ein unbeschreiblicher Lärm erhebt sich im Kinderzimmer. Man bringt die Kleider mit den seidenen Maschen für die Mädchen herein und die Paradeanzüge für die Knaben. Freilich, Lew Nikolajewitsch hat früher immer gefordert, die Kinder sollten grobleinene Rubaschkas und formlose graue Baumwollblusen tragen, doch mit Hilfe der Erzieherin war es Ssonja gelungen, ihre Ansicht durchzusetzen. Seitdem ist es ihr größter Stolz, die Kinder zwar sehr einfach und unaufdringlich, aber dabei doch sehr geschmackvoll und elegant zu kleiden. Heute soll eine Maskerade unter der Tanne stattfinden, und deshalb ist Sserjoscha in eine Marquise und Tanja in einen Marquis mit einem langen blauen Rock und einer weißgepuderten Perücke verwandelt worden.

»Wird es heute Plumpudding geben?« schreit Iljuscha mitten in den Lärm hinein, während man ihm einen phantastischen roten Rock, die Tracht einer Spanierin, über den Kopf zieht.

»Und gibt es brennenden Rum dazu?« fragt Tanja als graziöser Marquis, während ihre dunklen, großen Augen vor Begeisterung funkeln.

Ssonja kann keine Antwort auf all die Fragen geben, denn sie ist gerade damit beschäftigt, dem kleinen Ljowa sein Spitzenkleidchen anzulegen.

Endlich sind die Kinder bereit.

»Bleibt jetzt ruhig sitzen, ich muß noch ein wenig dort drinnen Nachschau halten«, befiehlt Ssonja und eilt in den Salon, in dem die große Tanne steht. Lew Nikolajewitsch ist gerade dabei, letzte Hand an den Baum zu legen und gibt sich dieser Arbeit restlos hin wie ein kleines Kind im Spiel. Sein Antlitz leuchtet und drückt tiefes, feiertägliches Glück aus. Es ist der Ausdruck eines Menschen, der von lebendiger Kraft strotzt und der durchaus mit seinem Leben zufrieden ist. Eben will er eine vergoldete Nuß an einen Ast hängen, als er Ssonja bemerkt, die, festlich gekleidet, den Saal betritt.

»Ach, Ssonja«, wendet er sich ihr zu und umarmt sie, »weißt du, woran ich gerade jetzt gedacht habe? Ich habe mir überlegt, wie unendlich rasch doch die ersten neun Jahre unserer Ehe vergangen sind. Kaum vermag ich es zu glauben, daß wir schon so lange verheiratet sind. Und dann habe ich noch darüber nachgedacht, daß du für mich das beste, reinste und liebste Wesen auf dieser Welt bist!«

Wie liebt Ssonja diesen zarten, glücklichen Ausdruck, der sich bei diesen Worten auf seinen Zügen ausbreitet, und wie selig ist sie, da er ihr sagt:

»Ich bin so unendlich glücklich mit dir, Ssonja! Wenn du nur ahntest, wie glücklich ich mit dir bin!«

Der große Raum ist erfüllt vom frischen, harzigen Duft der Tannennadeln. Der festliche Baum mit den vielen flimmernden Lichtern, die Geschenke für die Kinder, die auf dem Tisch prunkend ausgebreitet sind, und vor der Tanne Lew Nikolajewitsch, der mit solch hingebender Liebe besorgt ist, daß sich dieser Abend den Kindern unauslöschlich in ihre jungen Herzen einpräge – welch größeres Glück könnte es für Ssonja geben?

»Ssonja«, fährt Lew Nikolajewitsch, nun ganz nachdenklich, fort, »noch etwas will ich dir sagen. Weißt du, es gehört soviel Wissen und soviel Verstand dazu, um glücklich sein zu können. Das Glücklichsein muß man mit großer Mühe lernen. Noch jetzt packt mich ein Grauen, wenn ich an das erste Jahr unserer Ehe denke. Wie oft habe ich dich damals gequält, wie oft war ich ungerecht und grausam mit dir! Ach, Ssonja, ich war ein ganz nichtswürdiger, kleinmütiger, elender Mensch damals. Es war, als ob ich in eine Sackgasse geraten wäre. Ich verstand nicht, wieso es kam, daß ich die Frau geheiratet habe die ich liebe, und daß ich dennoch nicht arbeiten konnte. Es schien mir, als ob ich in irgendeinen bodenlosen Abgrund hineintaumelte – und ich gab dir an allem die Schuld. Ich warf dir vor, du wärest es, die mich an der Arbeit hinderte und war oft voll Zorn und Wut gegen dich. Du aber, mit deiner reinen, geduldigen Liebe, hast einen neuen Menschen aus mir gemacht, hast mich ganz umgeformt. Und jetzt weiß ich nur das eine, daß ich nicht leben kann ohne dich und die Kinder, daß ohne euch mein Leben leer und nutzlos wäre. Mein ganzes Sein ist so mit euch verwachsen, daß mir auch ein einziger Tag ohne euch als etwas Schreckliches erscheint!«

Ssonja blüht unter seinen Worten auf. Ihr Antlitz übergießt sich mit Röte vor seinen zärtlichen Blicken und es ist, als ob sie von einem Augenblick zum andern jünger und schöner würde.

»Wie schön du heute bist«, sagt Lew Nikolajewitsch voll Entzücken. »Niemand würde meinen, daß du schon sechs Kinder hast. Wie gut dir dieses Festkleid steht. Doch weißt du, wie ich dich am liebsten sehe?« Ein schalkhaftes Lächeln umspielt seine Lippen, und ein wenig zögernd fährt er fort:

»Ja, am meisten liebe ich dich in deinem alten grauen Hausrock, wenn du hinter dem Schirm sitzt und ein Kind an der Brust hältst. Du hast dabei einen so unendlich glücklichen Gesichtsausdruck und bist so unsagbar rührend in dieser nachlässigen Kleidung.«

Ssonja lacht, fragt aber dann plötzlich mit zitternder Stimme: »Wofür ist mir solches Glück geworden? Wenn ich dir nur beschreiben könnte, wie ich unser stilles Familienleben liebe!«

»Ssonja!« erwidert Lew Nikolajewitsch ernst. »Du hast mir nicht nur die Kinder und unser wundervolles Familienleben geschenkt, du hast mir auch mein Talent bewahrt und gehegt. Hätte ich jemals ohne dich und ohne deine Sorge um mich ›Krieg und Frieden‹ schreiben können? Erinnerst du dich, wie dich Fürst Lwow die Amme meines Talents genannt hat? Und wie recht hat er gehabt! Du bist mir, Ssonja, so notwendig wie die Luft, die ich atme, du bist das Dauernde, das Beständige, das meinem ganzen Leben den festen Halt gibt. Du weißt, wie ich in ›Krieg und Frieden‹ in der Natascha zuerst deine Schwester Tanja zeichnen wollte, und wie dann doch zum Schluß du daraus geworden bist, das Ideal der Mutter, die für ihre Familie lebt.«

Mit unsagbarer Wonne trinkt Ssonja jedes seiner Worte, weiß sie doch nur zu gut, daß er sich vielleicht noch an diesem Abend von seinen eigenen Reden lossagen und ihr etwas Verletzendes, Grausames sagen wird. Doch das bringt sie nicht mehr so sehr in Verzweiflung wie damals, im ersten Jahr ihrer Ehe. Sie weiß jetzt, daß sie ihn einfach so nehmen muß, wie er ist, daß er sie ja doch unendlich lieb hat, und daß sich all diese bösen Dinge von seinen Lippen lösen, als ob sie gar nicht zu ihm gehörten, nur als Folge seiner heftigen, leidenschaftlichen, rücksichtslosen Natur.

»Ssonja«, unterbricht sie Lew Nikolajewitsch in ihren Gedanken, »hier hast du wieder etwas zum Reinschreiben.«

Er reicht ihr einige kreuz und quer mit kleiner Schrift bedeckte Bogen und fügt dann ein wenig stockend hinzu:

»Ich weiß nicht, mein Täubchen, wie und wann du mit der Reinschrift zurechtkommen wirst, wir haben ja Gäste, und mit den Kindern hast du so viel Arbeit . . .«

Ssonja versteht sofort, daß er damit eigentlich sagen will, es möge rasch geschehen, da er sonst nicht weiterarbeiten könnte. Zärtlich lächelnd gibt sie ihm darum zur Antwort:

»Ljowotschka, mein Liebster, für dich ist mir nichts zu schwer! Deine Worte ins Reine zu schreiben ist ja die größte Freude für mich. Es gibt nichts, das auf mich größeren Eindruck macht, als die Welt deiner Gedanken und dein großes Talent. Ich kann dir gar nicht sagen, welch ungeheures Glück es für mich bedeutet, daß ich dir helfen kann, und dir sogar manchmal einen kleinen Ratschlag erteilen darf.«

»Ssonja«, erwidert Lew Nikolajewitsch, »du gibst mir so kluge Ratschläge, daß ich ihnen beinahe immer folgen muß. Du hast ein so feines künstlerisches Empfinden! Du weißt ja selbst, daß es immer wundervoll geworden ist, wenn ich tat, was du mir zu tun vorschlugst.«

»Ljowotschka«, sagt Ssonja, während sie sich noch fester an ihn schmiegt, »deine Romane ergreifen mich so tief, bis zu Tränen, und ich weiß oft wirklich nicht, ist es, weil sie so genial sind oder deshalb, weil ich deine Frau bin. Aber ich lebe bis ins Letzte mit den Helden deiner Bücher, und sie sind mir alle so lieb und teuer geworden wie meine nächsten Verwandten.«

»Das ist es eben«, sagt Lew Nikolajewitsch, »warum ich dich so liebe, meine Ssonja, weil du mich so gut verstehst. Wie herrlich ist es doch, daß du so ganz meinen Gedanken lebst und meinem Fühlen, daß wir wirklich so ganz eins geworden sind!«

»Ljowotschka«, lacht mit einem Mal Ssonja, »und auch mit unsern Kindern sind wir ganz eins!«

Plötzlich wieder ganz ernst werdend fügt sie hinzu:

»Wie froh und doch auch wieder wie sorgenvoll wird mir, wenn ich an die Zukunft unserer Kinder denke.«

»Stell dir nur vor, Ssonja«, sagt lächelnd Lew Nikolajewitsch, »wenn ich unsere Tanja zum ersten Mal auf einen Ball führen werde. Ich mit meiner Tochter auf dem ersten Ball! Welche Freude, wenn ich dann beobachten kann, wie alle von ihr entzückt sind.«

»Ach, Ljowotschka«, fällt ihm Ssonja eifrig ins Wort, »wenn du wüßtest, was Sserjoscha für ein feines und intelligentes Kerlchen ist, welche Fähigkeiten er für Mathematik entwickelt!«

Des langen und breiten beginnt sie nun, ihrem Mann von den Talenten ihres Sprößlings zu erzählen, und der Vater lauscht interessiert und aufmerksam. Man sieht es an seinem gespannten Gesichtsausdruck, daß ihm jede Kleinigkeit, die die Erziehung und Entwicklung der Kinder betrifft, von allergrößter Wichtigkeit ist.

»Weißt du, Ssonja«, bemerkt Lew Nikolajewitsch, nachdem sie geendet, »ich fürchte nicht für Sserjoscha, und auch um die anderen Kinder habe ich keine Sorge, sehr dagegen um unsere kleine Mascha. Hast du bemerkt, welch eigenen Blick sie manchmal hat? Ich bin überzeugt, daß sie ihr ganzes Leben leiden, stets das Unerreichbare suchen und es niemals finden wird . . .«

»Ssonja«, sagt Lew Nikolajewitsch und streichelt zärtlich ihre Wange, »ich gehe einstweilen zu den Kindern, sie werden vor lauter Ungeduld ganz außer Rand und Band sein!«

»Papa! Papa ist gekommen!« empfängt ihn ein freudiges Geschrei, als er das Kinderzimmer betritt. »Papa, Papa! Erzähle uns etwas!«

Lew Nikolajewitsch setzt sich zu den Kindern an den Tisch,

erzählt ihnen etwas aus einem Buch und zeichnet ihnen dabei gleich Illustrationen zum Gehörten. Vom Zeichnen hat er zwar keine Ahnung, aber dennoch rufen seine Bilder ungeheures Entzücken in dem kleinen Zuhörerkreis hervor. Dann schiebt er plötzlich alles beiseite, erhebt sich vom Stuhl, beginnt im Zimmer wild auf und ab zu laufen und schreit den Kindern zu:

»Die numidische Reiterei!«

Alle stürzen hinter ihm her und laufen und schreien und sind ganz toll vor Freude. Auf diese Weise gelingt es ihm, die Kinder, die schon am Ende ihrer Geduld waren, so lange hinzuhalten und zu zerstreuen, bis endlich das Glockenzeichen ertönt. Weit öffnet sich die breite Flügeltüre, und die Kinder treten in den Saal, wo in der Mitte die hohe Tanne zur Zimmerdecke emporragt. Gleichzeitig mit ihnen kommen durch die Nebentüren die Bauernkinder herein, in ihren Halbpelzen, Filzstiefeln und Pelzhauben, und sie bringen in den glänzenden, festlichen Raum den Geruch nach Rauch, Dünger und Schnee. In den Augen aller glänzt das gleiche Entzücken, die gleiche Seligkeit ob der Tanne, die ein Meer von Licht über die goldenen, silbernen und gläsernen Dinge ergießt, mit denen sie über und über behangen ist.

Ssonja und Lew Nikolajewitsch erziehen ihre Kinder in fast völliger Abgeschiedenheit von aller Welt. Sie kommen nur ganz selten mit ihren Vettern und Basen oder anderen Kindern aus ihrem Kreis zusammen und sehen nur hin und wieder einige Bauernkinder aus der Schule, die Lew Nikolajewitsch für die Jugend des Dorfes unterhält. Es ist daher auch nicht verwunderlich, wenn die kleinen Tolstois in dem Bewußtsein aufwachsen, sie wären entschieden etwas Besonderes, und wenn sie auch jetzt mit einer gewissen Überlegenheit auf die kleinen Wanjkas und Maschas und Petjkas und Koljkas herabsehen, die da mit weitaufgerissenen Augen das leuchtende Wunder bestaunen und sich doch mit den Ärmeln ihrer Pelze die tropfenden Rotznäschen abwischen.

Nun beginnt das Verteilen der Geschenke. Lew Nikolajewitsch ist grundsätzlich gegen Spielsachen, die seiner Meinung nach nur die Phantasie und Erfindungskraft der Kinder lähmen und sie gleichzeitig an überflüssigen Luxus gewöhnen. Daher kommt es, daß die Kinder nur einmal im Jahr richtige Spielsachen bekommen, und zwar zu Weihnachten, wenn Bekannte und Verwandte sie damit beschenken. Mit kaum bezähmter Ungeduld erwarten die Kinder das Fest und stürzen sich mit Wonne auf die Geschenktische und greifen nach den herrlichen Dingen. Die Bauernkinder bekommen die hölzernen »Skelettchen« sowie Nüsse, Früchte und Zuckerwerk.

Sserjoscha, der Älteste, schießt sofort seine Korkbüchse ab und untersucht dann mit Entzücken seine große Maltasche. Tanja kann sich von ihrem feinen Nähzeug und von ihrer Puppe, die Papa und Mama sagt, nicht trennen und zeigt ihre Schätze voll Stolz den Bauernkindern. Die kleine Mascha hat eine ganze Garnitur Puppengeschirr bekommen und ordnet mit ganz unkindlichem Ernst die Töpfe, Schüsseln und Pfannen, der kleine Ljowa zieht an einer Schnur einen Bären auf Rädern, den er hartnäckig als Hasen bezeichnet, und der dicke rotbackige Iljuscha sitzt auf dem Boden und bemüht sich prustend und keuchend, die Zinnsoldaten in einer Reihe aufzustellen.

»Die Maskierten, die Maskierten!« ertönt es da von allen Seiten, und schon wälzt sich der merkwürdige Zug in den Saal, zuerst zwei große Bären und eine Ziege, dann ein kleiner dicker Greis mit dünnen Vogelbeinen, ein bunter Clown und ein alter Bauer und alles mögliche andere. Gleich beginnt der Tanz. Die Ziege dreht sich mit den Bären im Kreis und ein ohrenbetäubender Lärm erhebt sich, als die kleinen Tolstois in der Ziege ihren Vater erkennen. Einer der Nachbarn, ein hoher, magerer Herr, als Frau verkleidet, tanzt mit dem kleinen dicken Greis, einer Gutsbesitzerstochter, und die Kinder biegen sich und weinen fast vor Lachen. Und alle tanzen und tanzen, solange nur die Kräfte reichen.

Langsam brennen die Kerzen zu Ende. Eine Puppe, die an der Tanne hängt, fängt Feuer, und alles eilt hinzu, um zu löschen. Es riecht nach verbrannten Nadeln, und Iljuscha heult laut auf, weil ihm jemand in dem Durcheinander einen Soldaten zertreten hat. Nun werden die Bauernkinder nach Hause geschickt und die Kleinsten des Hauses in die Schlafzimmer gebracht. Die anderen setzen sich an die Tafel. Es ist ein richtiges Festessen. Ein riesiger gebratener Truthahn, eine fette Gans mit Kraut und unzählige Vor- und Zu- und Nachspeisen machen die Runde; ein auf echt englische Art von der Erzieherin Hannah zubereiteter Plumpudding, mit brennendem Rum übergossen, bringt alle, besonders die Kinder, in hellstes Entzücken. Dann kommt noch das berühmte Johannisbeergelee, und nun werden auch die größeren Kinder ins Bett geschickt. Sie geben den Eltern den Gutenachtkuß. Aufmerksam blickt Lew Nikolajewitsch jedem ins Gesicht und, zu Ssonja gebeugt, flüstert er:

»Was für liebe, reizende Kinder wir doch haben, Ssonja!«

Ssonja und Lew Nikolajewitsch entschuldigen sich bei den Gästen und begleiten die Kinder. Es ist ihnen heute, als ob sie von einer ganz besonderen Liebe zu ihnen erfaßt wären, noch stärker und tiefer, noch geheimnisvoller als sonst.

»Iljuscha stöhnt im Schlaf«, sagt Ssonja besorgt. »Er hat sicher zuviel Johannisbeergelee gegessen. Wir werden ihm morgen Rizinusöl geben müssen. Sieh nur, Ljowotschka, wie Sserjoscha sein Gewehr im Schlaf umarmt hält, und welch lieblichen, rührenden Gesichtsausdruck er hat! Und Tanja! Sie hat ihre Puppe der kleinen Mascha mit ins Bett gegeben! Immer denkt sie an andere, nie an sich selbst.«

»Sie ist ganz so wie du, Ssonja«, spricht Lew Nikolajewitsch warm, »und welche Freude für mich, daß sie dir so ähnlich wird! Ssonja, wenn du wüßtest, wie unendlich ich unsere Kinder liebe! Wie froh bin ich, daß ich die zweitausend Dessjatinen im Gouvernement Ssamara doch angekauft habe! Jetzt ist die Zukunft der Kinder gesichert. Wenn sie heranwachsen, wird der Boden stark im Wert steigen. Ohne jede Mühe bringt er dort sechs Prozent, viel mehr Gewinn als in Jassnaja Poljana, und viel weniger Arbeit. Ssonja, ich bin jetzt so glücklich! Mein Glück setzt sich aus ganz anderen Elementen zusammen, als damals, als ich noch nicht verheiratet war: es sind die Kinder, um die ich mich sorge, um die sich mein Herz immer in Angst zusammenkrampft, wenn sie krank sind; das bist du, Ssonja, die du immer in Sorgen und Gefahren schwebst mit der Geburt der Kinder und mit dem Stillen, und das ist meine literarische Tätigkeit, ohne die ich nicht leben kann, obwohl sie mir immer viel Qual und Leiden und Mühsal bereitet. Und gerade dieses Ineinandergreifen von Aufregung, Mißgeschick und Sorge ist es, was das große, unnennbare, glanzvolle Glück mit dir ausmacht, jenes Glück, für das ich so sehr fürchte, um das ich ebenso zittere, wie für jeden einzelnen der Bestandteile, aus denen es sich zusammensetzt. Und immer will es mir scheinen, als ob du noch einmal einem Menschen begegnen würdest, der reiner und würdiger ist als ich, und daß du ihn dann lieben wirst. Ach Ssonja, ich bin maßlos eifersüchtig, immer noch, im neunten Jahr unserer Ehe!«

»Ljowotschka, geh zu den Gästen«, sagt Ssonja mit energischer Stimme, »ich will noch nachsehen, ob alle Kinder gut zugedeckt sind.«

Lew Nikolajewitsch wirft noch einmal mit von Tränen feuchten Augen einen dankbaren, heißen Blick auf Ssonja und begibt sich zu den Gästen.

Sie aber kniet vor der Ikone nieder, unter der leise flackernden roten Lampade, deren zartes Licht über die Bettchen der schlafenden Kinder huscht. Inbrünstig faltet sie die Hände, und mit zitternden Lippen flüstert sie:

»Mein Gott, gib mir, daß es lange, lange so bleibe! Lange, unser ganzes Leben lang! Mein Gott, ich danke dir, daß du mir dieses Glück geschenkt hast. Gibt es denn auf der ganzen Welt eine Ehe, die so glücklich wäre wie die unsere? Das ist nicht mehr Liebe allein, das ist ein Ineinanderwachsen, ein Verschmelzen. So ganz sind wir eins geworden, daß keines mehr auch nur einen Atemzug tun könnte ohne den anderen. Ach, mein Gott, gib, daß es immer so bleibt, all unser Leben lang!«

Schnell erhebt sich nun Ssonja, geht von einem der Bettchen zum andern, und zart und leise zieht sie den Schlafenden die Decke über die nackten, rosigen Beinchen ...

Frühling 1872

Ein strahlender Frühlingsmorgen lacht draußen. Sein Locken verspüren selbst die Kinder, die früher erwachen als sonst und mit freudigem Tumult sich aus den Betten stürzen. Zu lange hat ein harter, bitterer Winter sie im Haus festgehalten, aber jetzt strömt durch die geöffneten Fenster und Türen der herbe, frische Geruch von Erde, Zweigen und Knospen herein und verheißt ihnen einen Tag in langentbehrter Freiheit.

»Heute gehen wir Veilchen und Morcheln suchen«, ruft Tanja fröhlich und bricht in ein silberhelles Lachen aus.

»Kinder, schnell ankleiden!« feuert die Erzieherin die Kinder an. Sie laufen zu den Fenstern und blicken in den blauen Himmel hinaus; überall sehen sie das frische Grün der Knospen, die sich eben erst geöffnet haben, und die kleinen Wiesenflecken, die sich hie und da schüchtern von der feuchten, grauen Erde abheben.

»Müssen wir denn heute auch lernen?« fragt Iljuscha unzufrieden. Lernen mag er gar nicht gern; für ihn wäre es verlockender, gleich ins Freie zu eilen, als aus dem Brunnen der Wissenschaft zu trinken. Aber da ist nichts zu ändern, die Ordnung, die das ganze Haus beherrscht, ist mustergültig und unabänderlich. Schon hören die Kinder im Gang die raschen Schritte der Mutter näher kommen. Ssonja erkennt sofort die Stimmung, in der sich ihre Kleinen befinden, doch sie duldet keine Nachlässigkeit, keine Unordnung und keine Faulheit. Obwohl sie kaum einige Stunden geschlafen hat und sie von der Arbeit des Manuskripteinschreibens der Kopf zum Zerspringen schmerzt, gibt sie sich nicht das Recht, die Morgenlektion der Kinder entfallen zu lassen.

»Schreib dein Diktat, Sserjoscha!« befiehlt sie. Er gehorcht ohne Widerrede, holt sein Heft und schreibt mit großen, regelmäßigen Zügen die Worte nieder, die ihm seine Mutter langsam und deutlich vorspricht. Dann muß Tanja lesen, und nun kommt die Reihe an Iljuscha. Er ist der schwierigste Fall. Iljuscha wetzt auf seinem Stuhl, schaut zum Fenster hinaus, bohrt in der Nase. Ssonja beginnt sich zu ärgern und gibt ihm einen Klaps auf die Hand, worauf der kleine Übeltäter sofort laut zu heulen beginnt. Aber Ssonja ist eine hartnäckige Lehrerin, sie gibt nicht nach, bevor nicht auch Iljuscha seine Aufgabe bis zum letzten i-Tüpfelchen erledigt hat.

Da betritt Lew Nikolajewitsch das Zimmer. Er hat seine Arbeit heute früher als sonst beendet und beginnt nun seinen Teil des Unterrichtes. Er unterrichtet die Kinder in Mathematik und in den alten Sprachen und nimmt seine pädagogischen Pflichten ebenso ernst wie seine Frau.

»Ich danke dir, mein Täubchen«, wendet er sich an Ssonja, »du hast alles so schön geschrieben und die Korrektur gelesen, aber, du mußt mir verzeihen, ich habe wieder viel geändert und verbessert, so daß dir nichts übrigbleiben wird, als das Ganze noch einmal ins Reine zu schreiben. Ich hoffe bestimmt, daß es endgültig das letzte Mal ist!«

Ssonja lächelt. Sie weiß, daß nach diesem letzten Mal sicher noch einige allerletzte Male folgen werden, daß sie wieder und wieder die Nächte hindurch arbeiten wird und daß selbst dann, wenn die Korrektur schon in Moskau ist, immer noch ein Telegramm das andere jagen wird mit nachträglichen Änderungen. Aber sie fügt sich darein, ja, es erfüllt sie sogar mit Freude, mit welch unglaublicher Energie und Hartnäckigkeit er an seinen Werken feilt. Kann sie ihm denn böse sein, weil er bestrebt ist, seine »Anna Karenina« immer besser, immer vollkommener zu gestalten?

Für diese Arbeit findet Ssonja immer Zeit. Leid ist ihr nur um die vielen Stunden, die sie für die Zusammenstellung der »Fibel« oder für die »Volkserzählungen« verwenden muß, oder gar für die »Arithmetik« oder die anderen pädagogischen Arbeiten ihres Mannes. Sie ist überzeugt, daß es genug Leute gäbe, die sich mit diesen Dingen erfolgreich beschäftigen könnten, während sie gewiß ist, daß es nur einen einzigen Menschen, ihn allein auf der ganzen Welt gibt, der einen Roman wie »Anna Karenina« zu schreiben vermag.

»Weißt du, worüber ich heute nachgedacht habe?« unterbricht sie Lew Nikolajewitsch in ihren Gedanken. »Wir brauchen für unsere Kinder noch einen Instruktor und noch eine Gouvernante. Die Zeit vergeht, und sie wachsen heran. Nach Moskau übersiedeln hätte jetzt keinen Sinn, und auch wegen ihrer Gesundheit ist es viel günstiger, wenn sie auf dem Land bleiben. Aber sie dürfen ihre Zeit nicht versäumen, und wir zwei können sie ja doch nicht in allen Gegenständen unterrichten.«

»Ich habe schon lange daran gedacht«, gibt Ssonja zur Antwort, und streichelt dabei zärtlich Sserjoscha, der mit großen, weitgeöffneten Augen aufmerksam zuhört, was da seine Eltern verhandeln. »Heute abend wollen wir alles genau besprechen. Jetzt aber heißt es arbeiten!«

Die Kinder lächeln, und Lew Nikolajewitsch begibt sich in bester Laune ans Werk. Freilich, sie hält nicht lange an. Sein Vorrat an Geduld ist nicht groß, und am allerwenigsten, wenn es sich um seine eigenen Kinder handelt. Ssonja, die im Nebenzimmer die Frühjahrsgarderobe der Kleinen einer eingehenden Prüfung unterzieht, hört deutlich, wie sich die Atmosphäre nebenan immer mehr verdichtet.

Da wird ein Stuhl heftig gerückt, und Lew Nikolajewitsch sagt in zornigem Ton:

»Sserjoscha, du willst einfach nicht verstehen! Du könntest, aber du willst nicht!«

Sserjoscha weint, doch in kurzer Zeit ist der Konflikt verebbt, und alles geht wieder glatt vonstatten, denn der Kleine ist eigentlich ein recht guter und talentierter Mathematiker. Mit Tanja geht es schon schwerer, mit Iljuscha aber wird die Sache geradezu tragisch, und bald läuft Iljuscha laut heulend im Zimmer auf und ab. Ssonja blickt unruhig zur Türe hin. Hineinzugehen und Frieden zu stiften wagt sie nicht; so wartet sie geduldig, bis alles vorüber ist. Dann teilt sie den Kindern mit, daß nun der Unterricht in Musik und Englisch beginnt. Sserjoscha und Iljuscha werden der Erzieherin übergeben, und Ssonja selbst setzt sich mit Tanja ans Klavier.

»Tanja, wir wollen jetzt vierhändig spielen!«

Immer tiefer schaut die helle Frühlingssonne ins Zimmer, und ein Vogel singt laut und schmetternd sein Lied im Garten. Da kommt Lew Nikolajewitsch und ruft:

»Ssonja, ich glaube, wir müssen um Morcheln fahren. Ein solcher Tag! Ich denke, die Kinder haben für heute genug gelernt.«

Erleichtert seufzt Tanja auf. Sie will in den Wald, ins Freie!

»Ssonja, und dir habe ich heute früh ein Sträußchen gepflückt, die ersten Frühlingsblumen!« sagt Lew Nikolajewitsch zärtlich und reicht ihr ein paar duftende, zarte Blümchen, umrahmt von kleinen Knospenzweigen.

»Riech nur, welch herrlicher Geruch!«

Ssonja zieht den Duft der jungen Pflanzen ein und mit einemmal ist ihr, als ob ihr Herz in der Brust springen wollte vor Aufregung, vor Sehnsucht nach irgend etwas Dummem, Unmöglichem . . .

Während die Pferde angespannt werden, tummeln sich die Kinder in der Allee, und Lew Nikolajewitsch bemüht sich, sie ein wenig zu geordneten Turnübungen anzuhalten. Er selbst ist außerordentlich gewandt und will auch seine Kinder zu körperlicher Geschicklichkeit erziehen. Er macht ihnen auf dem Reck einige Übungen vor, was sie in helles Entzücken versetzt.

»Noch einmal, Vater, noch einmal!« schreien sie alle durcheinander. Aber inzwischen sind die Pferde bereit, und los geht die Fahrt!

Wie herrlich ist es doch im Wald! Zwischen den Bäumen liegt überall noch ein wenig Schnee, und über die sanften Abhänge plätschern lustige Bächlein nach allen Seiten. Da entdecken die Kinder einen großen Fleck gelber Blümchen, und trotz der Mahnungen der Mutter knien sie auf dem feuchten Waldboden nieder und pflücken in fieberhafter Hast alles zusammen, geradeso, als ob ihr Leben davon abhinge, daß kein einziges der zarten Pflänzchen übrigbleibt. Lew Nikolajewitsch steht daneben, an eine schlanke Birke gelehnt, und blickt zum Himmel empor. Ach, das kann er stundenlang tun. Nichts liebt er mehr als dieses zarte, feine Blau, in dem die flaumigen weißen Wölkchen schwimmen, und in seinem Kopf entsteht dabei wieder ein neues Bild zu seinem Roman. Dann sieht er Ssonja zu, wie sie geschäftig von einem Kind zum andern eilt und mit jedem ein paar Worte wechselt. Nun weiß er, wie er die Szene mit der Mutter und den Kindern in seinem neuen Werk gestalten wird. Sein Herz schlägt heftig vor Freude und Rührung, während er unruhig zwischen den Erdhöckern duch das feuchte, vollgesogene Moos stapft und durstig die von erwachendem Leben geheimnisvoll getränkte Frühlingsluft einatmet. Immer deutlicher und bildhafter entsteht die Szene vor seinen Augen, um deren Gestaltung er so lange gerungen. Dolly, die niemals an sich selbst denkt und nur ihrem Mann und ihren Kindern lebt, Dolly, das ist Ssonja, für die die Tatsache, daß die kleine Mascha eine Morchel gefunden hat, ebenso wichtig ist wie für ihn die Vollendung eines Kapitels in seinem neuen Roman . . .

Die Kinder haben sich jetzt alle um einen Baum geschart, graben mit Feuereifer in der feuchten, modrigen Blätterdecke, und jedesmal erhebt sich triumphierendes Freudengeheul, wenn sie einen kleinen Pilz entdecken. Der Jagdeifer hat sie so gefangengenommen, daß sie nicht im geringsten beachten, wie sie zu Ssonjas Kummer ihre guten Strümpfe zerreißen. Die Hände der Kleinen sind schwarz von Erde und über und über mit klebrigen, faulen Blättern beschmutzt, aber ihre Augen glänzen, und ihre Wangen brennen feuerrot.

»Kinder, es ist Zeit, heimzufahren!« ruft Ssonja endlich.

Diese Aufforderungen stößt zwar auf den lebhaftesten Widerstand, doch vergeblich. Am Nachmittag ist die Schule für die Bauernkinder, und die will Lew Nikolajewitsch auf keinen Fall versäumen. Ssonja ist geradezu eifersüchtig auf diese Einrichtung, die zu den beständigsten Steckenpferden ihres Mannes gehört. Sie hat den Eindruck, daß ihm die Beschäftigung mit den Kindern der Bauern mehr Freude und Befriedigung gewährt als die mit seinen eigenen. Niemals hat sie noch vernommen, daß er sie heftig tadelt, er ist dort die Verkörperung der Geduld und der Selbstaufopferung.

Nach der Rückkehr wird rasch das Mittagessen eingenommen, dann geht alles hinunter in die große Halle, in der bereits die Stühle und Tische für den Unterricht der Bauernkinder aufgestellt sind, die nun eines nach dem andern zur Türe hereinkommen.

Ssonja blickt mit Wehmut auf den Boden, der bald nur so schwimmt von nassem Schmutz. Einige der Kinder kommen noch in zerrissenen Filzstiefeln, andere sind schon barfuß, und nur ganz wenige besitzen gute Lederstiefel oder Bundschuhe. Von den Halbpelzen der Kinder geht ein saurer, scharfer Geruch aus, der den großen Raum bis in den letzten Winkel erfüllt und Ssonja fast den Atem nimmt. Sie liebt Reinlichkeit und gute Luft so sehr, wagt es aber nicht, etwas einzuwenden. Ljowotschka kann nicht sein ohne diese Schule, und so bleibt ihr nichts übrig, als sich zu fügen.

Obwohl sie wenig schläft und den ganzen Tag mit Arbeit

überhäuft ist, muß sie auch selbst unterrichten. Sie hat acht Mädchen und ein paar Knaben zu betreuen, auch Sserjoscha und Tanja haben ihre Schüler, und sogar der kleine siebenjährige Iljuscha hat sich um einen kleinen Jungen zu kümmern. Während Lew Nikolajewitsch und Ssonja, ebenso wie Sserjoscha und Tanja, sich mit größter Geduld ihrer Aufgabe entledigen, ertönt plötzlich aus der Ecke, in der Iljuscha seines Amtes waltet, ein verdächtiges Geräusch. Lew Nikolajewitsch und Ssonja schauen erschrocken hin und sehen, wie der kleine Lehrer gerade seinen Zögling, der sich übrigens auf das energischste zur Wehr setzt, mit Hieben traktiert.

»Was ist dort los?« fragt Lew Nikolajewitsch.

»Er ist ein Dummkopf!« antwortet Iljuscha, ohne sich in seiner erzieherischen Tätigkeit stören zu lassen. »Er will nichts verstehen! Er versteht es einfach nicht, zu lernen!«

»Du bist selbst ein Dummkopf, du verstehst es nicht, zu unterrichten!« schreit ihn Lew Nikolajewitsch erzürnt an und verweist ihn aus der Schule. Laut heulend läuft Iljuscha davon.

Lew Nikolajewitsch setzt seine Arbeit fort, und sein Antlitz leuchtet vor Begeisterung. Alles, was die Kinder sagen, scheint ihm ganz außerordentlich. Jede Dummheit oder Ungeschicklichkeit versetzt ihn in Rührung und jede gute Antwort in Entzücken. Ssonja aber krampft sich das Herz zusammen vor Eifersucht und Kummer. Es ist ihr unendlich leid um die Kräfte, die er hier an diese kleinen Bauernkinder verschwendet, für eine Beschäftigung, bei der Tausende andere dieselben Ergebnisse erzielen könnten wie er. Bitter empfindet sie, daß es gerade fremde Kinder sein müssen, die ihm dieses tiefe, unmittelbare Glücksgefühl vermitteln. Sie kann kaum erwarten, bis die Schule zu Ende ist und die Kinder den Raum verlassen. Sofort reißt sie dann alle Fenster auf und läßt den Boden sorgfältig waschen.

»Ssonja«, sagt Lew Nikolajewitsch zu ihr, noch ganz unter dem Eindruck seines begeisternden Erlebens, »ich bin überzeugt, daß ich mir mit meiner Fibel und meiner Arithmetik für alle Zeiten ein unvergängliches Denkmal setzen werde.«

Ssonja hat selbst die Lehrbefähigungsprüfung abgelegt und steht den pädagogischen Ansichten ihres Mannes vielfach recht zweifelnd gegenüber. Meist läßt sie ihn freilich nichts davon merken, um ihn nicht zu kränken, heute kann sie sich aber nicht zurückhalten, und, die Achseln zuckend, gibt sie ihm zur Antwort:

»Ljowotschka, du wirst dir wirklich ein unvergängliches Denkmal setzen, aber nicht mit deiner Fibel und deiner Arithmetik und ebensowenig mit deinen philosophischen Erörterungen, sondern einzig und allein mit deinen Romanen, in denen alles nur so pulsiert von vollem, echtem Leben.«

Lew Nikolajewitschs Antlitz verfinstert sich, aber er antwortet nicht. Es verletzt ihn in der letzten Zeit besonders, daß Ssonja ihn zur literarischen Arbeit drängt, während er selbst sich mit jedem Tag mehr und mehr zur Pädagogik und in der allerletzten Zeit besonders zur Philosophie hingezogen fühlt. Er lernt mit Feuereifer Griechisch, und seine liebsten Stunden sind jetzt die, die er mit der Lektüre der griechischen Weisen zubringt. Die Worte, die ihm Ssonja gesagt, treffen ihn schwer und versetzen ihn in tiefe Erregung. Schweigend verläßt er das Zimmer.

Abends will es ihm nicht gelingen, einzuschlafen. Er steht am Fenster und blickt in den Frühlingshimmel hinein. Sein Herz klopft, und er fühlt, wie sich sein Wesen in zwei Teile spalten will, wie sich zwei Wege für sein ferneres Leben vor ihm öffnen, und er weiß nicht, welchem er folgen soll, er weiß nicht einmal, zu welchem Gott er beten soll, daß er die richtige Straße finde.

Angesichts dieser funkelnden und glitzernden Sterne möchte er von der Liebe schreiben, von den Leidenschaften, die den Menschen entzünden und verbrennen, von den Qualen und Leiden des Herzens, das von Liebe wund ist. Während er auf diesen Himmel blickt, ist ihm, als ob er allen Menschen ganz nahe wäre, als ob er sie alle verstünde und als ob ihr Leiden und Sehnen sein eigenes wäre. Das Drama des Lebens der ganzen Menschheit steht vor ihm auf, er will es einfangen und festhalten, damit jeder Mensch davon bis in sein Innerstes aufgewühlt werde. Doch gleichzeitig drängt eine andere Stimme, die ihn davon überzeugen will, daß er auf diese Erde geschickt worden sei, auf daß er mit der Macht seines Verstandes für die Menschheit kämpfe, um ihr ein Prophet, ein neuer Messias zu werden.

Zwei Stimmen! Welcher folgen? Ssonja sagt, er wäre ein überragend genialer Schriftsteller, aber ein schlechter Philosoph und ein noch schlechterer Lehrer und Verkünder. Er selbst fühlt, daß sein neuer Roman ein wunderbares Buch werden will, aber er spürt auch, daß die Arbeit an der »Anna Karenina« ihm mit jedem Tag schwerer fällt, daß er sich immer mehr dazu zwingen muß, ja daß ihm beinahe um jede Minute leid ist, die er nicht seinen pädagogischen und philosophischen Studien widmet, sondern für seine literarische Arbeit verwendet.

Die Sterne beginnen bereits zu verblassen, und eine leichte, weiße Helle steigt im Osten auf, als Lew Nikolajewitsch sich endlich schlafen legt. Aber eine Antwort auf seine Frage, eine Lösung seiner Zweifel hat er noch immer nicht gefunden. Ssonja gegenüber vermag er sich seit diesem qualvollen Ringen einer unerklärlichen Bitterkeit nicht zu erwehren. Oder fühlt er etwa, daß sie in ihrem weiblichen Feingefühl recht empfindet, während sein männlicher Stolz sich dagegen wehrt und glaubt, daß die Wahrheit nur durch ihn gefunden werden könnte? Ihn dünkt, daß es nicht das höchste Ziel eines Menschen sein könne, nur Dichter, nur Künstler zu sein, daß es nicht die höchste Aufgabe sein könne, Rosensträucher zu beschreiben, um die sich verliebte Helden herumdrücken, wie er sich giftig ausdrückt. Aber junge Menschen erziehen, einer ganzen Generation den Weg weisen, den Weg, den er gefunden, das ist eine Aufgabe, deren Lösung ihn auf den Gipfel des Menschseins führen kann, die ihm den höchsten Ruhm bringen würde, den ein Mensch überhaupt erreichen kann!

9. November 1873

»Wie schwer Petja atmet! Was ihm nur sein mag?« fragt sich Ssonja beunruhigt, während sie wie gewöhnlich die Betten der Kinder abgeht, um noch allen das Kreuzzeichen auf die Stirn zu machen. Sie legt Petja die Hand auf die Stirn, fühlt ihm den Puls und erschrickt. Je länger sie dem schlafenden Kinde in das brennendrote Gesichtchen blickt, desto bewußter wird ihr, daß es ernstlich erkrankt ist. Das Kind hat hohes Fieber! Die Lippen sind halb geöffnet, ein pfeifendes Keuchen zwängt sich aus dem Mündchen, und die Haare kleben, naß von Schweiß, an der Stirne. Von Zeit zu Zeit murmelt es im Schlaf vor sich hin, und die dicken Finger krampfen sich unruhig zur Faust zusammen. Die kleine Brust hebt und senkt sich stürmisch.

»Mein Gott, er ist ernstlich krank«, ruft Ssonja und befiehlt dem Dienstmädchen, sofort den Grafen zu holen.

Lew Nikolajewitsch erscheint nach wenigen Minuten und erkennt, obgleich er sich bemüht, Ssonja zu beruhigen, daß es nicht gut um den kleinen Petja steht. Rasch wird nach dem Arzt geschickt.

Dem kranken Kind geht es von Minute zu Minute schlechter. Es weint im Schlaf und findet keinen Atem. Ssonja nimmt es auf den Arm und trägt es im Zimmer auf und ab, schnell, mit langen Schritten, als ob sie vor jemandem fliehen wollte, der sie unbarmherzig verfolgt. Sie gleicht einem Vogel, der sein Junges vor dem Jäger retten will.

Schon dringt das bleiche Licht des Morgens in das Zimmer, und noch immer hält Ssonja das kranke Kind im Arm. Große, weiche Klumpen Schnee wirft der Wind ans Fenster, und große, dicke Tränen rollen langsam über Ssonjas Wangen. Wie lieb sie diesen Petja hat! Er ist ein so zartes und sanftes Kind! Lang, ein Jahr und zweieinhalb Monate, hat sie ihn selbst gestillt, und erst vor kaum drei Monaten hat sie ihn von der Brust genommen. Eineinhalb Jahre ist er nur, aber für sie bedeutet es ein ganzes Leben, ein Leben, mit dessen kleinster, unbedeutendster Äußerung sie so eng verbunden ist wie mit ihrem eigenen. Wie kennt sie jeden Zug in diesem rotbackigen, dicken Gesichtlein, die energischen, ruckweisen Bewegungen der Ärmchen, gleichsam als ob er irgendwohin fliegen wollte – und jetzt liegt er bleich, fast unbeweglich in ihren Armen, mit diesem entsetzlichen Röcheln in der Kehle. Der Arzt hat gesagt, er könne noch nichts Bestimmtes feststellen, aber er nehme an, es sei die Bräune.

Es ist Tag geworden. Kaum vermag sich Ssonja aufrecht zu halten. Lew Nikolajewitsch tritt zu ihr und sagt zärtlich:

»Liebe Ssonja, lege dich ein wenig schlafen! Vergiß nicht, daß du schwanger bist, es könnte nachteilig für das Kind sein.«

»Ach, Ljowotschka«, gibt sie verzweifelt zur Antwort, »wie kann ich an ein anderes Kind denken, wenn Petja so krank ist!«

Gegen Abend hört Petja auf zu stöhnen und um sich zu schlagen und schläft einen beunruhigend schweren Schlaf. Unheimlich still liegt die Dämmerung im Zimmer, ein ganz leiser, kaum vernehmbarer Laut kommt aus dem Mund des kranken Kindes. Ssonja beugt sich ganz nahe zu ihm, und mit einem Male fühlt sie, daß es sterben wird. Um den kleinen Mund legen sich tiefe, violette Schatten, die Stirne wird wächsern, gelb und spitz, der Ausdruck des Gesichtes ernst, nachdenklich, unwirklich, und in dem Spitzenhäubchen mit den glänzend-blauen Seidenbändern ist mit einemmal nichts mehr, was an den lachenden, dicken Petja erinnert.

Ssonja preßt sein bleiches, ganz mager gewordenes Händchen an ihre Brust und bricht in herzzerreißendes Weinen aus. Ist es wirklich der Tod, der ihren Petja wegtragen will?

»Petja, Petja, mein lieber, armer Petja!« schreit sie auf und glaubt, es könne nicht sein, daß dies geschähe. Warum noch leben, wenn er stirbt, warum denn Kinder haben, sich um sie sorgen, alles für sie hingeben, wenn dann doch der Tod kommt und sie wegnimmt! Grenzenlose Verzweiflung übermannt sie.

Doch während in ihrer Hand das kleine Händchen langsam erkaltet, verspürt sie in ihrem Leib das neue Leben. Das Leben, das in ihr bisher nur wie eine ferne Ahnung geschlummert, das sich zum ersten Mal bewegt und leise und doch so mächtig kündet, daß es anstelle des sterbenden Petja in die Welt treten will. Einen Augenblick unterbricht Ssonja das Weinen und lauscht der Stimme, die gerade in diesem Augenblicke zu ihr sprechen will, da sie ein Kind verlieren muß. Und nur noch grausamer, noch unbegreiflicher erscheint der armen Mutter das Geheimnis des Lebens und des Todes ...

»Ssonja, mein Täubchen«, spricht zärtlich Lew Nikolajewitsch, der ins Zimmer gekommen ist, um sie abzulösen, »lege dich ein wenig ins Bett und schlafe!«

»Ljowotschka«, schreit Ssonja auf, »siehst du nicht, daß Petja stirbt! Ljowotschka, ich will kein Kind mehr haben, wenn Petja stirbt!«

Die ganze Nacht sitzt Ssonja neben dem Bett des sterbenden Petja. Kein Zittern, kein Zucken, keine Qualen sind erkennbar, es ist, als ob er einfach einschliefe – nur, daß er niemals mehr erwachen wird.

Eine unwirkliche Stille liegt über dem ganzen Haus. Ssonja erhebt sich und geht wie verloren von einem Zimmer ins andere.

An einem kalten, frostigen Tage wird der kleine Petja begraben, dort, wo auch die Eltern Lew Nikolajewitschs zur Ruhe bestattet sind. Kalt und hell scheint die Sonne, ihre Strahlen dringen durch die Fenster der Kirche und umspielen die blonden Locken des kleinen Toten, während die traurigen Töne des »Ewigen Gedenkens« durch den Raum klingen. Ssonja weint herzzerbrechend. Ihr ist, als ob niemals mehr Freude ihr Herz entzünden könnte, als ob in alle Zukunft nun alles sinnlos und grausam sein müßte.

»Ssonja, sei nicht so traurig«, will sie Lew Nikolajewitsch trösten, »es ist doch immerhin leichter, als wenn wir eines von unseren älteren Kindern verloren hätten!«

Aber Ssonja scheinen seine Worte kalt und leer, ohne Sinn.

»Ssonja«, fährt Lew Nikolajewitsch fort, mit einer eigentümlichen Feierlichkeit in seiner Stimme, »du mußt daran denken, daß Petjas Tod auch uns unserem eigenen Tod näher gebracht hat. Du mußt verstehen, daß in seinem Tod etwas Bedeutungsvolles, Großes, Erhabenes liegt. Ich fühle, daß das Leben für mich selbst einen guten Teil seines Werts verloren hat und daß ich dafür um so viel mehr die Majestät des Todes begriffen habe!«

»Ach, Ljowotschka«, gibt ihm Ssonja weinend zur Antwort, »das sind ja alles ganz leere Gedanken, die mir keinen Trost zu bringen vermögen. Sie stacheln meinen Schmerz aufs neue an. Ich weiß nur eins, daß mein kleiner Petja nicht mehr ist, daß ich niemals mehr das schnelle Tappen seiner kleinen Beinchen vernehmen, niemals mehr das zärtliche Streicheln seiner dicken Patschhändchen fühlen und niemals mehr sein feines Stimmchen hören werde.«

Lew Nikolajewitsch findet nicht den Mut zu neuen Worten; er streichelt nur stumm ihre Hand und fühlt, daß es keine höhere Verkörperung des Göttlichen auf dieser Erde gibt, als das Herz der Mutter, das nichts denkt, nichts überlegt, nur liebt ...

Wie soll man das Herz des Mannes verstehen?

Winter 1875 – 1876

Was ist denn nur mit Ljowotschka geschehen? fragt sich Ssonja wohl schon zum hundertsten Mal, während sie von der Seite her in das mürrische und verärgerte Gesicht ihres Mannes blickt. Von einem Winkel schleppt er sich in den andern, seufzt und stöhnt und kann nicht arbeiten. Wenn sie ihm doch ihre eigene Energie und Tatkraft einhauchen könnte und ihre Kraft! Wie gerne würde sie all ihren Mut zusammennehmen, um Ljowotschka aufzurichten und zu stützen, aber wie schwer das ist!

Da steht er am Fenster und sieht finster den spielenden Kindern zu. Ssonja fühlt, daß er sich über die Kinder ärgert und daß er auch mit ihr nicht zufrieden ist.

»Ljowotschka, hast du Kopfschmerzen?« fragt sie vorsichtig.

»Ach nein«, gibt er ärgerlich zur Antwort. »Kannst du denn wirklich nicht verstehen, daß es Probleme gibt, die man lösen muß, wenn man das Recht haben will, zu leben?«

»Aber Ljowotschka!« entgegnet sie ihm mit möglichst ruhig klingender Stimme. »Welche Probleme sollst du denn noch lösen? Ich meine doch, daß unser Leben in ganz bestimmten Bahnen verläuft. Wir leben für unsere Kinder und für deine Bücher, die ganz Rußland mit Begeisterung liest.«

»Gut«, erwidert Lew Nikolajewitsch mit giftiger Ironie, »wir sollen uns mit der Erziehung unserer Kinder beschäftigen, wir sollen noch ein Gut im Ssamarischen Gouvernement kaufen, um ihre Existenz zu sichern, ich soll Bücher schreiben – aber was nützt mir das, wenn ich nicht weiß, wozu das alles, verstehst du, wozu?«

Ssonja blickt ihn verständnislos an.

»Ljowotschka«, sagt sie einfach, »wir sind jetzt schon fünfzehn

Jahre verheiratet, und alles ist bisher gutgegangen. Du hast doch immer gewußt, warum du ein Gut kaufst, hast immer gewußt, wie du deine Kinder erziehen mußt. Woher kommt jetzt auf einmal dieser entsetzliche Gemütszustand?«

»Ich kann einfach nichts anfangen«, erwidert Lew Nikolajewitsch, »bis ich nicht Antwort gefunden habe auf . . . nun, wie soll ich dir dies erklären, nun, zum Beispiel, auf dies: Gut, ich erwerbe im Ssamarischen Gouvernement noch 6000 Dessjatinen Grund, errichte dort ein herrliches Gestüt, schaffe Kühe an, nun, und was wird dann?«

»Wieso, was wird dann?« fragt Ssonja, nun schon ganz außer Fassung. »Unseren Kindern wird die Zukunft erleichtert, sie können eine hervorragende Bildung erlangen, können Sprachen lernen, werden gute und nützliche Menschen . . .«

»Nun, und wozu?« forscht Lew Nikolajewitsch weiter, in seiner Lieblingspose, die Hände hinter den ledernen Gürtel gesteckt. »Unsere Kinder müssen ja doch einmal sterben, genauso, wie auch wir sterben müssen.«

»Der Mensch muß leben«, sagt Ssonja fest und sicher, »weil ihm Gott das Leben gegeben hat, und jeder Mensch muß einfach seine Pflicht auf dieser Erde erfüllen.«

»Wenn ich nun aber nicht weiß«, fährt Lew Nikolajewitsch fort, »worin eben diese Pflicht besteht?«

In seinen Augen glänzen Tränen.

»Deine Pflicht ist, Romane zu schreiben!« sagt Ssonja lächelnd. »Ganz Rußland vergöttert sie, und auch im Ausland beginnt man sie zu schätzen. Du hast ein Talent, und du bist verpflichtet, deinen Mitmenschen die Früchte dieses Talents zu schenken.«

»Nun gut, ich werde berühmter als Gogol, als Puschkin, vielleicht sogar berühmter als Molière oder Shakespeare, man wird mich in Rußland und im Ausland lesen – und was dann? Ich muß dennoch sterben!«

»Auch nach deinem Tod werden deine Bücher Gutes wirken.«

Mit freudiger Überzeugung sagt Ssonja diese Worte, doch Lew Nikolajewitsch antwortet nicht und schickt sich an, fortzugehen. Erst auf der Schwelle macht er noch einmal halt, wendet sich um und sagt mit eiskalter Stimme:

»Ich weiß nur das eine, daß das Leben sinnlos ist, wenn es einen Tod gibt. Und wenn ich keine Antwort auf die Frage finde, was der Sinn des Todes ist, so sehe ich nichts vor mir als die Verzweiflung vor dem völligen Untergang, vor der vollkommenen Vernichtung. Ob ich nun berühmt bin oder nicht, ob meine Kinder gut oder schlecht erzogen werden, ob ich reich oder arm bin, ich weiß nur das eine ganz sicher, daß ich sterben muß. Und darum ist mir das Leben unerträglich. Verstehst du, ganz unerträglich.«

Lew Nikolajewitsch verläßt das Zimmer. Ssonja faßt sich verzweifelt an den Kopf.

»Sserjoscha und Tanja«, wendet sie sich an die älteren Kinder, »lernt einstweilen Grammatik, und du, Iljuscha, löse diese Aufgaben.« Auch den kleineren weist sie eine Beschäftigung zu und setzt sich mit einer Näharbeit zum Fenster.

Draußen fällt dichter Schnee, die Fenster sind mit Eis bedeckt. Der eisgraue, kalte Himmel blickt ins Zimmer wie das Antlitz eines Toten. Ssonja fühlt, wie ein würgendes Gefühl hoffnungsloser Verzweiflung in ihr aufsteigt. Lange schon ist ihr nicht so schwer ums Herz gewesen wie heute, nach diesem Gespräch mit Ljowotschka. Ihre Gedanken schweifen zurück zu dem kleinen Nikolenka, der nach Petja gekommen war und im Alter von zehn Monaten nach drei Wochen Kopfwassersucht einen schweren, furchtbaren Tod starb. Auch erinnert sie sich an den Tod des lieben, kleinen, sanften Petja, und ihr ist, als ob in jenen schrecklichen Tagen ihre Verzweiflung nicht diesen letzten Grad erreicht hätte wie jetzt. Später war sie dann wieder schwanger geworden, an Bauchfellentzündung erkrankt und fast gestorben, als vorzeitig die kleine Warwara geboren wurde, die gestorben ist, bevor sie eigentlich noch so recht lebte. Aber damals, wie überhaupt immer, wenn ein schwerer Schlag über sie gekommen, war es stets ein Trost für sie, sich sagen zu können, der Wille Gottes habe es so gefügt. Aber Ljowotschka? Mit den Gedanken, die er jetzt in seiner Brust hegt, kann man denn da überhaupt noch leben? Er reißt alles nieder, was sie mit solcher Mühe und Geduld aufgebaut, er zerstört die letzten Grundlagen des Glaubens an das Leben und dessen Sinn. Was soll dann bleiben?

Was will er denn noch? fragt Ssonja bitter. Er hat eine Frau, die ihn unendlich liebt, Kinder, die ihn vergöttern, die sich prächtig entwickeln, einen Besitz, der sich nun fast schon von selbst erhält und vermehrt, er wird von allen geschätzt und geehrt, sein Ruhm wächst, er ist stark und gesund – und geht umher, als ob er sich in der nächsten Minute erschießen müßte.

Es leidet Ssonja nicht länger bei ihrer Arbeit. Sie erhebt sich, um ihn aufzusuchen. Unentschlossen steht sie eine Weile vor seiner Tür und hört, wie er mit hastigen Schritten auf und ab geht, wie ein wildes Tier im Käfig; tief aufseufzend kehrt sie ins Kinderzimmer zurück und setzt sich wieder an ihren Fensterplatz.

Lew Nikolajewitsch blickt indessen voll Verzweiflung auf den Balken an der Zimmerdecke. Schnell wendet er sich wieder ab, denn mit unheimlicher Stärke taucht in ihm der Gedanke auf, er müßte sich gleich, in dieser Minute, aufhängen. Denn wozu leben, wenn ohnehin der Tod kommt? Wozu dieses Leben leben, das ja doch nur ein grausamer Scherz ist, den jemand mit ihm spielt? Und wer ist es, wer, der dieses grausame Spiel mit ihm treibt? Warum hat er all die Jahre hindurch die grenzenlose Dummheit begangen, sich körperlich und geistig immer höher und höher zu bilden, wenn doch dieser Unbekannte in jedem Augenblick alles zerstören kann? Wie hat er dieses Leben überhaupt so lange ertragen können? Den kleinen Petja und den kleinen Nikolenka hat der Tod hinweggerafft, ebenso die geliebte Tante Jergolskaja, die ihn erzogen. Mit der alten Tante Juschkowa, die vor kurzem starb, ist auch die letzte Erinnerung an die Welt dahingegangen, in der seine Eltern gelebt, seine Mutter und sein Vater. Alles ist nun vergessen; und ebenso wird auch er von allen Menschen vergessen werden. Wozu soll er überhaupt leben? Ach, denkt er plötzlich, ich muß Ssonja das morgenländische Märchen von Kerim, dem Weisen, erzählen! Schnellen Schrittes verläßt er sein Zimmer und bemüht sich, seine Blicke von den vielen Dolchen und Messern abzuwenden, die an den Wänden hängen und ihm zu sagen scheinen, er solle doch gleich dem Leben, das er so unendlich liebt und das er ja doch verlieren muß, ein Ende machen. Er schreitet durch den Salon, in dem Tanja und Sserjoscha am Klavier sitzen und spielen. Ihre Gesichter sind ganz rot vor Eifer, und die traute Melodie, die er selbst einst so sehr geliebt, läßt Tränen der Rührung in seine Augen treten. Das Mitleid mit sich selbst, das ihm das Herz zerdrücken will, wird nur noch stärker bei dem Gedanken, daß einmal der Tag kommen wird, an dem er diese lieben Wesen, denen er das Leben geschenkt, für immer verlassen muß.

»Ssonja, höre«, sagt er ernst und feierlich, »ich will dir eine Fabel erzählen!«

Ssonja blickt ihn mit großen, traurigen Augen an. Sie will ihm aufmerksam zuhören, aber sie ist schon von vornherein bereit, ihn zu unterbrechen und zu widerlegen, bevor er noch geendet.

»Einmal«, spricht Lew Nikolajewitsch, »ging ein Wanderer durch einen Wald. Ein wildes Tier erblickte ihn und setzte ihm nach. Um sich vor dem Untier zu retten, sprang der Wanderer in einen trockenen Brunnenschacht. Zu seinem Entsetzen sah er aber, daß auf dem Grunde des Schachts ein Drache saß, der sein Maul schon weit geöffnet hatte, ihn zu verschlingen. Der Unglückliche erfaßte die Zweige eines wilden Gesträuchs, das an der Mauer des Brunnens aus einer Ritze wuchs. Er fürchtete sich, wieder herauszusteigen, da ihn sonst das wilde Tier verschlungen hätte, und er fürchtete sich hinabzuspringen, da dort unten der Drache lauerte. Seine Hände klammerten sich um den Strauch, aber er fühlte, wie sie langsam erlahmten. Sein Untergang war auf jeden Fall gewiß. Dennoch hielt er sich aus allen Kräften fest. Da bemerkte er, wie zwei Mäuse, eine weiße und eine schwarze, abwechselnd an den Wurzeln des Strauches nagten, an dem er hing. Der Wanderer wußte, daß er nun bald zugrunde gehen mußte, aber dennoch suchte er, ob er nicht an den Blättern einige Tropfen Honig fände, und als er sie entdeckte, leckte er sie gierig auf. Sieh nun, Ssonja, dieser Wanderer bin ich, und die Tropfen Honig, das sind meine Familie und mein literarisches Schaffen!«

Lew Nikolajewitsch blickt Ssonja mit einem düsteren starren Blick an, gleichsam triumphierend, daß sie nun nichts mehr zu entgegnen weiß. Da kommt die kleine Mascha ins Zimmer. Von ihrem Finger rinnt Blut, sie hat sich irgendwo die Haut aufgerissen und schluchzt nun jämmerlich. Ssonja erhebt sich rasch, reinigt die Wunde, holt eine Binde und verbindet den Finger sorgfältig. Lew Nikolajewitsch sieht ihr finster zu.

»Siehst du, Ljowotschka«, sagt Ssonja, »statt an die Mäuse zu denken, die dir jeden Tag ein paar Stunden von deinem Leben abnagen, könntest du lieber den anderen leben helfen. Ich bin kein Philosoph und verstehe nichts davon, mir sagt es nur mein Herz, daß, nachdem du einmal anderen Wesen das Leben gegeben hast, dir kein Recht mehr zusteht, zu fragen, warum du eigentlich lebst. Das Problem ist schon von sich aus gelöst, in derselben Minute, da du deine Kinder vor dir siehst, die deiner bedürfen. Würde ich mich fragen, warum ich lebe, wenn ich sehe, daß du leidest, daß meine Kinder mich brauchen? Ich lebe, damit es euch allen gutgeht, ihr gesund und satt und zufrieden seid . . .«

»Ssonja, Ssonja«, unterbricht sie da Lew Nikolajewitsch, »du sprichst wie das ordinärste, gemeinste Weib!«

Zornerfüllt kehrt er sich um und eilt wieder in sein Zimmer zurück. Dort wirft er sich in den Lehnstuhl und faßt sich verzweifelt an die Stirn.

Die Familie, denkt er, die Familie! Was soll sie mir geben? Wartet ihrer doch derselbe Tod, der auch auf mich lauert! Und meine Schriftstellerei! Wozu schreiben? Um das Leben zu verschönen? Warum es verschönen, wenn nach ihm ohnehin der Tod kommt? Alles ist eitel. Glücklich ist nur der, der niemals geboren wurde. Der Tod ist besser als das Leben. Das einzige Mögliche wäre, sich gleich vom Leben zu befreien.

Und wieder fällt sein Blick auf den Balken, der ihn vorhin schon gelockt.

Da klopft es an der Tür.

»Papa, Papa«, ruft es, »du hast versprochen, mit uns Schlittschuh zu laufen! Komm, wir haben die Eisbahn schon reingefegt!«

Im ersten Augenblick will Lew Nikolajewitsch die Kinder zornig wegjagen, dann aber rühren ihn ihre bittenden, schmeichelnden Gesichter, und er geht mit ihnen. Doch er vermeint, weder die roten Wangen der Kleinen noch der frische, frostige Tag könnten ihm auch nur die geringste Freude bringen. Kaum aber ist er am Eisplatz angelangt, da beginnt er den Kindern zu zeigen, wie sie sich anstellen müssen, läuft selbst, geschickt und schnell wie der Wind, die lange Strecke auf und ab, und in ein paar Minuten sind all die schweren Fragen des Seins vergessen, so vergessen, als ob sie niemals gewesen wären. Ssonja, die sich inzwischen zu der Schar gesellt, lächelt still vor sich hin. Ach, denkt sie, wie gut, daß ich die Kinder um ihn geschickt habe! Die Kinder sind eine Macht, der niemand widerstehen kann, die selbst die Toten aus den Gräbern zu heben vermag. Doch beim Nachtessen sitzt Lew Nikolajewitsch wieder mürrisch am Tisch, ißt nichts. Ssonja zerbricht sich den Kopf, wie sie ihn wieder in das Leben zurückführen könne, das so einfach, so heimlich und so traurig, aber ihr doch so unendlich lieb und teuer ist.

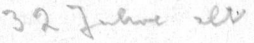

März 1876

Es ist Vorfrühling. Wie sehr liebte Ssonja diese Zeit, damals, als sie noch die junge Ssonjetschka Baers war! Wie erfüllt war jene Zeit von glänzender Freude und goldener Hoffnung!

Und jetzt? Wie ein schwerer Stein lastet das Leben auf ihr. Ihr ist, als ob sie ersticken müßte, als ob ihr etwas Formloses, Ungreifbares den Atem nehmen wollte, so wie der dichte weiße Frühlingsnebel draußen jede Regung, jeden Laut in sich aufsaugt. Kann es jemanden geben, der seiner Familie mehr des Guten will, ihr mehr an Arbeit und Sorge opfert als sie? Und doch, was muß sie um sich sehen? Die Kinder sind beständig krank, und außerdem verschlechtert sich ihr Charakter und ihr Benehmen mit jedem Tag.

Was ist der Grund? Ist es nur dieses gewisse Alter? Oder der Wechsel des Erziehers und der Gouvernante? Gerade kommt sie vom Unterricht in der russischen Sprache, den sie selbst erteilt, zurück; Sserjoscha hat einen schlechten Aufsatz geschrieben, mit vielen Fehlern, und als sie ihm Vorwürfe macht, antwortete er mit Frechheiten.

Ssonja fühlte bei seinen Worten, wie unendlich weit ihr Sohn sich von ihr entfernt hat, wie wenig er versteht, was sie jetzt erlebt. Iljuscha wieder lümmelte einfach am Tisch herum und wollte überhaupt nichts arbeiten. Ssonja sah die Noten durch, die der Erzieher den Kindern gegeben hatte, und mußte feststellen, daß sie schlechter überhaupt nicht hätten sein können. Da begann sie die Kinder zu rügen, aber sie fühlte genau, wie alles an ihnen abprallte, wie sich eine Mauer zwischen ihr und ihnen aufrichtete, ungreifbar und doch so undurchdringlich, wie dieser Frühlingsnebel draußen, der heute über Jassnaja Poljana hängt, als ob er es für alle Zeiten von der übrigen Welt abschließen wollte.

Und mit einem Mal läßt sie den Kopf auf den Tisch niedersinken und weint laut auf. Da fühlt sie, wie Sserjoschas Hand ihr zärtlich über den Rücken streicht. Doch jetzt will sie nicht mehr sein Kosen und sein Mitleid. Sie erhebt sich und eilt in ihr Schlafzimmer. Dort weint sie weiter, allein, und ein unerträglicher Schmerz drückt ihr das Herz zusammen. Sind es wirklich nur die Kinder, die ihr diesen Kummer bereiten? Ach, nein, das ist es gar nicht! Es ist Ljowotschka!

Da steht er vor ihr, an der Türschwelle, finster, bleich, die Unterlippe herabhängend, dunkle Ringe unter den Augen. Stumm schreitet er an ihr vorbei, dem Fenster zu, und stumm starrt er in das weiße Nebelmeer hinaus.

Unheimlich still ist es, kein Laut dringt durch die feuchte, weiße Wand, und nichts sieht das Auge als eine magere Kuh, die ganz dicht vor dem Fenster steht. Die Winterwolle hängt in unregelmäßigen Fetzen an den mageren Rippen, und ausdruckslos richtet sie ihren stumpfen Blick gegen die Scheiben, durch die Lew Nikolajewitsch an ihr vorüber ins Leere starrt.

»Ljowotschka...«, beginnt Ssonja zu sprechen. Sie will ihm ihr Herz ausschütten, will sich von der Einsamkeit befreien, die heute den ganzen Tag ihr Herz quält. Doch er unterbricht sie, ohne abzuwarten, was sie ihm sagen will.

»Ach, Ssonja«, beginnt er, »ich fühle, daß ich so nicht weiterleben kann. Ich kann es nicht länger ertragen, daß ich nicht mit der Frage fertig werde, wie ich mich zur Religion stellen muß. Kannst du dir vorstellen, was es heißt, wenn ein Mensch nicht weiß, ob er sein ganzes Leben Gott weihen oder ob er sich bis zur letzten Folgerung von Gott lossagen soll? Wie soll das enden? Aber so weitergehen wie in den letzten zwei Jahren kann es nicht! Lieber will ich mir das Leben nehmen!«

In einem Augenblick hat Ssonja all ihr Leid vergessen und denkt nur mehr daran, daß sie ihm helfen muß.

»Ljowotschka«, sagt sie, »nimm das Leben einfach wie es ist, schreibe deine sonnenhellen Romane, die allen Menschen so viel geben, und um das andere kümmere dich nicht! Erinnerst du dich, was dir der berühmte Philosoph Strachow über ›Krieg und Frieden‹ geschrieben hat? Er sagte, daß dein Roman das tiefste Werk der russischen Literatur wäre und daß künftige Völker aus diesem Buch lernen werden, was das russische Volk war, selbst wenn es längst untergegangen sein wird!«

Lew Nikolajewitsch tritt dicht an Ssonja heran. An seinen Schläfen schwillt die Zornesader, und sein Gesicht verzerrt sich vor Wut.

»Ssonja«, herrscht er sie an, »schweige endlich mit deinen dummen Tröstungen! Kannst du denn verstehen, was in meiner Seele vorgeht! Du hast ja nichts als Schnuller und Windeln in deinem Gehirn!«

»Ljowotschka«, weint Ssonja, »warum beleidigst du mich so? Wer ist es denn, der die Kinder haben will? Du weißt ganz genau, daß ich diese alljährlichen Schwangerschaften nicht aushalte, daß ich zu schwach bin, sie zu ertragen. Aber du! Kannst du dich auch nur ein ganz klein wenig zurückhalten in deiner wilden, unbezähmbaren Gier? Du quälst mich mit deinen überspitzten religiösen Skrupeln, aber wo ist denn hier dein Feingefühl? Nach unserer Mascha, als ich beinahe am Kindbettfieber starb, habe ich dich angefleht, du sollst mich doch wenigstens eine Zeitlang ohne Kinder lassen. Aber hast du mich geschont? Und dann ist Petja gekommen – und gestorben, dann kam Nikolenka, und ist gestorben, weil ich einfach nicht mehr die Kraft hatte, und dann ist Warwara vor der Zeit gekommen und gestorben, und jetzt bin ich wieder schwanger. Ljowotschka, ich fühle mich so elend heute, so entsetzlich elend. Da sind die Kinder, die mich kränken und kein Mitleid mit meinem Zustand haben, und da bist du mit deinen Problemen. Schone mich, Ljowotschka, heute wenigstens, schone mich!«

Ssonja kann nicht weitersprechen, die Tränen ersticken ihre Stimme. Es ist ihr, als ob ihre Nerven reißen, als ob ihr Körper in Stücke zerfallen müßte. Schweigend steht Lew Nikolajewitsch einige Minuten neben ihrem Bett und sagt dann langsam und schwer:

»Wenn ich jemals geahnt hätte, daß das Familienleben meine besten Seelenkräfte unterdrücken würde, hätte ich dann geheiratet?«

Nachdem er diese Worte ausgesprochen, verläßt er, ohne sich umzusehen, das Zimmer.

Ssonja liegt auf dem Bett und starrt auf die Decke. Ihr Blick fällt auf einen feinen weißen Sprung, der sich durch den Verputz hindurchzieht. Seit wann ist dieser Sprung da? fragt sie sich verwundert. Oder ist es schon so mit mir bestellt, daß ich Dinge sehe, die nicht sind? Mit einem Mal hat sie ein Gefühl, als ob alles um sie herum versinke, der Ort, an dem sie sich befindet und die Zeit, und sie stehe wiederum an der Bahre ihres kleinen Nikolenka, der eben bestattet werden soll. Sie fühlt die Kälte des frostigen Wintertages und blickt in die offene Grube hinab, Lew Nikolajewitsch neben sich, beide krank und zum Umfallen schwach. Sie hört, wie der furchtbare Sturm die hartgefrorenen Erdschollen in die Tiefe schleudert und den Schleier wegreißen will, der das magere, wachsbleiche Gesicht des toten Kindes bedeckt. Sie sieht vor ihren Augen, wie sie dem sterbenden Kind das letztemal die Brust gereicht, wie es an ihr gehangen, mit den erkaltenden Lippen, sinnlos und zwecklos, da es nicht mehr die Kraft gehabt, zu saugen ... Und der Sturm heult über das Grab, er erfaßt das lockige Köpfchen des toten Kindes und stößt es zur Seite, daß sich das magere Hälschen biegt wie eine Gerte ...

Und jetzt regt sich wieder etwas in ihr, ein neues Wesen, das vielleicht wieder dem Tod gehört, bevor es noch dem Leben geschenkt wird. Ach, sie ist ja viel zu schwach! Die vielen Schwangerschaften, das monate-, jahrelange Stillen! Er müßte doch verstehen, daß eine Frau keine Maschine ist.

Wieder faßt sie ein unerträglicher Schmerz.

»Ach«, stöhnt sie, »es fängt wieder an! Wieder eine vorzeitige Geburt, wieder ein kleiner Sarg, wieder der Tod!«

»Ljowotschka«, schreit sie auf, aber ihre Stimme stirbt in dem leeren Zimmer.

Vielleicht ist es doch nur Einbildung, vielleicht ist es nur der seelische Schmerz, der sie so entsetzlich drückt, der ihr so unerträglich scheint wie die furchtbarsten Wehen? Vielleicht ist es nur der Schmerz, daß die Kinder nicht so heranwachsen, wie sie es wollte, daß Ljowotschka sich so mit seinen Gedanken martert, daß er so grausam und kalt zu ihr ist, ihr Ljowotschka.

Aber nein, da ist es wieder! Es sind Wehen, schon das drittemal in ihrem Leben diese Wehen ohne die Freude auf das Kind, die Qualen, die keinen Sinn, keine Rechtfertigung haben, diese grenzenlose Verzweiflung, diese hoffnungslose Sehnsucht nach dem Schreien des Kindes, das ein lebloser, ein toter Klumpen Fleisch ist . . .

Ssonja schwinden die Sinne. Nur wie in einem dichten weißen Nebel sieht sie das Gesicht Lew Nikolajewitschs . . . und sie bittet ihn um Verzeihung. Sie weint. Eine Träne fällt aus seinem Auge auf ihre Hand . . . Sie weint, der Nebel hinter den Fenstern weint, der Himmel weint . . . aber vielleicht ist das alles nicht wahr, vielleicht scheint es ihr alles so wie dieser Sprung in der Decke, der ganz verschwindet, sich dann groß aufreißt, riesengroß, und wieder verschwindet.

Es dauert lange, lange, bis Ssonja zur Besinnung zurückkehrt. Und mit dem Bewußtsein kommt die Gewißheit, daß es wieder ein Totes gewesen ist, das sie geboren hat.

Sommer 1876

Jassnaja Poljana genießt die Fülle eines verschwenderischen Sommers, alles ist voll Freude, voll Schönheit und voll Freiheit. Die Kinder sind gesund und sonnverbrannt, die Bücher und Hefte ruhen in den Schreibtischladen. Lew Nikolajewitsch fährt jeden Tag mit der ganzen Schar zum Woronkafluß baden. Er atmet mit vollen Zügen die Freude ein, die die Natur ihm gibt, er ergötzt sich am Duft des Grases, am feuchten Schatten des Waldes, und wenn ihm die Zweige der Eichen auf der wilden Fahrt ins Gesicht schlagen, dann ist ihm, als ob er ganz in eins verströme mit der Weite der Natur.

Am Fluß angekommen, stürzt sich Lew Nikolajewitsch, der ein vorzüglicher Schwimmer ist, in die frische Flut, und die Knaben, die dem Vater nicht nachstehen wollen, hinter ihm her. Nachher schweifen sie über die Wiesen, jagen Schmetterlinge, pflücken Blumen, von denen alles übersät ist, soweit das Auge reicht, und schlagen Purzelbäume im weichen Heu.

Wenn sie dann wieder nach Hause zurückkehren, tritt ihnen auf der Terrasse Ssonja freundlich lächelnd entgegen. Sie ist mit dem Einkochen von Beeren beschäftigt, deren süßer, aromatischer Duft sich weithin verbreitet. Ein großer Teller ist schon angefüllt mit herrlichem, rosenrotem Schaum, den die Mutter während des Einsiedens von den Erdbeeren abgestrichen hat und den die Kinder nach dem Essen verzehren dürfen.

»Bitte, bitte, nur ein ganz klein wenig versuchen!« bestürmen sie Ssonja so lange, bis sie ihnen endlich nachgibt und jedem einen Löffel voll reicht.

Lew Nikolajewitsch tritt an Ssonja heran, blickt ihr zärtlich in die Augen und fragt dann mit besorgter Stimme:

»Ssonja, Liebste, wie fühlst du dich?«

Voll Dankbarkeit blickt sie ihn an. Wie wenig verlangt doch eine Frau, denkt Ssonja, um glücklich zu sein, und wie geizen die Männer so oft, ihr selbst dieses wenige zu geben! Über jedes Lächeln freue ich mich, über jedes liebe Wort, über jede kleine Anerkennung der Arbeit, des Sorgens, die doch nur den Kindern und dem Mann gelten. Wie freue ich mich über Ljowotschka, daß er mir heute diese Worte geschenkt hat.

Ssonja sieht besorgniserregend aus. Die Kleider hängen lose an ihrem abgemagerten Körper, ihr Gesicht ist eingefallen und gelb. Sie kann sich noch immer nicht von ihrer schweren Krankheit erholen. Lew Nikolajewitsch ist bis ins tiefste aufgewühlt von einer quälenden Unruhe, die durch nichts ganz zum Schweigen gebracht werden kann, weder durch den Anblick des hochstehenden Korns noch durch den aromatischen Duft der Blumen, den er so liebt, noch durch das blühende Aussehen seiner Kinder. Vor kurzem erst kehrte er mit Ssonja aus Moskau zurück, wohin sie gefahren waren, um Ssonjas wegen einen Arzt zu befragen, obwohl Lew Nikolajewitsch an die Kunst der Ärzte nicht glaubt und sie nicht ausstehen kann. Er brachte sie zu Dr. Sacharjin, einem berühmten Spezialisten, und wird nie vergessen, wie dieser nach sehr langer Untersuchung den Kopf schüttelte und dann nichts als die wenigen Worte zu ihm sagte:

»Sie haben sie nicht geschont!«

Nein diese Worte, die der berühmte Arzt dem berühmten Schriftsteller ins Gesicht schleuderte, wird er niemals vergessen! Soviel Vorwurf lag in ihnen, soviel Mitleid mit der jungen Frau und soviel Verachtung für den Mann, der die Frau, die ihn über alles liebt, fast an den Rand des Grabes gebracht hat, nur weil er zu schwach ist, seine wilde Lust im Zaume zu halten. Freilich erklärte Lew Nikolajewitsch nachher, er würde niemals mehr einen Arzt in Anspruch nehmen, da diese Leute es nur verstünden, gesunde Leute krank zu machen. Aber in seinem Innern blieb die Sorge haften, und der Vorwurf des Professors hat ihn tief getroffen. Er mußte sich eingestehen, daß er allein die Schuld trägt, daß Ssonja jetzt so schwer erkrankt ist. Aber was soll er tun gegen seine leidenschaftliche, aufrührerische Natur? Er leidet ja selbst darunter. Oft ist ihm zumute, als ob seine Seele in irgendeinem finsteren Kerker festgeschmiedet wäre, aus dem sie sich um jeden Preis losreißen müßte. Sein Geist zerspringt von dem Übermaß an Gedanken, die er nicht bewältigen und bändigen kann, und sein Leib drängt mit elementarer Wucht nach einem Ausweg für seine überschüssige Kraft. Unter alldem muß nun gerade Ssonja am meisten leiden, sie muß die Rechnung bezahlen für das, was in ihm vorgeht, sie unterliegt jedem Wechsel seiner Leidenschaft, seiner Stimmung, sie muß die Strafe tragen für jeden seiner Fehler, für jedes Abweichen, das er von der Norm des Lebens wagt. Er weiß, wie schädlich ihr jede Aufregung ist und wie sie ihm für jedes gute Wort, für jeden lieben Blick dankt, daß sie wie eine Blume aufblüht unter der Sonne seiner Zärtlichkeit. Wie sie ihn jetzt wieder ansieht, als ob sie ihn wie eine Bettlerin bitten wollte um ein kleines, aufmerksames Wort. Er weiß, daß er sie glücklich macht, wenn er ihr jetzt nur einen einzigen zärtlichen Blick schenkt, aber – gerade jetzt ist es ihm, als ob er weit fort müßte von hier, fliehen, irgendwohin, er weiß selbst nicht, wovor. Irgendwohin in die Ferne pilgern, von einem Kloster zum andern, zu einem Heiligen, oder auf die Jagd, durch die Wälder, oder einfach in der Einsamkeit leben, weit weg, nur den Himmel, das Gras, die Bäume und die wilden Tiere um sich. Es ist ihm zu eng zu Hause, neben der ewig sorgenden, ewig zärtlichen Ssonja, neben seinen Kindern, die er doch so unendlich liebhat. Es ist ihm zu eng in dieser Welt, er will etwas, was noch nie war, was niemals sein wird, er will das Unmögliche.

»Gräfin, man bringt Beeren zum Kauf«, unterbricht ihn das Stubenmädchen in seinen Gedanken.

»Schicke sie hierher«, befiehlt Ssonja, während sie eine kleine schwarze Fliege von dem Teller mit den eingekochten Erdbeeren wegbläst. Lew Nikolajewitsch ist diese Geste zuwider, es mißfällt ihm, wie sie die Lippen dabei spitzt. Warum überhaupt dieser konzentrierte Ausdruck, wenn sie Beeren einkocht? Gerade, als ob sie das Vaterland damit retten müßte! Es ärgert ihn über alle Maßen, daß sich Ssonja mit einer solchen Hingabe all diesen Kleinigkeiten des Haushalts widmen kann, während in seiner Seele Stürme toben. Er quält sich mit der Frage, ob es einen Gott gibt, einen Gott geben kann, in ihm wühlen noch die Gedanken Schopenhauers, und seine Seele erstarrt aus Angst vor dem kalten, grausamen Phantom des Willens, das höhnend das Wollen des einzelnen Wesens in das leere Nichts zurückstößt – und Ssonja fängt eine dumme Fliege aus der Marmelade!

Schüchtern kommen einige Bauernkinder barfuß die Stufen der Terrasse herauf und halten Ssonja mit ihren dünnen, braungebrannten Armen Tellerchen mit Erdbeeren entgegen.

»Da hast du sieben Kopeken!« sagt Ssonja zu einem kleinen Mädchen mit weißen Haaren und weißen Wimpern. »Und du bekommst zehn, weil dein Teller größer ist«, wendet sie sich an einen kleinen Burschen, »und du hast mit fünf genug, denn dein Teller ist ganz klein!« fertigt sie den dritten aus dem Kleeblatt ab, einen keck dreinschauenden Jungen mit feurigen, dunklen Augen.

Lew Nikolajewitsch ärgert sich über die Selbstverständlichkeit, mit der sie den Preis für die Erdbeeren bestimmt. Soll sie doch selbst im Wald in dieser Hitze herumkriechen und Beeren pflükken, oder soll sie ihre eigenen Kinder schicken! Alle zusammen würden sie nicht einmal einen Teller voll pflücken können! Er ärgert sich, daß Ssonja so wenig bezahlt, obwohl er ganz genau weiß, daß dies der ortsübliche Preis ist, daß Ssonja überhaupt niemals auch nur daran denken würde, jemanden zu betrügen.

Wieder drängen sich die Kinder um die Mutter und betteln um eine neue Kostprobe. Die armen Bauernkinder, denkt Lew Nikolajewitsch, mußten sich den ganzen Tag plagen und verkaufen die Früchte ihrer Arbeit um ein paar Kopeken, statt daß sie selbst die Beeren äßen, und unsere Kinder, die den ganzen Tag spielen und tändeln, bekommen sie geschenkt und noch dazu das köstliche Eingemachte. Plötzlich dünkt ihn, als ob er nicht nur Ssonja, sondern auch die Kinder hassen müßte, die alle so schön und elegant angezogen sind, alle Genüsse des Lebens erhalten und nichts selbst verdient haben. Er kann dieses zufriedene Lächeln auf Ssonjas magerem, blassem Gesicht nicht mehr ertragen und sagt mit einem Mal kurz und scharf:

»Ssonja, ich habe mich entschlossen, auf unser Gut nach Ssamara zu fahren.«

Seine Worte wirken auf Ssonja wie ein Blitz aus heiterem Himmel. Sie läßt den Löffel fallen, mit dem sie eben die eingesottenen Beeren abgeschäumt hat, und in ihren großen Augen, die in dem blassen Gesicht nur noch größer scheinen, schwimmen Tränen.

»Ljowotschka, warum? Bleib doch bei mir!« fleht sie mit zitternder Stimme, die erfüllt ist von Angst und Sehnsucht. Aber gerade dieses Flehen reizt ihn nur noch mehr. Er fühlt, daß Ssonja mit Recht fordert, er solle sie in diesem traurigen Zustand, in dem sie sich jetzt befindet, nicht verlassen. Die Worte des Professors klingen ihm noch in den Ohren. Er sieht, wie furchtbar sie seine Worte getroffen, jetzt, nach den paar sonnigen, lichten Tagen, die er ihr mit seiner Zärtlichkeit und Sorge um sie bereitet hat. Aber es ist, als ob ein Dämon von ihm Besitz ergriffen hätte – und er schweigt.

Auch Ssonja schweigt. Ihr Antlitz wird noch um einen Schatten blasser. Sie denkt an ihre Kinder und begreift, daß sie niemals von ihm Hilfe wird verlangen können in der schweren Arbeit der

Erziehung. Sie begreift, daß sie nun auf ihren schwachen Schultern alles allein tragen muß, daß sie nur in sich allein die Quellen der Kraft suchen darf, weiterzuleben, denn die wirkliche, lebendige Liebe zu den Seinen ist in Lew Nikolajewitsch gestorben. Wenn er sie jetzt allein lassen kann, nachdem sie sich kaum von ihrer schweren Krankheit zu erholen beginnt, wenn er sie für etwas – sie weiß selbst nicht, wofür – strafen will, dann hat sie nichts mehr von ihm zu erwarten. Sie muß lernen zu leben, ohne von ihm etwas zu fordern – und auch von den Kindern darf sie nichts fordern, nur lieben darf sie sie.

»Das ist nun einmal unser Frauenschicksal«, seufzt Ssonja, während sie sich mit ihren kurzsichtigen Augen über die rubinrote Marmelade beugt. »In mir selbst muß ich die Kraft suchen, zu leben.«

VI

Der Dämon

Winter 1877 – 1878

Mein Gott, wo nur wieder Ljowotschka geblieben sein mag, fragt sich Ssonja immer wieder, während sie von einem Fenster zum andern geht und auf den silberglänzenden Schnee hinausblickt, auf den der aufgehende Mond seine Strahlen ausgießt. Die Scheiben sind fast bis oben mit Eisblumen bedeckt, so daß man nur schwer hindurchsehen kann, und Ssonja stellt sich in Gedanken vor, was bei dieser Kälte geschehen könnte, wenn sich Lew Nikolajewitsch auf seinem Nachmittagsspaziergang irgendwo verirrt und im trügenden Mondlicht nicht mehr den Weg aus dem Wald findet. Wie er nur so sehr seine Frau vergessen kann! Er weiß doch, daß ihr jetzt, da sie den kleinen Andjuscha stillt, jede Aufregung schädlich ist, und nicht nur ihr, sondern vor allem dem Kind. Ach, dieses ewige Bangen und Sorgen um Ljowotschka! Von früh bis abends liest er jetzt religiöse Bücher, besonders die Evangelien, immer sind Pilger bei ihm zu Besuch, mit denen er stundenlang über den Sinn des Lebens spricht, er besucht Klöster, Einsiedler, liest mohammedanische und hebräische Werke und beschäftigt sich mit chinesischer Philosophie. Er ißt kein Fleisch, aber seinem Magen bekommt die Fastenkost nicht, und nach dem Fisch, dem Sauerkraut und dem Buchweizenbrei leidet er immer heftige Schmerzen und befindet sich dann in noch schlechterer Laune als sonst. Jedes zweite Wort ist: man muß in Gott leben – aber seine Umgebung quält er mit seinem mürrischen, unfreundlichen Wesen und seiner Ungerechtigkeit.

Sollte denn wirklich nur dieses unruhige geistige Suchen der Grund seiner unerträglichen Stimmung sein? Oder steht vielleicht noch etwas anderes dahinter? Ssonjas Herz krampft sich zusammen, von brennender Eifersucht erfaßt. Sie findet in seinem Benehmen etwas Unklares, Nebelhaftes, Verdachterregendes, das sie sich nicht durch seine philosophische Weglosigkeit allein erklären kann. Ssonja will dieses Gefühl zurückdrängen und den Verdacht zurückweisen, den sie hegt. Doch sie erinnert sich daran, daß sich gleichzeitig mit seiner Überreiztheit und seiner Übernervosität eine merkwürdige Art eingestellt hat, einige Personen des weiblichen Personals mit den Blicken zu verfolgen. Merkwürdige Blicke ...

Und sein ganzes »Christentum« ist etwas so Schweres, Düsteres! Es ist, als ob er sich mit ungeheurer Anstrengung in eine Kleidung zwängen würde, die ihm zu eng und zu klein ist, und die ganze Last seiner Enttäuschung fällt dann auf Ssonja. Sie allein muß alles wieder büßen. Nicht nur an den Fastenspeisen der Bauern, an dem Sauerkraut, dem getrockneten Fisch nimmt er sich ein Beispiel, sondern überhaupt an allem, was die Bauern tun. All das ist gut, und alles, was zu Hause geschieht, ist schlecht. Ssonjas Leben wird dadurch zur Hölle. Er vernachlässigt immer mehr das Unterrichten der Kinder, die das rasch bemerken und von Tag zu Tag gereizter, fauler und eigensinniger werden. Wie soll Ssonja allein mit der Erziehung der sechs Kinder fertig werden? Denn die Erzieher können doch nicht den Vater ersetzen.

Sserjoscha ist nun fünfzehn Jahre alt und stellt schon viele Anforderungen, denen nicht die Mutter, sondern nur der Vater nachkommen kann. Tanja mit ihren vierzehn Jahren ist leichter zu behandeln; sie ist offenherzig, anschmiegsam und heiter, aber sie lernt so entsetzlich ungern. Noch mehr aber übertrifft Iljuscha sie an Faulheit, der überdies in ewigem Streit mit den Erziehern lebt, fortwährend bestraft werden muß und dabei immer wie am Spieß brüllt. Wie schwer ihr oft ums Herz ist, wenn sie still und unbemerkt ihre Kinder anblickt und sich ganz in ihre Art hineinzudenken sucht! Was für ein merkwürdiges Wesen nur diese Mascha ist! Sie lächelt so versonnen, so unkindlich, so demütig. Etwas ganz Unverständliches, Fremdartiges ist in diesem blassen, unschönen Mädchen mit den großen, traurigen Augen. Da ist der kleine Iljuscha, der dem Erzieher seinen

Badeschwamm ins Gesicht wirft und sich heimlich über den Kaviar macht, schon weniger rätselhaft. Die größte Sorge aber macht ihr Andrjuscha, den sie noch an der Brust trägt. Es beunruhigt sie so sehr, daß ihm die Schläfennaht noch immer nicht zusammengewachsen ist und daß er fortwährend an Husten und an Durchfall leidet. Freilich nimmt sie das nicht sehr wunder, da sie in beständiger Aufregung lebt und fast niemals einen Augenblick Ruhe hat; dies muß sich doch im Organismus des kleinen Wesens auswirken, das sie an ihrer Brust nährt.

Und Ljowotschka? Jeden Tag fast geht er auf die Jagd, doch mit dem Schreiben will es gar nicht vorwärtsgehen. Er sagt zwar immer, alle Gedanken, alle Typen, alle Ereignisse wären fix und fertig in seinem Kopf, aber soviel sie auch bitten und drängen mag, zum Schreiben kann er sich nicht aufraffen. Nicht einmal dazu läßt er sich bewegen, daß er endlich die biographische Skizze seines Lebens fertigstellt, die Ssonja schon so lange für die »Russische Bibliothek« vorbereitet hat.

Während Ssonja all die Sorgen, von denen ihr Leben als Mutter, als Hausfrau und als Gattin übervoll ist, durch ihren Kopf gehen läßt und sich dabei von Minute zu Minute mehr über das lange Ausbleiben ihres Mannes beunruhigt, streift Lew Nikolajewitsch ziel- und planlos durch den Wald. Er fühlt sich schwach, krank, zerschlagen. Den ganzen Herbst und den Anfang des Winters schon befindet er sich in einem fast unerträglichen Gemütszustand. Der Roman aus der Zeit Nikolaus' des Ersten und des Dekabristenaufstandes läßt ihn nicht zur Ruhe kommen. Die Bilder und Gestalten drängen sich in ihm, aber sie gehen noch wild und wirr durcheinander, so daß ihm manchmal der Kopf zu zerspringen droht. Sie wollen sich nicht ordnen lassen und machen es ihm unmöglich, auch nur eine Zeile fertig zu Papier zu bringen.

Anna Karenina hat ihm unbegrenzten Ruhm gebracht, jedes neue Kapitel ist mit Ungeduld vom Publikum erwartet worden. Dostojewski hat ihn dieses Romans wegen als den »Gott der Kunst« bezeichnet, Stassow hat ihn in der »Nowoje Wremja« mit Gogol und Shakespeare verglichen, und was ihn am meisten mit Stolz erfüllt, selbst der Philosoph Strachow war entzückt über

Anna Karenina; er sagte, das Erscheinen dieses Meisterwerkes bedeute ein ungeheures Ereignis in der Geschichte der russischen Literatur. Und doch läßt ihn alles im Innersten kalt, bringt ihm keinen einzigen Strahl wärmender Freude. Eine bleierne Schwere liegt auf seinem Herzen und eine lähmende, dumpfe Sehnsucht nach irgend etwas, wofür er sich zu keinem Ausdruck durchringen kann. Strachow hat ihm einmal in einem Brief geschrieben, daß er in einem Tag das erlebt, wozu ein anderer ein ganzes Jahr benötigt, daß seine Gedanken und Gefühle mit zehnmal so großer Kraft in ihm arbeiten als bei anderen Menschen. Er hat ihn richtig eingeschätzt, dieser Philosoph, der nur in seinen Büchern lebt und so wenig im wirklichen Leben. Und dann hat ihm Strachow noch geschrieben, er müßte doch manchmal berauscht sein von dem Wunder seines Daseins ...

Nun, denkt Lew Nikolajewitsch, das läßt sich leicht sagen, wenn man von außen blickt. Aber die Wirklichkeit ist anders. Statt des Rausches füllt düstere Melancholie mein Herz. Wie kann ich glücklich sein, solange ich nicht für mich selbst die Antwort finde auf die Frage: Was bin ich? Nein, denkt Lew Nikolajewitsch, während er müde und matt, und doch seiner Erschöpfung nicht achtend, durch den tiefen Schnee stapft, nein, alle meine Erfolge, mein Ruhm, mein Familienglück, sie können mir nicht helfen, solange ich diese Frage nicht beantwortet habe. Nur die Religion kann sie mir geben. Aber diese Antwort besteht nicht aus Worten allein, sondern aus dem Leben selbst, das ich führe. Ich weiß, ich kann sie nicht finden, wenn ich nicht mein ganzes Leben nach den Gesetzen der Religion einrichte. Aber, gehe ich nicht in die Kirche? Beobachte ich nicht alle Fasten? Bete ich nicht zu den dafür festgesetzten Zeiten? Befolge ich nicht bis ins kleinste alle Regeln der von meinen Vätern ererbten Religion? Warum zerstreut sich aber nicht der Nebel, der sich in mein Herz gesenkt hat? Warum finde ich immer ein Zweifeln, ein Fragen hinter jeder meiner Handlungen? Warum will es mir immer scheinen, als ob ich mit mir selbst eine unwürdige, läppische Komödie spielte? Warum kann ich nicht diesen einfachen, naiven, bedingungslosen Glauben haben?

Da bleibt Lew Nikolajewitsch plötzlich stehen und läßt seine

Blicke um sich schweifen. Wie herrlich das alles ist! Der dunkelblaue Winterhimmel ist mit Sternen übersät, der Schnee funkelt auf den Ästen der Tannen, die sich tief unter ihrer kalten, reinen Last zur Erde beugen. Geheimnisvoll breitet sich um ihn das leise, frische Knirschen, wenn er den in warmen Filzstiefeln steckenden Fuß auf die weiße, glatte Fläche setzt, und dieses Knirschen klingt ihm wie ein Ruf zu mutiger, leichter Freude. Er möchte sich niederknien und dem Schöpfer danken für die Pracht, die er geschaffen, und er fühlt, daß es gerade diese wunderbare Schönheit des schneebedeckten Waldes und des kalten, sternbesäten Himmels ist, von der es ihm so unendlich schwer sein wird, sich zu trennen, wenn der Tod ihn ruft ...

Und trotz allem, ich kann nicht so beten, wie ich will, grübelt er weiter. Für mich verwandelt sich der Wein nicht in das Blut Christi, er bleibt Wein für mich; ich kann nicht so beichten, daß ich glauben würde, ich stünde vor Gott, ich sage meine Sünden nicht dem Priester, sondern dem Menschen vor mir! Ach, wie entsetzlich dieses ewige Analysieren, dieses Graben in Tiefen, aus denen kein Wasser mehr strömt, und dieser ewige Durst nach Glauben, ohne die Kraft zum Glauben!

Tief aufseufzend macht sich Lew Nikolajewitsch auf den Weg zum Dorf. Er hat vergessen, wie er noch ein paar Minuten vorher sein ganzes Herz zur Freude emporgehoben, im Glanz der Sterne und im Funkeln des Schnees. Er ist wieder untergesunken in die dumpfe Leere, die ihn schon so lange nicht mehr loslassen will, und der frische Frost, der ihm eben noch wie eine Verkörperung des Lebenswillens erschienen ist, für ihn ist er jetzt nur mehr die Ursache, daß seine Hände frieren, seine Ohren schmerzen und seine Füße erstarren wollen ...

In dem kleinen Dorf, dessen Hütten fast ganz unter dem Schnee verborgen liegen, herrscht schon tiefste Ruhe. Alles schläft, kein Licht dringt mehr aus den engen Fenstern. Doch eine, dort, gerade in der ärmlichsten Hütte, ganz am Rand des Ortes, brennt noch ein Lichtlein. Wer mag das sein, jetzt um elf Uhr?

Lew Nikolajewitsch zwängt sich durch die Schneewälle, die das Häuschen fast von der Straße absperren, und beugt sich zum Fenster vor. Es ist die Neugierde eines Menschen, der jemanden sucht, der ebenso wie er selbst keine Ruhe finden kann in dieser feierlich stillen Winternacht. Durch das winzige, vom niedergeschlagenen Rauch fast undurchsichtige Fenster sieht er, nur schwach vom trüben Licht der Lampe beleuchtet, eine Frau vor einem Heiligenbild knien und beten. Aber wie sie betet! Lew Nikolajewitsch ist tief betroffen von dem Ausdruck ihres Gesichtes. Wieviel Gram über ihre Sünden und welche Reinheit des Glaubens ist in diesen Augen, die sich voll Hoffnung gegen das Bild richten. Bewunderung vor diesem Weib und ein heißes Gefühl von Neid erfaßt ihn. Er kennt sie. Man erzählt sich viel von ihrem liederlichen Leben. Sie hat ihren Mann verlassen und ist mit einem Soldaten durchgegangen. Als ihr Mann sie aber mit Gewalt zurückgeführt, bestrafte er sie mit grausamer Strenge. Er band sie an den Schweif eines Pferdes und ließ sie über die Erde schleifen. Als man sie dann befreite, war sie fast tot, und niemand glaubte, sie würde am Leben bleiben. Sie erholte sich aber doch und lebte von nun an wieder mit ihrem Mann. Und welche reine, lichte Freude liegt jetzt auf ihrem Gesicht, das noch ganz entstellt ist von den Narben, die ihr von der grausamen Rache zurückgeblieben sind.

Lange, lange steht Lew Nikolajewitsch vor dem Fenster dieses Weibes, und er möchte von dieser einfachen Frau, die so sehr in ihrem Leben irregegangen war, die Kraft zum Glauben lernen, die ihm selber fehlt . . .

Wer es nicht glauben will, sagt er zu sich, nachdem er endlich weitergegangen, daß Gott im Herzen des russischen Volkes wohnt, der irrt sich sehr. Gott ist in seinem Herzen, und nur wir unglücklichen Menschen der sogenannten Intelligenz, wir haben den lebendigen Gott verloren!

Einige Minuten mag Lew Nikolajewitsch, in sein quälendes Grübeln versunken, dahingegangen sein, da macht er mit einem Mal kehrt, und wie von einer unsichtbaren Macht gezogen, lenkt er seine Schritte zurück zu dem einsamen Haus am Rand des Dorfes. Noch einmal blickt er durch die Scheiben in die Stube, in der noch immer das Weib am Boden kniet und betet. Der nackte, abgetretene Bretterboden, das grobgezimmerte Bett mit den Pelzen statt der Decken, der alte, verbeulte Samowar, alles um sie herum ist von grenzenloser Armut, alles ist alt, schmutzig, ohne einen Hauch von Schönheit, und doch glüht auf ihrem Gesicht eine solche Freude, ein solches Entzücken, daß man vermeinen könnte, sie wäre nicht allein in diesem Bau, sondern der, an den ihr Gebet sich richtet, stünde vor ihr und sähe ihr in die leuchtenden Augen. Noch einen Blick wirft Lew Nikolajewitsch in die Stube, als müßte er doch noch jemanden darin entdecken, als könnte er es gar nicht glauben, daß sie so ganz allein in dieser stillen Nacht mit ihrem Gott spricht, dann wendet er sich um und geht von neuem heimwärts.

Er, der berühmte Graf Tolstoi, belauert sein Leben, und alles, was ihm entgegentritt. Er lauert, und es stört ihn, daß er seine Beichte einem Geistlichen ablegen soll, der gerade so und so heißt und gerade so und so aussieht, es stört ihn, daß der Opferwein in Flaschen aufbewahrt wird, daß der Geistliche die Hostie zeigt und sie als den Leib Christi bezeichnet. Für dieses Weib aber gibt es keine Zweifel, für sie ist alles klar und fest und sicher. Sie hat gesündigt, und jetzt bereut sie. Und die Hauptsache, sie ist vollständig überzeugt, daß Gott ihr verzeihen wird. Sie betet in der tiefsten Stille und Zurückgezogenheit, sie braucht niemanden, der sie dabei sieht und sie dafür belobt, denn sie will nichts anderes, als dem Ausdruck geben, was ihr Herz erfüllt. Er aber rechnet es sich jedesmal als ein besonderes Verdienst an, wenn er gefunden, daß ihm ein Gebet gelungen. Das Weib betet mit dem Herzen, er aber mit der Vernunft, mit seiner kalten, schneidenden Vernunft, die wie ein Wächter über seinem ganzen Leben steht. Seufzend setzt Lew Nikolajewitsch seinen Heimweg fort und ist überzeugt davon, daß dieses Weib die ganze Nacht auf ihren Knien vor dem Schöpfer weilen wird und daß sie in dieser Nacht vielleicht der glücklichste Mensch ist, der auf der weiten Erde lebt . . .

Zu Hause wirft sich im Ssonja entgegen, zitternd vor Aufregung, mit verweinten Augen, aus denen gleichzeitig bitterer Vorwurf und grenzenlose Liebe spricht.

»Ljowotschka«, sagt sie leise, »warum bist du so lange ausgeblieben! Schon zehnmal haben wir das Nachtmahl aufgewärmt, und ich habe solche Angst gehabt, daß dir etwas geschehen ist!«

Mit solcher Zärtlichkeit blickt sie ihn an, hilft ihm ablegen und sich umziehen, aus dem Speisezimmer riecht es so gut, so schmackhaft, eine solche behagliche Wärme weht aus den Zimmern! Und alles das ist für ihn da, alles dreht sich um ihn, diese zärtliche, liebevolle Ssonja, und alle in dem großen Haus leben nur für ihn! Wieder denkt er an die Worte des Philosophen Strachow, der von seinem wundervollen Dasein gesprochen. Und gerade dieses Wundervolle, diese Fülle von Glück erscheint ihm jetzt als etwas, das er hassen muß. Mit neuer, unerhörter Stärke steigt in ihm das Gefühl des Neides auf gegen jenes Weib, das, gequält, erniedrigt, beleidigt, in ihrem Herzen den lichten Glauben hat, den er nicht finden kann.

»Ssonja, ich will nicht zu Abend essen«, sagt er mürrisch. »Wie oft habe ich dir schon gesagt, du sollst dich meinetwegen nicht beunruhigen. Das bindet mich nur und regt mich auf. Ich komme heim, wann es mir beliebt, und niemand hat das Recht, mir Vorwürfe zu machen. Ich bin erwachsen genug, um zu wissen, was ich zu tun und zu lassen habe.«

Nachdem er mit scharfem Ton diese Worte gesprochen, wendet er sich um, und ohne einen Gruß, ohne ein freundliches Wort sucht er sein Zimmer auf.

»Ach, warum habe ich dich nur erwartet«, ruft ihm Ssonja weinend nach. »Wie kann ich mich bis heute immer noch nicht an deine Grobheit und Lieblosigkeit gewöhnen? Ljwotschka, den ganzen Tag sprichst du von Beten und Fasten! Warum aber quälst du mich dann so?«

Lew Nikolajewitsch ist es einen Augenblick, als müßte er sich schämen, als müßte er umkehren, sie an sich drücken und ihr ein liebes Wort sagen. Aber bevor noch dieses Gefühl ihn leiten könnte, spricht wieder die kalte, schwere Stimme in ihm und sagt:

Was versteht sie denn von meinen Qualen? Sie sorgt sich nur, daß ich mich nicht erkälte und daß ich zur rechten Zeit esse. Was kann aber diese Frau von meinem Suchen, von meinem Leiden begreifen?

Und so geht er, ohne ein Wort der Liebe gesprochen zu haben, in sein Zimmer.

Sommer 1878

Wann haben denn nur all diese Qualen begonnen, die ich jetzt durchlebe? fragt sich Lew Nikolajewitsch, an seinem Schreibtisch hinter einem ganzen Berg von Büchern, Handschriften und Briefen vergraben. Wann ist dieser Zustand über mich gekommen, der mir jetzt wie eine tödliche Krankheit am Gehirn frißt?

Draußen fällt ein leichter Sommerregen. Die Blätter der Bäume scheinen frisch, gesund und kräftig, die Blumen duften betäubend, und die Spatzen hüpfen mit lautem, übermütigem Piepsen in den Lachen umher.

Wenn auch in meine Seele einmal ein solcher Regen fiele, denkt Lew Nikolajewitsch, und darin diese Frische und Klarheit zurückließe, an der jedes Gras, jedes Tier sich erquickt!

Wie gut und glücklich hat er doch bisher mit Ssonja gelebt! Wie haben sich beide um die Erziehung ihrer Kinder gesorgt, um das Gedeihen ihres Gutes, um die Einrichtung und Sicherung ihres Wohlstandes. Doch in den letzten Jahren ist von Zeit zu Zeit das eingetreten, was er selbst nicht anders zu bezeichnen wußte als eine Unterbrechung des Lebens. Er verfiel dann immer in eine abgrundlose Verzagtheit, konnte nicht begreifen, wozu er eigentlich lebe, und quälte sich mit den brennenden Fragen nach dem Weshalb, dem Warum und dem Was ab.

Aber, was früher nur fallweise und dann immer häufiger gekommen war, ist nun in ein ununterbrochenes, durch nichts mehr aufzuhaltendes Leiden zusammengeflossen. Es ist jetzt etwas da, das ihm einfach nicht mehr erlaubt zu leben, zu atmen, bevor er nicht eine Lösung der Probleme gefunden hat, die Ssonja ohne weiteres mit der Bezeichnung »unnützes, vollständig überflüssiges Spintisieren« abtut.

»Ljowotschka, das Frühstück steht auf dem Tisch!« läßt sich da schüchtern die Stimme Ssonjas vernehmen, nur durch die Türspalte; einzutreten wagt sie gar nicht. Arme Ssonja, sie ist von seinen ewigen Launen und Ausbrüchen, von seiner endlosen, ganz unbegreiflichen Melancholie so sehr eingeschüchtert, daß sie nicht mehr weiß, wie sie überhaupt mit ihm sprechen soll.

Lew Nikolajewitsch hört sie nicht, bemerkt sie nicht. Da klopft sie noch einmal leise.

»Ruhe will ich, Ruhe!« brüllt er sie wütend an. »Ich will nicht essen! Iß du selbst!«

Erst war es ganz still hinter der Tür, dann hört Lew Nikolajewitsch leise Schritte, die sich ganz langsam entfernen. Er stellt sich ganz genau vor, wie jetzt Tränen in ihre Augen treten, wie ihr Gesicht einen traurigen Ausdruck annimmt. Aber es ist ihm ganz gleichgültig. Soll sie sich kränken, soll sie weinen! Sein ganzes Leben erscheint ihm als ein so leerer, dummer, sinnloser Scherz, daß in seinem Herzen kein Platz mehr ist für Mitleid mit anderen. Ist es denn nicht völlig gleichgültig, ob Ssonja jetzt weint oder nicht? Ob sie jetzt seinethalben weint oder wegen eines ihrer kranken Kinder? Was wartet denn dieses kranken Kindes, dieser weinenden Ssonja, seiner selbst? Der Tod! Nichts, nichts anderes kann er fühlen, als die unnennbar grausame Angst vor dem Tod – und das wahnsinnige Grauen vor dem Leben, das er so sehr liebt und das er dennoch nicht verstehen kann. Gibt es ein Leiden, das sich mit dem seinen vergleichen läßt?

Und sie, diese dumme Ssonja, ruft ihn zum Frühstück. Ein schmackhaftes Frühstück ist für ihn bereit, kalter Braten, feines Gemüse, alles appetitlich zugerichtet und auf dem Tisch ausgebreitet, und es ist wahr, er ist auch schon rechtschaffen hungrig. Aber er will nichts davon sehen und hören, er will nichts wissen von all diesen irdischen Freuden, wenn sie doch alle mit dem Tod ein Ende haben. Was ist denn überhaupt dümmer und sinnloser, das Leben mit all den Leiden, von denen man nicht weiß, wozu sie sind, mit all seinen Freuden, die so schnell vergehen – oder aber der Tod, an dem alles Rätsel ist? Diese starren Züge, dieses ewige Schweigen und das furchtbare schwarze Grab?

Lew Nikolajewitsch erhebt sich. Er kann nicht mehr an seinem Platz bleiben. Vor seinem inneren Gesicht erheben sich all die vielen Toten, die er in seinem Leben gesehen, die vielen Sterbenden und die zahllosen Gräber, und er sieht die furchtbare Gleichgültigkeit, die die Natur diesem Sterben gegenüber hegt.

Wie der Wind mit dem Schleier über dem Antlitz des toten Nikolenka spielte! Wie er über das offene Grab hinüberfegte! Und wie entsetzlich lang das arme Kind leiden mußte, bevor es starb! Wozu das alles? Ist denn in diesem Leben auch nur eine Spur von Sinn, der nicht durch den Tod vernichtet und aufgehoben würde? Ja, da ist sie wieder, zum hundertsten, zum tausendsten Male, diese Frage, die ihn täglich, stündlich zermürbt und ihm die Haare zu Berge stehen läßt vor Grauen.

Wer gibt mir Antwort auf die Frage? schreit er fast. Die Antwort, ohne die ich nicht leben kann.

Leben! Wieviel bleibt ihm denn überhaupt noch davon? Lew Nikolajewitsch geht zum Spiegel. Er hat schon lange nicht hineingesehen, und jedesmal, wenn er dann doch einen Blick hineinwarf, mußte er feststellen, daß sich neue Runzeln gebildet, daß seine Augen noch tiefer eingefallen waren, daß sein Bart in starkem, aufdringlichem Grau spielte. Er versuchte dann die Stärke seines Armes und fand immer, daß er wieder um ein Merkbares an Kraft eingebüßt. Er untersuchte genau seinen Mund und – wie viele Zähne ihm schon fehlten, wie viele schon angefault, verdorben waren.

Mein Gott, spricht er zu sich, während er nun wieder vor dem Spiegel steht – was bin ich nun, mit all meinem Wollen? Ich weiß nur das eine, daß mein Körper schwächer wird und älter. Aber ich will das nicht. Ich will leben! Leben! Oder wenn ich schon nicht leben darf, so will ich wenigstens schön sterben. Aber dann will ich doch wenigstens wissen, warum ich gelebt habe. Was der Sinn davon ist! Wer hat mir meine Seele und meinen Körper gegeben? Und wer darf mir das alles wieder nehmen? Wer hat das Recht, damit so umzugehen wie ein eigensinniges Kind mit seinem Spielzeug? Ist es da nicht besser, gleich ein Ende zu machen, bevor alles zerfällt? Soll er warten, bis er nicht mehr gehen kann, wie seine alte, achtzigjährige Tante, und dann langsam dahinsiechen wie sie, den anderen zur Last. Ist es da nicht einfacher und besser, gleich zu sterben? Einfach ein Gewehr nehmen und Schluß machen. Warum tut er es nicht? Was hält ihn zurück?

Erschöpft läßt sich Lew Nikolajewitsch in seinen Lehnstuhl

sinken, und sein Blick fällt auf die Bücher, die seinen Schreibtisch bedecken. Da kommt ihm plötzlich der Gedanke, ob er der einzige ist, der so leidet. Wie steht es denn mit den anderen? Hat von den vielen Philosophen und Gelehrten wirklich niemand so gefragt wie er, und hat denn wirklich niemand, glücklicher als er, die Antwort darauf gefunden? Die Weisheit von ein paar Jahrhunderten liegt hier in diesen Büchern verborgen. Er kennt sie alle, viele Male hat er jedes einzelne von ihnen durchgelesen. Keines aber hat ihm Antwort auf seine Fragen gegeben. Alles ist voll Armut, voll Unklarheit, voll Widersprüchen.

»Aber ich will wissen, warum ich lebe, warum die ganze Menschheit lebt, deren Teil ich bin, und bevor ich das nicht weiß, kann ich nicht weiterleben!« Laut hallten diese Worte in seinem leeren Zimmer und verzweifelt bedeckt er sein Gesicht mit den Händen. Er stößt dabei mit dem Ellbogen an einige der Bücher, und wütend schleudert er sie zur Erde. Wozu braucht er diese mathematischen Formeln, was gehen ihn die Fortschritte der Physik und Chemie an, was interessiert es ihn, woraus die Sterne bestehen, wenn er sich selbst nur als ein zufälliges Teilchen sieht, von dem er nicht weiß, woher es stammt und was es ist, das ohne sein Wollen entstanden ist und ohne sein Zutun vergehen wird.

Lew Nikolajewitsch erhebt sich und schreitet mit unruhigen Schritten auf und ab. Sein Blick fällt auf die Werke Schopenhauers, mit denen er sich in der letzten Zeit so viel beschäftigt, und die ihn in die furchtbarste Verzweiflung versetzt haben. Dann denkt er an die Worte des Sokrates, die ihm nicht weniger furchtbar erschienen als die Gedanken des deutschen Philosophen: »Wir nähern uns der Wahrheit nur in dem Maße, als wir uns vom Leben entfernen.« – Und Buddha? Und Salomon? Konnten die ihm mehr sagen, Tröstlicheres? Wieviele Bücher hat er in diesen letzten Jahren verschlungen! Fünfzig Jahre ist er nun beinahe alt, und was weiß er? Was nützte ihm das Erlernen des Griechischen, des Lateinischen, die Beschäftigung mit der Mathematik, der Astronomie, den Naturwissenschaften, mit der Philosophie? Hat das alles ihn auch nur um einen Schritt der Lösung des Problems näher gebracht, die er finden will, finden muß, um jeden Preis?

Lew Nikolajewitsch kann es nicht mehr ertragen, noch länger im Zimmer zu bleiben. Er wirft den Mantel um die Schultern und geht ins Freie. Inzwischen hat es aufgehört zu regnen, die Strahlen der Sonne leuchten hinter den Wolken hervor und übergießen alles mit einem freudigen Glanz. Doch ein jedes Gräslein, an dem noch die frischen Tropfen funkeln, ein jedes Käferlein, dessen Flügel im Licht flimmern, läßt ihn die furchtbare Lage, in der er sich befindet, nur noch mehr empfinden. Wie leben denn nur die anderen Menschen, denkt er, wie Ssonja? Da steht sie im Hof und tadelt den Kutscher, weil er das Pferd schlecht beschlagen ließ, so daß es hinkt. Ich stehe am Abgrund der Verzweiflung, und sie bemerkt, daß beim Pferd etwas nicht in Ordnung ist. Alles bemerkt sie, alles sieht sie! Auch daß den Kindern die Röcke zu kurz geworden sind, und gestern hat sie den ganzen Tag mit dem Nähen neuer Kleider verbracht. Sie kümmert sich darum, daß die Kinder den Erziehern folgen, selbst unterrichtet sie sie in der deutschen und französischen Sprache und in Musik, und überall in der ganzen Wirtschaft ist sie mit der größten Genauigkeit dahinter, ihr entgeht es nicht, wenn einmal die Suppe angebrannt ist, wenn ein Pirog zu trocken geraten ist, und weiß Gott was noch alles! Sie weiß ganz genau, wozu sie lebt und was der Sinn ihres Lebens ist: er und ihre Kinder! Und wie er sich auch bemühen mag, ihr zu beweisen, daß das Leben etwas Sinnloses und Schlechtes ist, sie blickt ihn dann nur mit Tränen in den Augen an – und legt ihm nahe, irgendein Abführmittel einzunehmen. Am Abend findet er dann sicher auf seinem Nachttisch etwas Obst vor, irgendeine Frucht, die er besonders liebt, weil sie der Meinung ist, schuld an allen seinen Qualen wäre nichts als seine gestörte Verdauung.

Ssonja lebt vom Heute. Sie will nichts von Salomon hören, sie kümmert sich um ihren kleinen Andrjuscha. Aber kann er von Ssonja lernen? Nein! Das ist unmöglich für jemanden, der so viel gedacht und gesehen und so viel Wissen um alles angehäuft hat wie er. Warum ist er aber dann nicht wenigstens imstande, das Gute und die Freuden des Lebens einfach epikuräisch so aufzunehmen, wie sie kommen? Nein, auch das ist ihm nicht möglich, dazu ist sein Herz und sein Hirn schon allzutief vom Gift des

Zweifels angefressen! So bleibt doch nur ein einziger, würdiger Ausweg: sich erschießen! Aber selbst das kann er nicht, es ist etwas, was ihn daran hindert. Und so soll also wirklich nichts anderes für ihn übrigbleiben, als würdelos das Leben weiter dahinzuschleppen, obwohl er in solcher Klarheit seine Unsinnigkeit erkannt hat?

Da erblickt er plötzlich, gerade vor sich in der Allee, etwas Rotes. Sein Herz krampft sich zusammen. Nicht allein die Fragen des Seins sind es, die ihn jetzt bedrängen, er weiß nicht, wie es gekommen ist, aber es sind nun schon viele Monate, daß er von einem fast unwiderstehlichen Drang nach dem Besitz der jungen Domna gepeinigt wird. Domna ist zweiundzwanzig Jahre alt, ihr Mann ist Soldat, und sie dient im Haus als Köchin für die Dienstbotenküche. Immer treibt sie sich dort herum, wo sie ihm begegnen muß; er hat noch kein Wort mit ihr gesprochen, aber sie hat ihn sicher verstanden. Er weiß eigentlich nicht einmal recht, wie sie aussieht, er ahnt nur ihren kräftigen, jungen Körper, sie erinnert ihn so unheimlich blutvoll an Aksinja, mit der er über vier Jahre gelebt hat ...

Warum muß sie jetzt gerade hier sein, diese Domna, in ihrem hochaufgeschürzten roten Rock, der die festen weißen Beine frei läßt, mit denen sie lustig durch die Pfützen tappt! Alles an dieser Domna ist wie bei Aksinja, die ihn einst so sehr gefangen, daß er sie fast wie seine Frau behandelt hat. Genauso wie Aksinja beugte sie den Kopf ein wenig zur Seite und guckte unter dem bunt und grell geblümten Kopftuch keck und schelmisch hervor, als er sie damals, vor einigen Wochen, zum ersten Mal bemerkte. Sogleich sagten ihm ihre Augen, daß sie auf den ersten Blick verstand, was er von ihr wollte und daß sie es als eine ganz einfache Sache ansehe. Und genau wie bei Aksinja fühlte er mit einem Schlag den ganzen Sturm von Wollust, den ihm ihre tiefe Stimme, der frische Duft ihrer Haut versprach, und die junge, volle Brust, deren Silhouette sich so wundervoll von dem dunklen, saftigen Laub der Büsche abhob, von oben her, von dem glänzenden, strahlenden Licht der Sonne übergossen ...

Jetzt ist sie wieder vor ihm; er erinnert sich an die welke, vom Stillen immer wunde und kranke Brust Ssonjas, wie sie immer und immer unter seinen Zärtlichkeiten zitterte und zurückwich, und mit neuer Macht überkommt ihn die unwiderstehliche Gier, Domna zu besitzen. Er will gar nichts mehr sehen und wissen von ihr, es genügt ihm, daß sie jung und frisch ist und daß sie zu allem bereit ist, ohne die Grimassen und Seufzer, an die er bei Ssonja gewöhnt ist. Ich bin ja auch ein Mensch, schießt es ihm durch den Kopf, einmal nur möchte ich mich dieser Freiheit hingeben, ohne Fragen, ohne Zweifel, einmal nur ganz untertauchen in dem Meer von Lust, das mir Domnas Augen versprechen.

Domna schreitet rasch vor ihm einher, und er folgt ihr nach. Mit jedem Schritt ist es ihm, als ob sich der ganze grausame und quälende Gedankenwust, an dem er die letzte Zeit fast zerbrochen, mehr und mehr aus seinem Kopf verflüchtigt und daß ihn die gesunde, lustige, lebensfrohe Domna dem Leben zurückbringt, mit seinen Freuden und seinem Glück.

Domna biegt in die Allee ein, und wie ein schlaues Raubtier verlangsamt er sofort seinen Schritt – er will nicht, daß man ihn mit ihr sieht. Er geht gerade an dem Fenster des Kinderzimmers vorbei und gibt sich den Anschein, als ob er gleichgültig, ohne Ziel dahinschlendere. Er fächelt mit einem abgerissenen Zweig in der Luft herum und pfeift dabei eine Melodie vor sich hin. Ganz langsam geht er Domna nach, deren roter Rock gerade hinter den Blumen am Ende der Allee verschwindet. Welch unerhörtes, unvergeßliches Glück verheißt sie ihm, dasselbe, das er mit Aksinja erlebt, unter den Ahorn- und Nußbäumen, umhüllt vom Duft des frischen Grases.

Sein Herz beginnt zu klopfen, es schüttelt ihn wie Fieberfrost, und nichts könnte ihn mehr, so denkt er, zurückhalten von den letzten paar Schritten, die ihn noch von Domna trennen.

»Papa, Papa, du hast ja ganz vergessen, daß du mit mir Griechisch lernen willst«, hörte er da die Stimme Iljuschas hinter sich.

Lew Nikolajewitsch bleibt wie angewurzelt stehen, und einen Augenblick lang ist er nicht imstande, auch nur den geringsten Gedanken zu fassen.

Mein Gott, sagt er dann zu sich und führt die Hand, wie von einem langen Traum erwacht, an die Stirn, was ist denn mit mir geschehen? Habe ich den Verstand verloren?

Und dann ruft er Iljuscha zu:

»Sofort komme ich zu dir!«

Die Stimme Lew Nikolajewitschs klingt so ernst und streng, daß sich Iljuschas Gesicht ganz in die Länge zieht; er kann nicht erwarten, daß die Stunde recht gemütlich werden sollte, wenn sein Vater in solcher Stimmung ist. Lew Nikolajewitsch begibt sich mit schnellen Schritten ins Kinderzimmer. Einen Blick wirft er noch aus dem Fenster, und es ist ihm, als ob er noch etwas Rotes zwischen den Bäumen huschen sähe, aber, mit dem Rücken gegen das Fenster gewandt, setzt er sich zum Tisch, und die Lektion beginnt. Seine Gedanken sind nur wenig bei den griechischen Vokabeln; sein Gewissen spricht und wirft ihm vor, daß er nahe daran war, seiner Frau, die ihn so über alles liebt, die furchtbarste Kränkung zuzufügen. Das, was ihn aber am meisten bedrückt, ist die Gewißheit, daß die Rettung, die ihm die Stimme seines Kindes gebracht, nur eine augenblickliche war und daß der Dämon weiter in ihm lebt, ihn ganz gefangenhält. Eine Minute später schon, während er das blonde Köpfchen Iljuschas streichelt, sind seine Gewissensbisse fast vollständig verdrängt von einem Gefühl des Bedauerns, daß seine Zusammenkunft mit Domna so jäh unterbrochen worden, und er beginnt zu überlegen, ob sie nicht etwa beleidigt sein könnte. Iljuscha blickt den Vater fremd und verständnislos an, er kann nicht begreifen, daß seine Fehler, die er sogar selbst bemerkt, ungerügt bleiben, ja, daß ihm Lew Nikolajewitsch dabei sogar zärtlich über den Kopf streicht. Iljuscha will es scheinen, als ob im Auge seines Vaters Tränen glänzten. Er nimmt alle seine Kräfte zusammen, um möglichst aufmerksam zu sein, doch der Vater stellt ihm Fragen, auf deren Beantwortung er dann gar nicht wartet, erhebt sich, setzt sich nieder, erhebt sich wieder und geht unruhig im Zimmer auf und ab. Und als eine weibliche Gestalt draußen vorbeieilt, zuckt er erschrocken zusammen und springt vom Fenster zurück, als ob er sich vor jemandem verstecken wollte.

Wieder streicht er Iljuscha über die blonden Haare, und da kommt ihm plötzlich in den Sinn, daß er ja von Aksinja ein Kind hat, einen Sohn, von dem die Leute sagen, er gleiche ihm wie ein

Ei dem andern, viel mehr als alle seine Kinder von Ssonja. Er hat diesen Knaben nur ein einziges Mal gesehen, ganz zufällig, als ihn Aksinja in die Kirche führte. Niemals hat er sich um ihn gekümmert oder danach gefragt, wie er aufgezogen wird, ja, keine Kopeke hat er ihm je zukommen lassen. Wie war es nur möglich, sagt er sich, daß ich so handeln konnte, ich, der ich mich mit der Frage nach dem Sinn des Lebens abquäle, der ich allen andern immer von der Liebe zu dem Nächsten predige!

Werde ich wenigstens jetzt zu Aksinja hingehen, fragt er sich weiter, und mit ihr darüber sprechen, wie es meinem Kind geht? Nein, ich weiß im vorhinein, daß ich es nicht tun werde, weil mir der Mut dazu fehlt, etwas zu unternehmen, das unbequem ist, etwas, das Gerede unter den Leuten hervorrufen würde. Ich, der ich mich aufhängen oder erschießen wollte, weil ich den Sinn des Lebens nicht ergründen konnte, ich sehe ruhig zu, wie sich mein eigen Fleisch und Blut vielleicht zu einem Trunkenbold, zu einem Strolch, zu einem Verbrecher entwickeln wird, weil es ohne die Stütze eines Vaters aufwächst. Ach, wie gemein ist doch die Natur des Menschen! In welchem Meer von Niedrigkeit soll ich zugrunde gehen! Meiner eigenen Niedrigkeit! Wo, wo soll ich Rettung finden vor mir selbst? Wo soll ich Wahrheit und Gerechtigkeit finden, nach der ich mich so sehne und die ich in mir selbst nicht finden kann?

Erregt springt Lew Nikolajewitsch von seinem Stuhl auf und verläßt, zur größten Verwunderung Iljuschas, das Zimmer, wobei er Ssonja gerade in die Arme läuft. Sie nimmt ihn, ohne ein Wort zu sprechen, bei der Hand und führt ihn in das Speisezimmer, in dem bereits der prächtig gedeckte Mittagstisch seiner wartet. Lew Nikolajewitsch ißt mit großer Gier und ganz ungewöhnlichem Appetit; Ssonja legt ihm die besten Stücke vor und blickt ihn dabei mit liebevollen Augen an. Und er spürt ganz plötzlich wieder, daß er sie nicht ausstehen kann, daß er sie haßt, für alles, dafür, daß sie ihm mit einer solch grenzenlosen, demütigen Liebe ergeben ist, daß sie sich von früh bis spät um die Kinder kümmert, wegen der Ruhe ihrer Seele, dafür, daß ihr dies alles so ganz »umsonst« zuteil geworden ist, daß sie nichts sucht und dabei doch das besitzt, wonach er so ungestüm und so hoffnungslos strebt, und – vor allem anderen deshalb, weil er ihr gegenüber so ungerecht ist, weil er ihr gegenüber sich fortwährend mit immer größerer Schuld belädt.

»Serviere ab und bringe die Süßspeisen!« gibt Ssonja dem Dienstmädchen mit ruhiger, klarer und bestimmter Art die Weisung.

Lew Nikolajewitsch gerät in Wut über diesen selbstbewußten »gräflichen« Ton, in dem sie spricht. Wo ist denn das feine, magere, demütige kleine Ding, das er so geliebt? Ist es das gleiche Wesen wie diese energische, solide, feste Dame da vor ihm, die Mutter seiner Kinder? Er fühlt, daß Ssonja diese Energie, diese Festigkeit und Entschlossenheit vor allem anderen dafür einsetzt, um ihm und seinen Kindern Wohlergehen zu behaupten und zu erkämpfen bis zur letzten Kraftanstrengung, und das steigert noch mehr seinen Zorn.

Da spürt er mit einem Mal, daß er satt ist, übersatt. Satt von dem schnell und gierig heruntergeschlungenen Essen wie von allem, was um ihn lebt und webt. Ein unwiderstehlicher Drang erfaßt ihn, Ssonja etwas Grausames, Beleidigendes zu sagen, damit nur dieser gütige, glückliche, zärtliche Ausdruck von ihrem Gesicht verschwindet. Mit einer hastigen Bewegung sich zu ihr wendend, sagt er scharf und beißend:

»In deinen Jahren könntest du schon aufhören, dich so herauszuputzen und anderen Männern gefallen zu wollen!«

Ssonja blickt ihn erschrocken an, und wirklich, wie mit einem Zauberschlag, ist sein Ziel erreicht.

»Ljowotschka«, erwidert sie, »ich ziehe mich ja doch nur für dich an und für die Kinder! Ist es denn gut, wenn ich vor meinen Kindern nachlässig herumgehe?«

»Für mich bist du auch so gut genug!« schreit er, erhebt sich schnell vom Tisch und stürzt aus dem Zimmer. Ssonja eilt ihm nach.

»Ljowotschka«, stellt sie ihn zur Rede, »schämst du dich denn nicht vor den Erziehern und der Gouvernante, so sinnlos eifersüchtig und so unbeherrscht zu sein!«

»Schweig!« brüllt er zurück, »ich weiß, daß ich deiner nicht würdig bin, ich weiß, daß du die Reinheit selbst bist, das Ideal einer Frau und ich ein ausschweifender Wüstling! Du wirst immer jemanden finden, der deiner würdiger ist als ich!«

Er wirft sich in einen Lehnstuhl, der krachend fast zerbricht.

»Ljowotschka, bist du krank? Was hast du?« fragt Ssonja, ohne Zorn, Tränen in den Augen, mit tiefster Betroffenheit. »Ich sehe ja, daß dich etwas quält. Sag es mir, dann wird dir leichter werden!«

»Du verstehst ja nichts, nichts, gar nichts verstehst du! Du hast nur Schnuller und Windeln im Kopf!« brüllt er wieder auf. »Geh weg, geh mir aus den Augen, sonst, sonst stehe ich nicht für mich ein!«

Da erhebt er sich und sieht sie mit einem solchen Ausdruck tiefsten Hasses und Ekels an, daß Ssonja, ohne sich umzusehen, aus dem Zimmer eilt. Er vernimmt ihr Schluchzen und weiß genau, wie groß wieder seine Schuld ist. Aber es ist ihm leichter ums Herz nach diesen ungerechten, grausamen Worten.

Schließlich, sagt er sich, während er sich beruhigt im Sessel zurücklehnt, ist es denn nicht ganz gleichgültig, wie ich mit Ssonja verfahre, wenn ich ohnehin sterben muß, wenn man mich ohnehin in die Erde eingraben wird, wenn ich ohnehin zum Aas verfaule, das die Würmer fressen?

Sommer 1878

Lew Nikolajewitsch erwacht mit unerträglichen Kopfschmerzen. Während er seinen zerzausten Bart in Ordnung bringen und sich waschen will, umringen ihn die Kinder und wünschen ihm einen guten Morgen. Finster erwidert er ihre freundlichen und zärtlichen Worte. Dann reibt er sich mit kaltem Wasser ab und macht ein paar gymnastische Übungen, ohne jedoch die Gedanken an Domna, die ihn ganz gefangengenommen haben, auch nur einen Augenblick überwinden zu können. Es ist nicht mehr sein eigener Wille, der ihn regiert; irgend etwas Mächtiges, Unwiderstehliches ist in ihm, das ihn zu einem Ziel drängt. Er fühlt, daß er, wenn nicht heute, so morgen, unterliegen muß, daß nichts in seiner Seele ist, an das er sich klammern, woran er Halt finden könnte.

Ich muß die Sache einfach so einrichten, daß sie von unserem Besitz fortkommt, sagt er sich und blickt dabei unruhig zum Fenster hinaus, ob er sie nicht erspäht; und gerade als ob sie ihn wegen seines vergeblichen Kampfes verhöhnen wollte, schreitet sie eben über den Hof, vorsichtig einen großen, schweren Krug in den Armen tragend. Er kann seinen Blick nicht abwenden von den nackten Beinen und den weißen Waden, von den festen Hüften, die in weichen Wellen hin und her schwanken, während sie energisch einen Fuß vor den andern setzt, und von der jungen, prallen Brust, die sich unter der dünnen weißen Bluse hebt und senkt.

Da fällt ihm ein, daß irgend einmal ein Weiser, um der Gier nach dem Weib zu entrinnen, seine Hand in ein Gefäß mit heißen Kohlen gelegt, worauf die Versuchung sogleich von ihm gewichen sei. Hastig streicht Lew Nikolajewitsch ein Zündholz an und hält es an den Finger. Schnell zieht er ihn wieder zurück, wirft das brennende Holz auf den Boden und läuft die Treppe hinab.

»Ljowotschka, das Frühstück!« hört er Ssonja rufen. Doch er antwortet ihr nicht einmal und eilt weiter, über den Hof. Als ob sie seine Schritte fühlt, biegt Domna gleich in die Allee ein, und er folgt ihr, das Herz voll Sehnsucht nach einem Glück, auf das er, wie es ihm scheinen will, jahrzehntelang gewartet hat. Es ist ihm jetzt alles gleichgültig, alles! Und wenn die Erde vor ihm zerrisse, er würde über den Abgrund vor seinen Füßen springen, selbst wenn ihm die Gefahr drohte, für immer darin zu versinken, nur um Domna zu folgen und zu sehen, wie ihre nackten Beine über die Erde schreiten, wie ihre Hüften wogen und ihn zu unvorstellbarer Wonne locken.

Plötzlich bleibt Domna knapp vor ihm stehen und blickt ihm mit ihren großen, braunen, schmeichelnden Augen gerade ins Gesicht. Breit, kräftig, stämmig und voll Leben steht sie da; die kranke, schwächliche Ssonja ist vor diesem jungen, blühenden Weib mit einem Male zu einem wesenlosen Schatten verblichen.

»Warum seid Ihr damals davongelaufen?« fragt sie mit einem kurzen, klingenden Lachen. »Ich habe Euch in der Allee erwartet!«

Mit ihrer kräftigen, sonnenverbrannten Hand nimmt sie ihm

ein grünes Blatt herunter, das auf seine Schulter gefallen war.

Lew Nikolajewitsch findet kein Wort, keine Bewegung. Eine geringe Berührung, fühlt er, und er ist verloren. Er hat keinen Verstand, keine Urteilskraft mehr, er ist nur beherrscht von der wildesten, tierischen Leidenschaft. Sie blickt ihm in die Augen, mit einem langen, verheißenden Blick. Er weiß, daß man ihn und sie vom Haus oder von der Straße aus sehen könnte – eine für ihn ganz unmögliche Situation. Dennoch kann er nichts sagen, kann sich nicht bewegen.

Endlich, nach einem Zeitraum, der ihm eine Unendlichkeit scheint, fragt er, um nur irgend etwas zu sagen:

»Wie alt bist du?«

»Zweiundzwanzig bin ich vorbei«, gibt sie fröhlich und willig zur Antwort und richtet sich dabei den schweren Krug in den Armen zurecht, damit sie nichts vom fetten Rahm verschütte.

»Wo ist dein Mann?« forscht Lew Nikolajewitsch weiter.

»Bei den Soldaten ist er«, antwortet sie, ebenso frei wie vorher, nur daß dabei ein nachlässiges Lächeln um ihren Mund spielt.

Wieder beginnt das schwere, drückende Schweigen. Mit lautem, lustigem Surren schwirrt ein Mistkäfer dicht an seinem Mund vorbei, das Brüllen einer Kuh dringt von Ferne an sein Ohr und das Schreien und Rufen von Kindern, die irgendwo auf der Wiese wohl nach Schmetterlingen jagen. Jeden Augenblick kann jemand hier vorbeikommen, und er ist dann für sein ganzes Leben Gegenstand des Geredes und des Spottes der Leute. Er will sich schon mit einem kurzen Gruß entfernen, da sagt er, er weiß selbst nicht, wie:

»Sei heute abend bei der Feldhütte!«

»Gut, ich komme«, gibt Domna ruhig und bereitwillig zur Antwort. Mit raschen Schritten eilt Lew Nikolajewitsch dem Haus zu und fühlt, daß er nun endgültig verloren ist. Wieder denkt er an die Mittel, die ihn retten sollten und die er schon oft überlegt: sich so sehr in die Arbeit vertiefen, daß ihm keine Zeit mehr für Gedanken an Domna bliebe, zu fasten, bis sein Körper zur Teilnahmslosigkeit erschlaffe, oder endlich recht bildhaft sich die Schande vorstellen, wenn die Leute erführen, daß er hinter dieser Domna her sei.

Aber wie oft hat er sie nicht schon versucht, diese Mittel? Er hat ganze Tage lang keinen Bissen in den Mund genommen und damit Ssonja fast zur Verzweiflung gebracht, ist stundenlang im Wald herumgelaufen, bis er vor Müdigkeit kaum mehr weiter konnte, er hat gelesen und gelesen, bis ihm die Buchstaben vor den Augen tanzten, und das Ergebnis war, daß die Gedanken an Domna nur noch brennender, lebendiger, unerträglicher wurden. Und während er überlegt, welch neues, noch nicht erprobtes Mittel er wohl anwenden müßte, sieht er gleichzeitig schon, wie er heute abend mit ihr zusammen durch die Birkenallee gehen wird, dorthin, wo die Feldhütte steht, wie er mit ihr die glühende Freude erleben wird, die all die Leiden hundertmal aufwiegen soll, die ihm daraus entstehen müßten. Und ganz unmerklich für ihn selbst lenkt er dabei seine Schritte wieder zurück zu dem Platz, an dem er noch einige Minuten vorher mit ihr gestanden hat. Er starrt auf die Spuren, die ihre bloßen Füße im taufeuchten Gras hinterlassen haben, und wieder faßt ihn mit einem Mal die Reue.

Ich habe eine Frau wie Ssonja, sagt er zu sich, die nur für mich und meine Kinder lebt, die ich selbst soweit gebracht habe, daß sie heute wie eine Spätsommerblume abgeblüht ist, und ich stiere auf die Fußstapfen eines Bauernweibes, das bloß Unterhaltung sucht, weil ihr Mann bei den Soldaten ist; für die es eine Befriedigung ihres Stolzes bedeutet, daß sie dem »Grafen« in die Augen sticht. Was ist denn an dieser Domna?

Während er sich so fragt, fühlt er wieder, daß an Domna das ist, was Ssonja fehlt und was sie nie besitzen wird: diese Musik des Leibes, die sich einfach und unmittelbar an das Tierische in ihm wendet, die mit keinen Vernunftgründen, mit keiner Analyse zu fassen ist. Er weiß, daß er Ssonja, diese feine, zarte, edle, von höchstem Pflichtgefühl durchdrungene Ssonja, unendlich liebt, daß er ohne sie keinen Tag leben könnte. Sie ist die Kameradin seines Lebens, seine Frau, die Mutter seiner Kinder – Domna aber ist ein Sturm, eine Krankheit, die seinen Körper erfaßt hat, ein Dämon, der ihn eine Lust erleben läßt, die er niemals wieder vergißt, die allein vielleicht dafürsteht, daß er auf dieser Erde gelebt hat.

Doch schon im nächsten Augenblick erschrickt er vor seinen

eigenen Gedanken. Das ist doch Wahnsinn, sagt er sich verzweifelt. Ich habe ja jeden Maßstab verloren! Nein, ich gehe heute nicht zur Feldhütte, nein und tausendmal nein! Ich will sie nicht mehr sehen, ich reise ab, auf ein paar Tage, auf einen Monat, auf ein Jahr. Aber während er dies sagt, weiß er doch ganz genau, daß er nicht abreisen wird, daß er hingehen wird, und wenn nicht heute, so morgen oder ein anderes Mal.

Aber was soll ich tun? Gibt es kein Mittel auf der Welt? Gibt es denn wirklich nichts? fragt er verzweifelt. Ich will mich aufhängen, erschießen, weil ich nicht weiß, wozu ich lebe, und dennoch hänge ich mich mit einer solchen wahnsinnigen Gier an alle die Freuden, die mir das Leben geben will; ich muß die Waffen vor mir selbst verstecken, damit ich nicht Hand an mich lege, weil mir das Leben als etwas Unnützes und Sinnloses scheint, und dennoch bin ich mit dem Leben so untrennbar und innig verbunden, daß mich sein Duft, sein Pulsschlag bis in die letzte Fiber meines Seins ergreift.

Werde ich heute zu Domna gehen oder nicht? fragt er sich zum hundertsten Mal. Und die Antwort, die er sich, mit Tränen in den Augen, gibt, heißt immer wieder: Ich weiß es nicht. Ich werde es erst wissen, wenn ich um sechs Uhr, nach dem Essen, zu meinem Abendspaziergang aufbreche. Ich weiß es nicht, aber ich bin zu allem, zu allem fähig!

Nachdem er diese Worte vor sich hingesprochen wie eine Herausforderung, die er an die ganze Welt gerichtet, faßt er plötzlich den Entschluß, sich auf die große Landstraße zu begeben, auf der Wanderer, die Pilger, entlangziehen, von einem Ende des großen Mütterchens Rußland zum andern. Er fühlt, daß er nicht mehr allein bleiben kann, daß er sich unter Menschen begeben muß, aber unter fremde. Jetzt Ssonja und seine Kinder zu sehen, wäre unmöglich.

Sommer 1878

An der großen Straße angekommen, setzt sich Lew Nikolajewitsch am Rande nieder und läßt die Füße in den Straßengraben hängen.

Mit einem Mal kommt ein Gefühl der Schwäche über ihn. Das Fasten, die quälenden Gedanken, die verzweifelte Stimmung haben ihn so müde gemacht, daß er kaum mehr einen Schritt weitergehen könnte.

Vor ihm breitet sich die staubige Bahn, und neugierig betrachtet er die Leute, die vorüberziehen, meist Pilger, mit Ranzen auf dem Rücken und Stäben in der Hand, auf dem Weg nach Kiew, nach Troitzko-Ssergjewskaja Lawra, nach Neu-Jerusalem. Da erspäht er eine in Fetzen gekleidete Gestalt, schmutzig und über und über verstaubt – es ist der blödsinnige Grischa.

»Wohin gehst du wieder, Grischa?« fragt ihn Lew Nikolajewitsch.

»Die Götter jagen mich nach Kiew!« antwortet Grischa und heftet dabei seine merkwürdig weißen Augen auf ihn.

»Und welche Götter sind das?« forscht Lew Nikolajewitsch mit größtem Interesse.

»Das ist der Gott Iwlik und der Gott Islik!« gibt der Blödsinnige zur Antwort.

»Und was lehren dich die Götter Iwlik und Islik?«

»Trink nicht, stiehl nicht und hab keinen Neid!«

Lew Nikolajewitsch fühlt, daß die so überzeugend vorgetragenen Befehle der ausgedachten Götter für den Narren die Geltung eines unumstößlichen Sittengesetzes haben.

»Gib mir ein Almosen!« fordert Grischa nun.

Lew Nikolajewitsch kramt in seiner Tasche, aber er findet kein Kleingeld, und so händigt er ihm einen Rubel ein. Grischa dreht ihn in der Hand herum, besieht ihn von allen Seiten und sagt dann endlich:

»Ein Rubel, das ist zu viel! Einen Rubel brauche ich nicht.«

»Aber du kannst ihn doch brauchen«, wirft Lew Nikolajewitsch verwundert ein. »Wer hindert dich denn, einen Rubel anzunehmen?«

»Der Gott Iwlik und der Gott Islik«, antwortet der Blödsinnige mit tiefem Ernst. Lew Nikolajewitsch wundert sich immer mehr und kann es nicht verstehen, woher diese festen, unerschütterlichen Gesetze in diesen schmutzigen, zerfetzten, mageren Mann mit dem schwachen, armen Hirn gekommen sein mögen.

»Der Gott Iwlik und der Gott Islik sagen, man darf nicht viel brauchen«, bekräftigt Grischa noch einmal energisch seine Worte.

»Nun, dann geh ins Haus, laß dir Essen und ein paar Kopeken geben!« sagt Lew Nikolajewitsch, während er seinen Rubel wieder in die Tasche steckt. Grischa macht sich auf den Weg nach Jassnaja Poljana und läßt Lew Nikolajewitsch in tiefem Sinnen zurück. Wer oder was ist es, das diesem einfältigen Menschen die unglaubliche Kraft gibt, nicht zu ermüden, wenn er von einem Ort zum andern wandert, ihn willig Hunger und Kälte und Leiden und Entbehrungen ertragen läßt, wenn er allen Freuden und Bequemlichkeiten entsagt? Der Glaube ist es, die Gewißheit, daß er »nach Gott« lebt. Da kommt ihm plötzlich der Gedanke, daß er in seiner tiefen Verzweiflung um das Leben etwas übersehen hat, einfach übersehen! Wie konnte er es nur bisher verabsäumen, sich an das gewöhnliche Volk zu halten, das um ihn lebt? Er liebte dieses Volk seit je, mit jeder Faser seines Herzens, diese Liebe zum Volk war immer etwas, das ihm im Blut lag. Aber dabei hat er doch das Volk immer als etwas Niedrigeres, unter ihm Stehendes betrachtet.

Wie kommt es, fragt er sich, daß ich bisher das Leben der Aristokratie und der Intelligenz immer als die Norm angesehen habe und das der Millionen einfacher Menschen als etwas, das überhaupt keiner Aufmerksamkeit wert ist? Warum habe ich mich bisher immer nur darum gekümmert, worin die Gelehrten und Philosophen, die Menschen meiner Gesellschaftsschicht den Sinn des Lebens suchen, und warum war es mir völlig gleichgültig, worin ihn diese ungezählten Millionen Bauern finden, die auf unserem Boden wohnen? Das Leben dieser Menschen ist voll Leiden und Entbehrungen, so wie dieses Bauern dort, der sich fast bis zur Erde krümmt unter der Last des Reisigbündels, das er auf seinem Rücken schleppt, oder des mageren, zerlumpten Mannes, der dort auf seinem verhungerten Klepper reitet, einen kleinen blassen Jungen vor sich haltend? Aber sie alle leben und denken nicht daran, sich aufzuhängen oder sich zu erschießen. Ach, mit ihnen muß ich sprechen, von ihnen muß ich lernen, wie ich auf das Leben blicken soll.

»He, Onkelchen«, ruft er den Bauern an, »wohin reitest du?«

Willig, doch mit langsamen Bewegungen, kommt der Mann heran, kratzt sich am Hinterhaupt und sagt dann:

»Milch hab ich in die Stadt zum Verkaufen gebracht!«

»Und für die eigenen Kinder reicht wohl die Milch nicht?« forscht Lew Nikolajewitsch weiter, auf den mageren Knaben blickend, dessen Gesicht kaum unter seines Vaters Kappe zu sehen ist.

»Freilich reicht sie nicht! So schlecht sind die Zeiten, weiß einfach nicht, wie ich bis zur Ernte auskommen soll! Nun, Gott und die Heilige Dreifaltigkeit werden besser als wir wissen, warum wir hungern sollen!«

»Und du glaubst an die Dreifaltigkeit?«

»Selbstverständlich glaub ich. Wie denn sonst?«

»Und an die Engel glaubst du auch und an die Teufel?«

»Was für ein merkwürdiges Großväterchen du bist! Wie kann man denn nicht daran glauben, wenn es doch in den göttlichen Büchern geschrieben steht!«

Lew Nikolajewitsch ist ein wenig unangenehm berührt von der Bezeichnung Großväterchen, doch er läßt nicht locker in seinen Fragen:

»Und wer hat diese göttlichen Bücher geschrieben?«

»Nun, die Propheten und die Apostel haben sie geschrieben, und der Geist Gottes hat ihnen gesagt, was sie schreiben sollen. Und wir ungelehrten Leute müssen das befolgen, was in den Büchern steht und was man uns in der Kirche sagt. Da heißt es, daß Gott alles besser versteht als wir armen Sünder, und wenn er uns Leiden und Hunger schickt, so müssen wir es erdulden, weil er eben besser weiß als wir, warum das alles so sein muß. Und wer auf der Erde leidet, der kommt dann ins Paradies, und die Letzten werden die Ersten sein! Und meine Mascha, die heuer im Frühjahr gestorben ist, weil es nichts zum Beißen gab, die ist jetzt auch im Paradies!«

So spricht der Bauer, und dann, da er den Grafen nicht erkennt und ihn mit seiner abgetragenen Rubaschka und seinen staubigen Stiefeln für einen Pilger hält, stellt er an ihn die Frage:

»Und du, wer bist denn du?«

»Ach, ich reise in meinen Angelegenheiten«, gibt Lew Nikolajewitsch ausweichend und ungern zur Antwort, und dann setzt er rasch hinzu:

»Und wie meinst du, muß jeder Mensch leben?«

»Wie Gott es befiehlt, so muß er leben! Nach dem Gesetz Gottes!« antwortet der Bauer, ohne sich über die Frage zu wundern und ohne sie zu überdenken.

»Nun, und deine Mascha, die ist jetzt tot. Was, meinst du, ist denn eigentlich für ein Sinn in ihrem Leben gewesen?«

»Sie hat hier auf der Erde gelitten, damit sie drüben im Paradies in ewiger Seligkeit sein kann.«

Jetzt beginnt sich der Bauer doch zu wundern, daß der Fremde die einfachsten Sachen nicht weiß, die jedem Kind geläufig sind. Und so fährt er in einem etwas belehrenden Ton fort:

»Jeder Mensch lebt hier auf der Erde und erwartet das Schicksal, das ihm Gott vorgeschrieben hat. Er muß auf seine Stunde warten, wenn Gott ihm sagt, nun, jetzt ist es genug, jetzt komm zu mir. Denn wozu soll es sonst sein, daß der Mensch lebt? Daß er auf die Vereinigung mit Gott wartet, und dann kommt das ewige Leben. Mir haben das alles die Gottespilger erklärt und das Väterchen in der Kirche, und sie müssen es besser wissen, denn wir sind dumpfe Menschen, das ganze Leben in der Arbeit, nicht einmal Zeit zum Umdrehen haben wir, und wo sollen wir da über unsere Seele nachdenken? Daß wir drüben nach dem Tod ausruhen, darauf warten wir.«

Das, das ist es, was ich brauche, sagt sich Lew Nikolajewitsch voll Aufregung und fühlt, wie sich die Schuppen lösen, die bisher seinen inneren Blick verdeckt haben. Wie oft hat er nicht dieselben Worte gehört wie jetzt, aber bisher sind sie immer an ihm vorbeigegangen, und heute erst, zum ersten Mal, sind sie mitten auf den Grund seines Herzens gefallen.

»Da hast du einen Rubel, und gib deinen Kindern morgen Milch!« sagt er und reicht ihm das Geldstück.

Der arme Bauer erglänzt über das ganze Gesicht.

»Vielen Dank, Euer Gnaden, ein guter Herr . . .«, beginnt er seinen weitausholenden Dank. Aber Lew Nikolajewitsch hört ihn nicht mehr. Er geht in den nahen Wald, denn er will jetzt allein sein, um alles überdenken, um einen Entschluß fassen zu können.

Einmal noch wendet er sich um und sieht einen langen Zug Pilger, die müde, bestaubt, aber mit glückstrahlenden Gesichtern langsam die Straße dahinziehen.

Was rettet diese Menschen, fragt er sich. Der Glaube und nur der Glaube! Was aber hindert mich, ebenso zu glauben wie diese? Mein Verstand! Mein unglückseliger Verstand erlaubt mir nicht, an die Dreifaltigkeit oder an Jesus Christus oder an den Heiligen Geist zu glauben. Aber warum soll ich meinem Verstand gehorchen? Wenn ich mit meinem Herzen glauben will, genau wie dieser Bauer, wie alle diese Pilger und wie das ganze, einfache, russische Volk? Ich habe Descartes und Schopenhauer und Salomon und alle möglichen anderen Weisen studiert, und das Leben hat für mich allen Sinn verloren. Und für diesen zerlumpten Bauern hat das ganze Leben, mit all seinen Leiden, seinen vollen Sinn. Wer hat recht? Der Bauer, denn sein Glaube hilft ihm leben! Mögen auch die Worte dieses Mannes ungeschickt und mangelhaft sein, sie stellen dennoch ganz genau das Verhältnis des Endlichen zum Unendlichen fest, also das Verhältnis des Menschen zu Gott. Das einfache Volk hat das Leben, weil es den Glauben hat, und daß mir der Glaube fehlt, hat mich fast zum Selbstmord getrieben.

Die Menschen aus seinem Kreis jammern und klagen über jedes Leid, lehnen sich gegen jeden Schlag des Schicksals auf, die Leute aus dem Volk aber tragen geduldig ihr Kreuz, weil sie glauben, daß alles gut sein müsse, was Gott ihnen schickt. Lew Nikolajewitsch denkt daran, mit welcher Einfachheit die Leute aus dem Volk zu sterben wissen, wie dieser Bauer gerade jetzt so gefaßt und selbstverständlich vom Tod seiner Frau gesprochen, und er vergleicht damit die aufwühlende, quälende Verzweiflung, die in seiner Klasse der Tod den Menschen bringt.

Das Leben des einfachen Volkes hat allein den tiefen Sinn, sagt er sich, und ich muß mein Leben von nun an nach dem dieser Menschen richten. Wie habe ich bisher gelebt? Als Parasit, als Schmarotzer! Bisher habe ich nur von der Arbeit anderer gelebt; von nun an muß ich selbst arbeiten, und das wichtigste ist, ich muß damit den Weg zu Gott finden.

Es ist finster geworden. Der Tau beginnt schon die Halme zu

benetzen. Lew Nikolajewitsch sieht auf die Uhr, es ist halb sechs! Daran, daß sich Ssonja um ihn beunruhigen muß, denkt er nicht, das würde ihn wenig berühren. Aber er erinnert sich, daß er für diese Zeit Domna zur Feldhütte bestellt hat. Einen Augenblick lang steigt wieder mit aller Macht die Sehnsucht nach ihrer Umarmung auf, aber zugleich erhebt sich in ihm die Stimme, die ihm zuruft: Nein, es darf nicht sein! Und jetzt schon gar nicht, da du den neuen Quell deines Lebens gefunden hast!

»Da sind Sie, Lew Nikolajewitsch!« ruft ihn da jemand von rückwärts an. Es ist der Hauslehrer.

»Und wir suchen Sie überall«, sagt er, »Ssofja Andrejewna ist schon so beunruhigt, ob Ihnen auch nichts zugestoßen ist. Den ganzen Park haben wir durchstreift, die Kinder suchen Sie überall! Alles wartet auf Sie, niemand hat sich noch zu Tisch gesetzt, kommen Sie doch schnell nach Hause!«

Lew Nikolajewitsch blickt in das sympathische, gutmütige Gesicht des Hauslehrers, und plötzlich kommt ihm der Gedanke, es wäre das beste, wenn er sich diesem guten, feinen Menschen offenbaren und ihm sagen würde, wie er sich mit dieser Domna abquält. Ein für alle Male würde er sich damit den Rückzug verlegen und sich für immer von dieser teuflischen Versuchung befreien. Und gerade ihm will er sein Herz öffnen, ihm, diesem einfachen, guten Menschen, der mit der gleichen Liebe wie er sein russisches Volk liebt, der seinen Gedanken eigentlich erst die Richtung gewiesen hat, die sie in der letzten Zeit genommen haben. Er macht einen Schritt auf ihn zu und sagt mit energischer Stimme:

»Retten Sie mich, ich falle!«

»Aber, aber, Lew Nikolajewitsch, was ist denn mit Ihnen?« fragt erschrocken und dabei doch teilnehmend und herzlich der Hauslehrer Wassilij Iwanowitsch Aleksejew.

»Mich bestürmen sinnliche Versuchungen«, setzt Lew Nikolajewitsch mit zitternder Stimme fort, »ich bin völlig ohne Widerstandskraft und fürchte, ich könnte der Versuchung erliegen.«

»Wie kann ich Ihnen helfen«, fragt mit warmer Anteilnahme der Hauslehrer, »ich bin doch selbst nur ein schwacher Mensch!«

»Ach, Sie, gerade Sie können mir helfen«, erwidert Lew Nikolajewitsch überzeugt. »Lassen Sie mich nie allein, begleiten Sie mich auf meinen Spaziergängen, wir werden über vieles sprechen, viele Probleme behandeln, und dann wird die Versuchung mich fliehen.«

»Ich will alles tun für Sie«, gibt der Hauslehrer ernst zur Antwort, und Lew Nikolajewitsch drückt ihm dankbar die Hand.

Sie gehen dem Hause zu. Mit lauten Freudenschreien stürzen ihnen die Kinder entgegen, und Lew Nikolajewitsch wird es leicht und froh ums Herz. Schnell schreitet er die Stufen der Terrasse hinan, Ssonja entgegen, die demütig und mit verweinten Augen zu ihm emporblickt, sich aber nicht getraut, ihm zu gestehen, wie sehr sie sich um ihn gesorgt hat.

»Ssonja, hier bin ich«, sagt er, »verzeih mir, daß ich euch so lange warten ließ. Und vom heutigen Tag an bitte ich dich zu veranlassen, daß ich am Mittwoch und Freitag Fastenspeisen bekomme. Ich will alle Fasten einhalten, und morgen weckt mich zeitig früh auf, ich fahre zum Frühgottesdienst!«

Ssonja blickt ihn aufmerksam an, wagt aber nicht, sich zu freuen. Will Ljowotschka wirklich in die Kirche zurückkehren? Ist es ihm ernst, oder ist es nur eine neue Laune? Doch gibt Ssonja ihren Zweifeln nicht den leisesten Ausdruck, sondern befiehlt gleich dem Koch, er möge für den Grafen von nun an an den gebotenen Tagen immer Fastenspeisen bereiten.

Mit schon lange nicht mehr gewohnter Fröhlichkeit setzt sich Lew Nikolajewitsch zu Tisch.

»Nun, Kinder«, sagt er, »jetzt müßt ihr mir alle erzählen, was ihr bis zum Mittagessen gemacht habt und welche Noten ihr für euer Betragen bekommen habt.«

Und die Kinder, voller Begeisterung, beginnen ihm, alle durcheinander und auf einmal, ihre kleinen Erlebnisse mitzuteilen.

VII

Wo ist der Weg?

Dezember 1879

»Ljowotschka, du solltest nach Tula fahren! Du könntest dort mit Bibikow sprechen, daß er vielleicht wegen der neuen Ausgabe deiner Bücher nach Moskau reise!«

Zaghaft richtet Ssonja nach dem Frühstück diese Worte an Lew Nikolajewitsch und fügt, noch um eine Nuance schüchterner, hinzu:

»Ljowotschka, und dann ... in einigen Tagen ist Weihnachten ... da wäre es gut, wenn du für die Kinder etwas in Tula einkaufen wolltest!«

Lew Nikolajewitsch blickt sie streng und unfreundlich an. Wie oft fühlt Ssonja in der letzten Zeit diesen Blick nicht nur auf sich, sondern auch auf ihren Kindern ruhen!

»Die Kinder haben nichts als Spielsachen im Kopf!« sagt er streng. »Sieh dir nur die Kinder der Bauern an! Die haben nichts und leben das Leben der Erwachsenen, ein arbeitsreiches Leben, voll Ernst!«

Da fällt ihm auf, wie müde und gequält heute Ssonjas Gesichtsausdruck ist, und hastig fügt er hinzu:

»Nun gut, ich fahre nach Tula!«

»Ljowotschka, bleibe nur nicht lange aus, du weißt, ich erwarte fast jede Stunde meine Niederkunft!«

Er sieht die Furcht vor den kommenden Stunden der Geburt, die Furcht vor dem kommenden Kind in ihren Augen. Und Ssonja denkt mit Bitterkeit daran, daß er es immer und immer wieder soweit kommen läßt und sich dann doch nicht um die Kinder kümmert. Sie sind ihm lästig, weil sie ihn in seiner Arbeit stören.

»Erkälte dich nur nicht!« sagt sie dann, während sie zum

Fenster hinausblickt. »Heute hat es mehr als zwanzig Grad Kälte!«

»Ich habe aber auch nicht die geringste Lust zu fahren«, gibt Lew Nikolajewitsch zornig zur Antwort. »Gerade heute habe ich so viele Gedanken im Kopf und möchte gerne arbeiten.«

»Ljowotschka«, sucht ihn Ssonja zu überzeugen, »das geht nicht! Du kannst doch den Kindern nicht den Feiertag verderben.«

In ihren Augen glänzen Tränen, und sie denkt mit Gereiztheit an seine neue Arbeit, die sie in erster Linie für seine beständige Unfreundlichkeit gegen sie verantwortlich macht und dafür, daß er sich immer weiter und weiter vom realen Leben entfernt, so weit, daß er fast ganz auch ihre Existenz und die seiner Kinder vergißt.

»Ljowotschka«, sagt sie plötzlich mit Bestimmtheit, »höre auf, über Religion zu schreiben! Das ist nicht deine Sache, du sollst Romane schreiben und nicht gelehrte theologische Untersuchungen.«

»Ach, was verstehst du davon, was ich schreibe«, antwortet Lew Nikolajewitsch erregt. »Mir haben sich jetzt die Augen geöffnet, und ich fühle, daß ich in eine neue Phase meines Wirkens eintrete, daß es jetzt meine Aufgabe geworden ist, gegen die Orthodoxie und gegen den Staat zu kämpfen. Ich darf nicht unterdrücken, wozu es mich drängt es zu sagen! Du mußt verstehen, daß es eine Schande ist, ›Literarisches‹ zu schreiben, und ich schäme mich heute noch, daß ich für ›Anna Karenina‹ 20 000 Rubel Honorar angenommen habe!«

»Ljowotschka, hat es denn vor dir nicht genügend Leute gegeben, die das Evangelium richtig erklärten? Wen wird es interessieren, wie der Graf Lew Nikolajewitsch Tolstoi das Evangelium auslegt? Und wozu sitzt du tagelang hinter den orthodoxen Dogmatiken? Ist denn das deine Arbeit?«

»Es ist die Sache eines jeden Menschen, festzustellen, wie und woran er glauben soll! Und ich fühle, je mehr ich mit der Kirche zu tun habe, desto stärker wird meine Überzeugung, daß sich die Kirche weit entfernt hat von den Wahrheiten, die Christus im Evangelium offenbarte!«

»Ljowotschka, wenn ich lese, was du in der letzten Zeit geschrieben hast, faßt mich entsetzliche Angst. Ich habe das Gefühl, daß du nicht nur unsere Familie zerstörst, sondern ganz Rußland. Warum hast du nur den Roman liegengelassen, an dem du schon so viel gearbeitet hast und der dir doch so viel Freude bereitet hat? Wieviel hast du schon an wertvollem Material zusammengetragen, und mit wie vielen Menschen hast du schon darüber gesprochen!«

»Ach, Ssonja, du verstehst nicht, was in mir vorgeht, und du willst nicht einsehen, daß meine Arbeit jetzt auf dem Gebiet der Religion und der Philosophie liegt, auf diesen Gebieten vor sich gehen muß. Ich will die literarische Arbeit überhaupt aufgeben, denn die Kunst ist nur ein Spielzeug, ein ebensolches Spielzeug wie das, das ich jetzt unseren Kindern aus Tula mitbringen soll. Das Leben ist etwas Ernstes, etwas Tragisches, und du willst mit deinen Kindern das Leben nur spielen, wie man ein Spiel spielt.«

»Spielen! Ljowotschka! Wann habe ich gespielt? Seit dem Tag, da ich deine Frau geworden bin, hast du mich dazu gebracht, daß ich fast das Lachen verlernt habe. Du quälst dich mit deinen Problemen ab, und du willst, daß auch deine Familie nur in ihnen lebt.«

Ssonja möchte ihm noch vieles sagen: daß die Kinder ein Recht auf ihre Kindheit haben, daß sie in einer religiösen Atmosphäre erzogen werden sollen, daß ... aber es beginnt ihr zu schwindeln, eine ungewohnte Schwäche überkommt sie. Und da denkt sie wieder an die Qualen, die ihr so nahe bevorstehen, und sie denkt an das neue Wesen, das in diese düstere, schwere Umgebung hineingeboren werden soll. Sie weiß jetzt schon, daß dieses Kind ganz unter ihrer Verantwortung aufwachsen wird, daß Ljowotschka kaum einen einzigen Gedanken für dieses Wesen übrig haben wird. Ist doch sein Kopf voll von Ideen, von giftigen Enthüllungen, von wütenden Ausfällen gegen Kirche und Staat. Das quält sie und veranlaßt sie immer wieder davon zu sprechen.

»Ljowotschka«, fragt sie, »warum hast du denn soviel Zeit daran gewendet, das Material für deinen neuen Roman zusammenzusuchen, wenn du jetzt doch nicht an ihm arbeitest und dich immerzu nur mit theoretischen Dingen beschäftigst?«

»Je mehr ich mit der orthodoxen Kirche zu tun habe«, antwortete Lew Nikolajewitsch finster, »desto mehr lehne ich sie ab. Du weißt, ich habe mit Makarij, dem Metropoliten von Moskau, und mit dem Archimandriten Leonid gesprochen, ich war in der Troitzko-Ssergijewsker Lawra, ich frage jeden Geistlichen, ja überhaupt jeden Menschen, dem ich begegne, darüber aus, was und woran er glaubt, und ich bin zu der Überzeugung gekommen, daß die Kirche nichts ist als Lüge. Ich habe in ihr so viele Widersprüche mit den Grundwahrheiten der Lehre Christi gefunden, daß ich mit ihr nichts mehr zu tun haben will!«

»Ljowotschka«, fällt Ssonja erregt in die Rede, »was sprichst du da! Wie schnell sich doch bei dir die Ansichten ändern! Wie lange ist es her, daß dir der Arzt verboten hat, Fastenspeisen zu essen, und daß du nachher den Staretz Leonid um Rat gefragt hast? Und hast du nicht ein ganzes Jahr lang alle Gebote dieser Kirche erfüllt und dann selbst festgestellt, welch innere Befriedigung dir dies gewährt?«

»Ich habe das eben alles selbst mitmachen wollen, aber ich habe mich damit getäuscht. Es ist alles nur eine Komödie. Die Kirche hat das Evangelium verstümmelt, und ich will selbst den Weg finden.«

»Ja, ja, das ist die Lösung aller Rätsel«, ruft Ssonja aus. »Selbst! Selbst! Alles willst du selbst finden und weigerst dich, den Weg zu gehen, den Tausende vor dir gegangen sind. Und wie immer und überall verfällst du dabei ins Extreme und Maßlose. Welch wilder Stolz, welch ungezügelte Ehrsucht! Ja, nur dein Hochmut ist es, der dich auf diesen Weg treibt! Selbst den Weg finden, und wenn auch die größten Ungereimtheiten dabei herauskommen. Zum Beispiel deine Theorie, daß man sich dem Übel nicht widersetzen dürfe: du hast dich dazu verstiegen, zu behaupten, man dürfe sich nicht wehren, wenn man von einem tollen Hund angefallen wird. Siehst du, wohin dich deine hochmütige Sucht, überall eigene Wege zu finden, bringt?«

»Ssonja«, entgegnet Lew Nikolajewitsch ernst, »die Worte Christi, die es verbieten, sich dem Übel zu widersetzen, waren für mich der Schlüssel zur Wahrheit. Erst als ich sie begriff, erst da eröffnete sich mir der Sinn des Lebens!«

»Warum mußt du aber dann«, fällt ihm Ssonja ins Wort, »alles so übertreiben und so verzerren, daß aus den größten Wahrheiten die entsetzlichsten Dummheiten werden? Du hast neulich behauptet, du würdest dich nicht wehren, wenn die Wilden deine Kinder braten wollten, weil sie ohnehin, auch wenn sie nicht gebraten würden, an einer Krankheit sterben müßten! Wer soll in diesem Zerrbild noch die Wahrheit Christi erkennen? Sind das nicht vielmehr die Worte eines Wahnsinnigen?«

»Nicht dir steht es zu, Ssonja, über mich zu urteilen«, unterbricht sie Lew Nikolajewitsch, und in seinen Augen erglimmt ein drohendes Feuer.

»Ljowotschka«, sagt Ssonja unter Tränen, »Weihnachten steht vor der Tür, und ich bin es gewohnt, diesen Tag nach unserer Religion zu erleben. Denkst du denn nicht daran, wie sehr das Leben unserer Kinder verarmen müßte, wenn sie einmal dir folgten? Eine Welt der Freuden und des Trostes nimmst du ihnen. Du willst das Evangelium des Grafen Tolstoi schreiben, aber denkst du dabei an deine Kinder?«

»Die Kinder können glauben, wie und was sie selbst wollen«, entgegnet Lew Nikolajewitsch mürrisch. »Ich aber gehe meinen Weg, und eine Umkehr ist mir nicht mehr möglich! Ja, wenn du auch spottest, du hast recht, ich will wirklich schreiben, wie ich das Evangelium verstehe, ich will der Welt mein Erangelium schenken. Das ist meine Aufgabe. Du aber, Ssonja, solltest dich lieber niederlegen!« fügt er weich hinzu, und tiefstes Mitleid mit seinem Weib erfüllt ihn mit einem Mal, da er daran denkt, welche Pein sie erwartet. »Ich fahre jetzt nach Tula und mache dort alles, wie du es wünschst. Ich spreche mit Bibikow wegen der Ausgabe meiner Werke und bringe dir auch die Spielsachen für die Kinder.«

Er erhebt sich, um zu gehen, Ssonja steht vor ihm, sie wartet noch auf etwas, auf ein wenig Liebe, Zärtlichkeit. Sie ist so schwach, so voll Angst vor der Geburt, vor allem, was kommen soll, voll Angst besonders vor den Gedanken ihres Mannes, die den Boden verlassen haben, der ihr der einzig sichere, der einzig tragfähige scheint.

»Ssonja«, sagt Lew Nikolajewitsch, schon an der Tür stehend, »ordne an, daß man mir ein Stück Fleisch mitgibt!«

»Aber Ljowotschka, jetzt, zur Weihnachtsfastenzeit!« wirft Ssonja schüchtern ein.

»Ich habe dir doch schon gesagt«, schreit er, während er ins Vorzimmer eilt, »daß für mich das alles nur eine Komödie ist!«

Schon angekleidet, kehrt er aber noch einmal um und gibt Ssonja zum Abschied einen Kuß. Doch dieser Kuß wärmt Ssonja nicht. In seiner zärtlichen Geste liegt Kälte, die Kälte eines Herzens, das vor dem Leben flieht, um sich in ein wildes Suchen, in einen mitleidslosen Kampf zu stürzen . . .

Am 20. Dezember 1879, um sechs Uhr früh, nach einer Nacht voll Qualen, hat Ssonja dem Knäblein Michail das Leben geschenkt. Langsam nur kehrt Kraft und Besinnen in ihren gequälten Körper. Die erste Bewegung, die sie vollführt, ist, daß sie das kleine, hilflose Wesen an sich zieht. Nachdenklich, und dabei voll Freude und milder Rührung, blickt sie es an und denkt sich dabei: Was Ljowotschka auch ausdenken, welchen Ideen er auch nachhängen und welchen Weg er auch gehen möge – mein Weg ist klar und deutlich festgelegt. Ich muß meinen Kindern leben, diesen kleinen, hilfsbedürftigen Wesen, und auch ihm, dem großen Kind, diesem ewig suchenden, drängenden Ljowotschka.

März 1881

»Wassilij Iwanowitsch, glauben Sie wirklich, daß man sie hinrichten wird?« fragt Lew Nikolajewitsch und blickt dabei verzweifelt in das bleiche, traurige Gesicht Aleksejews, des Hauslehrers.

»Unbedingt werden sie hingerichtet!« erwidert dieser finster.

Lew Nikolajewitsch zuckt zusammen, wie von einem körperlichen Schmerz getroffen, und wendet sich dem Fenster zu, um die Tränen zu verbergen, die in seine Augen treten. Draußen lockt der klare Märztag mit seinem stillen, bescheidenem Lächeln, einer der ersten Frühlingstage in diesem Jahr. Mit lautem Klatschen fallen große, dicke Wassertropfen vom Dach, übermütig schreien die Stare, und die schwarze Erde dringt unter der nassen, weichen Schneedecke hervor. Die ganze Natur ist erfüllt vom Durst nach Leben, diesem dämonischen Drang, der in Lew Nikolajewitsch selbst so quälend schäumt. Er fühlt in diesem Augenblick dasselbe, was die Mörder des Zaren fühlen müssen, die jetzt in den finsteren, feuchten Kasematten sitzen, und Entsetzen faßt sein Herz.

»Wassilij Iwanowitsch«, wendet er sich wieder mit flehendem Blick an den Hauslehrer, »wird sie denn der Zar wirklich nicht begnadigen?«

»Nein, er wird sie nicht begnadigen«, antwortet Aleksejew noch entschiedener. »Wie sollte er auch, wenn alle Minister für die Hinrichtung sind? Ist doch der frühere Zar durch die Bombe, die sie geworfen haben, zerrissen worden! Und die Minister selbst zittern jeden Tag für ihr Leben. Sie werden sie schon deshalb hinrichten lassen, daß allen andern die Lust zu solchen Handlungen vergeht.«

»Aber warum, warum war denn dann Christus auf Erden, wenn diese Unglücklichen hingerichtet werden sollen?« Lew Nikolajewitsch bemüht sich nicht mehr, die Tränen, die ihm bei diesen Worten aus den Augen kommen, zu verbergen. »Christus hat gesagt, man müsse seinen Feinden verzeihen. Und sie werden diese jungen Menschen, eine Frau ist sogar unter ihnen, nehmen und zum Galgen führen! Sie werden ihnen lange weiße Hemden anziehen, ihnen am Rücken die Hände festbinden, sie auf einen Schemel stellen, ihnen ein Seil um den Hals hängen! Und sie werden den Schemel wegstoßen, mit einem dumpfen Laut werden die Körper herunterfallen, die Wirbel am Hals knirschen und die armen Leiber sich im Todeskampf winden!«

Zitternd führt Lew Nikolajewitsch seine Hand an den Hals, als ob man ihm selbst schon das Seil um den Nacken gelegt hätte.

»Wassilij Iwanowitsch«, sagt er mit dumpfer Stimme, »ich stelle mir das alles so furchtbar deutlich vor, daß ich glaube, ich könnte niemals mehr ruhig leben, wenn man sie wirklich hinrichtet. Ich muß etwas für diese Unglücklichen tun, ich muß sie retten! Helfen Sie mir! Was kann ich für sie unternehmen?«

Traurig blickt der Hauslehrer Aleksejew ins Leere und zuckt ratlos die Achseln.

Da ruft Lew Nikolajewitsch plötzlich freudig aus:

»Wissen Sie, was ich mir ausgedacht habe! Ich werde dem Zaren einen Brief schreiben. Wozu hätte ich denn meine Begabung, wenn ich damit nicht diese Unglücklichen vor dem Galgen retten könnte? Meinen Sie, werden meine Worte eine Wirkung auf den Zaren haben?«

Das Antlitz des Hauslehrers beginnt sich aufzuhellen. Mit leuchtenden Augen blickt er auf Lew Nikolajewitsch und sagt dann voll Begeisterung:

»Lew Nikolajewitsch, Sie sind kein Mensch, sondern ein Engel! Natürlich wird Ihr Wort wirken. Sie sind ein so großes Genie, ganz Rußland schätzt und liebt Sie. Schreiben Sie diesen Brief! Es wird eine gute, große Tat sein.«

»Ja, ich werde es tun«, spricht Lew Nikolajewitsch, und seine Augen strahlen vor reiner Freude.

»Nur muß das recht vorsichtig geschehen«, sagt Aleksejew. »Aber Sie werden es schon zusammenbringen. Sie verstehen, welch gewaltiges Mitleid Sie im Zaren erwecken müssen, damit er die Mörder seines eigenen Vaters begnadigt.«

»Wassilij Iwanowitsch, was sprechen Sie da«, unterbricht ihn Ssonja, die inzwischen unbemerkt das Zimmer betreten. Ihr Gesicht ist rot vor Zorn, und ihre Augen richten sich voll Ärger gegen Aleksejew, der förmlich in sich zusammenkriecht. »Wenn hier nicht Lew Nikolajewitsch wäre, der auch ohne Ihre Ratschläge weiß, was er zu tun hat, sondern mein Sohn oder meine Tochter, dann würde ich Sie sofort bitten, unser Haus zu verlassen! Sie wissen ganz genau, daß man meinen Mann für einen solchen Brief nach Sibirien schicken kann, und dennoch geben Sie ihm diesen Rat.«

»Ssonja«, unterbricht sie wütend Lew Nikolajewitsch, »schämst du dich denn nicht? Du wirst deine Worte noch bereuen! Weißt du nicht, wie sehr ich Wassilij Iwanowitsch schätze und liebe?«

»Aber diesen Brief wirst du nicht schreiben! Wann wirst du endlich einmal mit deinen dummen Streichen aufhören?«

Dem Hauslehrer ist es inzwischen gelungen, sich unbemerkt aus dem Zimmer zu schleichen, und vorsichtig schließt er die Flügeltüren hinter sich.

»Ssonja, du wirst dich bei ihm entschuldigen«, schreit Lew Nikolajewitsch sie an, und in seinen Augen blitzt wieder dieses unheimliche, grausame Feuer. »Du weißt, daß er hier der einzige Mensch ist, der meinem Herzen nahesteht. Er allein versteht mich, und ich liebe seine Ideen.«

»Seine Ideen!« entgegnet Ssonja bitter. »Er selbst ist ein Revolutionär und will aus dir auch einen machen. Hat er doch nicht umsonst zwei Jahre in dieser russischen Kommunistenkolonie in Amerika verbracht! Ach, euer ganzes Ins-Volk-Gehen ist ja nichts als eine Mode, ein Spiel! Du bildest dir ein, du gehst den Weg, den du entdeckt hast, und in Wirklichkeit nimmst du nur die Worte auf, die Hunderte von Menschen um dich immer und immer wiederholen, alle diese Nihilisten, diese dummen, grünschnäbligen Studenten und diese Studentinnen mit den kurzgeschorenen Haaren!«

»Ssonja«, schreit er ihr entgegen, »du entschuldigst dich, oder ich bleibe nicht mehr in diesem Haus. Ach, wie ich mich doch manchmal fortwünsche von euch allen! Nach nichts sehne ich mich mehr, als von dieser Familie fortzukommen, die mich an Füßen und Händen bindet. Nichts kann ich tun, nichts kann ich sagen, immer soll ich an die Familie denken, an dich, an die Kinder! Wie ein Mühlstein hängt ihr an meinem Hals und zieht mich in die Tiefe!«

Lew Nikolajewitsch faßt sich mit beiden Händen am Kopf und läuft im Zimmer auf und ab. Seine Worte kommen über Ssonja wie ein zerschmetternder Blitz. Ljowotschka, ihr Ljowotschka, den sie so liebt, will fliehen vor ihr und vor ihren Kindern! Was kann es Grausameres geben? Wozu soll sie dann noch leben? Sie erinnert sich an das erstemal, da er ihr diese furchtbaren Worte entgegengeschleudert. Damals beschloß sie zu sterben. Sie legte sich in das eiskalte Wasser des Bachs, um sich den Tod zu holen. Aber sie starb nicht, erkrankte nicht einmal und kehrte wieder zu ihren Kindern zurück. Zu den Kindern! Ja, sie darf nicht sterben, sie muß leben, um der Kinder willen. Und mit einem Mal ist aller Zorn verflogen, ihr Sinn, der sich gerade noch so aufgebäumt, fällt demütig in sich zurück, und mit leiser, kaum hörbarer Stimme sagt sie:

»Wenn es dir nötig erscheint, daß ich mich erniedrige, wenn dir ein fremder Mensch mehr wert ist als ich, gut, dann will ich mich vor ihm entschuldigen.«

»Ja, ja!« keucht Lew Nikolajewitsch, sinnlos vor Wut, »du wirst dich entschuldigen! Vor allen! Damit es alle hören, daß du im Unrecht warst, daß du ihn ungerechtfertigt beleidigt hast!«

»Gut, ich werde tun, was du verlangst«, entgegnet Ssonja leise.

»Sonst«, schreit sie Lew Nikolajewitsch noch einmal an, »sonst ... wenn er geht, dann siehst du auch mich nicht mehr in diesem Hause.«

»Das Essen ist bereit«, meldet in diesem Augenblick ein Diener. Lew Nikolajewitsch, hustend und noch immer von Zorn geschüttelt, begibt sich ins Speisezimmer, und Ssonja folgt ihm. Alle sind schon versammelt, und der Hauslehrer sitzt schweigend und bleich an seinem Platz. Voll Abscheu blickt ihn Ssonja an, während sie die Suppe austeilt. Soll sie sich wirklich vor ihm entschuldigen, hier vor allen? Ja, sie muß! Ein Blick auf ihren Mann und sie weiß, daß sie es tun muß, wenn sie nicht will, daß er das Haus verläßt.

»Wassilij Iwanowitsch«, sagt sie mit zitternder Stimme, und augenblicklich weicht das wirre Geplauder am Tisch einer tiefen Stille.

»Wassilij Iwanowitsch«, setzt Ssonja leise, aber deutlich fort. »Ich war aufgeregt und habe Ihnen manches Ungerechte gesagt. Verzeihen Sie mir! Ich schätze Sie als einen guten und aufrichtigen Menschen. Ich verstehe Ihre Sympathien für die Revolutionäre, aber Sie müssen auch mich verstehen. Ich habe um Ljowotschka Angst. Ich fürchte, er könnte mit diesem Brief den Zorn des Zaren auf sich lenken, und dann gehen wir alle zugrunde. Also bitte, zürnen Sie mir nicht mehr, und wir wollen nicht mehr darüber sprechen.«

In Ssonjas Augen glänzen Tränen. Sie schämt sich, und es ist ihr unendlich bitter ums Herz. Wie kann Ljowotschka eine solche Erniedrigung seiner Frau mitansehen, ja, sie selbst verlangen?

Der Hauslehrer macht schweigend eine Verbeugung, und eine der Gouvernanten beginnt vom Wetter zu sprechen und wie gut es wäre, wenn man einen kleinen Spaziergang machte.

Nach dem Essen erhebt sich Lew Nikolajewitsch sofort und geht in sein Zimmer. Er kann sich nicht beruhigen. Diese Hinrichtung läßt ihn nicht los, und Ssonja irrt sich sehr, wenn sie glaubt, ihre Bitten und ihre Tränen könnten ihn zurückhalten. Er will den Brief schreiben und er wird auch geschrieben! Zuerst die Pflicht, dann erst der Gedanke an sich und an seine Familie.

Was kann es Entsetzlicheres geben als eine Hinrichtung, denkt er, während er im Zimmer auf und ab schreitet. Warum bezeichnet sich dann unsere Gesellschaft als eine christliche, wenn es solches gibt? Er weiß jetzt, wie ein Christ zu handeln hat. Er hat das Evangelium nicht nur gelesen, sondern auch verstanden. Die Kirche und der Staat, sie gehen immer wieder auf Kompromisse ein, er aber wird sein Leben voll und ganz nach dem Evangelium einrichten, wird kein Haar breit von dessen Lehren abweichen. Mögen auch noch so viele Gefahren seiner warten, er wird den Weg seiner Pflicht gehen. Christus hat gesagt: Liebet eure Feinde!

Das heißt also, diese Hinrichtung darf nicht stattfinden. Der Zar muß verstehen, daß er seine Feinde lieben soll. Wenn sie dort in der Regierung vergessen haben, worin das Evangelium besteht, so will ich es ihnen sagen. Ich will sie daran erinnern! Nein, ich werde diese Hinrichtung nicht zulassen! Alle diese Revolutionäre sind ja noch zu jung! Sie haben den Zaren nur getötet, weil sie auf dieser Erde das Reich Gottes einführen wollten! Mein Gott! Was wird nicht alles auf dieser Erde in Deinem Namen vollbracht! Wieviel Ungerechtigkeit, Grausamkeit, Vergewaltigung.

Lew Nikolajewitsch wirft sich auf den ledernen Diwan und beginnt zu weinen. Die Todesangst, die die Revolutionäre jetzt, in dieser Stunde, in der Festung erdulden müssen, sie läßt sein Herz vor Schreck erstarren. Es ist, als ob sich die Leiden der ganzen Welt in seinem Herzen zusammendrängen wollten. Mag Ssonja das auch nicht begreifen, denkt Lew Nikolajewitsch, aber ich kann nicht leben, ich kann nicht atmen, wenn ich weiß, daß es irgendwo Menschen gibt, die ihre Hinrichtung erwarten. Ich muß sie retten! Wer wird denn für sie eintreten außer mir? Wer getraut sich, auch nur ein einziges Wort zu ihrem Schutz zu sprechen? Niemand! Und sie warten auf Hilfe! Anfangs freilich, da haben sie sich zu diesem Verbrechen entschlossen, trotz allem, was daraus entstehen mochte. Aber jetzt? Jetzt fühlen und wissen sie, wie teuer ihnen ihr Leben ist. Wie sie sich vor dem Sterben fürchten! Ein jeder von ihnen sitzt in einer Einzelkammer, von den anderen getrennt, und lauscht auf die Schritte, die sich seiner Tür nähern, denkt an die, die ihn liebten, und wartet, wartet!

Lew Nikolajewitsch ist von der Aufregung und der fieberhaften Arbeit seiner Gedanken so erschöpft, daß er es gar nicht merkt, wie ganz unvermittelt der Schlaf über ihn kommt. Aber es ist ein unruhiger, schwerer Schlaf. Es scheint ihm, als ob er plötzlich in irgendeinen finstern Abgrund versänke, und er sieht sich dann auf einmal in einer dunklen Kammer. Er fühlt, daß sein Antlitz grünlich-weiß ist, und er wartet auf den Morgen, bei dessen Anbruch man ihn auf die Richtstätte führen soll. Die Hinrichtung ist unvermeidbar. Da, Schritte im Korridor, viele Schritte! Ein Schlüssel knarrt im Schloß, Menschen treten in die Kammer. Er sieht nicht ihre Gesichter, aber er weiß, daß sie gekommen sind, ihn zu holen. Er muß sich erheben, ihnen folgen. Es ist das Ende. Er geht, umschlossen von seinen Begleitern, und alles ist so ganz anders um ihn, als es jemals gewesen, diese blasse Dämmerung des Frühlingsmorgens, dieser schmale, lichte Streifen am bleichen Himmel, dieses leise Knirschen, während seine Füße über die dünne Eisschicht schreiten. Und rechts und links von sich sieht er andere Verurteilte schreiten, so wie er umgeben von Soldaten. Eine von diesen ist eine Frau, die vielleicht Mutter sein könnte ... Sie schreiten und schreiten. Da taucht vor ihnen der Galgen auf, frei und hoch ragt er in die kalte Morgenluft, und auf ihm sitzt ein schwarzer, großer Vogel, der seine weiten, runden Augen starr auf ihn richtet und dabei traurig krächzt. Nun tritt jemand mit einem langen weißen Hemd zu ihm, und dieses Hemd hat lange, unwahrscheinlich lange Ärmel. Und da ist es Lew Nikolajewitsch, als ob er gleichzeitig der Verurteilte wäre und auch der Henker, der dieses Hemd in seinen Armen trägt. Er fühlt die entsetzliche Qual dieses Doppelseins und kann sich doch nicht einmal darüber wundern.

Sorgfältig stellt er den Schemel für den Verurteilten hin, und gleichzeitig fühlt er, wie er selbst langsam hinaufsteigt. Noch einen Augenblick, da stößt jemand den Schemel weg, sein Körper hängt schwer in der Luft, und er will hinausschreien, daß er leben will, leben!

Da erwacht Lew Nikolajewitsch, die Stirne naß von Schweiß. Verständnislos blickt er um sich. Er sitzt auf dem bequemen Ledersofa, im warmen, behaglichen Zimmer, die Klänge einer Mozartsonate dringen gedämpft an sein Ohr. Eines seiner Kinder spielt das Stück, das er selbst so oft in seiner Jugendzeit gespielt hat. Weiche Dämmerung erfüllt den Raum, und draußen ist alles grau. Nur ein ganz schmaler violetter Streifen schimmert weit in der Ferne, und darüber funkelt in reinem, kaltem Glanz ein einsamer Stern. Alles sieht Lew Nikolajewitsch, alles fühlt er, aber in seinem Herzen ist Leere und Angst.

»Oh, wie entsetzlich ist das Leben, wie voller Qual! Und warum ist es mir nicht genug mit meinem eigenen Leben? Warum muß ich noch für andere wie für mich selbst leiden? Warum lebe ich nicht still und ruhig dahin, wie die Melodie dieser Mozartsonate dahinfließt? Zusammen mit dieser lieben, zärtlichen Ssonja? Warum muß ich mich mit den Leiden anderer quälen, mehr als wenn sie meine eigenen wären?«

Vor dem Fenster hantiert der Kutscher und singt vor sich hin, von der Küche steigt ein lieblicher Duft herauf, man bereitet das Nachtmahl für ihn, den berühmten, von allen geachteten Schriftsteller Graf Tolstoi. Alles ist ruhig und gut und in Ordnung um ihn, niemand denkt daran, ihn auch nur im geringsten zu stören, irgendwie in sein bequemes Dasein einzugreifen.

»Nein, niemals mehr kann ich glücklich sein«, sagt er laut, »wenn ich weiß, daß man sie aufhängt. Sind denn nicht alle Menschen untereinander durch ein geheimnisvolles Band verbunden? Wie kann ich mich denn am Spiel meines Kindes erfreuen, wenn ich weiß, daß dort irgendwo die Kinder eines andern hingerichtet werden? Die Leiden der ganzen Welt haben mir für immer das Leben vergiftet, und seit sich mir die Wahrheit des Evangeliums eröffnet hat, ist es meine einzige Pflicht, die Erniedrigten, Beleidigten und Verfolgten zu beschützen! Jetzt muß ich alles daransetzen, diese Unglücklichen zu retten. Und wenn Ssonja hundertmal dagegen ist, ich werde diesen Brief schreiben und den Zaren um Begnadigung bitten! Möge er von seinem Thron aus die Mörder seines Vaters begnadigen. Ich werde es sein, der in ihm die Liebe erweckt hat und die Achtung vor dem Gesetz des Christentums, das da lautet: Liebe deine Feinde!«

Lew Nikolajewitsch beginnt zu schreiben. So leicht müßte doch die Erfüllung dieses seines heißen Wunsches werden! Man muß ja dem Zaren nur den Weg zeigen, und er kann dann gar nicht anders, als ihn zu gehen. Wozu wäre denn Lew Nikolajewitsch ein Genie, wenn nicht dazu, um die Herzen zu erwecken, in denen das Leben das Gefühl abgetötet hat?

»Eure Kaiserliche Majestät« beginnt er. »Ich nichtswürdiger, schwacher und schlechter Mensch schreibe, ohne dazu berufen zu sein, dem russischen Kaiser einen Brief und will ihm raten, was er unter Umständen tun soll, die schwieriger und komplizierter sind, als sie jemals gewesen sein mögen. Ich fühle, daß das merkwürdig und kühn ist, aber dennoch schreibe ich.«

Die ganze Macht seines Herzens und seiner Überzeugung will Lew Nikolajewitsch in seine Zeilen legen.

»Euren Vater«, fährt er fort, »den russischen Zaren, der viel Gutes getan und den Menschen immer nur Gutes gewollt hat, haben sie grausam ermordet – nicht seine persönlichen Feinde, sondern die Gegner der bestehenden Gesellschaftsordnung. Man hat ihn getötet im Namen irgendeines Wohles der gesamten Menschheit. Ihr seid an seine Stelle getreten, und vor Euch stehen nun die Menschen, die ihm sein Leben verbittert und es vernichtet haben.

Antwortet nun dem Bösen mit dem Guten, stellt Euch dem Bösen nicht entgegen und verzeiht allen!«

Mit zitternder Hand schreibt Lew Nikolajewitsch dem russischen Zaren dieselben Worte, deren sein eigenes Herz voll ist, und mit denen er von nun an sein ganzes Leben erfüllen will.

»Verzeiht, vergeltet das Böse mit dem Guten, und von Hunderten von Übeltätern werden Dutzende den Teufel verlassen und sich zu Gott hinwenden, und Tausenden, Millionen wird das Herz erfüllt werden von Freude und Rührung über das Beispiel, das ihnen in diesem fürchterlichen Augenblick der Herrscher vom Thron herab gibt, der Sohn des Vaters, den man ihm getötet hat.«

Lew Nikolajewitsch kann nicht weiterschreiben. Er weint vor Rührung über seine eigenen Worte und vor stolzer Freude, da er sich vorstellt, wie der Zar nun den richtigen Weg gehen wird, gehen muß.

»Herrscher!« fährt er endlich fort, »wenn Ihr diese Unglücklichen zu Euch riefet, wenn Ihr ihnen Geld gäbet, sie irgendwohin, nach Amerika, schicktet und ein Manifest erließet, das mit den Worten begänne: Liebet eure Feinde! Wenn Ihr das tätet, oh Herrscher, ich weiß nicht, wie die andern täten, aber ich, Euer schlechter Untertan, ich würde zu Eurem Sklaven, zu Eurem Hund werden! So wie ich jetzt weine, würde ich jedesmal weinen, so oft ich nur Euren Namen höre. Aber, was sage ich, ich weiß nicht, wie die anderen! Oh, ich weiß es, wie sich über ganz Rußland ein Strom des Guten und der Liebe ergießen würde!«

Lew Nikolajewitsch schreibt und schreibt. Er fühlt selbst, daß sein Schreiben zu sehr verfließt, daß in der Fülle seiner Worte die heiligen, klaren Wahrheiten unterzugehen beginnen, aber er ist nicht imstande, sich Einhalt zu gebieten. Er hat bereits jedes Gefühl für die Wirklichkeit verloren, weiß nicht mehr, ob man überhaupt auf diese Weise mit dem Zaren sprechen kann, ob man sich auf diese Weise an einen Menschen wenden kann, der eben auf so furchtbare Art seinen Vater verloren hat. Lew Nikolajewitsch schwebt in einem weißen, weichen Nebel der Rührung; die Tränen, von denen seine Augen voll sind, verschleiern seinen Blick, und seine Brust preßt ein süßer Schmerz zusammen.

»Ein Wort nur der christlichen Verzeihung und Liebe, von der Höhe des Thrones herab gesprochen, und der Weg des christlichen Herrschertumes, den Ihr damit betretet, kann alles Übel vernichten, das Rußland quält. Wie Wachs vor dem Feuer, so wird jeder revolutionäre Kampf zerrinnen vor dem Zaren der Menschlichkeit, der das Gesetz Christi erfüllt!«

Lew Nikolajewitsch hat mit diesen Worten seinen Brief beendet, und feierlich setzt er seine Unterschrift und das Datum, März 1881, darunter. Lange sitzt er, ins Leere starrend, da, vollständig erschöpft. Aber sein Geist ist voll Freude und Leichtigkeit. Er ist überzeugt, daß der Zar seinem Rat folgen wird, gar nicht anders kann, weil diese Worte aus der tiefsten Tiefe seines Herzens kommen, geboren aus der Wahrheit des Evangeliums.

»Ssonja, Ssonja«, ruft er zur Tür hinaus, »komm schnell zu mir!«

Ssonja eilt zu ihm, den kleinen Mischa auf dem Arm, den siebenten in der Reihe seiner Kinder, und an ihrer Rockfalte zieht sich der reizende Andrjuscha hinterher.

»Ljowotschka«, sagt sie, strahlend vor mütterlichem Glück, »sieh doch, was für herrliche Zähnchen unser Mischa schon hat! Das sind ganz echte Backenzähne.«

Das Antlitz Lew Nikolajewitschs verfinstert sich. Daß Ssonja an die Zähne ihres Söhnchens denken kann, wo sie doch alles über den Mord des Zaren und über die bevorstehenden Hinrichtungen weiß, ärgert ihn; er übersieht absichtlich das verlegene Lächeln Ssonjas, die sich bemüht, seine Gedanken auf die Kinder zu lenken. Auch Ssonja tut so, als ob sie seine mürrische Miene nicht bemerkte und sagt:

»Stelle dir nur vor, Ljowotschka, Andrjuscha hat es sich schon ganz abgewöhnt, am Tag zu schlafen! Ich weiß gar nicht, ob das gut ist für ihn in seinem Alter, aber wenn man ihn ins Bett legt, so dreht er sich herum, erzählt etwas, und von Einschlafen ist keine Rede!«

»Ssonja, schaff die Kinder fort«, unterbricht Lew Nikolajewitsch sie, ohne von dem Notiz zu nehmen, was sie gesagt hatte. »Ich habe den Brief an den Zaren geschrieben und will ihn dir nun vorlesen.«

»Also hast du ihn doch geschrieben!« sagt Ssonja erschreckt und läßt sich auf einem Stuhl nieder. Lew Nikolajewitsch nimmt die Kinder und übergibt sie selbst der Amme. Ssonja liest den Brief, und von Zeile zu Zeile wächst ihre Erregung. Sie ist bleich wie Leinwand, als sie den Bogen sinken läßt.

»Nun, Ssonja, was sagst du?« fragt Lew Nikolajewitsch voll Erwartung.

»Ljowotschka«, weint Ssonja, »du hast einfach den Verstand verloren! Und du wirst erreichen, daß man dich nach Sibirien schickt und daß du selbst deine Kinder und mich ins Unglück stürzt.«

»Ssonja«, erwidert Lew Nikolajewitsch voll Vorwurf. »Ich habe erwartet, daß du andere Worte für das finden würdest, was aus dem Innersten meines Herzens kommt.«

»Ljowotschka, ich glaube, du mußt dich an einen Nervenarzt wenden. Mit deinen theologischen Studien hast du einfach jedes Gefühl für die Wirklichkeit verloren. Ach, ich habe schon immer geahnt, daß dich deine Beschäftigung mit Theologie und Philosophie nicht zum Guten führen wird. Und nun dieser Brief!«

Ssonja sitzt gesenkten Hauptes da, und heiße Tränen tropfen ihr in den Schoß.

»Der Brief wird abgeschickt«, sagt Lew Nikolajewitsch bestimmt, und in seinem Ton beginnt der langsam ansteigende Zorn aufzuzittern. »Und wenn du mich in dieser heiligen Sache nicht unterstützen willst, nun, so bleibe ich eben allein. Aber der Brief wird trotz allem abgeschickt. Es geht dabei um die Ruhe meines Herzens!«

»Ljowotschka, du machst ja immer, was du selbst für gut findest. Aber so höre doch ein wenig auf mich! Wie kann man denn nur eine solche Taktlosigkeit begehen! Dem Zaren schreiben, und noch dazu in solchen Ausdrücken! Bedenke doch, er ist ja auch nur ein Mensch, und man hat ihm seinen Vater grausam getötet, unter den fürchterlichsten Qualen ist er gestorben. Warum ist dir nicht um den ermordeten Zaren leid, warum nur um die Mörder? Und das mit deiner Bitte ist Unsinn. Alle Revolutionäre würden diese Begnadigung als Feigheit auslegen, und nicht als einen Akt der christlichen Nächstenliebe. Sie würden sagen, der neue Zar hätte Angst, und um sein eigenes Leben zu retten, zöge er es vor, den Mördern seines Vaters zu verzeihen. Ach, Ljowotschka, du lebst in einer phantastischen, von dir selbst erdachten Welt. Einmal willst du ins Kloster gehen und alles verschenken, was du besitzt, und jetzt wieder schreibst du gar dem Zaren deine Meinung. Ach, wie fürchte ich für die Zukunft meiner Kinder. Du hast dich auf eine schlimme Bahn begeben.«

»Und ich wäre schon längst im Kloster«, wirft Lew Nikolajewitsch erregt ein, »wenn nicht dieser Erzpriester Nikander in

Tula mich überredet hätte, zu bleiben. Ein Familienvater muß sich der Familie widmen, hat er mir klarzumachen versucht. Aber es ist nicht wahr, das ist ein Irrtum! Und es wird doch einmal so kommen, daß ich fortgehe von dir. Ich fühle es, wie mir das Leben zu Hause mit jedem Tag unerträglicher wird.«

»Ljowotschka«, unterbricht ihn Ssonja entsetzt, »denke doch, was du sprichst! Du hast alles, was ein Mensch sich nur wünschen kann, ich lebe nur für dich und deine Kinder, was willst du denn mehr?«

»Ich kann nicht die Leiden der Menschheit mit ansehen und dabei selbst ohne Leiden sein.«

Ssonja kann keine Antwort finden und starrt ihn groß an.

»Ich kann nicht leben«, fährt er fort, »wenn ich sehe, wie die Bauern Hunger leiden, ich kann es nicht ertragen, daß die Kinder dieser Armen vor Hunger und Kälte zugrunde gehen, während unsere Kinder in Spitzenkleidern herumlaufen.«

»Aber Ljowotschka, du gibst doch ohnehin den Armen so viel, daß ich manchmal Angst bekomme, es werde eines Tages für uns selbst nichts mehr übrigbleiben.«

»Ach, das sind doch nur Brosamen! Wenn du mich wirklich liebtest, wärest du einverstanden damit, daß wir all unser Vermögen an die Armen verteilen und daß wir selbst in einer Bauernhütte leben, von der Arbeit unserer Hände.«

»Und die Kinder, Ljowotschka? Wir haben ihrer sieben und müssen sie nähren, kleiden, erziehen. Wir müssen uns ohnehin bald entschließen, nach Moskau zu übersiedeln, hier im Dorf können wir ihnen ja doch nicht die Bildung vermitteln, die sie brauchen.«

»Ssonja, du brichst mit das Herz mit deinen Dummheiten! Ich habe dich gerufen, um mich mit dir wegen des Briefes zu beraten, und du kommst mir mit den Kindern! Die Kinder, und immer nur die Kinder! Ja, gibt es denn nichts anderes im Leben als unsere Kinder? Die ganze Welt versinkt in Not und Leid und du denkst nur an deine Kinder! In den Kasematten schmachten diese Unglücklichen, erwarten ihre Hinrichtung, und du sprichst von den Kindern! . . . Ich schicke den Brief ab!«

»Ljowotschko, ich flehe dich an, schicke ihn nicht ab! Du rettest niemanden, aber du kannst damit nicht nur dich, sondern deine ganze Familie zugrunde richten.«

»Ich kann höchstens einige Ausdrücke mildern, aber der Brief wird abgeschickt!«

»Ljowotschka, du predigst jetzt immer von allen möglichen Wahrheiten, von evangelischer Liebe, selbst aber kannst du nicht die kleinste Einwendung vertragen und besteht immer auf deinem Willen. Wir kannst du denn dann vom Zaren Derartiges fordern? Ich sagte dir, dieser Brief stößt mich ab! Mir gefällt nicht dieser süßliche Ton, diese überhebliche, protzige Selbsterniedrigung. Warum schreibst du von dir als von einem nichtigen, nichtsnutzigen, schwachen Menschen? Was interessiert das den Zaren? Was geht es ihn an, was für ein Mensch du bist? Aus allen diesen Worten klingt der größte, ehrsüchtigste Stolz, weil du im Grunde deiner Seele davon überzeugt bist, daß es keinen reineren, heiligeren, der Wahrheit näheren Menschen gibt als dich!«

»Ssonja, fort aus dem Zimmer«, schreit sie Lew Nikolajewitsch voll Wut an. »Fort, hinaus, sonst übermannt mich der Zorn!«

»Das ist immer das letzte Wort deines Christentums«, sagt Ssonja, während sie zur Türe hinausgeht. »Es ist leichter zu predigen, als die eigenen Gebote zu erfüllen. Der Zar soll wegen deiner schönen Worte den Mördern seines eigenen Vaters verzeihen, und du selbst jagst mich mit erhobener Faust aus deinem Zimmer, nur weil ich dir einige wahrhafte und aufrichtige Worte gesagt habe.«

»Und der Brief wird doch abgeschickt«, schreit ihr Lew Nikolajewitsch hartnäckig entgegen.

»Ljowotschka, lieber, teurer, tu es nicht!« wirft sich ihm da plötzlich Ssonja an den Hals. Sie preßt sich an ihn, blickt ihm voll Liebe in die Augen und streichelt sein Haar. »Glaube mir, Ljowotschka, glaube meinem einfachen Frauenverstand, daß dies völlig sinnlos wäre! Es ist unnötig, falsch, verstiegen, unnatürlich, und – gefährlich für uns alle.«

»Geh, Ssonja«, sagt Lew Nikolajewitsch rauh, während er sich aus ihrer Umarmung losmacht. »Geh, Ssonja, ich werde mich jetzt bemühen, den Brief umzuarbeiten und zu verbessern.«

Ssonja geht. Sie ist nicht imstande, noch etwas zu entgegnen. In ihrem Zimmer drückt sie den kleinen Mischa fest an ihre Brust und vergießt heiße, bittere Tränen . . .

Der Brief ist verbessert, ist glatter, höflicher geworden. Lew Nikolajewitsch meint, in dieser Redaktion klinge er viel kälter und hätte seine ursprüngliche Wärme und Überzeugungskraft eingebüßt. Dennoch sendet er ihn seinem Freund, dem Philosophen Strachow, mit der Bitte, dieser möge ihn durch den Minister Pobjedonostzew dem Zaren überreichen lassen. Mit großer Mühe nur erhält Ssonja die Erlaubnis, an Strachow noch die folgenden Zeilen dazuzuschreiben:

Sehr geehrter Nikolaj Nikolajewitsch!

Trotz all meiner Bitten und Überredungsversuche hat sich Lew Nikolajewitsch entschlossen, dem Zaren diesen Brief zu schicken. Aber er ist an Ihre Adresse gerichtet, mit der Bitte um Weitergabe an Minister Pobjedonostzew, der ihn seinerseits wieder dem Zaren überreichen soll. Meine Bitte an Sie ist nun folgende: Lesen Sie den Brief durch, urteilen Sie selbst, und dann fragen Sie Podjedonostzew um seine Meinung, ob nicht dieser Brief im Herrscher irgendwelche unangenehme Gefühle oder Ungnade gegen Lew Nikolajewitsch hervorrufen kann. In diesem Fall lassen Sie, um Gottes willen, den Brief nicht bis zum Zaren kommen. Mich, die ich so weit weg vom Treiben der Welt bin, beunruhigt dies alles aufs äußerste, aber dennoch bin ich froh, daß dieser Brief durch Ihre weisen und freundschaftlichen Hände geht.

Ihre Ihnen ergebene S. Tolstaja.

Juni 1881

»Ljowotschka, lieber, teurer, gib acht auf dich, vor allem auf deinen schwachen Magen!«

Mit solchen bewegten Worten verabschiedet sich Ssonja von Lew Nikolajewitsch, der sich mit seinem Diener und dem Lehrer der Schule von Jassnaja Poljana zu Fuß zur Optiner Einsiedelei begeben will. Er ist wie ein Bauer gekleidet, seine Füße stecken in

Strohsandalen, und über den Rücken hängt ein Leinwandranzen. Traurig blickt Ssonja auf diese Ausrüstung, und in ihren Augen glänzen Tränen.

»Ljowotschka«, bittet sie, »schreibe! Schreibe mir recht häufig! Du weißt, daß ich keine Ruhe finde, bis du nicht zurückgekehrt bist. Ach Gott, warum mußt du nur mit deiner schwachen Gesundheit diese Reise unternehmen, und noch dazu zu Fuß.«

»Liebe Ssonja«, gibt Lew Nikolajewitsch zur Antwort, »ich will den Weg zurücklegen wie Tausende russischer Pilger aus dem Volk. Ich will wenigstens ein paar Tage lang aufhören, der berühmte Schriftsteller und der Graf Tolstoi zu sein, ich will einmal das Leben sehen, wie es ist. Aber ach, du verstehst das ja alles nicht! Doch beunruhige dich nicht, mein Täubchen! Begreife, daß das für mich notwendig ist, daß ich sonst keine Ruhe in meinem Herzen finden kann.«

In seinem Antlitz glänzt heute eine feierliche Liebe zu allen Menschen, zu der ganzen Welt, und Ssonja wärmt sich an der Zärtlichkeit seiner milden Worte.

»Nun, bleibe mit Gott!« wendet sich Lew Nikolajewitsch noch einmal liebevoll an sie. »Gott möge dich in Schutz nehmen und unsere Kinder, bis ich wiederkehre! Sorge dich um dich selbst, Ssonja, und nimm es dir nicht sehr zu Herzen, wenn dir die Kinder nicht folgen oder wenn in der Wirtschaft nicht alles stimmt, wie es sein sollte. Das sind ja alles nebensächliche Dinge. Das Wichtigste ist der Friede im Herzen, und ich fühle es, daß ich diesen auf meiner Wallfahrt erringen werden.«

Ssonja seufzt leise.

»Gib auf den Grafen acht!« befiehlt sie dem Diener. »Und kümmere dich um ihn, wie es sich gehört. Mach ihm ein gutes Bett zurecht, schaue darauf, daß er nur Frisches ißt und sich nicht erkältet.«

»Es wird alles so gemacht«, antwortet der Diener ergeben.

Noch einmal küßt Lew Nikolajewitsch zärtlich zuerst seine Frau, dann seine Kinder, und in seine Augen treten Tränen der Rührung. Heute liebt er seine traute, schöne Ssonja und ist tief bewegt von ihrer Liebe und Zärtlichkeit zu ihm; heute liebt er seine Kinder, die so hübsch, so artig und so rein vor ihm stehen, heute liebt er alles, die ganze Welt, die voll ist vom süßen Duft des Sommers, der ihn lockend auf den weiten, glückverheißenden Weg zum Wunder ruft.

Nun befinden sich die Pilger auf der Straße, die noch lange von einer dichten Staubwolke überhängt ist, wenn ein Bauernwagen vorüberfährt. Die Sonne brennt unerträglich, und der Staub beißt in den Augen. Der stille Wald mit dem saftigen, vollen Grün seines Sommerlaubs lädt zum Ruhen ein. So gerne möchte Lew Nikolajewitsch sich in das frische Moos strecken und dem Zirpen der Grillen zuhören. Aber er muß weiter! Er möchte trinken, dazu drückt der Ranzen auf die Schulter. Aber weiter, weiter! Da spürt Lew Nikolajewitsch plötzlich, daß er sich die Haut an den Füßen aufzureiben beginnt. Er ist das Gehen in den Bastschuhen, durch die man jeden Stein spürt, nicht gewohnt. Es will ihm scheinen, als brenne ihm die heiße Erde durch die Sohlen auf die Haut, aber er beißt die Zähne zusammen und läßt sich nichts anmerken. So gehen sie ja alle, die Gottespilger, von denen ganz Rußland voll ist, die Armen, die Bauern, die kein Geld für die Reise haben. Und er will mit ihnen zusammensein, nicht nur mit dem Herzen, sondern auch dadurch, daß er ihr Leben lebt. Er will nicht der Herr, der Graf sein, sondern einer von den vielen Wanderern, denen er jetzt während seiner Fahrt auf Schritt und Tritt begegnet.

»He, Großväterchen, wohin?« ruft ihm ein Bauer von einem Leiterwagen herab zu, und Lew Nikolajewitsch freut sich, daß er wirklich wie ein echter, richtiger Bauer aussieht. In seinem Gesicht brennt der Staub, der Schmerz an den Füssen beginnt unerträglich zu werden, aber er ist dennoch voll Freude. Er leidet unter der Hitze, dem Durst, unter den Schmerzen ebenso wie alle die Bauern um ihn herum, und dieser Gedanke erfüllt sein Herz mit Lust.

»In die Optiner Einsiedelei!« antwortet er.

Der Bauer zwingt sein Pferd zu langsamerem Schritt, es ist ihm die Lust gekommen, sich in eine nähere Unterhaltung einzulassen.

»Willst du dort bleiben?« forscht er weiter.

»Ich werde sehen. Wenn es mir gefällt, bleibe ich vielleicht«, antwortet Lew Nikolajewitsch, in seinen grauen Bart lächelnd. Es versetzt ihn in Entzücken, daß der Mann vor ihm keine Ahnung davon hat, mit wem er spricht, und er bemüht sich aus allen Kräften, ihn in dieser Unwissenheit zu belassen. Sorgfältig alle Ausdrücke und Redewendungen vermeidend, die ihn verraten könnten, beginnt er seinen neuen Reisekameraden über dessen Familie auszufragen. Der Bauer erzählt von seiner Armut und Not, von den Leiden des Volkes, und wieder denkt Lew Nikolajewitsch mit Bitterkeit an die schönen Kleider seiner Kinder und an den reichgedeckten Tisch zu Hause.

»Komm, setzen wir uns zum Vesperbrot«, schlägt ihm da der Bauer vor, der an Lew Nikolajewitsch anscheinend großen Gefallen gefunden hat. Gehorsam nimmt er an seiner Seite Platz. Der Bauer holt ein Gefäß mit Kwaß, eine Zwiebel und einen Rand alten schwarzen Brotes hervor und bietet seine Reichtümer Lew Nikolajewitsch zum Teilen an.

»Bist wohl ein ganz armer Teufel!« sagt er mitleidig. »Iß nur mein Brötlein!«

In den Augen Lew Nikolajewitschs glänzen Tränen. In seinem Ranzen steckt das gute Essen, das ihm seine Frau sorgend mitgegeben, aber könnte dies auch nur halb so gut schmecken, wie das Brotende mit Zwiebel und Kwaß, das ihm da aus reinem Herzen dargeboten wird? Lew Nikolajewitsch gefällt alles an diesem Muschik: daß er ihn Großväterchen nennt, daß er mit solcher Gründlichkeit und ganz ohne Klagen von seinem Unglück und von seinen Leiden erzählt, daß er alles mit solchem Stoizismus erträgt.

»Nun gut, jetzt muß ich wieder heimzu!« erklärt nach einer Weile der Bauer. »Bete für mich im Kloster, Großväterchen!«

Einen Hieb mit der Peitsche, und das Pferdchen, an dem man alle Rippen sieht, entführt den Bauern, der bald mitsamt seinem Gefährt in einer dichten Staubwolke verschwindet . . .

Alles, was Lew Nikolajewitsch auf dem langen Fußmarsch sieht, freut ihn, rührt ihn und erscheint ihm in einem ganz andern, völlig neuen Licht. Während er abends, im Nachtlager angekommen, einem kleinen Mädchen zusieht, das am Boden der Hütte umherkriecht und auf der Straße vor dem Haus herumläuft, ohne daß sich jemand auch nur im geringsten um die Kleine kümmern würde, stellt er wieder Vergleiche mit seinen Kindern an, wie diese Kinder aufwachsen und wie die seinen, die Ssonja nicht eine Minute allein läßt, um die sich immer jemand sorgt, wenn sie krank, wenn sie launisch sind, die immer das ausgesuchteste Essen haben, für die eigentlich das ganze Leben wie ein Feiertag verläuft. Und es scheint ihm, als dürfte es nicht so bleiben, als müßte er das alles ändern, sobald er nach Hause zurückkehrt.

Die Dämmerung beginnt sich schon über das Land zu senken, als Lew Nikolajewitsch und seine Reisegenossen am vierten Tage ihrer Reise endlich in der Optiner Einsiedelei eintreffen. Sie sind hungrig und müde, und Lew Nikolajewitsch fühlt sich vollständig erschöpft. Am meisten machen ihm seine aufgeschundenen Füße zu schaffen. Aber alle Bauern gehen doch in diesen Bastschuhen, alle Pilger gehen sich die Füße wund! Er erleidet also nur dasselbe wie alle diese Menschen.

»Wo kann man hier zu essen bekommen?« wendet sich Lew Nikolajewitsch an einen Mönch, der eiligen Schrittes über den Hof huscht. Flüchtig zeigt ihm dieser mit einem Finger den Speiseraum, und Lew Nikolajewitsch wundert sich im ersten Augenblick, daß ihn niemand begrüßt, daß sich niemand um ihn bemüht, und erst nach einigem Besinnen erinnert er sich daran, daß er ja nur wie ein armer Pilger gekleidet ist und sein Gesicht eigentlich nichts enthält, was ihn von irgendeinem Muschik unterscheidet. Und er, daß sich sonst immer so gefreut darüber, daß man ihn für einen Bauern gehalten, ärgert sich jetzt plötzlich, daß alle so unehrerbietig mit ihm umgehen und daß ihn niemand als den Grafen und den berühmten Schriftsteller erkennen will. Freilich, nur im Grund seines Herzens regen sich diese Gefühle, und ängstlich bemüht er sich, sie nicht an die Oberfläche gelangen zu lassen.

Mit Mühe arbeiten sich die Reisenden bis zum Speiseraum durch, während sie unschlüssig am Eingang stehen, will es Lew Nikolajewitsch scheinen, als ob er buchstäblich keinen einzigen Schritt mehr machen könnte, so brennen und schmerzen ihn die Füße, so todmüde ist er von den langen Stunden des Gehens.

»Was fällt euch ein«, ruft ihnen da mit grober Stimme ein Mönch zu. »Hier ist nicht euer Platz, hier sind die feinen Herrschaften!«

Lew Nikolajewitsch krümmt sich wie unter einem Peitschenhieb, so sehr fühlt er sich durch diese Worte, und noch mehr durch deren Ton beleidigt. Er möchte diesem Menschen ins Gesicht schreien: Wer gibt dir ein Recht, so mit mir zu sprechen? Ich bin der Graf Tolstoj! Doch im nächsten Augenblick hat er sich wieder in der Gewalt. Er ist doch hergekommen, um Demütigung, Rettung für seine Seele zu finden, nicht aber, um Streit zu suchen. Nein, er will alles genauso mitmachen, wie ein ganz gewöhnlicher Sterblicher. Mit seinem Diener, der empört die Achseln zuckt und etwas unter seiner Nase brummt, begibt er sich zu dem Zimmer, in dem die Armen sitzen, und der Mönch sagt zu ihnen:

»Da ist euer Platz, hier wird man euch etwas zu essen geben!«

»Herr Graf, ich muß doch sagen, wer Sie sind«, drängt der Diener, der, rot vor Zorn, nicht mehr mitmachen will.

»Schweig, Ssergej«, befiehlt Lew Nikolajewitsch, »ich will es so haben!«

»Ihr Wille, Herr Graf«, gibt der Diener ergeben zur Antwort.

In dem stickigen, schmutzigen Zimmer wimmelt es nur so von Bettlern und Landstreichern. Es riecht durchdringend nach Schweiß, nach Branntwein, nach Zwiebeln und weiß Gott wonach noch. Lew Nikolajewitsch überfällt ein heftiger Brechreiz, und es bedarf seiner ganzen Energie, um dieses Gefühl von Übelkeit zu unterdrücken. Er erinnert sich daran, daß Ssonja ihm immer vorgeworfen, er hätte mehr Willen zur »Vereinfachung« als die Fähigkeit, sie wirklich zu ertragen, und er muß sich nun gestehen, daß sie recht hat. Es nützt jetzt auch die größte Willensanstrengung nichts mehr: der Anblick dieser Blinden, Krüppel, Lahmen, in schmutzige Fetzen gekleidet, mit rinnenden Nasen und stinkenden Füßen, mit eklen Wunden und Geschwüren, ruft in ihm einen derartigen Widerwillen hervor, daß er außerstande ist, auch nur einen einzigen Schluck aus der Schale mit Krautsuppe zu nehmen, die man ihm und seinem Diener zusammen gereicht.

»Graf, warum essen Sie nicht?« flüstert dieser Lew Nikolajewitsch zu. »Essen zuerst Sie, dann ich!«

»Ich will nicht, ich will ein wenig ausruhen«, gibt Lew Nikolajewitsch mit schwacher Stimme zur Antwort, während sein Blick gerade auf einem besonders schmutzigen Bettler ruht, der, laut schmatzend und mit schielenden Augen, einen Knochen abnagt und dabei in kurzen Zwischenräumen seine fließende Nase am Ärmel seiner Bluse abwischt.

Aber nicht lange läßt sich Lew Nikolajewitsch von seinen eigenen Empfindungen beherrschen. Er hat es sich einmal vorgenommen, mit diesen Leuten zusammenzuleben und alles mit ihnen zu teilen, und so gelingt es ihm auch jetzt wieder, über seinen Ekel Herr zu werden. Mit einer entschiedenen Bewegung greift er nach dem hölzernen Löffel, um damit die dünne Brühe zum Mund zu führen. Mit Befriedigung stellt der seinem Herrn treu ergebene Diener fest, daß sich der Herr Graf nun nicht mehr durch seine Umgebung stören läßt und mit Vergnügen sein Essen verzehrt.

»Ein guter, schmackhafter Kwaß ist das«, bemerkt Lew Nikolajewitsch, während er nach dem Schtschi, der Krautsuppe, mit Mühe das dünne, übersaure Getränk hinunterwürgt; und damit ist das erste Abendessen in der Optiner Einsiedelei beschlossen.

Draußen ist es inzwischen finster geworden, eine schwüle Sommernacht breitet sich über die Erde. Lew Nikolajewitsch verläßt mit seinen Begleitern den Speiseraum und begibt sich auf die Suche nach einem Nachtlager. Aber wo soll er es finden? Alles ist von Pilgern überfüllt. Der Mönch, der die Oberaufsicht über die Schlafräume hat, mustert zuerst kritisch die schmutzigen, zerrissenen Bastschuhe und dann die verstaubten Gesichter, und zweifelt sogar, ob man ihn und seinen Diener in die Unterkunft der dritten Klasse einlassen kann. Lew Nikolajewitsch steht schweigend dabei, wie sein Begleiter den Mönch zu überreden sucht, ihnen das allerkleinste, allerschlechteste Zimmerchen zu überlassen, und wieder fühlt er in sich den Zorn des Menschen aufsteigen, der es gewohnt ist, immer und überall den ersten Platz einzunehmen. Er möchte am liebsten an den Mönch herantreten, ihm kurz und bündig mitteilen, wer er ist, und sich dann daran weiden, wie sich dessen Gesicht plötzlich verändern würde. Er kann sich vielleicht nur deshalb noch zurückhalten, weil ihm sein Diener wieder ins Ohr flüstert:

»Graf, erlauben Sie, daß ich ihm darlege, wer Sie in Wirklichkeit sind.«

Lew Nikolajewitsch gibt ihm keine Antwort, und der Mönch sagt, während er kein Auge von den Füßen der Bittenden wendet:

»Geht in die Schlafraumhütte!«

»Batjuschka«, ruft der Diener entsetzt aus, »dort, sagt man, soll es ja entsetzlich schmutzig sein, dort fressen einen, sagt man, in einer Nacht die Wanzen auf. Da, nehmen Sie einen Rubel, und geben Sie dafür irgendein Zimmerchen. Wir sind so müde vom Weg, wollen uns ausschlafen.«

»Könnt ruhig in der Hütte übernachten«, erwidert der Mönch, »seid ja keine Grafen.«

Eine Weile noch streiten der Mönch und der Diener hin und her, während Lew Nikolajewitsch seinen Blick auf die weißen Glockentürme des Klosters richtet, die sich so wundervoll rein gegen den dunklen Abendhimmel abheben, und auf das Kreuz an der Spitze, das im blauen Licht des Mondes glänzt. Alles ist so klar, so zart, so unglaublich schön um ihn herum in dieser stillen Sommernacht! Aber es geht alles an ihm nur so vorbei, er hat einfach nicht mehr die Kraft, irgend etwas aufzunehmen.

»Nun schön«, sagt da endlich der Mönch, »ich gebe euch ein Zimmer, in Gottes Namen, aber ihr werdet dort nicht allein sein, mit euch wird noch ein Pilger schlafen, ein Schuster aus dem Bolchowsker Kreis.«

Im zugewiesenen Zimmer angekommen, lehnt sich Lew Nikolajewitsch an das offene Fenster und blickt teilnahmslos in die helle Nacht hinaus, während ihm sein Diener sorgfältig das mitgebrachte Leintuch auf dem Diwan zurechtlegt und dann noch ein kleines Kissen auflegt, das ihm die Gräfin fürsorglich in den Ranzen gesteckt hat. Lew Nikolajewitsch findet kaum noch die Kraft sich auszukleiden, und dann wirft er sich auf sein Lager. Die Beine brennen und schmerzen, er fürchtet sich, nur einen Blick auf seine Wunden zu werfen, denn dem Schmerz nach müssen sie entsetzlich aussehen.

Der Diener legt sich neben dem Diwan einfach auf den Boden, ohne sich auszukleiden. Ach, denkt Lew Nikolajewitsch, wenn ich der wäre, der ich immer sein möchte, dann würde ich mich auf den Boden legen und meinem Diener den Platz auf dem Diwan einräumen. Bevor er aber diesen Gedanken zu Ende denken kann, ist er schon fest eingeschlafen.

Auf dem zweiten Diwan liegt der Schuster aus dem Bolchowsker Kreis, und einige Minuten, nachdem Lew Nikolajewitsch die Augen geschlossen, fällt auch er in einen tiefen Schlaf. Dabei läßt er ein unwahrscheinlich lautes Schnarchen vernehmen und knirscht dazu abwechselnd mit den Zähnen, so daß Lew Nikolajewitsch erschrocken auffährt. Im ersten Augenblick kann er nichts verstehen. Sein Blick schweift irr von den hellen Mondlichtflecken auf dem schmutzigen Holzfußboden zu seinem Diener Ssergej, der lang ausgestreckt daliegt. Da ertönt wieder das pfeifende und fauchende Schnarchen aus der anderen Ecke. Lew Nikolajewitsch gerät in Zorn; er weckt seinen Diener und befiehlt ihm: »Ssergej, wecke diesen Kerl und sag ihm, er soll nicht schnarchen!«

Auch der Diener braucht sehr lange, bis er sich, aus dem schönsten Schlaf aufgeschreckt, zurechtfindet. Als er endlich begreift, kratzt er sich verlegen das Hinterhaupt, und eingedenk der Regel, daß man sich in den Räumen des Klosters der größten Höflichkeit und Friedfertigkeit befleißigen muß, rüttelt er den Schuster auf und sagt:

»Mein Täubchen, Sie schnarchen aber sehr laut. Sie erschrecken meinen Alten. Er fürchtet sich, wenn jemand mit ihm im Zimmer schläft und so heftig schnarcht.«

Der Schuster ärgert sich und schimpft, wie es sich für einen Schuster geziemt.

»Wirst du mir vielleicht befehlen, daß ich wegen dieses Alten die ganze Nacht nicht schlafen soll?« schreit er noch zum Schluß, dann dreht er sich auf die andere Seite und ist im nächsten Augenblick schon wieder eingeschlafen.

Lew Nikolajewitsch aber kann keinen Schlaf finden. Mit angespannter Aufmerksamkeit wartet er auf den Augenblick, in dem der Schuster von neuem seine höllische Musik beginnen wird, doch dieser Moment kommt nicht, und das bringt ihn noch mehr in Aufregung. Ssergej kann ebenfalls nicht einschlafen, denn er gedenkt der Mahnung seiner Herrin, über das Wohlbefinden des Grafen zu wachen. Er wartet nun, bis der Schuster anfängt zu schnarchen, um ihn zu wecken, bevor er noch seinen Herrn neuerlich im Schlaf stören könnte. Aber der Schuster schnarcht nicht mehr, und so liegen beide mit offenen Augen da, die ganze Nacht, bis sie endlich bei Beginn der Morgendämmerung ein leichter Schlummer erlöst. Als sie am hellen Tag erwachen, ist der Schuster bereits verschwunden, und das fröhliche Geläute der Kirchenglocken erfüllt das Zimmer.

»Geh in die Kirche!« befiehlt Lew Nikolajewitsch seinem Diener. Er ist verärgert und mürrisch vom Diwan aufgestanden. Die schlecht verbrachte Nacht, die Unzufriedenheit mit sich selbst haben ihm die Laune gründlich verdorben, und der Umstand, daß er die ganze Nacht vom Diwan aus ruhig zugesehen hat, wie sich sein Diener auf der Erde herumwälzt, hat ihm wieder einmal mit der größten Deutlichkeit gezeigt, daß er der »Herr« geblieben ist, den er ablegen wollte. Auch die Mönche, die mit gesenkten Häuptern an seinem Fenster vorüberziehen, und die Sonne, die so grell leuchtet, und das hastige, helle Geläute der Glocken, alles, alles ärgert ihn.

»Und Sie, Herr Graf, Sie gehen nicht in die Kirche?« fragt der Diener zögernd.

Lew Nikolajewitsch erklärt noch einmal, daß er nicht in die Kirche gehen will und begibt sich dann, wiederum im Bauernkittel und in den Bastschuhen, auf die Wiese, um dort den Mönchen beim Grasmähen zuzuschauen.

Ssergej aber, sein Diener, kann es nicht mehr ansehen, wie sich sein Herr quält. Er denkt lange angestrengt nach, wie er die Sache regeln könnte. Da plötzlich kommt ihm ein guter Gedanke, und gleich nach der Messe teilt er einem Mönch mit, daß er der Diener des Grafen Tolstoi sei und daß sich dieser soeben irgendwo auf dem Gelände des Klosters befinde. Gleich wird alles in Bewegung gesetzt, um den Grafen ausfindig zumachen, und schon nach ein paar Minuten tritt ein aufgeregter Mönch zu Ssergej, der sich inzwischen am Gitter mit einem Pilger in ein Gespräch eingelassen hat, und fragt die beiden: »Könnt ihr mir vielleicht sagen, wo hier der Graf Tolstoi zu finden ist?«

»Ich weiß nicht, wo er sich gerade befindet, aber ich bin sein Diener«, gibt Ssergej stolz zur Antwort.

»Ach, dann können Sie mir sagen«, ruft der Mönch erfreut aus, »wie er gekleidet ist.«

Nach den Angaben seines Dieners entdeckt man nun wirklich in kurzer Zeit den Grafen und lädt ihn unter vielen Verbeugungen ein, den Archimandriten zu besuchen. Inzwischen hat sich Ssergej schnell in das Gastzimmer dritten Ranges begeben, in dem er mit seinem Herrn die Nacht zugebracht, um alles bereitzumachen für den Fall, daß dieser nun seine Kleidung zu wechseln wünsche.

Und er hat sich auch nicht getäuscht. Schon tritt Lew Nikolajewitsch ins Zimmer und sagt hastig und kurz:

»Gib mir meine Stiefel und meine Bluse, Ssergej, man hat mich erkannt. Ich muß dem Archimandriten Juwenalij einen Besuch abstatten.«

Der Diener tut, wie ihm befohlen, aber schmunzelnd sagt er sich, daß sein Herr niemals erkannt worden wäre, hätte nicht er selbst mit seiner List nachgeholfen. Haben ihn denn nicht auch bisher alle ohne jeden Argwohn für einen richtigen, echten Muschik gehalten?

Mit sichtlichem Behagen legt Lew Nikolajewitsch die schönen, reinen Stiefel statt der schmutzigen Bastschuhe an und vertauscht den Bauernkittel mit der gewohnten grauen Bluse. Da klopft jemand an die Tür. Zwei Mönche sind gekommen, um dem Grafen bei seiner Übersiedlung in die Herberge ersten Ranges behilflich zu sein. Lew Nikolajewitsch macht schwache Einwände, gibt aber bald nach und kann sich selbst nicht mehr verbergen, wie froh er ist, aus diesem Schmutz endlich herauszukommen. Aber trotz der Plüschmöbel, die ihn nun umgeben, wird seine Stimmung nicht besser, und die Mönche, die ihn jetzt mit aller Unterwürfigkeit behandeln, sind ihm noch mehr zuwider als vorher, da sie grob mit ihm waren. Auch die Unterhaltung mit dem Archimandriten läßt ihn unbefriedigt, ebenso wie die darauffolgende Zusammenkunft mit dem Staretz Amwrossij. Mit dem Archimandriten hat er drei, mit dem Staretz volle vier Stunden lang über theologische Themen gestritten, beide haben ihn inständig gebeten, seine Ausfälle einzustellen und sich mit der Kirche zu versöhnen, beiden gegenüber hat er es an scharfen Worten nicht fehlen lassen, und er hat sich bemüht, ihnen anhand des Evangeliums nachzuweisen, daß die Kirche den falschen Weg geht und den Boden der Wahrheit verlassen hat.

Den Rückweg aus der Optiner Einsiedelei legt Lew Nikolajewitsch nur mehr bis Kaluga zu Fuß zurück, von dort bis Tula fährt er mit der Bahn. Alles ist ihm zuwider, die Mönche, der ganze Geist des Klosters, der ihm voll von Unwahrheit und Heuchelei zu sein scheint, vor allem aber er selbst, weil er nicht imstande ist, mit der Einfalt des Bauern an die Reliquien und Wunderbilder, an das Abendmahl und an die Beichte zu glauben. Und nur die Fahrt, die ununterbrochene, innige Berührung mit dem einfachen Volk, bleibt ihm ein freudvolles Erleben.

Die Nachricht aber, die er bei seiner Heimkehr in Jassnaja Poljana vorfindet, schlägt dem Faß den Boden aus. Auf den Brief, den er im März an den Zaren gerichtet, ist ein Antwortschreiben des Ministers eingetroffen. »Nachdem ich Ihren Brief gelesen habe«, schreibt dieser, »habe ich gesehen, daß Ihr Glaube eine Sache ist, mein und der Kirche Glaube aber eine andere, und daß unser Christus nicht Ihr Christus ist.«

Ein um das andere Mal liest Lew Nikolajewitsch diese Zeilen, und mit jedemmal fühlt er deutlicher das Gift, das sie enthalten.

Wir werden sehen, sagt er endlich, wessen Christus siegen wird, meiner oder der eure! Ich werde alles tun, was in meinen Kräften steht, um Rußland auf den Weg der Wahrheit zu lenken. Ich werde Rußland und der ganzen Welt die Augen öffnen, damit man den Wahnsinn der Regierung und die ganze Lüge der russischen Kirche erkenne. Wir werden kämpfen und wir werden sehen, wem Rußland folgen wird, euch oder mir!

Ein wildes, dunkles Feuer leuchtet in seinen Augen auf. Er ist sich voll bewußt, daß er nun zum unerbittlichen Feind des Staates und der Kirche geworden ist.

Winter 1881-82

Fröhlich, lebendig, voll Energie und Lebenslust ist Ssonja von den Besuchen, die sie eben erledigt hat, zurückgekehrt. In dem eleganten Seidenkleid mit Turnüre und Schleppe sieht sie gleich um einige Jahre jünger aus. Endlich ist der Wunsch, den sie schon so lange gehegt, in Erfüllung gegangen: seit September wohnt die Familie Tolstoi in Moskau. Sserjoscha, der Älteste, besucht die Universität, Tanja die Kunstschule, an der sie ihr großes zeichnerisches Talent weiterbilden soll, Iljuscha und Lew sind im Gymnasium, nur ein paar Schritte von der elterlichen Wohnung, untergebracht, so daß es keine Sorge um ihren Schulweg gibt. Eine weitere wichtige Aufgabe, nämlich für Tanja den für eine junge Dame nötigen gesellschaftlichen Anschluß zu finden, hat Ssonja zur Zufriedenheit gelöst. Sie konnte in kürzester Frist alle ihre alten Bekanntschaften erneuern, erhält eine Unzahl Einladungen und – mit einem Wort, sie hat sich mitten in den Strudel des Großstadtlebens gestürzt, das sie nun mit seinem Zauber gefangenhält.

Ach, wie sie die Stadt liebt! Jetzt erst, in den kurzen Wochen, die sie wieder in Moskau wohnt, hat sie begriffen, was sie in den langen Jahren im Dorf entbehren mußte. Aufgeweckte, rührige Menschen, mit weiten, geistigen Interessen, Theater, Konzerte, Kunst, und vor allem das neue Leben, das ihre Kinder nun führen, das Studium Sserjoschas an der Universität und das »Ausführen« ihrer eleganten, gescheiten, siebzehnjährigen Tochter. Wie das alles neu und aufregend ist! Im Handumdrehen, ohne daß man es gewahr wird, ist der Tag vorüber, von früh bis abends ausgefüllt, ohne eine freie Minute. Ganz besonders aber freut sich Ssonja darüber, daß alle sie so jung und schön finden. Niemand will ihr glauben, daß sie schon einen Sohn hat, der Student ist, daß sie elf Kindern das Leben geschenkt hat und daß sie eben jetzt noch ihren erst einige Wochen alten Aljoscha stillt. Niemandem würde es einfallen, ihr die 37 Jahre zuzubilligen, die sie zählt. Wie wundervoll es doch ist, sich noch jung, schön und begehrenswert zu wissen! Nein, nicht für andere, nur für ihn allein, für Ljowotschka, den sie so liebt, für ihre Kinder nur will sie schön sein und für sich selbst. Sie will niemandem den Kopf verdrehen, nein! Sie ist einfach glücklich, daß sie noch jung und schön ist.

Ssonjas Herz ist voll Glück. Sie kann es nicht bei sich allein behalten, sie muß zu ihm eilen. Sie muß Ljowotschka von ihren Erfolgen in der Gesellschaft erzählen und davon, daß alle außer sich sind vor Entzücken über »Krieg und Frieden« und »Anna Karenina« und daß ihn alle für den größten Dichter Rußlands halten. Ssonja ist beglückt von seinem Ruhm, sie sonnt sich in ihm und berauscht sich an seinem Glanz.

Stürmisch wie ein junges Mädchen eilt sie in das Kabinett Lew Nikolajewitschs. Doch wie vom Blitz getroffen bleibt sie stehen. Lew Nikolajewitsch sitzt an seinem Schreibtisch, sein Haupt auf die Arme gelegt, und sein ganzer Körper bebt, erschüttert von einem leisen, bitteren Schluchzen.

Ssonja ist so bestürzt über diesen Anblick, daß sie im ersten Augenblick unfähig ist, eine Bewegung zu machen. Dann aber eilt sie zu ihm, umarmt ihn, hebt zärtlich seinen Kopf empor und blickt ihm ins tränenfeuchte, schmerzverzerrte Antlitz.

»Ljowotschka, Lieber, was ist mit dir?« flüstert sie und preßt sein Haupt fest an ihre Brust. »Bist du krank? Oder ist etwas geschehen? Sprich, um Gottes willen, sprich schnell!«

»Ich kann so nicht weiterleben, Ssonja!« schreit Lew Nikolajewitsch auf; dann legt er wieder den Kopf auf seinen Arm und schluchzt, herzzerbrechender als vorher.

»Ljowotschka, was hast du nur?« fragt Ssonja verzweifelt.

»Ssonja, so kann ich nicht weiterleben«, gibt er wieder zur Antwort. »Ich bin heute in Moskau umhergegangen, und ich fühle, daß ich hier nicht länger bleiben kann. Soviel Armut, so viele arme, hungrige Menschen!«

»Ach, schon wieder dasselbe«, sagt Ssonja bitter. »Weil es auf der Welt Unglückliche und Hungrige gibt, sollen wir auch unglücklich und hungrig sein?«

»Ja, Ssonja«, erwidert Lew Nikolajewitsch mit feierlicher Stimme, »so lange es auf der Welt Menschen gibt, die unglücklich sind, die hungern und kein Heim haben, so lange kann ich nicht in einem luxuriösen Haus wohnen und mich satt essen, so lange kann ich nicht den Anblick unseres Salons, unseres dicken, vollgefressenen Kutschers ertragen, kann ich nicht ins Theater gehen, wo sich die Menschen unterhalten, während andere zur gleichen Zeit irgendwo hinter einer Planke sterben.«

»Ljowotschka«, antwortet Ssonja und ihre Stimme zeigt schon leisen Ärger, »und wegen dieser Unglücklichen soll unsere Familie auf alles verzichten? Warum?«

»Unser ältester Sohn«, unterbricht er sie, »wälzt sich bis um elf Uhr im Bett, dann geht er zur Universität, und den ganzen Tag ißt er und ißt, während sich Burschen seines Alters im Schweiße ihres Angesichts ihr Brot erarbeiten. Sie hacken Holz und verdienen damit ein paar Kopeken, er plagt sich nicht im geringsten und bekommt alles. Und damit er noch bequemer seinen feinen Körper pflegen kann, heizt ihm der Diener ein.«

»Ljowotschka, aber Sserjoscha arbeitet doch viel in der Universität, und wenn er mit dem Studium fertig ist, wird er auch zum Nutzen des Volkes wirken. Wer wird denn etwas davon haben, wenn er, statt sich auf seine Prüfungen vorzubereiten, selbst den Ofen heizt?«

»Und unsere Tanja kleidet sich wie eine Puppe, ißt das Beste und Schmackhafteste, fährt in die Kunstschule und besucht Bälle, während sich ihre Altersgenossinnen auf der Straße verkaufen, weil sie nichts zu essen haben.«

»Ljowotschka, du bist einfach verrückt«, unterbricht ihn Ssonja zornig. »Wie kannst du nur Tanja mit diesen vergleichen.«

»Ssonja, und alle Leute unseres Standes gehen ins Theater, kaufen in den feinsten Geschäften, fressen sich von früh bis abends voll, und ich fühle jede Minute, jeden Augenblick, daß ich irgendwie daran mitschuldig bin. Nein, Ssonja, nein, so kann man nicht leben, verstehst du, so darf man nicht leben. Du mußt es endlich begreifen: das, was dir und deinen Kindern Freude ist, bedeutet für mich Leid und Qual.«

»Ljowotschka, aber was sollen wir nun tun?« fragt Ssonja weinend. Ihr Gesicht ist ganz bleich geworden, die Mundwinkel hängen schlaff herab, mit einemmal sieht sie um Jahre älter aus.

»Ljowotschka«, fährt sie fort, als er nicht gleich Antwort gibt, »kannst du denn alle die Armen und Unglücklichen dieser großen Stadt jemals speisen und kleiden? War es denn nicht immer so und wird es denn nicht immer so bleiben, daß die einen viel und die anderen wenig haben? Dürfen wir uns aber deshalb niemals mehr einer Freude, einem Vergnügen hingeben?«

»Ssonja«, spricht Lew Nikolajewitsch mit entschiedener Stimme, »wir haben die Pflicht, unser ganzes Vermögen den Armen zu geben und selbst ebenso arm zu sein wie diese Unglücklichen!«

»Ljowotschka, und die Kinder? Haben wir denn ein Recht dazu, die Zukunft unserer Kinder zu zerbrechen, nur deshalb, weil sich deine Ideen jetzt gerade zufällig in dieser Richtung bewegen?«

»Das ist keine zufällige Richtung, Ssonja, das bleibt nun so für mein ganzes Leben.« Lew Nikolajewitsch spricht diese Worte mit feierlicher Stimme, und in seinen Augen erglänzt das Feuer einer festen, unerschütterlichen Überzeugung.

»Was sollen aber dann deiner Meinung nach die Kinder anfangen?« fragt Ssonja, die nur mit Mühe ihren Zorn zurückhält.

»Die Burschen sollen Holz sägen und die Mädchen sollen sich mit Hauswirtschaft befassen!«

»Ljowotschka! Haben wir sie denn dazu erzogen? Warum haben wir für sie so lange eine solche Zahl Erzieher und Gouvernanten gehalten? Wozu sprechen sie dann französisch, englisch und deutsch? Alles, damit sie Holz sägen und Geschirr spülen können? Du hast ja selbst die Erziehung gewollt, die wir ihnen gegeben haben. Ljowotschka, alle diese Gedanken vergehen wieder. Erinnere dich doch, wie du selbst in deiner Jugend gelebt hast! Erinnere dich an all die Bälle, auf denen du getanzt hast! Und wie du selbst davon geträumt hast, deine älteste Tochter auf ihren ersten Ball zu führen. Und jetzt, da die Zeit dazu gekommen ist, willst du, daß sie statt dessen zu Hause sitzen bleibt, um schmutzige Teller abzuwaschen. Ljowotschka, es ist grausam und ungerecht, von seinen Kindern das zu fordern, was man selbst in seiner Jugend nicht getan hat und auch nicht hat tun wollen.«

»Ich war damals noch dumm und blind. Jetzt ist mein Geist gereift. Ssonja, das Glück liegt nicht in Bällen und nicht im Leben der großen Welt, das Glück besteht im engen Umgang mit dem arbeitenden, armen, unglücklichen Volk. Ich fühle mich jetzt nur mehr dann glücklich, wenn ich mit meinen Freunden, den

Muschiks, auf dem Sperlingsberg Holz säge. Ja, dorthin sollten wir unsere Söhne schicken! Stelle dir nur vor, bei dieser ermüdenden Arbeit verdienen sie nicht mehr als vierzig, fünfundvierzig Kopeken am Tag, und dabei bringen sie es noch zuwege, Geld zurückzulegen, der eine für den Kauf eines Pelzes, der andere für eine Reise in sein Heimatdorf. Der eine ist aus Kaluga, der andere aus Wladimirsk. Zwei liebe Burschen! Meine größte, meine einzige Freude jetzt ist es, meine Zeit mit diesen armen Kerlen zu verbringen. Sieh nur her, Ssonja, diese Schwielen habe ich mir bei der Arbeit mit diesen prächtigen Menschen geholt. Ich bin stolz auf diese Schwielen. Es ist das erstemal in meinem Leben, daß ich mir das Recht auf Essen erarbeitet habe.«

»Da brauchst du aber wirklich nicht stolz darauf zu sein!« wirft Ssonja zornig ein. »Denn Holz sägen, das kann jeder, aber solche Romane schreiben, wie du sie geschrieben hast, das bringt nur ein Genie zuwege.«

»Ach, sprich mit nicht von diesen Romanen«, entgegnet Lew Nikolajewitsch voll Bitterkeit. »Ich schäme mich, daß ich sie geschrieben habe, zum Zeitvertreib für reiche, faule, leichtsinnige Menschen. Ich kann jetzt an nichts anderes mehr denken, als an die Armen, von denen ganz Moskau voll ist. Da ist zum Beispiel einer, der fällt sozusagen bei jedem Schritt von einem Bein auf das andere, geradeso, als ob er sich jedesmal vor dir verbeugen wollte und sein erfrorenes Gesicht trägt einen so mitleidheischenden Ausdruck! Aber er getraut sich dennoch nicht, dich anzubetteln, denn es ist ja verboten. Verstehst du die ganze Tragik eines solchen Menschen? Es ist ihm verboten, von solchen Nichtstuern, wie wir sind, Almosen zu fordern! Er muß zugrunde gehen. Ich habe es selbst gesehen, wie ein Polizist einen solchen kranken, wassersüchtigen Bettler festnahm und auf die Wachstube führte. Ich fragte den Polizisten, ob es denn verboten sei zu betteln, und er antwortete, die Behörde habe es so angeordnet, folglich müßte auch so gehandelt werden.

Und wenn du wüßtest, wie es am Chitrowmarkt zugeht! Dort sind die Menschen in Fetzen gekleidet, die überhaupt nicht mehr einem Anzug ähnlich sehen. Auf jedes Wort, das sie sprechen, lassen sie nicht wiederzugebende Ausdrücke folgen und alle sehen dich an, als ob sie dich fragen wollten: Wer bist du? Warum bist du zu uns gekommen? Wie kannst du satt sein, während wir hungern?

Einer dieser Unglücklichen fiel mir besonders auf. Ich bot ihm ein heißes Getränk an; nebenan verkaufte gerade ein Händler ein solches Zeug. Alle versammelten sich um mich und baten, ich möchte ihnen auch etwas geben. Wenn du ihre Gesichter gesehen hättest, Ssonja! Da war ein langer, dürrer Greis, in einem alten, durch einen Strick zusammengehaltenen Mantel, und so betrunken, daß er kaum auf den Beinen stehen konnte. Und daneben ein kleiner Muschik in einem braunen Rock und einer dünnen Sommerhose, durch deren Löcher die nackten Knie hervorkamen, die vor Kälte laut aneinanderschlugen. Als ich ihm ein Glas des warmen Trunks reichte, zitterten ihm die Hände so, daß er fast die Hälfte verschüttete. Die Umstehenden beschimpften ihn, und er lächelte dazu so verlegen, so herzzerreißend hilflos. Ach, Ssonja, dieses Lächeln um diese starren, blauen Lippen.«

Wieder treten Tränen in die Augen Lew Nikolajewitschs, und mit bebender Stimme fährt er fort: »Und dann war da noch ein ganz junger Mensch, im Alter unseres Sserjoscha vielleicht, er hatte nichts als eine dünne, zerrissene Rubaschka, durch deren Löcher die bleichen, schmutzbedeckten Schultern hervorschauten. Seinen Kopf bedeckte eine Mütze ohne Schild. Seine lange, dürre Gestalt bebte und schüttelte sich vor Kälte, und dabei sah man ihm an, daß er seine ganze Willenskraft aufwandte, um dieses Zittern zu unterdrücken, weil er sich darob schämte. Und unsere Söhnchen sind in elegante, moderne, warme Winterröcke gekleidet!«

»Ljowotschka, Ljowotschka, fasse dich doch!« versuchte ihn Ssonja, die selbst von seinem Kummer und seinem Schmerz ergriffen ist, zu beruhigen.

»Ssonja, das kann man nicht vergessen! Diese Gesichter verfolgen mich, ich sehe sie im Schlaf, sie heften sich an mich wie Gespenster. Ich gab damals diesen Armen alles, was ich an Geld bei mir hatte, es mögen beiläufig zwanzig Rubel gewesen sein. Aber was ist das gegen diese Armut! Ich besuchte ihre Schlafstätten, und dann kehrte ich nach Hause zurück. Ich schritt über die mit Teppichen belegten Stufen, setzte mich zu Tisch, an dem mich zwei Lakaien im Frack mit weißen Halsbinden bedienten und wo man mir ein Essen aus fünf Gängen vorlegte – und ich begriff, daß ich so nicht weiterleben kann!«

»Aber was soll man tun? Was ist da zu machen?« weint Ssonja.

»Unser Leben«, gibt Lew Nikolajewitsch zur Antwort, »ist ein Verbrechen. Solange diese vielen Tausende noch in Hunger, Kälte und Bettelarmut leben, so lange werde ich das Leben, das wir und unseresgleichen führen, als Verbrechen ansehen. Es kümmert mich nicht, wenn die Gelehrten und Volkswirtschaftler auch hundertmal sagen, daß es immer Arme geben wird, geben muß. Nein, hundertmal nein, so kann ich nicht leben, ich fühle mich als Mitschuldiger an diesem ungeheuren Verbrechen! Mir ist mein Haus zuwider, ich kann diese meine geleckten, satten, so gut gekleideten Kinder nicht sehen, ich kann dich nicht ansehen in diesem teuren Kleid, für das man einige arme Familien einen ganzen Tag lang erhalten könnte. Ich kann dich nicht sehen, Ssonja! Laß mich allein, geh von mir, denn du kannst ja doch nichts, nichts verstehen!«

Wieder sinkt sein Haupt auf seine Arme, und wieder durchbebt ein tiefes Schluchzen seinen ganzen Körper. Ssonja legt weich ihre Hand auf seinen Scheitel, er aber stößt sie mit einer heftigen Bewegung von sich. Tief aufseufzend verläßt sie ihn und geht langsam in ihr Zimmer. Dort wirft sie sich aufs Bett und weint. Ihr ganzes Leben erscheint ihr wie ein Labyrinth, aus dem es keinen Ausweg gibt, in dem ihrer nichts mehr wartet, als eine endlose Reihe unerträglich schwerer Tage. Doch nein, denkt sie mit einemmal, ich darf mich nicht verlieren, um meiner Kinder willen muß ich kämpfen! Was können denn die armen Kinder dafür? Soll ich wirklich zulassen, daß mein Sserjoscha Holz hackt und meine Tanja den Zweck ihres Lebens im Geschirrwaschen findet? Möge er seinen Weg gehen, meine Kinder aber sollen so leben, wie es das normale Leben verlangt. Und ich werde sie schützen, gegen ihren eigenen Vater, mit all meinen Kräften.

Gegen den eigenen Vater schützen. Bei diesem Gedanken krampft sich ihr Herz zusammen und erfüllt sich mit Leid um ihren Gatten. Sie fühlt seine Qualen, als ob es die ihren wären.

Auch sie hat Mitleid mit den Armen und hilft ihnen gerne, soviel sie nur vermag. Aber fester als alles andere wurzelt in ihrem Herzen die Überzeugung, daß ihre Kinder ein Recht auf ein persönliches Leben, ein Recht auf ein eigenes Glück haben und daß ihnen ihr leiblicher Vater dieses Glück nicht deshalb zerstören darf, weil andere mit zerrissenen Hemden und bloßen Schultern umhergehen müssen. Und wieder macht das Mitleid mit den Qualen ihres Mannes dem Gefühl tiefster Bitterkeit Platz. Acht Kinder, denkt sie, hat er in diese Welt gestellt; jetzt aber hat er sie vollständig vergessen und denkt nur mehr an die andern. Wird meine Kraft reichen, diese acht Kinder zu erziehen und sie so weit zu bringen, daß sie selbst im Leben weiterkommen, gegen den Willen ihres eigenen Vaters?

Winter 1882

»Nun hoffe ich, daß alles gutgeht«, spricht Ssonja leise vor sich hin, nachdem sie noch einmal in allen Zimmern nachgesehen, ob auch wirklich alles für den Abend bereit ist. Eine Menge Gäste sind geladen, und Ssonja will nicht, daß man nachher etwas sagen könnte, es wäre in ihrem Haus nicht alles so gewesen, wie es an einem solchen Paradeabend in der großen Gesellschaft Sitte ist. Lakaien im Frack regen geschäftig ihre weiß behandschuhten Hände, um den gedeckten Tischen die letzte Sorgfalt zu geben, und eilig huschen die Diener über die Teppiche, die Lew Nikolajewitsch so zuwider sind.

Gerade kommt er aus seinem Arbeitszimmer und geht mit mürrischer Miene auf Ssonja zu. Diese hat in diesen letzten Monaten ihr gesundes, frisches Aussehen verloren. Nicht so sehr das lange Stillen des Kindes ist die Ursache, sondern vor allem die quälende Sorge um ihren Mann, der nun schon so lange Zeit niemals mehr aus seinem schweren, gedrückten Gemütszustand herauskommen will. Jetzt wendet sie sich zärtlich an ihn:

»Ljowotschka, nimm dich zusammen und sei liebenswürdig mit unseren Gästen! Besonders mit der Fürstin Galitzin und mit dem jungen Mansurow! Ljowotschka, du mußt verstehen, daß es notwendig ist, wir leben ja nicht im Urwald.«

»Ssonja«, gibt ihr Lew Nikolajewitsch ärgerlich zur Antwort, »du weißt doch selbst genau, wie unendlich zuwider mir diese Abende sind und alle diese Leute, die sich nicht im geringsten um ihre leidenden, unglücklichen Mitmenschen kümmern.«

»Ljowotschka, du ärgerst dich immer über alles; aber ich glaube, wenn ein Mensch, dem es gutgeht, auf einmal beginnt, immer nur alles Schlechte zu sehen und vor allem Guten die Augen verschließt, dann ist die Ursache dafür einfach eine Krankheit. Meiner Meinung nach mußt du dich einfach kurieren! Du solltest zum Arzt gehen.«

»Du bringst mich in helle Wut mit deinen ewigen, läppischen Sorgen um meine Gesundheit. Alles, was in mir jetzt vorgeht, hat seinen Grund darin, daß die Welt so unendlich gemein und dumm eingerichtet ist. Während die einen vor Hunger und Elend zugrunde gehen, veranstalten die anderen, so wie heute wir, Gesellschaftsabende, zu denen sie Grafen und Fürsten laden, um sie mit dem Geld zu füttern, das sie ihren notleidenden Mitmenschen geben sollten!«

»Aber warum hast du es denn früher verstanden, glücklich zu sein? Hast du denn nicht gewußt, daß es Unglückliche, Arme, vom Schicksal Benachteiligte gibt? Blicke doch um dich! Wie viele gute, tapfere, gesunde und liebe Menschen gibt es! Warum willst du immer nur das Unglück und das Laster bemerken? Und dann kann ich noch etwas nicht begreifen. Früher hast du dich immer aufhängen wollen, weil du keinen Glauben hattest. Jetzt hast du deinen Glauben gefunden und bist noch unglücklicher, noch niedergedrückter und noch verärgerter als zuvor. Wie ist das zu erklären?«

»Ach, Ssonja, mit dir darüber zu sprechen, ist ganz nutzlos, du verstehst mich ja doch nicht. Mein einziger Trost ist heute, daß auch Ssjutajew an unserem Abend teilnimmt. Das ist ein Mensch, von dem ich etwas lernen kann, ein Mensch, der seinen Weg kennt und der wirklich Gutes schafft.«

»Da hast du wirklich jemanden gefunden, bei dem man lernen kann«, zuckt Ssonja verächtlich die Achseln.

»Ja, er hat aus seiner Familie eine ›Gemeinschaft‹ gemacht, und sie haben alles, alles gemeinsam. Sogar die Truhen der Frauen. Ich habe an seiner Schwägerin neulich ein schönes Tuch gesehen und sie gefragt, ob es ihr gehöre, und sie gab lachend zur Antwort: Nein, das gehört der Mutter – meines habe ich irgendwo verloren, weiß selbst nicht wo!«

»Das ist schon wirklich etwas, das einen in Entzücken versetzen kann! Es werden einfach alle an Schlamperei gewöhnt.«

Aber Lew Nikolajewitsch achtet nicht auf die in nüchternem, wegwerfendem Ton vorgebrachten Einwände Ssonjas und fährt fort:

»Sein Sohn hat sich geweigert, Militärdienst zu leisten und sitzt jetzt in der Schlüsselburg. Er ist der Ansicht, daß man nicht Soldat sein darf, weil Christus gesagt hat: ›Du sollst nicht töten‹.«

»Auch das ist Unsinn!« sagt Ssonja scharf und kalt. »Was soll ein Staat ohne Soldaten anfangen? Man muß doch seine Heimat schützen.«

»Ach, schweige lieber, Ssonja«, anwortet Lew Nikolajewitsch bitter. »Es tut mir weh, deinen Worten zuzuhören. Alles, was mir teuer ist, was auf mich Eindruck macht und was ich richtig und gut finde, erscheint dir läppisch und ungereimt.«

»Ich sage dir, was ich denke«, antwortet ihm Ssonja stolz. In ihren großen, traurigen Augen glänzen Tränen. Diese letzten Monate, in denen sie die Qualen ihres Mannes mit angesehen hat, zählen zu den schwersten, die sie in ihrem ganzen Leben mitmachen mußte. Dennoch hat sie es niemals über sich gebracht, ihre Meinung seinen Ideen unterzuordnen oder sie bei sich zu behalten.

»Was mich bei Ssjutajew am meisten anzieht, ist, daß er sich gänzlich von der Kirche losgesagt hat«, setzt Lew Nikolajewitsch sein Loblied auf seinen neuen Freund fort. »Als er seine Tochter verheiratete, gab es keine kirchlichen Zeremonien. Mit seiner köstlichen Muschiksprache hat er mir das so geschildert: Wie wir uns entschlossen haben, da haben wir uns einfach versammelt am Abend, ich habe ihnen meine Lehre gegeben, wie sie leben müßten, dann haben wir ihnen das Bett gerichtet, haben sie zusammen schlafen gelegt, das Licht ausgelöscht und fertig war die ganze Hochzeit.«

Ein seliges Lächeln spielt um die Züge Lew Nikolajewitschs,

während Ssonja außer sich gerät.

»Ljowotschka«, fragt sie, »möchtest du wohl auch unsere Tanja so verheiraten?«

»Ob so oder anders«, gibt er zur Antwort, »weiß ich nicht, nur das eine ist sicher, daß mir die Kirche zuwider ist. Unsere Kirche ist schuld an allen Übeln, die sich unter dem Segen des Glaubens vollzogen haben und vollziehen!«

Wieder glänzt dasselbe düstere Feuer in seinen Augen wie immer in der letzten Zeit, wenn er von der Kirche spricht.

»Wie kommt es nur«, sagt sie, »daß du dich von einem solchen Menschen beeinflussen läßt? Du solltest doch mit deinem eigenen Verstand leben und nicht immerfort bei andern suchen!«

»Er weiß, wie man leben muß«, antwortet Lew Nikolajewitsch hartnäckig. »Er geht fest und unbeirrt seinen Weg, und ich, ich habe noch immer den meinen nicht gefunden. Deshalb muß ich von ihm lernen!«

Ssonja möchte am liebsten wieder weinen, aber der Gedanke, daß nun jeden Augenblick die ersten Gäste eintreffen müssen, hält sie zurück. Sie nimmt ihre ganze Energie zusammen, um Lew Nikolajewitsch wenigstens so weit zu bringen, daß sie sich nicht allzusehr wegen seines Verhaltens am Abend beunruhigen muß.

»Ljowotschka«, sagt sie demütig, »wird sich die Fürstin Galitzin nicht beleidigt fühlen, wenn du neben diesem Ssjutajew sitzt? Er ist doch ein ganz einfacher Kuhhirt in seinem Dorf.«

»Ja, er ist ein Kuhhirt. Er führt die Herde des Dorfes auf die Weide, und er liebt sein Vieh. Niemals, wenn er auf seinem Pferd reitet, würde es ihm auch nur in den Sinn kommen, die Peitsche zu gebrauchen.«

»Und was werden die Sswerbejews und die Chomjakows sagen, wenn dein Ssjutajew gesprächig zu werden beginnt?«

»Was sie sagen, ist mir vollständig gleichgültig«, fällt ihr Lew Nikolajewitsch brüsk ins Wort. »Wenn Ssjutajew nicht dabei ist, verlasse ich mein Zimmer keinen Schritt. Überdies wünsche ich, daß er von nun an bei uns Wohnung nimmt.«

Ssonja seufzt, aber sie wagt keinen Widerspruch. Sie weiß, daß er in solchen Dingen unbeugsam ist.

Die Glocke ertönt, die ersten Gäste erscheinen. Ssonja gibt

ihrem Gesicht den liebenswürdigsten Ausdruck, was ihr freilich nur unter Aufwand großer Energie gelingt. Sie empfängt die Angekommenen, und bald ist der große Salon erfüllt von dem Kichern der Mädchen, dem Plaudern der Damen und den angeregten Gesprächen der Herren. Ssonja geht von einem zum andern, wechselt mit jedem ein paar Worte und wartet dabei mit Unruhe auf die Ankunft Ssjutajews.

Endlich ist der Augenblick gekommen. Er ist ein magerer, unscheinbarer Muschik, der sich in nichts von tausend anderen unterscheidet. Ssonja, die in allen Dingen des Lebens peinliche Ordnung und Sauberkeit liebt, ist schon wegen seines Äußeren gegen ihn eingenommen. Ein spärlicher, schmutziger Bart umrahmt sein ausdrucksloses Gesicht mit den kleinen, tiefsitzenden Augen, die Stiefel sind mit schon lange eingetrocknetem Kot bespritzt, und der Halbpelz, den er niemals, auch im Zimmer nicht, ablegt, ist von oben bis unten mit Schmutz und Fett beschmiert. All dies bringt Ssonja zur Verzweiflung – und versetzt Lew Nikolajewitsch in helles Entzücken. Ssjutajew selbst wird durch die glänzende Versammlung, in die er so plötzlich hineingerät, nicht im geringsten in Verlegenheit gebracht. Auf jede Frage gibt er nach kurzem Nachdenken eine Antwort, und bringt alles mit einem solchen Selbstbewußtsein vor, wie es nur ein Mensch vermag, der bis zum letzten von der Richtigkeit seines Weges überzeugt ist. Dabei kann er keinen Buchstaben schreiben, und wenn er liest, so muß er sich mühsam von Silbe zu Silbe weiterkämpfen.

Lew Nikolajewitsch erblüht unter seinen Worten wie ein Jüngling unter den Blicken seiner Geliebten. Nach einer Weile beugt er sich zu Ssonja und flüstert ihr ins Ohr:

»Es ist doch wunderbar, wie ich und Ssjutajew, zwei Menschen aus ganz verschiedenen Kreisen, auf so ganz verschiedenen Wegen zu den gleichen Zielen gelangen.«

»Nichts Wunderbares! Es gibt heutzutage genug Leute, die leugnen, was uns heilig ist«, flüstert sie ihm zornig und giftig zurück, um im nächsten Augenblick sich umzuwenden und wieder mit dem angenehmsten Lächeln mit einer Dame über Theater und Konzerte zu sprechen. Lew Nikolajewitsch aber fährt fort, mit zärtlicher Liebe die unscheinbare Gestalt Ssjutajews anzusehen und mit immer steigendem Haß die Damen in ihrem kostbaren Schmuck und in ihren eleganten Kleidern. Wieviel Geld wird dieser Abend kosten mit den Kuchen, Pasteten, dem Kaviar und den teuren Weinen, die all diese Leute verzehren? Wieviel arme Familien könnten sich mit diesem Geld heute satt essen? Noch einmal wirft er seinen Blick auf Ssjutajew und dann kommt ihm mit einemmal der Gedanke, den Versuch zu machen, alle diese vornehmen, eleganten Menschen auf den Weg der Wahrheit zu bringen. »Besteht deiner Meinung nach ein Sinn unseres Lebens?« fragt er mit lauter, zitterner Stimme Ssjutajew. Dieser ist gewohnt zu predigen und mit seinen Ansichten bei den Menschen Interesse zu erwecken. Ohne im geringsten in Verlegenheit zu geraten, spricht er mit gleichmäßigem, ruhigem Ton, der keinen Widerspruch zu dulden scheint:

»Man muß nach Gott leben! Alles ist in dir selbst.«

»Verstehen Sie, was er sagt?« ruft Lew Nikolajewitsch entzückt aus. »Das heißt, daß alles an uns selbst liegt, daß das Reich Gottes im Innern eines jeden Menschen ist.«

»Wo Liebe ist, dort ist auch Gott«, fügt Ssjutajew noch seinen Lieblingsausspruch hinzu.

»Und erkennst du nicht das Recht an, Gewalt anzuwenden, wenn man dir Böses zufügt?« forscht Lew Nikolajewitsch weiter.

»Nein, auf Böses muß man mit Liebe antworten«, gibt Ssjutajew ebenso energisch wie vorher zur Antwort, mit der Sicherheit und Festigkeit, mit der man eine gut eingelernte Lektion hersagt.

»Und kämpfen darf man auch nicht?«

»Nein, das darf man nicht. Mein Sohn hat sich geweigert, bei den Soldaten zu dienen und sitzt jetzt in der Festung.«

»Und Steuern zahlst du auch nicht?« forscht Lew Nikolajewitsch weiter. Er kennt genau die Antworten, die er auf diese Fragen bekommen wird. Aber er will, daß alle Anwesenden diese Worte unmittelbar aus dem Mund Ssjutajews vernehmen und dadurch um so sicherer in ihrem Gewissen aufgerüttelt werden.

»Nein«, sagt dieser, »ich zahle keine Steuern. Weil nämlich die Steuern zum Erhalten der Soldaten aufgewendet werden. Und wenn sie kommen, um mein Eigentum zu pfänden, dann steht ihnen alles offen. Schlösser habe ich keine. Wenn sie pfänden wollen, sollen sie pfänden!«

»Und ist dir nicht leid um dein Haus, dein Vieh, deine Sachen?« fragt Lew Nikolajewitsch, und seine Stimme bebt vor Entzücken über die Antworten, die Ssjutajew mit seiner kalten, leidenschaftslosen und dafür um so wirksameren Art vorbringt.

»Warum soll mir darum leid sein?« sagt. »Es ist ja ihre Sünde, nicht meine! Überhaupt, es sollte alles gemeinsam sein, man sollte die Felder nicht teilen, die Häuser auch nicht, und den Wald auch nicht. Dann brauchte man keine Schlösser und keinen Handel, keine Obrigkeit und keine Richter, und auch die Soldaten wären nicht notwendig. Alle werden ein Herz und eine Seele sein, und es wird nicht mein und nicht dein geben.«

Ssjutajew hält inne, und in seinen Augen leuchtet ein helles Feuer. Man sieht es ihm an, daß er an seine Worte glaubt und daß er auf der Stelle bereit wäre, mit seinem Leben für sie einzustehen.

»Das ist es, was mir an dir so gefällt«, sagt Lew Nikolajewitsch, »daß bei dir die Worte und die Taten eins sind.«

Er wirft dabei einen so liebevollen Blick auf Ssjutajew, daß Ssonja wie von einem Schlag getroffen zusammenzuckt. Sie hat immer schon in den letzten Wochen ein Gefühl namenloser Eifersucht gegen diesen Muschik gehegt, aber jetzt meint sie, sie könnte es nicht mehr ertragen, daß ihr Mann für ihn eine Zärtlichkeit und Wärme fühlt, wie er sie ihr, seiner Frau, schon lange nicht mehr gezeigt.

»Du hast recht, mein Lieber«, sagt Lew Niolajewitsch. »Ich nahm jetzt Ende Jänner an der großen Volkszählung hier in Moskau teil, und ich werde diese Tage niemals vergessen!«

In den Augen Lew Nikolajewitschs zeigen sich Tränen, wie immer, wenn er vom Lose der Armen spricht. Er beginnt ausführlich von alldem zu erzählen, was er dabei erlebt und gesehen hat. An dem erschrockenen Gesichtsausdruck Ssonjas und auch an den Mienen Sserjoschas und der Gäste merkt er wohl, daß es sich eigentlich nicht schickt, im Salon von solchen Dingen auf diese Art zu sprechen, doch er läßt sich nicht zurückhalten.

»Graf«, unterbricht ihn da eine der Damen, die ihm gegenübersitzt, in eine prächtige Seidentoilette gekleidet, mit glänzenden Brillantringen an den zarten Händen, »wie haben Sie sich dazu entschließen können, selbst in diese Häuser zu gehen?«

»Ich bin in diese Häuser der Armut und des Lasters gegangen«, gibt Lew Nikolajewitsch scharf zur Antwort, »weil ich mich dazu moralisch verpflichtet fühlte. Denn so, wie wir leben, dürfen wir nicht weiterleben, wir müssen diesen Armen helfen.«

Die Dame schweigt betreten, und Lew Nikolajewitsch fährt in seinen Schilderungen fort:

»Dort ist alles grau, schmutzig, und überall herrscht ein unbeschreiblicher Geruch. Die Leute sehen vernachlässigt, verkommen aus und sind nur ganz notdürftig in altes Fetzenzeug gekleidet. Alle diese Menschen arbeiten von früh bis spät um den Lohn von ein paar lumpigen Groschen. Eine Waschfrau wusch, ein Schuster schlug Absätze auf, ein Tischler hobelte Bretter. Alle sind sie Menschen, meine Herrschaften! Und wie freundlich und liebevoll sie uns aufnahmen! Sogar bewirten wollten sie uns, wenn wir gerade zur Zeit des Tees oder des Mittagmahls zu ihnen kamen. Ich kann Ihnen nicht sagen, welche Achtung ich vor diesen Leuten empfand, wegen ihrer Arbeit und wegen ihres schweren Lebens. Was mich am meisten überraschte, ist, daß die meisten unter ihnen trotz ihrer Armut und ihrer Not gutmütige, ruhige, ja fröhliche Menschen sind. Und wie sie einander helfen! Mehr, als ich selbst ihnen zu helfen vermöchte. Eine Frau, die sich selbst verkauft, ging zwei Tage lang nicht auf die Straße, weil sie ihre Nachbarin pflegte, die am Kindbettfieber krank darniederlag. Oder ein Schneider, der selbst nicht weiß, wovon er mit seiner Familie leben soll, hat eine Waise zu sich genommen und zieht sie nun zusammen mit seinen eigenen Kindern auf. Die Mehrzahl der Menschen, die in diesen Häusern leben, sind durch irgendeinen unglücklichen Zufall um ihre Stellung in der menschlichen Gesellschaft gekommen. Zahlreich sind auch die Frauen, die aus der Liebe ein Gewerbe machen. Eine dritte Gruppe unter diesen Unglücklichen, die Unglücklichsten von allen, sind die verwahrlosten Kinder, die niemanden haben, der sich um sie sorgt. Ich habe dort zum Beispiel ein dreizehnjähriges Mädchen gesehen, das von seiner Mutter, einer Prostituierten, verkauft wird. Man muß etwas ausdenken, um diese Armen zu retten! Freilich, ich muß es ehrlich gestehen, beide, die Mutter wie die Tochter, machten einen unangenehmen Eindruck, sie haben in mir eigentlich das Gefühl des Ekels und des Abscheus erweckt. Aber, es waren Menschen, die die beiden so tief ins Unglück gebracht haben, und so müssen sich doch auch Menschen finden, die ihnen wieder heraushelfen. Bedenken Sie doch trotz allem, diese Mutter hat ihr Kind aufgezogen, es gekleidet und genährt! Und so müssen wir ihr mit christlicher Liebe und christlichem Verzeihen gegenübertreten.«

Lew Nikolajewitsch blickt rund um sich nach diesen Worten. Er sieht, wie die Damen alle erröten und verlegen vor sich hinblikken. Ihr Gesichtsausdruck zeigt ihm wieder, daß er ein Thema angeschlagen hat, das man im Salon vor geladenen Gästen nach den Regeln des Anstandes nicht berührt. Da kommt ihm der Gedanke, daß doch all diese Damen, die sich jetzt so genieren, im Grund genommen dasselbe tun, wie dieses unglückliche Mädchen, daß auch sie alle für nichts anderes leben, als für die Befriedigung der sinnlichen Gelüste ihrer Männer. Sie arbeiten nichts, hüten sich davor, viele Kinder zu bekommen, und erziehen auch ihre Töchter dazu, dem Mann als Spielzeug zu dienen. Nur, daß die Prostituierte ihr Kind in eine Spelunke letzten Ranges führt, während die Dame der Gesellschaft ihre Tochter auf Bällen feilbietet. Es ist ihm jetzt mit einemmal, als könnte er überhaupt keinen Unterschied mehr finden zwischen jener Dirne mit ihrem Kind und diesen parfümierten, geputzten Damen da vor ihm, und es scheint ihm, als wäre es gänzlich sinnlos, bei ihnen Hilfe für seine Schützlinge zu suchen. Dennoch fährt er fort:

»Aber meine Herrschaften, wir müssen irgendeinen Weg finden, um diese Unglücklichen zu retten. Wir müssen diese Waisen irgendwie unterbringen, müssen diesen gefallenen Frauen die Hände reichen, und es muß so werden, daß es in ganz Moskau keinen einzigen Menschen gibt, der nicht die Hilfe fände, deren er bedarf. Wir müssen Geld zusammenbringen, viel, viel Geld!«

Er hat diese Worte mit heißem Fühlen, mit Tränen in den Augen gesprochen, zu den Damen und Herren gewandt, die alle reich sind, unermeßliche Güter besitzen. Aber die ganze Zeit über denkt er eigentlich an Ssjutajew, was dieser wohl zu dem zu sagen hätte, was er jetzt spricht. Der ist die ganze Zeit stumm dagesessen, seine kleinen Augen waren noch kleiner geworden und gleichsam noch tiefer in seinem Antlitz versunken. Auch jetzt kommt kein Wort aus seinem Mund, obwohl ihn Lew Nikolajewitsch fragend, ja fast bittend, anblickt. Endlich wird dieses Schweigen für Lew Nikolajewitsch unerträglich, und er wendet sich direkt an seinen Freund: »Was denkst du darüber? Wie kann man diesen Unglücklichen helfen?«

»Man kann ihnen helfen«, gibt dieser scharf zur Antwort, »aber nur nicht so, wie ihr das tun wollt. Das Geld, das ihr an diese Armen verteilen wollt, nützt ihnen nicht im geringsten. Das ist kein Almosen. Gib ihnen geistiges Almosen! Belehre sie! Aber Geld geben, das ist dasselbe, als wenn du ihnen sagen würdest, da habt, und laßt mich in Ruhe!«

Die Schärfe und der schneidende Ton, in dem Ssjutajew seine Antwort vorbringt, überraschen Lew Nikolajetisch aufs äußerste.

»Du hast mich sicher nicht gut verstanden«, sagt er, »ich habe gemeint, daß man wohl Geld für sie aufwenden soll, aber indem man ihnen Arbeit verschafft, mit einem Wort, indem man ihnen durch die Tat hilft!«

»Diesen Menschen könnt ihr so nicht helfen«, läßt sich Ssjutajew wieder mit noch entschiedenerem Ton als vorher vernehmen, und seine kleinen Äuglein blitzen plötzlich auf wie Sterne. »Wenn ihr helfen wollt, so müßt ihr es so tun: Alle diese Unglücklichen in eure Häuser aufnehmen, du nimmst diesen, ich nehme jenen. Wir gehen auch mitsammen zur Arbeit. Er wird das Leben sehen, das du führst, und wird von dir lernen, wie man leben soll. Beim Mittagessen und beim Tee muß er neben dir sitzen, damit er ein gutes Wort von dir lernt. Das ist Almosen, aber nicht so, wie du es willst: Geld hergeben, und mach, daß du fortkommst!«

»Ich nahm einmal einen Knaben auf, aber er ist mir nach einer Woche durchgebrannt«, sagt Lew Nikolajewitsch traurig und fühlt, daß in den Worten Ssjutajews eine große Wahrheit verborgen liegt.

Jetzt endlich begreift er auch mit einemmal, warum es dieses Kind bei ihm nicht aushalten konnte. Er hat den zwölfjährigen Knaben, nachdem man seinen Meister, einen Schuster, wegen irgendeines Delikts eingesperrt, zu sich genommen. Aber nicht zu seinen Kindern, nicht in seine Familie, sondern in die Küche. Natürlich, er konnte doch nicht diesen Burschen, der aus der Mitte des verworfensten Lasters kam, in seine Kinderstube einlassen! Ssonja gab ihm abgelegte Kleider von den Kindern, und die Köchin mußte sich um seine Nahrung kümmern. Was hat er aber selbst für dieses Kind getan? Ein paarmal hat er im Vorübergehen einige Worte zu ihm gesprochen. Und was hat dieser Knabe in seinem Haus gesehen? Die Grafenkinder, die selbst nicht arbeiteten, und nur andern den ganzen Tag hindurch Arbeit machten, gut und fett aßen und den Hunden das vorwarfen, was für die Leute, von denen er kam, ein Festessen gewesen wäre! Ja, Ssjutajew hat recht, tausendmal recht, wenn er sagt, man müsse die Unglücklichen durch das eigene Beispiel belehren, und Lew Nikolajewitsch erinnert sich auch ganz gut daran, wie er sich vor diesem zwölfjährigen Jungen aus dem Volk des Lebens geschämt, das er selbst führt und das seine Kinder führen. Konnte denn dieser kleine Sserjoscha etwas anderes in der griechischen und lateinischen Grammatik sehen, als die andern Menschen aus dem Volk, nämlich einen müßigen Zeitvertreib für Nichtstuer? Und Lew Nikolajewitsch selbst, je mehr er in der letzten Zeit darüber nachdenkt, und je mehr er mit dem Volk Verkehr pflegt, kann sich des Gefühls nicht erwehren, daß alles, was seine Kinder im Gymnasium und auf der Universität lernen, ein eitles Getue für satte, faule Herrschaftskinder sei.

Stumm sitzt Lew Nikolajewitsch mit seinen Gedanken da, die Worte Ssjutajews im Herzen. Und immer mehr und mehr wird ihm diese ganze Umgebung zuwider, die ihn von dem Sein des gemeinen Volks trennt. Dieses teure Essen, das ihm jeden Tag vorgesetzt wird, ist ihm wie eine Mauer, die ihn von jenen Menschen scheidet, die alle zusammen aus einer Schüssel essen. Die Kleidung, die er für jeden gegebenen Fall mit Sorgfalt wechseln soll, die peinliche Sauberkeit, die ihn umgibt und auf die Ssonja so stolz ist, diese weißen Tischtücher, die weißen

Krawatten und die weißen Handschuhe der Lakaien – alles wird ihm von Minute zu Minute widerwärtiger und hassenswerter, weil es so ganz anders ist als das, worin das gemeine Volk lebt. Voll Verachtung blickt er von einer dieser aufgeputzten, graziösen Damen zur anderen, von einem dieser eleganten, geschniegelten Herren zum andern, und sein Herz erfüllt eine glühende Wut gegen dieses reinliche, feine Leben der Reichen, das eine unübersteigbare Kluft zwischen ihnen und dem Volk offenhält! Weg mit dieser Reinheit und Feinheit, die ihn nicht zu den armen und unglücklichen Menschen kommen läßt, zu denen ihn sein Herz mit ganzer Macht hinzieht.

Lew Nikolajewitsch ist so in Gedanken versunken, daß er gar nicht bemerkt, wie das allgemeine Gespräch längst eine andere Wendung genommen hat, wie man wieder vom Theater, von Konzerten spricht und davon, ob dieser jene heiraten wird, wie man die Feiertage verbracht hat und welcher Schnitt jetzt in Mode ist . . .

Die letzten Gäste haben das Haus Tolstoi verlassen und Ssonja, in freudiger Erregung über den gelungenen Abend, begibt sich in das Schreibzimmer, in das sich Lew Nikolajewitsch inzwischen zurückgezogen hat. Er empfängt sie, an seinem Schreibtisch sitzend, das Haupt zwischen die Hände gepreßt, mit dem Ausdruck der Verzweiflung in seinem Antlitz.

»Ssonja«, sagt er, ohne jede Einleitung, »du weigerst dich also, das Geld, das wir haben, an die Armen zu verteilen? Hast du auch schon darüber nachgedacht, welches Recht wir auf den Besitz dieses Geldes haben? Ein Teil der sechshunderttausend Rubel, die wir besitzen, ist mir von meinem Vater zugekommen, der andere durch meine Romane. Aber all dieses Geld ist mein, ohne daß ich ein Recht darauf hätte! Ich habe es nicht durch ehrliche, wirkliche Arbeit erworben, so wie ein Bauer. Und ich schäme mich, daß ich für meine Werke soviel Geld nehme von Menschen, die selbst so wenig haben.«

»Aber Ljowotschka«, unterbricht ihn Ssonja, »du hast doch an deinen Werken gearbeitet, sie sind dir doch nicht von selbst in die Feder geflossen.«

»Ach, Ssonja, kann man denn das Arbeit nennen? Arbeit, das ist Holz sägen Stiefel nähen, den Fußboden fegen. Aber das Schreiben von Büchern, die niemandem Nutzen bringen?«

Ssonja entgegnet kein Wort, sie schüttelt nur müde den Kopf.

»Ich ging einmal zusammen mit einem Muschik auf der Landstraße«, fährt Lew Nikolajewitsch fort, »und wir begegneten einem Bettler. Ich gab ihm zwanzig Kopeken, und mein Begleiter reichte ihm ein Dreikopekenstück. Er hat kein Haus, kein Eigentum, und seine Ersparnisse betrugen genau sechs Rubel und fünfzig Kopeken. Und er hat ebenso eine Frau und Kinder wie ich. Wenn ich mich mit diesem Muschik vergleichen wollte, so hätte ich dem Bettler nicht zwanzig Kopeken, sondern dreitausend Rubel geben müssen!«

»Ljowotschka«, unterbricht ihn Ssonja mit weicher Stimme, »denke nicht mehr an alle diese Dinge. Du bist sehr, sehr müde. Geh und leg dich ins Bett!«

»Ssonja, wie kann ich denn schlafen, wenn ich in solchem Unrat lebe? Ich kann nicht schlafen, solange ich zu der Sorte von Menschen gehöre, die unter verschiedensten Vorwänden dem Volk das Notwendigste wegnehmen. Ssonja, wir leben wie Parasiten! Ich fühle, daß wir den Muschiks das Blut aus den Adern saugen. Und recht hat dieser Ssjutajew, hundertmal recht! Wie kann ich den Armen helfen, wenn ich selbst nicht richtig lebe? Welches Recht habe ich, anderen zu helfen, wenn ich selbst um zwölf Uhr aufstehe, weil ich am Vortag bis in die späte Nacht hinein Karten gespielt habe? Wobei an meinem Tisch vier Kerzen brannten, während sich der Schuster während seiner Arbeit bei einem Talgstummel die Augen verderben muß? Der verkommenste Trunkenbold ist hundertmal arbeitswilliger als ich. Ssonja, ich schäme mich des Lebens, das ich führe, ich schäme mich so, daß ich mich nicht getraue, den Menschen in die Augen zu schauen. Ich bin wie eine Laus, die das Blatt zerfrißt, dem sie helfen will, daß es wächst. Was mache ich den ganzen Tag? Ich esse, schreibe. Und so geht es Tag für Tag. Und damit ich das tun kann, müssen eine Köchin, ein Hausdiener, ein Koch, ein Kutscher, Lakaien und wer weiß wie viele Menschen noch arbeiten. All diese Menschen arbeiten, damit ich essen, lesen, schlafen und sprechen kann. Und all das kommt nur vom Geld. Das Geld ist an allem schuld. Ssonja, laß uns unser ganzes Geld weggeben!«

Flehend richtet Lew Nikolajewitsch seine Augen auf Ssonja. Sie aber gibt ihm keine Antwort. Sie verläßt das Zimmer und schlägt laut die Tür hinter sich zu.

»Mein Gott«, sagt sie sich, »wer von uns beiden hat den Verstand verloren, Ljowotschka oder ich? Er findet meine Ansichten absurd, und ich halte seine für wahnwitzig. Mein Gott, wer hat recht? Und wie wird das alles enden?«

Tiefe Verzweiflung erfüllt ihr Herz, während sie schweigend mit gesenktem Haupt durch das Kinderzimmer geht, um nachzusehen, ob alle Kinder schon schlafen.

VIII

»Ich bin ein wildes, egoistisches Tier!«

Oktober 1883

»Sie negieren also die Zeremonien der Kirche? Merkwürdig, geradezu wundervoll, wie Ihre und meine Ansichten zusammenstimmen! Ich habe das Gefühl, daß unsere Gedanken um dasselbe Zentrum kreisen.«

Ein Ausdruck von Zärtlichkeit und Entzücken liegt in den Augen Lew Nikolajewitschs, während er sich mit weicher Stimme mit seinem Gast, dem jungen, schönen Aristokraten Tschertkow, unterhält. Stundenlang schon hat er mit ihm debattiert, aber er wird nicht müde. Im Kreise seiner Familie fühlt er sich schon seit langem einsam. Er hat das Gefühl, daß er als einzig Normaler in einem Irrenhaus lebt, daß seine nächsten Angehörigen kein Auge und kein Verständnis für die Leiden haben, die ihr unverbesserlich herrschaftliches Leben in ihm auslöst. Und jetzt endlich sitzt vor ihm ein Mensch, der ganz für sich, auf einem völlig anderen Weg, zu dem gleichen Ergebnis gelangt ist, wie er. Diese unerwartet aufgedeckte seelische Verwandtschaft hat Lew Nikolajewitsch aufs tiefste erschüttert.

»Und Sie negieren auch den Glanz des gesellschaftlichen Lebens?« stellt er ihm – vielleicht zum zehntenmal – die Frage, denn er will immer und immer wieder die Antwort auf das hören, was ihn schon so lange jeden Tag von früh bis abends quält.

»Ja, ich habe das Leben in der Gesellschaft ganz aufgegeben, habe den Dienst bei der Armee quittiert und lebe jetzt im Dorf.« Diese Antwort Wladimir Grigorjewitsch Tschertkows, seines Gastes, läßt Lew Nikolajewitsch vor Freude erzittern. Er blickt ihm voll Entzücken in die grauen, ruhigen, ein wenig kalten Augen. Man kann sich keinen größeren Gegensatz im Äußeren vorstellen, als den zwischen diesen beiden Menschen. Tschertkow erscheint neben dem beinahe klein zu nennenden Lew Nikolajewitsch fast wie ein Riese. Dichtes, dunkles Haar bedeckt sein Haupt, während der Haarwuchs auf dem Kopf seines Gastgebers schon sehr gelichtet ist. Vor allem aber fällt sofort ins Auge, daß an Tschertkow alles vornehmste Rasse zeigt, während Lew Nikolajewitsch das Gesicht eines Bauern hat. Die regelmäßigen Gesichtszüge, die hohe weiße Stirn, die gerade, edel geschnittene Nase und die feinen Lippen machen ihn zu einem Menschen von vornehmer Schönheit. Nur von seinen Augen geht etwas wie eine leise, aber dennoch durchdringende Kälte aus, und um die Mundwinkel liegt ein trockener Zug. Es ist ein Gesicht, das man nicht vergessen kann, ein Gesicht, das von einer interessanten Persönlichkeit, nicht aber von einem guten Herzen spricht. In jeder Bewegung, in jeder Geste Tschertkows spürt man die ruhige Selbstsicherheit des Aristokraten, und sein Anzug stammt sicher vom allerersten englischen Schneider.

»Und Sie haben freiwillig auf Reichtum und Rang verzichtet?« setzt Lew Nikolajewitsch sein Verhör fort. »Was hat Sie dazu geführt, Ihre Karriere bei Hof aufzugeben und ins Dorf zu ziehen?«

»Ich habe den klaren Sinn des Evangeliums finden und mein Leben nach der evangelischen Wahrheit einrichten wollen.«

»Ich doch auch, ich auch«, ruft Lew Nikolajwitsch freudig aus. »Das heißt also, Sie haben das Evangelium studiert?«

»Ja!« gibt Tschertkow bescheiden und doch selbstbewußt zur Antwort.

»Wie alt sind Sie eigentlich?« fragt Lew Nikolajewitsch, mit einem zärtlichen Blick.

»Ich bin neunundzwanzig Jahre«, gibt dieser zur Antwort und blickt Lew Nikolajewitsch gerade in die Augen.

»Und wie haben Sie früher, vor Ihrer Bekehrung, gelebt?« Lew Nikolajewitsch will alles von diesem jungen Mann wissen, den ihm ein gütiges Geschick in seine Einsamkeit geschickt.

»Ich lebte so wie alle Gardeoffiziere. Wein, Weiber und Karten. Das war der Inhalt meines Lebens.«

»Und mußten Sie stark gegen Ihre Sinnlichkeit ankämpfen?« Während Lew Nikolajewitsch diese Frage stellt, denkt er an seine

Ssonja, und in der Tiefe seines Herzens regt sich leise ein Gefühl der Schuld.

»Ja, sehr. Aber ich kämpfe eben, soviel ich Kraft dazu habe.«

Wieder schauen seine klaren, grauen, offenen Augen in die scharfen Äuglein Tolstois, deren durchdringenden Blick sie ruhig ertragen, was nur wenige Menschen vermögen. Auch dies machte größten Eindruck auf Lew Nikolajewitsch.

»Und was tun Sie jetzt im Dorf?« fragt er.

»Ich will dem Volk nützlich sein. Ich habe auf den Luxus des Petersburger Lebens verzichtet, um mich dem Volk zu widmen. In meinem Dorf habe ich eine Handwerkerschule für die Kinder gegründet, um auf diese Weise den Bauern einen Teil des Geldes zurückzuerstatten, den sie meinen Eltern als Pachtzins zahlen müssen.«

»Mein Gott, wie gut das ist, wie gut!« ruft Lew Nikolajewitsch aus. »Und ich will meiner Frau immer klarmachen, daß wir dem Volk gegenüber Pflichten haben. Aber sie will es durchaus nicht begreifen. Doch wie leben Sie im Dorf?«

»Ich versuche mein Leben zu vereinfachen, soweit dies nur irgend möglich ist. Ich mache selbst in meinem Zimmer Ordnung, ich sitze mit meinem Dienstpersonal an einem Tisch und bemühe mich, auf diese Menschen bildend einzuwirken. Ich schließe mit den Bauern und den Gutsleuten Freundschaft.«

»Mein Gott, das ist ja genau das, was auch ich tue! Und stellen Sie sich vor, in Ssjutajew, einem einfachen Bauern, habe ich einen wunderbaren Menschen gefunden, der genau zu denselben Ansichten gekommen ist wie ich. Er sagt: Alles ist in dir selbst, in allem kommt es auf das Jetzt an, das Reich Gottes liegt in uns.«

Lew Nikolajewitsch beginnt seinem Gast von Ssjutajew zu erzählen.

»Er lehnt den Militärdienst ab«, sagt er zum Schluß. »Wie verhalten Sie sich dazu?«

»Selbstverständlich vollständig ablehnend! Ich war ja, wie ich schon erwähnte, Gardeoffizier, und habe den Dienst aufgegeben.«

Lew Nikolajewitsch muß sich zurückhalten; am liebsten würde er sich seinem Gast an den Hals werfen. Lange Zeit sitzen die beiden einander gegenüber, beide erschüttert von der, wie es ihnen scheint, fast unwahrscheinlichen Übereinstimmung ihrer Ansichten.

»Ich denke«, bricht endlich Lew Nikolajewitsch das Schweigen, »daß es nun mit meiner Einsamkeit zu Ende ist. Endlich habe ich einen Menschen gefunden, der mir geistig ganz, ganz nahe steht.«

»Auch mein seelische Einsamkeit hat nun aufgehört«, erwidert Tschertkow in seinem ruhigen, harten Ton.

»Ich lebe jetzt in meinem Haus wie ein Fremder«, beklagt sich Lew Nikolajewitsch. »Sie, Sie bauen kühn und mutig Ihr Leben auf, wie es Ihnen richtig erscheint. Bei Ihnen sind Leben und Idee eins, bei mir aber klaffen sie abgrundtief auseinander. Ich selbst gehe im Halbpelz umher, nehme einfache Leute auf, aber meine Angehörigen schleppen sich auf allen Bällen herum, lassen sich die feinsten Kleider nähen und müssen von Lakaien in weißen Handschuhen bedient werden. Meine Töchter denken den ganzen Tag nach, welche Blumen sie sich an ihr Kleid heften sollen, Rosen aus Plüsch, oder was weiß ich, was sonst noch, und meine Frau ist glücklich, wenn sie herausfindet, daß zu ihrem Kleid Stiefmütterchen passen. Und dann sind sie außer sich vor Freude, wenn ihnen auf irgendeinem Ball der Gouverneur Aufmerksamkeiten erweist.«

Lew Nikolajewitsch fühlt sich erleichtert, daß er endlich jemandem sein Leid klagen kann, der ihn versteht.

»Bitte, schreiben Sie mir von allem«, sagt er dann, »wie Sie an sich arbeiten, was Sie denken, und auch ich werde Ihnen über alles berichten.«

»Auch für mich wird das eine große Freude sein«, entgegnet der neue Freund.

Lange noch zieht sich die Unterredung hin, und als Tschertkow dann, nachdem er seinen prächtigen englischen Paletot angezogen, das Haus verläßt, ist es Lew Nikolajewitsch, als ob das Wunder in sein Leben getreten wäre. Endlich ist seine Sehnsucht erfüllt! Er hat einen Menschen gefunden, dessen Gedankenwelt auf eine geheimnisvolle Weise mit der seinen verknüpft ist, der ihn nie enttäuschen, der ihn immer begreifen wird. Seine Erregung ist so nachhaltig, daß er abends nicht einschlafen kann. Lange geht er in seinem Zimmer auf und ab, in dem ruhigen, abgelegenen Zimmer mit dem großen Schreibtisch, an dem es sich so gut arbeiten läßt. Wie alte Freunde, und doch mit ganz neu gewordener Vertrautheit blicken ihn die Dinge an, das bronzene Tintenfaß auf dem Untersatz aus grünem Malachit, und der Stoß weißen Papiers, den Ssonja ihm immer sorglich vorbereitet, die weichen, tiefen Lehnstühle, die langen Tuchvorhänge an den Fenstern, die ihn gleichsam von der ganzen Welt trennen. Wie lieb und traut und heimlich ihm das alles heute erscheint. Geradeso, als ob ein neuer, lichter Stern sein Licht entzündet hätte. Ja, es ist wirklich so! Ein neuer Stern ist in seinem Leben aufgegangen, die kommende gemeinsame Arbeit mit dem jungen, starken, mutigen Tschertkow, der ihm so gerade, so wahr und so frei in die Augen geblickt hat und dessen Gedanken wie von einem Fleisch und Blut mit seinen eigenen zusammenleben werden!

März 1884

»Gieße in die Pilzsuppe eine gute, feste Fleischbrühe!« sagte Ssonja leise zum Koch und sieht dabei scheu zur Tür, damit sie niemand hört. »Lew Nikolajewitsch sieht heute schlecht aus und ich fürchte, er wird sich mit seinem Vegetariertum noch ganz zugrunde richten.«

Ehrerbietig steht Ssemjon Nikolajewitsch, der Koch, vor Ssonja. Sie ist wirlich sehr in Sorge, denn Lew Nikolajewitsch klagt in der letzten Zeit beständig über Magenschmerzen und leidet einmal unter Hartleibigkeit, dann wieder unter Durchfall. All die vielen Medizinen, die die Ärzte verschrieben haben, sind vollkommen wirkungslos geblieben, und jeden Tag erwartet Ssonja mit Angst und Schrecken einen neuen Anfall. Sie zeiht ihn der Unvorsichtigkeit, denn manchmal ißt er so ohne Maß, daß auch ein Gesunder davon krank werden müßte, und dann wieder nährt er sich rein vegetarisch, was sein Körper ebensowenig vertragen kann.

»Für die Kinder mache Schneeröhrchen, die lieben sie sehr!« befiehlt Ssonja noch.

Da tritt Lew Nikolajewitsch ins Zimmer. Der Koch verbeugt sich und zieht sich zurück. Lew Nikolajewitsch hält einen riesigen, plumpen, selbstgemachten Schneeschuh in der Hand, und sein Gesicht strahlt vor Freude.

»Ssonja, c'est un bijou!« sagt er entzückt, während er ihr den Schuh entgegenhält.

Ssonja gerät sogleich in Zorn. Es ist ihr namenlos leid um die viele Zeit, die er mit dem Nähen dieses scheußlichen Undings von Schuh vertrödelt hat, statt daß er an seinen Büchern arbeitet. Schon seit dem frühen Morgen befindet sie sich in einer besonders gereizten, quälenden Stimmung, und dies jetzt gibt ihr den Rest.

»Einfach entsetzlich!« schleudert sie ihm entgegen. »So grob genäht, und diese unmögliche Fasson!«

Lew Nikolajewitsch sieht sie mit großen Augen an. Er versteht sofort, daß es sich ihr im Grund nicht um den Schneeschuh handelt, sondern um diesen Protest, dieses wilde Sichaufbäumen gegen ihn, das Ssonja jetzt so oft erfaßt, und er weiß auch, daß das einzige, was sie in diesem Augenblick beruhigen könnte, ein liebes, freundliches Wort wäre. Aber schon seit langem regt sich im Grund seines Herzens dieses drückende, dumpfe Gefühl der Feindlichkeit gegen sie und ihre Kinder, gegen das ganze Leben und Sein der Familie, das ihm immer wieder den Mund verschließt, wenn es gälte, durch freundliches, zartes Entgegenkommen solche Hemmnisse zu überwinden, wie sie sich in der letzten Zeit so häufig zwischen die beiden Gatten stellen. Auch jetzt findet Lew Nikolajewitsch nicht dieses Wort, im Gegenteil, es drängt ihn mit unwiderstehlicher Gewalt, Ssonja etwas zu sagen, was sie zutiefst verletzen würde.

»Mit dir kann man nicht sprechen«, wirft er nachlässig hin, während er beide Hände hinter seinen Ledergürtel steckt. »Ich fühle mich überhaupt nur wohl, wenn ich mich im Arbeitsraum befinde. Welch lichtes, schönes Ethos herrschte da heute im schmutzigen, finsteren Loch des Schuhmachers! Ich brauche nur dorthin zu gehen, und meine Seele blüht auf. Er sitzt dort und näht seine Schuhe, sein Weib arbeitet dabei in der Wirtschaft und stillt ihr Kind.«

»Ljowotschka, du sagst das alles ja nur, um mich zu beleidigen«, schreit Ssonja laut auf, und in ihrer Stimme ist etwas Schrilles, unnatürlich Gequältes, Hysterisches. »Jeden Tag erzählst du mir die rührendsten Bilder aus dem Leben deines Schusters. Unser Leben, das ich dir mit Mühe geschaffen habe, verachtest du. Wenn du nur daran denken wolltest, was mich das kostet, das große Haus mit den Dienstboten und den Erziehern und Gouvernanten zu führen. Alles liegt auf mir! Auch die Arbeit mit der Herausgabe deiner Bücher hast du mir übergeben, ich soll die Korrekturen lesen, das Papier einkaufen, die Subskriptionen führen, mich mit den Buchhändlern und Buchdruckern herumschlagen. Und die Kinder! Interessierst du dich jemals für ihre Noten? Und wenn sie krank sind, denkst du auch nur daran, um den Arzt zu schicken? Oder denkst du jemals daran, Tanja auszuführen, Gäste zu empfangen? Alles soll ich tun, ich ganz allein! Und statt mir nur ein ganz klein wenig zu helfen, kommst du zu mir und hältst mir deine Schustersfrau als Beispiel vor!«

Ssonja läßt ihren Kopf auf den Tisch fallen, der mit Korrekturfahnen bedeckt ist, und bricht in krampfhaftes Schluchzen aus.

»Ich weiß es, Ssonja«, sagt Lew Nikolajewitsch in einem Ton, der um eine Schattierung wärmer klingt als vorher. »Ich weiß, daß ich selbst an vielem schuld bin. Ich habe dich selbst zu diesem Luxus gebracht und auch selbst früher in diesem Luxus gelebt. Aber jetzt bin ich gereift. Komm auch du zu dir, Ssonja! Verzichte auf unser ganzes Vermögen, komm mit mir ins Dorf, und wir wollen mit den Bauern leben.«

»Ljowotschka, du machst mich wahnsinnig mit deinen Reden! Hast eine ganze Schar von Kindern in die Welt gesetzt und jetzt bringst du nicht einmal das selbstverständlichste Pflichtgefühl ihnen gegenüber auf! Ich fühle, daß ich dich einfach zu verachten beginne. Wenn du schon glaubst, du brauchtest dich um deine Familie nicht zu kümmern, warum hast du mich jetzt wieder schwanger gemacht? Warum, frage ich dich? Warum?«

Ihr Gesicht ist rot vor Zorn, und glühender Haß prägt sich in ihren Zügen.

»Du predigst mit deinen Worten nichts als christliche Nächstenliebe, aber selbst kannst du nicht eine Minute lang deine tierische Wollust bezwingen! Du siehst doch, wie ich mich kaum dahinschleppen kann unter der Last, die du mir nicht einmal zu tragen helfen willst. Und warum dann noch dieses neunte Kind, das da kommen soll, nur, weil du dich nicht zurückhalten kannst? Oh, wie ich dich jetzt hasse, in diesem Augenblick! Oh, ich Unglückliche! Ich will kein Kind mehr gebären, ich will nicht mehr, hörst du!«

»Ssonja, wenn du nicht schweigst, zwingst du mich, für immer das Haus zu verlassen.«

»Ach, schämst du dich nicht, mir immer damit zu drohen? Immer nur höre ich von dir: Ich gehe fort, ich gehe fort! Du bist zu mir nur lieb, wenn du mich als Weib brauchst, sonst nie! Du bist ein niedriger, grausamer Egoist!«

Heftig legt Ssonja den Kopf auf den Tisch und weint wiederum. Dann springt sie von neuem auf und schreit:

»Kannst du dir nicht vorstellen, wie niederschmetternd das auf mich wirken muß, was mir dein Bruder über dein Leben auf Jassnaja Poljana erzählt hat? In schmutzigen Wollstrümpfen und in der Bluse sitzt du dort und nähst Stiefel! Dabei bemühtest du dich noch, erzählte er, möglichst vernachlässigt und ungepflegt auszusehen. Der Schullehrer las dir dabei die Lebensbeschreibung der Heiligen vor. Wie entsetzlich mich diese Heuchelei und dieses Posieren anekelt. Läuft von der eigenen Familie fort, liest Heiligenlegenden und kommt sich wohl noch selbst als Märtyrer vor, während ich nur an dich und an die Kinder denke.«

»Ssonja, du beschäftigst dich mit Dingen, die nicht notwendig sind! Wozu alle diese Besuche, dieser Stab von Bediensteten, dieser ganze Haushalt, und noch dazu das unnötige Studium der Kinder? Wir sollten alles selbst machen und unser Geld einfach verteilen.«

»Ljowotschka! Vor mir steht eine furchtbare Frage: Entweder du oder die Kinder! Ich sage es dir ganz aufrichtig, wenn wir keine Kinder hätten, könnte ich dir vielleicht folgen. Aber du mußt doch endlich verstehen, daß wir die Kinder zu einem ganz anderen Leben erzogen haben und daß du nicht das Recht hast, ihnen wegen irgendeiner Laune die Zukunft zu zerbrechen!«

»Aber ich kann dieses Leben nicht länger ertragen! Ich sage dir noch einmal, ich fühle es, daß ich fortgehen muß!«

»Denk doch, um Gottes willen, daran, was aus unseren acht Kindern werden soll, wenn wir unser ganzes Geld verschenken und aus dem neunten noch, das ich in mir trage? Du mußt doch sehen, daß ich zusammenbreche unter der Last der Pflichten, die du mir aufgebürdet hast. Ich kann einfach nicht mehr so weiter, ich verliere noch den Verstand. Um drei Uhr kam ich erst zum Schlafen, weil ich so lange Korrekturen deiner Bücher lesen mußte, die ganze Nacht hatte ich fürchterliche Schmerzen im Rücken, es fieberte mich so, daß ich kaum ein Auge zumachen konnte. Und morgens begannen gleich wieder die Sorgen: die Senkgruben müssen gereinigt werden, die Kinder kommen eins nach dem anderen zu mir, der eine will Geld fürs Theater, der andere will ins Konzert, ich muß allen ihr Schuhwerk in Ordnung bringen, die Kleinen sind krank, ich muß für sie um den Arzt schicken; so geht es weiter, ohne Ende, von früh bis spät! Ich mühe mich ab wie ein Sträfling in der Tretmühle, und du weißt für mich nichts anderes, als mir die ethische Schönheit deines Schusters vorzuhalten!«

Bei den letzten Worten bricht Ssonja wieder in Tränen aus. Lew Nikolajewitsch aber gibt ihr keine Antwort, wendet sich brüsk um und schreitet zur Tür hinaus. Er begibt sich in den kleinen Raum neben seinem Arbeitszimmer, den man ihm vor kurzem als Werkstätte eingerichtet hat. Es riecht darin scharf nach Leim, nach Leder, und der Rauch einer kleinen Petroleumlampe liegt in Schwaden in der Luft. Lew Nikolajewitsch liebt diese Gerüche. Er setzt sich auf einen niedrigen Schemel, nimmt einen in Arbeit befindlichen Stiefel in den Hände, und von seinem Gesicht schwindet allmählich der Ausdruck des Grams und der Unzufriedenheit. Er lächelt beruhigt, während er die Sohle mustert, die erst mit einigen Stiften ans Oberleder geheftet ist. Mit Wonne saugt er die dumpfe, schlechte Luft ein, in der sich zu dem Rauch des kleinen, durch eine Petroleumlampe geheizten Öfchens noch der Duft des scharfen Tabaks mischt, den der Schuster, sein Lehrmeister, raucht.

»Ja, das ist ein Leben, da liegt alles drin, in der Arbeit der eigenen Hände!«

So spricht Lew Nikolajewitsch vor sich hin, während er mit der Ahle die Löcher in das Leder bohrt, keuchend vor Anstrengung, das Herz erfüllt von Frieden und Heiterkeit.

Ssonja aber befindet sich zur selben Stunden in einem Zustand furchtbarster Erregung, hoffnungsloser Verzweiflung. Er will fortgehen und das Haus und die Familie verlassen! Jeden Tag fast wirft er ihr diese herzlose Drohung ins Gesicht! Und sie soll *noch* ein Kind von ihm bekommen? Nein, nein!

Ssonja zittert am ganzen Körper, es ist ihr, als ob sie etwas tun müßte, als ob sie etwas in ihr dazu drängte, sich von dem furchtbaren Druck in ihrer Brust zu befreien. Eine alte, hohe Kommode steht dort an der Wand. Ächzend und stöhnend schleppt sich Ssonja zu ihr, kriecht hinauf, richtet sich hoch auf, berührt ihre Stirn mit dem Zeichen des Kreuzes, und dann springt sie hinunter mit geschlossenen Augen. Einige Augenblicke sitzt sie bewegungslos auf dem Fußboden, die Arme aufgestützt, den Kopf nach vorn geneigt, und ihre Augen blicken gläsern und stumpf ins Leere. Ein schneidender Schmerz in ihren Eingeweiden weckt sie aus ihrer Starre. Mit äußerster Anspannung horcht sie nach dem, was in ihr vorgeht. Doch nicht lange dauert dieses Wühlen und Zerren in ihrem Leib; es wird leiser und leiser, bald ist es wieder ruhig und still in ihr.

Die Gedanken aber, mit denen sie die ganze letzte Zeit ihr Gehirn zermartert, beginnen von neuem zu wühlen.

Alles, alles, denkt sie, hat er auf meine Schulter gelegt, alle Sorgen wegen der Erziehung der Kinder, um die ganze Wirtschaft muß ich mich kümmern, und er läuft nur irgendwelchen Schustern nach und findet unerhörte Schönheiten in ihren schmutzigen, dumpfen Löchern! Mich zwingt er, wieder ein Kind auf die Welt zu bringen, das er mir allein überlassen wird, als ob ich nicht mit den achten schon genug zu tun hätte! Nein, ich will kein Kind mehr haben, ich will nicht! Wenn er seine Familie im Stich lassen will, welches Recht hat er da, von mir zu fordern, daß ich ein Kind gebäre, einen Menschen, der dann vielleicht, so wie er es wohl möchte, ohne Erziehung bleibt und zu einem schlechten Menschen, einem Verworfenen wird? Ach, ich habe mich jetzt schon völlig verloren, ich weiß nicht mehr, was ich tun soll, was meine

Pflicht ist! Mein ganzes Leben lang habe ich immer gewußt, wie ich handeln muß, jetzt ist alles vorbei! Und er, er spricht immer von Liebe, von nichts als von Liebe, während er mich gleichzeitig mit seiner Grausamkeit in den Tod treiben will!

Wieder steigt Ssonja auf die Kommode. Warum soll sie noch weiterleben, wenn ihr Mann nichts mehr von ihr wissen will? Die Kinder? Die Kleinen sind noch lieb und gut; aber die großen, sie sind auch schon oft grob, lieblos mit ihrer Mutter, sie wird sie ebenso verlieren, wie sie Ljowotschka verloren hat. Ssonjas Blick fällt durchs offene Fenster. Nackte Bäume heben ihre schwarzen Gerippe vom dunkelroten Abendhimmel ab, und in großen grauen Fetzen rasen die Wolken darüber hin. Ach, wie stark, wie mutig war Ssonja früher, und jetzt ist in ihrer Seele alles zerbrochen, zerrissen und tot – so wie da draußen. Zerbrochen, zermürbt in diesem endlosen, grausamen Kampf.

Noch einmal springt Ssonja von der Kommode. Es ist ihr, als ob alles in ihrem Innern zerrissen wäre, ein unerträglicher, stechender Schmerz – und dennoch, nach ein paar Augenblicken ist wieder alles beruhigt, vorbei.

Warum muß mein Körper so stark sein, denkt Ssonja verzweifelt, wo doch mein Herz so elend ist?

Langsam und schwer erhebt sie sich. Sie ruft die Zofe und befiehlt ihr, ein heißes Bad zu bereiten. Sie fügt dann noch selbst so viel heißes Wasser hinzu, daß sie laut aufschreien möchte, als sie in die Wanne steigt. Sie bleibt so lange darin, wie sie es unter Aufbietung all ihrer Willenskraft aushält, dann schleppt sie sich zu ihrem Bett und dort liegt sie, bewegungslos, ausgestreckt, die Augen müde ins Leere gerichtet und wartet, wartet...

Sie weiß nicht, wie lange sie so dagelegen. Da tritt Lew Nikolajewitsch ins Zimmer, die Brauen zusammengepreßt, die Hände in den Ledergürtel gesteckt, der Ausdruck wie der eines Menschen, dessen Gedanken weit weg sind, weltenweit.

»Ljowotschka«, schreit Ssonja auf, »ich will nicht gebären! Du willst weggehen, willst uns verlassen!«

Schweigend, durchdringend blickt er ihr in die Augen. Es ist Ssonja, als ob sie ihn nicht mehr erkennen könnte, so alt geworden, so grau und so verfallen erscheint er ihr mit einemmal. Ein krampfhaftes Schluchzen bricht aus ihrer Brust, sie windet sich, wie von unerträglichen Schmerzen gepeinigt. Lew Nikolajewitsch sieht sie an und spricht kein Wort. Kein Wort der Liebe, kein Wort des Mitleids. Dann kehrt er sich wieder um und verläßt das Schlafzimmer, schweigend, wie er gekommen ...

Ssonja liegt noch immer auf ihrem Bett, und wirre Gedanken jagen durch ihr Hirn. Draußen leuchtet ein Stern nach dem anderen auf, die letzten Lichter des sterbenden Tages erlöschen mit einem milden, versöhnenden Lächeln. Ein großer, hellfunkelnder Stern steht vor dem Fenster, gerade Ssonja gegenüber, und zwischen den kahlen Stämmen und Ästen der Bäume schiebt sich langsam die silberne Scheibe des Mondes hervor. So langsam und schüchtern, als ob sie sich schämen wollte, daß sie nichts anderes als strahlendes Glück zu bringen hat nach diesem traurigen Tag.

Eines der Kleinen spielt ein italienisches Lied auf dem Klavier. Ein Lied von Liebe und Glück. Aber die jungen, ungeschickten Finger verstehen es noch nicht, das auszudrücken, was die Melodie in sich trägt. So tun es alle Menschen, denkt Ssonja, sie wollen das Lied von der Liebe und vom Glück nachsingen. Vielen gelingt es, anderen weniger, bei manchen aber klingt es so verstümmelt, so entsetzlich verzerrt, so unendlich traurig, daß man es mit Worten gar nicht sagen kann. Und wenn aus meiner Liebe, meiner großen, grenzenlosen Liebe zu Ljowotschka nichts anderes gekommen ist als Leid, warum ist das so? Weil auch ich dieses Lied nicht singen kann? Die Liebe soll Freude sein, so will es der Schöpfer, und Ljowotschka spricht immer von Christus, vom Evangelium und von der Liebe. Warum ist es so, daß ich, seine Frau, sterben möchte, um seiner eisigen Kälte, seiner Grausamkeit und Lieblosigkeit zu entfliehen? Ist es *er*, der das Lied von der Liebe nicht zu singen versteht?

Es ist finster geworden im Zimmer, und Ssonja fällt in einen dumpfen, unruhigen Schlaf. Die wilden, düsteren Gedanken, die sie im Wachen gepeinigt, sie bleiben als Träume bei ihr. Doch mit einemmal scheint es ihr, als ob Ljowotschka wieder in ihr Zimmer träte. Aber nicht mir dem grausam lieblosen Ausdruck wie vorher, sondern mit einem Blick voll von Liebe, Sorge und

Zärtlichkeit. Er tritt zu ihr ans Bett, faßt ihre Hand und drückt sie fest an seine Brust. Er schweigt. Aber sie versteht, daß er ihr sagen will: Ssonja, verdirb nicht das Kind, das du unter dem Herzen trägst! Heiße Tränen der Freude fließen aus Ssonjas Augen. Es ist so schön, so wunderbar, so märchenhaft schön! Ljowotschka ist zu ihr gekommen, er hält ihre Hand in seinen Händen, er liebkost sie ...

Aber es ist nur ein Traum! Ssonja fährt auf, und ihre Augen starren entsetzt ins Dunkel. Doch schon im nächsten Augenblick sinkt sie zurück. Sie schließt die Augen – und alles scheint ihr wieder Wirklichkeit zu sein. Das Antlitz Ljowotschkas, vom Licht den Mondes beschienen, erscheint ihr so zart, so gütig, so schön! Und sind da nicht Tränen in seinen Augen? Oder ist es nur der fahle Glanz des Mondlichts? Ssonja liegt ruhig da, sie fürchtet sich, die kleinste Bewegung könnte diese wunderbare Minute zerstören, in der sie ihrem Ljowotschka so nahe ist, in der ihre ganzen Seele in ihm aufgeht, voll unendlicher Liebe und voll von süßem Mitleid mit ihm. Da ist es ihr, als ob er sich bewegte. Erschrocken faßt sie seine Hand. Sie will ihm sagen, er solle bei ihr bleiben, und wenn es auch nur im Traum ist! Aber Lew Nikolajewitsch hat sich schon erhoben, und sein Gesicht zeigt wieder dieselbe Kälte, Unnahbarkeit und Fremdheit wie immer. In Ssonjas Herz wird es leer und kalt, und sie wartet demütig und ergeben, daß er ihr wieder Worte entgegenschleudere, die sie verwunden sollen.

Da macht Ssonja eine heftige Bewegung. Sie erwacht. An ihrem Bett sitzt Lew Nikolajewitsch. Es ist kein Traum.

»Ssonja, liebste Ssonja«, sagt er weich, »wenn du wüßtest, wie ich dich liebe! Verstehst du, daß du alles für mich bist? Deine Liebe ist mir teurer als mein Leben, und jeder Streit zwischen uns legt sich mir mit Zentnerlast aufs Herz.«

»Ljowotschka«, gibt Ssonja freudig zur Antwort, »ich werde nichts mehr gegen unser Kind tun! Es soll leben! Das ist mein Schicksal. Ich will dir nur eines sagen, daß ich dich liebe, unsäglich liebe, mit jedem Tag mehr und immer mehr.«

»Ssonja«, entgegnet Lew Nikolajewitsch, »auch meine Liebe zu dir wächst mit jedem Tag. Ich kann nicht leben ohne dich. Ich verstehe wohl, wie ich dich quäle; doch du weißt, Ssonja, ich quäle mich selbst so unsäglich! Es ist mir so unendlich schwer, Ssonja!«

Mitleidvoll blickt ihn Ssonja an, aber sie spricht nichts mehr. Lange sitzen beide auf dem Bett, eng aneinandergeschmiegt, und jeder trotzdem allein in seinem Jammer. Sie versuchen nicht mehr, den Weg zu suchen, der sie wieder bis zum letzten Einklang zusammenführte. Sie wissen beide, daß das nutzlos wäre.

Es ist zu spät.

Eines wissen sie dennoch, daß eines ohne das andere nicht mehr leben kann, denn die Liebe ist da! Aber welch schwere, quälende, leidvolle Liebe!

18. Juni 1884

Langsam ziehen die Wolken eines stillen Juniabends am Himmel dahin, und an dem frischen Laubwerk der Bäume hängen noch große Regentropfen, in denen sich die letzten Strahlen der untergehenden Sonne brechen.

Ssonja sitzt am offenen Fenster ihres Zimmers. Sie wartet der Stunde, in der sie ihrem Kind das Leben schenken soll. Schon seit dem frühen Morgen fühlt sie sich sehr übel. Sie fürchtet sich vor den Schmerzen, vor dem Stöhnen, das aus ihrem Mund brechen wird. Sie möchte sich am liebsten in ihr Zimmer einschließen, damit sie niemand hört, damit sie alles mit sich ganz allein erlebt. Tiefe Verzweiflung hat sie ergriffen. Diese Qualen, die da kommen, dieses Kind, das sie doch nicht will – wie entsetzlich ist das alles! Dieser lange, lichte, feierliche Tag, die Nacht, die mit wundervoller Ruhe heraufsteigt, der berauschende Duft, den die Blumen nach dem frischen Regen so verschwenderisch ausströmen – alles vermehrt nur noch ihre Qualen. Die Enge des Zimmers bedrückt sie, die Zimmerdecke scheint ihr drohend niedrig, und die Luft ist so schwer und dumpf, daß sie kaum noch atmen kann. Auf dem Tisch steht eine Vase mit einem kleinen Strauß Feldblumen. Leise berührt Ssonja die feinen, bunten Blütenblätter. Dann läßt sie schwer die Hand niedersinken und ein tiefer Seufzer entringt sich ihrer Brust.

Da ertönt ganz nahe ein fröhliches Lachen, und Ljwotschka betritt das Zimmer. Ein Handtuch über die Schulter geworfen, geht er auf Ssonja zu, sein ganzes Wesen strahlt Frische, Gesundheit und Kraft aus. Ein Gefühl tiefer Bitterkeit erfaßt sie; sie kann nicht begreifen, daß er heute so sorglos heiter ist, daß er sich nicht im geringsten um sie kümmert, daß er nicht einmal an die entsetzlichen Qualen denkt, die ihr bevorstehen. So stark wird dieses Gefühl der Bitterkeit in ihr, daß mit aller Macht der Wunsch aufsteigt, ihm etwas zu sagen, das ihm weh tun, ihn beleidigen muß. Sie erinnert sich an die zahllosen Male, da sie mit ihm in diesen Tagen in Streit gelegen, vor allem, weil er wieder von ihr verlangt hat, sie solle ihr Kind selbst stillen, da dies Pflicht jeder Mutter sei. Sie hielt ihm dagegen vor, daß er selbst am weitesten davon entfernt sei, seine Pflicht als Haupt der Familie zu erfüllen. Es klingt ihr noch in den Ohren, wie sie sich dann gegenseitig angeschrien und die bittersten Worte an den Kopf geworfen haben. Da ihr gerade nichts anderes einfällt, schreit sie ihm jetzt zu: »Alles machst du verkehrt! Zuerst hast du die herrlichen Zuchtpferde in Ssamara gekauft, dann hast du sie durch schlechte Pflege umgebracht. Und sie haben tausend Rubel gekostet.«

Es ist ihr jetzt ganz gleichgültig, was mit den Pferden geschah; nur beleidigen, treffen will sie ihn, sie will sich rächen für seine Herzlosigkeit, für seine unbekümmerte Heiterkeit.

»Ich brauche keine Pferde«, schreit er ihr wütend entgegen, »ich brauche überhaupt nichts! Hier ekelt mich alles an! Du und die Kinder, ihr hängt mir wie Mühlsteine am Hals! Ich gehe fort von euch!«

Ohne eine Antwort abzuwarten, läuft er zur Tür hinaus. Ssonja geht zum Fenster und beugt sich hinaus, um zu sehen, wohin er sich wendet. Rasch eilt er durch die Allee zur großen Landstraße hin. Er läßt sie allein, jetzt, da jede Minute die Wehen einsetzen können!

Eine merkwürdige Müdigkeit überkommt sie, ihr ist, als ob alle Glieder langsam zu Eis erstarrten. Wie von weither ertönt es ihr, als jemand im Hof, dicht vor ihrem Fenster, etwas ruft und dann laut zu singen beginnt. Gelächter ertönt und Töne eines Klaviers dringen an ihr Ohr. Wieviel Musik heute in diesem Haus ist! Und der wundervolle, tiefblaue Abendhimmel! Ach diese Abende im Juni! Welche Poesie, welche Schönheit und welches Glück sie in ihrem dunklen Schoß tragen! Ein großer Käfer schwirrt langsam an ihr vorbei. Die Wolken sind mit einemmal verschwunden, ein weicher, linder Wind, voll von Duft schmeichelt um ihre Wangen.

Ssonja fühlt sich unendlich elend und einsam! Ljowotschka, den sie über alles auf der Welt liebt, hat sie verlassen, auf immer vielleicht. Die Kinder, denen zuliebe sie diesen Kampf mit ihrem Mann kämpft, sind mit sich selbst beschäftigt, sie haben ihre eigenen jungen Freuden; was bedeuten ihnen ihre Qualen, ihre Schmerzen? Ach, wie ihr ganzes Wesen nach ein klein wenig Zärtlichkeit, nach einem einzigen Wort der Liebe, des Mitgefühls drängt! Ein einziges Wort, und alle Schmerzen, alles Weh könnte sie mit Freuden tragen! Aber es kommt nicht, dieses Wort!

Wie kann Ljowotschka dort auf der Straße dahinwandern, immer weiter und weiter, jetzt, da sie die Geburt erwartet? Kann es noch mehr Grausamkeit geben? Er wandert in der sanften, schmeichelnden Dämmerung dahin, die Glühwürmchen leuchten im Grase, Blätter rascheln und flüstern und am Himmel funkeln die großen, hellen Sterne. Wie kann es sein, daß ihn diese Sterne nicht an die Tränen gemahnen, die sie in dieser Stunden vergießt? Wie kann es sein, daß sie ihm nicht ins Herz hineinleuchten und in ihm das Fühlen erwecken für die Frau, die ihn so liebt?

Im Hause wird es stiller. Der letzte Akkord des Klaviers ist verklungen. Alles begibt sich zur Ruhe, nur sie allein ist wach. Ganz allein. So furchtbar einsam. Gibt es etwas Trostloseres als solche Einsamkeit?

Ljowotschka ist noch immer nicht zurückgekehrt. Hätte er fortgehen können, wenn er mich liebte? fragt Ssonja. Aber vielleicht ist er schon zurück? Hastig erhebt sie sich und geht durch das Haus, den Hof, den weiten Garten. Überall ist es unheimlich still. Ljowotschka ist fort. Ob für immer? Ssonja möchte sich auf die Erde werfen, möchte sie mit den Zähnen und den Nägeln aufkratzen, wie ein Soldat, der mit der Todeswunde in der Brust im letzten Kampf den Boden schlägt. Aber zum Sterben braucht er Kraft, und die fehlt ihr. Sie hat keine Kraft mehr in sich. Langsam schleppt sie sich wieder in ihr Zimmer und wieder setzt sie sich an das offene Fenster ...

Heimlich beginnt irgendwo in ihrem Körper ein ziehender, leiser Schmerz. Dann vergeht er. Doch wieder kommt er, und wieder ...

Kann man einen Menschen mehr lieben als ich ihn? fragt sich Ssonja. Und wäre er ein gewöhnlicher Mensch, so wie alle anderen, er wäre glücklich mit mir! Alle sagen ja, daß ich eine ideale Frau und Mutter bin. Aber für *ihn* bin ich ein Mühlstein an seinem Hals.

Sie erinnert sich an diese grausamen Worte, und wieder beginnt sie zu weinen.

Wieviel Uhr mag es jetzt sein? Wie lange sitzt sie schon da am Fenster und atmet die frische Nachtluft, horcht auf das leise, unbestimmte Rauschen ...

Ssonja wirft einen Blick auf die Uhr. Drei Uhr! Weit, unendlich weit, steigt ein blasser, lichter Schein am Horizont auf. Langsam wird er größer, breiter, langsam schmilzt die Nacht dahin. Die ersten Hähne krähen im Dorf und die Hähne auf dem Gutshof geben ihnen Antwort. Die Umrisse der Bäume treten hervor, immer deutlicher, die Sterne beginnen zu erbleichen. Ein neuer Tag ist gekommen!

Einem neuen Menschen soll dieser Tag das Leben schenken, ihrem Kind und dem Ljowotschkas, der jetzt irgendwo, weit weg von ihr, dahinschreitet, er, der Vater ihres Kindes.

Plötzlich beginnt ein Vogel zu singen, laut, schmetternd, und zur gleichen Zeit scheint es, als ob der Geruch der frischen Erde, der durchs offene Fenster dringt, mit doppelter Kraft hereinströmte. Ssonja denkt an die schwellenden Knospen der Rosensträucher, die sie gestern im Garten gesehen. Bald werden die Rosen blühen! Der Gesang der Vögel wird immer lauter, und die Schmerzen in Ssonjas Leib verstärken sich von Minute zu Minute. Ssonja scheint es, daß es dieses schrille Singen und dieser herbe, scharfe Duft der Erde ist, die ihr diese Schmerzen verursachen ...

Wenn doch nur Ljowotschka käme! Freilich, sie war oft hart mit ihm. Aber doch nur, weil er sie quälte! Sie hat ihm manches böse Wort gesagt, aber immer nur, wenn er lieblos und grausam zu ihr war. Doch wenn sie jetzt mit ihrem Leben alle diese Worte zurückkaufen könnte, sie würde es mit Freuden tun. Wenn er nur käme! Wenn sie ihm nur sagen dürfte: Ljowotschka, verzeih! Und dann stürbe. Ja, sterben! Denn leben – wozu?

Im Westen erlöschen die letzten Sterne, die letzten, blassen, kalten Strahlen. Wie langsam, wie ungern sie ihrem Licht entsagen! Was kann schöner sein, als dieser junge, frische Junimorgen, der jetzt die letzte Spur der Nacht verscheucht hat? Und was gäbe es Traurigeres als das, was jetzt ihr Herz erfüllt?

Irgendwoher das Schlagen einer Tür. Schnell springt Ssonja auf. Reißender Schmerz läßt sie aufstöhnen. Aber sie achtet nicht darauf. Vielleicht ist es Ljowotschka! Schnell steigt sie die Treppe hinab, die brennende Kerze vor sich haltend. Ja, es ist wirklich Ljowotschka. Er ist heimgekehrt. Aber ohne zu ihr zu gehen, hat er sich unten auf den Diwan gelegt. Er hat es nicht einmal für notwendig gefunden, sich zu erkundigen, wie sie sich fühlt. Als er sie nun sieht, in dem langen, weißen Schlafrock, die Haare naß vom Schweiß und rote, scharf abgegrenzte Flecken im Gesicht, da begreift er sofort, daß die Wehen begonnen haben. Aber sein Gesicht bleibt finster und verschlossen.

»Du hast von uns gehen wollen?« fragt sie mit zitternder Stimme.

Schweigend neigt er sein Haupt. Ein neuer Anfall erfaßt Ssonja, stöhnend windet sie sich und preßt die Hände an den Leib. Lew Nikolajewitsch spricht kein Wort. Kein Wort des Mitleids.

»Verzeih mir, Ljowotschka! Die Wehen haben begonnen. Vielleicht muß ich sterben.«

Ein leidvolles, verlegenes Lächeln spielt um ihre Lippen, während sie diese Worte spricht. Im ersten Augenblick will sich Lew Nikolajewitsch auf sie stürzen, sie in seine Arme pressen und ihr sagen, daß er es doch nicht vermochte, von ihr zu gehen, daß seine Liebe zu ihr und seinen Kindern doch stärker gewesen als er selbst. Da erinnert er sich, daß sie sich in den letzten Tagen immer so energisch dagegen gewehrt, das kommende Kind selbst zu stillen, und mit einemmal faßt wieder eisige Kälte sein Herz.

»Ljowotschka!« fleht Ssonja, und in ihren Augen glänzen Tränen. Er aber spricht kein Wort, sondern dreht sich, lang ausgestreckt, auf dem Diwan gegen die Wand. Einige Minuten noch steht Ssonja still, bewegungslos da. Sie wartet. Aber Lew Nikolajewitsch rührt sich nicht, gibt kein Zeichen. Langsam, unhörbar leise, wie ein zu Tod verwundetes Tier, schleppt sie sich die Treppe hinauf, ihrem Zimmer zu, und phantastisch, riesengroß folgt ihr Schatten, den das niederbrennende Kerzenstümpfchen zitternd an die Wände wirft. Und überall, ringsum, schwanken und springen lange Schatten auf, die wie die Saugarme eines Ungeheuers nach ihr fassen. Alles dreht sich vor ihren Augen. Die Schmerzen sind unerträglich. Mit dem Aufwand ihrer letzten Kräfte schleppt sie sich zu ihrem Bett. Wild aufstöhnend gräbt sie ihre Zähne in das Kopfkissen. Entsetzliche Schmerzen zerreißen ihren Körper, aber das Weh, das in ihrem Herzen wühlt, ist stärker.

Am selben Tag, dem 18. Juni 1884, um sieben Uhr morgens, entbindet Ssonja eines gesunden Mädchens. Sie weiß, daß sie niemals in ihrem Leben diese Juninacht vergessen wird.

Juni 1884

Unerträgliche Traurigkeit bedrückt Lew Nikolajewitschs Herz, während er ziellos durch den hochsommerlichen Wald schweift. Er kann es nicht mehr aushalten in seinem Haus. Wenn er nur wie ein Landstreicher, mit dem Bündel auf dem Rücken, durch ganz Rußland wandern könnte! Aber zu Hause? Der Müßiggang, die Völlerei, die dort herrschen, ekeln ihn an. Die ganze Familie ist für ihn nichts als eine Gemeinde von Schmarotzern. Niemand fühlt mit ihm, teilt seine Ansichten. Sein ältester Sohn hat ihn gerade gestern erst im Verlauf einer prinzipiellen Auseinandersetzung tief verletzt. Seine Töchter verstünden ihn vielleicht besser, aber das Leben, das sie führen, scheint ihm um so sinnloser und vermessener.

Auch das Anfertigen von Schuhen hat seinen Reiz für ihn verloren. Es genügt ihm nicht mehr; er möchte irgendwie, mit einem Schlag, sein ganzes Leben auf das Radikalste ändern. Schon seit einigen Tagen steht er zeitig auf, was ihm nicht leichtfällt, er trinkt keinen Wein, versucht, sich das Rauchen abzugewöhnen. Fleisch ißt er überhaupt nicht mehr. Er bemüht sich sogar, den Zucker zum Tee so zu nehmen wie die Bauern, nämlich ein Stückchen abzubeißen und dann den Tee dazu zu schlürfen. Aber trotz aller Beschränkungen, die er sich auferlegt und die er auch zum größten Teil einhält, frißt doch immerfort ein Gefühl unerträglicher Unzufriedenheit an seinem Herzen. Unzufriedenheit mit der ganzen Welt, vor allem aber mit sich selbst. Alles scheint ihm Lüge. Ssonja ist nichts als durch und durch Lüge, Lüge alles rund um ihn, und er selbst auch: Lüge, nichts als Lüge.

Plötzlich bleibt Lew Nikolajewitsch vor einer üppig erblühten, dunkelroten Rose stehen. Er saugt den feinen, süßen Duft in sich ein. Die Blütenblätter sind weich wie Samt, und ein großer Tropfen hängt an ihnen – es ist schon der Abendtau. Er kann sich nicht trennen von dieser Rose und sieht sie an, als ob er in ihr Antwort fände auf die Fragen, die ihn peinigen.

Da bemerkt er, wie auf einem der roten Blätter eine Raupe sitzt. Sie hat schon ein großes Loch herausgefressen. Lew Nikolajewitsch schleudert sie mit der Spitze eines Fingers fort und sie verkriecht sich im grünen Gras.

Ja, so ist es, sagt Lew Nikolajewitsch zu sich. Ich baue mein Leben neu auf, ich rauche nicht, esse kein Fleisch, fast keinen Zucker, ich trinke keinen Wein. Ich härte mich durch körperliche Arbeit ab, stehe zeitig auf und – und bin doch nicht imstande, meinen Körper und sein Verlangen nach Ssonja zu ertöten. Das ist es, was mich quält! Das ist der Grund, warum ich so erregt, so nervös und so trübsinnig bin. Ssonja hat sich von der Geburt noch nicht erholt, sie ist kaum aufgestanden, und ich denke nur an die Wollust, die sie mir geben soll, überall sehe ich ihren Leib, der mich von Sinnen bringt, obwohl wir nun schon zweiundzwanzig Jahre verheiratet sind. Und gerade jetzt, da die Dämmerung über die Erde sinkt, quält mich die Gier und hält mich fest in ihren Krallen. Ich kann den Gesang der Nachtigall nicht hören, die von nichts als von Liebe singt, ich kann den Geruch des gemähten Grases nicht riechen, nicht das glühende Rot der Rose sehen, deren betäubender Duft nichts ist als ein Hymnus auf die Liebe.

Lew Nikolajewitsch blickt zu den Fenstern des Hauses. Dort ist Ssonja. Sie ist noch so schwach. Wäre es nicht eine Gemeinheit, jetzt zu ihr zu kommen, ihr Leid und Schmerz zu verursachen? Nein, das darf er nicht! Langsam wendet er sich wieder ab vom Haus ...

Es ist Nacht geworden. Ein kühler Lufthauch zieht durch die Gipfel der Bäume, und langsam erglänzt ein Stern nach dem andern. Wie schön, wie wunderschön sind diese Sterne! Lew Nikolajewitsch ist es, als ob er in diesem Augenblick sein Leben geben müßte für die Zärtlichkeit Ssonjas, als ob es keinen andern Sinn im Leben gäbe, als sie zu liebkosen, in ihrer Umarmung zu versinken, eins zu sein mit ihr!

Irgendwo, weit in der Ferne, klingt die Melodie eines Liedes, eines Liedes von der Liebe. Mit lautem Gesurre fliegt ein Insekt vorbei, und Lew Nikolajewitsch dünkt es, als ob sein Summen Liebe bedeute.

Und welches Schlagen der Nachtigallen! Wie viele es doch gibt in Jassnja Poljana! Sie müssen einen von Sinnen bringen mit ihrem Trillern, ihrem Schluchzen! Er fühlt, daß er doch zu Ssonja gehen wird! Nichts wird ihn mehr zurückhalten, er hat keinen Willen mehr. Das Verlangen ist stärker als er!

Die Leuchtkäfer im Gras beginnen zu glühen. Geheimnisvoll huschen die bläulichen Flämmchen hin und her, immer zahlreicher und immer wirrer. Und auch sie sprechen ihm nur von Liebe. Nein, es gibt keine Rettung vor der Liebe, denkt Lew Nikolajewitsch. Sechsundfünfzig Jahre bin ich alt, und ich sehne mich jetzt nach Ssonjas Liebe, genau wie vor zweiundzwanzig Jahren.

Schnellen Schrittes eilt er dem Haus zu. Er tritt in Ssonjas Zimmer. Bleich und müde liegt sie in den Kissen. Es sind ja noch kaum ein paar Tage seit der Geburt des Kindes. Neben Ssonjas Bett sitzt die Amme, mit der kleinen Ssascha auf dem Arm und erklärt etwas mit erregten Worten. Ssonja antwortet ihr mit einem zarten, schwachen Lächeln. Wie er dieses Lächeln liebt! Da richten sich die Augen Ssonjas auf ihn mit einem Blick voll Liebe.

Sie ist ihm so dankbar, daß er zu ihr kommt. Er verwöhnt sie ja nicht mit seiner Zärtlichkeit.

»Geh weg!« befiehlt Lew Nikolajewitsch der Amme barsch. Er wirft keinen einzigen Blick auf das Kind, und Ssonja sieht ihn mit großen, fragenden Augen an. Er setzt sich zu ihr aufs Bett und, immer noch ohne ein einziges Wort zu sprechen, küßt er ihr die Hand, den Hals, die Brust.

Ssonja erschrickt.

»Ljowotschka«, flüstert sie, »ich bin ja noch krank! Denk doch daran, daß es erst einige Tage her ist, seit die kleine Ssascha gekommen. Schone mich!«

Aber er hört und versteht nichts mehr. Die Bitten und Klagen Ssonjas haben nur die Wirkung, daß er sie noch mehr begehrt.

»Ljowotschka«, schreit Ssonja, »ich bin krank! Ljowotschka! Ich ertrage es nicht!«

Aber er ist seiner nicht mehr Herr, seine Begierde überwältigt ihn ...

Bleich und bewegungslos liegt Ssonja auf ihren Kissen. Lew Nikolajewitsch ist gegangen und hat sie zurückgelassen, allein mit ihrer Qual und ihren Schmerzen. Was ist das? Ist das noch Liebe? Oder ist es eine neue Art von Grausamkeit? Warum liebt er sie nur dann, wenn sein Körper es will? Warum zählt ihr Wohl, ihre Gesundheit, ja die einfache Rücksicht nichts? Er, der so stolz auf seine sittlichen Errungenschaften, auf sein asketisches Leben ist, warum hält ihn nicht einmal das Mitleid mit ihren Schmerzen, mit ihrer Krankheit zurück?

Lew Nikolajewitsch hat Ssonja verlassen, ohne ein Wort zu sagen. Durch ihren leidenden, gequälten Gesichtsausdruck wurde sie ihm gleich so zuwider, daß er sie keinen Augenblick mehr sehen sollte. In seinem Zimmer setzt er sich an den Tisch und faßt den Kopf in beide Hände. Ach, sagt er zu sich, ich weiß, welche Schuld ich auf mich geladen habe. Wie konnte ich nur so handeln. So sinnlos, gewissenlos, wie ein wildes Tier! Oh, wie ich mich selbst hasse wegen meiner grausamen Zügellosigkeit.

Am nächsten Morgen aber erwacht Lew Nikolajewitsch in ganz anderer Stimmung. Jetzt will ihm scheinen, daß nur Ssonja allein an allem Schuld trägt. Den einzigen Grund seines Unglücks sieht er wiederum in Ssonja, die ihm nicht die liebende und geliebte Frau ist, wie er sie sich vorstellen möchte. Sie ist es, die ihn mit ihren herrschaftlichen Gewohnheiten hinabzieht. Und während alle beim reich gedeckten Frühstückstisch sitzen, während er zusieht, wie die Kinder mit wahrem Heißhunger die schmackhaften Brötchen hinunterschlingen und sich an der süßen, weißen Sahne gütlich tun, packt ihn der Zorn und er sagt mit harter Stimme:

»In unserem Haus gibt es nichts als Faulenzerei, Völlerei und Bosheit!«

Ssonja blickt ihn mit ihren traurigen Augen an, sagt aber kein Wort. Sie versteht ihn nur zu gut. Sie versteht, daß er sich schuldig fühlt, diese Schuld auf sie abwälzen will. Sie ist blaß wie der Tod, und man sieht es ihr an, daß sie nur mit der größten Mühe vermocht hat, sich zum Frühstück vom Bett zu erheben.

Schweigend sitzen alle noch eine Weile beisammen, dann erhebt sich Ssonja, um in ihr Zimmer zu gehen. Auf dem Weg dorthin holt Lew Nikolajewitsch sie ein und flüstert ihr zornig zu:

»Ach, wie bedauere ich, daß ich damals, als Ssascha zur Welt kam, nicht ganz euer Haus verlassen habe!«

Ssonja schweigt. Mit den kleinen, schleifenden Schritten einer Kranken geht sie von ihm. Er blickt ihr nach, und in ihrem weiten weißen Schlafmantel mit den langen, flatternden Ärmeln erscheint sie ihm wie ein großer weißer Vogel, den die Kugel des Jägers zu Tode getroffen hat. Aber er findet kein Wort, sie zurückzurufen und zu trösten.

Oktober/November 1884

Tief gebeugt über einen Berg von Papier sitzt Ssonja an ihrem Schreibtisch und stellt eine Liste der Ausgaben zusammen, die ihr Haushalt in Moskau jeden Monat erfordert. Ermüdet unterbricht sie die Arbeit und lehnt sich im Stuhl zurück. Vor kurzem erst ist sie vom Arzt zurückgekehrt, der sie behandelt, und noch immer zittert in ihr die Erinnerung an die Scham nach, die sie empfunden, und an die Schmerzen, die sie erdulden mußte. Auch jetzt noch ist es, als ob glühende Kohlen in ihrem Innern brennen würden, und nur dann vergißt sie sie ein wenig, wenn sie die Zeilen aus dem Brief liest, den ihr Lew Nikolajewitsch auf die Nachricht von ihrer Erkrankung hin aus Jassnaja Poljana geschrieben hat. Zum zehntenmal vielleicht hält sie ihn in den Händen und liest immer wieder:

»Gestern erhielt ich den Brief, in dem Du von Deinem Besuch beim Arzt schreibst; es ist mir traurig und schwer zumute geworden und vor allem, es ekelt mich entsetzlich vor mir selbst.

Ich bin durch und durch ein wildes, egoistisches Tier! Und da habe ich noch den Mut, über andere zu urteilen und Tugendhaftigkeit zu mimen! Ich kann Dir nicht ausdrücken, wie erschüttert ich war und immer noch bin. Gestern habe ich sogar im Traum gesehen, wie ich mich selbst verachte. Lange konnte ich nicht einschlafen, und heute bin ich spät aufgewacht. Es regnet...«

Ssonja blickt zum Fenster hinaus. Auch hier fällt der Regen vom grauen, eintönigen Himmel. Ganze Bächlein fließen die Scheiben entlang, schmutziggrau von dem Staub, den sie auf ihrem Weg mitnehmen.

Ich muß gleich veranlassen, daß die Scheiben gewaschen werden, denkt Ssonja, die immer hauswirtschaftliche Sorgen im Kopf hat. Dann nimmt sie wieder den Brief zur Hand und liest die lieben Zeilen, die sie schon längst auswendig weiß. Welches Glück, die Worte in sich aufzunehmen, in denen Ljowotschka selbst gesteht, daß er ihr manchmal unrecht tut. Und mit welcher Freude hat sie ihm damals geantwortet: Du bist nicht schuld! Schuld sind wir beide, und die Krankheit steht vielleicht mit der Geburt in Zusammenhang. Für seine Liebe, für seine Sorge um sie, die aus jeder Zeile seines Briefes spricht, hat sie ihm diese Zeilen geschrieben. Hätte sie ihm auch nur den kleinsten Vorwurf machen können, obwohl sie ganz genau weiß, daß er allein die Schuld an ihrem Zustand trägt? Als er sich damals, so kurze Zeit nach Ssonjas Niederkunft, so sehr vergessen, hat ihr die Hebamme strengste Ruhe angeordnet und Lew Nikolajewitsch, erschrocken und voll Reue über seine Tat, hat sie tatsächlich seither geschont. Aber es war zu spät gewesen. Obwohl sie nur lag oder saß, und sorgfältigst jede Aufregung vermied, ist über sie doch diese schreckliche Frauenkrankheit gekommen.

Jetzt aber fühlt Ssonja nichts als Mitleid mit Lew Nikolajewitsch. Sie sucht einen Grund, sich selbst zu verurteilen und ihm dadurch die Bitterkeit der Reue leichter zu machen. Ach, wenn er jetzt nur hier wäre, welches Glück! Wie unendlich einsam und verlassen sie sich fühlt, vor allem, wenn die Schmerzen besonders heftig werden. Die einzige Erleichterung bietet ihr dann der Gedanke an die Kinder, die keine Stunde ohne sie sein können. Gerade vorhin mußte sie Frieden stiften: Der Älteste will ein schweres, ernstes Stück auf dem Klavier einstudieren, zur gleichen Zeit aber bilden sich die Kleinen ein, sie müßten im selben Zimmer einen Brunnen aus Bausteinen errichten, wobei sie einen fürchterlichen Lärm verursachen, bei dem Sserjoscha mit dem besten Willen nicht spielen kann. Er beklagt sich über die Kleinen, und die Kleinen über ihn. Und gleichzeitig soll sie Andrjuscha bei den Büchern festhalten, von denen er bei jeder Gelegenheit wegstrebt, und dazu noch Ljowa den Kopf für sein grobes Benehmen zurechtsetzen.

Wie unerträglich die Schmerzen wieder werden! Stets, wenn sie beim Arzt war, ist es am schlimmsten. Sie kann jetzt nicht liegen und nicht stehen, so ist sie gepeinigt. Und dazu die ewige Sorge um Ljowotschka. Ach, Ljowotschka! Er bekümmert sie mehr als irgendeines der Kinder. Mit der Begründung, daß ihn das Leben in Moskau bei seinen wissenschaftlichen Arbeiten stört, hat er es abgelehnt, mit ihr dorthin zurückzukehren. Aus seinen Briefen geht hervor, daß er in Jassnaja Poljana das Leben eines' neuen Robinson führt. Höher als alles schätzt Ssonja geistige Arbeit, und kein Opfer ist ihr zu groß, wenn sie nur meint, es könnte Lew Nikolajewitsch darin fördern. Aber sooft sie einen Brief von ihm erhält, gerät sie in helle Verzweiflung. Sie sind voll Zärtlichkeit und Liebe, zeigen ihr jedoch, daß sein Leben dort wie ein phantastisches Spiel abläuft. Den Koch, der von ihr die genauesten Anweisungen für die Ernährung Ljowotschkas erhielt, hat er entlassen und bereitet sich jetzt selbst die Kost, die sein schwacher Magen sicher nicht vertragen wird. Auch das Stubenmädchen hat er fortgeschickt, und mit dem Aufräumen des Zimmers, dem Hacken des Holzes, dem Aufstellen des Samowars, dem Tragen des Wassers und hundert anderen

Kleinigkeiten vergeht sein Tag. Ssonja kann keinen Sinn darin finden, daß ein Mensch wie er, dem so ungeheure Gaben in die Wiege gelegt worden sind, seine Kräfte für etwas aufbraucht, das jeder beliebige Bursche, jede beliebige Frau besser verrichten kann als er. Und mußte er sie und die Kinder wirklich nur deshalb allein in Moskau lassen, damit er jetzt dort in Jassnaja Poljana diese läppische Komödie treibt? Wenn er schon Holz hacken, Stiefel nähen und Wasser tragen will, warum soll er es schließlich nicht zur Abwechslung, zur Entspannung tun? Aber so, wie er es betreibt, geradezu als kultische Handlung, als einzig sinnvolles Ziel seines Lebens? Wenn er schon nicht an seinen Büchern arbeiten will, könnte er dann nicht seine Zeit wenigstens in Moskau nützlicher verbringen, indem er seinen Kindern hilft? Wieder hat Ljowa die schlechteste Note in Algebra und im russischen Diktat bekommen, noch dazu zweimal hintereinander – während sein Vater Stiefel näht!

Je mehr sich Ssonja in diese Gedanken verbohrt, desto schlechter fühlt sie sich. Sie bemüht sich, von ihnen loszukommen, indem sie sich wieder in ihre hauswirtschaftlichen Angelegenheit vergräbt. Ein ganzer Berg Rechnungen liegt vor ihr, die alle durchgesehen und bezahlt sein wollen. Eine schwere Last sind diese hundert Kleinigkeiten, aber sie weiß ganz genau, daß das Leben im Haus sofort stillsteht, wenn sie sich auch nur einen einzigen Tag ausschaltet. Alle kommen zu ihr, nichts geschieht ohne sie. Wenn etwa die Gouvernante einmal der Kopf schmerzt, legt sie sich nieder und kümmert sich um nichts. Ssonja kann sich das nicht erlauben. Das ist ja meine Pflicht, sagt sie sich. Kaum kommt ihr aber das Wort Pflicht in den Sinn, beginnt ihr Grübeln auch wieder um das zu kreisen, was sie immer und immer bedrückt; sie denkt an Ljowotschka und an die Auffassung, die *er* von Pflicht hat. Sie kann verstehen, wenn er der menschlichen Gesellschaft gegenüber gewisse Verpflichtungen fühlt. Doch daß er dieser Gesellschaft alles, seiner Frau und seiner Familie aber nichts, gar nichts davon zuerkennen will, das geht über ihre Auffassungskraft, das erfüllt sie mit immer neuer Empörung. Ach, lieber nicht daran denken, diese Gedanken weit von sich schieben! Eher daran denken, daß er sie dennoch liebt, daß er

Sehnsucht nach ihr empfindet und daß er ihr so lieben, zärtliche Briefe schreibt! Für diese Briefe kann sie ihm alles verzeihen.

Wieder beugt sich Ssonja über die Rechnungen. Ljowotschka hat im letzten Brief geschrieben, daß ihm fünf Rubel, die sie durch bewußte und freiwillige Einschränkung im Haushalt erspart, zehnmal willkommener wären, als wenn sie fünfzigtausend Rubel erwirbt. Ssonja denkt daran, daß in der Bank nur mehr dreitausenddreihundert Rubel liegen, daß sie nur siebenhundert Rubel bar auf der Hand hat, die bei den riesigen Auslagen in Moskau wie der Schnee vor der Sonne dahinschmelzen. Ljowotschka schreibt, sie möge sich nicht beunruhigen, es werde schon wieder Geld kommen, sie aber kann sich nicht vorstellen, woher. Ssonja nimmt ein Blatt zur Hand und schreibt mit ihrer gleichmäßigen, ruhigen Handschrift eine Zusammenstellung des Mindestmaßes, auf das sie ihr Monatsbudget herabdrücken könnte:

Erziehung der Kinder:
Engländerin .... 30 Rubel
Madame .... 50 Rubel
Lehrerin Kaschewskaja .... 40 Rubel
Gymnasium und Universität .... 47 Rubel
Maschas russische Lehrerinnen .... 36 Rubel

Das heißt, zweihundertunddrei Rubel macht allein die Erziehung der Kinder aus. Da läßt sich nichts wegnehmen, denn die Förderung von Bildung und Kenntnissen sind ihr das wichtigste.

Die Löhne der Dienstboten ergeben:

Koch .... 15 Rubel
Lakai .... 15 Rubel
Kutscher .... 16 Rubel
Kindermädchen .... 8 Rubel
Hausknecht .... 8 Rubel
Dunja .... 8 Rubel
Köchin .... 4 Rubel
Warja, Tatjana, Wlass, Amme .... 24 Rubel

Also kosten die Dienstboten zusammen achtundneunzig Rubel.

Ssonja hält ein und denkt nach, wen vom Dienstpersonal sie entlassen könnte. Aber bei dem großen Haushalt, bei neun Kindern und bei den vielen, man kann sagen, täglichen Gästen, findet sie dies unmöglich. Wieder ergreift sie die Feder und stellt nun die Gesamtsumme fest:

Erziehung der Kinder	203 Rubel
Dienstbotenlöhne	98 Rubel
Wäscherin	40 Rubel
Holz	60 Rubel
Sserjoscha, dem ältesten Sohn	40 Rubel
Fleisch und Essen den Leuten und für uns	150 Rubel
Trockene Lebensmittel, Beleuchtung, Kohle, Tabak usw.	150 Rubel
Bäcker	25 Rubel
Fußbodenpflege	5 Rubel
Pferde, Kuh	75 Rubel
Nachtwächter	2 Rubel
Taschengeld für Ilja, Tanja, Ljelja und Mascha	12 Rubel
Abgaben und Verpflichtungen	50 Rubel

Das macht also im Monat nicht mehr und nicht weniger als neunhundertzehn Rubel!

Und wieder steigt ein bitteres Gefühl gegen Lew Nikolajewitsch in ihr auf. Er müßte jetzt hier sein, *er* müßte alle diese Rechnungen aufstellen, *er* müßte sich darum kümmern, woher sie das Geld nehmen soll, wenn heuer das Gut in Ssamara keinen Ertrag liefert. Aber gleich wieder weist sie diese Gedanken von sich ab. Ljowotschka ist weit weg. Er ist ein Mensch der Gegensätzlichkeiten. Man muß ihn nehmen, wie er ist, und sie liebt ihn, liebt ihn grenzenlos! Auch sie möchte jetzt gerne in Jassnaja Poljana sein, die Stille der ländlichen Umgebung genießen; aber sie will vor allem ihm die Möglichkeit geben, in aller Ruhe fruchtbringend zu arbeiten. Möge er nur im Dorf bleiben, sie wird, trotz ihrer Krankheit, in der Stadt mit den Kindern leben, und sie tut es gern.

Aber woher soll sie das Geld nehmen, das sie jetzt so notwendig braucht? Was soll sie mit den Kindern anstellen, die im Gymnasium so schlecht lernen? Was könnte von Ljowotschkas Werken neu herausgegeben werden?

»Gräfin, die Tapezierer sind da! Und die Wäscherin und die Weißnäherin warten schon!« meldet der Lakai. Ssonja erhebt sich, laut stöhnend vor Schmerzen, und ordnet an, was für die Kinder genäht werden muß, zählt die Wäsche und geht mit den Arbeitern die Möbelstücke durch, die einen neuen Überzug erhalten müssen. Nachdem sie den Leuten alle Anordnungen gegeben und sie entlassen, setzt sie sich wieder zum Schreibtisch.

»Du schreibst mir, ich riefe Dich nicht zu mir? Ach, Ljowotschka, wenn ich Dir jede Minute, die ich Dich sehen möchte, all das schriebe, was ich Dir gerne sagte, dann würde sich ein solcher Strom der leidenschaftlichen, zärtlichen und verlangenden Worten zu Dir ergießen, daß Du erst recht nicht zufrieden wärest. Es ist mir oft sehr schwer ohne Dich, in jeder Beziehung. Aber ich habe mir zur Aufgabe gestellt, meine Pflicht Dir gegenüber zu erfüllen, der Du als Schriftsteller und als Mensch vor allem Freiheit brauchst, und deshalb forderte ich auch nichts von Dir. Dieses gleiche Gefühl der Pflicht habe ich auch den Kindern gegenüber; aber freilich, ich weiß nicht, ob ich all das ausführen kann, was ich mir vorgenommen habe. Dann habe ich Dir auch geschrieben, daß es mir weher tut, Dich in Moskau leiden zu sehen, als Dich gar nicht zu sehen. Und in welch wundervollem Gemütszustand Du Dich jetzt befinden mußt! Deine Empfänglichkeit für die Musik und die Eindrücke der Natur, Dein Drang zu schreiben, das ist Dein echtes, ureigenes Ich, das Du ertöten willst, das aber so wundervoll, so lieb, so gut und so poesievoll ist, das ich, das alle, die Dich kennen, so sehr lieben. Und Du wirst es nicht töten, sosehr Du Dich auch bemühen magst!«

Ssonja hat den letzten Satz zu Ende geschrieben und legt nun nachdenklich die Feder weg. Ach, denkt sie, wie schön wäre es, wenn Ljowotschka den Weg ginge, den ihm die Natur vorgezeichnet hat. Wie traurig ist es, daß ein so begabter, begnadeter Künstler wie er mit eigenen Händen niederreißen will, was der Schöpfer in ihm aufgebaut.

IX

Kreutzersonate

1890 erschienen

Sommer 1885

Sorgsam prüft Ssonja die Vorbereitungen zum Abendessen. Merkwürdig, denkt sie dabei, wenn wir mit Ljowotschka beisammen sind, gibt es viel mehr Zwist in der Familie, als wenn wir getrennt, ich mit den Kindern in Moskau und er in Jassnaja Poljana leben. Das ist eine traurige Wahrheit, und wie sehr sich Ssonja auch bemüht, sich damit abzufinden, so wenig will es ihr gelingen. Und doch müßte sie es können, denn ein anderes Mittel zu einem halbwegs erträglichen Leben gibt es nicht.

Zur Zeit ist die ganze Familie mit Mähen beschäftigt. Es haben sich zwei Gruppen gebildet. Die eine wird scherzweise die »heilige« genannt. Sie besteht aus zwei Bauern, Lew Nikolajewitsch, Sohn Ilja und dem Juden Fainermann, den Ssonja nicht ausstehen kann. Lew Nikolajewisch wird jetzt von Leuten umgeben, die sich Schüler und Nachfolger Lew Nikolajewitschs nennen, die aber Ssonja einfach mit dem Namen »Dunkle« abtut; diese etwas bissige Bezeichnung wird von vielen äußerst passend gefunden. Alles an diesen Menschen scheint Ssonja unwahr, unnatürlich, krampfhaft, gezwungen. Zum Beispiel dieser Fainermann! Er ist in Jassnaja Poljana mit seiner schönen Frau Esther aufgetaucht, weil ihn die Ansichten Lew Nikolajewitschs mit magischer Gewalt angezogen haben. Er lebt im Dorf, arbeitet für den Bauern und bekommt dafür manchmal ein Stück Brot, sehr oft aber auch gar nichts. Seine Frau geht mit einem kleinen Kind auf dem Arm hungrig im Dorf von Haus zu Haus und bittet um Almosen. Lew Nikolajewitsch sieht im Tun dieses Fainermann, der, nachdem er das Gymnasium absolviert, nun von Hütte zu Hütte zieht, um bei den Bauern zu arbeiten, ein heroisches Verhalten. Ssonja aber hält dies einfach für verrückt. Warum soll es denn besser sein, wenn Fainermann heute irgendeinem armen Bauern die Wiese mäht, statt nach seiner Bildung für sich zu arbeiten und dadurch zu verhindern, daß seine arme, blasse Frau bei den Bauern um ein paar Tropfen Milch für ihr Kind betteln muß? Will Lew Nikolajewitsch wirklich auch das Familienleben dieses Fainermann zerstören? Ist es ihm nicht genug, daß er in seiner Abhandlung »Was sollen wir jetzt tun?« vor aller Öffentlichkeit so scharf und so gröblich seine eigene Familie in den Schmutz gezogen hat? Und wie herzlos und grausam verurteilt er in seinen Tagebüchern, in seinen Gesprächen, in seinen Briefen stets Ssonja und die Kinder, und das Leben, das sie führen. Wie kommt es nur, daß er kein Mitgefühl mit denen hat, die ihm am nächsten stehen? Aber auch dieser Fainermann hat kein Herz für seine Frau und sein Kind, das für das Tun seines Vaters wohl mit seinem jungen, unschuldigen Leben wird zahlen müssen. Ist es vielleicht der wahre Sinn dieser »Tolstoibewegung«, daß in ihrer sogenannten Menschenliebe die größte Grausamkeit verborgen liegt? Das Heim, das Ssonja mit so viel Mühe und Aufopferung für ihn und für seine Kinder in den vielen Jahren geschaffen, ist für ihn ein Heim des Narrentums, ein Hort der Sittenlosigkeit, des Müßiggangs, denn als Arbeit sieht er jetzt überhaupt nur mehr körperliches Schaffen an. So muß nun alles nach seinem Beispiel mähen, die Kinder, die Gäste, die ihn besuchen kommen; sogar sie selbst mußte manchmal in ihrem langen Ssarafan Heu einbringen.

Die zweite Gruppe, die sich zum Mähen zusammengefunden hat, besteht aus Sserjoscha, aus Alkid, dem Sohn der Gouvernante, aus Tanja und den Basen Kusminskich. Bei ihnen geht es lustiger zu, Gesang und Gelächter begleiten ihre Arbeit. Auch sie mähen zugunsten armer Bauern, aber bei ihnen spürt man genau, daß dies wirklich dazu geschieht, um den Armen zu helfen und daß sie außerdem an ein wenig körperlicher Arbeit ihre Freude haben.

Ssonja blickt die Terrasse hinab in den Garten. Bald müssen sie alle von der Heumahd zurückkommen, hungrig und müde. Besonders Lew Nikolajewitsch ist immer ganz erschöpft, wenn er von dieser Arbeit heimkehrt, ohne daß er dies freilich zugestehen will. Deshalb hat sie auch dem Koch befohlen, in seine Gemüsesuppe etwas Bouillon zu gießen. Schon beginnt sich die Dämmerung vom Westen her über die Erde auszubreiten, vom Garten steigt langsam Feuchtigkeit auf. Die ersten Sterne erglänzen am Himmel, und der Duft der Blumen, den Ssonja so liebt, wird stärker und stärker.

Da erklingt Gesang und Gelächter. Die Mäher sind da. Sie waschen sich und kleiden sich um. Als Lew Nikolajewitsch auf der Terrasse erscheint, trägt sein Antlitz den Ausdruck eines Menschen, der ein großes Werk zu Ende gebracht. Man sieht ihm an, daß er müde, aber ebenso, daß er sehr glücklich ist. Alle sind lustig und aufgeräumt, und Lebensfreude spiegelt sich auf den sonnverbrannten Gesichtern. Lew Nikolajewitsch ißt seine Suppe und tut, als ob er von der Fleischbrühe nichts bemerkte, oder vielleicht bemerkt er auch wirklich nichts, und Ssonja freut sich, daß er endlich wieder einmal etwas wirklich Nahrhaftes zu sich nimmt. In der ganzen Runde herrscht Fröhlichkeit und Lachen. Nur Lew Nikolajewitsch beginnt die Stirne kraus zu ziehen, er ärgert sich über die Blumen am Tisch, das feine Geschirr und die Üppigkeit der Mahlzeit.

Nach Tisch beschließt man, »Briefkasten« zu spielen. Der Briefkasten hängt an der Stiege und jeder Mitspieler wirft einen Zettel hinein, mit Gedichten, Witzen, Scherzfragen und so weiter. Alle »Einsendungen« sind ohne Unterschrift. Heute liest Lew Nikolajewitsch selbst vor, was inzwischen eingegangen ist. Das Gesicht, mit dem er sich ans Lesen begibt, ist feierlich, voll Würde.

»Es wird gebeten«, liest er, »auf folgende Frage zu antworten: Warum müssen Ustjuscha, Mascha, Alena, Pjotr und andere kochen, fegen, servieren, aufräumen, während die Herren essen, Unordnung machen, essen und wieder essen?«

Ssonja senkt das Haupt. Wieder, und immer wieder dasselbe, denkt sie bitter.

Lew Nikolajewitsch blickt alle der Reihe nach durchdringend an, dann liest er von einem anderen Blatt die Antwort auf seine Frage herunter:

»Nehmen wir einmal die Ortschaft Jassnaja Poljana, in der sich das Haus unserer Versammlung befindet. Diese Ortschaft war im Jahr 1885 von siebzig Familien edler Werktätiger bewohnt, die in dieser Zeit, trotz der schweren Lebensbedingungen, das Licht der wahren Bildung verbreiteten, das heißt die Wissenschaft des Zusammenlebens verwirklichten, der Arbeit füreinander und die Kunst der Bearbeitung der Felder, des Baues der Wohnstätten und der Aufzucht der Haustiere. Dann wohnten hier noch zwei Familien, bestehend aus vollständig verwilderten Menschen, die nicht nur jeden Sinn für Nächstenliebe, sondern auch jedes Gefühl einer Gerechtigkeit verloren hatten, das unter den Menschen der Austausch ihrer Arbeit fordert. Die Angehörigen der siebzig gebildeten Familien lebten damals in einer engen Gasse, jung und alt von früh bis spät an der Arbeit, sie lebten von nichts als Brot und Zwiebeln, konnten nicht mehr als drei oder vier Stunden in der Nacht schlafen und gaben dabei alles denen, die es von ihnen forderten; sie verpflegten bei sich Wanderer und Pilger und Kranke und gaben ihre besten Menschen dem Militär, das heißt eben denen zur Sklaverei, die es von ihnen verlangten. Die zwei wilden Familien aber lebten getrennt von ihnen in großen, schattigen Gärten, in zwei riesigen Häusern, die so groß waren wie fünfzehn derer der gebildeten Bewohner, und sie hielten sich an die vierzig Menschen, die nur damit beschäftigt waren, sie zu füttern, herumzuführen, die Kinder dieser zwei Familien zu waschen und zu kleiden. Die Beschäftigung der Wilden bestand größtenteils im Essen, in Gesprächen, im An- und Auskleiden und im Spiel.«

Ssonja kann nicht bis zu Ende zuhören. Sie erhebt sich, um in den Garten zu gehen, obwohl ihr Lew Nikolajewitsch einen strafenden Blick zuwirft. Die Tränen stehen ihr in den Augen. Die eine der zwei »wilden Familien«, das ist ja die ihre, und die andere, damit hat Lew Nikolajewitsch die Familie ihrer Schwester Tanja gemeint, die schon seit Jahren immer den Sommer auf Jassnaja Poljana verbringt. Und »gebildete Leute«, das können für Ljowotschka jetzt nur mehr die Bauern sein. Wenn er von einem Besuch einer Bauernhütte heimkommt, glänzt sein Gesicht vor Freude, und er selbst sagt, er komme von einem Besuch in der »großen Welt«. Ljowotschka denkt jetzt überhaupt an nichts anderes mehr als an die Bauern. Im Zusammenhang damit hat er einen Plan aufgegriffen, der alle seine Kräfte in Anspruch nimmt, nämlich die Herausgabe von Schriften im Verlag »Vermittler«. Ausgedacht hat ihn jener Tschertkow, der Ssonja so unsympathisch ist, und dessen Einfluß auf Ljowotschka von Tag zu Tag wächst. Seit je legte Ssonja ihren Ehrgeiz darein, selbst alle Werke Lew Nikolajewitschs herauszugeben, und nun ist dieser Tschertkow gekommen, der ihr nicht nur alles wegnimmt, was ihr Mann geschaffen, sondern ihn auch noch dazu zwingt, überhaupt nur mehr »im neuen Geist« zu schreiben. Tschertkow und Lew Nikolajewitsch beschlossen, eine neue, billige Schriftenreihe, um den Preis einer halben Kopeke das Stück, herauszugeben. Ssonja hätte dagegen nichts einzuwenden, auch sie hält das für gut. Aber sie ist andererseits davon überzeugt, daß den Herausgebern im Grunde genommen das Volk ganz gleichgültig ist! Sie sieht in der krampfhaften Übertriebenheit, mit der sie ihr Werk ins Leben setzen, nur ein Zeichen dafür, daß es sich um nichts anderes handelt, als um ein Spielzeug, eine Marotte von Menschen, die der Hafer sticht. – Gewiß trifft es zu, daß die billigen Broschüren, die bisher in Massen im Volk verbreitet wurden, in ihren schreienden Umschlägen, mit den verstiegenen Geschichten von Grafen und Prinzen, schon gar nicht zu reden von Traum- und Wahrsagebüchern, einen entsetzlichen Schund darstellen.

Aber so wie die Herausgabe dieser neuen Schriften geplant ist, geht es auch nicht. Einmal bringt die Art, wie diese Broschüren entstehen, Ssonja in heftigen Zorn. Ljowotschka schreibt eine Erzählung in einfachster, allen verständlicher Sprache nieder, und Tschertkow verbessert sie dann. Diese Verbesserungen! Ssonja ist gewohnt, die literarischen Produkte ihres Mannes als etwas Heiliges, Unantastbares anzusehen, und jetzt kommt dieser Tschertkow, streicht aus, fügt hinzu und ändert, wie es ihm gefällt. Und zu welchen Mitteln er greift, um Ljowotschka zum Schreiben zu bringen! Er nimmt einfach eine Erzählung, die Lew Nikolajewitsch früher einmal begonnen und dann liegengelassen hat. Er schreibt sie sorgfältig ab, mit weiten Zwischenräumen zwischen den Zeilen und breiten Rändern, und legt dann noch einige Bogen reinen Papiers dazu, weil er genau weiß, wie Lew

Nikolajewitsch mit dem Papier geizt. So erhält Lew Nikolajewitsch sein begonnenes Werk zurück, er liest es durch, beginnt herumzubessern und hinzuzufügen, denn Platz dazu ist genügend da, und die Erzählung, die so unversehens vollendet wird, packt Tschertkow dann wie ein Haifisch für seinen »Vermittler«.

Ein anderer Umstand, der Ssonja auch genug Ärger bringt, betrifft die materielle Seite. Für die Erzählungen im »Vermittler« bekommt Ssonja natürlich keinen Groschen. Einmal forderte sie als Ersatz für zwei Erzählungen, die im »Vermittler« abgedruckt wurden und reißenden Absatz fanden, den Betrag von tausend Rubel, denn die von ihr veranstaltete Ausgabe, in der diese Werke ursprünglich erschienen waren, wurde natürlich fast nicht mehr gekauft, weil sie viel teurer war. Lew Nikolajewitsch war tief beleidigt, und Tschertkow machte ihr einen großen Skandal, und sagte ihr endlich voll Wut, er würde ihr, wenn sie darauf bestünde, die tausend Rubel aus seiner eigenen Tasche zahlen. Ssonja entgegnete nichts mehr, aber sie war außer sich vor Empörung. Denn dieses Geld kommt ja nicht dem Volk zugute, sondern ausschließlich dem Verleger Ssytin, der diese Halbkopekenheftchen zu Hunderttausenden druckt und ungeheure Summen dabei verdient. Warum soll dieser völlig fremde Mensch ihren Kindern die Früchte der Arbeit des Vaters wegnehmen? Und warum hat sie als Mutter nicht einmal das Recht, dagegen zu protestieren?

Alles führt nun Lew Nikolajewitsch so durch, wie Tschertkow will. Tschertkow hat einige seiner Schriften, die in Rußland nicht erscheinen dürfen, in England herausgegeben, er hat einen Verleger gefunden für das Werk »Beichte« und die Schrift »Worin mein Glaube besteht«, und aus Dankbarkeit dafür hat sich ihm Lew Nikolajewitsch mit ganzer Seele verschrieben. Wie bitter ist es doch für Ssonja, daß ein Fremder mehr und mehr die Stelle einnimmt, die sie früher selbst innegehabt, die sie ihr ganzes Leben betreuen wollte.

Alles an Tschertkow erscheint Ssonja unnatürlich, konstruiert. Sein grellrotes, bis über die Knie reichendes Bauernhemd, durch das er seine besondere Liebe zum einfachen Volk unterstreichen will, paßt so gar nicht zu seinem feinen Gesicht mit den aristokratischen Zügen; daß er zum Beispiel, wenn er ernstlich krank ist, sich nicht an einen Arzt wendet, nur weil auch das Volk die Krankheiten ohne Doktor durchmacht – dies wie tausend andere Kleinigkeiten, die Lew Nikolajewitsch in Entzücken versetzen, weil er in ihnen die Verwirklichung seiner Idee sieht –, sind für Ssonja nichts anderes als eine unnütze, unwürdige Komödie. Besonders zuwider ist ihr aber sein unnatürliches, lautes, hölzernes Lachen.

Während Ssonja alles daransetzt, Lew Nikolajewitsch zu sich zurückzuführen, bemüht sich Tschertkow mit allen Kräften, in ihm die Gedankengänge zu festigen, die ihn immer weiter von seiner Familie entfernen. Ssonja fühlt genau, wie Tschertkow geradezu systematisch gegen sie und ihre Kinder arbeitet, und in den Briefen, die Ljowotschka ihm fast ebenso häufig schreibt, wie er sie von ihm empfängt, beklagt er sich aufs rücksichtsloseste über Ssonja und die Kinder. Dabei überbieten sich beide in diesen Briefen in Selbstanklagen und Ermahnungen zur Arbeit an sich selbst, die sie zur sittlichen Vervollkommnung führen soll. Ach, wie entsetzlich Ssonja das alles anekelt!

Sie fürchtet, daß Tschertkow letzten Endes Lew Nikolajewitsch und die Seinen ins Unglück bringen könnte. Schon sind einige Schriften von der Zensur verboten worden, werden aber abgeschrieben und auf diese Weise verbreitet. Es sind viele Anhänger und Jünger aufgetaucht, und einige junge Leute haben schon den Militärdienst verweigert unter Hinweis auf ihre »Tolstoische Überzeugung«. Lew Nikolajewitsch freut sich unendlich darüber und ist glücklich, daß seine Worte nicht auf steinigen Boden fallen. Das erste, was er stets tut, wenn er von solchen Leuten hört, ist, daß er sie mit seiner Familie vergleicht. So werden ihm Fremde immer lieber und teurer, und die, die seine Nächsten sind, immer fremder. Und worin besteht Ssonjas Verbrechen? Daß sie nicht gleich ihm ausschließlich in der Bauernhütte mit Brot, Kwaß und Zwiebeln ihr Ideal sehen kann, sondern daß sie auch an den »Spielsachen« des Lebens Freude hat, daß sie einen gutgedeckten Tisch, daß sie Blumen, Musik, schöne Kleider und ein gutes Mittagessen liebt!

Ssonja steht noch immer vor dem Beet mit den duftenden

Rosen und Reseden. Welch wundervoller Geruch! Aber Ljowotschka bezeichnet diese Art Duft seit kurzem als verweichlichend und erkennt einzig den des Düngers an. Warum? Ist es wirklich besser, in einer schmutzigen grauen Bluse und in verschmierten Hosen und Stiefeln umherzugehen, als sich rein und ordentlich zu kleiden? Ist es wirklich besser, grobe, scharfe, streitsüchtige Abhandlungen zu schreiben, als Kunstwerke, wie sie nur er zu schaffen imstande ist? Freilich, die Leute, die ihm in allen diesen Dingen recht geben, schmeicheln sich dadurch immer mehr in sein Herz, während sie selbst immer weiter und weiter von ihm gerät.

»Mama, Mama«, wird da gerufen, »komm schnell, man wartet hier auf dich!«

Langsam schreitet Ssonja durch den Garten und geht zur Terrasse zurück, wo die Versammelten immer noch mit dem Vorlesen des Briefkastens beschäftigt sind. Lew Nikolajewitsch liest gerade wieder, aber einen nicht von ihm verfaßten Zettel, denn er lächelt stillvergnügt in seinen Bart hinein.

»Die Ideale in Jassnaja Poljana«, liest er. »Lew Nikolajewitsch: Erstens Armut, Friede und Ergebenheit, zweitens alles verbrennen, was er angebetet hat, und alles anbeten, was er verbrannt hat.«

Sehr geistreich und treffend gesagt, denkt Ssonja, während sie nachdenklich eine süßriechende Wicke in den Fingern dreht.

»Ssofja Andrejewna«, liest Lew Nikolajewitsch weiter, und blickt dabei mit gutmütig lachenden Augen auf Ssonja. »Erstens Seneca, zweitens hundertfünfzig kleine Kinder, die niemals größer werden.«

Alles lacht, auch Ssonja, die vor allem darüber glücklich ist, daß Lew Nikolajewitsch wieder guter Laune ist und so fröhlich lacht. Daß sie sich in der letzten Zeit gerade in die Schriften Senecas verliebt hat, muß sie eingestehen; und könnte sie leugnen, daß sie Kinder über alles liebt und daß es ihr größter Schmerz ist, daß sie alle einmal erwachsen werden?

»Tatjana Andrejewna«, läßt sich Lew Nikolajewitsch weiter vernehmen. Das interessiert Ssonja besonders, was man über ihre geliebte Schwester sagt, und sie blickt zärtlich auf die noch immer jung und blühend aussehende Tanja.

»Erstens ewige Jugend, zweitens die Freiheit der Frau.«

Alles lacht wieder, und es geht weiter, bis alle Anwesenden durchgenommen sind. Dann kommt ein neuer Zettel: »Wovon die Leute in Jassnaja Poljana leben«, der wieder laute Fröhlichkeit hervorruft, besonders als festgestellt wird, Lew Nikolajewitsch lebe davon, daß er das Rätsel des Lebens gelöst, und Ssonja davon, daß sie die Frau eines berühmten Mannes ist, und daß es so kleine Dinge wie Erdbeeren gibt, auf die sie ihre ganze Energie verschwendet. Und zum Abschluß kommt der Teil der Vorlesung, der die größte Heiterkeit hervorrufen sollte, Ssonja aber wieder mit Schmerz erfüllt. Es kommen die »Krankenbogen der Geisteskranken im Spital von Jassnaja Poljana« an die Reihe, und Lew Nikolajewitsch beginnt:

»Nummer 1, Lew Nikolajewitsch. Sanguiniker. Gehört in die Abteilung der Harmlosen. Der Kranke ist von der Manie besessen, die von den deutschen Psychiatern als Weltverbesserungswahn bezeichnet wird. Das Zentrum seines Wahns liegt darin, daß es der Kranke für möglich hält, das Leben anderer Menschen durch seine Worte zu ändern. Allgemeine Symptome: Unzufriedenheit mit der ihn umgebenden Ordnung, verurteilt alle außer sich selbst, aufreizende Geschwätzigkeit ohne Rücksichtnahme auf die Zuhörer, häufige Übergänge von Erregtheit und Zorn zu unnatürlicher, tränenreicher Sentimentalität. Besondere Merkmale: Beschäftigung mit ihm nicht liegenden und unnötigen Arbeiten wie Nähen von Stiefeln, Mähen von Gras und so weiter. Therapie: Völlige Teilnahmslosigkeit seiner Umgebung seinen Reden gegenüber, Beschäftigung mit Dingen, die die Kräfte des Kranken voll in Anspruch nehmen.«

Wie bei allen vorhergegangenen Lesungen begleitet Lew Nikolajewitsch auch diese mit einem Lächeln. Aber diesmal ist es eigenartig, gezwungen und bitter und gleicht eher einem Weinen. Das ist alles so, denkt er, wie es der Wahrheit entspricht, alles, mit unheimlicher Genauigkeit. Die reine, bittere Wahrheit! Rasch geht er zu den nächsten Zetteln über, in denen die übrige Gesellschaft übel hergenommen wird. Nachdem der Briefkasten erschöpft ist, geht man zu Musik und Gesang über. Tante Tanja singt ein Lied, das zum Träumen zwingt, zum Träumen von etwas Wunderschönem, das sich nie erfüllen kann ...

Lew Nikolajewitsch stiehlt sich langsam weg und geht in den Garten. Es ist ihm schwer und traurig zumute. Die Hände schmerzen unerträglich von der ungewohnten Arbeit des Mähens, der Kopf zerspringt fast von den Gedanken, die ihm niemals Ruhe lassen, und in seinem Herzen ist das Gefühl trostloser, hoffnungsloser Einsamkeit. Es ist wohl wahr, er hat ein wenig gelacht, er hat sich auch ein wenig amüsiert in dieser Gesellschaft, aber nur, um sich noch fremder zu fühlen inmitten dieser lustigen jungen Menschen, die nichts wollen, als lachen und tanzen und sich an den lächerlichsten Nichtigkeiten vergnügen.

Lew Nikolajewitsch ist, ohne er zu bemerken, in die Allee gelangt. Der reine Hauch der warmen Sommernacht umfängt ihn. Vom Haus tönt leise ein Walzer herüber. Man tanzt dort, oder erheitert sich wieder mit einem der Gesellschaftsspiele, in deren Erfindung Tanja Meisterin ist. Er lehnt sich an einen Baum, und schwere Tränen fallen aus seinen Augen. Allein! Allein in der ganzen Welt! Alles, was ihm teuer und wert ist, ruft bei den Seinen nur Ablehnung oder mitleidiges Lächeln hervor. Er ist ihnen allen fremd geworden, ganz fremd ...

Da fassen ihn plötzlich zwei schmale Arme um den Hals, und jemand preßt die Wange an sein Gesicht. Erst nach einigen Augenblicken erkennt er in der feinen Gestalt seine fünfzehnjährige Tochter Mascha. Und da erinnert er sich, wie ihre blauen, ernsten Augen manchmal auf ihn blickten, als ob sie ihn etwas fragen wollte und den Mut dazu nicht fände. Jetzt umarmt sie ihn, küßt seine faltigen, runzeligen Wangen und seine Hände. Mit einem Mal ist all sein Gram und Kummer verflogen. Er ist nicht mehr allein! Die schweigsame, unschöne Mascha ist mit ihm, sie versteht ihn, sie billigt ihn, sie geht mit ihm. Das erstemal seit langer Zeit wenigstens *ein* Mensch seiner Familie, der seine Ansichten teilt, mit dem ihn ein Band des Herzens verbindet. Mit einem leisen, frohen Auflachen umarmt er Mascha und preßt sein Haupt an ihre Stirn. Die demütige, weiche Zärtlichkeit seiner Tochter hat ihn bis in die Tiefe der Seele gerührt. Erst jetzt wird ihm bewußt, wie sehr er nach jener Liebe lechzt, die nicht fragt, nicht kritisiert, die sich bedingungslos hingibt. Ssonja liebt ihn unendlich, das weiß er, doch sie kritisiert jedes seiner Worte, jede Handlung. Mascha aber, die kleine, unscheinbare, von allen – und nicht zuletzt auch von Ssonja – so wenig beachtete Mascha, ist zu ihm gekommen. Sie wird mit ihm kämpfen für seine Ideen . . .

Beide stehen sie im dunklen Garten, umgeben vom Duft der Blumen, voll des Glücks, das ihnen ihre Liebe bringt. Sie brauchen kein Wort zu sprechen, sie verstehen einander stumm. Immer näher preßt sich Mascha an ihn, ihre großen blauen Augen blicken ihn an und ihre schwache, magere Hand streicht leise über die rauhen Schwielen, mit denen sich seine Haut während der Mahd bedeckt hat.

Dezember 1885

Moskau. – Ssonja sitzt an ihrem Schreibtisch, der mit Papieren, Briefen und leeren Briefumschlägen bedeckt ist, und widmet sich mit Feuereifer der großen Aufgabe, die Lew Nikolajewitsch ihr ganz allein überlassen hat, nämlich der Herausgabe seiner sämtlichen Werke. Welch ungeheure Arbeit verursachen diese zwölf Bände! Den ganzen Tag sitzt sie wie in einer Kanzlei, und des Nachts geht sie kaum vor drei Uhr zu Bett. Für die Verpackung und den Versand hat sie einen Angestellten aufgenommen, aber die Hauptarbeit, die ihr allein bleibt, ist dennoch schwierig und sehr ermüdend. Vom Lesen der vielen Korrekturen flimmern ihr die Augen, und manchmal schmerzt sie der Kopf so stark, daß sie kaum weiterarbeiten kann. Welche Mühe bereiten der Einkauf des Papiers, die Drucklegung – und vor allem die Schwierigkeiten mit der Zensur! Wahrscheinlich wird sie selbst nach Petersburg fahren müssen, denn gerade zwei der wichtigsten Abhandlungen hat nun der Minister Pobjedonoszew endgültig verboten. Aber Ssonja läßt sich durch Schwierigkeiten nicht abschrecken. Sie ist so voll Energie, daß sich nicht nur die andern darüber wundern, sondern daß auch sie selbst ganz erstaunt ist. Innerhalb der letzten zwanzig Tage hat sie zweitausend Rubel eingenommen.

Eines aber verdirbt ihr fast die Freude am Erfolg ihrer Arbeit. Es ist die düstere Gemütsstimmung, in der sich Lew Nikolajewitsch die ganze Zeit befindet. Er steht schon um sieben Uhr auf, wenn es noch vollständig finster ist, und dann macht er sich gleich an die Arbeit des Wasserschöpfens und Wasserholens. Das Wasserfaß ist sehr groß, und der Weg durch den Garten zum Brunnen ist vereist, so daß es sehr schwer ist, darauf den Schlitten zu ziehen. Lew Nikolajewitsch keucht und stöhnt, trotz seiner großen Körperkraft. Fast nach jedem zweiten Schritt fällt er zu Boden, aber er läßt nicht nach, bis der Schlitten vor dem Haus steht. Seinen Halbpelz begießt er dabei über und über mit Wasser, das sich im Frost sofort in einen harten Panzer verwandelt, und sein Bart, sein Schnurrbart, seine Brauen und Wimpern sind so bereift, daß er einem Weihnachtsmann gleicht. Doch den Weihnachtsmann stellt man sich mit fröhlichem Gesicht vor, während man aus den mürrischen, zornigen Zügen Lew Nikolajewitschs nicht im entferntesten herauslesen kann, daß das Christfest schon in ein paar Tagen gefeiert werden soll.

Nachher macht er sich ans Holzhacken. Zuerst muß er die langen, glatten, eisbedeckten Scheite durchsägen, dann spaltet er sie und schichtet sie sorgfältig auf.

Weißes Brot ißt Lew Nikolajewitsch überhaupt nicht mehr. Er träumt immer noch von dem Brot, das er einst selbst in Jassnaja Poljana gebacken. Es waren das aus Mehl und Wasser ohne Sauerteig zusammengemischte Fladen, denen er aber einen ganz besonders guten Geschmack nachrühmt. Ssonja ist überzeugt, daß seine schlechte Gemütsverfassung in erster Linie mit seiner vegetarischen Lebensweise und der Arbeit, die zweifellos seine Kräfte übersteigt, in Zusammenhang steht. Ach, denkt sie, dieses ewige Heucheln und Posieren! Jetzt will er auch noch die Kinder zu Vegetariern machen. Besonders für die schwache, magere Mascha wäre das sehr nachteilig. Und wie schlecht sieht Ljowotschka selbst aus! Blaß, eingefallen, gealtert. Dazu haben sich noch eine Menge von »Jüngern« eingefunden, die hinter jedem Schritt, hinter jedem Wort her sind, und für sie muß er dieses Theater immer weiterspielen. Überall Tolstoianhänger, selbst in Paris, nicht nur im weiten Rußland. Bei den verhafteten Revolutionären findet man seine verbotenen Schriften. Am meisten kränkt Ssonja aber der Jude Fainermann, der seiner Frau das letzte Stückchen Eigentum wegnehmen und den Armen zuteilen will, und da sie ihn daran hindert, »nach Tolstoi« zu leben, hat er jetzt die Absicht, sie und das Kind zu verlassen. Auch Tschertkow hat sich vollständig mit seiner Mutter überworfen.

Während Ssonjas Gedanken bei diesem Thema verweilen, öffnet sich die Tür, und Lew Nikolajewitsch tritt ins Zimmer mit dem finsteren, bösen Ausdruck, der jetzt so selten von seinen Zügen weicht. Ganz nahe tritt er an Ssonja heran, seine Augen blicken sie mit einem Haß an, den er nicht einmal zu verbergen sucht, und mit zitternden Lippen stößt er hervor:

»Ich bin gekommen, um dir zu sagen, daß ich mich von dir scheiden lassen will. Ich gehe nach Paris oder nach Amerika!«

Ssonja erhebt sich und blickt ihn mit nassen Augen an. Sie ist so getroffen von diesen Worten, daß sie nichts zur Entgegnung finden kann.

»Was ist geschehen?« stößt sie endlich nach einer langen Pause hervor.

»Nichts ist geschehen!« schreit Lew Nikolajewitsch sie an. »Aber wenn man auf den Wagen mehr und mehr auflädt, muß einmal der Augenblick kommen, in dem man ihn nicht mehr weiterziehen kann.«

»Was lade ich dir denn auf?« fragt Ssonja leise. »Ich habe die Arbeit im Haus, mit den Kindern, in der Wirtschaft und sogar mit der Herausgabe deiner Bücher auf mich genommen. Du bist doch völlig frei! Du tust den ganzen Tag nur das, was dich freut, was dir einfällt. Ich bin immer zärtlich und lieb zu dir und sorge für dich, wie niemand besser sorgen könnte.«

»Ich kann nicht leben, wenn ich mitansehen muß, wie du unter meinen Augen die Kinder verdirbst und ihnen Mühlsteine an den Hals hängst.«

»Ich verderbe die Kinder? Hänge ihnen Mühlsteine an den Hals?« fragt Ssonja entsetzt. »Ich opfere mein ganzes Leben für sie und tue alles, was ich kann, um sie zu guten und sittlichen Menschen zu erziehen.«

»Soll ich wirklich sterben«, schreit er weiter, ohne auf das zu hören, was Ssonja sagt, »soll ich wirklich sterben, ohne daß ich wenigstens ein einziges Jahr außerhalb dieses Narrenhauses gelebt habe, in dem ich jeden Tag, jede Stunde nur leide?«

»Ljowotschka«, dringt Ssonja in ihn, immer noch mit leiser Stimme, »überlege doch, was du sagst! Das ist ja *dein* Haus! Alles in ihm ist so, wie du willst! Ich denke doch nur an dich und die Kinder.«

»Ich will im Dorf leben«, schreit Lew Nikolajewitsch noch lauter als zuvor, »in einer Hütte, mitten unter den Arbeitenden. Tausendmal habe ich dir das gesagt! Ich will mich kleiden wie ein Muschik, ich will allen ohne Furcht die Wahrheit Christi künden, die ich gefunden habe.«

»Warum trägst du neben deiner Liebe Christi aber solchen Haß gegen deine Nächsten?« fragt Ssonja. »Warum kommt ihr, du mit deinen Anhängern, nicht mit Verbrechern in Konflikt, sondern immer mit friedlichen, liebenden Menschen?«

»Deshalb, weil ich in meiner Familie nur Gleichgültigkeit gegen meine Ideen finde, weil du alles, war mir teuer ist, verachtest, und kein Verständnis dafür aufbringst.«

Lew Nikolajewitsch läßt nicht ab zu schreien, jetzt beginnt er mit den Händen herumzuschlagen und zu weinen.

»Ljowotschka, ich kann dir nicht folgen«, sagt Ssonja, nun ganz ruhig geworden, mit fester Stimme. »Das mußt du ein für allemal verstehen. Ich will, daß du zu *mir* zurückkehrst! *Meine* Lehre, das ist unser altes, lichtes Zusammenleben. Erinnerst du dich noch, wie glücklich wir miteinader waren, als du ›Krieg und Frieden‹ schriebst, und ich dir alles ins Reine brachte? Und wie wir uns mitsammen um die Erziehung unserer Kinder kümmerten? Deine neue Lehre aber, sie quält, zermürbt, bringt alle zur Verzweiflung. Deine neue Wahrheit ist Finsternis, in die ich dir niemals folgen werde. Alles, was mit deinem neuen Leben verbunden ist, tötet mich. Laß uns wieder so glücklich sein wie einst. Laß dieses Vegetarierwesen, dieses Holzhacken, Stiefelnähen, Teigkneten. Leben wir wie früher, denken wir an unsere Kinder und erziehen wir sie! Ljowotschka, ich liebe dich so sehr, und mir ist so weh um dich. Begreife doch, wie ich dich liebe und wie bitter es mir ist, deine Qualen mit anzusehen.«

Flehend streckt ihm Ssonja beide Hände entgegen, und mit einem Blick voll Liebe, sagt sie leise und langsam:

»Ljowotschka, wozu das neue Gute, wenn es unser altes Glück zerschlägt?«

»Dort, wo du bist, ist die Luft verpestet«, schreit ihr Lew Nikolajewitsch entgegen, die Hände zur Faust geballt, und in seinen Augen liegt so abgrundtiefer Haß, daß Ssonja zusammenzuckt. Hätte sie sich nicht mit der Hand auf die Lehne eines Stuhls gestützt, sie wäre zusammengebrochen.

»Ljowotschka«, sagt sie mit schwacher Stimme, »nach diesen Worten kann ich selbst nicht mehr mit dir zusammenbleiben. Ich habe immer nur für dich und deine Kinder gelebt; aber wenn ich deine Luft verpeste, so gehe ich lieber. Ich kann dieses Leben nicht länger ertragen, dieses Leben, in dem ich immer beladen wurde mit Schuld, obwohl ich vollkommen unschuldig bin.«

Ssonja eilt fort, ohne sich umzusehen, und in ihrem Zimmer beginnt sie, ihre Koffer zu packen. Sie will fort, ganz gleich, wohin! Nur so weit wie möglich weg von Ljowotschka, der so unerträglich grausam und herzlos ist.

»Ich gehe zu meiner Schwester Tanja«, flüstert sie, »Tanja liebt mich.«

Aufgeregt stürzen die Kinder, die die Auseinandersetzung der Eltern halb mit angehört haben, zu Ssonja herein. Sie küssen und umarmen, fragen und bestürmen sie, allen voran Tanja.

»Ich fahre mit dir! Ich lasse dich nicht fort! Ich will nicht bleiben, wenn du von uns gehst«, rufen Ilja, Mascha und Lelja durcheinander, und alle weinen herzzerbrechend.

Da tritt Lew Nikolajewitsch mit schnellen Schritten ins Zimmer.

»Ssonja, bleib!« sagt er mit erstickter Stimme. »Ich weiß, ich habe dich gequält, aber du mußt begreifen, mir selbst . . . mir selbst . . . ach mir ist es so schwer! Ssonja, ich kann dieses Leben nicht länger ertragen. Ich spüre, wie ich den Verstand verliere. Ssonja! Ssonja! Ssonja!«

Krampfhaftes Schluchzen erschüttert plötzlich seinen Körper; die Kinder weinen und schreien durcheinander, aber Ssonja ist wie von einem Starrkrampf befallen. Sie sitzt auf ihrem Sessel, sie kann nicht weinen, nicht sprechen.

Warum ist mir das alles geschehen, denkt sie, während sie Lew Nikolajewitsch anblickt, dessen hysterisches Schluchzen nicht enden will. Sie meint, daß sie den Schmerz, den er ihr jetzt angetan, nie mehr vergessen kann, daß er als etwas Entscheidendes, Unüberbrückbares in ihrem Leben bleibt. Wofür, weshalb muß er sie so quälen? Ein ganzes Leben lang hat sie alles ihm und seinen Kindern geopfert, nichts für sich selbst gewollt. Und jetzt, wie soll sie es ertragen, daß dies der Lohn für all ihre Liebe sein soll? Kann es da noch einen anderen Ausweg geben als den Tod?

Langsam wird das Weinen und das Beben, in dem der ganze Körper Lew Nikolajewitschs wie aufgelöst erschien, schwächer und schwächer. Mit einem Mal erhebt er sich und verläßt das Zimmer wieder, so rasch, wie er gekommen. Auch die Kinder haben sich beruhigt und gehen ihrer Beschäftigung nach. Nur Ssonja sitzt noch immer beim Fenster, gefesselt von eisigem Entsetzen, aus dem sie sich kein anderes Entrinnen vorstellen kann als den Tod...

Ein kalter, blauer Himmel, weißer, kalter Schnee, ein kaltes grausames Leben! So soll ihre heiße, grenzenlose Liebe an der eisigen Mauer der Grausamkeit zerschellen? Aber nein, es bleiben ihr ja noch die Kinder! Die Kinder, denen zuliebe sie Ljowotschka auf seinem Weg nicht folgen kann.

Aber wenn sie auch diese Kinder verlieren sollte, was bliebe ihr dann?

April 1888

Auf dem Tisch prangen Frühlingsblumen, und vor den Fenstern leuchtet die Sonne. Licht, heiter und gemütlich ist es im Kinderzimmer, wo Ssonja den fünf Wochen alten Wanjetschka an der Brust hält.

Wieder erlebt sie die ganze Wonne, in ihren Händen solch ein schwaches, hilfloses Geschlöpf halten zu dürfen, ihm in die Augen schauen und seine molligen Ärmchen und Beinchen streicheln zu können.

Aber nicht ungetrübt sind diese Freuden. Welche Qual ihr das

Stillen wieder verursacht! Ihre Brust ist so entzündet, daß sie nachher ganz in Schweiß gebadet ist und am liebsten laut aufschreien möchte. Bei all ihrer Willenskraft kann sie nicht verhindern, daß ihr die Tränen aus den Augen rinnen. Dazu ist Wanjetschka so schwach, daß er oft fast eine Stunde braucht, um sich satt zu trinken.

Alle ihre Kinder hat sie, besonders in den ersten Monaten, mit einer geradezu überströmenden Zärtlichkeit geliebt. Aber ein solch grenzenloses Gefühl der Hingabe, des opferwilligsten Mitleids, wie sie es dem kleinen Wanjetschka gegenüber fühlt, erschreckt sie beinahe selbst. Sollte das ein Zeichen des beginnenden Alters sein? Ssonja ist vierundvierzig Jahre alt, Ljowotschka sechzig, und beide haben sie dieses Kind mit aller Sehnsucht gewollt. Sie selbst vor allem, nachdem zwei Jahre zuvor der damals vierjährige Aljoscha gestorben war. Sie hat den Tod des feinen, intelligenten Knaben als eine Strafe des Himmels dafür angesehen, daß sie keine Kinder mehr haben wollte. Und dieser süße Aljoscha war ihr Sonnenschein gewesen; wenn sie mit ihm war, dann vergaß sie den Unfrieden im Haus, und seine täppische Zärtlichkeit, sein lustiges, sprudelndes Geplauder halfen ihr über die schwersten, aufregendsten Tage hinweg. Sein Tod war schnell gekommen. Zwei Nächte lang wachte sie, zwei Nächte lang hielt sie sein schwaches, fieberheißes Körperchen in ihren Armen, und den Beginn des zweiten Tages erlebte er nicht mehr. In den letzten Stunden phantasierte er ununterbrochen. Dann hob er plötzlich seinen Kopf empor, sein Gesicht wurde ernst, sein Blick richtete sich nach oben, und er sagte:

»Ich sehe, ich sehe!«

»Was siehst du, Aljoscha?« fragte sie ihn unter heißen Tränen. Aber sie bekam keine Antwort mehr, es waren seine letzten Worte. Und um vier Uhr früh war es zu Ende ...

Es waren unermeßlich schwere Tage damals ... Alle weinten und weinten ohne Ende. Man begrub den kleinen Aljoscha bei Pokrowskoje, auf dem Friedhof begrub man ihn, der hoch oben über dem Fluß an der Böschung liegt.

Viel Zeit ist seither vergangen, und doch ist der Schmerz noch immer so unmittelbar und bitter, daß Ssonja ihren Gedanken mit

Gewalt eine andere Wendung gibt. Lieber daran denken, was später kam. Nach dem Tode Aljoschas waren sie und Lew Nikolajewitsch darin einig, daß sie noch ein Kind haben wollten, und am 31. März 1888 kam der kleine Wanjetschka zur Welt. Die Geburt war unendlich schwer, noch nie hat Ssonja so entsetzlich gelitten, hat stundenlang wie eine Wahnsinnige geschrien, und Ljowotschka weinte mit ihr. Als das Kind endlich da war, nahm er es in seine Arme und küßte es. Niemals vorher, bei keinem der vielen Kinder, die sie im Lauf der langen Jahre geboren, hatte er das getan. Es war ihr wie ein Wunder, ihr Herz füllte sich mit längst nicht mehr gekanntem Hoffen, und Ssonja war überzeugt, daß dieser kleine Wanjetschka gekommen war, um einen verklärenden Schimmer des Glücks über ihr zerquältes, zerrissenes Leben zu legen. Und in der Tat, Lew Nikolajewitsch faßte ganz unerwartet eine besondere Zuneigung zu dem Kind, er interessierte sich für die Äußerungen seines jungen Lebens, er sorgte um das kleine Wesen, und ein neues Band schlang sich um ihn und um seine Familie. Alles ist Ssonja bereit zu ertragen, wenn dies nur von Dauer wäre, wenn es immer so bliebe!

Der kleine Wanjetschka ist in Ssonjas Schoß eingeschlummert. Leise lächelnd blickt sie ihn an, und immer wieder muß sie staunen, wie sehr er in allem, nicht nur im Ausdruck des Gesichts, auch in der Form des Kopfes, der Hände und der Finger, Lew Nikolajewitsch ähnlich sieht. Vielleicht gelingt es diesem lieben, rührenden Wesen, seinen Vater wieder ganz seiner Familie zurückzuführen, auf daß er nicht, so wie bisher, alles, alles diesen fremden »Dunklen« hingibt.

Wie sollte sie nicht Angst haben um ihn, da doch schon die Terroristen beginnen, ihn als den ihrigen anzusehen? Den ganzen Tag ist er umgeben von zweifelhaften Menschen, von denen niemand recht weiß, was eigentlich ihre Beschäftigung ist. Hundertmal hat sie ihm schon klarmachen wollen, daß man keine Achtung empfinden könne vor Menschen, die die eigene Familie im Stiche lassen, um für andere zu leben. Aber Lew Nikolajewitsch fährt fort, Leuten von der Art des Juden Fainermann, die ihre Frauen verlassen haben, geradezu Liebeserklärungen zu machen. Und daß dieser Fainermann sich nun zum Hirten der

Jassnopoljaner Bauern gemacht hat, das versetzt ihn in helles Entzücken. Am liebsten möchte Ssonja all die Menschen, die sich beständig um Lew Nikolajewitsch herumtreiben, einfach aus dem Haus werfen. Aber er debattiert mit ihnen und ist glücklich, wenn sie ihm sagen, sie fühlten mit ihm und hätten die Absicht, ihr Leben nach seinen Ideen einzurichten. Sie küssen einander, und sie sitzen vor ihm, seufzen mit Hingebung und reiben ihre Hände, die, weiß Gott warum, immer feucht von Schweiß sind. Sie essen kein Fleisch und keine Eier, um die Hühner nicht zu beleidigen, aber Ssonja weiß ganz genau, daß sie nach ihrer Abreise auf der ersten Station Fleischpirogen essen, man hat ihr schon des öfteren davon berichtet. Ljowotschka aber, als echter Dichter, sieht in der Wirklichkeit keine lebendigen Menschen, sondern nur Typen. Er idealisiert jeden einzelnen, indem er eigenmächtig die Züge hinzufügt, die ihm noch fehlen, und dann ist er begeistert über das so entstandene Produkt. Und *diese* Gestalten sind es, denen zuliebe er sich von seiner Frau und seinen Kindern lossagt, denen zuliebe er all seine Pflichten auf Ssonja lädt. Den ganzen Tag sitzt sie bei den staubigen Briefen und Paketen im Kontor und arbeitet an der Herausgabe seiner Werke, während er selbst in Jassnaja Poljana in der freien gesunden Luft arbeitet oder Spaziergänge macht – wenn er nicht gerade die Zeit mit seinen Jüngern verbringt! Ach, diese Jünger! Immer, wenn Ssona an sie denkt, erfüllt sie ohnmächtiger Zorn. Für diese Jünger, besonders für diesen Fainermann, hat er immer Zeit, für seine Kinder fast nie. Als ihn neulich sein Ältester, Sserjoscha, fragte, was er nach der Beendigung der Universität anfangen, was für eine Stellung er sich suchen sollte, machte Lew Nikolajewitsch zuerst ein mürrisches Gesicht und gab dann mit abweisender Stimme rasch zur Antwort:

»Nimm die erste Arbeit an, die sich findet!«

»Was denn zum Beispiel?« fragte Sserjoscha, der damals schon Kandidat der Naturwissenschaften war und einige Fremdsprachen tadellos beherrschte.

»Nimm einen Besen und kehre die Straßen oder heize die Öfen«, war alles, was ihm der Vater entgegnete.

Dieses Gespräch blieb mit besonderer Hartnäckigkeit in

Ssonjas Gedächtnis haften. Sie liebt ihren Sserjoscha, diesen feinen, gescheiten, ein wenig ungeschickten und verträumten jungen Menschen, mit all ihrer Zärtlichkeit. Auch Lew Nikolajewitsch beschäftigte sich einst viel mit ihm. Und dazu hat sie ihn aufgezogen, hat ihm mit allen Mitteln die beste Bildung verschafft, die man sich nur denken kann, damit er jetzt die Straßen kehren soll? Schon die bloße Erinnerung an dieses Gespräch läßt Ssonja das Blut zu Kopf steigen. Sie will sich erheben, sich mit irgend etwas beschäftigen, das ihre Gedanken in eine ganz andere Richtung lenkt. Doch Wanjetschka schläft, und sie fürchtet, sie könnte ihn aufwecken, und so bleibt sie am Fenster sitzen ...

Wie wundervoll die Frühlingsveilchen riechen, wie voll ihr Duft hereinströmt! Sie erzählen vom Frühling, vom Leben, vom Glück. Wird ihr dieser kleine Wanjetschka das Glück wiederbringen, das sie verloren hat? In der Tat, was ist ihr denn noch an Glück geblieben? Sie ist das Lasttier, auf dessen Schultern alle Arbeit und Verantwortung liegt, und die anderen bauen sich auf ihrer Arbeit ihr Leben auf, wie es *ihnen* gefällt. Ja, alle, auch die Kinder. Sie hören beständig, wie ihr Vater ihre Mutter verurteilt, und damit haben sie jetzt auch schon begonnen. Sie wollen nicht lernen, weil der Vater gegen die Wissenschaft ist, sie kennen der Mutter gegenüber keine Ehrfurcht mehr und verachten ganz offen ihre Arbeit. Freilich, wenn sie Geld brauchen, dann verlangen sie es von ihr und fragen nicht, woher es kommt. Und Geld brauchen sie viel! Es will Ssonja scheinen, daß sie von ihren Kindern nicht so geliebt wird, wie eine Mutter geliebt werden soll. Das ist sicher nicht die Liebe, von der sie einst geträumt hat.

Am meisten ist sie von Mascha enttäuscht. Deren feine, magere Gestalt steht in starkem Widerspruch zu ihrem Charakter. Schon seit einigen Jahren hat sie sich ganz dem Vater zugewandt und zeigt sich Ssonja gegenüber hartnäckig verschlossen. Trotz aller Bitten Ssonjas ißt sie mit einer merkwürdigen Selbsttreue schon seit langer Zeit nur vegetarische Kost. Sie möchte keinen anderen Umgang haben als mit Bauern, und von früh bis abends ist sie auf der Suche nach Kranken, die sie heilen will.

In einer anderen Richtung liegt das Beunruhigende, das ihr die Söhne bringen. Jagd, Rauchen, Besuche von Zigeunerlokalen, oft auch Trunkenheit und gar kein Interesse für geistiges Leben. Etwas Haltloses, Sinnloses ist in ihrem Benehmen, das Ssonja unendlich weh tut. Warum sind das alles Dinge, die Väter so wenig spüren, und die der Mutter so sehr ans Herz greifen? Warum muß sich auch hier alle Schwere auf die Schultern der Frau legen?

Aber was ist das gegen den Kummer, den ihr die Freunde Lew Nikolajewitschs verursachen! Ljowotschka gibt sich ihnen ganz hin, und es gelingt ihnen immer mehr, ihn von seiner Frau abzudrängen. Vor allem Tschertkow hat es ganz systematisch darauf angelegt, ihre Ehe, die nun schon sechsundzwanzig Jahre währt, zu zerstören. Einmal hat er Lew Nikolajewitsch in einem Brief in den Ausdrücken höchsten Mitleids sein Bedauern darüber kundgegeben, daß dieser mit Ssonja in geistiger Beziehung nichts gemein habe, und rühmte sich dabei noch, wie gut er mit seiner Frau lebe. Ssonja hält Tschertkow für einen beschränkten, dabei aber äußerst schlauen Menschen, der es mit Hilfe seines schmeichlerischen Wesens ausgezeichnet versteht, ihren Mann ganz in seinen Bann zu ziehen und ihn in der unnatürlichen Komödie zu bestärken, die er nun schon so lange spielt. Warum verlangt er, daß man ausschließlich auf das Unglück der Menschen blicken und sich selbst damit quälen soll? Muß man denn das Elend suchen, so wie man im dunklen Schoß der Erde nach Schätzen gräbt? Wäre es nicht genug, wenn man denen hilft, deren Weg man kreuzt?

Da bewegt sich Wanjetschka leise auf Ssonjas Schoß, die langen Wimpern zucken, und er öffnet weit die Augen, die lieben, blauen. Eine ganze Welt bedeutet jeder Blick dieses Kleinen für Ssonja. Ihre erwachsenen Kinder verliert sie von Tag zu Tag mehr, und Ljowotschka gehört ihr schon seit langem nicht. Aber jetzt ist Wanjetschka da! Wirst auch du mich enttäuschen? fragt sie ihn mit brennender Zärtlichkeit. Mein ganzes Leben, alle meine Kräfte schenke ich dir. Nur *eines* bitte ich dich: Liebe mich! Ich bin todkrank aus Sehnsucht nach Liebe, ich kann nicht leben, wenn ich nicht weiß, daß ich jemandem notwendig bin. Doch mich braucht jetzt niemand mehr, mich liebt niemand mehr!

Oder sollten ihr die wenigen Lichtblicke genügen, die dennoch manchmal kommen, so selten, wie der Strahl der Sonne durch den grauen Nebel bricht, wie damals, als Wanjetschka auf die Welt kam? Wie selten sind solche Stunden! Freilich kämen sie *nie*, wie könnte sie dann überhaupt leben? Doch wie schnell sind sie immer wieder vorbei! Am 31. März war der wundervolle Tag, an dem Ljowotschka, weinend vor Glück und Rührung, sein Kind küßte, und am 17. April schon wanderte er zu Fuß die zweihundert Werst von Moskau nach Jassnaja Poljana, Ssonja allein lassend in ihrer Schwäche, ihrer Krankheit und mit den vielen Sorgen. Was will er nur von ihr? Hat sie nicht gerade in der letzten Zeit so viel für ihn getan? Sie hat seine neue Abhandlung »Vom Leben« ins Französische übersetzt, eine große, schwere Arbeit, die ihr freilich ganz besondere Freude bereitet hat, weil dieses Werk frei ist von all den streitsüchtigen Tendenzen, von denen die anderen Schriften der letzten Zeit voll sind. Und was hat sie nicht alles getan, um sein neues Drama, »Die Macht der Finsternis«, zu verbreiten? Gibt es denn überhaupt etwas, wobei sie ihm nicht mit ganzer Kraft behilflich wäre? Und dennoch er flieht vor ihr, er flieht vor der Familie.

»Wanjetschka«, flüstert sie dem Kleinen zu, der mit großen, dummen Augen in eine unbestimmte Ferne blickt, »Wanjetschka, du mußt mir deinen Vater wiederbringen. Du mußt es fügen, daß sein Herz wieder zum Herd seines Hauses zurückkehrt. Du bist das erste Kind, das er nach der Geburt geküßt hat, du bist meine letzte Hoffnung.«

Da tritt leise das Kindermädchen ins Zimmer.

»Gräfin«, sagt sie liebevoll, »Sie sollten schlafen gehen. Wie blaß Sie heute sind!«

Wie wohl Ssonja jetzt die zarte Aufmerksamkeit dieses Menschen tut, wie warm und freudig ihr ums Herz wird!

Ssonja dankt ihr mit einem warmen Blick. Sie lebt schon viele Jahre in Ssonjas Haus, sie hat den kleinen Aljoscha grenzenlos geliebt und herzzerreißend geweint, als der Tod dieses liebe Wesen davongetragen hat.

»Gut«, gibt Ssonja zur Antwort, »ich werden versuchen, einzuschlafen, doch wenn Wanjetschka aufwacht, dann wecke mich sofort!«

Frühling 1889

Erschöpft lehnt sich Ssonja in den Sessel zurück. Gerade ein Jahr ist es nun, daß sie den kleinen Wanjetschka stillt, und die Schmerzen dabei sind immer dieselben, unerträglichen. Ihre Brust ist entzündet, und dazu kommen die Wunden, die ihr die kleinen, scharfen Zähne verursachen. Aber nicht ein einziges Mal ist ihr der Gedanke gekommen, ihn von der Brust zu nehmen, sie hat sich vorgenommen, ihr liebstes und wohl letztes Kind so lange zu nähren, als sie es ertragen kann. Und ertragen kann sie viel, unendlich viel. Das hat sie gelernt in ihrem Leben.

Leise singt sie Wanjetschka ein Wiegenlied vor, und – sich eng an die Mutter schmiegend – beginnt er einzuschlummern. Wie liebt sie dieses kleine, stille Wesen, und wie viele Minuten unvergleichlichen Glücks hat sie ihm zu verdanken!

»Ssonja, ich muß dir etwas sagen!« hört sie plötzlich hinter sich die Stimme Lew Nikolajewitschs. Schnell erhebt sie ihre Augen zu ihm, sie merkt sofort am Ausdruck seines Gesichts, daß irgend etwas seine Seele bestürmt, daß seine ewig grübelnden und schürfenden Gedanken auf ein neues Problem gestoßen sind, das er nicht zu bewältigen vermag, ohne etwas in ihrem gemeinsamen Leben von Grund auf umzustürzen.

Ssonja mußte sich ja schon damit abgefunden haben, daß ihr jede Minute etwas Neues, ganz Unerwartetes bringen kann, aber sie vermag sich immer noch nicht daran zu gewöhnen, daß Lew Nikolajewitsch jederzeit bereit ist, sich von seinen Ansichten und Anschauungen, ja von seinem ganzen bisherigen Leben mit derselben Leichtigkeit loszusagen, mit der man ein Hemd wechselt. Und so sieht sie ihn jetzt gespannt an, und ihr Herz krampft sich schon vor Angst zusammen, bevor sie noch erfahren hat, worum es sich diesmal handelt.

Lew Nikolajewitsch blickt schweigend zum Fenster hinaus, auf die nackten Bäume, an denen sich ganz klein die ersten Blattknospen zeigen, geradeso, als ob ihn etwas daran besonders interessierte.

Da erwacht der kleine Wanjetschka auf Ssonjas Schoß. Er erblickt Lew Nikolajewitsch, streckt seine Ärmchen nach ihm aus und plappert und lallt dabei so angeregt, als ob er ihm etwas sehr Wichtiges mitzuteilen hätte. Lew Nikolajewitsch legt seine Hand auf den blonden Scheitel und streichelt ihn langsam, aber so mechanisch und abwesend, als hätte er Wanjetschka überhaupt nicht bemerkt.

Endlich gibt sich Lew Nikolajewitsch einen Ruck, und mit bestimmter, fast feierlicher Stimme beginnt er:

»Ssonja, ich habe lange über die Ehe nachgedacht, und besonders über unsere Ehe. Du weißt, eines der Probleme, das mich in letzter Zeit besonders beschäftigt hat, ist das der geschlechtlichen Liebe. Ich bin jetzt zu dem Ergebnis gelangt, daß die Ehe ein Sichentfernen von Gott ist. Ehe ist Sünde. Ich will dir nun vorschlagen, wir beide sollen leben wie Bruder und Schwester, denn, ich muß es noch einmal sagen, die Ehe ist durchaus nicht eine Form des Gottesdienstes, sondern sie ist das gerade Gegenteil. Du weißt, ich habe beschlossen, mein ganzes Leben dem Dienste Gottes zu weihen.«

Ssonja ist blaß geworden. Ihr Gefühl sagt ihr, daß er sie mit diesen Gedanken auf das tiefste beleidigt. Die körperliche Liebe war ihr immer eher eine Qual als eine Lust gewesen; aber sie hat stets felsenfest daran geglaubt, daß sie ein naturnotwendiges, unerschütterliches Gesetz der Natur, ein Gesetz Gottes wäre.

»Ljowotschka«, gibt sie leise zur Antwort, »du hast doch selbst immer gesagt, die fleischlichen Beziehungen in der Ehe wären keine Sünde, sondern der Wille des Höchsten. Du wolltest im Gegenteil immer möglichst viele Kinder haben, weil die Kinder der Ehe eigentlich erst die metaphysische Grundlage geben. Das sind buchstäblich deine Worte, die Worte der Religionsphilosophie, die du selbst dir zurechtgelegt hast. Du hast selbst gesagt, daß es keine Hoffnung auf das Reich Gottes auf Erden gäbe, wenn nicht die Kinder wären. Du hast selbst gesagt, daß das Leben voll von Trübsal und Unrat wäre, wenn nicht die Kinder wie ein frischer Quell den schmutzigen Fluß des Lebens reinigen würden. Ja, das sind deine Worte, Ljowotschka, deine eigenen Worte!«

»Nein, Ssonja, ich denke jetzt ganz anders darüber. Es gibt keine veredelnde Liebe, es gibt nur sinnliche Lust. Die Liebe, Ssonja, ist etwas Gemeines, Tierisches, und man sollte sich schämen, davon zu sprechen, ja auch nur daran zu denken. Ich kann jetzt allen nur eines raten: die ledig sind, sollen nicht heiraten, und die verheiratet sind, sollen wie Bruder und Schwester zusammen leben.«

»Ljowotschka«, fällt ihm Ssonja bitter ins Wort, »du bist der erste, der das nicht erträgt. Und so wird aus alledem wieder nichts, als eine neue, ungeheure Heuchelei, eine neue Komödie. Ich kenne dich genug, um das voraussagen zu können.«

»Du wirst sehen«, entgegnet Lew Nikolajewitsch trotzig, »daß ich es aushalte.«

»Ljowotschka«, sagt Ssonja, »du hast aber doch immer gesagt, daß diese Liebe die Ehe heiligt, wenn sie Kinder bringt.«

Ssonja kann noch immer nicht fassen, daß es Ljowotschka ernst sein soll mit diesen Gedanken. Wie kann er denn meinen, diese siebenundzwanzig Jahre, die sie mitsammen verlebt haben, wären nichts anderes gewesen, als eine »Tierische Gemeinheit«?

»Ssonja, ich versichere dir«, entgegnet ihr Lew Nikolajewitsch mit derselben Festigkeit wie vorher, »daß die Ehe, und auch die Familie, nichts ist als Lüge, nichts als Lüge!«

»Lüge?« fragt Ssonja betroffen. Sie blickt Lew Nikolajewitsch prüfend an, und ihr ist, als ob Lew Nikolajewitsch nun endgültig den Verstand verloren hätte.

»Darum«, gibt Lew Nikolajewitsch finster zur Antwort, »weil diese sogenannte Liebe nichts ist als etwas Viehisches! Weil sogar die sogenannte ideale Liebe, die erhabenste, poetischste Liebe nicht von irgendwelchen sittlichen Vorzügen abhängt, sondern nur von der physischen Anziehung. Und diese physische Anziehung wird durch die Frisur, den Schnitt der Kleider und so weiter hervorgerufen. Jede erfahrene Kokotte weiß, daß die Männer mit ihren Gefühlen nur lügen, daß ihnen nur der Körper notwendig ist.«

»Ljowotschka, wie grausam und wie roh du bist!« unterbricht ihn Sonja. »Gibt es denn nicht auch eine Liebe, die auf der

Verwandtschaft der Ideale beruht? Glaubst du wirklich nicht, daß eine Frau einen Mann wegen seiner Ideen, seiner Bestrebungen, seiner Seele lieben kann?«

»Ach, Ssonja«, erwidert Lew Nikolajewitsch mit einem bösen Lachen, »du sprichst wie ein Kind! Seelische Verwandtschaft, warum dann in einem Bett schlafen?«

»Ljowotschka, also hast dich auch *du* auf diese Art in mich verliebt?« fragt Ssonja, und in ihren Augen glänzen Tränen.

»Ja, auch ich«, entgegnet er, und seinen Stimme hat sich schon zum Schreien erhoben. »Ja, auch ich! Wärest du damals in irgendeinen häßlichen Kaftan gekleidet gewesen, hättest du nicht ein so hübsches Kostüm und eine so schlanke Taille gehabt, hätten damals in den Nächten nicht die Nachtigallen geschlagen, so wäre es auch nicht zu meiner Verliebtheit und zu meinem Entzücken gekommen!«

»Ljowotschka, warum willst du mich durchaus beleidigen? Weißt du denn nicht, daß du einer Frau nichts Grausameres sagen kannst, als daß du nur ihren Körper liebst? Ljowotschka, ich habe dich geliebt, dich, deine Seele, dein Streben. Aber jetzt, Ljowotschka, jetzt beginne ich wirklich zu glauben, daß *du* mich niemals geliebt hast, daß in deiner Liebe wirklich niemals etwas anderes war, als nur das ›Tierische‹, wie du es nennst!«

»Ich war verliebt in dich, und du hast mich gefangen – genauso, wie du jetzt nach Männern für unsere Töchter, für Mascha und Tanja fischst. Eine Schmach und Schande ist das! Warum nähst du ihnen alle diese Kleider? Warum führst du sie auf die Bälle, veranstaltest Troikapartien? Und all die gescheiten Gespräche, die du mit den jungen Leuten führst, endigen mit den Worten, die du allerdings nicht aussprichst: Nimm meine Tanja, nimm meine Mascha!«

»Was ist denn Schlechtes dabei wenn ich für meine Töchter anständige Menschen als Gatten suche?« wirft Ssonja beleidigt ein.

»Dann sage es auch, daß du einen Bräutigam suchst, und verbräme das nicht mit allen möglichen höheren Interessen! Sag, du suchst einen Bräutigam, und nicht: Was denken Sie von diesem Gemälde? Ach, meine Tanja interessiert sich so für Bilder!«

Dabei imitiert er Ssonjas Tonfall in böser Ironie.

»Mir ist das alles zuwider«, fährt er fort, »verstehst du, bis zum äußersten zuwider! Ich wünsche nicht, daß irgendein Wüstling wie ich es einmal war, der sich schon mit Dutzenden von Weibern abgegeben hat, nun auf einmal kommt und eine meiner Töchter nimmt! Ich will, daß sie Jungfrauen bleiben!«

In die Augen Lew Nikolajewitschs treten Tränen.

»Aber Ljowotschka«, wendet Ssonja sanft ein, »es ist doch natürlich, daß sie heiraten. Oder sollte es natürlich sein, daß ein so hübsches, blühendes Mädchen wie Tanja eine alte Jungfer wird?«

»Nein«, ruft Lew Nikolajewitsch wild ein, »unnatürlich ist es, zu heiraten. Denn der geschlechtliche Verkehr ist Sünde. Alles daran ist schmachvoll, schmerzvoll und unnatürlich von allem Anfang an. Glaube mir, Ssonja, der Mensch überlebt Erdbeben, Epidemien, die Schrecknisse der Krankheiten und alle Seelenqualen, aber die fürchterlichste Tragödie war und wird zu allen Zeiten die Tragödie des Schlafzimmers sein.«

»Ljowotschka«, fragt nun Ssonja, »seit wann bis du denn überhaupt auf diese Gedanken gekommen? Bisher hast du mich im Gegenteil niemals schonen wollen, auch damals, als es notwendig gewesen wäre! Und hast du mir nicht tausendmal selbst gesagt, daß du ohne die geschlechtliche Liebe nicht schreiben kannst, daß Genie und Liebe eines sind? Das sind doch deine eigenen Worte!«

»Ssonja, nachgedacht habe ich darüber schon sehr lange. Aber vor kurzem ist mir ein Buch einer amerikanischen Sekte in die Hand gekommen, und da ist mir die Erleuchtung geworden, daß nur in der vollständigen Keuschheit die Rettung liegt. Ich habe auch jetzt erst bis zum letzten verstanden, daß die Worte des Evangeliums, die es verbieten, ein Weib mit dem Gefühl der Lust anzusehen, sich nicht nur auf fremde Weiber, sondern ebenso auf die eigene Gattin beziehen. Ja, Ssonja, ich habe jetzt endgültig begriffen, daß die Liebe etwas Tierisches, Niedriges, Gemeines ist, und daß man sich schämen müßte, überhaupt davon zu sprechen und daran zu denken.«

»Ljowotschka, und die Kinder? Die Mutterliebe?« fragt Ssonja entsetzt.

»Auch darüber habe ich nachgedacht! Bildest du dir denn ein, daß du es wirklich verstehst, deine Kinder zu lieben? Verstehen es denn überhaupt die Frauen deiner Gesellschaftsklasse, ihre Kinder zu lieben? Eure Kinder sind für euch nicht die Freude, nicht der Stolz und nicht die Erfüllung einer Pflicht, sondern eine Qual, ein ununterbrochenes Leid, eine ewige Unruhe und Angst. Du fürchtest für das Leben deines Kindes, du fürchtest, daß es sterben könnte, so daß sich deine ganze Liebe zu ihm in eine fortwährende Marter verwandelt. Und überhaupt, eure Liebe ist nichts als ein tierisches Gefühl. Ach, diese Händchen, ach, diese Beinchen und weiß Gott alles! Bei dir ist von der Liebe nichts mehr übriggeblieben als Spitzen und Bändchen und Händchen! Und da glaubst du, daß du deine Kinder auf menschliche Art liebst?«

Ssonja blickt ihn entsetzt an. Aber immer mehr sich ereifernd fährt er fort:

»Wenn einer Henne ein Küchlein stirbt, so gluckst sie ein wenig und beruhigt sich wieder. Verliert eine Kuh ein Kalb, brüllt sie ein wenig, und dann ist sie wieder ruhig. Wenn aber bei dir ein Kind erkrankt, dann entsteht gleich ein Drama. Wie behandeln? Durch wen behandeln lassen? Schnell einen Arzt! Und wenn es stirbt, dann geht es so zu, daß man am liebsten aus dem Haus laufen möchte, und gleich wird gefragt, warum all die Leiden ertragen werden mußten, wozu die Liebe, wenn man doch das Kind verliert!«

»Ljowotschka«, sagt Ssonja empört, »du machst dich einfach über mich lustig und verzerrst das, was mir im Leben am heiligsten gewesen, zu einer wahnwitzigen Grimasse!«

»Ich kann dir nur wiederholen, daß du es niemals verstanden hast, deine Kinder zu lieben! Unser ganzes Leben wird von einem Damoklesschwert bedroht, alles hängt davon ab, wie sich die Kinder fühlen. Mag es sich um das Wichtigste der Welt handeln, so braucht nur das Kindermädchen zu melden, daß irgendeines der Kinder der Magen schmerzt, und alles ist vergessen, alles andere sinkt zur Bedeutungslosigkeit ab. Man muß um den Doktor schicken, man muß die Temperatur messen, einen Einlauf geben!«

»Niemals hätte ich mir träumen lassen, daß du mir aus meiner Liebe, aus meiner Sorge für die Kinder einen Vorwurf machen wirst.«

»Ein richtiges, festes Familienleben hat es bei uns niemals gegeben«, sagt Lew Nikolajewitsch scharf. »Unser ganzes Leben war immer in Abhängigkeit von der Gesundheit der Kinder, sogar meine Beschäftigung, meine Arbeit. Und jetzt wieder müssen wir wegen der Kinder in Moskau wohnen, obwohl ich das Leben in der Stadt aus tiefstem Herzen hasse. Ist das überhaupt ein Leben? Wie auf einem untergehenden Schiff ist es immer! Wanjetschka hat Fieber, und du glaubst schon, du könntest nicht mehr leben. Es will mir manchmal scheinen, daß du absichtlich Sorgen um die Kinder vorspielst, um mich besser in Händen zu haben!«

»Ljowotschka«, protestiert Ssonja, weinend vor Empörung, »ich lebe doch wirklich in Sorge um die Kinder. Die Kinder sind ja mein ganzes Sein! Wenn dir aber das Leben mit ihnen so unerträglich vorkommt, warum hast du sie mir dann gegeben!«

Ljowotschka achtet kaum auf das, was Ssonja sagt. »Dein ganzes Leben lang«, fährt er fort, »solange wir beisammen sind, willst du mich mit Hilfe der Kinder beherrschen! In diese verhaßte Stadt hast du mich der Kinder wegen geführt, aber du weißt ganz gut, daß du hier aufgeblüht, schöner geworden bist, weil dir das Leben hier gefällt. Ich aber hasse es! Verstehst du, ich hasse es aus ganzer Seele! Hier in der Stadt sind alle Menschen tot und verfault!«

Ssonja weiß nicht mehr, was sie sagen, wie sie sich zu der neuen Phantasie Lew Nikolajewitschs verhalten soll. Dieser aber ist von seinen Ideen so erfüllt, daß er selbst gar nicht bemerkt, wie er immer wieder auf den Mittelpunkt dieses seines neuen Gedankenkreises zurückkommt.

»Hörst du mich«, sagt er nach einer Pause, »ich teile dir noch einmal mit, daß ich mir vollständige fleischliche Entsagung zum Ziel gesetzt habe, weil vom christlichen Standpunkte aus die Ehe Sünde ist!«

»Ljowotschka, erkläre mir das eine noch: wie steht es dann um das Weiterleben des Menschengeschlechts?«

»Ich weiß nur das eine, daß Christus schon vor eintausendneunhundert Jahren gesagt hat, die Ehelosigkeit sei besser als die Ehe, und daß ein Unverheirateter besser tue, wenn er nicht heirate. Und Christus hat auch niemals die Ehe eingeführt, er hat sie eher abgelehnt. Auf jeden Fall hat er gesagt: verlasse deine Frau und folge mir nach!«

»Ach Ljowotschka, wie verkehrt doch alles bei dir herauskommt! Früher hast du gerade das Gegenteil behauptet.«

»Früher habe ich es noch nicht richtig verstanden.«

»Ljowotschka, aber die Kirche und die Gesellschaft sagen auch das Gegenteil. Und du selbst, was hast du in all diesen siebenundzwanzig Jahren darüber gedacht!«

»Ssonja, du darfst mir das nicht zum Vorwurf machen. Wenn ich erst jetzt, nach siebenundzwanzig Jahren, zu dieser Erkenntnis gekommen bin, so ist es um so mehr meine Pflicht, dich davon zu überzeugen, daß wir wenigstens von nun an anstelle der fleischlichen Liebe reine, keusche Beziehungen setzen müssen!«

»Ach, Ljowotschka, das mit deinen keuschen, reinen, geschwisterlichen Beziehungen, das kannst du deinen »dunklen« Leuten, deinen Jüngern erzählen, die dich zum Narren halten und die du zum Narren hältst. Nicht aber mir! Das eine muß ich dir noch sagen: Warum mußt du immer und immer trachten, neuen Zwist und neuen Unfrieden in unser Leben zu tragen? Du bist der erste, der das nicht einhalten wird, was du jetzt so großspurig verkündest, und der Erfolg wird sein, daß du mich verantwortlich machen wirst für deinen ›Sündenfall‹, wie du das nennen wirst! Und willst du wiederum davon schreiben, willst du dies wieder der ganzen Welt zuschreien, damit du dich dann vor den Menschen schämen mußt, die deine Forderungen genauer erfüllen als du selbst?«

»Ssonja, wenn du willst, so lies, und du wirst selbst sehen, wie ernst es mir ist. Ich habe in diesem Manuskript jene Gedanken niedergelegt, die ich im Leben verwirklichen will. Ich habe es ›Die Kreutzersonate‹ genannt!«

Mit diesen Worten überreicht er Ssonja das Manuskript und verläßt das Zimmer. Wanjetschka war inzwischen wieder eingeschlafen, trotz der stürmischen Unterhaltung seiner Eltern, die-

ihn ganz vergessen hatten. Sie trägt ihn ins Kinderzimmer und beginnt zu lesen. Von Zeile zu Zeile, von Seite zu Seite liest sie, und immer größer wird ihr Schmerz, ihre Empörung. Alles, was ihr in der Ehe bisher heilig war, wird in den Schmutz gezogen, wird vernichtet. Er spricht mit beißender Ironie davon, wie er in sie verliebt war, er leugnet überhaupt, daß er sie jemals liebte. Er lächelt über ihre Mutterliebe, erzählt mit zynischer Offenheit von ihrem Honigmond, von allem, was sie in dieser qualvollen Zeit sogar ihren Allernächsten verschwiegen hat. Er erzählt von ihrem Streiten, von ihrer gegenseitigen Eifersucht, und alles, was Liebe heißt, führt er auf rein tierische Sinnlichkeit zurück. Durch die schwache Hülle der künstlerischen Bearbeitung erkennt Ssonja von der ersten Zeile an, daß er hier der ganzen Welt sein Leben mit ihr zur Schau stellt. Sie fühlt, wie ihr der Boden unter den Füßen wankt. Niemals, niemals noch hat sie sich so trostlos einsam und verlassen gefühlt wie in dieser Stunde. Ljowotschka will mit ihr nichts mehr zu tun haben. Und warum? So war bei ihm bisher wirklich alles nur bloße Sinnlichkeit gewesen? Aber sie liebte ihn doch auch, liebt ihn noch jetzt, und Gott ist ihr Zeuge, eine wie geringe Rolle dabei gerade das Sinnliche gespielt hat. Wenn Ljowotschka wirklich alle körperliche Verbindung mit ihr aufgeben will, heißt das, daß es nun überhaupt keine Liebe mehr zwischen ihnen gibt. Ach, er hat es nie verstanden, zu lieben. Obwohl er immer von früh bis spät nur von Liebe spricht, hat er doch niemals gelernt zu lieben. Was kann es Entsetzlicheres für Ssonja geben als diese Erkenntnis? Sie fühlt, daß nun der Zeitpunkt gekommen ist, in dem sich das Drama ihrer Ehe in eine Tragödie zu wandeln beginnt. Was soll jetzt werden? Man wird die Kreutzersonate drucken, alle werden sie erkennen, werden sie auslachen, und ihr intimstes Leben wird der ganzen Welt preisgegeben.

Die Kreutzersonate! Da erinnert sich Ssonja an etwas wie von weiter Ferne her. Rasch erhebt sie sich und sucht ein Heftchen ihrer Tagebuchaufzeichnungen hervor. Sie erinnert sich, daß sie vor zwei Jahren einmal zuhörte, als ihr ältester Sohn mit dem Violinisten Lassotte die Kreutzersonate spielte, und wie sie unter dem Eindruck dieses Stücks einige Sätze in ihr Tagebuch schrieb.

Nun drängt es sie mit merkwürdiger Bestimmtheit, zu lesen, was sie damals niedergeschrieben. Fieberhaft wühlt sie in ihren Papieren. Endlich, hier ist das Heft! Und bald hat sie auch die Stelle gefunden:

Sserjoscha spielt mit Lassotte Beethovens Kreutzersonate. Welche Kraft im Ausdruck aller Gefühle, die die Welt nur fassen kann! Auf dem Tisch vor mir stehen Rosen und Reseden. Gleich werden wir ein wundervolles Mittagessen haben, das Wetter ist nach dem Gewitter mild und warm, rund um uns die Kinder ... dann kommt lieb und zärtlich Ljowotschka – das ist mein Leben, das ich bewußt genieße und für das ich Gott danke. In all dem habe ich mein Heil und Glück gefunden. Eben schreibe ich Ljowotschkas Abhandlung »Vom Leben und vom Tode« ins reine, wobei der Inhalt auf ein ganz anderes Heil hindeutet. Als ich noch jung, sehr jung war, noch bevor ich heiratete, da erinnere ich mich, daß ich mich damals mit meinem ganzen Herzen zu jenem Glück drängte, zur vollständigen Entsagung, zum Leben für die anderen, ja sogar zur Askese. Aber das Schicksal hat mir die Familie geschenkt – ich lebte für sie, und jetzt soll ich auf einmal einsehen, daß dies nicht das richtige war, daß das nicht das eigentliche Leben war. Werde ich das je einsehen?

Ssonja liest diese Zeilen, liest sie wieder und wieder, und so, wie sie es damals nicht vermochte, den Weg zu finden, den ihr Ljowotschka gezeigt, so ist sie es auch jetzt nicht imstande. Aber merkwürdig, wie verschieden der Eindruck ist, den ein und dasselbe musikalische Kunstwerk auf zwei Menschen ausüben kann! Auch Lew Nikolajewitsch befand sich ganz im Banne der Kreutzersonate, und Ssonja erinnert sich jetzt ganz genau, wie er nachher den damals anwesenden Gästen den Vorschlag gemacht hat:

»Versuchen wir einmal, die Kreutzersonate mit den uns zugänglichen Mitteln wiederzugeben. Ich schreibe eine Erzählung, Andrejew-Burlak liest sie dem Publikum vor, und Rjepin soll ein Bild malen, das auf der Szene steht, während Andrejew-Burlak vorliest!«

Lew Nikolajewitsch machte sich wirklich bald an diese Arbeit. Aber wäre es damals Ssonja in den Sinn gekommen, daß er zu diesem Ergebnis kommen könnte? Daß ihn die Musik Beethovens dazu führen sollte, die Idee der Ehe zu leugnen und damit den Sinn ihres Lebens mit einem Schlag zu vernichten? Was soll sie da noch von Ljowotschka erwarten?

Ssonja legt ihr Haupt schwer auf den Tisch und weint herzzerreißend. Ihr ist, als ob sie eine kleine, arme, unglückliche Fliege wäre, die sich im Netz einer ungeheuren, grausamen, blutdürstigen Spinne gefangen hat, die sie erbarmungslos festhält, um ihr die letzten Lebenssäfte aus dem Körper zu saugen.

62 Jahre alt

17. Dezember 1890

Seit dem frühen Morgen schneit es, und nun ist alles weiß ringsum, die Dächer, die Zweige der kahlen Bäume und die Erde. Es ist, als ob sich die ganze Welt der festlichen, feiertäglichen Reinheit erfreute, mit der sich sich bekleidet.

Lew Nikolajewitsch aber steht am Fenster und blickt mürrisch auf den weißen Schnee, dessen Anblick ihn mit Schmerz und Scham erfüllt. Erinnert er ihn doch entfernt daran, wie unendlich weit er selbst von dieser Reinheit ist. Wie feierlich hat er Ssonja erklärt, daß er mit ihr nur mehr wie Bruder und Schwester zusammenleben wolle. Und wie ist es wirklich gekommen? Er ist schwach, grenzenlos schwach, und Ssonja hat recht behalten. Die Furcht vor der Schwangerschaft, die früher nur Ssonja gekannt, sie hat jetzt auch ihn mit aller Macht erfaßt, und jeden Tag fragt er sich voll Bangen: Wenn sie wirklich schwanger würde – was dann? Welche Schande, welche ungeheure Blamage vor der ganzen Welt! Man wird nachrechnen, wieviel Zeit seit der Herausgabe der »Kreutzersonate« verflossen ist, man wird über sein Nachwort Witze machen, in dem er so feierlich die Keuschheit in der Ehe gepredigt, und in den Moskauer Salons wird man mit beißender Ironie sagen: Voilà le véritable epilogue de la sonate de Kreutzer!

Aber das Furchtbarste ist, daß schon so viele Menschen begonnen haben, nach seinen Vorschriften zu leben! Wie viele Familien kennt er selbst, in denen die Gatten genau seinen Forderungen nachkommen, und von wie vielen jungen Leuten weiß er, daß sie der Ehe entsagen wollen, um das zu erfüllen, was er so überzeugend von ihnen verlangt. Und er, er selbst, ihr Prediger, ihr Lehrer? Was werden sie von ihm denken? Und Ssonja, die ihn jetzt immer mit Mitleid, mit Erstaunen, oft aber auch mit leiser Ironie anblickt? Welche Qual für ihn, wenn sie dann mit bekümmertem, sorgenvollem Ausdruck sagt:

»Ljowotschka, warum predigst du das, was du selbst nicht ausführen kannst? Warum belügst du dich und die anderen? Warum zwingst du auch mich dazu, zu lügen und mich zu verstellen?«

Ach, Ssonja! Wie ein ewiger Vorwurf steht sie ihm vor Augen. Sie schont ihn nicht, sie sagt immer die Wahrheit heraus, die er um nichts in der Welt hören will.

Und wenn wirklich ein Kind kommt? Wie muß er sich dann vor seinen großen Kindern, die ja alles lesen, was er schreibt, schämen! Und beständig diese Furcht vor dem zu haben, was die Menschen über ihn sagen, denken werden! Man muß so leben, daß man sich vor niemandem zu fürchten braucht, außer vor Gott. Aber Gott ist so weit von ihm. Alles Beten und Flehen hat nichts genützt, er kann sich nicht losmachen von der Liebe zu Ssonja, zu ihrem Körper, von der Sehnsucht nach ihrer Umarmung.

Und so ist alles noch viel schwerer geworden, als es früher war, noch größer geworden ist der Ekel, den er vor dem Leben in seinem Haus und in seiner Familie fühlt, und vor allem vor sich selbst. Seine einzige Hoffnung ist jetzt nur, daß Gott ihn versteht – und ihm verzeiht.

Aber ist er wirklich allein schuld an allem? Muß er sich selbst wirklich den größten Teil der Schuld zumessen? Wer zwingt ihn denn dazu, dieses unvernünftige, abstoßende Leben zu führen? Er selbst ist gegen Besitz und Eigentum, und Ssonja zuliebe muß er dieses Gut halten, muß er wie die reichen Großgrundbesitzer leben. Wer ist verantwortlich dafür, daß seine Kinder so unvernünftig, so wider die Natur erzogen werden? Daß er sich unter seinen eigenen Kindern wie ein Fremder, Verstoßener fühlen muß? Ach, wie drängt es ihn mit aller Macht, die Fesseln zu sprengen, die ihm seine Familie auferlegt. Welch unendliche Sehnsucht ist in ihm, alles zu verlassen und nur für Gott zu leben, nur nach seinem Willen.

Die Sonne steht schon niedrig. Dort in der Ferne steigt langsam die blasse, durchsichtige Sichel des Mondes auf, ein feiner, rosiger Schimmer überhaucht die weißen Wipfel der Bäume, und der zarte blaue Himmel breitet sich so licht, so klar über den weichen Schnee, der alles einhüllt, so weit das Auge reicht! Wie friedlich still und rein ist alles in der Natur, und wie dunkel, zerrissen ist es in seinem Herzen.

Was ist nur der Grund, daß alles so ganz anders endet, als er es sich vorgenommen, daß allem, was er handelt und denkt, schon ganz von Anfang an der Stempel des Unvollkommenen, Hoffnungslosen anhaftet, so, als ob alles ein Gift in sich trüge, das schon vom ersten Keim an das Werdende erstickt? Und je mehr Lew Nikolajewitsch darüber nachgrübelt, desto mehr kommt er zur Überzeugung, daß die letzte Wurzel all seiner Mißerfolge und Halbheiten darin liegt, daß er nicht mit dem Aufgeben des Eigentums Ernst machen kann. Noch immer besitzt er weite Länder, bekommt er Geld für seine Werke. Wie kann man sich denn nur für seine Ideen bezahlen lassen! Für die Ideen noch dazu, durch die er den Menschen sagen will, daß es kein Eigentum geben dürfe.

Die Last des Eigentums ist es, die ihn zu Boden drückt. Christus hat gesagt, daß es einem Reichen fast unmöglich sei, das Himmelreich zu erlangen, und er hat recht gehabt, tausendmal recht! Lew Nikolajewitsch will nichts mehr besitzen, nichts! Was hat aber Ssonja wieder mit den Bauern angerichtet? Weil sie in seinem Wald dreißig junge Birken umgeschlagen haben, hat Ssonja sie angezeigt, und der Amtmann hat die Leute zu sechs Wochen Haft und siebenundzwanzig Rubel Strafe verurteilt. Er geht selbst zu den Bauern, hilft ihnen ihre Hütten bauen, setzt ihnen Öfen, sein Herz ist voll Mitgefühl für sie, und jetzt sollen sie im Gefängnis sitzen, weil sie seine Bäume umgehauen haben. Welche Schande, welche Schmach!

Man ruft Lew Nikolajewitsch zum Abendessen; vergebens. Er bleibt, und ohne ein Licht anzuzünden, geht er unruhig in seinem Zimmer auf und ab. Der Mond steht hoch und gießt sein zartes blaues Licht über den geheimnisvoll glitzernden Schnee.

Aber Lew Nikolajewitsch findet keine Ruhe. Er hastet durch den dunklen Raum, stößt sich an den Möbeln, blickt wieder und wieder zum Fenster hinaus, wo die schneebedeckten Bäume unter dem Schimmer des Mondes dahinträumen. Ja, die Leute haben alle recht, sagt er sich, ich bin eben doch ein Besitzer, ich habe alles, was ich brauche, ich bin reich!

Da tritt leise Ssonja in sein Zimmer, im Nachtkleid, und demütig fragt sie:

»Ljowotschka, willst du nicht schlafen gehen?«

»Ich kann nicht schlafen«, gibt er zur Antwort. »Ich kann nicht schlafen, wenn man wegen meines Eigentums die Bauern sechs Woche lang einsperrt. Sie haben es ohnehin so schwer, und ich, der ich ihnen mein ganzes Leben widmen will, ich bin der Schuldige. Das ist entsetzlich, Ssonja!«

Wie ein verwundetes Tier läuft Lew Nikolajewitsch im Zimmer auf und ab, seufzend und weinend.

»Es bleiben mir nur mehr zwei Auswege«, fährt er nach einer Weile fort, »entweder ich verlasse für immer dieses Haus, oder aber ich gebe mein ganzes Gut an die Bauern ab und verzichte auf meine Einnahmen aus meinen Schriften zugunsten der Allgemeinheit!«

»Ljowotschka«, sagt Ssonja weinend, »und unsere Kinder? Wovon werden sie leben?«

»Ssonja, wenn du wirklich an Gott glaubtest, so müßtest du mir selbst vorschlagen, unser Vermögen an die Bauern zu verteilen. Aber du hast nicht diesen Glauben! Nein, du hast ihn nicht!«

Er ist dicht an Ssonja herangetreten und mit den Armen vor ihrem Gesicht herumfuchtelnd, schreit er sie mit hysterischer Stimme an.

»Und wenn du mich wirklich liebtest«, fährt er fort, »wie du es immer behauptest, so gäbest du alles weg aus Liebe zu mir, und wenn du nur ein ganz klein wenig Achtung vor mir hättest, so zwängest du mich nicht, das mitzumachen, was ich jetzt erleben muß. Du hättest es niemals zugeben dürfen, daß man wegen unserer Birken die Bauern ins Gefängnis schleppt.«

»Ljowotschka«, gibt ihm Ssonja zur Antwort, »wie grausam du doch bist! Du weißt selbst ganz gut, wie das alles kam. Du hast selbst die Bauern so verwöhnt, daß sie in unsern Wäldern und Feldern wirtschaften, wie es ihnen gefällt. Und als sie die Birken fällten, die ich so liebte, da habe ich einfach gemeint, ich müßte ihnen doch einmal Einhalt gebieten und habe sie beim Amtmann angezeigt. Es geht doch nicht anders mit den Leuten! Wenn sie wissen, daß ihnen alles erlaubt ist, wie soll ich dann noch unser Gut verwalten? Ich bin ja ohnehin allein, in allem allein, du kümmerst dich ja um nichts. Ich wollte auch gar nicht, daß man sie einsperrt, ich wollte ihnen nur einmal eine Warnung geben. Erst nachher hat sich herausgestellt, daß das eine Strafsache ist, und daß wir selbst nicht mehr das Recht haben, ihnen zu verzeihen. Du mußt doch verstehen, daß ich das wirklich nicht aus Bosheit getan habe, sondern nur, um wenigstens ein ganz klein wenig Ordnung in unser großes Gut zu bringen. Du hast es dir leichtgemacht! Du spielst mit den Kindern der Bauern, du unterrichtest sie, hilfst ihnen, wenn sie betrunken sind, du küßt dich mit ihnen und verwöhnst sie, und ich muß gegen das ankämpfen, was sie unserem Besitz antun. Du hast dir die schöne, ideale Seite ausgesucht, und mir hast du die schwere, aber die für das tägliche Leben notwendige überlassen.«

»Wer befiehlt dir denn, dich damit zu beschäftigen? Ich sage dir noch einmal, verlasse alles, und wir werden im Dorf leben.«

»Ljowotschka!« gibt ihm Ssonja, bitter weinend zur Antwort. »Wenn es für die Rettung deines moralischen Wohles notwendig ist, das Leben deines Nächsten zu vernichten, dann bist du gerettet! Denn du hast schon lange den letzten Rest von Leben in mir mit deinen trockenen, abstrakten Phrasen erschlagen. Du hast mich schon lange zu Ende gequält, Ljowotschka.«

Mit einem Mal beginnt sich alles um Ssonja zu drehen, gerade noch hat sie Zeit, sich auf einen Stuhl niederzulassen, sonst wäre sie zu Boden gefallen. Totenblässe bedeckt ihr Antlitz, und ein starker Brechreiz erfaßt sie.

»Ljowotschka«, sagt sie mit leiser, müder Stimme, »ich glaube, ich bin wieder schwanger!«

»Ssonja, Ssonja«, schreit Lew Nikolajewitsch entsetzt auf, »du machst mein Leben zu einem erbarmungslosen Alpdruck!«

»Und wer ist schuld an diesem Alpdruck?« fragt Ssonja. »Ljowotschka, kannst du denn nicht endlich doch mit mir Mitleid haben, dich in meine Lage versetzen? Kannst du dir denn wirklich nicht vorstellen, wie unendlich schwer ich es habe? Von früh bis abends Arbeit, ununterbrochene Arbeit! Ich soll mich kümmern, daß die Pässe der Dienstboten nicht ablaufen, die Versicherungen müssen regelmäßig eingezahlt werden, die ewigen Korrekturen für deine Bücher, die Sorge um den dreizehnten Band, den die Zensur verboten hat, die Kreutzersonate soll ich freibekommen, weil man sie auch nicht erlaubt hat, den Kindern soll Wäsche genäht werden, weil die alte schon ganz fadenscheinig geworden ist, du weißt ja, ich nähe fast alles selbst, weil ich doch für dich und die Kinder sparen will! Dann soll ich noch das ins reine bringen, was du wieder niedergeschrieben hast, und weiß Gott was noch alles! Und du quälst mich jetzt, um drei Uhr nachts, mit deinen Vorwürfen und deinen Gesprächen, die nicht den geringsten Sinn haben, die zu nichts führen, durch die du aber das eine erreichen wirst, daß ich ganz zugrunde gehe, daß du den letzten Funken von Energie in mir tötest.«

»Ssonja, ich sage dir zum letzten Mal, daß mich deine Hemden und deine Pässe und deine Versicherungen nichts, aber auch gar nichts angehen! Ich will nichts besitzen, und will nichts von all dem hören, was mit dem Besitz zusammenhängt.«

»Ljowotschka, da bleibt nur ein einziger Ausweg! Du mußt alles unter die Kinder aufteilen. Das mußt du tun, denn wir als Eltern haben Pflichten gegen unsere Kinder, und es ist mir sehr bitter, daß ich dich, ihren Vater, erst daran erinnern muß.«

»Ja, ja«, unterbricht sie Lew Nikolajewitsch voll Begeisterung. »Teilen wir alles, teilen wir alles. Wenn ich schon nicht alles verschenken darf, so habe ich dann wenigstens die Genugtuung, daß ich selbst nichts besitze!«

»Ljowotschka«, wendet Ssonja ein, »zürne mir nicht, aber ich muß dir doch sagen, daß ja dann wieder alles nur Lüge ist. Du wirst in Jassnaja Poljana leben, wirst über alle Vorteile und Bequemlichkeiten verfügen, wirst an nichts Not leiden und dein Leben wird dasselbe bleiben, wie bisher. Und alles wird wieder nur der Leute wegen geschehen sein. Ist es dir denn wirklich so wichtig, was sie von dir denken, da du ihnen zuliebe dein

Familienleben opfern willst?«

Die letzten Worte hat Ssonja mit energischem, trockenem, ja hartem Ausdruck gesprochen. Und in dem Gesicht Lew Nikolajewitschs spiegelt sich namenlose Qual, während er ihr antwortet:

»Ich will die Armut haben, Ssonja, ich will Not und Leid. Ich will, so wie es Christus befohlen hat, alles weggeben und ein Bettler bleiben, und dann will ich mir durch meiner eigenen Hände Arbeit mein Brot erwerben. Ich fliehe den Reichtum, und er heftet sich an meine Fersen! Es genügt mir nicht, daß ich das Evangelium gelesen habe, ich will auch mein Leben danach einrichten! Ich will die Tat, und nicht das Wort! Und du mußt meine Tragödie verstehen. Aber du begreifst sie nicht, du sprichst immer nur von den Kindern, oder du sagst, ich wolle alles nur der Leute wegen tun. Nicht der Leute, sondern meiner Seele wegen!«

Tränen rinnen von seinen Wangen, Ssonja sieht, daß er die Grenzen dessen erreicht hat, was ein Mensch ertragen kann, und tiefes Mitleid erfaßt sie.

»Ljowotschka«, sagt sie weich, »ich werde mich bemühen, die Teilung durchzuführen. Das wird dich beruhigen. Ich werde mit den Kindern sprechen. Aber du mußt einsehen, daß ein Mensch nur dann ganz in seinen Ideen leben kann, wenn er allein ist. Doch wenn du eine Familie hast, so mußt du auf sie Rücksicht nehmen, denn außer der Pflicht gegen dich selbst hast du auch noch die Pflicht deinen Kindern gegenüber!«

Bei den letzten Worten Ssonjas gerät Lew Nikolajewitsch wiederum in helle Wut.

»Die Kinder, die Kinder«, schreit er, »kann ich denn ihretwegen die Wahrheit vernichten, die ich durch so viele Leiden hindurch erkannt habe? Ich kann es nicht!«

Ssonja will ihn nicht mehr weiter anhören und geht still aus dem Zimmer. Sie sieht ein, daß jedes weitere Wort nutzlos wäre. Es bleibt ihr nichts übrig, als in der Tat an die Aufteilung des Besitzes unter sie und die Kinder zu schreiten, denn so kann es ja doch nicht weitergehen. Ljowotschka würde es nicht länger ertragen, und auch sie nicht. Und was wird sich, im Grunde genommen, ändern? Ljowotschka wird mit ihr und Wanjetschka in Jassnaja Poljana leben und wird sich immer neue und neue Qualen suchen, weil es eben ihr Schicksal ist, ihr ganzes Leben lang ihre Pflicht zu erfüllen und ihr ganzes Leben für das zu leiden, was man jeder anderen Frau zur höchsten Tugend anrechnen würde.

13. April 1891

Ganz unerwartet befindet sich Ssonja in Petersburg. Einem plötzlichen Entschluß folgend, ist sie eilig dorthin gefahren, um persönlich beim Zaren vorzusprechen. Sie hat es sich in den Kopf gesetzt, die Aufhebung des Verbotes zu erwirken, das die Zensur über die Kreutzersonate und über den dreizehnten Band der gesammelten Werke Lew Nikolajewitschs ausgesprochen hat, eben dieser Gesamtausgabe, die sie mit solch brennendem Eifer besorgt.

Sehr lange aber hat es gedauert, bis ihr endlich die Audienz bewilligt wurde. Um elf Uhr nachts ist ihr dann mitgeteilt worden, daß sie um halb zwölf Uhr vormittags im Anitschkowpalast erscheinen solle. Jetzt ist es schon drei Uhr nachts vorbei, und immer noch kann Ssonja keinen Schlaf finden, immer noch überlegt sie jeden einzelnen Satz, den sie vor der Majestät sprechen will. Welch schwere Aufgabe hat sich auf ihre Schultern geladen! Lew Nikolajewitsch selbst hat nichts wissen wollen von dieser Reise, und er hat ihr kategorisch erklärt:

»Ssonja, du bemühst dich völlig vergebens um die Freigabe des dreizehnten Bandes, denn ich habe fest beschlossen, alle meine Werke der Öffentlichkeit zur beliebigen, unentgeltlichen Benützung zu überlassen.«

»Du, als echter Dichter«, hat sie ihm darauf geantwortet, »läßt dich durch den Klang des Wortes hinreißen, du willst die Welt durch eine schöne Geste in Erstaunen setzen, die vor dir noch kein Schriftsteller ausführte und die dir ganz sicher auch keiner nachmachen wird. Was soll das heißen, du willst deine Werke der Allgemeinheit überlassen? Das heißt nichts anderes, als daß du den Verlegern die Möglichkeit geben willst, sich an deinen Büchern zu bereichern. Sollten dir wirklich diese Verleger, Menschen, die du nie in deinem Leben gesehen hast, teurer sein, als deine eigene Familie? Du willst dies ja doch nur tun, damit die Leute dich loben und in Entzücken geraten. Eitelkeit, unersättliche Sucht nach Ruhm, nach immer mehr Ruhm und Popularität, das sind deine einzigen Beweggründe.«

Ganz unerwartet für Ssonja brachten ihn aber diese scharfen Worte nicht in Zorn, im Gegenteil, er suchte sie mit weichen Worten zu besänftigen. Sie aber war ganz außer sich vor Aufregung und erklärte ihm:

»Wenn du in der Zeitung kundgibst, daß du auf deine Urheberrechte verzichtest, so werde ich in der nächsten Nummer das Publikum aufrufen, es möge so zartfühlend sein und nicht die Rechte mißbrauchen, die deinen Kindern zustehen.«

»Ssonja«, gab ihr Lew Nikolajewitsch darauf zur Antwort, »wenn du mich wirklich lieb hast, dann gibst du selbst in die Zeitungen, daß du in deinem und im Namen deiner Kinder auf alle Rechte verzichtest.«

Ssonja blickte ihm darauf scharf ins Antlitz, und mit einem Mal erfüllte unendliches Mitleid mit ihm ihr Herz. Mit einem Mal begriff sie die ganze Tiefe und Stärke des Leids, das diese tiefen Runzeln in seine Wangen gegraben, das seine Gestalt gebeugt und seine Augen in den Höhlen fast zum Erlöschen gebracht hat.

Leise schlich sie sich von ihm fort, aber nach dem Mittagessen trat sie zu ihm und sagte:

»Ljowotschka, es tut mir so leid, daß ich dir harte Worte gesagt habe. Es ist selbstverständlich, daß ich nichts gegen dich unternehmen werde, denn das Fürchterlichste für mich wäre, dir Schmerz zu verursachen.«

Ssonja erinnert sich, wie dann nach diesen ihren Worten der kleine, blasse, dreijähige Wanjetschka erschrocken seine Blicke von ihr zu Lew Nikolajewitsch und wieder zu ihr gelenkt, wie er dann voll Aufregung gefragt, was denn geschehen sei, und wie er sich erst wieder beruhigt, nachdem sie ihm erklärt hat:

»Die Mama hat den Papa beleidigt, und jetzt haben sie sich wieder versöhnt!«

Wanjetschka ist jetzt das Band, das die beiden verbindet. Dieses blasse, magere, kränkliche Kind bringt das zuwege, was

niemand anderem gelingen will, es vermag dem Herzen Lew Nikolajewitschs ganze Ströme von Zärtlichkeit und Liebe zu entlocken. Lew Nikolajewitsch spielt sogar mit ihm, er setzt ihn in einen Wäschekorb und trägt ihn lachend durch alle Zimmer. Welch rührendes Bild! Und wie merkwürdig, daß Wanjetschka dann nie vergißt, auch für seine siebenjährige Schwester Ssascha dieselbe Liebe zu verlangen, die dieses verschlossene Kind für sich nicht zu fordern vermag. Niemals vergißt er zu bitten:
»Auch Ssascha! Auch Ssascha nimm mit!«

Endlich, es war schon gegen Morgen, hat Ssonja Schlaf gefunden, und jetzt soll der Wagen kommen, der sie zum Zaren führen wird. Es ist höchste Zeit, sich anzukleiden! Warum zittern ihre Hände, warum klopft ihr Herz so laut, während sie das prächtige schwarze Galakleid über ihre Schultern legt? Ach, wie schwer ist die Aufgabe, die sie auf sich genommen hat! Sie soll den Zaren bitten, die Werke freizugeben, von denen sie nur zu gut weiß, daß sie ihm unsympathisch sind, daß er sich ganz persönlich gegen sie ausgesprochen hat! Wird sie so viel Einfluß über ihn gewinnen, daß sie ihn dazu bringt? Ja, das weiß Ssonja recht gut, manchmal geht eine große, fast unglaubliche Macht von ihr aus, der sich kaum jemand entziehen kann. Aber wie wird das heute?

Ssonja tritt zum Spiegel und mustert aufmerksam ihre Züge. Wie fein und vornehm ist ihre schlanke Figur! Wer würde glauben, daß sie schon neun Kinder aufgezogen hat? Und diese wunderbaren, dunklen Augen, aus denen noch so viel unbeugsame Kraft, noch so viel ungebrochene Jugend strahlt! Ssonja ist zufrieden mit sich selbst. Sie weiß, es ist ihr Tag heute, ihr großer Tag. Und wie frisch und jugendlich die Farbe ihres Gesichtes sich von dem langen Schleier und dem schwarzen Kleid abhebt! Wer würde sagen, daß ihr ältester Sohn das Amt eines Landhauptmannes bekleidet, daß ihr zweiter Sohn schon verheiratet ist? Man könnte sie eher als ihre Schwester denn als ihre Mutter ansehen!

Langsam wendet sich Ssonja vom Spiegel weg. Ihre Stirn verdunkelt sich, und wiederum überdenkt sie bis ins kleinste, was sie sich zurechtgelegt. Es ist ein kühner Plan. Sie will den Herrscher bitten, er möge selbst, allein, das Amt eines Zensors der Werke ihres Mannes auf sich nehmen, und wenn ihr das gelänge, dann würde sie Ljowotschka eben damit dazu bringen, auf seine entsetzlichen Artikel gegen den Staat und die Regierung zu verzichten; sie kennt ihn gut und ist überzeugt, er würde es dann lassen, einfach aus Höflichkeit. Es ist eine entsetzliche Qual für Ssonja zu wissen, daß die Revolutionäre Ljowotschka als den ihrigen ansehen, daß diese Leute in den Kerker und in die Verbannung geschickt werden, weil sie seine Artikel lesen und verbreiten. Ljowotschka spricht jetzt immer davon, daß der Zar und die sogenannten höheren Klassen nichts anderes seien als Schmarotzer. Und er will nicht ein solcher sein, er will dem Volk auch dafür bezahlen, daß es ihn fünfzig Jahre lang sozusagen in »Kost und Quartier« gehalten hat. Er sagt voraus, daß die höheren Klassen physisch und moralisch immer schwächer und schwächer werden, daß die furchtbare Lösung immer näher heranrückt, nämlich die blutige Revolution, und Ssonja weiß genau, wie sehr seine aufpeitschenden, brennendheißen Schriften Rußland und die ganze Welt immer näher an dieses furchtbare Ende heranführen. Und doch will sie dem Zaren beweisen, daß ihr Mann mit diesen Revolutionären nichts gemein hat, sie will ihren Mann, den sie so unendlich liebt, schützen, ihn bis zum letzten verteidigen, und – welch feiner Plan – sie will ihn dadurch vor sich selbst bewahren und zum Schweigen bringen. Wird ihr das gelingen? Wird sie Frieden stiften können zwischen dem Zaren und dem Mann, der sich so unehrerbietig über die russischen Herrscher ausließ, der Peter den Großen ein wütendes, besoffenes, von Syphilis zerfressenes Untier genannt und die Zarinnen, eine wie die andere, als sittenlose Weiber bezeichnet hat, die den Thron verunreinigen und das Volk quälten und verdarben?

Wieder versinkt Ssonja in tiefes Sinnen, so daß sie gar nicht bemerkt, daß der Wagen bereits vorgefahren ist und auf sie wartet. Mit einem Ruck nimmt sie sich zusammen, als man sie ruft, sie wirft noch einen schnellen Blick in den Spiegel, und mit der Ruhe eines Feldherrn, der schon vor dem Beginn der Schlacht seines Sieges sicher ist, schreitet sie die Treppe hinab.

Im Schloß empfängt sie ein junger Mann in goldbesetzter Uniform, mit einem großen Dreispitz auf dem Kopf, und meldet ihr, daß der Zar schon nach ihr gefragt habe. Man weist ihr den Weg über eine große Stiege, rasch folgt Ssonja dem Bed ensteten, der ihr voranschreitet, und die ganze Zeit über wundert sie sich, wie in einem solchen Gebäude ein so entsetzlich geschmackloser giftgrüner Teppich über die Stufen gebreitet sein kann. Daß bisher noch niemand daran Anstoß genommen hat!

Vor dem Empfangszimmer angelangt, macht der Diener eine tiefe Verbeugung vor Ssonja und bittet sie ehrerbietig, hier zu warten. Ist es von dem schnellen Treppensteigen, oder ist es die Aufregung, die sie nun doch ergriffen hat, daß ihr Herz plötzlich so ungestüm zu schlagen beginnt, daß sie vermeint, sie müßte auf der Stelle umsinken? Nur mit dem Aufgebot aller Willenskraft bringt sie sich endlich wieder soweit, daß sie sich aufrecht halten kann. Sie hat das Gefühl, daß sie nie mehr aufstehen könnte, wenn sie sich jetzt niedersetzte, und so geht sie mit langsamen, zögernden Schritten in dem ungeheuren Saal auf und ab. Überall stehen Gefäße mit blühenden Blumen, deren Rot ihr in den Augen brennt, als ob sie Nadeln stächen. Viele Türen münden in den Raum, aber alle sind geschlossen, und nirgends ist jemand, den sie um ein Glas Wasser bitten könnte. Sie tritt zu einem der Fenster. Der Blick geht auf einen riesigen gepflasterten Hof, auf dem Soldaten hin und her gehen. In einer Ecke steht ein dunkler, geschlossener Wagen. Sie weiß selbst nicht warum, aber sie kann diesen Anblick nicht ertragen und wendet sich wieder vom Fenster ab dem Zimmer zu. Doch auch die vielen mit rotem Atlas überzogenen Stühle und Kanapees bewirken eine eigentümliche Unruhe in ihr. Wieder schreitet sie langsam auf und ab, die Schläfen klopfen, das Herz pocht zum Zerspringen, und mit einem Mal ist ihr, als müßte sie im nächsten Augenblick sterben, als gäbe es keine Hilfe, keine Rettung mehr für sie. Was wird man sagen, wenn man davon erfährt? Die arme Tanja, ihre älteste Tochter, wird am meisten weinen. Immer hat sie sich so bemüht, Frieden zwischen Mutter und Vater zu stiften. Und der arme, kleine, gebrechliche Wanjetschka, was wird er ohne seine Mutter anfangen?

Da steht knapp hinter Ssonja ein Läufer, der wieder eine tiefe Verbeugung vor ihr macht und mit feierlicher Stimme spricht:

»Ihre Majestät bittet Durchlaucht Gräfin Tolstoi zur Audienz!«

Rasch wendet sich Ssonja um und folgt dem Bedienten. In einem Augenblick sind alle Gedanken an ihre Familie und an ihr Haus vergessen, sie spürt nichts mehr von ihrer Schwäche und von dem Klopfen in ihrer Brust, und als ihr der Zar in der weitgeöffneten Flügeltüre entgegentritt, als sie den tiefen Hofknicks vor ihm macht, da hat sie wieder ganz die siegesbewußte Ruhe gewonnen, mit der sie zum Palast gefahren ist.

Der Herrscher empfängt Ssonja mit ein paar freundlichen, fast verlegen klingenden Worten, und sein gewinnendes, bescheidenes Lächeln und der ruhige Blick seiner Augen lassen sie vollends die Angst vergessen, die sie noch vor einigen Augenblicken fast getötet hat.

»Ich bin Euer Majestät so dankbar«, gibt sie ihm zur Antwort, »daß Sie die Gnade hatten, mich zu empfangen!«

Und auf die Frage des Zaren, was sie zu ihm führe, beginnt sie sich ganz frei und kühn über die Zensur zu beklagen.

»Aber die Kreutzersonate«, gibt der Monarch mit weicher Stimme zur Antwort, »ist doch so geschrieben, daß Sie sie wohl kaum Ihren Kindern zu lesen geben würden!«

Im Grunde ihres Herzens kann ihm Ssonja nur zustimmen. Sie haßt die Kreutzersonate wegen ihrer zügellosen Derbheit und vor allem deshalb, weil sie selbst von ihrem eigenen Mann in diesem Werke so erbarmungslos beleidigt wird. Jetzt aber steht sie hier vor dem Herrscher, um – trotz allem – ihren Mann zu verteidigen, und so sagt sie:

»Majestät, ich gestehe, daß diese Erzählung in ihrer Form sehr übertrieben ist; doch der Grundgedanke ist von hoher sittlicher Stärke. Freilich, das Ideal ist niemals erreichbar, aber wenn die bis zum äußersten gehende Keuschheit als Ideal hingestellt wird, dann wird die Kreutzersonate sicher die Reinheit der Ehe fördern!«

Ssonja will es scheinen, als ob ihre Worte auf den Zaren Eindruck machen, und sie erinnert sich daran, welche Mühe es sie und Tschertkow gekostet hat, Lew Nikolajewitsch dazu zu bringen, daß er im Nachwort zur Kreutzersonate die Keuschheit als Ideal hingestellt hat, statt – wie vorher – als eine absolute

Förderung an buchstäblich jeden Menschen.

»Wie glücklich wäre ich«, schließt Ssonja dann ihre mit der Kunst eines Advokaten vorgetragenen Ausführungen, »wie glücklich wäre ich, wenn Ihre Majestät geruhten, das Verbot der Kreutzersonate aufzuheben!«

Der Zar hat die ganze Zeit über aufmerksam zugehört, und jetzt, nachdem Ssonja geendet, zeigt sein Antlitz wieder jenes verlegene Lächeln, das so schlecht zu ihm paßt, das in einem so merkwürdigen Gegensatz zu seiner hohen Gestalt und zu seinen männlichen Zügen steht. Er spricht kein Wort, und so sagt Ssonja nach einer langen Pause wieder:

»Die Aufhebung des Zensurverbotes wäre eine große Gnade für Lew Nikolajewitsch, und wer weiß, wie gut sich dies auf seine Arbeit auswirken könnte! Ich bemerke in der letzten Zeit, daß sich mein Mann wieder der rein künstlerischen Arbeit zuwenden will. Er hat mir gesagt, er möchte wieder etwas in der Art von ›Krieg und Frieden‹ schreiben.«

»Ach, das wäre schön!« unterbricht sie da der Zar, und ein freudiges Aufleuchten zieht über sein Gesicht. Er denkt an die Aufsätze, die Lew Nikolajewitsch in der letzten Zeit geschrieben und für die er ihn doch mindestens nach Sibirien hätte schicken müssen, was er übrigens nur deshalb nicht getan hat, weil er den Grafen nicht zum Märtyrer stempeln wollte. Der Gedanke, Tolstoi könnte nun wieder ganz zu seinem dichterischen Beruf zurückkehren, erfüllt ihn mit Freude und macht ihn zum größten Entgegenkommen bereit.

»Nun gut«, sagt er verbindlich lächelnd, »in der Gesamtausgabe möge die Kreutzersonate stehenbleiben! Diese Ausgabe wird ohnehin keine so große Verbreitung finden, nicht jeder wird sie sich kaufen können!«

»Ich versichere Eurer Majestät«, ruft Ssonja freudig, »daß dieser Entschluß auf meinen Mann den besten Einfluß haben wird, und er wird seine Dankbarkeit sicher dadurch bezeugen, daß er von nun an so schreiben wird, wie es Eurer Majestät genehm ist!«

Wie gern möchte Ssonja an das glauben dürfen, was sie sagt!

»Ihr Mann tut sehr unrecht«, erwidert ihr der Zar, »daß er gegen die Autorität schreibt. Es gibt ohnehin schon soviel Irrlehren unter dem Volk. Seine Schriften üben einen unheilvollen Einfluß auf die Menge aus!«

In seinen Worten hallt aufrichtiges Bedauern und Sorge wider, und auch Ssonja fühlt dasselbe wie er; aber wiederum sieht sie es als erste Pflicht an, ihren Gatten in Schutz zu nehmen.

»Ich versichere Eurer Majestät«, sagt sie eifrig, »daß mein Mann weder im Volke noch sonst irgendwo Lehren verbreitet. Er ist selbst oft ganz verzweifelt darüber, daß man seine Manuskripte ohne seine Erlaubnis weitergibt. So hat ihm einmal ein junger Mann ein Manuskript aus seiner Aktentasche gestohlen, einen Teil seines Tagebuches, hat es abgeschrieben und dann nach zwei Jahren lithographiert und verbreitet.«

Ssonja denkt an den Studenten Nowossojolow, der die Schrift »Nikolaj Palkin« verbreitet hat, in der Lew Nikolajewitsch so sehr gegen die Zaren loszieht.

»Das ist ja kaum glaublich«, entrüstet sich der Zar. »Ein Manuskript stehlen! Welch niedriges Handeln!«

Es ist klar, daß er Ssonja glaubt, aufrichtiger glaubt, als Ssonja selbst von der Unschuld ihres Mannes überzeugt ist, denn sie hält es für durchaus möglich, daß er selbst ganz freiwillig dem Studenten das Manuskript übergeben hat.

»Wie verhalten sich die Kinder zu den Lehren ihres Vaters?« fragt da der Zar ganz unvermittelt, und wieder fällt Ssonja im ganzen Gehaben des Zaren eine ihr anfangs fast unerklärliche Bescheidenheit, ja fast Demut vor ihr auf, bis es ihr wieder in den Sinn kommt, daß sie ja nicht irgendeine beliebige der Millionen Untertanen des Herrschers ist, sondern die Frau des Mannes, dessen Popularität in Rußland fast ohne Grenzen ist, und vor der sich zu fürchten der Zar allen Grund hat.

»Für die hohen sittlichen Lehren«, gibt sie zur Antwort, »die ihr Vater predigt, haben sie die größte Achtung. Aber ich halte es für meine Pflicht, meine Kinder im Glauben an die rechtgläubige Kirche zu erziehen, und im August habe ich mit ihnen allen in Tula die Kommunion empfangen. In unserem Dorf konnte ich dies nicht tun, da man aus unseren Geistlichen Spione gemacht hat, die falsche Anschuldigungen gegen uns weitergeleitet haben.«

»Ich habe davon gehört!« gibt der Zar zur Antwort, der sich an diese Angelegenheit erinnert, und da fällt ihm noch ein anderer Mann ein, der ihm ebenso viele Sorgen macht wie Graf Tolstoi, der Sohn eines seiner liebsten und nächsten Vertrauten, und er richtet an Ssonja die Frage:

»Sehen Sie Tschertkow oft?«

Ssonja ist betroffen und sehr unangenehm berührt. Tschertkow! Sie haßt ihn wohl mehr als irgendeinen anderen Menschen auf der ganzen Welt, denn sie schreibt ihm die größte Schuld zu an all den unüberlegten Handlungen ihres Mannes. Aber sie will nicht, daß der Zar von den engen Beziehungen weiß, die ihn mit ihrem Mann verbinden, und so gibt sie ihm zur Antwort:

»Wir haben Tschertkow schon seit zwei Jahren nicht gesehen. Seine Frau ist sehr krank, und er kann sie nicht allein lassen.«

Und dann, jedes einzelne Wort genau überlegend, fügt sie hinzu:

»Das, was meinen Mann mit Tschertkow zusammenbrachte, war anfangs nicht das Interesse am Religiösen. Mein Mann brachte ihn auf den Gedanken, die Literatur für das Volk, die so voll ist von dummen und unsittlichen Werken, von Grund auf zu verbessern. Er schrieb Volkserzählungen, die in der Zahl von mehreren Millionen Exemplaren bei den Massen Eingang fanden und die übrigens jetzt teilweise auch von der Zensur verboten werden.«

Lange und ausführlich berichtet Ssonja dem Zaren von diesem Unternehmen und verteidigt es, obwohl sie dem »Vermittler«-Verlag alles andere als wohlgesinnt ist, bringt er sie doch um ihre Einnahmen, da sich Lew Nikolajewitsch keinen Groschen dafür bezahlen läßt.

»Ihr Mann hat einen ungeheuren Einfluß auf das Volk«, sagt der Zar nach einigen Sekunden des Schweigens. »Wie segensreich wäre es, wenn er diesen Einfluß zum Guten verwendete!«

»Ach, Majestät«, spricht Ssonja mit warmer Stimme, »all die Menschen, mit denen mein Mann zu tun hatte, haben sich auf dem Weg des politischen Verbrechens befunden, und er hat sie davon abgebracht, indem er sie dem widerstandslosen Dulden des Übels und der Liebe zugewandt hat. Und wenn sie auch jetzt noch nicht die Bahn der Wahrheit wandeln, so sicher wenigstens die der Ordnung!«

Durchdringend blickt der Zar sie an, und wieder versinkt er in tiefes Schweigen. Seine schmale Stirn, die fast so aussieht, als wäre sie von beiden Seiten zusammengedrückt, umzieht sich mit tiefen Falten. Ssonja fühlt genau, daß er ihren Worten nicht vollen Glauben zu schenken vermag. Und wie sollte er auch! Ach, wenn sie doch jetzt mit dem Zaren von alldem sprechen könnte, was ihr so schwer auf der Seele liegt! Wie könnte sie es denn übersehen, daß Arbeit am »Vermittler« die Ljowotschkasrevolutionärsten Gedankengänge im Volke verbreitet? Daß alle diese Erzählungen direkt gegen den Staat und gegen die orthodoxe Kirche gerichtet sind? Aber ist denn Ljowotschka wirklich schuld daran? Ist es nicht Tschertkow, der ihn mit allen Mitteln auf diesen Weg drängt? Welche Schliche er nur anwendet, um irgendeine Erzählung, in seinem Sinn natürlich, aus Lew Nikolajewitsch herauszuziehen! So hat er ihm einmal eine aus dem Französischen übersetzte Erzählung »Väterchen Martin«, die in einer kleinen russischen Zeitung erschienen war, zugeschickt und ein paar Blätter reinen Papiers dazugeklebt in der Hoffnung, Lew Nikolajewitsch würde unter dem Eindruck der Lektüre gleich selbst eine Erzählung niederschreiben. Und so geschah es auch, so entstand die Geschichte »Wo die Liebe, dort ist auch Gott«.

Soll ich dem Zaren von Tschertkow und seinem gefährlichen Einfluß erzählen, denkt Ssonja und blickt dabei in die fragend auf sie gerichteten Augen, als ob sie in ihm einen Helfer finden könnte in dem Kampf, den sie um ihren Mann führt. Aber wenn Ljowotschka davon hört? Wenn er erfährt, daß sie sich beim Zaren über seinen besten Freund beklagt hat? Er würde ihr diesen Verrat niemals verzeihen, er würde sie auf der Stelle verlassen! So läßt sie die Augen sinken, und ein tiefer Seufzer entfährt ihrer Brust; aber gleich faßt sie sich wieder und sagt mit warmer, aber energischer Stimme:

»Wenn mein Mann wieder künstlerische Werke schreiben wird und ich sie in Druck bringe, so wäre es das höchste Glück für mich, wenn das Urteil über diese Werke der Ausdruck des persönlichen Willens Ihrer Majestät wäre!«

Es liegt etwas in ihrer Stimme, ein aufrichtiger, herzlicher Ton, wie ihn der Zar selten von den Menschen seiner nächsten Umgebung zu vernehmen pflegt. Er fühlt, wieviel schwer erlebtes Leid sich hinter diesen glatten, höflichen Worten verbirgt. Wohl hat ihm ihr Gatte schon manche unangenehme Stunde bereitet, aber sie selbst ist ihm ganz außergewöhnlich sympathisch.

»Es wird mich sehr freuen!« sagt er. »Schicken Sie mir seine Schriften zur persönlichen Begutachtung!«

Der Zar fühlt mit seinem ganzen Herzen, daß Ssonja nur nicht klagen will, daß sie aber schwer an den Übertreibungen und Verstiegenheiten ihres Mannes zu tragen hat, und er hofft, daß es ihm selbst als Zensor eher gelingen möchte, den hartnäckigen Grafen ein wenig im Zaume zu halten. Noch einmal richtet er einen warmen Blick in die Augen der sympathischen, energischen kleinen Frau und verabschiedet sich dann mit herzlichen Worten von ihr.

Ssonja verläßt den Palast und fährt durch die Straßen von Petersburg, die von Menschen wimmeln. Sie aber sieht und hört nichts, ihr Herz ist voll des Triumphes über den Sieg, den sie erfochten hat. Wer hätte sich mit solcher Umsicht und mit solch feiner Berechnung seiner Aufgabe entledigen können wie sie? Alles hat sie erreicht! Sie hat auf den Zaren den besten Eindruck gemacht, sie hat ihn, soweit dies überhaupt möglich ist, mit Lew Nikolajewitsch versöhnt, und es ist ihr gelungen, das Verbot der Kreutzersonate aufzuheben. Jedermann in ganz Rußland wird davon erfahren, und jeder wird sagen: Es kann doch nicht sein, daß Graf Tolstoi in diesem Buch über seine Frau geschrieben hat; hätte sie sich denn dann selbst für die Freigabe dieses Werkes mit solcher Energie eingesetzt? Mit dem größten Stolz aber erfüllt sie der Umstand, daß sie dies alles erreicht hat, ohne auch nur ein einziges schlechtes Wort über ihren Feind Tschertkow gesprochen zu haben.

Ein glückliches Lächeln umspielt ihre Züge, als sie über die Treppe zur Wohnung ihrer Schwester hinaufeilt, bei der sie in Petersburg Quartier genommen hat. Sie hat jetzt nur einen Wunsch: der Schwester alles haarklein zu erzählen und sich dann so schnell wie möglich auf den Heimweg zu machen, zu ihren Kindern und zu Ljowotschka.

Frühling 1891

Ssonja ist noch immer berauscht von dem großen Erfolg, den ihr Besuch in Petersburg hatte. Schon von mehreren Seiten hat sie erfahren, der Zar habe sich geäußert, sie wäre eine so aufrichtige, natürliche, sympathische Frau, er hätte niemals gedacht, daß sie noch so jung und schön sei. Diese Worte des Herrschers schmeichelten ihrer fraulichen Eitelkeit unsagbar und sind gleichzeitig eine Art Rache an Ljowotschka dafür, daß er immer nur danach getrachtet hat, sie von der großen Gesellschaft abzuschließen, um sie schließlich noch in seiner grausamen, herzlosen Kreutzersonate vor aller Öffentlichkeit herabzusetzen. Ach, wie sehr sie sich jetzt nach ein ganz klein wenig Zärtlichkeit von ihren Kindern, von Ljowotschka sehnt und wie sehr sie selbst wieder jene Liebe verschwenden möchte, von der ihr Herz überströmt! Aber Ljowotschka ist heute finster und abweisend. Wie bitter bedrückt sie die Unbeständigkeit seiner Liebe, die er so namenlos zynisch in seiner Kreutzersonate verhöhnt! Gestern hat er sie in der Frühe mit seinen heißen Küssen geweckt und in einem Sturm von Zärtlichkeit all das Lügen gestraft, wozu er die Menschen in der Kreutzersonate aufruft – heute ist er unnahbar, kalt wie Eis und sucht mit Eifer jede Gelegenheit, ihr weh zu tun. Vor allem ist es ihre Reise nach Petersburg, die ihm Anlaß dazu gibt. Wenn doch seine Leser, die sich mit heiligem Eifer bemühen, seine Gebote zu befolgen, nur einmal in sein Leben blicken könnten, denkt Ssonja bitter. Wenn sie dann erkennen würden, wie sehr das hemmungslose Verlangen nach sinnlicher Liebe ihn beherrscht, wie er seine schöpferische Kraft, seine Güte und Heiterkeit nur aus ihr schöpft, ach, wie würden sie ihren Gott von dem Altar stürzen, auf den sie ihn erhoben haben!

Seufzend blickt Ssonja zu ihrem Mann, der mit mürrischer Miene im Zimmer auf und ab schreitet, die Hände in den dünnen Riemen gesteckt, der die weiche, graue Bluse umgürtet. Wie schwer doch das Leben ist, das sie führen! Minuten aufschäumender, wilder Leidenschaft, und lange, endlos lange Tage tödlicher Kälte. Könnte denn nicht stille, ruhige, zarte Freundschaft auf dieses »Aufwallen der Liebe« folgen? Kann denn dieses »Zurückfließen« wirklich in nichts anderem bestehen als in einer trostlosen Gemütsverfassung, in die ein kalter, lieblos grübelnder Verstand keinen einzigen Funken Liebe zu tragen vermag? Ist das bei allen Männern so oder nur bei Ljowotschka? fragt sich Ssonja unwillkürlich. Und erschrocken fragt sie weiter: Was wird sein, wenn dieser Durst nach körperlicher Berührung einmal erlischt? Dieser Trieb, der allein trägt, was an Liebe, Wärme, Heiterkeit und Arbeitskraft in ihm ist? Was wird mit ihr geschehen, wenn es diese Beziehung zwischen ihnen nicht mehr geben wird? – Ssonja sieht das schon jetzt voraus: Er wird sie unbarmherzig, schonungslos aus seinem Leben entfernen. Was soll sie dann tun? Die Zeit ist nicht mehr fern, ihr Herz sagt ihr das. Sie muß jetzt schon daran denken, diesen letzten, furchtbaren Schlag aufzufangen, sie muß jetzt schon ihr Herz langsam von ihm lösen und es noch mehr den Kindern zuwenden, sie muß lernen, ihre Kinder mehr zu lieben als ihren Mann.

»Dein Herumbetteln beim Zaren ist mir höchst zuwider«, läßt sich Lew Nikolajewitsch unvermittelt vernehmen. »Daß du dem Zaren erzählt hast, man habe mir mein Manuskript gestohlen, ist mir erst recht unangenehm. Niemand hat es gestohlen, ich selbst habe es hergegeben. Jetzt, nach deinem Gespräch mit dem Zaren sieht es aus, als ob ich ihm gegenüber eine Verpflichtung übernommen hätte, die ich ohnehin nicht imstande bin zu halten. Bisher haben wir, der Zar und ich, einander ignoriert; aber deine Fahrt nach Petersburg und deine Erniedrigung vor ihm können alles verderben!«

»Ein anderer Mann wäre glücklich, wenn seine Frau für ihn täte, was ich getan habe; du aber kannst nur schelten!« sagt Ssonja, und dabei treten ihr Tränen in die Augen.

»Ich wende mich gegen dich«, fährt Lew Nikolajewitsch erregt fort, »weil du all das tust, was mir zuwider ist. Ich will ein christliches Leben führen, und du willst nicht nur nichts davon wissen, sondern verdirbst mir auch noch die Kinder. Dieser Luxus, dieser moralische Schmutz, in dem ihr lebt – wie mich das alles anekelt! Und vor allem dieser Handel mit meinen Büchern!«

»Ich tue«, antwortete Ssonja energisch, »das, was ich für die Familie tun muß.«

Sie will wieder beginnen, ihm ihren Standpunkt darlegen, doch vermag sie kein Wort zu sprechen. Ein Anfall, wie sie ihn vor kurzem im Vorzimmer des Zaren bekommen, verschließt ihr den Mund. Langsam schleppt sie sich in ihr Zimmer und legt sich aufs Bett. Der Duft der Apfelblüten und der Geruch frischer, warmer Erde erfüllt den Raum. Die Nachtigallen, deren es so viele in Jassnaja Poljana gibt, schlagen, und die Luft ist lind und weich. Ganz leise bewegt sie den leichten Vorhang.

Ssonja will sich mit aller Gewalt beruhigen und an etwas Frohes, Heiteres denken. Alles um sie her ist ja so voll Lust und Leben heute! Schon zeitig früh sind Ljowa und Adrjuscha fischen gegangen. Die anderen Kinder scherzen und tollen auf der Wiese, und laut klingen ihre fröhlichen Rufe durch das offene Fenster. Aber Ssonja vermag das Weh nicht zu überwinden. Sie hat gehofft, es würde alles besser werden, nachdem der Wunsch Ljowotschkas erfüllt und die Vermögensteilung durchgeführt worden ist. Ljowotschka besitzt nun nichts mehr und lebt sozusagen als Gast auf Jassnaja Poljana, das jetzt ihr und dem kleinen Wanjetschka gehört. Aber es ist eigentlich nur ein fragwürdiger Schein; alles ist so geblieben, wie es früher war. Jedes der Kinder hat seinen Anteil bekommen, nur Mascha hat völlig verzichtet. Als ihr Ssonja voraussagte, sie würde noch einmal um ihren Teil bitten, gab sie stolz zur Antwort, daß das niemals in ihrem Leben geschehen würde. Ach, mit Mascha hat sie die größten Sorgen, dieses Kind ist ihr als ihr Kreuz gesandt worden . . .

Langsam ist es Nacht geworden, und noch immer liegt Ssonja bewegungslos auf dem Bett. Sie fühlt sich so müde und schwach, daß sie nicht einmal zum Abendessen aufstehen kann. Sie wartet auf Ljowotschka und möchte ihm sagen, daß es doch nur von ihnen selbst abhängt, ob sie einander quälen, oder ob sie miteinander glücklich leben wollen.

Endlich betritt Ljowotschka das Zimmer und entkleidet sich. Er zieht die Schuhe aus, und ein unerträglich scharfer Geruch erfüllt mit einemmal das ganze Zimmer. Ein tiefer Ekel erfaßt Ssonja, und der Gedanke, daß sie vor ihrem eigenen Mann Abscheu empfindet, erfüllt sie mit Verzweiflung. Seit längerer Zeit sieht er es als besonderen Vorzug an, keine Strümpfe zu tragen und sich die Füße nicht mehr zu waschen. Mit Vorliebe knöpft er während seiner Spaziergänge die Schuhe an seine Bluse und stapft barfuß über die mistbedeckten Felder.

»Ljowotschka«, fragt sie ihn leise, um durch ihre Stimme ihre Erregung nicht zu verraten, »warum wäschst du nicht deine Füße? Wenn die Bauern das nicht tun, so ist das nach ihrer ganzen Lebensweise verständlich. Du aber hast das doch nicht notwendig. Wasche dir doch die Füße. Ich ersticke ja durch diesen entsetzlichen Geruch!«

»Meine Füße sind schon so verkrustet, daß sie unter dem Schorf schmerzen!« gibt Lew Nikolajewitsch zur Antwort, und seine Stimme bebt vor Entzücken. »Du nimmst auf alles Körperliche, Erdhafte viel zu viel Rücksicht. Du ärgerst dich über eine schmutzigen Füße, aber daß durch diese Schmerzen neue Gedanken in meiner Seele entstehen, das bemerkst du gar nicht.«

»Lowotschka«, erwidert Ssonja und erhebt sich mühsam von ihrem Kissen, »während in deinem Hirn deine imaginären geistigen Kinder auf die Welt kommen, wachsen in unserer Wirklichkeit lebendige Kinder heran, die wir ernähren, erziehen müssen und für deren Zukunft wir zu sorgen haben. Und da bleibt mir nicht Zeit genug übrig, mich um diese deine geistigen Sprößlinge zu kümmern!«

Lew Nikolajewitsch gibt keine Antwort auf die Worte Ssonjas, deren beißende Ironie er nur zu gut fühlt. Er seufzt und denkt darüber nach, wie alle seine asketischen Bestrebungen am starren Widerstand und der Verständnislosigkeit Ssonjas scheitern.

Sie aber fühlt, wie ihr von dem beißenden Geruch seiner Füße übler und übler wird. Rasch erhebt sie sich, geht zum Fenster, öffnet weit den Vorhang und atmet in vollen Zügen die frische, kühle Frühlingsluft ein. Ljowotschka ist allein mit sich und seinen Ideen, denkt sie schmerzlich, und kein Weg führt zu ihm. Sollte es wirklich nicht möglich sein, das aus dem Wege zu räumen, was uns voneinander trennt? Hinter den Wolken tritt klar und glänzend der volle Mond hervor, geradeso, als ob er sie zur Freude aufrufen wollte, blickt er Ssonja an, und laut und jubelnd schlagen rundum die Nachtigallen in den Büschen. Ihr will es scheinen, als gäbe es jetzt keine größere Sünde, als nicht glücklich zu sein.

»Lowotschka«, sagt sie mit weicher Stimme, »wie könnten wir doch glücklich sein!«

Tränen der Rührung fließen ihr über die Wangen. Aber Lew Nikolajewitsch gibt keine Antwort; er wendet sich nicht einmal nach ihr um, und bald verkünden seine regelmäßigen Atemzüge, daß er eingeschlafen ist.

Lange noch sitzt Ssonja am offenen Fenster. Sie lauscht dem Zauber der Frühlingsnacht, und ihr Herz möchte vor Sehnsucht vergehen nach dem Glück, von dem ihr diese Nacht so eindringlich spricht und das sie niemals in ihrem Leben rein verkostet hat.

X

Hunger

Frühling 1892

Frisch und kalt ist der Morgen. Lew Nikoljewitsch springt rasch aus dem Bett und blickt zum Fenster hinaus. Über dem Wald steigt die rotgoldene Sonnenscheibe empor und breitet zarte rosa Töne über das blasse Blau des Himmels. Eilends kleidet er sich an. Er will so schnell wie möglich in die reine, klare Luft hinaus, will sich aufs Pferd schwingen und irgendwohin in den tiefen, dunklen Wald hineinjagen, um allein zu sein, ganz allein. Seit er hier in Begitschewka lebt, hat er den ganzen Tag oft kaum eine einzige Minute, die ihm gehört. Wie viele Monate sind schon verflossen, seit er hierher ins Hungergebiet gekommen ist, um den Menschen in ihrem verzweifelten Kampfe zu helfen! Anfangs freilich, als die ersten Nachrichten von der Katastrophe zu ihm gelangten, meinte er, man dürfe sich gegen das Übel nicht wehren. Gott hat es zugelassen, es ist sein Wille, und da soll und darf der Mensch nicht eingreifen. Später hat ihn dann der Gedanke beherrscht, daß man wohl gegen den Hunger kämpfen müsse, aber nicht dadurch, daß man von den Reichen verlange, sie mögen das Geld opfern, das sie ohnehin den Armen weggenommen haben, sondern durch das Darbringen persönlicher Opfer, durch die sittliche Vervollkommnung der eigenen Person. Er hat ja dieses Opfer schon lange gebracht, er hat auf sein Vermögen verzichtet und es unter seine Kinder und Ssonja aufgeteilt. Er hat nichts, kein Eigentum. Darum konnte er auch zu Ssonja gehen und ihr sagen:

»Gib mir Geld für die Hungernden, ich will eine Speisehalle für sie errichten. Aber glaube nicht, daß ich das tue, damit die Leute mich rühmen, ich kann das Elend einfach nicht länger mit ansehen.«

Ssonja hat ihm das Geld auch gegeben, buchstäblich am Tag, nachdem er öffentlich auf sein Eigentumsrecht am zwölften und dreizehnten Band seiner Werke verzichtet hat. Er will kein Geld dafür, fordert es aber von Ssonja! Wo ist da die Logik? fragt er sich jetzt selbst. Er glaubte, die Welt könnte »von innen heraus« besser gestaltet werden dadurch, daß sich jeder um seine Vervollkommnung bemüht. Als er aber dann, erschreckt durch die Berichte der Gutsbesitzer aus seiner Nachbarschaft, sich selbst in die Hungergebiete begab, um mit eigenen Augen zu sehen, wie es dort zugeht, da fiel seine Theorie, daß man sich mit dem Übel nicht widersetzen dürfe, wie ein Kartenhaus in sich zusammen. Beim Betreten der armseligen Hütten, in denen die Bauern Wände zerhackten, um heizen zu können, und Stroh vom Dach rissen, um die Kühe zu füttern, und wo sie Brot aus Gras buken, da begriff er, wo sein Platz sei.

Und nun weilt er schon viele Monate hier und betreut die Ausspeiseräume, in denen Hunderte von armen Bauern verpflegt werden, kümmert sich um die Fütterung der Tiere, um den Verkauf von Brot an die, die noch etwas Geld besitzen. Und dieses Leben erscheint ihm wie ein einziger, endloser, furchtbarer Traum: der Tod wäre ein erlösendes Erwachen. Niemand kann sich vorstellen, wie er unter dem Unglück der Menschen leidet, das er so entsetzlich nahe vor sich sieht. Seine Augen sind noch tiefer eingesunken und glänzen fiebrig unter den buschigen Augenbrauen. Dabei ist er fast ständig krank, denn sein Magen kann einfach das Essen nicht vertragen. Ssonja ist mit den vier Jüngsten in Moskau geblieben; seine zwei ältesten Töchter, Tanja und Mascha, sind ihm gefolgt, unterrichten die Kinder in der Schule und pflegen die Typhuskranken, während zwei seiner Söhne gleich ihm die hungernden Bauern betreuen.

Lew Nikolajewitsch hat sich mit allen Kräften seiner Aufgabe hingegeben, aber sie befriedigt ihn nicht, er fühlt sich müde und gequält. Sein Kopf schmerzt ihn von einer Fülle wirrer und widerstreitender Gedanken. Wenn er nur einmal allein sein könnte, dann müßte es ihm doch gelingen, Ordnung in sie hineinzubringen, all diese Wirren zu lösen, dann müßte ihm doch leichter werden ums Herz. Und darum ist er auch heute so früh aufgestanden und schleicht jetzt wie ein Dieb aus dem Haus, um ja von niemanden gesehen zu werden, und geht eiligen Schrittes im knirschenden Schnee über den Hof. Tief atmet er die frische, reine Luft, und ein zufriedenes Lächeln tritt um seinen Mund. Welches Glück, einige Stunden wenigstens nichts zu sehen von diesen mageren, erdfahlen Gesichtern mit den flackernden Augen, nicht hören zu müssen, wie die Leute immer und immer nur vom Tod, und von nichts anderem als vom Tod sprechen! Als er aber auf die Straße treten will, stehen schon, trotz der frühen Stunde, Menschen da, die ihn erwarten. Sie belagern ihn, den »Grafen und Wohltäter«, mit ihren Bitten und Klagen. Schwer aufseufzend bleibt Lew Nikolajewitsch stehen und hört sie an. Was für jeden einzelnen von ihnen eine furchtbare Tragödie ist, ist für ihn schon längst zum Alltag geworden. Ruhe will er, nichts als Ruhe! Ungeduldig will er sich freimachen, aber da wirft sich ihm einer der Bauern vor die Füße und verlegt ihm den Weg.

»Helft mir, Graf«, schreit er, »helft! Wir sterben vor Hunger! Die Kinder sind so klein! Und die Mutter ist an Typhus gestorben!«

Obwohl Lew Nikolajewitsch sich in diesen Monaten an vieles gewöhnt hat, so erfüllt ihn doch der Anblick dieses Muschiks mit den blauen, aufgesprungenen Lippen, den zerrissenen Bastschuhen, aus denen schmutzigschwarze Zehen hervorsehen, und das graue, eingefallene Gesicht des Kindes, das er an der Hand hält, mit Entsetzen. Lew Nikolajewitsch spürt, wie ihm der Schmerz die Kehle zusammenschnürt. Er möchte am liebsten laut weinen und irgend jemanden finden, den er verantwortlich machen könnte für all dieses entsetzliche, grenzenlose, sinnlose Elend, das er vor sich sieht.

»Steh auf!« spricht er zu dem Bauern, »du darfst doch nicht vor mir knien! Woher bist du?«

Der Bauer aber bleibt auf den Knien liegen und murmelt, während er seine Tränen über dem schmutzigen Antlitz verwischt:

»Väterchen Graf, zu Weihnachten ist das letzte Pferd umgestanden. Die Kinder bitten um Essen. Und es ist kein Essen da!«

»Wenn du nicht aufstehen willst«, antwortete Lew Nikolajewitsch, »und wenn du mit mir sprechen willst, gut, so will auch ich mich niederknien!«

Tatsächlich läßt er sich vor dem weinenden Bauern auf die Knie nieder. Dieser blickt Lew Nikolajewitsch erschrocken an; dann erhebt er sich langsam und schwerfällig, und Lew Nikolajewitsch nach ihm. Seine Nerven sind angespannt bis zum Zerreißen. Er wollte in die Einsamkeit gehen, um sich selbst zu gehören, um, wenn auch nur für einige Stunden, mit seinen Gedanken allein zu sein. Aber die Not vor ihm ist stärker! Er geht in die Speisehalle zurück, die sich in den kurzen Minuten, die er im Hof verweilte, dicht mit Menschen gefüllt. Diese unglücklichen Bittsteller jeden Morgen zu empfangen und anzuhören, bedeutet für Lew Nikolajewitsch eine ununterbrochene Qual. Der schwere Geruch der Halbpelze, Kappen und Bastschuhe, der sich mit den Ausdünstungen der verwahrlosten Körper mischt, vor allem aber die gequälten, bleichen Gesichter und die Augen, die voll stummen Flehens auf ihn gerichtet sind: welch grausame, unerträgliche Qual für ihn!

Da tritt ein Weib an ihn heran, in einem großen grauen Schal eingehüllt. Auch sie wirft sich vor ihm auf die Knie und spricht weinend:

»Väterchen Graf, entlasse mein Kind aus deinen Speisehaus!«

Die Bitte ist so ungewöhnlich, daß Lew Nikolajewitsch die Fassung verliert.

»Soll schon alles zugrunde gehen«, fährt sie fort, »zu Hause haben wir ohnehin nichts zu essen. Aber mein eigenes Kind will ich doch nicht verderben lassen!«

»Aber warum willst du denn nicht, daß dein Kind bei uns ißt?« fragt Lew Nikolajewitsch voll Verwunderung.

»Weil uns der Geistliche gesagt hat, du bist der Antichrist, und wen du speist, dessen Seele ist der Hölle verfallen!«

»Ach, so ist es«, gibt Lew Nikolajewitsch finster zur Antwort. Seine Gehilfen führen das Weib weg, und er wendet sich anderen Bittstellern zu. Da hört er eine andere Bäuerin den Umstehenden sagen:

»Ja, der Geistliche hat uns erklärt, daß der Graf der Antichrist ist, und daß der Antichrist nicht im Bösen erscheint, sondern im

Guten, mit dem Brot in der Hand, gerade wenn wir vor Hunger sterben sollen, und daß dreifaches Weh über den kommt, der sein Brot nimmt!«

Lew Nikolajewitsch spricht kein Wort dazu, aber er fühlt, welch große Gefahr diese Worte für ihn bergen, für ihn und für sein Werk.

Nun wendet sich ein kleiner, magerer Greis zu ihm, vielleicht siebzig Jahre alt, gekleidet wie die übrigen Hungernden, nur noch zerfetzter, noch schmutziger, noch verwahrloster als sie. Er richtet an Lew Nikolajewitsch einige Worte in deutscher Sprache.

»Woher sind Sie und was führt Sie zu mir?« fragt ihn Lew Nikolajewitsch erstaunt und betrachtet voll Mitleid sein mageres, zerfallenes Gesicht.

»Ich komme aus der Weite!« gibt dieser stolz zur Antwort.

»Und wo wohnen Sie?«

»Hier!« kommt es noch selbstbewußter zurück. »Ich bin zum Grafen Tolstoi gekommen, weil ich seine Bücher gelesen und gefunden habe, daß seine Ideen mit den meinen vollständig zusammenfallen. Ich war einmal reich, aber ich habe mein ganzes Vermögen verschenkt und lebe von meiner Hände Arbeit. Und ich bin zu Ihnen gekommen, um meine letzten Tage mit einem Menschen zu verleben, zu dem ich brüderliche Nähe fühle. Wir wollen zusammen arbeiten und unseren Idealen leben!«

Lew Nikolajewitsch wird verlegen vor diesem Alten, der seine eigenen Ideen um so vieles folgerichtiger gelebt hat als er selbst. Er ladet ihn auf sein Zimmer und bietet ihm einen Stuhl an.

»Ich setze mich auf keinen Stuhl«, lehnt der Greis ab. »Stühle sind etwas Herrenmäßiges.«

Und er läßt sich auf den Fußboden nieder, wobei er seine nackten, schmutzigen, blaugefrorenen Beine vor sich ausstreckt.

»Wollen Sie etwas essen?« fragt Lew Nikolajewitsch, noch verlegener als vorhin, und fühlt sich wie ein ertappter Dieb, als er bemerkt, wie der Besucher prüfende Blicke von seiner reinen, warmen Bluse auf seine hohen festen Stiefel und zu der bequemen, soliden Einrichtung des Zimmers schweifen läßt.

»Ich esse nur«, antwortet der Alte, »was ich mit meinen eigenen Händen zubereite. Ich bin Naturalist und ich erkenne nur die allerprimitivste Handarbeit an. Die Erde muß man mit einem Stock bearbeiten und die Getreidekörner muß man mit Steinen, zerquetschen!«

»Welcher Nationalität gehören Sie an?« fragt Lew Nikolajewitsch seinen Gast, der ihn immer mehr interessiert.

»Ich bin Schwede. Ich war Kaufmann, aber ich habe die Ungerechtigkeit begriffen, die im Reichtum liegt, und habe mein ganzes Vermögen verteilt, bis zum letzten Groschen. Jetzt ziehe ich schon dreißig Jahre von einem Land ins andere und führe eben das Leben, das Sie predigen. Ich bin glücklich, daß ich einen Gesinnungsgenossen gefunden habe. Sie wollen ja, wie ich gehört habe, auch Ihr Geld verschenken.«

»Ich habe alles hergegeben«, erklärt Lew Nikolajewitsch und fügt dann demütig hinzu: »Ich habe alles meiner Frau und meinen Kindern gegeben!«

»Was heißt das, hergegeben?« erwidert der Alte streng. »Wenn Sie weiter mit ihnen zusammenleben und alle Vorteile des Reichtums genießen? Es wäre sehr bitter für mich, wenn Sie mich enttäuschten.«

In der Stimme des Greises zittert etwas. Ein Gefühl der Bangigkeit, ja der Furcht beschleicht Lew Nikolajewitsch vor dem Mann, dessen Ansichten auf ein Haar den seinen gleichen, der sie aber mit einem ganz anderen Mut verwirklicht als er.

Jemand bringt einen dampfenden Ssamowar ins Zimmer und stellt ihn auf den Tisch. Eine der Gehilfinnen Lew Nikolajewitschs beginnt, den Tee in die Schalen einzugießen. Das Zischen des Ssamowars bringt etwas Beruhigendes, Gemütliches in den Raum.

»Kommen Sie, setzten Sie sich an den Tisch«, lädt Lew Nikolajewitsch seinen Gast ein. »Wir wollen Tee trinken. Sie sind ja ganz erfroren!«

Dieser aber runzelt die Stirn und fragt mit entrüsteter Stimme:

»Sie trinken Tee? Graf Tolstoi, der Vorkämpfer für die Rechte der Unterdrückten, trinkt Tee! Sie beginnen mich zu enttäuschen. Wenn Sie wüßten, wieviel Leiden und Blut an jeder Schale Tee hängen! Ich war selbst in China und habe gesehen, wie die Teeblätter eingesammelt werden. Wenn Sie das gesehen hätten, würden Sie niemals mehr im Leben Tee trinken.«

Lew Nikolajewitsch schiebt mit einer energischen Bewegung die Schale von sich und sagt fest und entschieden:

»Auch ich werde keinen Tee mehr trinken!«

Nach einer Weile fügt er hinzu:

»Aber eine Tasse Kaffee nehmen Sie sicher – Gerstenkaffee!«

»Nein, denn es ist schade, Kaffee zu trinken und dafür das gute Getreidekorn zu verderben.«

»Aber Milch?«

»Nein, auch Milch trinke ich nicht. Geben Sie mir Körner, ich werde mir auf meine Weise Brot daraus bereiten.«

Lew Nikolajewitsch gerät in freudige Erregung. Man bringt das verlangte Korn, und er setzt sich neben seinem Gast auf den Fußboden. Sein Herz pocht freudig, und zärtlich blickt er auf den Menschen neben sich, der das geworden, was er selbst werden wollte, wozu es ihm aber an Mut und Kraft gefehlt hat. Der Alte legt die Körner in einen Mörser und beginnt sie zu zerstoßen. Die gichtgekrümmten mageren Hände arbeiten nur langsam und unwillig, die wirren grauen Haare hängen um die schweißbedeckte Stirn und erfüllen Lew Nikolajewitsch mit tiefem Mitgefühl. Er hilft dem Alten, und den Anstrengungen beider gelingt es endlich, die Körner genügend zu zerquetschen. Der Schwede gießt etwas Wasser dazu, mischt einen sonderbar aussehenden Teig an und formt einen Fladen daraus, den er in den heißen Ofen steckt. Nach einiger Zeit zieht er das nun fertige Produkt heraus und bietet freundlich Lew Nikolajewitsch einen Teil an. Mascha blickt besorgt auf ihren Vater, denn sie weiß nur zu gut, daß er nicht einmal ein sehr gut ausgebackenes schwarzes Brot verträgt. Lew Nikolajewitsch aber ist so begeistert, er ißt mit Appetit das vorgesetzte Gericht und lobt es überschwenglich.

Nach dem Essen lebt das abgerissene Gespräch wieder auf.

»Aber Sie handeln dennoch schlecht«, sagt der Nachfolger des Grafen, »daß Sie Ihre Familie nicht verlassen wollen. Christus hat gesagt, man müsse seinen Vater und seine Mutter verlassen und ihm nachfolgen. Sie haben wohl Ihr Geld unter Ihrer Familie aufgeteilt, aber Sie leben mit Ihrer Familie und haben sogar noch von Ssofja Andrejewna Geld für die Hungernden verlangt. Wo bleibt da die Folgerichtigkeit?«

Lew Nikolajewitsch läßt das Haupt sinken. Es fällt ihm sehr schwer, die Vorwürfe seines so treuen Jüngers anzuhören, aber er fühlt gleichzeitig, daß es ihm noch schwerer fallen würde, all das zu befolgen, was er selbst gepredigt hat.

»Ich danke Ihnen«, sagt er endlich ganz zerknirscht, »daß Sie mir das gesagt haben.«

»Ja, Sie müssen Ihre Familie verlassen und ins Volk gehen! Ihr Platz ist in der Masse des Volkes!« entgegnet mit fanatischer Hartnäckigkeit sein Besucher. Da überkommt Lew Nikolajewitsch plötzlich eine dumpfe Wut, und mit der Schärfe und Grobheit, die ihm in manchen Augenblicken eigen ist, sagt er mit scharfer Stimme:

»Jeder Mensch muß sein Kreuz tragen. Mein Kreuz ist meine Familie. Und ich *muß* es tragen, wie schwer es mich auch ankommt!«

Dann wendet er sich an einen seiner anwesenden Jünger, der, ebenfalls unter dem Einfluß seiner Lehre, Frau und Kinder verlassen hat, und sagt feierlich:

»Auch Sie sollen zu Ihrer Familie zurückkehren, zu Ihrer Frau und zu Ihren Kindern, und für sie arbeiten!«

Der Angesprochene erhebt sich mürrisch von seinem Platz und beginnt Lew Nikolajewitsch mit den schärfsten Vorwürfen zu überhäufen; er predige seine Lehre, tue selbst aber das Gegenteil. – Da hört man durch das Fenster das Geklingel von Schellen, und ein Schlitten fährt in den Hof ein. Einige Jünger Tolstois stürzen ins Zimmer, packen die Manuskripte des Grafen und verschwinden wieder, um sie in Sicherheit zu bringen. Sie glauben, die Polizei sei gekommen, denn in der letzten Zeit erwarten sie stündlich, man würde Lew Nikolajewitsch wegen seiner regierungsfeindlichen Schriften, die ungeheure Verbreitung im Volk gefunden haben, verhaften. Auch Lew Nikolajewitsch glaubt es und blickt mit weitgeöffneten Augen zur Tür. Er wartet auf die Polizei, auf eine Durchsuchung, auf seine Verhaftung, er wartet darauf, daß man ihn, wie Tausende anderer Menschen, ins Gefängnis werfen, verbannen würde. Ein triumphierendes Lächeln schwebt um seine Lippen, das Lächeln, mit dem er, der

Märtyrer seiner Ideen, die Polizei empfangen will.

Die Tür öffnet sich. Aber herein treten nicht Polizisten, sondern wieder seine Jünger, jetzt mit strahlenden Gesichtern. Sie melden, daß ein neuer Helfer angekommen ist, und alles atmet erleichtert auf, nur Lew Nikolajewitschs Miene wird düster. Wieder ist seine Sehnsucht unerfüllt geblieben. Seine Schüler und Nachfolger werden verhaftet, er selbst aber bleibt frei, frei mit den Gedanken, die ihn bedrängen, und mit dem Schmerz über das Leiden der Menschen!

Immer noch hat sich der Sturm nicht gelegt, den das Erscheinen des schwedischen Gastes in der Seele Lew Nikolajewitschs ausgelöst hat. Traurig, von Gewissensbissen gepeinigt, blickt er zum weißen Himmel empor und auf die kahlen Bäume. Das Gute, denkt er, bedeutet Gott dienen, und das verlangt stets ein Opfer, den Verzicht auf das eigene tierhafte Leben. Was aber habe ich Gutes getan? Was tue ich Gutes? Ist es damit getan, einhundertsiebenundachtzig Speisehäuser zu eröffnen, zehntausend Hungernde zu speisen, die Bauernhütten mit Heizmaterial zu versorgen? Solange es Reiche geben wird, die den Armen alles wegnehmen, solange wird es auch Hunger geben. Man muß die Reichen lehren, mit den Armen zu teilen. Solange das nicht geschieht, wird es immer Hunger geben, Hunger des Leibes, des Geistes und des Herzens. Nein, ich habe alles falsch begonnen. Ich habe von Ssonja das Geld genommen, von dem ich mich feierlich losgesagt hatte, ich habe von den Reichen, die all ihr Geld den Armen abgenommen haben, einhundertvierzigtausend Rubel erbettelt; und dennoch entkomme ich der Sünde nicht! Alles müßte ich ganz anders machen. Noch ist nichts Gutes getan, wenn man die Hungernden nährt, sondern erst dann, wenn man die Satten und die Hungernden liebt! Lieben ist wichtiger als nähren, denn man kann Speise geben und nicht lieben, aber lieben und nicht Speise geben, das kann man nicht! Lieben heißt opfern! Aber warum fällt mir das alles so schwer? Die Menschen, derentwegen ich hierhergekommen bin, beginnen mir zuwider zu werden, ihre hoffnungslos zerquälten Gesichter, ihre Klagen, ihr endloses Flehen um stets das Gleiche, ich kann sie nicht mehr ertragen! Und ich soll mich selbst belügen und mir einreden, daß ich sie liebe?

»Hilf mir, Vater, hilf!«

Seine Lippen stammeln, aber er findet keinen Zugang zu dem Gebet, nach dem sein Herz verlangt. Nicht so, wie ich es will, sondern wie Er! Lew Nikolajewitsch kommen diese Worte des Evangeliums in den Sinn. Wie soll er Herr werden über seine Sehnsucht, über seine Unzufriedenheit mit dem Leben, was soll er tun, damit sein stürmisches, aufrührerisches Herz Ruhe findet? Wo ist sein Weg?

Wie lange hat sich Lew Nikolajewitsch nun schon dem Kampf gegen den Hunger gewidmet! Was drängt ihn in Wirklichkeit dazu, fragt er sich. War es Liebe zum armen Volk? Wenn dem so war, wieso kommt es dann, daß er im Grunde seines Herzens keinen heißeren Wunsch hegt, als wegzugehen, zu fliehen vor allen diesen Hungernden, nichts mehr von ihnen zu sehen? War es eine unbewußt in ihm nagende Furcht, die Menschen könnten ihn tadeln, wenn er angesichts dieses Elends teilnahmslos bliebe? War es nicht einfach die gleiche Sucht nach Ruhm, die ihn, wie Ssonja immer behauptet, auch dazu getrieben hat, auf sein Vermögen und auf seine Autorenrechte zu verzichten? Er spricht immer von Liebe; aber wie vereinbart sich sein Handeln damit? Wenn doch jetzt Ssonja bei ihm wäre! Wie sehnt er sich in dieser Einsamkeit, in diesem Chaos nach ihr. Wie grenzenlos allein er sich fühlt ohne sie.

Da spürt Lew Nikolajewitsch, wie in seinem Körper etwas vorgeht. Zuerst ganz schwach und leise, dann immer stärker drückt ein dumpfer Schmerz seine Eingeweide. Er fühlt sich zerschlagen, krank und elend.

Das sind diese Fladen aus den schlecht durchgebackenen Körnern, sagt er sich, und dann fügt er hinzu: Alle beurteilen mich so streng! Niemand, niemand will begreifen, daß ich doch auch nur ein Mensch bin!

Ein Gefühl grenzenloser Verlassenheit überkommt ihn. Warum ist er hier in einem fremden Haus, warum schläft er in einem fremden Bett, von fremden Möbeln, fremden Büchern, fremden Menschen und von diesem entsetzlichen Schmutz und Wirrwarr umgeben? Wo er doch sein eigenes Haus und darin seine Ssonja besitzt, die freudig und liebevoll, sonnig und heiter jede Minute ihres Daseins bereit ist, nur für ihn zu leben? Wäre Ssonja hier, dann wäre alles gut. Seine beiden Töchter umsorgen ihn ja auch, soviel sie können; aber sie sind so sehr mit den Hungernden und mit der Schule beschäftigt, sie arbeiten sich so müde, daß sie mit bestem Willen nicht mehr viel für ihn tun können. Niemand vermag ihm so wie Ssonja das Bett herzurichten, die Suppe zu reichen, die Kompressen aufzulegen. Tiefe Scham erfaßt Lew Nikolajewitsch, als er daran denkt, mit welcher Schärfe er stets ihr Sorgen abgelehnt, solange er gesund war, und wie er sich danach sehnt, wenn er krank ist. Wie ein kleines, unglückliches, verlassenes Kind kommt er sich vor. Und das soll der Mann sein, der von der ganzen Welt als der einzige, unbestrittene Führer Rußlands angesehen wird, dem Hunderte, Tausende auf jedem seiner Schritte folgen, die jedes seiner Worte gierig erfassen, niederschreiben und auswendig lernen? Wie klein erscheint er sich jetzt, während er sich vor Sehnsucht nach Ssonja verzehrt. Ssonja! Warum ist ihr das Glück gegeben, immer zu wissen, was sie zu tun hat? Auch sie hat ihr ganzes Herz den Hungernden zugewandt, hat flammende Aufrufe in den Zeitungen veröffentlicht, und viele Tausende von Rubeln sind ihr zugeflossen. Auch sie selbst hat geopfert, hat sich ausgerechnet, daß sie monatlich etwas über einen Rubel benötigt, um einen Menschen vom Hunger zu retten, sie hat eine unglaubliche große Anzahl dieser rettenden Rubel zusammengebracht. Aber sie ist befriedigt von ihrem Werk, während ihm alles, was er tut, nichtig, falsch, schlecht erscheint.

Die Schmerzen werden immer stärker, und Lew Nikolajewitsch sieht voraus, daß nun gleich wieder einer dieser Kolikanfälle kommen wird, vor denen er sich so fürchtet. Er wälzt sich auf seinem Bett von einer Seite auf die andere, der Schweiß tritt ihm in großen Tropfen auf die Stirn, die Zähne klappern, und dabei jagen die Gedanken wild durcheinander, ohne Zusammenhang, einer quälender als der andere.

Alle diese Menschen sind arm, denkt er, alle sind unglücklich und niemand kann ihnen helfen. Die einen sind hilfsbedürftig, weil sie körperliche Arbeit fürchten, die andern, weil sie zu leichtsinnig sind, die dritten, weil sie ein Unglücksfall betroffen hat – wie soll man da Klarheit bekommen, wem man helfen soll und muß, wem man nicht helfen kann, weil man ihn dadurch nur noch mehr dem Müßiggang und dem Trunk in die Arme treiben würde? Wie viele bemitleidenswerte Menschen gibt es doch auf der Welt, die sich selbst nicht helfen können! Und wie soll ich die tausendfünfhundert Arschin Stoff verteilen, die man den Hungernden gespendet hat. Es sind ja alle fast nackt! Sie sitzen zu Hause, in irgendwelche Fetzen eingehüllt, bei vielen Familien fehlt überhaupt jegliche Bekleidungsmöglichkeit, so daß die Familienmitglieder nur abwechselnd auf die Straße gehen können. Warum schickt man nur diese kleinen Kinder mit den großen fiebernden Augen zum Betteln in den Schneesturm hinaus? Diese Kinder mit dem blonden, goldglänzenden Haarkranz um die Stirn? Sie müssen ja erfrieren! Und die Pferde mit den hervortretenden Rippen und den haarlosen Schwanzstummeln! Auch sie muß man füttern, auch sie sind hungrig! Auch sie leiden, auch die Hunde, alle, alle leiden!

Lew Nikolajewitsch stöhnt laut auf. Die Magenschmerzen sind unerträglich geworden. Erschrocken kommt Mascha ins Zimmer und bemüht sich um ihn.

»Mascha«, stöhnt Lew Nikolajewitsch, »wie wir uns auch anstrengen mögen, vor uns liegt der Zusammenbruch! Eine Revolution wird kommen, wenn sich alle diese Hungernden gegen uns erheben, gegen all die Parasiten, wie wir es sind! Und dann ... und dann ...«

Lew Nikolajewitsch kann vor Schmerz nicht weitersprechen.

»Alles, was wir tun«, fährt er nach einer Weile fort, »ist falsch, vollständig falsch, Mascha! Man müßte es ganz anders anfangen. Was wir geben, sind alles nur Halbheiten. Alle meine Schüler sagen das und machen mir Vorwürfe. Hörst du, Vorwürfe, Mascha! Sie sagen, ich hätte kein Recht, Geld anzunehmen, nachdem ich doch öffentlich gelehrt habe, Geld sei ein Übel und könne daher auch niemals Gutes bringen. Sie sagen, ich hätte kein Recht dazu, über die Geldspenden zu verfügen, das wäre Mangel an Folgerichtigkeit. Wirklich, wie konnte ich so weit kommen, mich zur Verteilung dieses Geldes herzugeben, dieses Geldes, das nichts anders ist als das Ausgespiene der Reichen. Mascha, wir müssen unser Leben vollständig ändern, wir müssen unser Leben mit dem des Volkes vereinen und auf alle Vorrechte verzichten!«

Mit Tränen in den Augen bemüht sich Mascha, ihren Vater zu beruhigen. Seine Seufzer werden immer tiefer und lauter, und er kann selbst nicht mehr unterscheiden, welche Schmerzen ihn mehr quälen, die des Körpers oder die des Herzens. Alles ist für ihn in einen einzigen, quälenden Krampf zusammengeflossen.

»Das Volk hungert, weil wir zu satt sind!« murmelt Lew Nikolajewitsch ächzend. »Wozu sind die Paläste, Theater, Museen mit allen ihren Reichtümern? Das alles verschlingt ja, verschlingt ...«

Er verliert den Faden seiner Gedanken und starrt auf die weiße Decke, die über seinem Kopf hin und her zu schwanken scheint. Sein Körper windet sich unter den Schmerzen, die ganz unerträglich geworden sind. Er vermeint zu sterben. Aber wieder kommen die Gedanken und bedrängen ihn.

»Wir können uns nicht mehr verstecken«, spricht er eindringlich zu Mascha, als ob er alles daran setzen müßte, sie von der Wahrheit seiner Worte zu überzeugen. »Wir dürfen nicht mehr lügen! Wir dürfen uns nicht hinter die Regierung stecken und sagen, das Volk müsse irgendwie geleitet werden, oder hinter die Kunst und die Wissenschaft, als ob die für das Volk notwendig wären. Wir dürfen uns nicht hinter dem geheiligten Recht des Eigentums verstecken oder hinter der Heiligkeit der Überlieferung. Ach, Mascha, wie entsetzlich ist es doch, daß die Männer der Regierung nicht um das Wohl des Volkes bemüht sind, sondern sich nur für ihre Gehaltsbezüge interessieren.

Für die herrschenden, reichen, nicht arbeitenden Menschen gibt es nur zwei Auswege: der eine, sich vom Christentum, von der Menschlichkeit und der Gerechtigkeit loszusagen und ihre Macht mit Hilfe von Kasernen, Soldaten, Knuten und Galgen aufrechtzuerhalten, oder aber – wenn er nur möglich wäre, Mascha! – alles Unrecht einzusehen und gutzumachen, aber nicht mit Worten oder denselben Groschen, die sie den Armen abgenommen haben, sondern durch die Tat! Wir müssen die Schranken vollständig niederreißen, die zwischen uns und dem arbeitenden Volk bestehen, wir müssen die arbeitenden Menschen nicht mit bloßen Worten, sondern durch die Tat selbst als unsere Brüder anerkennen. Aber das geht nur dann, wenn wir vollständig unser Leben ändern, wenn wir auf alle Vorteile unserer Lebensweise verzichten und unter genau denselben Bedingungen leben wie das Volk. Wir müssen uns lossagen vom falschen Christentum und müssen das echte, wahre Christentum annehmen, und nicht in Worten, sondern in der Tat Christus folgen. Sind wir denn überhaupt noch Christen, Mascha?«

Ein herzzerreißendes Stöhnen entringt sich seiner Brust. Ihm ist, als ob irgendwelche Gestalten über ihn herstürzten, als ob von allen Seiten Feinde auf ihn eindrängen, deren er sich nicht mehr erwehren kann.

»Immer wird es Feinde geben!« ruft er laut aus, während er mit leeren Augen in die Luft starrt, »man kann nicht so leben, als ob man keine Feinde hätte. Je besser du lebst, desto mehr wirst du ihrer haben! Aber man muß es so machen, daß einem die Feinde zur Freude werden. Man muß sie lieben! Alle meine Feinde will ich lieben, die, die mich verurteilen, und die, die mich nicht in den Kerker werfen wollen, obwohl ich es nach allem herrschenden Recht und Gesetz schon hundertmal verdient habe! Aber wie schwer es doch ist, alle diese Menschen der ganzen Welt zu lieben! Wie viele es ihrer sind . . . Alle diese Chinesen, Japaner und Deutschen, die Franzosen, die Indianer . . .«

Die Gedanken verwirren sich mehr und mehr. Lew Nikolajewitsch ächzt und stöhnt, aber ununterbrochen spricht er.

»Die Rettung kommt nicht von außen, sondern von innen. Ach, wie möchte ich doch eine Tat vollbringen, den Rest meines Lebens dem Dienste Gottes weihen. Aber Gott will von mir nichts wissen. Ich will leiden! Ich will die Wahrheit laut hinausschreien! In die ganze Welt! Die Wahrheit verbrennt mich! Ich will leiden, leiden! Aber die Leiden fliehen vor mir . . .

Ach, wenn Ssonja bei mir wäre! Nur sie allein kann diese Qualen lindern! Wenn nur Ssonja hier wäre!«

Weinend tröstet ihn Mascha, sie streichelt ihm die Stirn, legt ihm Umschläge mit heißem Leinsamen auf, aber alles vergeblich. Stundenlang, bis spät in die Nacht hinein, dauert der Anfall in unverminderter Stärke fort, bis Lew Nikolajewitsch endlich, bis zum äußersten erschöpft, in Schlaf fällt. Mascha teilt sodann ihrer Mutter in einem Telegramm mit, wie es um Lew Nikolajewitsch steht.

Ssonja befindet sich auf dem Weg nach Begitschowka. Sofort nach Erhalt des Telegramms trat sie die Reise an, und nun trägt sie der Schlitten über die holprige, schlechte Bezirksstraße dem Ziel entgegen.

Monatelang hat sie auf dieses Telegramm gewartet, das ja doch einmal kommen mußte. Ljowotschka ist ein großes Kind, dickköpfig und eigensinnig. Er weiß, wie empfindlich sein Magen ist, aber er wird gerade deshalb ungeheure Mengen schwarzes Brot essen, eingesalzene Pilze, Sauerkraut und weiß Gott welch andere schwerverdaulichen Gerichte. Die Folgen sind dann verheerend. So war sie in beständiger Sorge um ihn, seit er das Haus verlassen. Aber auch der Töchter wegen ist ihr Herz bedrückt. Statt sich ihrer Jugend zu erfreuen, gehen sie in Bauernhütten und pflegen Typhuskranke, auf die Gefahr hin, sich jeden Tag selbst mit der tödlichen Krankheit anzustecken. Und Ljowotschka nimmt es ihr noch übel, wenn sie nur mit großer Besorgnis davon sprechen kann, er verlangt, sie solle sich darüber freuen. Unbekümmert fahren die Mädchen in kleinen Schlitten über die schneebedeckten Felder, um den Bauern Getreide zu bringen; wie leicht können sie vom Weg abkommen und erfrieren, wie leicht können sie überfallen und erschlagen werden! Ssonja hilft ja selbst den Hungernden so viel, warum soll noch das junge Leben ihrer Töchter gefährdet werden?

Und welches Bangen um Ljowotschka selbst! Wegen seiner Flugschriften hat vor kurzem ein Ministerrat stattgefunden, und immerfort spricht man von seiner bevorstehenden Verbannung nach Sibirien. Der Zar ist tief gekränkt. »Meinen Feinden hat er mich verraten«, sagt er, »nachdem ich die Zensur über seine verbotenen Schriften aufgehoben habe.«

Wieviel Mühe kostet es Ssonja, der Welt immer und immer

wieder zu beweisen, daß es nicht Lew Nikolajewitschs Schuld ist, wenn die Revolutionäre, die sich überall zu rühren beginnen, ihn als geistigen Führer betrachten. Man erzählt, daß er schon längst in der Verbannung wäre, wenn nicht der Zar selbst auf dem Standpunkt stünde, man dürfe auf keinen Fall einen Märtyrer aus ihm machen.

Ssonja ist mit ihren trüben Gedanken so beschäftigt, daß ihr die dreißig Werst Fahrt in Sturm und Regen wie im Flug vergehen. Nun taucht das Dorf Begitschowka auf, und wenige Minuten später halten die Pferde im Hof des Hauses, von dem aus Lew Nikolajewitsch die Fürsorgearbeit für die Hungernden leitet.

Rasch streift sie den Pelz von den Schultern, und in einem Augenblick ist sie von einer ganzen Schar der Jünger Tolstois umgeben, die sie alle erschrocken anblicken. Die alte Empörung erfaßt sie beim Anblick dieser Menschen, die sich wie eine Mauer zwischen sie und ihren Mann stellen, die ihr Familienleben erbarmungslos zerstören. Es sind die »Dunklen«! Stolzen Hauptes und nur mit einem leichten, kaum merkbaren Neigen auf ihre Grüße antwortend, schreitet sie zwischen ihnen durch, zum Zimmer Lew Nikolajewitschs. Auf dem Weg dorthin stürzt sie fast über einen Menschen, der schlafend auf dem Boden liegt, anstelle eines Kissens eine leere Flasche unter dem Kopf; es ist der schwedische Gast. Ssonja vermeint, in ihrem ganzen Leben noch nicht etwas so Zerfetztes, Schmutzstarrendes gesehen zu haben wie diesen Alten da.

»Was tut dieser schmutzige Alte?« fragt sie voll Grauen.

»Lew Nikolajewitsch läßt ihn hier wohnen«, antwortet ein Jünger dienstbereit.

»Ssonja, Ssonja!« ruft ihr Lew Nikolajewitsch entgegen, als sie sein Zimmer betritt. Ein frohes Lächeln umspielt ihren Mund. Sie weiß, wie sehr er ihrer bedarf, wenn er krank ist.

»Ljowotschka, sag es gleich, was hast du gegessen?« fragt sie unvermittelt, ohne Einleitung, und setzt sich zu ihm auf das Bett.

»Ich wüßte eigentlich nicht, was ich Schweres gegessen habe«, gibt Lew Nikolajewitsch zögernd zur Antwort. Doch da betritt Mascha das Zimmer und erzählt ausführlich die Geschichte von den Fladen des schmutzigen Alten.

»Ljowotschka, warum machst du denn solche Dummheiten?« sagt Ssonja kopfschüttelnd. »Du wirst es noch dahin bringen, daß dich dein Leichtsinn einmal das Leben kostet.«

Nun schaut Ssonja um sich, und wieder ist sie ganz entsetzt.

»Ist es dir gar nicht zuwider, in einem so schmutzigen Bett zu schlafen?« fragt sie, und begibt sich mit geschickten Händen gleich daran, die Bettwäsche zu wechseln.

»Und dieser Fußboden! Wie kann man denn reine Gedanken haben in all diesem Unrat!« Sie reinigt den Boden, entfernt den Staub, klopft die Kleider aus, und in kurzer Zeit ist das Zimmer nicht mehr zu erkennen. Lew Nikolajewitsch erhebt sich zum Tee, ißt mit größtem Appetit die guten Dinge, die Ssonja bereitet hat, und hört ihr zu, was sie zu berichten weiß. Er fühlt sich so wohl, daß er sich nicht einmal ärgert, als sie sagt:

»Du mußt in der Zeitung eine Erklärung veröffentlichen, daß du mit den Revolutionären nichts gemein hast und daß deine Flugschriften alle unrichtig wiedergegeben worden sind. Du hast sie russisch geschrieben, dann hat man sie für den Druck im Ausland ins Englische übersetzt und dabei verunstaltet, und jetzt ist alles wieder vom Englischen ins Russische zurückübersetzt worden. Dabei ist der eigentliche Sinn völlig verloren gegangen. Verstehst du, Ljowotschka, die Behörde verlangt das, sonst wird es unserer ganzen Familie übel ergehen!«

»Reden wir später davon, später!« wendet Lew Nikolajewitsch sanft ein. »Gib mir jetzt lieber deine Hand und erzähle mir von Wanjetschka!«

Lew Nikolajewitsch legt sich wieder aufs Bett, Ssonja hält seine Hand in der ihren, erzählt ihm von zu Hause, von den Kindern, und bald ist er ruhig eingeschlafen.

Nun geht Ssonja daran, auch in den anderen Räumen Ordnung zu schaffen. Auf dem Tisch im Speisezimmer legt sie ein reines Tuch auf, der Ssamowar wird blitzblank geputzt und summt bald sein gemütliches Lied, ein gutes Mittagessen wird bereitet, das die »Dunklen« mit wahrer Gier verschlingen. Energisch, frisch, mit roten Wangen legt sie hier und dort selbst Hand an, weist den anderen ihre Arbeit zu, und wo noch vor kurzem alles in Unordnung und Schmutz versank, herrscht nun Ordnung und

Reinlichkeit. Als Lew Nikolajewitsch wieder erwacht, sitzt Ssonja schon mit einer neuen Arbeit neben ihm am Tisch; sie schneidet Kleider für die hungernden Kinder zu.

»Ach Ssonja, wenn du wüßtest, wie ich dich liebe!« sagt Lew Nikolajewitsch und zieht sie zärtlich an sich. Nach einer Weile aber fügt er, ernst geworden, hinzu:

»Aber du mußt dich dennoch damit abfinden, daß ich immer gegen die Regierung und gegen die herrschenden Klassen schreiben werde. Da kannst du nichts mit mir machen, das ist meine Pflicht, von der ich mich niemals abbringen lasse.«

»Ljowotschka«, antwortet Ssonja, »kannst du denn nicht einsehen, wohin deine Tätigkeit führt? Leicht ist es zu zerstören, aber wie dann aufgebaut werden soll, darüber machst du dir keine Gedanken. Ich kann mich niemals damit abfinden, daß du die Autorität der Religion und des Staates vernichten willst. Die Menschheit braucht die Religion, sie braucht die Regeln, an die sie glauben soll. Du ärgerst dich, wenn ich die Kinder in die Kirche schicke oder wenn ich Geistliche einlade, damit sie in meinem Haus die religiösen Zeremonien abhalten. Du kannst ja glauben, was und wie du willst, aber das Volk, die Masse kann ohne diese Formen nicht sein, ohne etwas, das es zwingt, das zu tun, was es tun muß. Und wie sollen die Menschen miteinander leben, wenn es keine staatliche Macht mehr gibt, sondern nur eine nebelhafte Anarchie, wie du sie dir wünschst?«

Lew Nikolajewitsch hat Ssonja schweigend angehört. Jetzt aber spricht er mit feierlicher Stimme:

»Ssonja, du irrst. Die Menschen brauchen keine Formen, wenn sie das Reich Gottes in ihrem Innern gefunden haben. Ich arbeite jetzt an einer Schrift, die mein geistiges Testament darstellen wird, und ich werde ihr auch den Titel geben ›Das Reich Gottes in uns‹. Du und alle Menschen müssen begreifen, daß der Staat nur eine Folge der Unvollkommenheit der menschlichen Seele ist, und daß daher die einzige Rettung vor dem Staat in der Vervollkommnung jedes einzelnen Menschen liegt. Jeder Mensch muß an sich selbst arbeiten, um alle seine Mängel bis zum letzten auszumerzen, und wenn es dann so weit gekommen ist, daß jeder rein und vollkommen geworden, dann beginnt die Herrschaft der

Anarchie, in der es keine Kriege, keine Soldaten, keine Gerichte, keine Kerker, keine Steuern, keinen Staat mehr geben wird, in der alle Menschen gleich sein werden!«

Die Augen Lew Nikolajewitschs glänzen in heiligem Feuer, ihr Blick ist in die Ferne gerichtet, und ein glückliches Lächeln umspielt seine welken, runzligen Lippen. Es ist, als ob er das goldenen Zeitalter, von dem er gesprochen, schon verwirklicht sähe.

»Und ich will mein ganzes Leben«, fährt er nach einer Pause fort, »dem Kampf um dieses mein Ideal weihen. Bei mir selbst will ich beginnen, alles Böse in mir ertöten und nur der Liebe leben. Mein Beispiel wird auf die anderen Menschen wirken, zu Hunderten, zu Tausenden werden sie mir folgen, und das Reich Gottes wird auf der Erde beginnen, weil alle Menschen nur mehr in Gott leben werden!«

Triumphierend blickt er auf Ssonja. Sie aber ist traurig.

»Ljowotschka«, sagt sie, »das sind alles Utopien, Träume eines Idealisten, die im Leben nie verwirklicht werden. Ich habe dir niemals etwas vorgemacht, und ich bin der einzige Mensch, der dir immer die Wahrheit sagt. Ich kann dir nur wiederholen, daß alle deine Versuche, die Menschen zur Selbstvervollkommnung zu bringen, sie dazu zu bewegen, daß sie ihr Leben auf ›religiöser Basis‹ aufbauen, von vornherein zum Scheitern verurteilt sind. Denn in allen deinen Gedankengängen liegt ein verhängnisvoller, furchtbarer Irrtum verborgen. Du übersiehst nämlich die Wirklichkeit, an der alle deine Ideen zerschellen. Ich bin überzeugt, daß, während sich die einen mit ihrer Selbstvervollkommnung beschäftigen, sie von den anderen ausgenutzt und beraubt werden, und alles wird sein wie früher: die einen werden etwas besitzen, und die anderen werden darben.«

»Aber Ssonja, das muß alles ganz allmählich kommen! Zuerst wird sich *einer* für das Reich Gottes bereiten, dann werden andere und wieder andere nachfolgen. Ich selbst zum Beispiel habe bereits damit begonnen, habe bereits mein ganzes Leben von Grund auf umgestellt, das religiöse Bewußtsein hat in mir mein ganzes Leben erneuert.«

»Nichts hat sich geändert!« gibt Ssonja mit ruhiger Stimme zur

Antwort. »Das ist alles nur Selbsttäuschung. In deinem Inneren mag wohl etwas vorgegangen sein, aber von außen gesehen ist alles beim alten geblieben!«

»Wieso beim alten?« ruft Lew Nikolajewitsch erregt aus, »Ich gehe nicht mehr auf die Jagd, ich rauche nicht, trinke nicht, esse kein Fleisch, ich beschäftige mich nicht mehr mit der Gutswirtschaft, ich habe aufgehört, Geld zusammenzuscharren...«

»Nun ja«, entgegnet Ssonja, »du hast dich eben von allen Verpflichtungen losgesagt, die du der Familie gegenüber hast, die Vorteile aber des Lebens in der Familie, die genießt du. Wenn du zu Hause bist, stehen dir die schönen und gemütlichen Zimmer zur Verfügung, du hast vollständige Ruhe, wenn du deine Artikel schreiben willst, du nährst dich von guten, kräftigen Speisen. Nach der Arbeit ruhst du in einem kultivierten Milieu aus, bestellst dir alle Bücher, die du dir nur wünschen magst, reitest die besten Pferde, fährst Rad, genießt eine Gesellschaft von Künstlern, die dir ihre Kompositionen vorspielen oder ihre Dichtungen vorlesen. Und wenn du dann dieses Leben fliehst, dann endet es so, wie dieses Mal: du wirst krank, weil du eben ein anderes Leben, das eines echten Asketen, nicht erträgst! Dann muß ich kommen, dich herausziehen und dich in das Leben, das dir zukommt, zurückführen.

Aber auch das Gute, von dem du immer sprichst, besteht nur auf dem Papier, oder ist es denn christlich gehandelt, wie du in deinen Schriften schiltst und hetzt? Du müßtest doch endlich verstehen, daß du nicht zum Asketen geboren bist oder zum Heiligen, sondern daß du ein begabter, genialer Schriftsteller bist. Du bist ein Mensch mit allen Leidenschaften. Dies macht dich zum Heiligen völlig untauglich, aber gerade darin, in diesem Menschsein, liegt ja deine Stärke, dein Verdienst! Es macht dich fähig, deine wunderbaren Kunstwerke zu schaffen. Höre mich! Ich kenne dich gut. Ich bin der einzige Mensch, der dich wirklich kennt. Verzichte auf deine Rolle als Asket!«

Ssonja hat sich so in Eifer geredet, daß ihre Wangen wie von Fieber brennen. Alle Kraft ihrer Seele hat sie in ihre Worte gelegt, um Lew Nikolajewitsch auf den Weg zurückzubringen, den sie als den einzig richtigen für ihn ansieht. Seine Miene aber wird finster, seine Brauen ziehen sich dicht zusammen, und die Augen werden ganz klein, verschwinden fast unter der Stirn.

»Ssonja«, sagt er ernst, »du kannst mich nicht verstehen. Ich will keine Kunstwerke mehr schaffen. Das ist alles nur Spielzeug, müßiger Zeitvertreib für die Reichen. Die Kunst war für mich immer eine starke Versuchung, so wie die Frauen und der Wein. Du weißt das, Ssonja. Ich habe mich aber davon losgesagt, ich will auf einem anderen Wege wandeln, ich will ein Kreuz tragen! Das, wozu ich mich bereite, das ist der Kerker, der Galgen. Du kannst dir nicht vorstellen, wie schwer es mir ankommt, in Freiheit zu sein. Während meine Anhänger im Gefängnis und in der Verbannung schmachten, freue ich mich hier ungehindert des Lebens. Ich will leiden, Ssonja! Ich will, daß man mich für meine Ideen quält und martert! Das ist mein Weg, Ssonja!«

Der Blick Lew Nikolajewitschs ist auf Ssonja gerichtet, aber sie spürt genau, daß er sie nicht eigentlich ansieht. Tief aufseufzend gibt sie ihm zur Antwort: »Wenn dich deine Sehnsucht in den Kerker und an den Galgen zieht, dann hättest du nicht neun Kinder haben dürfen. Du hättest allein bleiben müssen!« Aber du sprichst das alles ja nur als Schriftsteller. Hörst du, Luftgebilde sind es, Dichterträume! Und wenn du darüber vergessen solltest, daß du nicht allein bist, dann werde eben *ich* dich vor dem Kerker und vor dem Galgen bewahren. Ich werde schon für dich eintreten, denn du bist nicht zum Märtyrer geboren.«

»Ach, Ssonja«, gibt Lew Nikolajewitsch traurig zur Antwort, »das ist ja meine Tragödie. Ich fliehe alles, und alles läuft mir zu. Ich will mich vom Reichtum befreien, und er hängt sich mir an die Fersen. Ich suche das Leiden, und du hältst es von mir fern. Es ist entsetzlich! Wie traurig für mich, Ssonja, daß du dich in meine Tragödie nicht hineinzudenken vermagst!«

»Schlafe lieber, Ljowotschka!« unterbricht ihn Ssonja ruhig und sanft, »ich werde inzwischen für die hungernden Kinder nähen. Du wirst mich ja doch nicht überzeugen, sondern ich dich. Ich bin froh, daß ich dich heute wieder in Ordnung gebracht habe. Und nun schlafe!«

Sorglich richtet Ssonja die Decke zurecht, und wenige Minuten später ist er schon in tiefen, kraftbringenden Schlaf gesunken.

XI

»Auch mein Herz braucht Liebe«

26. Februar 1895

»Mein lieber, lieber Wanjetschka, tut dir etwas weh?« fragt Ssonja voll Sorge ihr Kind und drückt es fest an sich.

»Ach, Mama, es ist schon wieder da!« antwortet weinend der kleine, magere Wanjetschka.

»Hast du wieder Fieber?« forscht Ssonja erschrocken und versenkt ihren Blick in die blauen Augen ihres Lieblings.

»Ja«, weint Wanjetschka, und dabei preßt er sich mit seinem schwachen, fiebernden Körperchen an seine Mutter, als ob er bei ihr Hilfe suche. Wanjetschka ist schon lange krank; doch war das Fieber in den letzten Tagen fast ganz verschwunden. Er war fröhlich und heiter und verspürte keine Kopfschmerzen mehr. Alles atmete schon erleichtert auf. Und jetzt sollte es wieder schlechter werden? Keines ihrer Kinder hat Ssonja so sehr geliebt wie Wanjetschka, dessen Leben immerfort so nahe am Auslöschen war wie das Licht einer Kerze im Wind. Ssonja fühlt, daß ihre Liebe zu Wanjetschka so groß geworden ist, wie es sich selbst für eine Mutter nicht mehr geziemt. Er ist ihr alles, die Sorge um ihn erfüllt ihr ganzes Leben, mit ihrem ganzen Wesen hat sie sich an jedes Lächeln, an jeden Seufzer dieses Kindes gehängt. Und Wanjetschka erwidert diese unendliche Liebe, wie kein anderes ihrer Kinder dies bisher getan. Selbst Lew Nikolajewitsch wurde durch Wanjetschka ganz in Bann gezogen. Er wird geradezu ein anderer Mensch, wenn sich Wanjetschka in seiner Nähe befindet, er wird liebenswürdig, aufmerksam, zärtlich. Und es ist, als ob Wanjetschka sich bewußt wäre, welche Rolle er als Wiederhersteller des Friedens zwischen seinen Eltern spielt. Er fühlt dies mit einer unendlichen Feinheit des Empfindens, denn in seinem kleinen Herzen ist noch nichts von kaltem Urteil: Es besteht ganz aus Liebe und Gutsein.

»Was tut dir weh, mein Kind?« fragt Ssonja und richtet das magere, kleine Körperchen des kranken Kindes in seinem Bettchen zurecht.

»Die Augen, der Kopf!« flüstern die trockenen, heißen Lippen, und die großen Augen blicken unkindlich ernst und groß auf die Mutter. Ssonja legt ihre Hand auf die blasse Stirn, auf der die Adern in großen Windungen hervortreten.

»Wieder das Fieber«, seufzt sie, und ihr Herz krampft sich vor Furcht zusammen. Immer und immer wieder legt sie prüfend die eine Hand auf die Stirn des kranken Kindes, während Wanjetschka ihre andere Hand krampfhaft festhält und sie streichelt und küßt. »Wanjetschka«, sagt Ssonja und erhebt sich, »ich bringe das Thermometer! Wir wollen die Temperatur messen, vielleicht ist es doch kein Fieber!«

»Ja, vielleicht ist es kein Fieber!« beruhigt Wanjetschka seine Mutter, und dabei klappern seine Zähne vom Schüttelfrost.

»Mama«, fragt da Wanjetsca plötzlich, die Augen in die Abenddämmerung hinausgerichtet, »wenn Kinder sterben, bevor sie sieben Jahre alt sind, dann werden sie Engel, nicht wahr?«

»Ja, sie werden Engel!«

»Mama, dann ist es besser, wenn ich vorher sterbe! In einem Monat werde ich sieben Jahre, und wenn ich jetzt sterbe, dann werde ich ganz sicher ein Engel!«

Die bleichen Lippen Wanjetschkas umspielt ein Lächeln.

»Wanjetschka, was sprichst du da!« ruft Ssonja verzweifelt aus, und Tränen stürzen ihr aus den Augen. »Wanjetschka, du darfst nicht sterben, du bist alles, was ich habe!«

»Mama, vielleicht sterbe ich doch nicht«, sagt Wanjetschka, betroffen von dem Kummer seiner Mutter, und zärtlich schlingt er ihr die Ärmchen um den Hals. »Aber dann erlaube mir wenigstens, daß ich beichte, damit ich keine Sünden habe.«

»Natürlich darfst du das«, flüstert Ssonja.

»Weine nicht, Mama«, spricht Wanjetschka mit müder Stimme. »Es ist ja der Wille Gottes, ob ich sterbe oder nicht!«

Ssonja kann es nicht mehr ertragen. Sie eilt fort in ihr Zimmer, und dort wirft sie sich vor der Ikone auf die Knie.

»Mein Gott«, betet sie, »laß mir Wanjetschka! Ich habe ja nichts als ihn! Ljowotschka ist mir so fern, und meine anderen Kinder brauchen mich auch nicht mehr. Wanjetschka ist meine einzige, einzige Freude.«

Ssonja erhebt sich und geht mit dem Thermometer ins Kinderzimmer zurück. Dort sitzt Wanjetschka in müder, hilfloser Haltung an seinem Tischchen und schreibt mit seinen großen, ungelenken Zügen auf ein Stück Papier: Der lieben Mascha zum Andenken von Wanja. Und daneben liegt ein Bildchen, das er besonders liebt.

»Was machst du da?« fragt Ssonja erschrocken.

»Ich will dieses Bildchen Mascha schenken.«

»Aber du hast ja schon alle deine Bilder verschenkt! Die letzten Tage tust du überhaupt nichts anderes, als deine Sachen verschenken.«

»Ich schenke so gerne – und dann, ich brauche ja nichts.«

Wieder fühlt Ssonja den Hauch des Todes in diesen Worten ihres Lieblings. Sie steckt ihm das Thermometer unter die Achsel, und mit unheimlicher Geschwindigkeit steigt die Quecksilbersäule nach oben; 37,5, 37,9, 38,1, 38,5 ! Wenn sie dieses Steigen aufhalten könnte!

Sie ist nicht imstande, zu warten, sie will nicht wissen, wo das Quecksilber endlich haltmachen wird.

»Wanjetschka«, sagt sie, »komm, leg dich wieder ins Bett, ich will dir vorlesen!«

»Gut, lies mir vor!« stimmt Wanjetschka müde zu.

»Wanjetschka«, sagt Ssonja plötzlich und zwingt sich, gelassen und heiter zu scheinen, »ich glaube, du hast einfach die Masern. Du hast ja die Masern noch nicht gehabt!«

»Ja, ich habe sie noch nicht gehabt!« kommt es von Wanjetschkas Lippen wie ein Echo.

Ssonja entkleidet ihn und untersucht aufmerksam den Körper. Er läßt alles willig über sich ergehen, aber sie sieht, daß er sich sehr, sehr schwach fühlt, seine Zähne beginnen wieder zusammenzuschlagen, und seine Lider legen sich müde über die brennenden Augen.

»Mama«, bittet er, »atme mir auf die Brust, damit ich dabei einschlafen kann! Küsse mich fest, fest, und lege dich neben mich auf das Kissen. So! Und dann bekreuzige mich! Ich werde dich auch bekreuzigen.«

Ssonja tut, wie er gebeten. Ihr Atem richtet sich gegen seine magere, eingefallene Brust, unterbrochen von Schluchzen.

»Nun werde ich schlafen!« sagt Wanjetschka müde und wendet Ssonja seine Lippen zu, ohne dabei die Augen zu öffnen. Sie preßt ihn an sich, so fest, als ob sie ihn dadurch retten könnte vor dem Furchtbaren, Unbegreiflichen, dessen Nähe sie fühlt.

Wanjetschka ist eingeschlafen. Leise erhebt sich Ssonja und geht von einem Zimmer ins andere; hier läßt sie sich aufschluchzend auf einen Sessel nieder, dort fällt sie betend vor einem Heiligenbild in die Knie, nirgends findet sie ein Bleiben, bis sie dann doch wieder zu ihrem kranken Kind zurückkehrt. Wieder mißt sie die Temperatur und starrt entsetzt auf das erbarmungslose Quecksilber: 39,7! Mit unheimlicher Klarheit sieht Ssonja, daß es nur noch eine ganz kurze Spanne Zeit sein wird, bis ihr der Tod ihren Liebling für immer entreißt. Sie sieht es an den schmerzvoll zusammengekrampften Lippen des Kindes, an den Augen, die in den letzten Stunden so tief eingesunken sind, daran, wie hilflos sein Körper in den Kissen liegt . . .

Es ist Nacht. Niemand schläft im Haus. Neben Wanjetschkas Bettchen brennt das rote Licht. Das Kind schläft unruhig. Ssonja sitzt neben ihm. Sie kann nicht mehr weinen, das Übermaß von Kummer und Verzweiflung hat die Fähigkeit, Schmerz zu fühlen, in ihr ertötet.

Da öffnet Wanjetschka plötzlich die Augen.

»Entschuldige, liebe Mama«, sagt er mit schwacher Stimme, »daß man dich wieder geweckt hat.«

»Ich habe schon ausgeschlafen, mein lieber Wanjetschka«, gibt Ssonja zur Antwort, »wir halten abwechselnd bei dir Wache.«

»Und wer kommt nach dir?«

»Jetzt kommt Mascha.«

»Nun, dann schicke Mascha her und leg dich schlafen!« befiehlt Wanjetscka und will sich erheben, um von Ssonja Abschied zu nehmen. Gleich aber fällt er kraftlos auf das Kissen zurück. Ssonja beugt sich über ihn; er streckt ihr seine Händchen entgegen, und er küßt sie so zärtlich und innig, als ob er sie um Hilfe anflehen wollte.

»Was tut dir weh, Wanjetschka?« fragt Ssonja weinend.

»Nichts tut mir weh!« gibt Wanjetschka zur Antwort und blickt sie dabei mit Augen an, in denen sich eine ganz unkindliche Seelenqual spiegelt.

»Bist du traurig?«

»Ja, so traurig!«

Wanjetschka schließt wieder die Augen und versinkt in Vergessen. Ssonja aber geht hinaus, um wieder zu weinen.

Es ist Morgen. Ein heiterer Frühlingshimmel lacht zum Fenster herein, aber Wanjetschka sieht ihn nicht mehr. Er hat 42 Grad Fieber. Der Arzt hat Scharlach festgestellt, und Ssonja vollführt jetzt wie eine Schlafwandlerin alle die Vorschriften, die er ihr gegeben. Sie wickelt Wanjetscka in mit Senfwasser getränkte Leintücher, setzt ihn in die heiße Wanne, aber sein Köpfchen hängt schlaff zur Seite herunter wie eine welke Blume.

Ssonja weiß nicht mehr, wieviel Zeit verflossen ist, seit Wanjetschka erkrankte. Und als man ihr sagt, es ist der zweite Tag, da ist ihr, als ob es schon viele, viele Jahre wären ...

Wieder ist Nacht. Ssonja sitzt am Bett ihres Lieblings und blickt ihm unverwandt in die teuren Züge. Da öffnet er mit einem Mal weit die Augen, schaut um sich, als ob er sich unendlich über alles wundern würde, was er sieht, dann stößt er einen leisen Seufzer aus und streckt langsam, langsam seine Glieder ...

Wanjetschka ist tot! Lew Nikolajewitsch faßt Ssonja an der Schulter und führt sie ins Nebenzimmer. Er setzt sich dort auf das Kanapee und drückt sie fest an sich. Über seine Wangen strömen Tränen, sein Körper bebt vor Schluchzen. Und Ssonja liegt an seiner Brust, unbeweglich, in tiefer Ohnmacht ...

Warum mußte sie wieder zum Bewußtsein erwachen? Warum ist sie nicht in der gleichen Minute wie Wanjetschka gestorben? Oder wenigstens nachher, als sie Ljowotschka so fest, mit so heißer Liebe an sich gedrückt hat, als sie gefühlt, daß ihr Unglück sie mit ihm von neuem vereint hat? Warum muß sie noch einmal erwachen, um ihr Glück, ihren Wanjetschka, liegen zu sehen in dem weißen Kleid, mit den zurückgekämmten blonden Locken, so still, so ruhig, so fremd?

Noch einmal gehen Ssonja und Lew Nikolajewitsch zurück in das Zimmer, in dem der Tote liegt. Lew Nikolajewitsch stützt Ssonja, aber es ist, als ob er noch mehr des Trostes bedürfte als sie.

Eine Kerze brennt neben dem Kopf Wanjetschkas, und ihr Licht zaubert fast das Leben zurück auf dessen bleiche Wangen.

Ssonja legt ihm eine Ikone auf die Brust. Sie weint laut auf und fällt auf die Knie. Lew Nikolajewitsch kniet neben ihr nieder. Er faßt die kalte Hand des Kindes und flüstert:

»Das erstemal in meinem Leben ist mein Gram so groß, daß ich keinen Trost, keinen Ausweg finden kann!«

Es ist der 26. Februar des Jahres 1895. Im großen Saal des Hauses Tolstoi wird die Leiche Wanjetschkas eingesegnet. Neben dem kleinen Sarg steht Ssonja, unbeweglich, ohne Tränen, wie zu Eis erstarrt, und ihre großen Augen sehen nichts, wollen nichts sehen als Wanjetschka.

Dann beugt sie sich über den Sarg ganz nahe an sein Gesicht, als ob sie mit ihrem heißen Atem das warme Leben in den bleichen Körper zuückhauchen könnte, und immer, immer wieder küßt sie die unbeweglichen Händchen und die blauen, kalten Lippen, die in ein trauriges Lächeln gefroren sind.

Neben Ssonja stehen die Kinder. Noch acht sind ihr geblieben. Sie alle sind unendlich liebevoll und zärtlich zu ihr, erschüttert von der unendlichen Größe ihres Schmerzes; aber sie können ihr keinen Trost bieten. Sie fühlt sich so verwaist und verlassen, als ob mit Wanjetschka alles, was sie jemals besessen, ins Nichts versunken wäre. Lew Nikolajewitsch blickt mit Verwunderung auf sie. Es scheint ihm, als ob sich ihre Seele zu einer ungeahnten Tiefe und Weite des Fühlens erhoben hätte, deren er sie nie für fähig gehalten hat. Vielleicht, denkt er, hat Turgenjew wirklich recht, wenn er sagt, daß ein Mensch von seinen Nächsten am wenigsten gekannt wird?

Lew Nikolajewitsch selbst ist durch den Tod Wanjetschkas furchtbar getroffen. Er sieht um zehn Jahre älter aus, ganz grau und eingefallen. Der einzige Sonnenstrahl, der noch sein Leben erwärmt hat, ist auf immer von ihm gegangen ...

Ewiges Gedenken! ... So singen die Geistlichen, und die Herzen aller sind erfüllt von der majestätischen Größe der Trauer, der die heiligen Worte Ausdruck geben. Die Einsegnung ist zu Ende, alles geht fort, um sich zum Begräbnis anzukleiden, nur Lew Nikolajewitsch bleibt zurück. Er tritt zum Sarg, hebt vorsichtig den Deckel empor, den man inzwischen aufgelegt hat, und blickt lange stumm auf sein totes Kind.

»Welch schönes Gesichtchen!« sagt er endlich. Dann legt er leise den Deckel auf den Sarg zurück, ein Schluchzen geht durch seinen Körper, und tiefgebeugt, als ob er unter der Last seines Schmerzes zusammenbrechen müßte, verläßt er das Zimmer.

Ein großer viersitziger Schlitten fährt vor. Der Sarg wird hinaufgehoben, und dann steigen Ssonja und Lew Nikolajewitsch ein. Langsam nimmt der Schlitten den Weg nach Pokrowskoje, denselben Weg, den einst Lew Nikolajewitsch gegangen, als er sich in Ssonja verliebt hatte. Die Erinnerung an diese Zeit erfaßt ihn mit unwiderstehlicher Kraft, und er fühlt, daß er jetzt, in diesem Augenblick, zu ihr davon sprechen müsse, daß dies das einzige wäre, das ihr ein wenig Licht in diese traurige Stunde bringen könnte.

»Meine liebe, teure Ssonja«, sagt er leise und drückt ihr die Hand, »Ssonja, dies ist der Weg, den ich damals zu Fuß nach Pokrowskoje gegangen bin, und immer habe ich damals gedacht, wenn du mir nein sagst, dann erschieße ich mich!«

»Ljowotschka«, gibt Ssonja leise zur Antwort, »ich danke dir für deine Liebe!«

So selten hört Ssonja Liebes von Lew Nikolajewitsch, daß seine Worte sie selbst in diesem grenzenlosen Leid aufrütteln und ihr Freude bringen. Sie kennt schon seit langem nur wilde Mannesliebe oder eisige Kälte von ihm, und jetzt klingt wieder soviel zarte, liebevolle, feine Güte, als er ihr zuflüstert:

»Ich liebe dich, Ssonja! Du mußt für mich da sein! Ich kann ohne dich nicht leben. So wie du bist, selbst wenn du mir nicht zustimmst in dem, was ich sage und denke. Du bist mir der teuerste Mensch auf der Welt!«

Woher kommen diese Worte, nach denen sie so lange dürstet, Jahre, Jahrzehnte? Mußte erst Wanjetschka sterben, damit sie zu

Ssonja finden konnten? Mit ihren großen dunklen Augen blickt sie ihn traurig an. Lew Nikolajewitsch weint. Seine Tränen fallen auf ihren Pelz, auf ihre Hände. Er kann seinen Blick nicht von ihr wenden, und wieder ist es ihm, als ob er heute zum ersten Mal ihre Seele vor sich sähe, ganz offen, in der stillen Größe ihres Wesens, und er möchte ihr Liebes, Zartes sagen, sie kosen und an sich pressen ohne Ende.

»Erinnerst du dich, Ssonja«, sagt er, »als ich einmal zu dir kam, du warst damals achtzehn Jahre alt, und du hattest ein gelbes Kleid mit braunen Tupfen an, das dich einem leichten, duftigen Schmetterling ähnlich machte. Ich zog dich auf einem Wägelchen und du riefst: Wenn ich Zarin wäre . . . Sind das wirklich schon dreiunddreißig Jahre her? Wie ich dich damals liebte, Ssonja! Wie ich damals meinen Blick nicht von deinen Augen wenden konnte! Und du hast auch jetzt noch wunderschöne Augen, Ssonja!«

Ssonja sieht ihn verwundert an. So lieb und so zart spricht er zu ihr, und neben ihnen steht der Sarg ihres Kindes, das der Lichtstrahl war, der ihr schweres Leben durchsonnt hat. Seine Worte machen ihr die Zeiten wieder lebendig, die längst schon in die Nacht des Vergessens zurückgesunken waren, die Zeit ihrer Mädchenträume, ihrer Sehnsucht nach der großen Liebe. Wie weit, wie unendlich fern das alles ist! Aber selbst in dieser entsetzlichen Minute erfüllt sie die Erinnerung daran mit Freude.

»Ssonja«, sagt er, »ich weiß es, daß du mir noch nie so nahe warst wie jetzt, und niemals in meinem Leben habe ich dich so mit meinem ganzen Wesen zu lieben vermocht. Ich will alle, alles lieben, die ganze Welt, dich aber, Ssonja, will ich am meisten lieben, über alles, mit der ganzen Zärtlichkeit, deren mein Herz jetzt voll ist. Ich kann es nicht begreifen, wie es nur möglich war, daß sich Streit und Uneinigkeit zwischen uns gedrängt haben. Es ist mir so gut, so wohl mit dir, so grenzenlos gut!«

Still drückt ihm Ssonja die Hand. Sie fühlt, daß eine tiefe Wandlung in ihm vorgeht, daß von diesem Augenblick an vielleicht ihr ganzes zukünftiges Leben in eine neue Bahn tritt.

»Ssonja«, fährt Lew Nikolajewitsch fort, »vielleicht war es die einzige Aufgabe Wanjetschkas, durch sein Leben die Liebe zu vermehren, vielleicht war das die Absicht dessen, der Wanjetschka in diese Welt gesandt hat. Und dadurch, daß er von uns gegangen ist, hat er uns untrennbar vereint. Ssonja, fühlst du, wie ich dich liebe? Ssonja, glaube mir, in meinem ganzen Leben habe ich dich nicht so grenzenlos geliebt wie jetzt!«

Lew Nikolajewitsch preßt sich fest an Ssonja, und Tränen ersticken seine Stimme.

Der Schlitten hält, er ist auf dem Friedhof angelangt. Ssonja steht vor der schwarzen Grube neben dem kleinen Sarg. Ihre Füße beginnen zu schwanken. Lew Nikolajewitsch drückt sie an seine Brust und flüstert ihr zärtlich zu:

»Ssonja, Ssonja! Meine liebe Ssonja!«

Und wie man dann den Sarg ins Grab gesenkt, wie man ihn mit Erde bedeckt, davon weiß Ssonja nichts mehr. Als sie wieder aus ihrer Ohnmacht erwacht, umgibt sie fröhliches Kindergeschrei und Scherzen und Lachen. Das Kindermädchen verteilt am Grabe Wanjetschkas, der es immer so geliebt hat, zu schenken und Freude zu bereiten, an die Bauernkinder, die sich um sie drängen, Konfekt, Lebkuchen und Milchbrot. Ssonja wollte auf diese Weise das Andenken an Wanjetschka gefeiert sehen, aber jetzt ist es ihr, als könnte sie den Anblick dieser fröhlichen Gesichter nicht einen Augenblick ertragen, und zum erstenmal, seitdem Wanjetschka gestorben, kann sie weinen ...

Zu Hause. Wie öd und leer erscheint alles! Früher, wenn Ssonja heimkam, war es immer das erste, daß sie Wanjetschka suchte. Jetzt aber ist alles unheimlich still, Weihrauchduft erfüllt die Räume. Im Kinderzimmer liegt, noch aufgeschlagen, ein Buch auf dem Tisch, Grimms Märchen, aus dem sie Wanjetschka in den letzten Tagen immer vorgelesen hat. Sie preßt es an die Brust.

Da sieht sie erst, daß sie nicht allein ist. In einem Winkel steht die zehnjährige Ssascha, still, regungslos, mit verweinten Augen. Ssonja kann es im ersten Augenblick nicht verstehen, warum hier diese gesunde, dicke, ungezogene Ssascha ist und nicht ihr süßer, zarter, feiner, heißgeliebter Wanjetschka, und ohne es selbst zu bemerken, ganz geistesabwesend, sagt sie leise vor sich hin:

»Ach, warum mußte Wanjetschka sterben, und nicht Ssascha? Warum?«

Die großen Augen Ssaschas füllen sich mit Tränen. Sie bedeckt ihr Gesicht mit den Händen und eilt aus dem Zimmer. Ssonja sieht und bemerkt nichts davon. Sie legt ihre Stirn auf die Tischkante und weint und weint . . .

Mit schnellen Schritten tritt Lew Nikolajewitsch ein. Seine Augen leuchten in merkwürdigem, erdentrücktem Glanz, sein Antlitz ist das eines Greises.

»Ich habe davon geträumt«, sagt er mit dem Ausdruck tiefsten Grams, »daß Wanjetschka mein Gotteswerk weiterführen wird. Aber es ist anders gekommen. Wanjetschka war der einzige von meinen Söhnen, der mir nicht nur äußerlich ähnlich war, sondern auch den Zügen meiner Seele. Ich habe geglaubt, Gott hat ihn mir geschickt, damit er dereinst meine Arbeit übernehme. Aber er ist zu früh gekommen in die Welt, die für ihn noch nicht bereit war, wie eine Schwalbe, die zu früh in den Frühling geflogen und erfroren ist!«

Lew Nikolajewitsch läßt sich langsam neben Ssonja nieder. Er schmiegt sich an sie und weint, so herzzerbrechend und so erfüllt von Verzweiflung wie sie.

»Das erste Mal in meinem Leben«, schluchzt er, »fühle ich, daß ich keinen Ausweg mehr weiß.«

Beide bemerken nicht, wie sich leise die Tür öffnet und wie Ssascha traurig auf ihre Eltern blickt und dabei vor sich hin murmelt: »Ach, warum ist Wanjetschka gestorben, und nicht ich?«

Juni 1895

Ssonja und Lew Nikolajewitsch gehen auf dem kiesbestreuten Weg des Gartens auf und ab. Ssonja ist in Trauer gekleidet, und um den Kopf hat sie einen leichten schwarzen Schleier gewunden, der Stirn und Augen verdeckt und ihr alles ringsum in einem dumpfen grauen Lichte erscheinen läßt. Nachdem sie lange schweigend nebeneinander dahingegangen sind, ergreift Lew Nikolajewitsch, der in den letzten Monaten ganz auffallend gealtert ist, das Wort:

»Ssonja, es betrübt mich sehr, daß es dir durchaus nicht gelingen will, dich auf die Höhe wirklich religiöser Anschauung zu erheben. Du darfst doch nicht verzweifeln deshalb, weil Wanjetschka gestorben ist! Sieh mich an, ich gebe mich nicht der Verzweiflung hin. Ich verstehe es, daß der Tod Wanjetschkas nur eine kleine, winzige Episode des Lebens ist, daß es ein anderes Leben gibt, ein göttliches, ewiges, an dem es uns vergönnt ist, teilzunehmen, ein Leben, in dem es weder Böses noch Schmerz für den Menschen gibt.

Ssonja, ich möchte, daß von meinen Worten etwas in deiner Seele Boden findet, daß du endlich begreifst, daß es keinen Tod gibt, sondern nur eine Reihe von Veränderungen, die mit uns vorgehen, die einen vor, die anderen nach dem Tode; und der Tod selbst ist nur *eine* davon, so wie eine Welle unter den anderen, die ihr vorangehen und folgen.«

Lew Nikolajewitsch blickt Ssonja voll ins Antlitz und ist überrascht von dem Ausdruck hoffnungsloser Traurigkeit, die sich in ihm spiegelt.

»Ljowotschka«, sagt sie mit müder Stimme, »gerade hier, an der Stelle, an der wir hier stehen, habe ich einmal zu Wanjetschka gesagt: ›Wanjetschka, Jassnaja Poljana gehört dir!‹ Und er hat mich mit seinen lieben blauen Augen erst angeblickt und mir zur Antwort gegeben: ›Mama, alles gehört allen!‹«

Ssonja bricht in Tränen aus. Lew Nikolajewitsch beginnt sich zu ärgern. Er hat ihr so gut zugesprochen, um ihren Gram auf eine höhere Stufe des religiösen Empfindens zu heben – und sie ist voll des untröstlichen Wehs der Mutter um ihr Kind.

»Ssonja«, sagt er fast rauh, »du siehst selbst, wie schrecklich, wie gefährlich es ist, wenn man sich mit seinem ganzen Wesen an irgend etwas anderes hängt als an den Dienst Gottes! Du quälst dich jetzt und bist nicht imstande, dich auf die Höhe des Geistes zu erheben. Verstehe es, Ssonja! Das einzige, worauf es ankommt, ist das Leben des Geistes. Das heißt: in Gott leben! Ich warte mit Sehnsucht und mit Bangen, wann du endlich diese Wahrheit finden wirst. Es sind nun schon drei Monate vergangen, seit Wanjetschka gestorben ist, aber du willst nicht den Weg betreten, den ich dir zeige, und doch müßte es dir leicht sein, mich zu verstehen und mir zu folgen.«

»Ljowotschka«, gibt Ssonja traurig zur Antwort, »laß mich

Wanjetschka beweinen, wie ich ihn beweine! Alle deine Reden scheinen mir nichts anderes zu sein als ein kaltes, abstraktes Wortgetön. Laß mich meinen Schmerz durchleiden, zu Ende leiden! Es gibt keinen Trost für mich, und du verstehst es nicht, mich zu trösten. Die ersten Tage warst du lieb und zärtlich zu mir, das hat mir gutgetan. Jetzt aber sprichst du nur, und sprichst ... Versteh mich doch, mein Herz zerreißt mir vor Weh! Da, ich sehe diesen Erdhaufen hier, ich denke daran, wie ich auf ihm gesessen bin und Wanjetschka Märchen erzählt habe, und ich möchte mich auf den Boden werfen und weinen, weinen ohne Ende! Was nützen mir da deine kalten, herzlosen Worte, daß es keinen Tod gibt, sondern nur Veränderungen? Wanjetschka ist nicht mehr da, er ist nicht mehr auf dieser Erde. Ich habe niemanden mehr, der mich liebt und der mich liebkost. Versteh mich doch, Liebe will ich, Zärtlichkeit, sonst ist mir kalt und leer im Herzen! Wanjetschka allein hat mich liebgehabt ...«

Und wieder ersticken Tränen ihre Stimme.

»Ssonja«, sagt Lew Nikolajewitsch ernst, die Brauen zusammengezogen, die Hände in den Grütesl gesteckt, »ich sehe jetzt, daß die Lage einer Mutter wirklich tragisch ist. Die Natur hat eine unwiderstehliche Leidenschaft in uns gelegt. Die Folge dieser Lust sind die Kinder, und zu diesen Kindern erfüllt die Mutter eine fleischliche Liebe von ganz unerhörter Stärke. Ich sage fleischliche Liebe, denn das Tragen, das Gebären, das Stillen und das Aufziehen der Kinder, das sind alles Dinge des Leibes. Du hast den Kindern deine ganze Seele gegeben, aber die Zeit schreitet weiter, und mit ihrem Verfließen verlierst du auch die Kinder, die einen mit einem Schlag, wenn sie sterben wie Wanjetschka, die anderen allmählich, wenn sie selbständig werden, wenn sie heiraten, wie Ilja oder Ssergej. Und in deinem Herzen bleibt dann eine gähnende Leere zurück, du weißt nicht mehr, wozu du noch leben sollst. Du hast so sehr alles deinen Kindern geschenkt, daß du nicht einmal mehr die Kraft besitzest, dein Herz zum Leben des Geistes zu erheben. Aber höre mich, Ssonja, es ist noch nicht zu spät für dich, du mußt dich nur von deiner tierhaften Liebe zu den Kindern befreien, besonders von deiner Liebe zum toten Wanjetschka, und dann wirst du dich zu derselben Höhe der Religiosität erheben, auf der ich mich schon seit langem befinde.«

Lew Nikolajewitsch ist so erfüllt von der Kraft seiner Worte, daß er meint, Ssonja könnte ihnen gegenüber nicht gleichgültig bleiben, sie müßte verstehen, zu welchen unvergänglichen Werten er ihr den Weg weisen will. Aber Ssonja hört nicht auf zu weinen, und nach einer Weile sagt sie, immer noch unter Tränen:

»Ljowotschka, du tätest viel besser, wenn du mich einfach umarmtest, mich fest an dich drücktest und mit mir zusammen um unseren armen Wanjetschka weintest! Deine schönen Worte finden keinen Weg zu meinem Herzen. Versteh mich doch, schon jetzt fürchte ich mich wieder vor dem morgigen Tage, vor der Minute, in der ich erwache, in der ich die Augen öffne und fühle, mit meinem ganzen Wesen fühle, daß Wanjetschka nicht mehr mit mir ist! Ich werde ihn niemals mehr sehen, niemals mehr hören, wie er mit seinen kleinen Beinchen über den Boden strampelt, er wird mich niemals mehr bitten, daß ich ihm auf seine kleine Brust atme, damit er einschläft unter meinem Atem! Ljowotschka, als ich die ersten Tage nach Wanjetschkas Tod in die Kirche ging und beichtete, als ich die Tage im Kloster verbrachte und betete, da zürntest du mir. Du konntest meine Sehnsucht, bei Gott Trost zu suchen, nicht verstehen. Du liebst nicht die Kirche, und du verlangst von mir, daß ich auf alle diese, wie du sie nennst, sinnlosen Zeremonien verzichte und auf den einsamen Höhen deiner Religiosität Trost suche. Ljowotschka, du bist ein Philosoph, ich aber bin einfach eine Mutter, die ihr Kind verloren hat. Wenn du jedoch sagst, meine Liebe zu Wanjetschka wäre eine tierhafte, fleischliche Liebe, so beleidigst du mich. Mit keinem anderen meiner Kinder hat mich gerade eine so reine, hohe, geistige Liebe verbunden wie mit dem zarten Wanjetschka!«

»Ssonja, blicke um dich!« spricht ihr Lew Nikolajewitsch zu, »sieh, wie diese Rosen blühen und duften, wie herrlich diese Gotteswelt ist! Und sollte sie wirklich ganz leer und sinnlos geworden sein, weil unser Wanjetschka aus ihr gegangen ist?«

»Ja, Ljowotschka, für mich ist diese Welt jetzt leer. Du atmest den Duft der Rosen ein, und für mich ist alles erfüllt vom Geruch der Totenkammer. Die ganze Welt ist für mich nichts als Kummer und Qual! Ich glaube, Ljowotschka, daß sich selten ein Mann findet, der begreift, welchen Platz das Kind im Leben einer Frau einnimmt.«

»Ach, Ssonja, und noch seltener wirst du einer Frau begegnen, die weiß, was für einen Mann die Pflichten gegenüber der Allgemeinheit und dem Göttlichen bedeuten.«

»Ljowotschka, ich kann mir nicht helfen, ich weiß, du zürnst mir deshalb, aber es gibt jetzt keine Sonne, keine Blumen für mich in Jassnaja Poljana, keine Hauswirtschaft, ja nicht einmal die Kinder – alles ist für mich nur mehr tödlicher Schmerz.«

Wieder durchbebt krampfhaftes Schluchzen ihren Körper. Sie bedeckt ihr Antlitz mit den Händen und meint, sie könnte nicht mehr aufhören zu weinen. Als sie wieder aufblickt, ist Lew Nikolajewitsch verschwunden. Er zürnt ihr, und er hat sie allein gelassen in dieser Minute! Hätte er dies tun können, wenn er sie wirklich liebte? Und Ssonja weiß jetzt nicht, was sie tiefer mit Schmerz erfüllt, der Tod ihres Kindes, oder daß sie Ljowotschka neuerlich verloren hat.

Wie zart und lieb war er mit ihr gewesen in der ersten Zeit nach dem Tode Wanjetschkas! Dann aber hat es mit einem Schlag aufgehört, und jetzt weiß sie mit grausamer Klarheit, daß alles vorbei ist.

Lange sitzt Ssonja auf der Bank, allein, bis es zu dämmern beginnt. Es ist ihr wie eine Erleichterung, daß es nun bald finster werden, daß sie nichts mehr sehen wird. Die Einsamkeit, das Dunkel der Nacht, das sind nun ihre einzigen Freunde.

Die Farben der Blumen, das Grün der Bäume, alles wird undeutlicher und trüber, der Geruch des frischen Grases dringt immer schärfer zu ihr. Die ersten Leuchtkäferchen zeigen ihre feinen Lichtlein. Mit welcher ungestümen Freude hat Wanjetschka immer diese Leuchtwürmchen begrüßt! Es ist Zeit, heimzugehen. Das Abendessen muß hergerichtet werden. Ssonja ist gewohnt, ihre Pflichten immer bis ins kleinste zu erfüllen, die ganzen dreiunddreißig Jahre ihrer Ehe, und auch jetzt, in ihrem Schmerz, vergißt sie keine Minute auch nur die unscheinbarsten Dinge. Nirgends bleibt das Getriebe stehen, Ssonja arbeitet mit der gleichen Energie und Gewissenhaftigkeit wie immer, doch ihr Herz ist tot dabei.

Rasch schreitet sie dem Haus zu. Schon brennen die Lichter, die Fenster sind weit geöffnet, man hört fröhliches Lachen und dann die Klänge des Klaviers. Ssonja hört teilnahmslos die Melodie; zu ihren Füßen, auf dem Gartenweg, liegt ein Stück Papier; sie bückt sich und hebt es auf. Sie tut es ganz mechanisch. Dann bemerkt sie, daß an einem Strauch ein paar Blätter verdorrt sind. Sie schneidet sie ab und bindet einen herabhängenden Ast zurecht. Alles tut sie, weil es so sein muß, aber sie denkt dabei, daß ihr Schmerz nur noch stärker werden müßte, je schöner es um sie her ist. Warum ist dem Menschen dieses furchbare Geschenk gegeben, denkt sie, dieser Schmerz, vor dem es keine Rettung gibt? Doch, was ist das? Mit einem Mal ist ihr, als ob sie nicht mehr allein wäre, als ob die ganze Welt ihren Kummer teilte, als ob die ganze Welt mit ihr zusammen um ihren armen Wanjetschka weinte. Wie wohl ihr das tut! Aber woher kommt dieser plötzliche Wandel, diese Erlösung? Da wird sich Ssonja bewußt, daß sie nun schon eine ganze Weile vor dem Haus steht und den Tönen lauscht, die aus dem Fenster dringen.

Ja, flüstert sie erregt vor sich hin, das ist es, was ich fühle, gerade das liegt in diesen Tönen, wovon mein Herz voll ist, das, was Ljowotschka nicht verstehen will! Diese leisen, zarten Töne sprechen zu mir, und sie klagen mit mir, daß ich mein ganzes Leben bis zum Letzten meinem Manne und meinen Kindern gegeben habe und daß ich dennoch jetzt im Alter allein bin, so hoffnungslos allein!

Mein Gott, wie merkwürdig das doch ist, denkt Ssonja. Ljowotschka bemüht sich, mir mit seinen kalten, glatten Worten meinen Schmerz zu erklären und zu besänftigen, und ein jedes seiner Worte macht mich noch unglücklicher. Aber diese Melodie! Es ist mir, als ob sie mich emportrüge, als ob in meiner Seele etwas Neues, Unerhörtes vorginge, als ob sie mit der ganzen Welt in eins zusammenflösse...

Ssonja tritt an das Fenster heran, und mit einem Mal scheint ihr, als wäre das Haus verschwunden und mit ihm die Blumen im Garten und die Sterne am Himmel. Nur die dünnen Vorhänge wären übriggeblieben, die sich in leichten Wogen bewegen, geheimnisvoll getragen von den Tönen, die auf sie einströmen, sie locken und umschmeicheln und ihr zuflüstern, daß das Leben schön sei, wunderschön, daß es auch dann noch tiefen Sinn habe, wenn ihr Wanjetschka nicht mehr lebt. Er ist nicht mehr auf dieser Welt, aber er spricht durch diese Töne zu ihr. Sie braucht nur dieser Melodie zu lauschen, und Wanjetschka ist bei ihr. Sie versteht nun auch, daß ihr eigener Schmerz nichts anders ist als ein winziger Teil des unermeßlichen Leids, das unentrinnbar über die Menschen kommen muß. Warum ist ihr mit einem Mal so leicht ums Herz? Warum ist ihr, als ob sie jetzt mit einem Mal das große Geheimnis des Leidens begriffen hätte?

Immer noch dringen die zauberhaften Töne an ihr Ohr. Sie schmeicheln, sie versprechen ihr, daß ihr Schmerz um Wanjetschka immer sanfter, immer leiser werden wird, bis aus ihm eine stille tiefe Freude erwächst. Wie sollte man dies in Worten erklären? In ihren Augen stehen Tränen, aber nicht Tränen des Schmerzes, sondern der Freude. Soll es wirklich einmal so kommen, daß ich ohne Verzweiflung an Wanjetschka werde denken können, daß ich noch einmal an irgend etwas Freude haben, daß das Leben noch einmal von Wert für mich sein könnte? fragt sich Ssonja, und die Klänge, die aus dem Fenster zu ihr dringen, sagen: Ja, ja! Jeder Mensch muß leiden, jeder Mensch muß sein Kreuz tragen und darf dennoch nicht verzweifeln.

Aber mein Kreuz ist allzu schwer, sagt Ssonja und versucht gegen das anzukämpfen, was die Melodie in ihr eigenes Herz als Antwort legt. Nein, es ist nicht schwerer als das anderer Menschen! Und um es leichter tragen zu können, mußt du nur dein Herz weit den Wundern der Liebe öffnen. Die ganze Welt mußt du lieben, weil die ganze Welt mit dir zusammen leidet. Nicht um den armen Wanjetschka und um dich allein mußt du weinen, nein, mit der ganzen Welt mußt du Mitleid haben, allen, allen mußt du helfen ihr Leid zu ertragen, das wird einen neue Quelle deiner Lebenskraft sein.

Noch lange schwebt der letzte Akkord in der warmen Juninacht. Während seine Schwingungen in der milden Luft verhauchen, eilt Ssonja leichten Herzens, in freudiger Erregung, die Stufen der Terrasse empor.

»Ich danke Ihnen!« ruft Ssonja dem Mann zu, der mit schlaff herabhängenden Händen vor dem Flügel sitzt. Es ist der Komponist Tanejew. Ernste Falten liegen noch auf seiner hohen Stirn, aber seinen Mund umspielt ein zartes, fast verlegenes Lächeln.

»Sie können sich nicht vorstellen«, spricht Ssonja, noch ganz im Banne ihres Erlebens, »was ich gefühlt habe, während Sie spielten! Das erstemal seit dem Tode Wanjetschkas hat wieder Freude mein Herz bewegt, und das hat Ihre Musik gemacht. Bitte, spielen Sie doch weiter!«

Tanejew erhebt sich zu einer Verbeugung, und mit dem Ausdruck größter Verlegenheit, der so gar nicht zu seiner hohen, vollen Gestalt passen will, sagt er:

»Ich bin sehr glücklich, daß Ihnen mein Spiel gefallen hat!«

»In Ihrer Musik hat sich mir das Geheimnis des Lebens und des Leidens der Menschen enthüllt!« sagt Ssonja mit einem dankbaren Blick, und Lew Nikolajewitsch, der schweigend neben dem Flügel sitzt, erkennt, daß Ssonja wieder die geworden ist, die sie früher war, dieser Mensch voll warmer, drängender Energie und Lebenskraft, die Ssonja, die er stets so sehr geliebt. Aber es ist jetzt keine Freude, die er über seine Entdeckung empfindet. Es ist nicht er gewesen, der sie wieder zum Leben erweckt hat! Finster ruht sein Auge auf dem Komponisten, für den er bisher nur Sympathie und Freundschaft hegte.

Sieh nur, wie sie sich erregt, denkt er zornig, dreiundfünfzig Jahre ist sie alt, und die Wangen glühen wie bei einem jungen Mädchen. Die Musik! Wie kann man sich nur über eine Musik so aufregen, die doch so gar nichts gemein hat mit dem Leiden des Volkes?

Ssonja aber bemerkt nichts von der Stimmung ihres Mannes, und sie fährt fort, Tanejew ihr Herz zu öffnen.

»Früher«, sagt sie, »als Ljowotschka noch literarische Werke schuf, da dachte ich immer, das Wort des Dichters wäre imstande, alle Regungen des menschlichen Herzens auszudrücken. Seitdem er aber seine religiösen und philosophischen Aufsätze schreibt, will es mir scheinen, als ob das Wort nur ein ganz schwaches, kraftloses Mittel dazu wäre. Ich war davon überzeugt, daß es überhaupt nichts gäbe, das alles das ausdrückte, was der Mensch fühlen kann. Heute habe ich aber Ihr Spiel gehört, und nun ist mir klar geworden, daß die Musik alles wiederzugeben vermag, was nur in irgendeinem Menschenherzen Platz hat, Liebe, Leid, Einsamkeit, Irren und Verzweiflung. Denn die Musik ist ein ebenso großes Geheimnis, wie die Liebe und das Leid und das Leben selbst!«

»Du hast wohl mit einemmal beschlossen«, fällt ihr da Lew Nikolajewitsch brummend ins Wort, »eine Dichterin zu werden. Was für einen Redeschwall sie da auf einmal losläßt! Und dabei vergißt sie ganz, daß es Zeit zum Abendessen ist. Ssergej Iwanowitsch ist sicher schon hungrig wie ein Wolf.«

Lew Nikolajewitsch erhebt sich, und mit dem schleifenden Schritt eines Greises begibt er sich in das Speisezimmer. Ssonja blickt ihm nach und wundert sich, wie tief er heute seinen Rücken beugt und wie er beim Gehen die Füße nachzieht. Mein Gott, denkt sie, wie alt er geworden ist, und wie schlecht ihm dieser mürrische Gesichtsausdruck steht!

Im nächsten Augenblick aber hat Ssonja Lew Nikolajewitsch wieder vergessen, und nachdem alle am Tisch Platz genommen, wendet sie sich wieder an Tanejew. Während sie, noch immer ganz aufgeregt, in abgerissenen Sätzen ihren Empfindungen und Gedanken Ausdruck zu geben versucht, legt sie dem Komponisten ein großes Stück Roastbeef auf den Teller, das dieser mit größtem Appetit verzehrt.

»Wie kann man denn nur solches Leichenzeug essen!« sagt Lew Nikolajewitsch voll Abscheu und ißt dann hastig, wie immer, seinen Haferbrei.

»Jeder ißt, was er gewohnt ist!« entgegnet Tanejew mit breitem, verlegenem, kindlichem Lächeln.

»Wissen Sie, woran ich jetzt gedacht habe?« wendet sich Ssonja wieder an Tanejew. »Ich habe mir vorgestellt, daß Sie morgen wieder spielen, und daß ich dann glücklich sein kann darüber, daß das Leben jetzt wieder Sinn für mich hat!«

Ihre Wangen glühen, ihre Augen glänzen, sie ist mit einemmal wieder die junge Ssonja Baers, in die sich einst Lew Nikolajewitsch so grenzenlos verliebt hat.

»Ssonja«, sagt dieser scharf, »du gleichst heute einem exaltierten jungen Mädchen, aber nicht einer Frau, die die Mutter von verheirateten Kindern ist!«

Die Worte Lew Nikolajewitschs klingen hart und schneidend; Ssonja aber ist nicht beleidigt, sie lacht nur mit einem kurzen, heiteren Lachen auf und spricht zu Tanejew weiter über seine Musik. Der Komponist ahnt jedoch gar nicht, welchen tiefen Eindruck er mit seinem Spiel auf Ssonja gemacht. Er ist gewohnt, daß man ihn in den überschwenglichsten Worten lobt und kann sich vielleicht auch gar nicht in den Gemütszustand der Menschen hineinversetzen, deren Fühlen er durch seine Musik so sehr in Aufruhr bringt, denn er, der so wunderbar Sehnsucht und Liebe in seinen Melodien erklingen läßt, ist selbst eine leidenschaftslose, phlegmatische Natur.

Winter 1896/97

»Ooooch! Ooooch!« ertönt ertönt es manchmal aus dem Zimmer Lew Nikolajewitschs. Es sind merkwürdige, schaurige Töne. Fremde, die diese Laute zum ersten Male hören, fahren erschrocken zusammen und wissen nicht, soll das Seufzen, Stöhnen oder Schreien sein. Die Eingeweihten aber lachen dann und antworten auf die Frage, ob dem Grafen etwas geschehen sei, daß Lew Nikolajewitsch einfach gähne.

Wieder einmal gähnt er so nach seiner Weise, als gerade jemand schüchtern an die Tür klopft. Lew Nikolajewitsch gerät meist in helle Wut, wenn man ihn in diesen Augenblicken stört. Auch jetzt hebt er unwillig das Haupt von dem Papier, das er mit seinen engen, feinen, schattenstrichlosen Zügen bedeckt hat und ruft mit rauher Stimme: »Herein«!

Aber sein Gesicht hellt sich gleich wieder auf, denn an der Schwelle steht sein Liebling, Mascha.

»Papa, ich möchte mit dir sprechen!« sagt sie, und eine brennende Röte fliegt über ihr blasses Gesicht. Lew Nikolajewitsch lächelt ihr freundlich zu. Sie ist das einzige seiner Kinder, das ganz ihm nachgefolgt ist. Sie lebt ein Leben der Arbeit. Sie wäscht sich selbst die Wäsche, arbeitet für die armen Bauern auf dem Feld, unterrichtet deren Kinder und pflegt die Kranken. Ihre Hände sind rot und grob von der Arbeit geworden, und in ihrem Antlitz haben Wind und Wetter Spuren eingezeichnet. Dazu schreibt sie noch seine Manuskripte ins reine und ist der einzige Mensch im Haus, der es versteht, zu ihm zärtlich zu sein.

Der große, unschöne Mund Maschas mit den kleinen, dichten Zähnen verzieht sich zu einem verlegenen Lächeln, und ihre Augen füllen sich mit Tränen.

»Nun, was ist?« fragt Lew Nikolajewitsch liebevoll, »hast du dich in meiner Handschrift nicht zurechtgefunden, oder quält dich irgendein Problem?«

»Papa, ich will heiraten!« gibt Mascha gesenkten Hauptes kurz zur Antwort, und dunkles Rot übergießt ihr Gesicht.

Lew Nikolajewitsch ist so überrascht, daß er lange Zeit keine Worte findet. Der Gedanke, daß seine Mascha einmal heiraten könnte, hat ihn immer mit Qual erfüllt, und schon immer hat er ein Gefühl von wahnsinniger Eifersucht gegen den Mann gehegt, der ihm seine Lieblingstochter einmal wegnehmen würde. Aber er hat sich dann immer damit beruhigt, daß er sich sagte, Mascha würde nicht heiraten, sie würde sicher zusammen mit seinen anderen Ansichten auch die von ihm übernehmen, die er von der Ehe hat.

»Du willst also heiraten?« fragt er endlich, und Tränen ersticken seine Stimme.

»Ja«, antwortete Mascha so leise, daß sie Lew Nikolajewitsch kaum vernehmen kann, und wieder herrscht langes, peinvolles Schweigen.

Lew Nikolajewitsch aber kann es noch immer nicht fassen, Mascha, die strenge Vegetarierin, die den ganzen Sommer über barfuß gegangen ist, die all seine Vorschriften bis ins kleinste erfüllt hat, sie will jetzt sein erstes Gebot übertreten. Das heißt also, sie will das Leben des Fleisches über das Leben des Geistes stellen. »Und ich habe immer geglaubt, du wirst niemals heiraten. Du weißt doch, daß das jungfräuliche Leben höher steht als das eheliche, du weißt, daß ein Verheirateter niemals diese geistige und sittliche Vollendung erreichen kann wie jemand, der in ewiger Keuschheit lebt!«

»Papa, ich heirate den Kolja Obolenski«, wirft Mascha zögernd ein.

Lew Nikolajewitschs Verwunderung wird nur noch größer. Fürst Obolenski, der Enkel seiner Schwester, ist ein lieber, stiller, bescheidener junger Mann. Er hat in seinem Haus gelebt, als er in Moskau studierte. Man hat eigentlich nie etwas von ihm vernommen, und niemals hat Lew Nikolajewitsch bemerkt, daß ihn irgendwelche Bande mit seiner Tochter verknüpft hätten. Lew Nikolajewitsch hat durchaus nichts gegen Kolja Obolenski, aber als Mann Maschas? Nein und tausendmal nein! Er will nicht, daß irgend jemandes Hände seine arme, blasse, kluge Mascha berühren.

»Papa«, unterbricht Mascha seine Gedanken, »ich habe eine große Bitte an dich. Wir brauchen Geld!«

»Ach ja, Geld!« sagt Lew Nikolajewitsch bitter. Das ist also der Anfang, denkt er. Mascha, die feierlich auf ihr Erbteil verzichtet hat, bittet jetzt um Geld! Und sofort stellt er sich lebhaft vor, wie boshaft Ssonja jetzt ihn und seine Mascha auslachen wird! Hat sie es denn nicht schon hundertmal vorausgesagt, daß sich Maschas Verzicht auf die Erbschaft bloß als eine schöne Geste erweisen wird? Aber Lew Nikolajewitsch will seine persönlichen Gefühle zurückstellen und alles tun, um Mascha Bitteres zu ersparen.

»Mascha«, sagt er weich, »ich werde selbst mit der Mutter sprechen. Sie wird dir dein Teil zurückgeben, das sie einstweilen in Verwahrung genommen hat. Beunruhige dich nicht, ich werde schon alles in Ordnung bringen.«

Aber er kann die Tränen nicht verbergen, die in seine Augen treten, und nicht das Zittern unterdrücken, das seine Arme beben läßt, während er Mascha umfängt. Wie stolz war er damals auf seine Tochter, als sie auf ihr Erbe verzichtet hat, und wie muß er sich jetzt für sie schämen, daß sie ihre Worte zurückgenommen hat!

»Mascha«, sagt er, sich zur Ruhe zwingend, »freilich, wenn du heiratest, dann brauchst du Geld!«

»Ja, Papa!« gibt Mascha zur Antwort. »Kolja will nicht dienen, und ich selbst kann ja doch nicht das Nötige erarbeiten. Papa, ich werde öfter zu dir auf Besuch fahren.«

Mascha umarmt ihren Vater, und dann fügt sie noch unter Tränen hinzu:

»Und ich werde dir auch immer alles ins reine schreiben, so wie bisher!«

Lew Nikolajewitsch meint, sein Herz müßte ihm vor Weh zerspringen. Aber er nimmt all seine Kraft zusammen und sagt in ruhigem, bestimmtem Ton:

»Mascha, ich werde dich immer gleich lieb haben, und ich werde dich immer ganz verstehen, welche Schwäche du auch zeigen solltest. Ich selbst war und bin noch immer zu sehr voller Fehler und Mängel, als daß ich nicht begriffe, wie leicht man in Schwäche verfallen kann. Freilich, das Leben, das du in der letzten Zeit geführt hast, war weniger straff als früher, und du hast auch dem Luxus mehr Raum gegeben. Natürlich, auch die Gewohnheiten und Ansichten Koljas sind andere, da versteht es sich schon, daß ihr Geld braucht . . .«

Da öffnet sich die Tür, und Ssonja, in einem prächtigen Kleid zum Ausgehen, rauscht ins Zimmer. Verwundert blickt sie auf die beiden und fragt:«

»Was ist geschehen?«

Mascha verläßt eilig den Raum, und Lew Nikolajewitsch gibt Ssonja zur Antwort:

»Mascha heiratet Kolja Obolenski!«

Ssonja läßt sich auf den nächsten Stuhl nieder. Sie ist sprachlos vor Erstaunen.

»Wie ist das möglich«, fragt sie, »wie hat sie das alles so verheimlichen können? Ich habe doch nicht die geringste Ahnung davon gehabt, daß zwischen den beiden etwas vorgeht.«

»Einmal müssen wir sie verheiraten«, sagt Lew Nikolajewitsch, »sie will doch auch glücklich werden!«

Lew Nikolajewitsch will auf jeden Fall seinen Liebling gegen Ssonja in Schutz nehmen, obgleich er fest davon überzeugt ist, daß Mascha in der Ehe niemals glücklich sein wird.

»Und wovon wollen die beiden leben?« fragt Ssonja.

»Ssonja«, gibt Lew Nikolajewitsch zu Antwort, »ich bitte dich sehr, richte es so ein, daß Mascha möglichst bald ihr Erbteil zurückerhält, das du übernommen hast!«

»Siehst du, Ljowotschka«, sagt sie bitter, »so geht es mit eurem berühmten ›Tolstoiismus‹! Zuerst überschüttet ihr mich mit Gift und Hohn, weil ich Maschas Eigentum treue bewahre, und dann erklärt ihr mir, daß sie ohne dieses Eigentum nicht leben könne. Ach, wie ich immer schon dieses Tolstoigetue gehaßt habe! Diese Tolstoileute! Ein müßiges, knochenloses Volk, immer gegen irgend etwas mit Worten kämpfend, ziehen sie von Haus zu Haus, leben von fremdem Brot und haben keine Ahnung von wirklicher Arbeit.«

»Ssonja«, fällt ihr Lew Nikolajewitsch bittend ins Wort, »füge es so, daß es Mascha nicht zu schwer fällt, ihr Eigentum zurückzunehmen.«

»Soll sie es sich nur nehmen«, gibt Ssonja zornig zur Antwort, »für wen habe ich es denn gerettet, wenn nicht für sie? Ich habe es gut verwaltet. Aber wozu dieses Theater? Ein Mensch ist und bleibt ein Mensch. Wozu wollt ihr euch immer unter die Propheten und die Götter drängen? Hast du schon vergessen, wie mich Mascha viele Wochen lang mit kalter, hochmütiger Verachtung gestraft hat, nur weil ich ihr Geld für sie bewahren wollte? Und hast du vergessen, wie viele harte Worte ich von dir selbst deshalb hören mußte?«

»Ssonja«, versucht sie Lew Nikolajewitsch zu besänftigen, »Mascha ist noch jung, man darf sie nicht so streng beurteilen.«

»Habe ich nicht immer gesagt«, zürnt Ssonja, »daß dieses Barfußlaufen und Wäschewaschen und Auf-dem-Felde-Arbeiten nichts ist als eine leere Komödie?«

Aber dann leuchtet plötzlich ein warmes Licht in ihren dunklen Augen auf, und mit weicher Stimme sagt sie:

»Beunruhige dich nicht, Ljowotschka. Ich werde alles für Mascha tun, wie es notwendig ist. Und wenn sie glücklich wird, so werde ich mich am meisten darüber freuen. Du weißt selbst, wie sehr ich an jedem kleinsten Glück Anteil nehme, das meine Kinder betrifft!«

Rasch eilt Ssonja in Maschas Zimmer. Dort ist alles mit größter Einfachheit und Strenge eingerichtet, kein Schmuck, keine Blumen, keine Farben, nicht die geringste Kleinigkeit, die irgendwie von einer Stimmung, einer Laune, einer persönlichen Eigenart der Bewohnerin sprechen würde.

»Mascha«, sagt Ssonja zärtlich zu ihrer Tochter, »du brauchst nicht zu weinen. Ich werde dir mit allen Kräften helfen, und ich werde mich auch bemühen, deinen zukünftigen Mann liebzugewinnen wie meinen eigenen Sohn.«

Aufmunternd schüttelt sie Mascha an den Schultern und denkt dabei daran, daß der Bräutigam ein noch ganz unerfahrener, und dazu noch recht ungeschickter und unbeholfener Jüngling ist; sie fragt sich, wie ein solcher Mensch ihrer Tochter Führer und Stütze im Leben werden soll. Aber dann kommt ihr plötzlich ein merkwürdiger Gedanke. Lew Nikolajewitsch, ihr Mann, mit seinem unbändigen Eigenwillen und der ungeheuren Kraft seiner Persönlichkeit, hat es doch soweit gebracht, daß er ihr Sein vollständig zu Boden gedrückt, ihr Eigenleben vollständig ausgelöscht hat.

Ist es da für Mascha nicht vielleicht ein Glück, daß ihr Kolja gerade das Gegenteil von Lew Nikolajewitsch ist?

Ssonja verliert keine Minute, sie stürzt sich gleich mit voller Energie in die Arbeit, die die Hochzeit ihrer Tochter mit sich bringt. Mascha selbst weint fast ununterbrochen, aus Mitleid mit ihrem Vater, denn sie weiß nur zu gut, welch schwere Wunde sie ihm geschlagen hat. Lew Nikolajewitsch aber geht mürrisch von einem Zimmer ins andere und denkt voll Bitterkeit an die Einsamkeit, die ihn jetzt erwartet.

Sommer 1899

»Dieses Buch kannst du ebenfalls einbinden!«

Mit diesen Worten reicht Ssonja einem Bauernburschen, der nebenbei ein wenig das Buchbinderhandwerk erlernt hat, ein Buch. Sie ist gerade dabei, in ihrer Bibliothek, der sie viel Sorgfalt angedeihen läßt, Ordnung zu machen. Als aber der Bursche den Band in die Hände nimmt, fällt ein dicker blauer Brief heraus. Er bückt sich und reicht ihn der Herrin. Gleichgültig läßt sie ihren Blick darüber schweifen; aber mit einem Mal wird sie über und über rot.

»Du kannst gehen!« sagt sie und hält den Brief dicht vor ihre kurzsichtigen Augen. Noch einmal liest sie die Zeilen, die sie so in Aufregung versetzt haben.

»Ssonja«, steht hier in den wohlbekannten Zügen ihres Mannes, »ich habe beschlossen, mir das Leben zu nehmen, weil Du mich nicht mehr liebst, sondern einen andern. Ich kann das nicht ertragen.«

Da tritt Lew Nikolajewitsch selbst rasch an sie heran, nimmt ihr das Papier aus den Händen und zerreißt es in kleine Fetzen.

»Du brauchst das nicht zu lesen!« sagt er, und Ssonja sieht erschrocken, wie seine Lippen zittern und sein Unterkiefer tief herabhängt. Der Ausdruck des Schmerzes macht sein Antlitz geradezu häßlich. Ljowotschkas Gesicht ist nur dann schön, wenn er glücklich ist oder wenn er von Leidenschaft glüht, denkt Ssonja. Ihr Herz beginnt zu klopfen, und ihre Beine zittern, denn sie fühlt, daß jetzt eine furchtbare Szene bevorsteht.

»Ljowotschka, du hast dir wirklich das Leben nehmen wollen?« fragt sie demütig und sanft, bemüht, das drohende Ungewitter noch im letzten Augenblick abzuwenden.

»Ja! Entweder ich oder der fette Musikant!« sagt Lew Nikolajewitsch, und in seinem Gesicht malt sich ein solches Übermaß an Leid und Verzweiflung, daß Ssonja meint, er müsse gleich hier zu ihren Füßen sterben.

»Ljowotschka«, fleht Ssonja, »kannst du mich denn noch immer nicht verstehen?«

»Nein, ich kann dich nicht verstehen! Auch unsere Kinder und wahrscheinlich auch alle andern können dich nicht begreifen. Wer weiß, was unsere lieben, guten Bekannten jetzt schon alles über dich herumsprechen!« Lew Nikolajewitsch faßt sich verzweifelt an den Kopf.

Da öffnet sich die Tür, und der Buchbinder, der etwas fragen will, steckt seinen Kopf herein; als er aber das erregte, bleiche Gesicht Ssonjas und den wild auf und ab stapfenden Grafen sieht, zieht er sich schleunigst wieder zurück.

»Ssonja«, fährt Lew Nikolajewitsch fort, »ich bin voll Verzweiflung. Du begeisterst dich wie ein junges Mädchen für diesen Menschen, der dich überhaupt nicht beachtet. Du erniedrigst dich! Du bist schon bald fünfundfünfzig Jahre alt, und Tag und Nacht träumst du von diesem dicken Musikanten mit dem Altweiberlachen und den schiefen Tatarenaugen. Nein, ich kann das nicht länger ertragen!«

»Ljowotschka, höre mich an!« sagt Ssonja mit flehender Stimme. »Du hast so viele Bücher geschrieben, und man schätzt dich als einen feinen Psychologen. So verstehe mich wenigstens einmal im Leben! In meiner Begeisterung für den Komponisten Tanejew ist nichts, was dich verletzen oder gar erniedrigen könnte. Nichts! Und ich kann mir nicht den geringsten Vorwurf machen, außer, es wäre eine Sünde, daß mir seine Musik so notwendig ist wie die Luft zum Atmen. Ich bin müde geworden, Ljowotschka, müde der ewigen Sorgen und Kränkungen. Erinnere dich nur, Ljowotschka, wie alles gekommen ist. Unser Wanjetschka ist gestorben, und meine Verzweiflung hat keine Grenzen gekannt. Du aber hast mich allein gelassen. Wer hat mich dem Leben wiedergegeben? Es war die Musik Tanejews, der Trost, den mir der Himmel nach dem furchtbaren Unglück gesandt hat. Ohne sie wäre ich zugrunde gegangen. Du bist Psychologe, und da müßtest du verstehen, was in mir vorgegangen ist und was in mir vorgeht. Seit dieser Zeit hat die Musik eine überwältigende Wirkung auf mich, sogar dann, wenn ich allein für mich spiele. Sie bringt mir Klarheit, Ruhe, Stille. Ja, sie ist, Ljowotschka, du darfst es mir nicht übelnehmen, das einzige, was mir Frieden gibt. Das, was du jetzt schreibst, kann mir ihn nicht geben, es regt mich auf, quält mich, zehrt an meinen Nerven und bringt mich mit der ganzen Welt in Konflikt.«

»Daß du für meine tiefsten Ideen nichts übrig hast, habe ich immer gewußt«, entgegnet zornig Lew Nikolajewitsch.

»Daran bin aber nicht ich schuld, Ljowotschka, sondern das, was du schreibst! Ich bin immer bei dir, Ljowotschka, wenn du den richtigen Weg gehst. Aber wie willst du, daß ich dir zum Beispiel in dieser Sache mit den Duchoboren folge? Da gibt es eine Sekte, die alle Lehren und Geheimnisse der rechtgläubigen Kirche leugnet, deren Anhänger sich weigern, als Soldaten zu dienen, die ihre Pflichten gegen die Heimat einfach nicht erfüllen wollen, und du sammelst Unsummen von Geld, um diese Leute nach Amerika zu bringen. Ich habe dir geholfen, für die Hungernden zu arbeiten, das war eine gute, reine Sache. Aber diese Duchoboren? Du sagst, du hilfst ihnen, weil ihre Lehre in vielem der deinen gleicht? Ich sage dir aber, daß es reine Ruhmsucht ist, die dich hier leitet. Du willst, daß alle Zeitungen darüber schreiben, wie du dich dieser armen, verfolgten Opfer angenommen hast, du willst, daß du dir einen Namen damit machst in der Geschichte.«

»Ssonja, ich sage dir noch einmal, ich weiß es nur zu gut, daß du niemals meine Ideen und Überzeugungen verstehen willst.«

»Du bist selbst mit deinen Ideen ganz durcheinander. Zuerst schreibst du Artikel, in denen du das Geld einen Fluch nennst, vor dem man fliehen muß, und jetzt läufst du zu den Kaufleuten und bettelst bei ihnen Geld zusammen, damit du deine Duchoboren nach Amerika bringst, in die Fremde.«

»Natürlich, dir sind die Interessen deines fetten Musikanten wichtiger als die dieser armen Menschen, die von der Regierung zum Militärdienst gezwungen werden, obwohl ihnen das ihre heiligste Überzeugung verbietet.«

»Ach, Ljowotschka, wie zynisch und grob du bist! Du weißt selbst, daß du mir unrecht tust. Dich habe ich ja schon lange verloren. Du benötigst mich nur dann, wenn du krank bist, wenn ich dir Kompressen auflegen und dich pflegen soll. Sowie du gesund bist, ziehst du dich gleich wieder in dein eigenes Leben zurück. Ich sehe dich dann nur ausnahmsweise. Zum Mittagessen kommst du nicht, und nie weiß ich, ob du nicht wenigstens zum Nachtmahl erscheinst. Auch meine Kinder brauchen mich nicht mehr, jedes von ihnen führt sein eigenes Leben, das mir fast genauso fremd und unverständlich ist wie das deine. Mischa und Andrjuscha sind unfreundlich mit mir und wollen fortwährend Geld. Wenn ich es ihnen gebe, verschwinden sie ganze Nächte lang. In den Zigeunerlokalen verprassen sie ihr Geld und ihre Lebenskraft mit weiß Gott welchen Leuten. Und du, statt mir zu helfen, unsere Kinder zu betreuen und zu bewahren, du sitzt in deiner Zelle und predigst deinen ›dunklen‹ Freunden, die mich als ihre Feindin schief ansehen, ganze Abende lang von Gott und der Liebe. Die Kinder wachsen ohne dich auf, weil du keine Zeit für sie hast, du mußt ja fremde Menschen belehren. In deinen Kindern ruht die Natur aus, sie gab dir Genie, für sie aber hat sie nichts mehr übrig gehabt. Deine Kinder sind gewöhnliche, schwache Menschen mit einer Unzahl Fehlern. Sie brauchen die starke Hand des Vaters, du aber entziehst dich ihnen. Wie sehr habe ich unsere Kinder geliebt. Ljowotschka! Alle meine Kräfte habe ich ihnen hingegeben, daß sie zu starken, gesunden, tapferen und guten Menschen werden. Und wie schwer ist mir jetzt ums Herz, wenn ich ihre Fehler und ihren Müßiggang sehe, wenn ich ihr Fluchen, ihr Vorwürfe, ihre häßlichen Worte höre. Ich habe dann allzuoft das Gefühl, daß ich meine ganze Jugend, all meine Kräfte sinnlos vergeudet habe. Ich habe ja mein ganzes Leben nichts gehabt als dich und die Kinder!

Nun, Ljowotschka, und wenn mir dann der Gram das Herz abzudrücken droht, ist Musik das einzige, was mir Trost bringt. Höre ich Tanejew spielen, ist mir, als ob ich nicht ganz umsonst gelebt hätte. Ich weiß dann, daß ich weiterarbeiten und dich und die Kinder weiterhin lieben soll, auch wenn ich keinen Dank dafür finde.«

»Ssonja, Ssonja, du darfst nur an deine Kinder und an mich denken, andere Menschen dürfen für dich nicht vorhanden sein! Es ist mir unerträglich, zu wissen, daß es einen Menschen gibt, der dir jetzt alles geworden ist.«

»Ljowotschka, verstehe doch, daß ich gerade, wenn ich für dich und die Kinder leben soll, irgendwo von außen her eine Stütze suchen muß, denn meine Kräfte, die mir einst unerschöpflich schienen, gehen zur Neige. Diese Stütze ist mir die Musik, die mir sagt, daß man niemals Antwort auf seine Liebe suchen darf, und daß es genug Glück ist, wenn man selbst liebt. Wenn ich die Musik nicht hätte, dann müßte ich einfach den Verstand verlieren, wenn ich sehe, wie meine Söhne sinnlos ihr Leben vergeuden, wie meine Töchter unglücklich sind und wie du grausam alles verhöhnst und zerstörst, was ich von Kindheit an liebte und was unser Rußland zusammenhält! Wenn ich deine neuen Schriften lese, dann ist es mir immer, als ob der Boden unter meinen Füßen schwankte und alles, alles zusammenstürzen müßte. Weißt du, was die alte Amme Tanejews über dich gesagt hat, die mit ihm in Jassnaja Poljana gewohnt hat? Sie hat mit der einfachen Sprache des Menschen aus dem Volk das gesagt, was ich schon längst fühle und was mir unendlichen Schmerz bereitet. ›Ach‹, sagte sie, ›Väterchen Lew Nikolajewitsch ist schon so gescheit, so gescheit, daß es in Dummheit umgeschlagen ist!‹ Ich will dir aber nur das eine sagen: Alles, was du jetzt tust und schreibst, geschieht aus der einzigen Absicht heraus, alle Welt in Erstaunen zu versetzen. Ihr glaubt das alles, willst du sagen, ich aber, der Graf Tolstoi, sehe das als Unsinn an! Oder zum Beispiel gerade die Musik? Ich gebe zu, daß es unter den Werken der modernen Musiker viel Unsinn gibt. Doch du lehnst einfach jede Musik überhaupt ab. Ich weiß genau, daß du auch jetzt noch manchmal bis zu Tränen gerührt bist, wenn du dieses oder jenes Stück hörst. Du hast selbst einmal gesagt, es würde dir nicht im geringsten leid tun, wenn unsere ganze Zivilisation zum Teufel ginge, aber um die Musik würdest du weinen; übrigens sagtest du, daß du dich bei deinem Tod von allen Künsten am schmerzlichsten von der Musik trennen würdest. Ja, das sind deine eigenen Worte! Und jetzt lehnst du die Musik ab, weil du alles auf den Kopf stellen willst!«

»Ssonja, du verstehst mich nicht. Ich glaube aus vollem Herzen an das, was ich sage. Aber ich habe es satt, daß du fortwährend von mir sprichst. Ich will dir erklären, daß es jetzt um *dich* geht, um deine Beziehung zu Tanejew. Ich kann ihn nicht leiden! Ich kann seine rosigen Wangen und seine runde Nase nicht sehen, ich kann nicht ertragen, wie er, den Rücken steif und den Kopf nach vorn gezogen, geht. Ich hasse seine schiefen, kurzsichtigen Augen, sein bald meckerndes, bald heulendes Weiberlachen, seinen roten Nacken, seine dünne, gedehnte Stimme, ich hasse ihn, weil er Süßigkeiten liebt und weil du für ihn immer die teuren Albertbonbons kaufst! Ich hasse seine gewichtige, dicke Gestalt, die fast den Anzug sprengt ...«

Lew Nikolajewitsch steht vor Ssonja. Seine Augen blitzen vor Zorn und Haß. Die Hände sind zu Fäusten geballt, und Ssonjas Herz erfüllt Schrecken und Furcht.

»Ljowotschka«, sagt sie, »du siehst ihn nur deshalb so, weil du eifersüchtig bist. Hast du früher nicht stets betont, daß er ein außergewöhnlich angenemer Gesprächspartner ist und daß man sich mit ihm über alles unterhalten kann? Als Tanejew zwei ganze Sommer auf Jassnaja Poljana bei uns lebte, hast du mit Vorliebe mit ihm gesprochen, hast seiner Musik gelauscht und dich über seine Arbeitskraft und sein Können gewundert. Und mich hat an ihm am meisten gefesselt, daß in ihm der Alltagsmensch und der geniale Künstler in eine harmonische Persönlichkeit zusammengeflossen sind. Wenn du ihm jetzt zürnst, so nur deshalb, weil dich deine grundlose Eifersucht blind gemacht hat. Siehst du denn wirklich nicht, daß Tanejew nicht einmal bemerkt hat, was er mir gegeben hat? Er ist naiv und rein wie ein Kind. Siehst du, Ljowotschka, während deine Seele immer und ewig in Unfrieden zerrissen ist, steht er dem Leben mit einer Art gehobener Verklärung gegenüber, und diese ungewöhnliche seelische Harmonie wirkt auf mich unendlich beruhigend. Er ist eine wirklich reine, edle Natur. In ihm lebt nur der Drang nach dem wahrhaft Schönen, das, was du in deiner Seele mit wilder Hartnäckigkeit unterdrückst. Du fürchtest das Schöne! Tanejew aber ist nicht nur für seine Schüler, sondern für die Menschheit das Vorbild eines echten Dieners der Kunst. Er könnte Tausende verdienen, aber er lebt mehr als einfach und unterrichtet ohne Entgelt. Alles geschieht bescheiden, unbemerkt, ohne triumphierende Artikel in der Zeitung, ohne Lärm und ohne Unannehmlichkeiten für die Hausgenossen wie bei dir. Er beherrscht in der Tat sich selbst, er hat die wirkliche Freiheit des Menschen erreicht, nach der du strebst. Er ist immer derselbe, ob er Glück hat oder ob ihn ein Unglück erreicht. Ich möchte dieses abgeklärte Dem-Leben-Gegenüberstehen von ihm lernen! Du gerätst in helle Wut, wenn man in den Zeitungen über dich herzieht; wenn man aber Tanejews Kompositionen ablehnend bespricht, dann liest er die Kritiken ruhig durch, gibt sie seinen Freunden zu lesen und sagt, daß der Tadel nützlicher ist als das Lob; wenn ihn jemand ganz besonders boshaft hernimmt, dann lacht er nur gutmütig darüber. Wie gesagt, bei ihm geschieht alles ruhig und einfach und mit einer inneren Vornehmheit, die geradezu verblüffend ist. Man hat mir erzählt, daß er nicht nur zu Kindern, sondern auch zu Tieren Sie sagt. Weißt du, ich bewundere an ihm die Genialität seiner sittlichen Persönlichkeit.«

»Ausgerechnet in ihm, Ssonja, siehst du eine Idealgestalt, bei mir bemerkst du die ungeheure sittliche Arbeit, die ich an mir vollbracht habe, aber nicht. Seine Vorzüge erklären sich dadurch, daß er einfach ein Fisch ist, und kein Mensch. Ich weiß ganz genau, daß die Frauen in seinem Leben nicht die geringste Rolle spielen. Um so erniedrigender für mich, daß du dich an ihn hängst.«

»Ljowotschka versteh mich doch! Du lädst ihn ja selbst stets ein. Nun, er kommt und bringt gutmütige Heiterkeit und weiche Liebenswürdigkeit mit zu allen. Ich verbringe mit ihm den Abend und lebe erlöst auf. Meine Nerven ruhen aus, und ich fühle mich still und zufrieden. Ist das etwas Schlechtes? Darf man sich denn nicht über einen Menschen einfach deshalb freuen, weil er eben so ist? Wir sprechen meist über Musik, über seine Kompositionen, über irgendwelche Alt- oder Sopranschlüssel, und mir erschließt sich eine neue Welt, in der nichts von dem Haß ist, von dem alle deine letzten Werke triefen, obwohl du immer von Liebe sprichst. Und wenn wir einmal nicht von Musik sprechen, dann fragt er mich teilnehmend über die Kinder, über dich, über mein Leben, und diese Teilnahme wärmt mich. Wenn ich krank bin, schickt er seine alte Dienerin zu mir, um zu fragen, wie es mir geht, und ich freue mich darüber, daß es einen Menschen gibt, der an mich denkt und sich um mich sorgt. Ljowotschka, warum willst du mir diese Freundschaft mit einem wirklich reinen, idealen Menschen nicht erlauben?«

»Weil du in ihn verliebt bist, und das kann ich nicht ertragen!«

»Ljowotschka, diese Worte beleidigen mich. Ich will nichts als Zartheit und Teilnahme und, vor allem, diese geheimnisvolle Macht, die die Musik über mich ausübt. Ich muß es dir noch einmal sagen, daß er selbst gar nicht gewahr wird, welche Rolle er in meinem Leben spielt.«

»Um so schlechter für dich! Du läufst also einem Menschen nach, dem du gleichgültig bist.«

»Und dennoch! Er hat mir in den vier Jahren, seit Wanjetschka gestorben ist, mit seiner Musik fast die einzige Freude gegeben. Er hat mir, ohne daß er es selbst weiß, das gegeben, was in meinem Leben gefehlt hat. Sein Einfluß auf mich birgt irgendein Geheimnis, das mich glauben machen kann, daß mein Leben doch nicht ganz umsonst gelebt ist.«

»Das heißt also, daß du mich nicht mehr liebst!« Lew Nikolajewitsch schreit ihr diese Worte ins Gesicht, und seine riesigen Hände streckt er ihr, drohend zu Fäusten geballt, entgegen.

»Ljowotschka«, sagt sie, »habe ich dir denn nicht mein ganzes Leben gegeben? Haben dich die siebenunddreißig Jahre unseres Ehelebens nicht von meiner Liebe überzeugen können? Mein Dasein war ein unaufhörliches Entsagen für dich und für deine Kinder. Von den sechzehn Kindern, denen ich das Leben geschenkt habe, ist mir keines mehr verblieben. Auch du, Ljowotschka, bist von mir gegangen, den ›Dunklen‹ hast du deine Zeit und deine Liebe geschenkt, ihnen, den Fremden. Für mich, für deine Frau, hast du nichts übrig gehabt, nichts! Und dann kam Tanejew, in der furchtbarsten Zeit meines Lebens, in der ich keinen Trost mehr finden konnte, nachdem mein Liebling, mein Wanjetschka, tot war. Du hast mich damals unbarmherzig verlassen, Tanejew hat mir seine Musik gegeben. Sie hat mir gezeigt, daß die Welt Gottes wunderschön ist, obwohl jeder einzelne Mensch für sich einsam und unglücklich ist. Sie hat mir gezeigt, daß das Leben des einzelnen ein winziger Tropfen ist im Meer, daß es die Liebe ist, die dieses schwere, qualvolle Dasein mit Schönheit und Sinn umstrahlt und – daß man sogar leben kann, wenn man keine Antwort mehr auf seine eigene Liebe findet. Das alles hat mir die Musik gesagt, sie wiederholt es mir jeden Tag, und wenn sie es nicht täte, ich müßte vor Verzweiflung den Verstand verlieren!«

»Ssonja, du hast wirklich den Verstand verloren! Das ist einfach das gefährliche Alter bei dir.«

Seine Stimme ist voll Zorn, aber seine Züge werden mit einem Mal alt, schlaff, trocken, als ob sein Antlitz erlöschen wollte.

»Nein, es ist einfach seine Musik, die mich mir selbst, dem Leben wiedergegeben hat. Die bunte Mannigfaltigkeit des Lebens hat sich mir wieder eröffnet, und ich will mich in all das Schöne, das es mir noch geben kann, hineinstürzen. Ich will selbst Klavier spielen, will zeichnen, will einen Roman schreiben. Ja, Ljowotschka, die Natur hat mir einen großen, großen Vorrat

Energie in die Wiege gelegt, und es ist mir immer noch sehr viel davon übriggeblieben.«

Lew Nikolajewitsch starrt Ssonja verwundert an, und allmählich verschwindet der Zorn aus seinem Antlitz. Plötzlich tritt er an sie heran, umarmt sie und sagt:

»Wie ich deinen Leib liebe, Ssonja, wie ist er von starkem Leben erfüllt, das mich noch jetzt, nach siebenunddreißig Jahren, mit aller Macht gefangennimmt! Wie jung und frisch du immer noch bist!«

Mit heißer Leidenschaft preßt er Ssonja an sich, und wild küßt er sie. Sie aber wird kalt wie Eis . . .

»Siehst du, Ljowotschka«, sagt sie dann, »so bist du zu mir! Unser ganzes Leben lang war dir das Wichtigste an mir mein Leib, der sich durch irgendein Wunder immer noch jung erhalten hat. Aber an meine Seele hast du nie gedacht, und an alle Rechte, die meiner Persönlichkeit zukommen. Tanejew hat das zu neuem Leben erweckt, was du vier Jahrzehnte lang in mir niedergehalten hast und doch nicht ganz ertöten konntest. Du, der große Kenner des menschlichen Herzens, kannst du denn gar nicht begreifen, daß auch *ich* etwas für mich haben will? Ist es zuviel verlangt, wenn ich dich bitte, du sollst mir meine Musik, meine Konzerte lassen und mir die Gesellschaft des Menschen gönnen, der mir mit seinem Spiele Ruhe bringt?«

»Ich will nicht, daß du dich mit Musik beschäftigst. Deine Übungen auf dem Klavier machen mich rasend. Du kannst doch ohnehin nichts mehr erreichen, weil du schon viel zu alt bist.«

»So grausam kannst nur du allein sein, Ljowotschka. Ach, warum mußte das jetzt alles in mir reifen, warum mußte erst jetzt das Bewußtsein in mir erwachen für das, was ich in meinem Leben versäumt habe! Merkwürdig! Du kannst machen, was du willst, was dir gerade einfällt, und niemals nehme ich mir heraus, mich einzumengen. Wenn ich mich aber nur für irgend etwas interessiere, gleich gerätst du in Zorn. Immer hast du getan, was dir Freude macht, niemals hast du mich gefragt, was mich freuen könnte. Und jetzt, weil es dir aus irgendwelchen Gründen unangenehm ist, wenn ich mich mit Musik beschäftige, willst du mich ihrer berauben, obwohl du weißt, daß sie meine einzige Erholung ist. Ljowotschka, ich sage dir frei heraus, ich kann es, wenn nicht die Musik mir dazu die Kraft gibt, nicht mehr ertragen, neben dir zu leben mit deinen ungewaschenen Füßen, mit deinen ewigen Verdauungsbeschwerden, die davon kommen, daß du fastest und fastest, und dich dann wieder mit entsetzlicher Gier so voll ißt, daß jeder andere daran sterben müßte. Ich kann nicht ohne Musik leben, wenn ich deine ewig schlechte, mürrische Laune ertragen und immer diese dunklen Gestalten sehen soll, denen du abendelang von Askese und Enthaltsamkeit vorlügst! Ich kann nicht ewig mit deiner Lüge leben, Ljowotschka. Ach, nur ich allein weiß, wie wenig du wirklich an Liebe zu geben vermagst, du, der du dein ganzes Leben lang der ganzen Welt von Liebe predigst. Wer könnte kälter, härter, grausamer sein, als du es dein ganzes Leben lang zu deiner Frau warst?«

Laut aufschluchzend fällt Ssonja in den Sessel zurück.

»Wieder ein hysterischer Anfall!« schreit Lew Nikolajewitsch. »Und da soll man philosophische Werke schreiben können! Das Familienleben ist eine Hölle. Nur ein Dummkopf kann heiraten und etwas von der Ehe erwarten.«

Ohne einen Versuch zu machen, Ssonja zu beruhigen, geht er zornig auf und ab. Nach einer Weile erhebt sich Ssonja wieder und stellt sich ihm in den Weg.

»Ljowotschka«, spricht sie, »fast vierzig Jahre habe ich mit dir gelebt, erfüllt von Arbeit, Opfern, Dienen! Gib mir, als Lohn dafür, jetzt die Möglichkeit, mich mit Musik zu beschäftigen! Du hast dich niemals um mein Eigenleben gekümmert, um meine Freuden, ja nicht einmal darum, ob ich ausruhen konnte. Dir, dem großen, berühmten Künstler, ist es dir jemals eingefallen, dich um die geistige Entwicklung deiner jungen Frau zu sorgen? Alle meine Versuche, mich weiterzubilden, hast du einfach abgetan. Befriedigen konnte dich nur, wenn ich in vernachlässigtem Hausanzug einem Kind die Brust gab; wenn ich aber ein Buch in die Hand nahm, dann machtest du sofort eine finstere Miene. Immer hast du mich nur unterdrückt, hast aus mir etwas anderes machen wollen, als ich eigentlich bin. Und auch jetzt noch tust du dasselbe, indem du der Nachwelt ein falsches Bild von mir geben willst. Mit welcher systematischen Gemeinheit du mich in deinen Tagebüchern als dein Verhängnis, als deine Xanthippe darstellst! Nur, damit dein Ruhm dadurch in noch hellerem Licht erscheint. Du willst als Märtyrer verehrt werden, und ich, deine Frau, die dich ihr ganzes Leben geliebt hat, soll in deinem Tagebuch als der böse Geist dargestellt werden, der deine lichten Gedanken gehindert hat, sich zu entwickeln. Du versteckst deine Tagebücher jetzt vor mir, gibst sie Tschertkow zum Abschreiben, der sie der Nachwelt übermitteln soll. Ist dir denn wirklich nicht leid um deine Frau? Dein Ruhm ist so groß, daß er durch die bösen Worte, die du über mich schreibst, auch nicht mehr vergrößert werden kann. Ich weiß, daß du einen andere Frau gebraucht hättest als mich! Wenn du mich auch niedergehalten hast, so bin ich doch immer noch zuviel Mensch für dich! Ich habe immer noch meine eigene Meinung, ich habe dir immer die Wahrheit gesagt und bin dir nicht gefolgt in das Lügengewebe deiner Lehren! Du hättest eine Frau gebraucht, die sich dir in allem blind und demütig unterwirft, aber nicht jemanden, der dich kritisiert, der dich durchschaut und verurteilt, wenn du im Unrecht bist, dem es auf einmal einfällt, Musik zu lieben oder Blumen, oder der es sich plötzlich ohne jeden Grund in den Kopf setzt, die Lebensgeschichte Beethovens zu lesen.«

»Ssonja, es ist die Pflicht einer Frau, ausschließlich für Mann und Kinder zu leben!«

»Ljowotschka, verstehe mich wenigstens einmal in meinem Leben, erlaube mir, daß ich mich der Musik hingebe und den Menschen bei mir sehe, dem ich von Herzen zugetan bin.«

»Ssonja, ich verlange, daß du ihn nie mehr siehst und daß du auf all diesen Unsinn verzichtest, sonst kann ich für nichts einstehen.«

Lew Nikolajewitsch ist außer sich vor Zorn. Mit einem Mal sinkt er in einen Lehnstuhl und schluchzt laut auf. Auch Ssonja weint. Hoffnungslosigkeit erfüllt ihr Herz.

Lew Nikolajewitsch weint und weint. Sein Schluchzen ist so schwer, so entsetzlich, daß Ssonja es nicht länger ertragen kann. Langsam erhebt sie sich, geht auf ihn zu, streichelt sanft seine schütteren weißen Haare und spricht mit leiser, doch fester Stimme:

»Weine nicht. Ljowotschka! Ich werde alles tun, wie du es willst. Ich werde mich bemühen, Tanejew nicht mehr zu sehen, und auf die Musik zu verzichten. Ich werde mich bemühen, auch in Zukunft nur für dich und die Kinder zu leben und in mir diesen Wahnsinn, wie du es nennst, zum Erlöschen zu bringen. Ich werde alles tun, was du willst. Aber du darfst mich nicht zu hart beurteilen. Ich habe so entsetzlich gelitten! Nur du allein weißt das und könntest es begreifen. Aber du verstehst mich nicht. Das ist mein Schicksal, meine Tragödie.«

XII

Schatten des Todes

Feber 1901

»Mein Gott! Ist das möglich? Kann man denn so etwas tun? Das ist ja entsetzlich!«

Ssonja ist außer sich. Sie hält ein Zeitungsblatt in der Hand mit der Nachricht, daß Lew Nikolajewitsch öffentlich und feierlich aus der rechtgläubigen Kirche ausgeschlossen worden ist.

Haben denn alle den Kopf verloren? fragt sich Ssonja. All die Jahre tue ich, was ich nur vermag, um ihn zur Kirche zurückzubringen, und mit ihrer Ausschließung machen sie von vornhinein alle meine Anstrengungen zunichte.

Da tritt schnellen Schrittes Lew Nikolajewitsch ins Zimmer, in den Händen ein offenes Zeitungsblatt.

»Siehst du, Ssonja«, sagt er, »ich habe dir immer gesagt, daß man mit der Kirche nicht zusammengehen kann. Jetzt hat sie sich endgültig erniedrigt durch meine Ausschließung. Alle Welt wird auf meiner Seite sein, ich weiß es ganz gewiß!«

Um seinen Mund liegt ein Lächeln, dieses Lächeln, das Ssonja so fürchtet.

»Ljowotschka«, sagt sie, »das ist einfach furchtbar! Ich habe dir immer gesagt, du sollst die Kirche nicht so maßlos beschimpfen. Erst vor einigen Tagen hast du sie verhöhnt! ›Der Pope gibt, in einen brokatenen Sack gekleidet, den Leuten schlechten Wein zu trinken, und das nennt man Religion.‹ So hast du gesagt. Aber davon jetzt zu sprechen, hat keinen Zweck. Ich bin erschüttert. Ich kann nicht einmal mehr sagen, wer mehr im Unrecht ist, du, der du von früh bis abends von Liebe sprichst und dabei alles haßvoll verhöhnst, oder die Kirche, die auch immer Liebe predigt und dich herzlos verstößt . . .

Aber, Ljowotschka, ich muß dich in Schutz nehmen. Ich bin

deine Frau. Ich will beweisen, daß die Kirche unrecht daran tut, einen Menschen von sich zu stoßen, selbst wenn er irrt. Gerade weil du vom rechten Weg abgeirrt bist, ist es grausam von ihr, dich zu verstoßen!«

Für Lew Nikolajewitsch aber ist diese Ausschließung kein Schlag. Er ist voll Freude darüber, denn jetzt beginnt er endlich, die Rolle des Märtyrers zu spielen, nach der er sich so lange vergeblich gesehnt. Ssonja weiß, daß dies alles ihn nur noch mehr in seiner Haltung bestärkt.

»Herr Graf«, meldet da ein Diener, »es hat jemand Blumen gebracht, man will Ihnen gratulieren.«

Aufzeufzend nimmt Ssonja die Zeitung wieder zur Hand und liest noch einmal die »Verordnung des Heiligen Synods vom 20./22. Februar des Jahres 1901, Nummer 557, mit der an die Gläubigen der rechtgläubigen griechisch-orthodoxen Kirche gerichteten Botschaft bezüglich des Grafen Lew Tolstoi.«

Dann nimmt sie einen Bogen Papier und beginnt an den Metropoliten Antonij, einen der Kirchenfürsten, die die Botschaft mit ihrem Namen gezeichnet haben, einen Brief zu schreiben. Mit jeder Zeile, die sie schreibt, wächst ihr Unmut, mit jedem Wort wird ihre Überzeugung fester, daß man ihrem Mann und damit ihr selbst ein großes Unrecht angetan hat. Sie will ihren Brief an alle Zeitungen des ganzen Erdkreises schicken, sie will, daß alle Menschen von Mitleid erfüllt werden mit Ljowotschka, der das Leben eines Asketen führt. Oh, sie wird für Ljowotschka eintreten! Alle Metropoliten wird sie anschuldigen, alle Bischöfe! Aber ihren Ljowotschka läßt sie nicht beleidigen und erniedrigen.

»Gräfin«, läßt sich wieder der Diener vernehmen, »es ist wieder ein Korb Blumen gekommen, und viele Gratulanten sind da, wegen, wegen...«

Der Diener stottert verlegen und weiß nicht, wie er Ssonja mitteilen soll, daß die Leute alle anläßlich des Ausschlusses des Grafen aus der Kirche gekommen sind.

»Ich komme gleich!« spricht sie, obwohl es ihr schwer wird, sich von ihrem Brief loszureißen. Das Gästezimmer ist voll Menschen mit duftenden Frühlingsblumen, und alle befinden sich in einer gehobenen, freudigen Stimmung.

»Das ist schrecklich! Wir stehen alle auf der Seite Lew Nikolajewitschs! Das ganze Volk ist für ihn!«

So tönt es ihr von allen Seiten entgegen. Sie setzt sich und beginnt die Besucher der Reihe nach ins Gespräch zu ziehen. Unterdessen ertönt im Vorzimmer die Glocke fast ohne Unterlaß, und Telegramme, Blumen, neue Besucher kommen.

»Wo ist denn der Graf selbst?« fragen einige der Anwesenden.

»Er ist ein wenig an die frische Luft gegangen!« erklärt Ssonja, und ihre Wangen brennen, sie ist in Gedanken immer noch bei dem Brief, den sie rasch absenden will.

Lew Nikolajewitsch schweift indessen durch die Straßen Moskaus. Er ist nicht imstande, zu Hause zu bleiben, er braucht Luft, Leben.

Es ist Sonntag, Frühling. Die Straßen wimmeln von Menschen, und Lew Nikolajewitsch wird sofort gewahr, daß sie alle von einer erregten Stimmung getragen werden. Schon seit einigen Tagen veranstalten die Studenten Demonstrationen, weil man ihre Kameraden von der Kiewer Universität zur Strafe für die Unruhen unter die Soldaten gesteckt hat. Man sieht es den Studenten an, daß sie sich als die Helden des Tages fühlen. In Scharen ziehen sie auf und ab, ihre jungen Gesichter brennen. Man fühlt, daß dieses Mal auch ein großer Teil des Volkes auf ihrer Seite steht, das sich doch sonst den Studentenunruhen gegenüber sehr ablehnend verhält. Überall hört man erregte Stimmen, und ganz offen erheben sich Vorwürfe gegen die Regierung. Lew Nikolajewitsch ist es, als ob alle von irgendeiner Trunkenheit erfaßt wären, und diese Stimmung ergreift auch ihn. In den Händen vieler Vorübergehender sieht er Zeitungen, an der Stelle aufgeschlagen, die die Mitteilung über seinen Ausschluß aus der Kirche enthält, und im Vorübergehen hört er deutlich, wie darüber gesprochen wird.

»Kameraden«, hört er einen der jungen Leute rufen, »habt ihr schon vom Ausschluß Tolstois gelesen? Das muß auch im Ausland bekannt werden, wie man hier in Rußland einen unserer größten Männer in den Schmutz ziehen will.«

»Ja, ja«, schreit ein anderer, »das muß man tun! Der Synod

wollte das Volk gegen ihn aufstacheln, aber man hat gerade das Gegenteil erreicht. Tolstoi ist stärker als der Synod, stärker als die Regierung, stärker als der Zar, Tolstoi ist der Verkünder des neuen Lebens. Die ganze Jugend, das ganze Volk ist für Tolstoi!«

Lew Nikolajewitsch klopft das Herz stürmisch in der Brust. Tränen fließen über seine Wangen, vornübergebeugt steht er zwischen der Menge, die den Worten des Studenten lauscht.

»Genossen«, fährt dieser fort, »Tolstoi hilft uns, den stinkenden, trägen, faulen Sumpf unserer Gesellschaft und der Kirche zu zerstören. Tolstoi ist der Beschützer der Unterdrückten, der Beschützer der Arbeiter und des Proletariats. Tolstoi ist der Führer der Revolution, die unaufhaltsam heranschreitet. Es lebe Tolstoi! Schicken wir ihm ein Begrüßungstelegramm!«

Die Stimmen schwirren durcheinander, und gleich auf der Stelle wird gemeinsam der Text zusammengestellt, obwohl ein Teil der Menge dem Treiben der Studenten mit steigendem Unwillen zu folgen beginnt.

Lew Nikolajewitsch will sich aus der Mitte der Studenten entfernen, um ebenso unerkannt zu verschwinden, wie er gekommen. Doch da tritt ihm plötzlich ein Mann in den Weg, dem Aussehen nach einer von denen, die am Markt Fische verkaufen, eine verschmierte Mütze auf dem Kopf, die Rubaschka über den schmutzigen Hosen. Die kleinen Augen des Unbekannten blicken ihn durchdringend an. Zorn und Empörung spiegeln sich in ihnen. Sein Kinn beginnt merkwürdig zu zittern, seine Hände ballen sich zu Fäusten, und mit schriller, durchdringender Stimme schreit er:

»Da ist der Teufel in Menschengestalt!«

Alles bleibt stehen, alle blicken erstaunt auf Lew Nikolajewitsch. Es hat sich ein kleiner, freier Kreis um ihn gebildet, und so ist er allein, einsam, unter dieser Menge. Der Mann mit der schmutzigen Bluse tritt ganz nahe an ihn heran, blitzschnell krempelt er die Ärmel auf, einen Augenblick noch, und der Schlag seiner Faust muß Lew Nikolajewitsch treffen. Mit keiner Wimper zuckt er, keine Bewegung macht er, um sich zurückzuziehen, um sich in Sicherheit zu bringen. Jetzt, jetzt ist die Stunde gekommen, da er endlich sein Kreuz auf sich nehmen, da ihn die Krone des Märtyrertums für seine Ideen schmücken wird, wenn ihn die durch die Verfügung der Kirche aufgestachelte Menge schlägt, zerreißt!

Aber im nächsten Augenblick schon geschieht etwas für Lew Nikolajewitsch ganz Unerwartetes. Ein Student hat den Angreifer zurückgedrängt, andere Studenten drängen sich um ihn, einer von ihnen schreit laut: Es lebe Graf Tolstoi! Es lebe Lew Nikolajewitsch! Und alles stimmt in den Ruf ein, nicht nur die Studenten, sondern alles Volk, das den Platz füllt und von Sekunde zu Sekunde wächst.

Es lebe der große Mann! ruft neben ihm ein Arbeiter und reicht ihm die Hand, und Dutzende von Händen strecken sich ihm entgegen, alle wollen einen Händedruck von ihm erhaschen, oder doch wenigstens seine Kleider berühren. Wie eine Lawine wächst die Zahl der Menschen: Studenten, Arbeiter, Intellektuelle, junge Mädchen, die ihn mit Blumen bewerfen, von denen niemand weiß, wie sie so schnell zur Hand sein konnten.

»Eine Droschke! Eine Droschke!« ruft Lew Nikolajewitsch. Er ist aufs tiefste erschüttert. Er hat ein Kreuz auf sich nehmen wollen, und statt dessen Ruhm, Ruhm, wieder Ruhm!

Endlich fährt eine Droschke herbei. Zarte Hände heben Lew Nikolajewitsch behutsam in den Wagen, doch die Pferde kommen nicht von der Stelle, sie können sich nicht den Weg durch die dichte, rasende Menge bahnen, die Tolstoi durch begeisterte Rufe feiert, ihn, der mit diesem Tag zu ihrem Helden geworden ist.

Ein berittener Gendarm bahnt sich mühsam eine Gasse durch die Menschen, und nach langen Anstrengungen erst gelingt es ihm, das Gefährt aus der Umklammerung zu befreien.

Zu Hause tritt ihm alles in festtäglicher Stimmung entgegen. Er mustert die zahllosen Briefe, Telegramme, die vielen Blumengeschenke, aber er kann sich nicht freuen. Ein merkwürdiges Gefühl von Schwäche überkommt ihn, die Kräfte seines Körpers scheinen mit einem Mal vollständig erschöpft zu sein, und gleichzeitig erfüllt Hoffnungslosigkeit sein Herz. Sein ganzes Leben hat er vom Ruhm geträumt, davon, daß er sich einmal die Liebe aller Menschen erringen würde. Jetzt hat sein Ruhm einen Gipfel erklommen, wie er höher nicht gedacht werden kann. In dieser Stunde hat er sich selbst überzeugen können, auf welch fruchtbaren Boden der Same gefallen ist, den er in seinen Werken ausgestreut hat.

Er hat gesehen, wie ihm die Herzen aller zufliegen, und doch, gerade jetzt fühlt er sich so hilflos, so unglücklich, so namenlos einsam und verlassen!

Da tritt Ssonja ins Zimmer, ihr seidenes Empfangskleid knistert und rauscht, feierlich hält sie in der Hand einen Brief.

»Ljowotschka«, sagt sie, »ich habe diesen Brief an den Metropoliten Antonius geschrieben und werde alles tun, um dich zu schützen.«

Lew Nikolajewitsch blickt ihr in das gerötete Antlitz, in dem sich Energie und siegessichere Kampfesfreude spiegeln. Auch Ssonja geht mit ihm, auch sie steht ihm zur Seite in diesen entscheidenden Stunden. Aber selbst dies kann ihn nicht mehr aus seiner verzweifelten Stimmung bringen, er fühlt sich unglücklich, so unglücklich, wie ein Mensch sich nur fühlen kann, dem kein einziger Hoffnungsstrahl geblieben ist. Ist es die Stärke der seelischen Erschütterung? Oder ist es sein Körper, der gerade jetzt, da sich sein Geist auf dieser schwindelerregenden Höhe gesehen, seinen Dienst versagen will?

Lew Nikolajewitsch hat sich zu Bett begeben. Trüb brennt eine Kerze auf dem Tischchen, und Ssonja sitzt neben ihm. Sie liest die eingelangten Telegramme vor:

»Wir Arbeiter fühlen aufs tiefste mit Ihnen die ungerechte Verurteilung durch den Synod!«

»Dem machtvollen Dichter der russischen Erde gelang das Unmögliche: die Rechtgläubigen aus ihrem Schlaf zu erwecken und den Sumpf unserer Geistlichkeit aufzurühren.«

»Wisse, daß die Mehrzahl der Jugend auf deiner Seite steht!«

»Teurer Lehrer! Nimm die tiefe Achtung und Verehrung für deinen hohen, apostolischen Beruf entgegen und wandle bis zum Ende den schweren Weg des Dienstes für Gott!«

»Dies hat ein Student geschrieben«, erklärt Ssonja. »Höre weiter...«

»Ssonja, es ist genug!« sagt Lew Nikolajewitsch müde. »Ich will jetzt schlafen.«

Ssonja deckt ihn sorgfältig zu und blickt lange zärtlich auf sein bleiches, zerquältes Gesicht. Dann verläßt sie leise, auf den Fußspitzen das Zimmer.

Lew Nikolajewitsch aber liegt noch lange wach, und der Schmerz nagt an seinem Herzen. Wenn mich die Menge heute zerrissen hätte, denkt er, wären meine Worte für immer der ganzen Menschheit heilig geblieben. Ich hätte den Tod für meine Ideen erlitten, meine Gebote und mein Schicksal wären den Menschen ein unzertrennliches Ganzes geworden. So aber hat mir das Leben noch einmal die Krone des Märtyrertums entzogen, und es hat mir wieder das freundliche Lächeln des Ruhmes gezeigt. Ich suche das Leid, und es flieht vor mir. Das ist die Tragödie meines Lebens!

Frühling 1902

»Ssonja, wo ist denn das Thermometer? Ewig versteckt ihr es irgendwo!«

Mit mürrischer Stimme spricht Lew Nikolajewitsch zu Ssonja und versucht dabei, mit zitternder Hand auf dem Nachttischchen das Thermometer zu finden.

»Hier ist es, Ljowotschka!« gibt Ssonja beruhigend zur Antwort und zieht den verlangten Gegenstand unter einem Stück Papier hervor. Lew Nikolajewitsch greift hastig danach und steckt es unter die Achsel. Von Zeit zu Zeit zieht er es heraus und blickt voll banger Erwartung auf die Quecksilbersäule. Ssonja sieht eine Zeitlang seinem Treiben zu, dann verliert sie die Geduld und spricht mit bestimmtem, doch beruhigendem Ton:

»Ljowotschka, es geht dir ganz sicher besser! Ich habe selten einen Menschen gesehen, der so wenig von Medizin und Hygiene versteht, der rücksichtsloser und unvernünftiger mit seiner Gesundheit umginge als du. Wenn du krank bist, schickst du sofort um den Arzt, nimmst alle Arzneien ein, befolgst alle Vorschriften auf das peinlichste, sobald dir aber nur ein ganz klein wenig besser ist, machst du eine Dummheit nach der andern. Und das entsetzlichste ist, daß du unmittelbar nach dem Hungern und nach der Diät soviel ißt, und alles durcheinander!

So wie jetzt, zuerst ißt du eine Menge Mandarinen und dann trinkst du literweise Milch darauf. Da müssen ja jedem, der nur eine Ahnung von solchen Dingen hat, die Haare zu Berge stehen.«

Ssonja seufzt, aber Lew Nikolajewitsch hat sie kaum angehört. Immer noch starrt er wie hypnotisiert auf das Quecksilber, und mit dem Ausdruck der Verzweiflung murmelt er vor sich hin:

»Schon wieder 36,8! Jetzt habe ich 36,8, dann steigt es auf 37, dann geht es weiter und weiter, und zum Schluß kommt wieder dieser furchtbare Zustand, in dem der Mensch zwischen Leben und Tod schwebt.«

Er legt das Thermometer auf das Tischchen.

»Wie schwer es doch ist«, seufzt er, »nicht leben und nicht sterben zu können!«

Da beginnt plötzlich wieder dieses quälende, ununterbrochene Aufstoßen. Zusammengesunken, den Kopf müde nach vorne gestreckt, das Gesicht von den fallenden Haaren verhängt, sitzt er im Bett. Dabei legt er die Finger an den Puls und zählt.

»Schon wieder mehr als 88!« sagt er.

Auf seinem Antlitz prägt sich Kummer und Leid. Ssonja aber sitzt unbewegt daneben, sie verbirgt ihren Schmerz in ihrer Brust. Sie weiß, daß jedes tröstende Wort ihn nur noch in seiner düsteren Stimmung bestärken würde.

Lew Nikolajewitsch lauscht, während er sich mit seinem Aufstoßen abquält, dem dumpfen Rauschen der Meereswogen, die sich an der Küste zerschlagen, und in raschem Wechsel läßt er in der Erinnerung einzelne abgerissene Bilder aus der Vergangenheit an sich vorüberziehen; aber, wie von einem bösen Dämon ausgewählt, ist eines drückender und düsterer als das andere. Dann bleibt, er weiß selbst nicht warum, seine Erinnerung mit bohrender Hartnäckigkeit an einem anonymen Brief haften, den er kurz nach seinem Ausschluß aus der Kirche erhalten:

»Jetzt bist Du dem Fluche verfallen und gehst dem Tode zu, zur ewigen Qual. Wie ein Hund wirst Du krepieren! Fluch dir, alter Satan! Sei verflucht!«

Warum müssen ihm gerade jetzt diese haßvollen Worte in den Sinn kommen? Warum ist es so schwer, den Haß von Menschen zu ertragen, von denen man nichts weiß, die man niemals im Leben sehen wird? Mit welcher Klarheit erkennt er, wie er dem Tod entgegengeht, mit unheimlicher, rasender Geschwindigkeit entgegeneilt! Er will ihn nicht, den Tod, aber der Tod kommt. Warum muß es einen Tod geben? Nein, er sollte nicht, er dürfte nicht sein! So sehr ist sein Herz von Abscheu und Angst erfüllt, so sehr sträubt er sich mit seinem ganzen Wesen, mit seinem ganzen Sein gegen diesen entsetzlichen Tod, daß er an ihn nicht glauben kann, obwohl er dennoch weiß, daß er unentrinnbar kommen muß.

Draußen murmelt das Meer mit tausend Stimmen. Wovon sprechen die Wogen? Sie müßten alle ihre Stimmen mit der seinen vereinen und ihn unterstützen in seinem Protest gegen den Tod. Er ist nicht gegen das Leid. Das Leid reinigt, veredelt, es ist notwendig, wie das Leben selbst. Aber der Tod? Was sollte seine Rechfertigung sein?

»Du leidest sehr, Ljowotschka?« fragt Ssonja leise, schüchtern, und beugt sich zärtlich zu ihm nieder. Lew Nikolajewitsch öffnet die Augen und blickt sie mit einem solchen Ausdruck hoffnungsloser Qual an, daß sich ihr Herz zusammenkrampft. Aber wieder fühlt sie ihre Ohnmacht, ihm zu helfen, und sie kehrt in ihre frühere Haltung zurück.

Von neuem legt sich ein banges, schweres Schweigen in den Raum, in das von Zeit zu Zeit, vom Meer her, ein dumpfes Aufheulen, ein stürzendes Brausen dringt. Mit müdem Auge läßt Ssonja ihre Blicke über die reichen, prächtigen Möbel schweifen, mit denen die große Villa eingerichtet ist, die ihnen die Gräfin Panina in der Krim so liebenswürdig zur Verfügung gestellt hat. Die Ärzte haben erklärt, Lew Nikolajewitsch könnte die kalten Winter von Jassnaja Poljana nicht mehr ertragen. Ach, wie lange er schon dahinsiecht! Eine Krankheit löst die andere ab. Zuerst das Nervenfieber, die Brustschmerzen, dann die Magen- und Darmstörungen, die Malaria, das Asthma, und zuletzt, noch hier in der Krim, die Lungenentzündung, der Bauchtyphus. Eine Krankheit gefährlicher als die andere, monatelang ein Schweben zwischen Leben und Tod. Ssonja denkt mit Schrecken an die schlaflosen Nächte zurück, die sie an Lew Nikolajewitschs Bett zugebracht. Sie erinnert sich, wie sie jeder kleinsten seiner Bewegungen mit der gespanntesten Aufmerksamkeit gefolgt und wie sie dabei in endlosen Stunden sich jedes ihrer Worte, jede ihrer Gesten in ihr Gedächtnis zurückgerufen hat, die auch nur irgendwie von Lieblosigkeit oder Hartherzigkeit gegen Ljowotschka hätten sprechen können. Wieviel Schuld, so schien es ihr, hat sie in den langen Jahren ihrer Ehe auf sich geladen! Und wie viele heiße Tränen bitterer Reue hat sie in diesen Nächten am Bett ihres todkranken Mannes vergossen! Was hätte sie darum gegeben, wenn sie ihn um Verzeihung hätte bitten können, während sie seine bleiche Stirn und seine abgemagerten, bewegungslosen Hände mit Küssen bedeckte! Nur um eines hat sie damals zum Himmel gefleht, daß ihr Ljowotschka am Leben bleibe!

Und jetzt ist das Wunder geschehen, daß er mit vierundsiebzig Jahren alle diese Krankheiten überstanden hat und sich von Tag zu Tag mehr dem Zustand völliger Gesundheit nähert. Nur eines noch ist ihm geblieben, die quälende, durch nichts zu überwindende Angst vor dem Tod.

»Ssonja«, sagt Lew Nikolajewitsch, »vielleicht schickst du doch um den Arzt. Ich habe schon wieder Magenschmerzen.«

»Wie du willst«, gibt Ssonja bereitwillig zur Antwort. Dann verläßt sie ihn, um das Nötigste zu veranlassen. Mein Gott, denkt sie, wie er nach dem Leben drängt! Wie oft hat er geschrieben, daß der Tod kein Sterben, sondern ein Erwachen ist. Aber er ist nicht für den Tod, sondern für das Leben geboren, nur für das Leben!

»Ssonja, gib mir die Arznei!« sagt Lew Nikolajewitsch mit schwacher Stimme, als Ssonja zu ihm zurückgekehrt ist. Mit Mühe schluckt er die dargereichten Pillen.

»Ssonja«, sagt er dann, »reibe mir die Füße! Sie werden ganz kalt.«

Gehorsam beugt sich Ssonja über das Bett und beginnt seine mageren Beine zu massieren. Es kommt sie sehr hart an. Sie ist durch die Aufregungen und die beständige Angst ganz erschöpft; sie atmet schwer, und das Blut steigt ihr zu Kopf.

»Ssonja, mein Seelchen«, spricht Lew Nikolajewitsch mit zärtlicher Stimme, »ich mache dir große Mühe. Aber denke nicht, daß ich dich nicht liebe, daß ich dir nicht dankbar bin. Ich liebe dich, Ssonja!«

Dabei versucht er mit seinen schwachen, ungeschickten Händen ihre Wange zu streicheln. Ssonja lächelt glücklich. Selbst während seiner Krankheit ist er sonst mit guten Worten geizig; darum bringt ihr jeder zärtliche Blick schon selige Freude.

»Ssonja«, spricht Lew Nikolajewitsch düster, »ich dachte früher immer, es wäre leicht zu sterben; aber jetzt weiß ich, daß es unendlich schwer ist, die gewohnte Hülle von sich zu werfen! Ach, Ssonja, es geht mir wieder schlechter, ich spüre, wie der Herzschlag aussetzt. Es beginnt schon wieder diese beklemmende Angst! Ich werde sicher die ganze Nacht nicht einschlafen können!«

Laut und ununterbrochen ertönt das schreckliche Aufstoßen. Ängstlich lauscht Ssonja.

»Das sind deine Mandarinen und die Milch dazu!« sagt sie traurig und vorwurfsvoll. »Ljowotschka, ich muß dir einen Einlauf geben, und dann mache ich dir eine Kompresse!«

Wie mit einem kleinen Kind geht Ssonja mit ihm um. Ihre geübte Hand betreut seinen armen, schwachen, von der Krankheit abgezehrten Körper.

Langsam erholt sich Lew Nikolajewitsch. Sein Atem geht leichter, die Schmerzen lassen nach, und die beklommene Stimmung macht einem wohligen Zustande des Halbschlummers Platz. Leise brummend und gutmütig scheltend schafft Ssonja um ihn, und das Gespenst des Todes schwindet in weite, weite Ferne.

Ssonja stellt Lew Nikolajewitsch ein Glas Milch auf den Tisch, sie weiß, daß er niemals einschlafen würde, wenn er nicht diesen altgewohnten Trunk neben sich wüßte. Dann legt sie ihm die Uhr dazu und die Nachtglocke, schiebt ihm von allen Seiten die Decke unter den Körper und streichelt zärtlich seine hohe, bleiche Stirn.

»Danke dir, mein Seelchen«, spricht er zärtlich, »du Arme! Ich habe dich ganz zerquält! Alle schmutzige und unangenehme Arbeit nimmst du auf dich. Ich weiß, daß es nicht leicht ist mit mir. Aber ich liebe dich!«

»Ach, Ljowotschka«, antwortet sie, »wenn du wüßtest, welches

Glück es für mich bedeutet, daß ich für dich arbeiten, dir deine Leiden erleichtern darf! Versuche jetzt, zu schlafen, ich werde inzwischen deinen Artikel ins reine schreiben.«

Lew Nikolajewitsch schließt die Augen. Ssonja nimmt das Manuskript mit der flüchtigen, schwer lesbaren Schrift und den zahllosen Verbesserungen und Ausstreichungen in die Hand und macht sich an die schwere Arbeit, die ihr die liebste Beschäftigung ist, die sie sich nur vorstellen kann. Der Drang nach geistigem Schaffen ist in Lew Nikolajewitsch ein ganz ungewöhnlicher. Trotz der schweren, lebensgefährlichen Krankheit hat er kaum einen Tag vorbeigehen lassen, an dem er nicht wenigstens ein paar abgerissene Sätze diktiert oder an begonnenen Artikeln weitergearbeitet hätte. Mit heiligem Eifer ordnet und entziffert Ssonja die kleinen Blätter – denn Lew Nikolajewitsch geizt ungeheuer mit Papier –, aber der Inhalt kann ihr nicht gefallen. Alle diese Abhandlungen über Religion, Gewissensfreiheit, Grundbesitz und Verwaltung scheinen ihr so nichtssagend, so blaß und leer, und bei jeder Zeile bedauert sie aufs neue, daß sich Lew Nikolajewitsch mit Dingen beschäftigt, die nicht seiner Begabung zugehören.

Kaum die erste Seite ihrer Reinschrift hat Ssonja beendet, da beginnt sich Lew Nikolajewitsch in seinem Bett zu regen.

»Es würde mich interessieren«, sagt er unvermittelt, »wann ich eine Antwort auf meinen Brief bekomme, den ich dem Zaren durch den Großfürsten übergeben habe.«

»Ljowotschka«, sagt Ssonja, »ich hoffe, daß er ihn dem Zaren überhaupt nicht aushändigen wird. Dieser Brief ist ein Produkt deiner kranken Leber und deines kranken Magens, ein böser, herzloser Brief ist es. Und die Ratschläge, die du darin dem Zaren gibst, sind völlig ungeschickt und undurchführbar.«

»Ssonja, dieser Brief gefällt dir nur darum nicht, weil du dich fürchtest, man könnte mich deshalb aus Rußland ausweisen.«

Lew Nikolajewitschs Worte klingen scharf und gereizt.

»Natürlich fürchte ich mich« –, gibt Ssonja zur Antwort, »denn trotz deiner Krankheit hast du kein einziges gutes und weiches Wort gefunden, sondern nur Hohn und Schimpf.«

Auch Ssonja beginnt in erregtem Ton zu sprechen; gleich aber faßt sie sich wieder.

»Ljowotschka, schlafe lieber«, sagt sie sanft.

»Nein, ich kann nicht schlafen! Ich will eine Abhandlung über Krieg und Brudermord diktieren!«

Wieder greift er zum Thermometer, und nach einer Weile ruft er triumphierend aus:

»Ssonja, nur 36,6! Ich will diktieren!«

»Ljowotschka, meiner Meinung nach solltest du erst sehen, daß du ganz gesund wirst, bevor du Abhandlungen schreibst, denen ganz Rußland das Ohr leiht! Warte noch ein paar Tage mit dem Diktieren, komme erst ein wenig zu Kräften!«

»Mein Kopf ist ganz klar!«

»Nein, Ljowotschka, er ist noch nicht klar! Dein letzter Aufruf an die Arbeiter zum Beispiel ist schrecklich unlogisch und verschwommen. Meiner Meinung nach können die Arbeiter diese langweilige Sprache, diese langatmige, lederne Beweisführung überhaupt nicht verstehen!«

Da erhebt sich Lew Nikolajewitsch plötzlich mit einer Kraft und Behendigkeit vom Bette, die man seinem Zustand nicht zugetraut hätte. Erschrocken schreit Ssonja auf und will ihn hindern, aber er läßt sich nicht zurückhalten. Langsam geht er zum Fenster und blickt in die Nacht hinaus, dorthin, woher das dumpfe Brüllen des Meeres tönt. Die dunkelrote Scheibe des Mondes taucht bisweilen aus den schwarzen Wolken auf, um gleich wieder hinter den wild dahinjagenden, zerrissenen Fetzen zu verschwinden. Lew Nikolajewitsch starrt auf den kaum zu erkennenden Strand, gegen den sich die Wogen wie dunkle, schwarze Ungeheuer langsam und schwer anwälzen. Irgendwo weit in der Ferne, glaubt er ein Licht aufblitzen zu sehen. Da ertönt der schrille, langgezogene Pfiff einer Sirene, klagend, verzweifelt, geheimnisvoll.

»Ist das ein Dampfer in Seenot?« fragt Ssonja aufgeregt.

Das Antlitz Lew Nikolajewitschs nimmt einen harten, triumphierenden Ausdruck an.

»Ssonja«, sagt er mit feierlicher Stimme, »meine Schriften sollen wie dieser Alarm auf die Menschen wirken, die Rußland regieren. Ich weiß, daß ich einer unter ganz wenigen bin, die sich getrauen, dem Zaren zu sagen, daß seine Regierung schlecht ist, daß seine Minister nichts taugen, daß er keine Soldaten zum Schlachtopfer bereiten soll, daß er niemanden einkerkern, niemanden hängen lassen darf! Ich aber sage es laut! Es ist meine Pflicht, und ich werde sie auch in Zukunft immer erfüllen! Dort oben in der Regierung glauben sie, es wäre schon genug getan, wenn sie die unzufriedenen und unruhigen Leute einfangen und in den Kerker stecken, die besonders unzufriedenen aufhängen. Aber du siehst doch, Ssonja, schon mehr als dreißig Jahre lang treiben sie dieses Spiel, und die Zahl der Unzufriedenen wächst mit jedem Tag und umfaßt bereits Millionen. Meine Aufgabe ist es, zu erklären, daß die Schuld daran nicht an diesen Menschen liegt, sondern an der Regierung selbst. Ich sage das hier in Rußland, und im Ausland schreit es für mich Tschertkow, der meinethalben ausgewiesen wurde, laut heraus. Ach, Ssonja, wie dankbar ich ihm bin! Ich weiß, daß mich ein Band mit ihm verbindet, so eng, daß es nicht einmal der Tod zerreißen kann, ich weiß, daß er es sein wird, der mein Werk zu Ende führt, wenn ich nicht mehr bin.«

»Ljowotschka«, gibt ihm Ssonja erregt zur Antwort, »du untergräbst die Autorität der Regierung. Nun gut, die Regierung fällt, verschwindet. Was aber dann?«

Doch Lew Nikolajewitsch hört nicht ihren Einwand. Seine Augen öffnen sich weit, seine Gestalt richtet sich auf, er wächst förmlich vor ihren Augen, und statt des kleinen, zusammengeschrumpften Greises steht mit einem Mal ein großer, breitschultriger, stolzer Mann vor ihr

»Ich bin dieser Alarmruf«, sagt er feierlich, »der den Herrschenden und den Satten den Schlaf nehmen wird!«

»Ljowotschka«, fleht Ssonja ihn an, »leg dich ins Bett um Gottes willen!«

Sie nimmt einen Schlafrock und will ihn ihm um die Schultern legen. Doch Lew Nikolajewitsch weist sie unwillig von sich, und mit zornerfüllter Stimme spricht er:

»Geh weg mit deinem Mantel! Ach, wie mich deine ewige Sorge um mich aufreizt! Was für eine entsetzliche Last das für mich ist! Viel, viel lieber wäre es mir, ich läge jetzt in irgendeiner Bauernhütte und die Leute schimpften mich, daß ich ihnen den

Platz wegnehme, und Wanzen, Flöhe und Läuse kröchen um mich herum. Es wäre mir lieber, man gäbe mir nichts zu essen, ich läge auf dem kalten Fußboden und stürbe einsam, von allen verlassen!«

»Wie entsetzlich undankbar du bist, Ljowotschka!« sagt Ssonja bitter.

Er aber hört sie nicht und fährt weiter fort:

»Ich will hungern, wie sie alle hungern, meine armen Brüder, die Bauern, die Arbeiter! Auf der ganzen Welt gibt es mehr als eine Milliarde arbeitender Menschen, und sie alle leben in Finsternis und Not, in Unwissenheit und Sklaverei! Sie verachten uns, weil sie für uns arbeiten müssen. Ssonja, was haben denn wir für sie getan, die uns ihre Arbeit schenken? Oh, wie ich mich verachte, daß ich nicht die Kraft in mir finden kann, all diesen Luxus von mir zu werfen und fortzugehen, zu ihnen, in ihre Bettlerhütten, um mit ihnen zu hungern und zu frieren! Ssonja, schicke mir jemanden, ich will diktieren, ich muß, sonst zersprengen mir meine Gedanken den Kopf!«

»Ljowotschka, es wäre besser, wenn du versuchtest, einzuschlafen!«

Weich und demütig klingt Ssonjas Stimme. Lew Nikolajewitsch aber gerät noch mehr in Zorn.

»Ach Ssonja«, sagt er und blickt ihr dabei feindselig, haßerfüllt in die Augen, »wie du mir im Wege stehst, mein Leben zu leben und meine Pflicht zu erfüllen! Es ist eine Qual, eine entsetzliche Qual für mich! Geh, geh von mir, und schicke mir Ssascha oder irgend jemanden, ich will diktieren!«

Weinend geht Ssonja aus dem Zimmer. Sie erfüllt zuerst den Wunsch Lew Nikolajewitschs, dann setzt sie sich zum Schreibtisch, um sich ihrem Tagebuch anzuvertrauen.

»Ein Genie«, schreibt sie, »ist dazu geschaffen, daß es, solange es nicht nicht seine irdische Hülle abgeworfen hat, das Leben der Seinen aufbraucht, die es angeblich nicht verstehen können. Man soll dem Genie eine friedliche, frohe, bequeme Umwelt geben, man soll es füttern, waschen, anziehen, ihm seine Handschriften ungezählte Male ins reine schreiben, man soll es lieben, ihm keinen Grund zur Eifersucht geben, damit es in Ruhe bleiben kann, man soll die zahlreichen Kinder aufziehen, die es in die Welt setzt, um die sich zu kümmern es aber keine Zeit hat, weil es sich mit Epiktets, Sokraten und Buddhas abgeben muß, denen es selbst gleich werden will . . .

Beinahe vierzig Jahre lang habe ich einem Genie gedient, und ich weiß, wie sich in mir hunderte Male der Geist geregt hat, der Drang nach Entwicklung, die Liebe zur Kunst, zur Musik . . .

Und alle diese Bestrebungen habe ich niedergehalten und erstickt, immer wieder, und so auch jetzt, und bis zum Ende meines Lebens werde ich auf diese oder auf eine andere Art dem Genie dienen.

Man würde fragen: Weshalb solltest du, du unbedeutende Frau, des geistigen Lebens oder der Kunst überhaupt nur bedürfen? Auf diese Frage kann ich nur antworten: Ich weiß es nicht, aber es bringt schweres Leid, dieses stete Unterdrücktsein, diese arge Sorge für das Wohlergehen des Genies. Wie sehr man auch den Mann lieben mag, den die Menschen als Genie ansehen: aber ewig gebären, stillen, nähen, Speisen anordnen, Kompressen auflegen, Klistiere geben, stumpf schweigend sitzen und des Rufes nach körperlichen Dienstleistungen harren – das ist eine große Qual, und nichts, nichts erhält man als Lohn dafür, nicht die einfachste Dankbarkeit, wohl aber findet sich noch viel, wofür man Vorwürfe erhält. Ich habe diese Last, die meine Kräfte übersteigt, getragen und werde sie weiter tragen, aber ich bin müde . . .

Mein ganzes Leben lang habe ich die Schwere dieser meiner Arbeit nicht beachtet, des Dienstes an meinem Mann, dem Genie, aber ich habe sie zu fühlen begonnen, als ich die Tagebücher meines Mannes gelesen und dort gesehen habe, daß er mich, um seinen Ruhm noch zu vergrößern, überall mit Schimpf bedeckt hat. Er brauchte dies, um auf irgendeine Art sein Leben in Luxus zu rechtfertigen, das er mit mir geführt . . . Es war in dem Jahr, als mein Wanjetschka starb, als ich mich mit meinem wunden Herzen noch mehr an meinen Mann anschmiegen wollte und dabei an seiner Grausamkeit zerbrach . . .«

Juli 1906

Es ist ein heißer Sommermittag. Lew Nikolajewitsch geht langsam durch den Wald und atmet mit voller Brust den Duft ein, der kräftig von den Bäumen strömt und vom frischen, saftigen Gras. Wie viele Blumen überall stehen! Ihr Duft erfreut das Herz, betäubt das Hirn. Da schwebt ein Bienchen über einer Blüte und sammelt Honig ein, dort windet sich ein schmaler Weg zwischen den Bäumen durch, ein Vöglein singt, die Zweige schwanken leise. Es ist so schön, so wundervoll schön!

Lew Nikolajewitsch pflückt eine duftende Kleeblüte und steckt sie in den Gürtel. Selten kommt er vom Wald zurück, ohne wenigstens eine Blume mitzunehmen. Er liebt es, sich in den Wald zu verkriechen, wo es am einsamsten ist, sich dort auf einem Baumstrunk niederzulassen und den Stimmen der Natur zu lauschen. Man könnte glauben, sie sei stumm; aber man muß nur hinhorchen, dann hört man sie in tausend Stimmen reden. Der Wind rauscht durch die Zweige, ein Bächlein plätschert und murmelt, silberglänzende Käfer surren durch die Luft, und oben wölbt sich der blaue, grenzenlose, unendliche Himmel. Nur an einer Stelle, gerade über dem Haupt Lew Nikolajewitschs steht eine silberweiße, flaumleichte Wolke, unbeweglich, und ihr blendendes Weiß hebt sich so eigenartig, so wundervoll von dem dunklen Grün des Waldes ab.

Lew Nikolajewitsch läßt sich im Gras nieder und blickt mit weit offenen, trunkenen Augen in all das wunderbare Weben. Welch feine gelbe Blümchen da auf ihren schlanken Stielen stehen, gleich neben dem Strunk, auf dem er vorher gesessen, und wie diese junge Tanne aus dem vermoderten Kern des alten Holzes in die Höhe strebt und ihre weichen Zweige nach den Seiten streckt! Der alte Strunk ist schon mit einer dicken grauen Moosschicht bedeckt; wenn man sie zur Seite schiebt, sicherlich wird man da ein ganzes Königreich von Ameisen bloßlegen, und die Tierchen werden mit aufgeregter Geschäftigkeit herumlaufen, vor und zurück und wieder vor, Puppen oder Tannennadeln mit sich schleppend.

Wie wundervoll schön es im Walde ist!

Es wäre an der Zeit, den Heimweg anzutreten; aber Lew

Nikolajewitsch will sich nicht dazu verstehen. Da wird er plötzlich in seinem Sinnen und Schauen unterbrochen. Das Geräusch einer Holzaxt dringt an sein Ohr. Er erhebt sich und geht dem Laut nach. Kein Zweifel, es fällt jemand Bäume in seinem Wald, und da sieht er schon durch das Laubwerk einige Muschiks, die gerade eine der hohen Eichen umlegen, den Stolz von Jassnaja Poljana. Wie leid es ihm um diesen schönen Baum ist! Aber er findet, daß er nicht das Recht hat, Einspruch zu erheben, denn alles gehört ja allen. Ganz still, um die Bauern nicht zu stören, entfernt sich Lew Nikolajewitsch aus dem Wald. Und während er sich auf dem Heimweg befindet, schweben ihm die Bauern mit ihren zerrissenen Jacken und ihren bleichen Gesichtern vor Augen, und ein Gefühl namenloser Abscheu vor seinem eigenen Wohlstand erfaßt ihn.

Zu Hause erwartet ihn eine große Gesellschaft. Der Tisch ist mit schneeweißem Linnen gedeckt, mit Blumen, mit Silber und Porzellan bestellt, geschäftig eilen die Lakaien hin und her. Mürrisch begrüßt Lew Nikolajewitsch seine Bekannten und Freunde, mürrisch setzt er sich zur Tafel. Alles wirkt aufreizend auf ihn, die Menge der Gerichte, ihre Zubereitung, die satten, zufriedenen Gesichter. Ganz außer sich aber gerät er, als zum Schluß Eis gereicht wird, das er für den Gipfelpunkt eines sinnlosen Luxus ansieht.

Da bemerkt er, wie ein Diener in aufgeregtem Ton seiner Frau etwas mitteilt. Ssonjas Antlitz überzieht Röte, sie erhebt sich und sagt mit zitternder Stimme:

»Die Bauern schlagen schon wieder unser Holz!«

Vor der Terrasse stehen die Bauern, die er vorher im Wald gesehen, sie pressen und winden ihre Mützen in den Händen, machen eine tiefe Verbeugung nach der andern und bitten um Verzeihung.

»Sie müssen bestraft werden«, sagt Ssonja scharf, »was soll denn sonst werden? Sie schlagen uns ja den ganzen Wald aus!«

»Ssonja, verzeih ihnen!« bittet Lew Nikolajewitsch.

»Verzeihen Sie ihnen, Gräfin!« lassen sich die Gäste vernehmen.

»Sie haben leicht reden«, antwortet Ssonja erregt, »seit dem

Fünferjahr mit seinen Revolutionen, Streiks und Pogromen ist es ja schon ganz unmöglich geworden! Jeden Augenblick muß man fürchten, daß sie einem das Dach über dem Kopf anzünden. Man darf ihnen nicht völlig die Zügel schießen lassen, man muß sie ein wenig schrecken. Zuerst dem Amtmann anzeigen, dann erst verzeihen! Wenn man ihnen gleich alles durchgehen läßt, kann man sich von seinem Wald überhaupt verabschieden. Und mir ist jeder einzelne Baum so teuer. Wie viele habe ich mit eigenen Händen gepflanzt!«

»Ssonja« unterbricht sie Lew Nikolajewitsch ernst, »ich habe mit dir zu reden; komm mit mir!«

Sie gehen beide ins Nebenzimmer, und es beginnt wieder eines der vielen, endlosen Gespräche, in denen sich jeder von beiden im Recht wähnt, einer den anderen zu überzeugen sucht, mit dem einzigen Erfolg, daß im Herzen eines jeden bitterer Schmerz zurückbleibt.

»Ssonja, verzeihe ihnen!« beginnt Lew Nikolajewitsch. »Sie nehmen ja doch nur das, was ihnen eigentlich gehört.«

»Es gehört nicht ihnen! Mein Grund gehört meinen Kindern und nicht den Bauern!« erwidert Ssonja. »Du hast leicht reden! Was verstehst du denn überhaupt, wie man mit den Menschen umgehen muß? Du verstehst es nur, mit deinen Schriften alles zu zerstören! Man nennt dich ohnehin schon den Vater der Revolution.«

»Ich bin gegen die Regierung, weil die Regierung immer auf der Seite derer steht, die nicht arbeiten wollen.«

»Du kannst ja so denken, aber so schreiben sollst du nicht, und dadurch das Volk gegen die Regierung aufhetzen.«

»Ich habe die Wahrheit geschrieben und werde sie weiter schreiben. Und die Wahrheit ist, daß man den Arbeitern und Bauern das Land zur Verfügung stellen muß, das jetzt von Großgrundbesitzern gehalten wird, wie wir es sind.«

»Wenn du wüßtest, wie mir dein Henry George zuwider ist, dessen Lehren vom Grundbesitz du immer wiederholst!«

»Und ich werde seine Ideen vertreten, und werde die Regierung zwingen, daß sie sie in Wirklichkeit umsetzt!«

»Das wird dir doch nicht gelingen!«

»Bei dieser Regierung natürlich nicht! Aber die Regierung, die jetzt in Rußland am Ruder ist, wird ja doch früher oder später zusammenbrechen. Sie ist ein kleines Häuflein von müßigen, verständnislosen Menschen, die über die Millionen Menschen der Arbeitenden herrschen wollen. Aber es wird der Tag kommen, da diese ihr Joch abschütteln werden!«

»Du hast genug davon geschrieben, ich weiß es, Ljowotschka. Aber deine Worte sind ein Funke, der einen ungeheuren Brand hervorrufen kann. Und wir werden die ersten sein, die ihm zum Opfer fallen. Vorläufig begnügen sie sich noch damit, daß sie unsere Bäume fällen, dann aber werden sie auch bei uns mit den Pogromen beginnen. Du selbst bist es, der die Leute zum Aufstand gegen die Regierung reizt, sie mit Haß erfüllt, und das Ende ist dann ein Meer von vergossenem Blut, wie es schon genug in diesen entsetzlichen Tagen geflossen ist. Warum denkst du immer, daß nur du allein recht hast? Du bist der weltfremdeste Mensch, den es gibt. Und wie kannst du nur diesen ausländischen Journalisten erklären, daß dir Rußland weniger wert ist als das arbeitende japanische Volk, daß du weder für Rußland noch für Japan bist, sondern gegen die Regierungen, die die Menschen zum Krieg zwingen? Du erniedrigst dadurch ganz Rußland vor den Augen des Auslands! Hast du daran noch nicht gedacht?«

»Ssonja das wichtigste ist die Wahrheit. Für mich spielt mein eigenes Leben, aber auch das meines Vaterlandes eine viel geringere Rolle als das Los der Menschheit!«

»Dein eigenes Leben verstehst du nicht einzurichten, aber du kümmerst dich um die Menschheit!«

»Ssonja, ich schreibe für die ganze Welt, für alle! Und dank Tschertkow werden meine Schriften auch in der ganzen Welt gelesen!«

»Ach, diese Artikel! In einem hast du den Zaren einen unglückseligen, verwirrten jungen Menschen genannt, hast ihn als schlecht, nichtig, schwachsinnig bezeichnet. Alles vor dem Ausland! Schämst du dich nicht, den Schmutz aus der eigenen Hütte auf die Gasse zu tragen?«

»Ich kann nicht schweigen, Ssonja, wenn ich zusehen muß, wie man die Menschen zur Schlachtbank führt. Alle diese Zaren, Mikados, Generäle, Advokaten, Redakteure, Äbte und Spekulanten sollte man hinausschicken, sie sollten sich den Kugeln stellen, die andern aber sollten sagen, wir wollen damit nichts zu tun haben, wir wollen ackern und säen!«

»Ich bin ja auch gegen den Krieg. Aber in deinen Worten liegt ein Gift, das die Seele verwundet und in ihr die Liebe zur Heimat und zum Vaterland erstickt. Wie vielen Menschen an der Front hast du die letzten Minuten vergällt, weil du ihnen den Gedanken eingeträufelt hast, der Schutz des Vaterlandes sei eine unnütze, zwecklose Sache. Wie viele haben mir schon erzählt, daß du durch deine Worte den Soldaten die Kraft, gegen den Feind zu kämpfen, nimmst. Bedenke, welch furchtbare Verantwortung du auf deine Seele lädst!«

»Ich bin kein Revolutionär, Ssonja. Mit den Revolutionären bin durchaus nicht einverstanden, wegen der Art, in der sie den Kampf führen. Ich predige die Eroberung ohne Anwendung von Gewalt, die Revolutionäre aber wollen den offenen Kampf. Wie oft habe ich schon gesagt, wenn es zu einer Revolution kommt, dann werden einfach die Marats und die Robespierres an die Stelle des Zaren treten, und es wird alles womöglich noch schlimmer werden. Ich habe dem Zaren schon so viele Briefe geschrieben und ihn angefleht, er möge doch zur Besinnung kommen und dem Volk das Land zu eigen geben. Er aber hat meine Briefe nicht beachtet, und es ist nicht meine Schuld, wenn jetzt in Rußland schreckliche Dinge geschehen. Ich kann dir nur immer wieder sagen, niemand fühlt so sehr wie ich die ganze Dummheit, Verlogenheit und Grausamkeit der russischen Regierung.«

»Und das sagst du den ausländischen Journalisten, damit sie dann in ihren Zeitungen darüber schreiben. Das dürftest du nicht tun, auf keinen Fall!«

»Ja, Ssonja, ich habe ihnen erklärt, daß die russische Regierung ein furchtbares, unmenschliches Ungeheuer ist, aber ich habe ihnen auch gesagt, daß meiner Meinung nach die übrigen Regierungen um nichts besser sind, daß die englische, französische, japanische, amerikanische Regierung, und wie sie alle heißen mögen, dieselbe verwerfliche Tätigkeit ausüben. Ich bin überhaupt überzeugt davon, daß alle vernünftigen Menschen mit ihrer ganzen Kraft danach streben müßten, sich von jedweder Regierung zu befreien, weil jede Regierung ein Übel ist. Uns Russen aber muß es natürlich vor allem darum zu tun sein, uns von der eigenen loszumachen!«

»Ljowotschka, das ist eine deiner phantastischen und ungereimtesten Ideen! Ich muß mich doch auch in Jassnaja Poljana um alles kümmern, muß überall dahinter sein, wenn ich eine wohlgefügte Wirtschaft haben will. Wie soll dann ein Staat existieren können, ohne Menschen, die ihn leiten?«

»Nein und tausendmal nein! Von der Regierung müssen wir uns befreien! Aber nicht mit äußeren Mitteln müssen wir gegen sie kämpfen, denn sie ist unendlich stark an Macht, sondern von innen heraus. Man braucht nur nicht teilnehmen am Leben der Regierung, man darf nur nicht das unterstützen, was die Regierung für wichtig ansieht, und sie wird von selbst zugrunde gehen.«

»Ach, jetzt kommt wieder deine Predigt vom Leben ›nach Gott, nach dem Gewissen, nach Christus‹, deine Lehre, daß man sich gegen das Übel nicht zur Wehr setzen darf, dein Gerede von dem Leben der Vervollkommnung, das du selbst nicht erreichen kannst, es aber andern zur Pflicht machen willst! Lauter Lehren, die alles zerstören, aber nichts aufbauen können! Weißt du, Ljowotschka, am meisten tut es mir im Herzen weh, daß man dich als den Vater der Revolution bezeichnet. Erinnerst du dich an den alten Stanislawski, der dich anbetet und der dir geschrieben hat, daß die Befreiung vom Absolutismus, von der jahrhundertealten Despotie in deinem Namen vor sich gehen wird? Was soll das heißen, Ljowotschka, wenn nicht das, daß auf dein Gewissen all die vernichteten, zerstörten Menschenleben kommen werden, die am Kampfe gegen die Regierung zerschellen? Nach deinem Worte und nach deinem Befehle wird sich die russische Revolution vollziehen, hat Stanislawski geschrieben. Mit tiefem Schrecken haben mich diese Worte erfüllt. Dir gefällt es, Ljowotschka, daß man in dir den Propheten sieht. Aber hast du schon wirklich darüber nachgedacht, was dies bedeutet? Bist du dir klar darüber, wohin diese dunklen Kräfte, die in Rußland ihre zerstörende Arbeit leisten, letzten Endes führen werden?«

»Du hast mich niemals verstanden, Ssonja, und wirst mich niemals verstehen. Ich habe mein Leben lang die Armen beschützt und werde dies immer tun. Alles was wir haben, besitzen wir zu Unrecht. Wir sollten alles den Armen geben. Ich habe dich schon oft darum gebeten, aber ich weiß jetzt, daß es umsonst ist. Doch das wenigstens kannst du mir zuliebe tun, daß du die Bauern, die unsere Bäume schlagen wollten, ungeschoren läßt.«

»Ich will ihnen gerne verzeihen, aber zuerst muß ich ihnen eine Lehre erteilen. Zuerst kommen sie vor den Amtmann, und erst nach dessen Urteil will ich ihnen die Strafe erlassen.«

»Ssonja, für mich ist es so sonnenklar, daß du ihnen ohne weiteres verzeihen mußt, du aber bist überzeugt, daß sie zuerst in Schreck gejagt werden sollen. Einer von uns hat unrecht, einer von uns hat den Verstand verloren! Aber nein! Kann es denn noch einen Verstand geben in einem Haus, in dem man sich von früh bis abends vollfrißt mit Konfekt und Eis, während die Muschiks sich kümmerlich von Kwaß und Schwarzbrot nähren? Nein, ich will nicht länger in diesem Irrenhause leben! Fort, fort von hier!«

Immer erregter und erregter ist Lew Nikolajewitsch während der letzten Worte geworden, und jetzt läuft er stöhnend in sein Zimmer. Er hat nur einen Gedanken: seine Sachen zusammenzupacken und fortzugehen, irgendwohin, von Ort zu Ort wandern, hungern, frieren, im Walde schlafen, sich von Wurzeln und Beeren nähren!

Lew Nikolajewitsch schreitet wieder dem Walde zu, in dem er sich ein paar Stunden vorher so glücklich gefühlt. Noch immer zittert er an Armen und Beinen, noch immer ist er ganz erfüllt von der Erregung, die sein Gespräch mit Ssonja in ihm hervorgerufen hat. Nun ist es Abend geworden. Am Horizont schweben zarte rosa und violette Töne, und die Blumen duften verschwenderisch. Nachdem er ein paar Schritte getan, wendet er sich um und blickt auf das Haus zurück, das er soeben verlassen. Friedlich träumt es inmitten der üppigen Bäume, das Haus, in das er einst seine junge Frau geführt, in dem ihm seine Kinder geboren wurden. Eine weiche Melodie, auf dem Klavier gespielt, klingt heraus, Licht leuchtet in einem Fenster auf, dann in einem zweiten, dritten, lautes fröhliches Lachen klingt an sein Ohr. Wie ein scharfes Messer schneidet es ihm ins Herz, dieses Lachen. Er wendet sich ab und geht schnell weiter, dem Walde zu.

Einsam und verlassen wie noch nie fühlt sich Lew Nikolajewitsch. Ssonja bekämpft beständig jeden seiner Gedanken, seine Kinder haben sich von ihm abgewandt. Die Söhne üben Kritik an seinen Ideen, fast schärfer noch als ihre Mutter, und zeigen ihm offen, daß sie ihn nicht ernst nehmen. Es ergeht ihnen wie Menschen, die so nahe an einem Gegenstande sind, daß sie ihn nicht sehen können. Um die klare Antwort auf die Frage nach dem Sinn ihres Lebens zu finden, brauchten sie nur die Hand auszustrecken, aber sie tun es nicht. Sicher, sie lieben ihn alle, die zahlreichen Mitglieder seiner Familie, doch fast keinem von ihnen ist er eigentlich nötig. Sogar Ljowa, der anfangs sein eifrigster Anhänger war, ist zu seinem Gegner geworden; und die Töchter? Mascha schreibt ihm, seit sie verheiratet ist, zärtliche Briefe, dennoch aber fühlt er deutlich, wie sie sich ihm mehr und mehr entfremdet. Und nun hat sich auch Tanja verheiratet, trotz ihrer fünfunddreißig Jahre, und sie hat damit seine Hoffnung zerstört, daß *sie* wenigstens nicht den Fall von der geistigen Höhe der freiwilligen Jungfräulichkeit in die fleischliche Niedrigkeit der Ehe tun würde. Die Hochzeit Tanjas am 14. November 1899 war ihm wie ein Begräbnis gewesen. Jetzt ist ihm nur mehr die jüngste Tochter Ssascha geblieben. Sie allein steht noch an seiner Seite, sie hilft ihm seine Manuskripte ins reine schreiben, aber er wagt nicht mehr zu hoffen, daß sie ihm erhalten bleibt. Auch sie wird einmal jemanden finden, den sie lieben wird, auch sie wird den Weg gehen, den seine anderen Töchter gegangen sind. Was soll ihn da noch in seinem Haus, in seiner Familie halten, in der er ein Fremder geworden ist?

Die tiefe Einsamkeit des Waldes umfängt Lew Nikolajewitsch. Er bleibt stehen. Und wieder faßt ihn mit aller Macht die Schönheit der Natur, stärker noch als am Tag, jetzt, in der zauberhaften, heiligen Stille der Nacht. Sterne flackern, und der Duft der Birkenblätter erfüllt die weiche Luft, in der Ferne schlägt eine Nachtigall, ein großer, schwerer Käfer summt ihm am Gesicht vorbei, und geheimnisvoll ertönt der Ruf des Kuckucks, irgendwoher, man weiß nicht, ist es ganz nah, oder in unendlicher Weite ...

Da überkommt Lew Nikolajewitsch der Drang, zu beten. Er betet am liebsten im Wald, wenn er allein ist, weit, weit weg von den Menschen. Vier Bitten sind es, die er dann immer spricht, und immer noch haben sie ihm Frieden ins Herz gebracht, wenn sie mit aller Inbrunst aus der Tiefe seiner Seele gekommen sind.

Du, der Du in mir bist, hilf mir!

Hilf mir, mit Dir zu sein!

Hilf mir, daß ich nichts in mir sehe als Deinen Knecht!

Hilf mir, beim Umgang mit den Menschen mich selbst in jedem von ihnen zu sehen!

Die letzten Worte hat Lew Nikolajewitsch zu Ende gesprochen, und er fühlt, wie mit einem Male aller Zorn, alle Bitterkeit gegen Ssonja und gegen seine Kinder verraucht ist. Sein Herz ist klar und rein wie das eines Kindes, und mit voller Klarheit stellt er sich jetzt die Frage:

Was ist leichter für mich: Jetzt gleich das Haus zu verlassen und für immer fortzugehen, oder zu bleiben und alles zu ertragen?

Fortzugehen ist tausendmal leichter. Aber ich brauche Leid, damit mein Geist wachsen kann, und so will ich bleiben und weiter mein Kreuz tragen!

Sein Entschluß ist gefaßt. Und doch – etwas bleibt, eine Sehnsucht nach Teilnahme, nach zartem, leisem, wortlosem Verstehen. Wo ist das Wesen, bei dem er das finden, an das er sich anlehnen, anschmiegen könnte in seiner Seelennot?

Da denkt er plötzlich an seine Mutter, an die Frau, die schon starb, als er die ersten Worte zu lallen begann. Aber jetzt ist sie ihm mit einem Mal zum Inbegriff all der Liebe und Zärtlichkeit geworden, nach der sein müdes Herz drängt.

»Mütterchen, du, Mütterchen, nimm mich in deine Arme!« Er flüstert inbrünstig diese Worte vor sich hin, Tränen treten ihm aus den Augen und es ist ihm, als ob er klein, ganz klein geworden wäre, ein hilfloses Kind. Ein schwacher Windstoß kommt irgendwoher aus der Ferne, schmeichelt lind um seine

Wangen, und es scheint ihm, als ob es die Seele seiner Mutter
wäre, die ihm zu Hilfe kommen will...

Lange schon ist es finstere, tiefe Nacht geworden, und immer
noch steht Lew Nikolajewitsch im Walde und sucht Trost bei der
Mutter, die schon fast achtzig Jahre im Grabe liegt.

Anfang September 1906

»Ich muß sterben, Ljowotschka«, sagt Ssonja leise zu Lew
Nikolajewitsch, der sich an ihrem Lager über sie beugt, »aber
kränke dich nicht um mich! Du hast mich so lieb jetzt, daß ich
fühle, wie mir deine Liebe sogar das Sterben leicht macht.«

Mit ihren dunklen, schönen Augen blickt sie auf ihn. Lew
Nikolajewitsch ist wie gebannt vom Ausdruck dieser Augen, die
wie Sterne glänzen. Keine Spur ist darin von der furchtbaren
Angst vor dem Tod, der er so ganz verfallen war, kein Bitten, kein
Flehen um Rettung, nichts als eine tiefe, verklärte, unirdische
Ruhe.

Ist das Ssonja? fragt sich Lew Nikolajewitsch voll Staunen und
voll Entzücken. Ist das diese Ssonja, die immer ganz aufgegangen
ist in der materiellen Sorge um den Grundbesitz, um das Vermögen der Kinder und Enkel, die ihm immer vorgeworfen, daß er
diese ihre Bemühungen verachte? Sollte er ihr unrecht getan,
irgend etwas Wesenhaftes in ihr verkannt haben? Wie konnte er
diese Schönheit, diese wundervolle Tiefe ihrer Seele bisher nicht
bemerkt haben, dieses milde, alles verzeihende Mitleid mit ihm,
und diese stille Freude über sein Liebe!

Mit ihrer mageren Hand steichelt sie leicht seinen Arm und
blickt ihm dabei unverwandt in die Augen. Lew Nikolajewitsch
sieht deutlich in den ihren den Glanz des Todes, den er so sehr
gefürchtet und der für sie keine Schrecken hat. Woher kommt das,
woher nimmt sie diesen Mut? Wie wunderschön sie sterben will!
Nein, es ist unmöglich, er muß etwas in ihr übersehen haben, und
er hat ihr unzählige Male bitteres Unrecht getan, da er ihr
kleinlichen Materialismus und Niedrigkeit vorgeworfen hat.
Nein, das ist nicht die Ssonja, die immer mit dem Schlüsselbund
im Haus umherläuft, die die Dienstboten rügt, wenn das Essen

nicht richtig gereicht wird, die die Bauern anzeigen will, wenn sie Bäume aus dem Walde stehlen.

Mein Gott, denkt Lew Nikolajewitsch, habe ich denn die wirkliche Ssonja nie erkannt, obwohl ich ein ganzes Leben mit ihr gelebt? Mein ganzes Leben habe ich die Wahrheit gesucht, überall und immerzu – und vielleicht war sie neben mir, in Ssonja, in diesen klaren Augen, die so rein sind wie die eines Kindes. Wie eine Blume sich öffnet, die sich der Sonne entgegenstreckt, so entdeckt sich ihm jetzt ihre Seele, ganz rein und klar, da sie dem Tode entgegengeht. Wie schön, wie wunderbar schön ist diese Seele! Wie war es möglich, daß ich sie nicht gesehen? Ach, als damals Wanjetschka starb, ist mir eine Ahnung davon gekommen; aber dann trat wieder der Alltag in seine Rechte, und Ssonja wurde wieder die frühere – oder aber, ich bin wieder blind geworden ...

»Ljowotschka«, sagt Ssonja, »geh ein wenig an die Luft! Du kannst doch nicht immer bei mir sein.«

Wieder streichelt sie ihm leise die Hand. In dieser Minute hat sie noch die Kraft, sich um mich zu sorgen, denkt Lew Nikolajewitsch betroffen. Woher nimmt sie diese grenzenlose Selbstlosigkeit? Ja, Ssonja ist die Liebe! Ihr ganzes Leben hat sie am wenigsten an sich selbst gedacht ...

»Geh, Ljowotschka«, sagt Ssonja wieder. »Du wirst zu müde, du willst ja auch noch etwas arbeiten.«

Lew Nikolajewitsch erhebt sich und verläßt das Zimmer. Nicht, weil ihn Ssonja darum bittet, sondern weil er fürchtet, er müßte laut aufweinen vor ihr, vor Verzweiflung darüber, daß er sein ganzes Leben an ihr vorbeigelebt.

Im Nebenzimmer trifft er die Ärzte, die ihn eben zu sich bitten wollten. Im ersten Augenblick versteht Lew Nikolajewitsch nicht, was sie eigentlich von ihm wollen.

»Graf«, sagen sie, »die Lage ist ernst, eine Operation ist unvermeidlich, sonst können wir keine Verantwortung übernehmen. Die Gräfin hat eine Zyste mit beginnender Nekrose. Jede Minute ist kostbar, wir bitten um Ihre formelle Erlaubnis zur Operation.«

Lew Nikolajewitsch blickt die Ärzte verständnislos an. Er

versteht sie nicht, denn er befindet sich in einer ganz anderen Welt, dort, wo seine Ssonja jetzt ist, im Reich des Überganges vom Leben zum Tod. Was heißt das, es könnte zu spät werden? Ssonja stirbt. Das ist klar wie das Licht der Sonne. Zu spät? Gibt es denn ein zu früh oder zu spät für den Tod? Der Tod bedeutet doch nicht das Ende des Lebens, sondern dessen Öffnen, dessen Entfaltung. Er müßte das den Ärzten erklären, daß man Ssonja jetzt nicht stören darf in ihrem Sterben, daß sie sich jetzt schon dort befindet, wo der Mensch mit sich allein bleiben muß, während sich seine Seele vom Körper löst. Wie dürfte man es wagen, seine Ssonja wieder zu dem Alltag zurückzuführen, von dem sie sich schon befreit hat?

»Graf, wir bestehen auf der Operation!« sagt einer der Ärzte und blickt Lew Nikolajewitsch verwundert an, der unter den zusammengezogenen Brauen mit seinen tiefliegenden Augen irgendwohin in die Ferne sieht.

Noch immer kann Lew Nikolajewitsch keine Worte finden, um seiner Verwunderung darüber Ausdruck zu geben, daß diese Menschen seine Ssonja in dem Wundervollen, Herrlichen stören wollen, das sie jetzt erlebt. Haben sie denn gar keine Demut vor dem Willen Gottes? Sie wollen sie retten! Wie kleinlich, egoistisch, dummstolz! Das soll Rettung sein, wenn man dieses Erblühen ihrer Seele stört?

»Graf, ohne Operation ist der Tod der Gräfin gewiß!« sagt der Arzt wieder, und in seiner Stimme klingt ein dumpfes Drohen.

Lew Nikolajewitsch treffen diese Worte wie ein Peitschenhieb.

Was will dieser Mensch nur, denkt er. Gott schickt den Tod, er allein weiß, wann der Mensch sterben muß. Es ist nicht Sache von Menschenhänden, Gott in seinem Wirken zu hindern. Ssonjas Seele gebiert sich zu einem neuen Leben.

Haßerfüllt blickt Lew Nikolajewitsch auf ihn. Er erinnert sich nicht im geringsten daran, mit welcher inbrünstigen Verzweiflung er sich an die Hilfe eben dieser Ärzte klammerte, als er selbst mit dem Tode rang.

»Die Geschwulst zerfällt bereits, und die Lage ist außerordentlich ernst«, dringt der Arzt weiter in Lew Nikolajewitsch, dessen hartnäckiges Schweigen er sich nicht erklären kann. »Wir können ja noch warten, bis Professor Fenomenow aus Petersburg kommt, aber ich fürchte, dies wäre zu gewagt. Die Krankheit macht rasende Fortschritte. Es wäre am besten, Sie ließen uns sofort mit der Operation beginnen.«

Noch immer gibt Lew Nikolajewitsch keine Antwort. Plötzlich aber wendet er sich brüsk ab und eilt mit seinem schweren, schleppenden Gang zur Tür hinaus. Kopfschüttelnd blicken ihm die Ärzte nach.

Lew Nikolajewitsch lenkt seine Schritte in den Garten. Die Erde ist überall mit goldgelben Blättern besät, in herbstlicher Reinheit glänzt der blaue Himmel. Immer noch kann er nicht begreifen, wo diese Leute das Recht hernehmen, dem majestätischen Nahen des Todes Einhalt gebieten zu wollen. Er läßt sich langsam auf einer Gartenbank nieder und saugt den herben Geruch der welken Blätter in sich ein. Mit einem Mal aber überfällt ihn ein Gefühl trostloser Verzweiflung. Wie ein Kind beginnt er zu weinen, wie ein kleines Kind wischt er sich die strömenden Tränen von den runzligen Wangen.

Ssonja, meine Ssonja, schluchzt er, wie sie mich angesehen hat! Wie sie mich angesehen hat! . . . Und doch! Man darf sie nicht stören! Nein, man darf es nicht!

Es ist früh am Morgen. Ein milchig weißer Nebel steht vor den Fenstern, und die Blätter an den Scheiben sind mit Rauhreif bedeckt. Ein scharfes Klopfen ertönt an der Tür von Lew Nikolajewitschs Zimmer. Erschrocken springt er aus dem Bett. Erst vor wenigen Stunden ist er eingeschlafen, immer nur hat er an Ssonja gedacht. Ist sie schon gestorben? Oder ist man wieder gekommen, ihn mit dieser Operation zu quälen?

Er öffnet die Tür. An der Schwelle steht der Doktor.

»Graf«, sagt er, »die Lage der Kranken hat sich verschlimmert. Wir können nicht mehr auf Professor Fenomenow warten, wir müssen die Operation sofort ausführen. Geben Sie Ihre Zustimmung?«

Das Gesicht des Arztes ist bleich, man sieht sofort, daß er die ganze Nacht kein Auge zugetan hat. Breit und drohend steht er vor der Tür, und Lew Nikolajewitsch spürt, daß er nicht weichen wird, ehe er nicht die entscheidende Antwort erhalten hat.

»Möge sie selbst entscheiden, sie und die Kinder!« gibt er endlich düster zur Antwort. »Ich sage weder ja noch nein.«

Der Arzt findet diese Antwort sehr merkwürdig, merkwürdiger noch als das gestrige Benehmen des Grafen.

»Ohne Operation muß sie sterben, Graf!« fügt er noch einmal erklärend hinzu; eine Weile wartet er noch, dann geht er fort. Nach einigen Minuten aber kehrt er wieder zurück.

»Die Gräfin«, sagt er, »hat ihre Zustimmung gegeben, ebenso die Kinder. Gehen Sie bitte zu ihr, sie will sich von Ihnen verabschieden.«

Schnell kleidet sich Lew Nikolajewitsch an und eilt in Ssonjas Zimmer. An der Tür stehen die Kinder und die Dienstboten. Alle weinen, sie kommen eben von der Kranken.

»So still und so ernst liegt sie da«, schluchzt eines der Weiber, »ihr Seelchen ist nicht mehr auf der Erde.«

Lew Nikolajewitsch blickt sie an und liest in ihrem Gesicht den Abglanz jener Schönheit, die er gestern selbst an der Sterbenden gesehen. Schnellen Schrittes geht er durch die Tür. Und wieder erschüttert ihn der Ausdruck der strahlenden dunklen Augen. Schweigend faßt Ssonja seine Hand und führt sie an ihre heißen, trockenen Lippen. Sie blickt ihn an, ernst, fast streng. Keine Träne, kein Schwanken, kein Flehen um Rettung, keine Klage über die furchtbaren Schmerzen, die sie schon seit langen Tagen quälen.

»Ljowotschka«, sagt sie leise, doch sehr klar, »ich möchte noch beichten und das Abendmahl nehmen, bevor ich sterbe. Erlaube es mir!«

In Ssonjas Stimme liegt ein inniges Flehen. Lew Nikolajewitsch blickt sie groß und enttäuscht an. Das hat er nicht erwartet. Einen Geistlichen will sie! Noch immer also ist ihr die Form wichtig. Noch immer verlangt sie nach der geistlichen Führung, die ihm so verhaßt ist. Er will ihr widersprechen; aber er hält die stumme, ernste Bitte in ihrem Blick nicht aus.

»Gut, Ssonja« sagt er endlich zögernd, »ich werde sogleich verfügen, daß man dir einen Geistlichen holt.«

»Du bist mir nicht böse?« fragt sie, und er blickt ihr tief in die Augen, bis zum tiefsten Grund. Da wird ihm klar, daß diese

Beichte für sie mehr ist als eine bloße Form, daß sie ihr einen unendlich hohen, geistigen Akt bedeutet, mit dem sie ihr Leben vollenden will, bevor sie in die Ewigkeit eingeht.

»Wie gut du bist, Ljowotschka!« dankt sie ihm.

Lew Nikolajewitsch kann seinen Blick nicht von ihr wenden. Für sein ganzes Leben will er sich den Ausdruck dieses Antlitzes einprägen, in dem sich ihre Seele spiegelt, ohne Hülle in ihrer reinen, majestätischen, geheimnisvollen Größe.

Auf einmal kommt etwas Weiches, Zartes in ihren Blick.

»Ljowotschka, verzeihe mir alles!« sagt sie.

»Und du, Ssonja«, gibt er ihr zur Antwort, mit Tränen in den Augen, »auch du verzeih mir alles! Glaube mir, Ssonja, mein ganzes Leben habe ich nur dich allein geliebt!«

Still, leise drückt Ssonja seine Hand. Lew Nikolajewitsch küßt sie. Dann kehrt er sich rasch um und eilt zur Tür. Wie ein Kind schluchzt er, seine Schultern beben, schwer zieht er die Beine nach, und sein Rücken krümmt sich. Etwas unendlich Mitleiderregendes ist in diesem Anblick. Ssonjas Augen folgen ihm, wie er zum Zimmer hinausschwankt, und namenloses Mitleid krampft ihr das Herz zusammen. Sie hat keine einzige Träne vergossen, während sie sich von ihren Kindern und den Dienstboten verabschiedet hat und während Ljowotschka bei ihr war; aber jetzt vermeint sie, sie müsse weinen. Doch einen Augenblick nur, und dann kehrt wieder diese verklärte, feierliche Ruhe in ihr Antlitz zurück...

Die Ärzte machen ihre Instrumente zur Operation bereit. Lew Nikolajewitsch sagt zu seinen Kindern:

»Wenn die Operation gut ausgeht, dann läutet zweimal mit der Glocke, wenn sie schlecht ausgeht... Nein, läutet lieber gar nicht, ich werde selbst kommen.«

Und er begibt sich in den Wald. Bleich und zitternd streift er zwischen den Bäumen umher, er weiß nicht, wie lange.

Endlich stößt er auf seinen Sohn und seine Tochter, die ihn suchen, um ihm das Ergebnis mitzuteilen.

»Gelungen, gelungen!« rufen sie ihm zu.

»Gut, gut, ich komme gleich!« antwortet ihnen Lew Nikolajewitsch. Aber er ist nicht imstande, ihnen sofort zu folgen. Zu sehr ist sein Inneres in Aufruhr. Er muß sich erst beruhigen, bevor er an das Bett der Kranken treten kann.

Als Lew Nikolajewitsch endlich heimkehrt, ist Ssonja aus der Narkose bereits erwacht. Sie liegt auf dem Rücken, das Haupt tief gebettet, und ist mit Tüchern am Bett festgebunden. Lautes Stöhnen entringt sich ihrer Brust; in ihren Augen liegt der Ausdruck unsäglicher Qual, gläsern starren sie ins Leere. Nichts ist mehr übriggeblieben von dieser hehren, durchgeistigten Ruhe, von dieser heiligen Demut vor dem Tod, die ihn mit solcher Bewunderung, mit solchem Entzücken erfüllt hatten. Das haben diese Ärzte gemacht, die er so haßt!

Mein Gott, sagt er verzweifelt, während er das Krankenzimmer verläßt, wie entsetzlich! Nicht einmal in Frieden sterben lassen sie den Menschen! Da liegt sie auf dem Bett, angebunden, mit zerschnittenem Leib, stöhnend, zerquält, und dann sagen sie noch, die Operation ist gelungen!

Wieder lenkt er seine Schritte in den Wald und hadert und murrt gegen die Ärzte, die das Mysterium des Todes gestört, beschmutzt, entehrt haben.

XIII

»Sie zerreißen mich in Stücke«

Juli 1910

»Ljowotschka, wenn du deine Tagebücher von diesem Satan, diesem Tschertkow, nicht zurückforderst, nehme ich mir das Leben.«

Aus den Worten Ssonjas spricht Entschlossenheit. Der Ausdruck ihrer Züge ist müde, gequält, und wenn sie auch jünger aussieht, als es ihren sechsundsechzig Jahren entspricht, so hat doch das Alter schon tiefe Spuren in das Antlitz gegraben, das noch wenige Jahre zuvor in unvergänglich erscheinender Jugendlichkeit glänzte.

Lew Nikolajewitsch zuckt unter den Worten Ssonjas zusammen, wie von Peitschenschlägen getroffen. Was soll er tun? In diesen Tagebüchern ist von seinem Testament die Rede, das er, den Bitten Tschertkows und seiner Tochter Ssascha folgend, vor Ssonja streng geheimhält, spricht es doch nicht mehr und nicht weniger aus, als die Enterbung Ssonjas und der Kinder. Wenn er Ssonja nachgibt, geschieht das gegen den Wunsch seines Freundes und Ssaschas, die ganz auf seiner Seite stehen. Wenn er nun aber der ständigen Bitte Ssonjas nicht nachgibt, der Frau, mit der er achtundvierzig Jahre verheiratet ist, die ihm – er weiß es nur zu gut – ihr ganzes Leben geopfert hat, was dann? Was soll er tun?

»Ljowotschka«, sagt Ssonja zitternd vor Erregung, »ich weiß, daß du und die Menschen, die du liebst, alle meine Bitten und Forderungen einfach mit der Erklärung abtun, es wären Ausflüsse meiner Hysterie, die sich als Folge meiner schweren Krankheit und der Operation entwickelt hat. Ihr sagt, ich hätte den Verstand verloren. Gut, es sei so! Dann ist es eben meine fixe Idee, daß du deine Tagebücher von Tschertkow zurücknehmen sollst! Ich will nicht, daß sich diese Hefte, in denen du so oft im Zorn und unüberlegt böse Worte über mich geschrieben hast, in der Hand eines Menschen befinden, von dem ich nur zu gut weiß, daß er mich haßt und alles daran setzt, dich von mir zu trennen. Ist es dir wirklich so schwer, diese meine Bitte zu erfüllen? Willst du nicht auch an mir etwas von der christlichen Liebe wahrmachen, von der du jeden Tag predigst?

Weißt du, Ljowotschka, manchmal will es mir scheinen, daß du und Tschertkow einander fest die Hände gereicht habt, um mich systematisch, mit kalter Berechnung, zu unterdrücken und zu vernichten. Ich habe doch mein ganzes Leben mit dir, für dich gelebt, wie kannst du mich denn nur für diesen kalten, herzlosen Egoisten hergeben?«

Lew Nikolajewitsch hört Ssonja zu, die ihre Worte unter Tränen und Schluchzen hervorstößt, und sein Gewissen sagt ihm, daß er ihr unrecht tut, daß er alles tun müßte, was sie von ihm verlangt. Dann aber erinnert er sich, wie Tschertkow und seine Tochter Ssascha ihm immer erklären, Ssonja verstelle sich nur, sie sei überhaupt nicht krank, sie verfolge mit ihren Bitten die allerselbstsüchtigsten Ziele – und gleich wieder wird sein Herz hart wie Stein.

»Ssonja«, sagt er streng, »ich kann es nicht ertragen, wie du von Tschertkow sprichst. Niemand hat meinem Werk solch tiefe Achtung und Liebe entgegengebracht wie er. Er liebt mich mit einer in ihrer Größe von mir gar nicht verdienten Liebe, schon ein Vierteljahrhundert lang!«

»Ljowotschka«, entgegnet ihm Ssonja bitter, »habe ich denn nichts für dich getan? Warum erinnerst du dich nur an das, was du Tschertkow verdankst? Nein, Ljowtschka, du bist einfach verliebt in ihn. Ach, wie abstoßend ist diese deine Greisenliebe zu dem falschen, heuchlerischen Tschertkow! Ihm schenkst du die ganze Zärtlichkeit deines Herzens, für mich hast du nichts übrig. Beständig küßt ihr euch, du sitzt immer so unanständig nahe bei ihm, und wenn er längere Zeit ausbleibt, dann vergehst du vor Sehnsucht. Wenn du wüßtest, wie ich darunter leide!«

»Es ist bloß wieder einmal ein Anfall deiner Hysterie!« entgegnet ihr Lew Nikolajewitsch kalt.

»Du weißt sehr gut, daß dies nicht wahr ist, daß es nur eines lieben Wortes von dir bedarf, um mich ruhig und zufrieden zu machen. Aber du mußt es doch verstehen, daß ich keine ruhige Minute finden kann, solange Tschertkow die Tagebücher in Händen hat, in denen du die intimsten Geheimnisse unseres Ehelebens bloßlegst. Früher hast du mir immer deine Tagebücher zu lesen gegeben, jetzt tust du es nicht mehr. Du hast also etwas zu verbergen vor mir, etwas Schlechtes, Gemeines! Warum vertraust du Tschertkow mehr als mir?«

»Daß ich Tschertkow gefunden habe, ist eine der großen Freuden meines Lebens!« sagt Lew Nikolajewitsch trocken.

Ssonja erwidert in tiefer Erregung: »Als du bei Tschertkow zu Gast warst, wußte ich nicht, wie mir geschieht. Drei Tage habe ich nicht gegessen, ein Weinkrampf bedrängte mich, kein Auge habe ich in der Nacht zugetan. Ich habe dir geschrieben, daß ich krank bin, habe dir telegraphiert, und du hast geantwortet, es wäre dir gelegener, zu bleiben. Das waren nicht deine Worte, es ist der Stil dieses kalten, herzlosen Despoten, der dich ganz in seine Hände gebracht hat. Er begreift sehr gut, daß ihm der Beruf als ›Freund Tolstois‹ vorteilhafter steht als der eines unbekannten, dummen Gardeoffiziers. Ljowotschka, ich vergehe vor Eifersucht auf diesen Tschertkow! Ich bin gewohnt, mit all meiner Liebe deine Arbeit zu verfolgen, jetzt aber schreibt gleich Ssascha alles ins reine, dann wird es sofort an Tschertkow abgesandt, und ich bekomme nicht eine Zeile mehr zu lesen. Ljowotschka, Ljowotschka, mit diesem Tschertkow ist etwas nicht in Ordnung bei dir! Ich habe jetzt deine Tagebücher aus der Jugendzeit abgeschrieben und dort eine Stelle gefunden, die mich vermuten läßt, daß es sich jetzt wieder um die Liebe zu einem Mann handelt, so wie du sie dort angedeutet hast!«

Ssonja holt ein beschriebenes Blatt und reicht es Lew Nikolajewitsch, der liest:

»29. November 1851
Ich verliebe mich oft in Männer. Das wichtigste Merkmal der Liebe für mich ist, wenn ich Angst davor habe, ich könnte den geliebten Gegenstand kränken oder ihm mißfallen, eine ganz

gewöhnliche Angst. Ich liebte immer solche Menschen, die ich kalt ließ und die mich nicht mehr als schätzten. Die Schönheit hatte immer große Wirkung auf meine Wahl. Zum Beispiel bei D. Niemals werde ich die Nacht vergessen, da ich mit ihm aus P. fuhr und mich ihm an die Brust werfen wollte, ihn küssen und weinen.

Es war Wollust in diesem Gefühl, wieso sie aber hineingekommen ist, vermag ich nicht zu entscheiden; denn meine Einbildungskraft hat mir keine geilen Bilder vorgemalt, im Gegenteil, ich habe eine große Abneigung ...«

Lew Nikolajewitsch liest nicht zu Ende, er zittert vor Zorn.

»Ssonja«, schreit er, »du bist von Sinnen! Kann man denn solche Gedanken haben? Fort von hier, fort!«

Er eilt hinaus, in sein Zimmer und schließt sich dort ein. Bald aber legt sich sein Zorn und macht dem Gefühl des Mitleids mit Ssonja Platz. Er sieht den verzweifelten Blick ihrer Augen vor sich, das nervöse Zittern ihres Kopfes, und es kommt ihm in den Sinn, daß ihre Forderung im Grunde genommen vollständig berechtigt ist, daß er ihr gegenüber unrecht handelt, und er begibt sich wieder zu Ssonja zurück.

»Ssonja«, sagt er in versöhnlichem Tone, »Tschertkow ist mein bester Freund. Versuche doch, dich damit abzufinden!«

»Nein, nein«, schreit ihm Ssonja entgegen. »Er ist der Teufel in Menschengestalt! Er hat dich ganz umgarnt! Und du liebst dieses schöne Idol mit der abscheulichsten Greisenliebe!«

Dei Augen Lew Nikolajewitschs verlieren augenblicklich wieder ihren sanften Ausdruck und blicken schneidend kalt.

»Ljowotschka«, fleht sie, »sieh mich nicht so an, ich fürchte mich vor deinem Blick. Ach, Ljowotschka, es war einmal eine Zeit, da haben deine Augen anders auf mich gesehen! Aber ich habe immer gefürchtet, unser Eheleben würde in die Brüche gehen, wenn es mit dem Fleischlichen zu Ende ist, und ich habe recht behalten. Du hast mich immer nur in der Minute geliebt, wenn ich dir als Weib genügen mußte. Und seit das vorbei ist, ist nichts zurückgeblieben als eine große Leere. Das Grausamste aber ist, daß du alle deine Gefühle, die dir noch geblieben sind, ihm zuwendest, einem Mann! Für mich hast du nichts mehr als Kälte und herzlose Vorwürfe. Du willst einfach vor Tschertkow und vor der Nachwelt als Märtyrer erscheinen, und dazu findest du es notwendig, mich als eine Xanthippe darzustellen. Immer und immer klagst du über mich in deinen Tagebüchern oder Tschertkow und Ssascha gegenüber! Ist es da ein Wunder, wenn die beiden tatsächlich den Eindruck haben, es wäre so? Und wie du mich damit quälst, das kommt dir nicht in den Sinn? Ljowotschka, ich muß es dir offen sagen: Du hast einen gewaltigen Verstand, ein ungeheures Talent, aber kein Herz!«

»Ssonja, meine Geduld ist bald zu Ende«, sagt Lew Nikolajewitsch drohend, »du weißt, daß wir in allen wichtigen Dingen entgegengesetzter Meinung sind, und du mußt daher begreifen, daß ich über vieles nur mit Tschertkow sprechen kann. Wenn du mich verstündest, dann hättest du schon längst eingewilligt, daß wir unseren Besitz an die Bauern verteilen.«

»Unser Besitz ist nicht unser, er gehört den Kindern!« entgegnet Ssonja fest. »Ich kann nur eines nicht begreifen, Ljowotschka, warum regt dich unser Besitz so auf, und warum nimmst du nie Anstoß an dem Millionenvermögen deines Tschertkow? Warum beleidigt es dich nicht, daß er in einem großen Haus lebt, umgeben vom modernsten Luxus? Warum bemüht sich Tschertkow so sehr, daß dein Gut in die Hände des Volkes fällt, und warum denkt er nicht daran, sein eigenes Vermögen an die Armen zu verteilen?«

»Ach, mit dir kann man nicht sprechen!« schreit Lew Nikolajewitsch rot vor Zorn.

»Du liebst es nicht, die Wahrheit zu hören!« gibt sie ihm giftig zurück. Dann aber fügt sie mit weicher Stimme flehend hinzu:

»Ljowotschka, nimm die Tagebücher von Tschertkow! Quäle mich nicht! Denke daran, daß ich deine Frau bin, der nächste Mensch, den du auf der Erde hast!«

Da tritt der Diener in das Zimmer und meldet:

»Herr Tschertkow ist vorgefahren!«

Lew Nikolajewitsch blickt betreten auf Ssonja, aber er kann seine Freude nicht verbergen und eilt auf die Terrasse, um den Freund zu begrüßen. Ssonja überfällt es wie ein Fieber, sie fühlt sich todmatt. Aber es treibt sie eine unwiderstehliche Gewalt, sie muß jeder Bewegung, jedem Blick der beiden folgen . . .

Endlich macht sich Tschertkow zum Fortgehen bereit. Da tritt Ssonja zu ihm und sagt mit zitternder Stimme:
»Ich bitte Sie, geben Sie die Tagebücher zurück, die Sie von Lew Nikolajewitsch genommen haben!«
»Sie füchten wohl, ich könnte Sie mit Hilfe dieser Tagebücher entlarven?« fragt dieser in kaltem, hochmütigem Ton und mißt dabei Ssonja von oben bis unten mit seinen schönen grauen Augen. »Ich hätte schon lange die Möglichkeit, Ihnen und Ihrer Familie Unannehmlichkeiten zu bereiten. Wenn ich dies nicht tat, so geschah dies nur aus Liebe zu Lew Nikolajewitsch.«
Schon auf der Treppe, wendet er sich noch einmal zu Ssonja: »Ich kann eine Frau nicht verstehen, die sich ihr ganzes Leben damit beschäftigt, ihren Mann umzubringen. Wenn ich eine solche Frau hätte, ich hätte mich schon lange erschossen oder wäre nach Amerika gegangen!«
Dann eilt er schnell hinunter, und gleich darauf ertönt das Pferdegetrappel des abfahrenden Gespanns.
»Ljowotschka«, schreit Ssonja, »du, du hast gehört, wie mich dein Freund beleidigt. In meinem Haus! Und du trittst nicht für mich ein?«
Lew Nikolajewitsch schweigt.
»Ljowotschka!« schreit Ssonja verzweifelt. »Du kannst das dulden! Du umarmst ihn noch und küßt ihn? Du hast keinen Stolz, keine Ehre mehr.«
Ein heftiges Schluchzen erstickt Ssonjas Worte. Lew Nikolajewitsch aber schweigt. Dann geht er fort, die Türe des Zimmers hinter sich zuschlagend.

Juli 1910

Die ganze Nacht hat Lew Nikolajewitsch wachend verbracht. Was soll er tun? Er liebt Ssonja und wird sie immer lieben. Und sie hat ein Recht darauf, die Tagebücher von Tschertkow zurückzuverlangen. Doch Tschertkow ist sein bester Freund, er ist ihm für so unendlich vieles verbunden, daß er ihn doch wieder nicht beleidigen will dadurch, daß er die Tagebücher zurückfordert. Da erinnert sich Lew Nikolajewitsch, daß auch seine Lieblingstochter Mascha, die kurz nach Ssonjas Operation starb, gegen Tschertkow sehr eingenommen war. Sie war eifersüchtig auf den großen Einfluß, den er auf ihn ausübte, und besonders empörte sie sich darüber, daß ihm Tschertkow sozusagen jede Zeile, noch mit nasser Tinte, aus der Hand zog.

So überlegt Lew Nikolajewitsch lange, bis er sich endlich entschließt, Ssonja wenigstens teilweise entgegenzukommen. Er schreibt ihr, um sie zu beruhigen, einen langen Brief.

»Da, nimm, Ssonja«, sagt er leise, als er ihr am Morgen das Schreiben übergibt, »vielleicht wird dich dieser Brief ruhiger machen!«

»Ljowotschka, lieber Ljowotschka«, fleht Ssonja und streichelt seine Hand, »versprich mir das eine, daß du niemals von mir fortgehst!«

»Ich gehe nicht fort von dir, Ssonja, ich liebe dich!« antwortet Lew Nikolajewitsch und umarmt sie. Dann verläßt er das Zimmer, und Ssonja beginnt mit glänzenden Augen den Brief zu lesen.

»14. Juli 1910.

1. Meine jetzigen Tagebücher werde ich niemandem geben, sondern bei mir behalten.

2. Die früheren Tagebücher nehme ich von Tschertkow zurück und werde sie selbst aufbewahren, wahrscheinlich in der Bank.

3. Wenn Dich der Gedanke beunruhigt, daß meine Tagebücher durch die Stellen, in denen ich unter dem augenblicklichen Eindruck unserer Meinungsverschiedenheiten und Streitigkeiten schreibe, zukünftigen, Dir schlechtgesinnten Biographen als Material dienen könnten, so nehme ich – abgesehen davon, daß solche Ausflüsse vorübergehender Gefühle, sowohl in in meinen als auch in Deinen Tagebüchern, auf keinen Fall eine richtige Vorstellung von unseren Beziehungen geben können – gerne die Gelegenheit zum Anlaß, falls Du solches befürchten solltest, in

meinem Tagebuch oder einfach in der Form eines Briefes, meine Beziehungen zu Dir und meine Einschätzung Deines Lebens festzulegen.

Meine Beziehungen zu Dir und meine Wertung Deiner Persönlichkeit sind folgend: So wie ich Dich in meiner Jugend liebte, so habe ich Dich auch später geliebt und liebe Dich jetzt noch, trotz verschiedener Gründe, die zu einem Erkalten meiner Gefühle führten. Die Ursachen dieses Erkaltens waren (abgesehen von dem Aufhören des ehelichen Umgangs) erstens meine immer weiter fortschreitende Entfernung von dem weltlichen Leben und mein Abscheu vor ihm, während Du Dich davon nicht trennen wolltest und nicht konntest, da in Deiner Seele die Grundlagen, die mich dazu führten, nicht vorhanden waren, was übrigens sehr natürlich ist und was ich Dir auch gar nicht zum Vorwurf machen kann. Dies ist das erste. Zum zweiten (verzeihe mir, wenn Dir das, was ich jetzt sage, unangenehm sein wird, doch das, was zwischen uns vorgeht, ist so wichtig, daß keine Furcht vor dem Aussprechen und dem Anhören der Wahrheit aufkommen darf), zum zweiten also ist Dein Charakter in den letzten Jahren immer gereizter, despotischer und ungezügelter geworden. Die Wirkungen dieser Charakterzüge konnten nicht anderes als eine Abkühlung, nicht der Gefühle selbst, aber ihrer Äußerungen verursachen. Dies ist das zweite. Drittens, das ist die wesentliche Ursache, an der wir beide gleicherweise schuldlos sind, nämlich die vollständig entgegengesetzte Auffassung von Sinn und Zweck des Lebens. Alles in unserer Einstellung zum Leben war unvereinbar: die Lebensführung, die Beziehungen zu den Mitmenschen und zum Eigentum, das ich als eine Sünde ansehe und Du als eine unumgängliche Notwendigkeit. Um mich von Dir nicht trennen zu müssen, habe ich mich den für mich so schwer zu ertragenden Lebensbedingungen unterworfen; Du aber hast das als ein Aufgeben meiner Stellung aufgefaßt, und das Mißverstehen zwischen uns wuchs immer mehr an. Es gab noch andere Gründe der Abkühlung unserer Beziehungen, an denen wir beide schuld waren, doch ich will von ihnen nicht sprechen, sie gehören nicht zur Sache. Es handelt sich ja darum, daß ich trotz aller vorgekommenen Mißverständnisse nicht aufgehört habe, Dich zu lieben und zu schätzen.

Meine Einschätzung Deines Lebens aber ist folgende:

Ich, ein lasterhafter, in geschlechtlicher Beziehung tief verdorbener Mensch, nicht mehr in der ersten Jugend, habe Dich geheiratet, ein gutes, reines, gescheites Mädchen von achtzehn Jahren, und trotz meiner schmutzigen sündhaften Vergangenheit hast Du fast fünfzig Jahre mit mir zusammengelebt, ein ehrliches, arbeitsschweres Leben, hast Kinder geboren, gestillt und erzogen, hast dich um die Kinder und um mich gesorgt, ohne den Versuchungen nachzugeben, die so leicht an Deine starke, gesunde, schöne Frau in deiner Stellung herantreten konnten. Dafür aber, daß Du mir nicht nachgefolgt bist auf dem ungewöhnlichen Weg, den mein Geist eingeschlagen hat, kann ich Dir keinen Vorwurf machen und tue es auch nicht, denn das geistige Leben jedes Menschen ist ein Geheimnis zwischen ihm allein und Gott, und niemand kann da von anderen etwas erwarten. Wenn ich aber je etwas von Dir verlangt habe, so war dies ein Irrtum, und ich bin dessen schuld.

Nun, das ist die wahrheitsgetreue Beschreibung meiner Beziehungen zu Dir und meine Wertung von Dir.

Wenn meine Beziehungen zu Tschertkow schwer für Dich zu tragen sind, so bin ich bereit, ihn nicht mehr zu sehen, obwohl das nicht so sehr für mich, als für ihn unangenehm ist, denn ich bin überzeugt, daß ihn dies sehr schwer treffen wird. Aber wenn Du es willst, so tue ich es.

Wenn Du diese Bedingungen eines guten, friedlichen Lebens nicht annimmst, so werde ich mein Versprechen, Dich nicht zu verlassen, zurücknehmen. Ich gehe dann fort, sicher nicht zu Tschertkow. Ich werde es sogar als Bedingung stellen, daß er sich nicht in meiner Nähe niederläßt; aber ich würde sicher fortgehen, denn so weiterzuleben, wie wir jetzt leben, ist unmöglich. Ich könnte noch so weiterleben, wenn ich imstande wäre, ruhig Deine Leiden anzusehen. Aber ich kann das nicht. Gestern bist du so aufgeregt, so voll Leid von mir gegangen. Ich wollte mich schlafen legen, aber ich habe an Dich gedacht, vielmehr, ich habe Dich gefühlt, habe nicht geschlafen bis ein, bis zwei Uhr, bin dann wieder aufgeacht und wieder eingeschlafen und habe Dich im Traum und im Halbschlummer gesehen.

Denke ruhig nach, meine liebe Freundin, höre und fühle, was Dein Herz sagt, und Du wirst dich entscheiden, wie es nötig ist. Ich meinerseits muß sagen, daß ich alles so entschieden habe, wie ich anders nicht kann, unmöglich kann. Höre auf, mein Täubchen, Dich zu quälen, denn Du marterst nur Dich, nicht andere, und Du leidest hundertmal mehr als alle. Das ist alles.

Am 14. Juli 1910, morgens.«

Ssonja liest den Brief wieder und wieder durch, vom Anfang bis zum Ende. Ein leises, glückliches lächeln umspielt ihre Züge. Es ist ihnen also doch noch nicht ganz gelungen, ihr Ljowotschka wegzunehmen. Das Band, das sie mit ihm verknüpft, ist stärker als alles andere. Alles ist zerschellt an der Festigkeit ihrer Liebe. Dieser Brief Ljowotschkas ist etwas von ihrem alten, großen Glück. Freilich, ein winzig kleines Stück nur . . .

Aber Ssonjas Freude ist von kurzer Dauer. Die Tagebücher werden wohl von Tschertkow zurückgebracht, doch von Lew Nikolajewitsch gleich auf seinen Namen in der Bank aufbewahrt.

»Gib mir den Schein«, bittet sie Lew Nikolajewitsch, »auf den sie hinterlegt sind, oder wenigstens den Schlüssel zu dem Bankfach!«

»Unmöglich, unmöglich«, schreit er sie an, »das war mein letztes Nachgeben, über das ich nicht hinausgehe!«

Weinend fällt sie vor ihm auf die Knie, doch er wendet sich ab und verläßt das Zimmer. Ssonja eilt ihm in den schmalen Gang neben dem Schlafzimmer nach, sie wirft sich abermals vor seine Füße und fleht ihn schluchzend an:

»Ljowotschka! Höre meine letzte Bitte! Gib mir den Schlüssel! Oder gib mir eine schriftliche Vollmacht! Ich kann dir sonst nicht glauben, daß du die Tagebücher nicht doch noch Tschertkow gibst!«

»Um nichts in der Welt!« schreit Lew Nikolajewitsch grob zurück, und bemüht sich, seine Beine loszumachen, die Ssonja fest umfangen hält. »Steh auf, laß mich um Gottes willen in Ruhe!«

Mit haßerfülltem Blick sieht er auf Ssonja herab. Sie stößt einen lauten, herzzerreißenden Schrei aus, dann erhebt sie sich, stürzt in ihr Zimmer, einen Augenblick später schreit sie durch die Türe:

»Ich habe das ganze Glas ausgetrunken! Ich habe mich vergiftet!«

Zu Tode erschrocken eilt Lew Nikolajewitsch in ihr Zimmer. Dort steht sie in der Mitte, ihre starren Augen blicken flackernd in die Ferne, ein ausdrucksloses, leeres Lächeln umspielt ihren Mund, und langsam, mit leiser Stimme sagt sie:

»Es ist nicht wahr, ich habe dich belogen! Ich habe nichts getrunken.« Raschen Schrittes eilt Lew Nikolajewitsch fort, in den Garten. Er ist bleich wie der Tod, sein Herz klopft zum Zerspringen.

Ssonja ißt den ganzen Tag nichts, und in der Nacht schreibt sie Lew Nikolajewitsch einen Brief:

»Ich schreibe, denn nach der schlaflosen Nacht bin ich zu müde zum Sprechen, ich rege mich zu sehr auf. In der Nacht habe ich alles überdacht: Mit der einen Hand hast Du mich gestreichelt, mit der andern hast Du das Messer gegen mich gezückt. Schon gestern habe ich dunkel geahnt, daß Du mit dem Messer mein Herz verwundet hast. Das Messer ist Deine Drohung, heimlich von mir fortzugehen, wenn ich so bleibe, wie ich bin, das heißt, als Kranke. Ich werde also jede Nacht lauschen, ob Du nicht fortgefahren bist, jede nur einigermaßen längere Abwesenheit von Dir wird mich quälen.

Wie soll ich da gesund werden? Ich zittere am ganzen Körper, alles in meinem Innern schmerzt. Warte mit dem Weggehen! Ich werde ohnehin bald sterben, ich werde sicher zusammenbrechen. In dem Brief von Tschertkow, über den du gestern, ich weiß nicht warum, sogar geweint hast, spricht er sicher die Hoffnung aus, daß Du ihm deine Tagebücher zu irgendeiner Arbeit zurückgibst. Wieder werde ich mich Tag und Nacht peinigen, daß Du sie ihm heimlich zurückstellst, wenn Du nicht doch noch mit mir Erbarmen hast und mir den Schlüssel und den Empfangsschein zur Aufbewahrung gibst. Gib sie mir, mein Täubchen, ich kann ja mit ihnen ohnehin nichts anfangen. Und Du befreist mich damit von zwei schweren Lasten, daß Du heimlich von mir fortgehst und daß Du heimlich die Tagebücher Tschertkow zurückgibst.

Ich bin ja noch ganz ganz krank, Du mußt doch wohl oder übel einsehen, daß ich den Verstand verloren habe, Du mußt mir verzeihen und mir helfen.

S. T.«

Juli 1910

Lew Nikolajewitsch sitzt auf dem Rücken seines Pferdes und hält durch die Bäume Ausschau. Niemand! Warum lassen sie ihn so lange warten? Wenn sie nur wüßten, wie unangenehm, wie schmachvoll für ihn diese ganze Geschichte mit dem Testament ist, dieses ewige Sichverstecken, Verheimlichen vor Ssonja.

Am einfachsten wäre es für ihn gewesen, sich auf den Ausdruck seines Willens im Tagebuch zu beschränken. Schon im März 1895 hat er in seinem Tagebuch seine Erben gebeten, auf seine Autorenrechte zu verzichten und sie der Allgemeinheit zu überlassen. Er hat ihnen klargemacht, die Tatsache, daß er Geld aus seinen Werken zieht, wäre die schwerste Gewissenslast, die er in seinem Leben zu tragen habe. Aber Tschertkow will sich damit nicht zufriedengeben, er besteht auf einer formellen Erklärung seines letzten Willens. Im September vorigen Jahres kam bei Tschertkow die erste Fassung zustande. Lew Nikolajewitsch hat damals ausgesprochen, daß alle seine nach 1881 erschienenen Werke jedermann zur freien Verfügung stünden und daß alle seine Schriften und Papiere Tschertkow zu übergeben seien, den er zum Redakteur und Herausgeber seiner Werke ernannt hat. Es hat sich aber dann herausgestellt, daß diese Erklärung sowohl der Form als auch dem Inhalt nach den russischen Gesetzen nicht entspricht und also keine Gültigkeit hat, denn es kann nur einer bestimmten juristischen Person etwas übergeben werden und nicht einer unbestimmten »Allgemeinheit«. Dann hat Tschertkow den Ausweg gefunden, man müßte Ssascha als Erbin einsetzen, die alles weitere nach seinem Wunsch richten würde, ist sie doch wie Wachs in den Händen Tschertkows und von Haß erfüllt gegen ihre Mutter.

So schrieb Lew Nikolajewitsch im November auf Jassnaja Poljana heimlich ein neues Testament. Schon damals fühlte er, daß er etwas Schlechtes, Niedriges begehe, doch Tschertkow wußte seine Bedenken zu zerstreuen. Aber auch dieses Testament erwies sich als juristisch noch nicht ganz einwandfrei. Es wurde daher beschlossen, eine letzte Fassung auszuarbeiten, einige Vertraute sollten den fertigen Text nach Jassnaja Poljana bringen, wo ihn Lew Nikolajewitsch nur abzuschreiben und zu unterfertigen hätte. Damit Ssonja nichts davon erführe, sollte dies im Wald geschehen.

Und so sitzt nun Lew Nikolajewitsch im Sattel und wartet. Nervös tänzelt das Pferd hin und her, von Fliegen gepeinigt. Voll Unruhe blickt Lew Nikolajewitsch über das Kornfeld, auf dem die frischgeschnittenen Garben liegen. Der scharfe Wind läßt seinen Bart und seine weiße Bluse im Wind flattern. Mit jedem Augenblicke wächst in ihm der Abscheu vor der Niedrigkeit seiner Handlung. Schon will er umkehren und nach Hause reiten, um Ssonja alles zu berichten, da stehen auf einmal, wie aus dem Erdboden gewachsen, drei Reiter vor ihm. Lew Nikolajewitsch weiß, daß der Augenblick zur Umkehr nun für immer verloren ist, und wenige Minuten später sitzt er schon auf einem Baumstrunk und schreibt das nieder, was ihm der Pianist Goldenweiser, ein Freund Tschertkows, diktiert:

»Am einundzwanzigsten Juli des Jahres 1910.

Ich, der Endesgefertigte, treffe, im vollen Besitz meiner Geisteskräfte, für den Fall meines Todes folgende Anordnungen: Alle meine literarischen Erzeugnisse, die ich bis heute geschrieben habe und noch bis zu meinem Tode schreiben werde, schon erschienene, wie auch noch nicht erschienene, künstlerische und jeder andern Art, vollendete und unvollendete, in dramatischer oder irgendeiner Form, Übersetzungen, Überarbeitungen, Tagebücher, private Briefe, Entwürfe, einzelne Gedanken und Anmerkungen, mit einem Wort alles, was von mir bis zum Tag meines Todes niedergeschrieben sein wird, wo immer es sich befindet und von wem immer es aufbewahrt wird, sowohl als Handschriften wie auch in gedruckter Form, und zwar, ebenso wie das literarische Eigentumsrecht an ausnahmslos allen meinen Werken, so auch die betreffenden Handschriften selbst und alle von mir hinterlassenen Papiere vermache ich zum vollen Eigentume meiner Tochter Alexandra Lwowna Tolstoi. Im Falle, daß meine Tochter Alexandra Lowna vor mir sterben sollte, vermache ich alles oben Angeführte zum vollen Eigentum meiner Tochter Tatjana Lwowna Ssuchotin.

Lew Tolstoi«

Endlich ist er fertig. Die Hand zittert von der unbequemen Stellung und von der Aufregung. In einem Worte befindet sich ein Fehler. Lew Nikolajewitsch will ihn ausbessern, doch der Pianist Goldenweiser rät ihm, es lieber zu unterlassen.

»Nun gut, soll man glauben, ich kann nicht rechtschreiben!« scherzt Lew Nikolajewitsch, aber das Lachen kommt ihm nicht von Herzen. Dann unterzeichnen die Zeugen. Die Hauptsache aber ist eigentlich nicht das Testament, sondern die beigeschlossene Erklärung, in der sich Ssascha verpflichtet, alle von ihr übernommenen Rechte auf Tschertkow zu übertragen, so daß sie eigentlich nur die Mittelsperson ist. Goldenweiser überreicht dieses Dokument Lew Nikolajewitsch zur Einsicht, der es aufmerksam durchliest.

»Es ist alles gut verfaßt«, sagt Lew Nikolajewitsch, »nur ein paar Stellen müßten noch geändert werden. Hier zum Beispiel müßte die Bedingung beigefügt werden, daß Tschertkow die Rechte so gebrauchet wie bisher, das heißt, daß er keinen Vorteil für sich selbst daraus zieht, sonst würden die Feinde sagen, die andern hat er beiseite geschoben, damit er selbst alles nehmen kann.«

Er denkt an die langjährige Freundschaft mit Tschertkow und daran, was dieser für ihn alles getan hat, und fügt dann mit entschiedener Stimme noch hinzu:

»Und diese Stelle ist zu streichen, die besagt, alle meine von 1881 geschriebenen Werke sollten im lebenslänglichen Besitz von Ssofia Andrejewna bleiben. Ssascha weiß schon selbst, was sie diesbezüglich zu tun hat ...«

Mit diesen Worten hat Lew Nikolajewitsch seiner Frau auch noch all das weggenommen, was er ihr schon vor vielen Jahren geschenkt hat, nämlich jene literarischen Werke, an denen sie soviel gearbeitet hat.

Alle Formalitäten sind erledigt. Ohne ein weiteres Wort mit Lew Nikolajewitsch zu wechseln, setzen sich die Männer auf ihre Pferde und galoppieren davon. Er aber macht sich wieder auf den Heimweg, und es ist ihm zumute wie einem Verbrecher, der den Ort seiner Tat verläßt. Warum habe ich das getan? Warum? stellt er sich voller Verzweiflung die Frage. Und am Abend haben seine Gewissensqualen einen solchen Grad erreicht, daß sein Körper zusammenbricht. Am nächsten Tag liegt er krank zu Bett.

Einige Tage später befindet sich Tschertkow im Hause Tolstoi auf Besuch.

»Sind Sie einverstanden mit dem, was ich geschrieben habe?« fragt Lew Nikolajewitsch leise seinen Freund.

»Versteht sich, einverstanden!« antwortet Tschertkow. Er hat allen Grund, zufrieden zu sein, hat ihm doch Lew Nikolajewitsch durch das Begleitschreiben zu seinem Testament mehr gegeben, als er selbst in seinen kühnsten Träumen zu hoffen gewagt.

Aber obwohl sich die beiden Freunde alle Mühe gegeben haben, ihr Gespräch möglichst unauffällig und leise zu führen, hat doch Ssonja etwas von seinem Sinn aufgefangen. Ssonja hat Lew Nikolajewitsch wieder gestattet, Tschertkow bei sich zu empfangen. Lieber dies, als irgendwelche geheimen Zusammenkünfte oder diese unendlich langen, verliebten Briefe. Als sie aber heute die Räder von Tschertkows Kutsche knirschen gehört, hat sie genau gefühlt, er würde ihr etwas besonders Unangenehmes, Häßliches bringen.

Tschertkow verabschiedet sich, und mit seiner lauten, klingenden Stimme sagt er:

»Leben Sie wohl, Lew Nikolajewitsch! Ich wollte Sie nur wieder einmal sehen, solange Sie noch am Leben sind!«

»Das heißt, solange ich ihn noch nicht umgebracht habe!« fügt Ssonja bitter hinzu.

Tschertkow antwortet nicht, er wirft Ssonja nur einen verächtlichen Blick zu und steigt in seinen Wagen.

»Ljowotschka«, stürzt sich Ssonja sogleich auf Lew Nikolajewitsch, »von welchem Übereinkommen habt ihr gesprochen?«

»Das geht dich nichts an!« erwidert Lew Nikolajewitsch scharf und fühlt, wie sein Gewissen wieder zu brennen beginnt.

»Ljowotschka«, dringt Ssonja weiter in ihn, »welches Geheimnis hast du mit Tschertkow? Ich spüre genau, daß ihr wieder eine Verschwörung gegen mich ausheckt!«

»Ich habe heute beschlossen, frei zu bleiben und auf nichts Rücksicht zu nehmen!« gibt Lew Nikolajewitsch zur Antwort. Seine Stimme klingt maßlos grob und verletzend.

Ssonja sitzt an ihrem Schreibtisch. Es ist schon bald Morgen, und noch immer denkt sie nicht daran, sich niederzulegen oder nur sich zu entkleiden. Hoffnungslose Einsamkeit umfängt sie, sie fühlt sich wie vom Leben ausgestoßen, irgendwo im leeren Raum schwebend zwischen Tod und Leben. Wäre es nicht tausendmal besser, zu sterben? So kann sie ja doch nicht weiterleben! Krampfhaft sucht sie nach etwas, das sie noch ans Dasein fesseln könnte, aber sie findet nichts. Niemand braucht sie, niemandem ist sie nötig. Wozu führt sie noch diesen zähen Kampf mit Lew Nikolajewitsch? Damit sie ihren Kindern und Enkeln eine angenehmere Zukunft sichere, ihnen, die ihr keinen Dank dafür erweisen? Was soll sie also auf dieser Welt?

Da tauchen vor ihrem Auge mit einem Mal Bilder aus ihrer fernen Vergangenheit auf, aus der Zeit, da sie noch glücklich war. Sie sieht sich mit unheimlicher Deutlichkeit, wie sie in der langen Allee einherschreitet, vom Eislaufplatz zurückkehrend, auf dem einen Arm ein Kind, dem sie vorsichtig das Köpfchen vom Winde weghält, an der anderen Hand den Schlitten nach sich ziehend, auf dem fröhlich ein zweites der Kinder sitzt, und vor und hinter ihr eine lachende, schreiende Herde Kinder. Vor dem Hause erwartet sie Lew Nikolajewitsch, heiter, fröhlich, gesund, voll Liebe zu ihr und zu den Kindern! Ach wie lange, wie unendlich lange ist das vorbei!

Schwer erhebt sich Ssonja und tritt zum Fenster. Sie blickt auf die leise schwankenden Blätter der Bäume, die geheimnisvoll im silbernen Schein des Mondes leuchten. Sie blickt auf den Himmel mit den ungezählten Sternen, von denen einer nach dem andern auslöscht. Ein kühler Luftzug streicht vom Boden herauf und trägt den Geruch des frisch gemähten Grases zu ihr. Weit in der Ferne kräht ein Hahn, andere folgen. Schnell schwinden die Sterne hin, Wolkenballen steigen auf, immer mehr, immer größer. Bald ist der ganze Himmel nur noch eine graue Masse, ein feiner, kalter Regen rieselt zur Erde.

Langsam wendet sich Ssonja vom Fenster weg. Während sie stumm hinausgeblickt hat, ist es ihr zur Gewißheit geworden, daß sie fort muß, für immer. Wohin? Ist das nicht ganz gleichgültig? Nur fort! Sollen sie hier flüstern und zischeln, sollen sie ihre Ränke schmieden, ihre Pläne, wie sie am besten hinauszudrängen wäre. Sie will nichts mehr sehen, nichts mehr hören von all dieser Niedrigkeit.

Eilig packt sie ihre Sachen in einen Koffer, legt ihren Paß darauf und setzt sich dann wieder an den Schreibtisch, um Lew Nikolajewitsch den Abschiedsbrief zu schreiben:

»Lebe wohl, Ljowotschka! Dank Dir für mein vergangenes Glück! Du hast mich für Tschertkow hingegeben. Ihr habt beide heimlich irgendein Abkommen getroffen, und abends hast Du mir erklärt, Du wolltest Dir die Handlungsfreiheit bewahren, auf nichts Rücksicht nehmen. Was heißt das? Welche Freiheit?

Die Ärzte haben mir angeraten, fortzufahren. Nun, ich fahre fort und lasse Dir Deine volle Freiheit. Du magst Deine Geheimnisse und Deine Zusammenkünfte mit Tschertkow haben. Ich kann das alles nicht mit ansehen. Ich habe mich bis zu Ende gequält mit Eifersucht, mit ewigem Verdacht und mit dem Kummer darüber, daß man Dich für immer von mir entfernt hat. Ich habe mich abzufinden mit dem Unglück, Tschertkow sehen zu müssen, aber ich kann es nicht mehr. Verachtet von meiner Tochter, zurückgestoßen von meinem Mann, verlasse ich mein Haus, solange Tschertkow meine Stelle einnimmt, und kehre erst zurück, wenn er wieder fort ist. Bleibe gesund und glücklich mit Deiner christlichen Liebe zu Tschertkow und der ganzen Menschheit, von der Du, ich weiß nicht warum, einzig und allein Deine unglückliche Frau ausgenommen hast.«

Nachdem sie ihren Brief beendet, segnet sie noch ihre schlafenden Enkelkinder, und dann fährt sie fort, mit dem Wagen, der ihren Sohn Andrej abholen sollte. Sie will mit dem ersten Zug abreisen, gleichviel wohin, doch am Bahnhof läuft sie ihrem Sohn geradezu in die Arme, und wie er sie so ganz zerschlagen und verzweifelt vor sich sieht, erklärt er energisch, sie müßte sogleich wieder nach Jassnaja Poljana zurückkehren. Und so tritt sie neuerlich über die Schwelle ihres Hauses. Mit schwerem Herzen geht sie in ihr Zimmer. Sie fürchtet, jeden Augenblick könnte Lew Nikolajewitsch erscheinen und ihr bittere Worte sagen, daß es ihr an Mut gefehlt, den Entschluß auch auszuführen, den sie gefaßt. Da geht wirklich schon die Tür auf, und Lew Nikolajewitsch tritt herein. Doch nichts von Bitterkeit, nichts von Herzlosigkeit ist in seinen Zügen. In seinen Augen stehen Tränen.

»Ssonja«, sagt er, während er sie mit seinen Armen umfängt, »meine teure, liebe Ssonja! Wie gut, daß du zurückgekehrt bist! Wie ich dir dafür dankbar bin! Ssonja! Wieder habe ich deutlich gefühlt, daß ich einfach ohne dich nicht leben kann. Wir sind zu sehr miteinander verwachsen. Wie danke ich dir, daß du zurückgekehrt bist!«

Weinend preßt er Ssonja gegen seine eingefallene Brust, und auch Ssonja weint.

»Wenn du wüßtest, Ljowotschka«, schluchzt sie, »wie ich dich liebe! Und all mein Leid kommt ja nur daher, weil ich dich liebe!«

Und dann fügt sie hinzu:

»Ljowotschka, jetzt sage mir aber, was du mit Tschertkow hast, das du vor mir verbergen mußt!«

Mit einem Mal nimmt das Antlitz Lew Nikolajewitschs einen andern Ausdruck an. Schrecken und Schmerz spiegeln sich in seinen Zügen.

»Ich habe nichts mit Tschertkow, was du nicht wissen könntest. Nichts!«

Ssonja sieht ihm an, daß er lügt. Aber sie ist so glücklich durch seine Liebe, daß sie mit einem leisen Lächeln darüber hinweggeht. Sollen die Kinder selbst ihre Rechte gegen Ljowotschka verteidigen, denkt sie, ich will nichts anderes mehr, als mich an den Strahlen seiner Liebe wärmen, ohne die ich nicht leben kann.

XIV

Lew Nikolajewitschs Tod

Herbst 1910

Lew Nikolajewitsch sitzt in seinem Zimmer am Schreibtisch, den Kopf in die Hände gestützt, in bittere Gedanken versunken. Der Morgen ist seine Arbeitszeit. Immer sind seine Gedanken am frischesten und klarsten, wenn er sich nach einem kurzen Morgenspaziergang an seinen gewohnten Platz setzt. Heute aber will es nicht gehen. Vor ihm auf dem Tisch liegt das »Tagebuch für mich selbst«. Sein eigentliches Tagebuch bekommen Tschertkow und Ssascha zu lesen, dieses kleine Büchlein aber versteckt er vor allen, besonders aber vor Ssonja, die sich beständig auf der Suche danach befindet. So schwer wie jetzt war es ihm noch nie in seinem ganzen langen Leben. Er ist bis zum letzten gequält und unzufrieden mit sich selbst; aber auch körperlich fühlt er sich sehr schlecht. Beständig hat er Schmerzen in der Leber, und die kurze Zeit hat ihm Anfälle von völligem Gedächtnisschwund gebracht. Er hat seine Enkelkinder nicht erkannt, hat von seinem früheren Leben nichts mehr gewußt, ja, er hat von Mascha gesprochen und dabei ganz vergessen, daß sie schon seit vier Jahren tot ist. Es ist ihm, als ob er sich in einer Tretmühle befände, aus der es kein Entrinnen gibt.

Ssonja haßt Tschertkow, weil sie ihn im Verdacht hat, er wolle ihr den Mann aus dem Haus entführen, und Lew Nikolajewitsch weiß nur zu gut, wie sehr dieser Verdacht begründet ist. Tschertkow wiederum haßt Ssonja, weil sie nach seiner Ansicht das Leben ihres Mannes zerstört, ihm eine »Geißel« ist. Seine Tochter Ssascha haßt ihre Mutter, trägt ihrem Vater alles zu, was auf sie ein schlechtes Licht werfen könnte, nennt sie ein albernes Frauenzimmer und unterstützt aus allen Kräften Tschertkow in dem Bestreben, Lew Nikolajewitsch aus dem Haus zu bringen.

Lew Nikolajewitsch steht zwischen zwei Feuern. Er liebt Ssonja, er weiß, daß Ssascha und Tschertkow ihr unrecht tun, daß sie nur ihre schlechten Seiten sehen wollen, aber er kann sich nicht dazu aufraffen, sie vor den beiden zu schützen, denn er befindet sich völlig unter ihrem Einfluß. Ssonja ist so arm, so unglücklich! Wenn er sich nur vorstellt, wie sie abends allein mit ihrer Sehnsucht und mit ihrem Weh im Zimmer sitzt, dann krampft sich ihm das Herz vor Mitleid zusammen. Kaum aber ist er mit Ssascha oder mit Tschertkow beisammen, beginnt er abfällig über sie zu sprechen und läßt kein gutes Haar an ihr. Wie das kommt, kann er selbst nicht verstehen. Sowie er die in der letzten Zeit ganz in sich zusammengesunkene Ssonja sieht, fühlt er, daß er ihr unrecht tut, daß er sie mit unverzeihlicher Grausamkeit behandelt, sobald er aber mit Ssascha und Tschertkow zusammen ist, schenkt er ihnen Glauben, wenn sie ihm erklären, er wäre ein Märtyrer, und Ssonja ein ehrsüchtiges, eigennütziges, schamloses Weib ...

Tief über sein Heftchen gebeugt, beginnt Lew Nikolajewitsch mit zitternder Hand zu blättern. An einer Stelle hält er inne. Da, am 30. Juli, hat er geschrieben:

»Tschertkow hat mich in einen Kampf hineingezogen, und dieser Kampf ist mir furchtbar schwer und widerwärtig. Ich werde mich bemühen, ihn mit Liebe zu führen.«

Und hier am 2. August:

»Sehr, sehr habe ich meinen Fehler eingesehen. Ich hätte alle meine Erben versammeln und ihnen meine Absicht mitteilen müssen, aber nicht geheimhalten. Ich habe das Tschertkow geschrieben. Er war tief gekränkt darüber.«

Ja, darin liegt es! Ssonja hat nur zu sehr recht, wenn sie ihm erklärt hat, er könnte nur etwas Unrechtes tun, wenn er es für besser findet, es geheimzuhalten. Und Birjukow, einer seiner eifrigsten Jünger, hat Lew Nikolajewitsch, als er von diesem geheimen Testament erfuhr, gerade ins Gesicht gesagt, daß er damit etwas Schlechtes begangen habe. Und dann hat Birjukow noch überdies bemerkt, es wäre ein großer Mangel an Folgerichtigkeit, sich zwecks gesetzlicher Festlegung seines Willens an die gleiche Regierung zu wenden, der man andererseits jedes Daseinsrecht abspricht. Lew Nikolajewitsch litt furchtbar schwer unter diesen Vorwürfen und machte auch Tschertkow davon Mitteilung. Dieser aber antwortete mit einem aufgeregten Brief, erklärte ihm, daß Ssonja und die Kinder nach seinem Tod sicherlich Tschertkows Ansprüche auf die hinterlassenen Schriften anfechten würden. Da kam es nun wieder heraus, daß Lew Nikolajewitsch Tschertkow hätte beleidigen müssen, wenn er Ssonja entgegengekommen wäre. Er schrieb seinem Freund einen langen Brief, in dem er ihn um Entschuldigung bat und seine Schwäche damit erklärte, daß er wohl einfach auf den Eigennutz und auf die Herzlosigkeit der Seinen vergessen haben mußte. Und so hat wieder Tschertkow gesiegt ...

Lew Nikolajewitsch blättert weiter in seinen Aufzeichnungen. Da, am 11. August, hat er geschrieben:

»Mit allen ist es mir so schwer! Ich kann mir nichts anderes wünschen als den Tod!«

Ach, in der Tat, so schwer ist es ihm mit ihnen allen. Alle fordern sie von ihm Liebe, Aufmerksamkeit und Unterwerfung unter ihren Willen, und es will ihm scheinen, als ob sie bei diesem Kampf ihn selbst vollständig vergessen hätten! Er erinnert sich an seinen schrecklichen achtundvierzigsten Hochzeitstag. Ssonja bat ihn, er sollte sich mit ihr zusammen fotografieren lassen. Einige Tage vorher aber hat ihm Ssonja das Versprechen abgerungen, daß er sich mit Tschertkow zusammen nicht aufnehmen lassen würde, und so fürchtete er, sein Freund würde tief beleidigt sein, wenn er sich zwar mit ihr, nicht aber mit ihm fotografieren ließe. Ssonja aber bat solange, bis er sich ihrer endlich erbarmte und einwilligte. Es war ein kalter, windiger Herbsttag. Ssonja zog ihr weißes Paradekleid an. Sie wollte, daß er sich während der Aufnahme zu ihr wende und ihr zulächle, er aber stand wie ein Stock neben ihr, die Hände in den Gürtel gesteckt, um seinen Freund und Ssascha nicht noch mehr herauszufordern, deren Zorn er ohnehin schon fürchtete. Und in der Tat, kaum war er vom Garten ins Haus zurückgekehrt, schrie ihn Ssascha an:

»Das ist nicht folgerichtig gehandelt! Ssofja Andrejwna versprichst du, dich nicht mit Tschertkow aufnehmen zu lassen, mit ihr aber läßt du dich fotografieren! Und warum hast du ihr erlaubt, in deinem Zimmer die Fotografien umzuhängen? Wegen dieser albernen Frau hast du deine Tochter geopfert, die dir Freund ist. Mein Porträt und das Tschertkows hat sie weggenommen und das ihre hingehängt. Und du getraust dich nicht einmal, es wieder zu entfernen.«

Die Stimme der großen, ungeschlachten Ssascha klang über die Maßen grob, ihre Züge waren von Wut verzerrt. Bekümmert schüttelte Lew Nikolajewitsch sein Haupt und sagte:

»Ssascha, du wirst ja selbst so wie sie!«

Am anderen Tag befanden sich die Bilder Ssaschas und Tschertkows wieder auf ihrem Platz. Nun protestierte aber Ssonja. Voll Wut zerriß sie Tschertkows Porträt in kleine Stücke, und es begann eine fürchterliche Szene. Ssonja schrie Ssascha an, Ssascha Ssonja, und es endigte damit, daß Ssascha auf ihr Gut fuhr, in der Hoffnung, ihre Abwesenheit würde Lew Nikolajewitsch noch schneller dazu bringen, sein Haus zu verlassen. Dieser ganze Vorfall regte aber Lew Nikolajewitsch so auf, daß er einen Nervenanfall bekam, dem er beinahe erlag. Ssonja erschrak so sehr, daß sie zu allem bereit war und sich dazu verstand, Ssascha um Verzeihung zu bitten, die diese ihrer Mutter auch großmütig gewährte ...

Noch jetzt überfällt Lew Nikolajewitsch ein Zittern, während vor seinem Auge jene schrecklichen Tage vorüberziehen. Er schüttelt sein weißes Haupt und blättert weiter.

»Von Tschertkow«, liest er, »wieder ein Brief mit Vorwürfen und Anschuldigungen. Man reißt mich in Stücke!«

Lange noch sitzt Lew Nikolajewitsch vor seinem Tagebuche, blättert darin, liest da und dort ein paar Zeilen und verfällt immer wieder in trübes Sinnen.

Dann ergreift er die Feder und schreibt:

»Es ist heute nichts Besonderes vorgefallen. Nur das Gefühl der Scham und der Drang, etwas zu unternehmen, ist noch gewachsen.«

Dann steckt er das Heft hinter den Stiefelschaft, sein gewöhnliches Versteck, und legt das Haupt schwer auf die Arme. Sein ganzes Leben erscheint ihm wie ein unerträglicher Alp, die

Zukunft erhebt sich dräuend vor ihm wie eine schwarze Wand ...

Ssonja ist gerade dabei, im Zimmer Lew Nikolajewitschs Ordnung zu machen, so wie sie dies jeden Tag zu tun gewohnt ist. Sie wischt den Staub vom Schreibtisch, hebt die Papiere auf, die auf den Fußboden gefallen sind – da fällt ihr Blick auf ein kleines Heft. Sie blättert darin, und nachdem sie die ersten Worte überflogen, erkennt sie sofort, daß sie die Tagebuchblätter in Händen hat, die Lew Nikolajewitsch so sorgfältig vor allen verbirgt. Ssonjas Herz hört fast zu schlagen auf vor Erregung. Hastig packt sie das Heft, eilt damit in ihr Zimmer, schließt die Tür ab und beginnt zu lesen:

»29. Juli 1910.
Ich beginne ein neues Tagebuch, ein wirkliches Tagebuch, ganz für mich allein. Jetzt muß ich eines niederschreiben: wenn der Verdacht einiger meiner Freunde begründet ist, so versucht sie jetzt, ihre Ziele durch Güte und Schmeicheln zu erreichen. Schon seit einigen Tagen küßt sie meine Hand, was sie früher nie tat, und es gibt auch keine Verzweiflungsszenen mehr. Gott und die guten Menschen mögen mir verzeihen, wenn ich mich im Irrtum befinde.«

Es ist Ssonja, als ob ihr jemand ins Gesicht geschlagen hätte. Also Tschertkow und dieser Goldenweiser und wahrscheinlich auch ihre eigene Tochter Ssascha wollen Lew Nikolajewitsch überzeugen, daß sie, seine Frau, ihm gegenüber eigennützige Ziele verfolgt! Und je weiter sie liest, desto klarer wird ihr, daß ihn seine Freunde dazu gebracht haben, ganz im geheimen ein Testament aufzustellen, ohne daß sie oder sonst jemand von der Familie etwas davon erfahren sollte. Sie liest davon, wie Tschertkow alles tut, um Lew Nikolajewitsch von ihr zu trennen, um sie ihm gegenüber zu verdächtigen, sie liest, wie schwer ihr Mann unter diesem Kampf leidet, den ihm seine Freunde aufgezwungen, sie liest davon, wie Ssascha, ihr eigenes Fleisch und Blut, sich mit allen Kräften bemüht, ihren Vater von der Schlechtigkeit der Mutter zu überzeugen. Von wieviel Grausamkeit, Ungerechtigkeit, Lüge diese Blätter sprechen!

Das Furchtbarste aber bringt Ssonja die Eintragung vom 20. August 1910:

»Ich habe mich jetzt an meine Heirat erinnert und denke, daß es etwas Schicksalhaftes war. Ich war niemals auch nur verliebt in sie. Und dennoch konnte ich nicht anders als sie heiraten.«

»Nein, tausendmal nein«, weint Ssonja, »das ist nicht mehr mein Ljowotschka, der das geschrieben hat! Das ist der Ljowotschka, wie ihn sich Tschertkow zurechtgerichtet hat. Warum muß er mir das Letzte nehmen, das mir noch geblieben ist, die Erinnerung daran, wie Ljowotschka mich einst geliebt hat?«

Ssonja öffnet die Lade ihres Tisches und beginnt darin zu wühlen. Sie hat einst, vor vielen Jahren, eine Stelle aus dem Tagebuch ihres Mannes abgeschrieben, und immer wieder, wenn es ihr einmal scheinen wollte, sie könnte ihren Schmerz und Kummer nicht mehr ertragen, hat sie es durchgelesen und neuen Trost und Halt darin gefunden. Da, hier ist es! Ssonja nimmt das schon ganz vergilbte Papier und liest:

»5. Jänner 1863.

Ich liebe sie, wenn ich nachts oder am Morgen aufwache und sehe, wie sie mich liebend anblickt. Und niemand, vor allem ich nicht, hindert sie, mich so zu lieben, wie sie mich liebt, auf ihre Weise ...

Ich liebe sie, wenn sie dicht bei mir sitzt, und wir wissen, daß wir einander lieben, wie wir es verstehen, und wenn sie dann sagt: Ljowotschka! ... aber innehält und fortfährt: Warum sind die Züge im Kamin gerade geführt? Oder: Wie lange leben die Pferde? usw.

Ich liebe sie, wenn wir lange Zeit allein geblieben sind und ich sie frage: Nun, Ssonja, was sollen wir jetzt tun? – Und wie sie dann zur Antwort lächelt.

Ich liebe sie, wenn sie auf mich böse wird, wie sie mir plötzlich ein oft scharfes Wort hinwirft: Laß mich in Ruhe! – Und wie sie in der nächsten Minute schon mir schüchtern zulächelt und vor Liebe strahlt ...

Ich liebe sie, wenn sie mich nicht bemerkt, und ich sie auf meine Art liebe ...

Ich liebe sie, die wie ein Mädchen ist, im gelben Kleid, den

Unterkiefer und die Zunge ein wenig vorgeschoben.

Ich liebe sie, wenn ich ihren Kopf sehe, ein wenig nach rückwärts gebeugt, und ihr ernstes, erschrecktes, kindhaft leidenschaftliches Antlitz . . .

Ich liebe sie, wenn . . .«

Und wie kann es geschehen, fragt sich Ssonja, daß er jetzt schreibt, er habe mich niemals geliebt? Ist sein Herz ausgetrocknet und hat er alles vergessen? Oder hat er mich wirklich niemals geliebt? Wer kann es verstehen?

Ssonja weint, wie sie noch niemals in ihrem Leben geweint hat . . .

28. Oktober 1910

»Ja, Ssascha, ich habe dem Bauern Nowikow erklärt, daß ich in diesem Haus nicht sterben werde, daß ich irgendwohin gehe, wo mich niemand kennt. Oder ich werde, habe ich ihm gesagt, geradewegs zu dir in deine Hütte kommen, um dort zu sterben! Ich brate in meinem Haus wie in der Hölle, habe ich ihm gesagt, und es war immer mein Traum, in einer Hütte zu leben, irgendwo im Wald mit irgendeinem armen Teufel zusammen, doch Gott hat mir nicht die Kraft gegeben, mit meiner Familie zu brechen!«

Lew Nikolajewitsch erzählt seiner Tochter Ssascha von dem Gespräch, das er mit dem Bauern Nowikow gehabt, der zu ihm auf Besuch gekommen war.

»Ich habe ihm auch gesagt«, fährt er fort, »daß, wenn ich darauf bestünde, fortzugehen, meine Frau ihre üblichen hysterischen Anfälle und Skandale produzieren würde, die ich nicht ertragen kann. Und Nowikow hat mir darauf von der Frau eines mir bekannten Bauern erzählt, die immer betrunken war. Dieser nahm, als es ihm zu bunt geworden war, einmal die Knute zur Hand, schnalzte sie ihr ein paarmal um den Leib, und wie weggeblasen war fürderhin die Trunkenheit!«

Ssascha erzählt nun einen ähnlichen Vorfall.

»Auf der Fahrt nach Jassnaja Poljana fragte unlängst die Schwägerin Olga den Kutscher Iwan, wie es dort gehe. Er gab ihr zur Antwort: Schlecht! Dann wandte er sich auf dem Kutschbock um und fügte verschmitzt lächelnd hinzu: Verzeihen Sie, Hoheit, wenn ich Ihnen etwas sage. Bei uns im Dorf, wenn ein Weib Narrenpossen treibt, bekommt sie vom Muschik ein paar Tüchtige mit den Zügeln, und sie wird weich wie Seide.«

Lew Nikolajewitsch lacht belustigt.

»Ach«, sagt er, »so machen es diese Leute!«

»Ja«, antwortet Ssascha, »es ist aber nichts gar so Besonderes, nur daß ihre Zügel aus Stricken bestehen, unsere aber geistiger Natur sind.«

Lew Nikolajewitsch ist unangenehm berührt von dieser Art, wie seine Tochter über die Mutter spricht, und im Grunde seines Herzens fühlt er etwas wie Mitleid für Ssonja in sich aufsteigen. Er bemüht sich aber, Ssascha nichts merken zu lassen und sagt unvermittelt in ernstem Ton:

»Ja, ich werde wohl doch von zu Hause fortgehen müssen! Ich sehne mich schon so danach!«

Und schmeichelnd fährt er fort:

»Und du, meine Ssascha, wirst doch sicher mit mir gehen wollen!«

Wie schon oft, beginnen nun beide in einem eifrigen Gespräch alle Einzelheiten zu besprechen, wohin sie sich wenden wollen, ja sie denken sich sogar aus, unter welchem Namen sie ihre Reise antreten wollen, um unerkannt zu bleiben. Er will sich Nikolajew nennen, sie Frolowa.

»Ich warte nur auf einen passenden Vorwand«, sagt schließlich Lew Nikolajewitsch zu Ssascha, die ihm gute Nacht wünscht und sich verabschiedet.

Lew Nikolajewitsch sitzt allein in seinem Zimmer. Er erinnert sich an die Erzählung Ssaschas vom Kutscher Iwan und an ihr häßliches Lächeln, und sein Herz füllt sich mit Abscheu und Mitleid. Sie und Tschertkow könnten das freilich nicht verstehen. Sie sprechen von Ssonja nur mehr als von dem groben, dummen und verschlagenen Weib. Aber Lew Nikolajewitsch kennt sie besser. Er hat achtundvierzig Jahre mit ihr zusammengelebt und – er liebt sie noch immer. Aber Tschertkow und Ssascha wollen unbedingt, daß er sie verläßt, und sie beide lieben ihn mit der ganzen Glut ihrer Herzen. Ach wirklich, es ist so, die ihn lieben, reißen ihn gleichzeitig in Stücke . . .

Aber das beste wird doch sein, fortzugehen, um nicht stets den Grund für Zwistigkeiten mit den Menschen abzugeben, die ihn lieben! Freilich, seine Verehrerin, die alte Marja Aleksandrowna, antwortete ihm vor kurzem, als er ihr von seinen Plänen, Jassnaja Poljana zu verlassen, Mitteilung machte:

»Lew Nikolajewitsch! Seelchen! Das vergeht wieder! Das ist ja nur eine vorübergehende Schwäche!«

Eine vorübergehende Schwäche? Nein! Nein! Er will nicht länger mehr bleiben! Er kann es nicht mehr länger ertragen, Ssonjas Leiden anzusehen, die Briefe Tschertkows vor ihr zu verstecken und dessen Vorwürfe anzuhören, wenn er nachgibt. Wenn er zu Ssonja auch nur ein klein wenig gut ist, so ist Tschertkow beleidigt. Und Tschertkow ist doch der Freund seines Herzens, der sich nun schon so viele Jahre mit beispielloser Selbstaufopferung für sein Werk hingibt.

Da fällt Lew Nikolajewitsch ein, daß der nächste Tag der 28. Oktober ist. Sein ganzes Leben hat er mit merkwürdiger Innigkeit an verschiedene Vorbedeutungen und Vorzeichen geglaubt, und es gehört zu seinen festesten Überzeugungen, daß die Zahl 28 in seinem Leben eine ganz besondere Rolle spielt. Am 28. August 1828 ist er geboren, an einem 28. kam sein erster Sohn auf die Welt, an einem 28. . . Ja so ist es, morgen muß er sein Haus verlassen. Ach, wenn ihm Ssonja nur einen Vorwand dazu gäbe! Und mit dem geheimnisvoll beruhigenden Gefühl, daß ihm der kommende Tag endlich die Erlösung von all seinen Qualen bringen muß, schläft er ein.

Es ist tiefe Nacht. Da fährt Lew Nikolajewitsch plötzlich aus dem Schlaf und setzt sich erschrocken auf. Irgendein Geräusch, wie ein Rascheln und Rauschen, hat ihn aufgeweckt. Angestrengt lauscht er. Er hört, wie sich eine Türe öffnet, wie jemand leise geht. Durch die Spalte der Tür, die zu seinem Arbeitszimmer führt, dringt plötzlich Licht, und dann wieder ein Rascheln. Das kann nur Ssonja sein, die in seinem Schreibtisch wühlt, um in seinen Tagebüchern und in Tschertkows Briefen zu spionieren. Nein, das kann er nicht ertragen, das ist kein Leben! Er muß fort! Heute noch, jetzt gleich!

Im Arbeitszimmer ist es wieder dunkel geworden, die Tür hat sich leise geschlossen, und alles ist still. Ekel und Empörung erfüllen sein Herz. Unruhig wälzt er sich in seinem Bett, ohne Schlaf zu finden, ein Gedanke jagt den andern. Immer heftiger wird seine Erregung, und endlich erhebt er sich und zündet eine Kerze an. Im nächsten Augenblick schon öffnet sich die Tür und Ssonja tritt herein. Ihr Gesicht ist bleich und schlaff. Sie hat die ganze Nacht nicht geschlafen, um sofort zu merken, wenn er sich heimlich entfernen sollte.

»Ljowotschka, wie geht es dir?« fragt sie besorgt.

»Gut!« gibt er lakonisch zur Antwort und fühlt, wie Zorn in ihm aufsteigt. Der Anblick dieser traurigen Gestalt mit den zerzausten Haaren und den riesengroßen, leidenden Augen versetzt ihn in helle Wut. Er sieht nur mehr das böse, hinterlistige Weib in ihr, vor dem er keine Ruhe finden kann, das immer hinter ihm her ist. Daß sie das nur deshalb tut, weil sie ihn liebt, kommt ihm gar nicht in den Sinn.

Wie ein Hund, der von seinem Herrn Schläge bekommen hat, verläßt Ssonja mit gedrücktem, unsicherem Gang das Zimmer. Wie ein Hund! Dieser Anblick bringt seinen Zorn zur Siedehitze, und mit einem Mal steht der Entschluß, das Haus sofort zu verlassen, mit letzter, endgültiger Entschiedenheit fest. Rasch erhebt er sich, setzt sich zum Schreibtisch und schreibt mit fliegender Hast, in der Furcht, sie könnte noch einmal zurückkehren, Ssonja einen Abschiedsbrief:

»Meine Abreise wird Dich kränken, es tut mir sehr leid, doch verstehe mich und glaube mir, daß ich anders nicht handeln kann. Meine Lage in diesem Haus ist mir unerträglich geworden. Abgesehen von allem andern, kann ich nicht länger in dieser Umgebung von Luxus leben, in der ich bisher lebte, und tue das, was gewöhnlich Männer in diesem hohen Alter tun: aus dem Leben der Welt fortgehen, um die letzten Erdentage in Ruhe und Einsamkeit zu verbringen. Ich bitte Dich, begreife das und fahre mir nicht nach, selbst wenn Du erfahren solltest, wo ich mich befinde. Eine solche Reise würde meine und Deine Lage nur verschlimmern, ohne an dem von mir gefaßten Entschluß irgend etwas zu ändern. Ich danke Dir für Dein ehrliches Leben an meiner Seite in den achtundvierzig Jahren, und ich bitte Dich, mir alles zu verzeihen, was ich gegen Dich verschuldet habe, ebenso wie ich Dir von ganzem Herzen vergebe, was Du mir je angetan haben magst. Ich gebe Dir den Rat, Dich mit der neuen Lage abzufinden, in die Dich meine Abreise versetzt, und keine bitteren Gefühle gegen mich zu hegen. Wenn Du mir etwas mitteilen willst, so übergib es Ssascha, sie wird wissen, wo ich mich befinde, und wird mir das Nötige nachsenden. Sie wird Dir aber nicht sagen, wo ich mich aufhalte, denn ich habe ihr das Versprechen abgenommen, niemandem gegenüber davon zu sprechen.

Lew Tolstoi«

Während Lew Nikolajewitsch die letzten Worte niederschreibt, tropfen ihm Tränen auf das Papier. Er fühlt, daß der Brief lieblos grausam ist. Er sieht Ssonja vor sich, wie sie in dieser Nacht in sein Zimmer kam und ihn anblickte, so voll Gram und Liebe. Aber gewaltsam schiebt er dieses Bild beiseite; er fürchtet, seinen Gefühlen nachzugeben. Irgendwo in der Ferne schlägt laut ein Hund an. Der Wind heult und rüttelt am schlecht geschlossenen Fenster. Diese kalte, rauhe Nacht! Lew Nikolajewitsch sieht sich bereits auf dem Weg zum Bahnhof, durch den Schmutz und die Nässe stapfend, er stellt sich den überfüllten Waggon vor mit der übelriechenden, stickigen Luft, und wieder packt ihn die Angst. Er möchte am liebsten den Brief, den er eben geschrieben, in Stücke reißen und sich wieder ins Bett legen. Doch da kommen ihm die Worte Tschertkows in den Sinn, der ihm gesagt, er hätte nun genug das Joch der Familie mit sich geschleppt, er müsse endlich aus seinem Haus fortgehen, das wäre notwendig, um die Lehren zu rechtfertigen, die er so lange der ganzen Welt gepredigt hat; am Ende seines Lebens wenigstens müsse er seinen Worten die Tat folgen lassen. Entschlossen erhebt er sich, um Doktor Makowitzki zu wecken, der bei ihm wohnt und ihm mit grenzenloser Treue ergeben ist. Leise schleicht er, um Ssonja nicht zu wecken. Aber merkwürdig! Sie, die nächtelang gewacht hat, nur um jede verdächtige Bewegung sofort zu erfassen, liegt jetzt, im entscheidenden Augenblick, bewegungslos in ihrem Bett und schläft einen tiefen Schlaf.

Erschrocken blickt Doktor Makowitzki auf Lew Nikolajewitsch.

»Ich habe beschlossen fortzufahren und will Sie mitnehmen. Ich gehe hinauf, und Sie kommen mir nach. Aber vorsichtig, damit Sie Ssonja nicht wecken! Wir nehmen nur das Notwendigste mit. In ein paar Tagen kommt Ssascha und bringt uns alles.«

Erregt flüsternd, keuchend, stößt Lew Nikolajewitsch die Worte hervor; seine Wangen brennen. Mit seiner kleinen, zusammengekrümmten Gestalt, mit den wirren, langen, schütteren Haaren und den tiefliegenden, unruhig flackernden Augen gleicht er einem im geheimnisvollen Dickicht des Waldes aufgescheuchten Gnom.

»Zeigen Sie Ihren Puls!« sagt der Doktor und faßt ihn bei der Hand.

»Über hundert!« ruft er aus.

Vom Doktor begibt sich Lew Nikolajewitsch zu Ssascha, die ihm beim Einpacken behilflich sein soll. Sie ist außer sich vor Freude, daß nun endlich der Augenblick gekommen ist, nach dem sie und Tschertkow sich so lange gesehnt haben. Während sie sich sofort energisch an die Arbeit begibt, lauscht Lew Nikolajewitsch unruhig auf jedes Geräusch. Aber Ssonja schläft, so ruhig und so fest wie schon lange nicht.

Endlich ist alles bereit. Lew Nikolajewitsch zieht eine blaue Jacke an, nimmt seine Galoschen und setzt sich die braune gewirkte Mütze auf den Kopf. Dann geht er zum Pferdestall. Eine grausam kalte Nacht empfängt ihn vor der Tür. Wie schwarze Gespenster, die ihre Hände gegen Himmel strecken, steht ein Baum vor ihm, und bevor er ihn noch recht gesehen, stößt er gegen seinen Stamm und fällt zu Boden. Dabei verliert er seine Kappe, und während er nach ihr sucht, stößt er an einen zweiten Baum. Der Oktoberwind weht eisig über seinen kahlen Schädel. Es ist so finster, daß er kaum die Hand vor den Augen sehen kann. Mühsam erhebt er sich, um gleich wieder über etwas zu stürzen. Fast am Ende seiner Kräfte, gelingt es ihm, den Weg zum Haus zurück zu finden. Dort nimmt er in der Küche eine Laterne und begibt sich wieder zum Stall.

Phantastisch tanzt das Licht vor ihm über den Weg.

Nun ist es endlich soweit, daß sich die Pferde in Bewegung setzen. In der Finsternis muß der Knecht mit einer brennenden Fackel voranreiten, um dem Gefährt den Weg zu weisen. Das fahle Licht, die wie wilde Dämonen vorbeifliegenden Silhouetten der Bäume, das schaurige Geheul der Dorfhunde, das alles drückt noch mehr auf den verzweifelten Gemütszustand, in dem sich Lew Nikolajewitsch befindet.

»So habe ich es also doch nicht ausgehalten und bin heimlich von meiner Frau gegangen.«

Tränen ersticken seine Stimme, während er so zu dem schweigsamen Gefährten an seiner Seite spricht. Gleichsam, als ob er sich dem Doktor gegenüber rechtfertigen müsse, erzählt er ihm bis in die kleinsten Einzelheiten, wie Ssonja in der Nacht in seinem Schreibtisch gewühlt hat. Dieser aber, ein äußerst schweigsamer Mensch, sagt die ganze Zeit über kein Wort. Aufseufzend lehnt sich Lew Nikolajewitsch in dem Wagen zurück und denkt darüber nach, in welch schönen Farben er sich diesen Tag seiner Abreise stets ausgemalt hat, und er kann es nicht verstehen, warum er jetzt, da dieser Augenblick endlich gekommen ist, in seinem Herzen nichts fühlt als tiefe Trauer...

Plötzlich halten die Pferde, sie stehen vor der Station Schtschokino. Der Zug soll erst in eineinhalb Stunden eintreffen. Lew Nikolajewitsch geht wie ein Bär im Käfig in dem kleinen, rauchigen Wartesaal auf und ab, dann begibt er sich auf den Bahnsteig. Im Osten beginnt es bereits licht zu werden, vom Dorf her ertönt das Krähen der Hähne. Schläft Ssonja noch? Oder ist sie aufgewacht? Vielleicht ist sie schon auf dem Weg zur Station, um ihn zurückzuholen? Wird er ihr widerstehen können, wenn er in ihr bleiches, abgehärmtes Antlitz blickt?

Endlich fährt der Zug ein, Lew Nikolajewitsch und sein Begleiter nehmen Platz. Von Schtschokino bis Gorbatschewo fahren sie zweiter Klasse, dann steigen sie in die dritte um. Der Waggon ist überfüllt, ein unbeschreiblicher Geruch von Machorka, ungewaschenen Kleidern und schmutzigen Halbpelzen erfüllt die Luft. Lew Nikolajewitsch wird gleich übel. Er geht auf die Plattform hinaus, um sich an der kühlen, reinen Nachtluft zu erfrischen.

Der Kopf schmerzt ihm zum Zerspringen, mit müden Augen blickt er auf die vorbeifliegenden Felder und Wiesen, die alle in einem merkwürdig einförmigen, trostlosen Grau daliegen. Der Wind wird immer stärker und dringt ihm bis in die Knochen. Aber Lew Nikolajewitsch fürchtet sich, wieder in den Waggon zurückzukehren, mit dieser entsetzlichen Luft und den vielen Menschen, denen es ganz gleichgültig ist, was jetzt in seinem Innern vorgeht.

»Lew Nikolajewitsch«, sagt da in energischem Ton der Arzt zu ihm, »kommen Sie in den Waggon, hier draußen werden Sie sich eine Lungenentzündung holen.«

»Lassen Sie mich«, wendet Lew Nikolajewitsch ein. »Es ist mir besser an der frischen Luft.«

»Nein, ich kann Sie nicht hier lassen«, sagt der Doktor entschieden und zieht Lew Nikolajewitsch am Ärmel in den Waggon. Dort erkennen ihn einige Fahrgäste und beginnen sofort ein lebhaftes Gespräch. Einige Augenblicke nachher schon hat Lew Nikolajewitsch alles vergessen, was ihn bedrückt; er spricht von der Steuerreform nach Henry George, von Darwin, von der Wissenschaft und von der Bildung, seine Wangen röten sich, man stellt ihm Fragen, und eine Gymnasiastin bemüht sich, die Wissenschaft gegen seine Angriffe in Schutz zu nehmen. Dann aber wird es allmählich wieder still, Lew Nikolajewitsch leidet sehr unter der Hitze und der schlechten Luft, und als sie endlich um fünf Uhr nachmittags in Optina Pustyn angekommen, ist er am Ende seiner Kräfte. Er begibt sich mit dem Doktor in die Klosterherberge und nimmt ein Zimmer. Der Kopf schmerzt ihn von der Fahrt und von den langen, wie es ihm jetzt scheint, sinnlosen Gesprächen mit Leuten, die ihn nichts angehen. Sein Herz ist voll Aufruhr und Angst um Ssonja. Keine Spur von Freude über die Befreiung – im Gegenteil, ein vollständiger Zusammenbruch! Die ganze Reise, die Flucht vor Ssonja erscheint ihm jetzt als ein phantastischer Traum, als die Tat eines Wahnwitzigen. Gebrochen legt er sich in das fremde, unbequeme Bett, und lange noch hört Doktor Makowitzki seine Seufzer.

28. Oktober 1910

Ssonja hat den Rest der Nacht ungewöhnlich gut und fest geschlafen. Um elf Uhr erst ist sie aufgestanden, und jetzt begibt sie sich zu Lew Nikolajewitsch. Als sie ihn nirgends findet, eilt sie ins »Remingtonzimmer«, in dem Ssascha und eine Sekretärin an der Schreibmaschine sitzen.

»Wo ist der Vater?« fragt sie und wackelt mit dem Kopf, wie immer, wenn sie sich in großer Erregung befindet.

»Fortgefahren!« antwortet Ssascha kurz und triumphierend.

»Wieso fortgefahren? Wann?« fragt Ssonja leise, und ihre Wangen bedecken sich mit großen roten Flecken.

»Heute nacht«, gibt Ssascha wieder kurz und bestimmt zur Antwort.

»Ssascha, liebe Ssascha, das kann doch nicht sein!« Ssonjas Stimme versagt, es ist etwas unendlich Trauriges, Mitleiderweckendes in ihr.

»Was habe denn ich damit zu tun?« meint Ssascha trocken. »Ich gebe nur das wieder, was eben ist!«

»Für immer weggefahren?« forscht Ssonja weiter.

»Es dürfte so sein!«

»Allein?«

»Nein, mit Doktor Makowitzki!«

»Ssascha, mein Täubchen, mein liebes, sag, wohin!« fleht Ssonja, und bittend streckt sie die Hände aus. Tränen laufen ihr über die Wangen und die zuckenden Lippen.

»Ich weiß nicht«, gibt Ssascha zur Antwort, »er hat mir nichts gesagt, nur diesen Brief hat er zurückgelassen!«

Sie reicht ihrer Mutter den Brief, den er in der Nacht geschrieben hat.

»Mein Gott!« stöhnt Ssonja. Sie nimmt den Brief, liest aber nur einige Zeilen; dann wirft sie ihn auf den Tisch und eilt zur Tür hinaus.

Ssascha und die Sekretärin rufen ihr nach, sie solle doch den Brief lesen, vielleicht finde sie etwas darin. Ssonja aber hört sie nicht mehr und eilt weiter in den Park.

Nach wenigen Augenblicken laufen Dienstboten ins Zimmer und schreien aufgeregt:

»Die Gräfin ist in den Park zum Teich gelaufen!«

Ssonja aber eilt, ohne sich umzusehen, weiter. Der Mensch, mit dem sie achtundvierzig Jahre lang zusammengelebt hat, dem sie sechzehn Kinder geschenkt, dem sie ihre ganze Liebe und ihr ganzes Leben aufgeopfert, er hat sie verlassen! Wozu soll sie noch leben? Da liegt der Teich vor ihr. Ein paar Schritte, und sie ist am Ufer, läuft auf den Steg hinaus, auf dem die Weiber ihre Wäsche waschen. Da gleitet sie auf dem nassen Holz aus und fällt mit ganzer Wucht auf den Rücken. Sie dreht sich um, kriecht zum Rand, eine Bewegung noch, und sie stürzt hinunter, das kalte Wasser umfängt plötzlich mit eisiger Umarmung ihren Körper, es dringt ihr in die Nase, in die Ohren, sie fühlt das Ende kommen.

Da fassen sie feste Hände; jemand zieht sie in die Höhe, und als sie zur Besinnung kommt, ist sie wieder auf dem Steg, und neben ihr stehen, von Wasser triefend, Ssascha und der Sekretär Bulgakow. Sie führen Ssonja dem Haus zu.

»Warum habt ihr mich herausgezogen?« klagt Ssonja. »Besser wäre es, ich wäre gestorben!«

Die Kleider kleben ihr am Körper, der kalte Wind wühlt in den nassen Haaren, die Zähne stoßen aufeinander, und sie fühlt, daß sie keinen Schritt mehr gehen könnte.

»Laßt mich nur ein wenig sitzen«, flüstert sie.

Da nehmen sie der Sekretär und ein Lakai auf die Arme und tragen sie nach Hause. An der Tür angelangt, stellen sie Ssonja wieder auf die Beine. Sie ist so schwach, daß sie kaum stehen kann. Mit dem letzten Aufwand an Energie gibt sie dem Lakaien noch den Befehl, auf die Station zu gehen und sich zu erkundigen, wohin Lew Nikolajewitsch die Fahrkarte gelöst hat.

Man bringt Ssonja in ihr Zimmer. Dort aber erreicht ihre Verzweiflung erst den Höhepunkt. Sie meint, sie könnte keine Minute länger den Schmerz ertragen, der ihr das Herz zerreißt. Da fällt ihr Auge auf einen Briefbeschwerer. Sie faßt ihn und stößt das massive Stück mit aller Wucht gegen ihre Brust. Man entwindet es ihr mit Mühe. Dann sieht sie am Tisch einen Hammer liegen, den ein Handwerker vergessen hat; sie ergreift ihn und beginnt ihn gegen ihren Kopf zu schlagen. Kaum hat man ihr auch dieses Werkzeug abgenommen, bringt sie sich zuerst mit einer Schere, dann mit einer Nadel Wunden bei, läuft zum Fenster und will hinunterspringen, will wieder zum Teich laufen – ihre Umgebung hat alle Hände voll zu tun, um ihr das Leben zu retten, von dem sie nichts mehr wissen will, das für sie keinen Sinn mehr hat, weil Ljowotschka sie verlassen ...

Am nächsten Tag schreibt Ssonja an Lew Nikolajewitsch einen Brief:

»Ljowotschka, mein Täubchen, komm zurück, mein Lieber, rette mich vor einem zweiten Versuch, mir das Leben zu nehmen. Ljowotschka, Du Freund meines Lebens, alles will ich tun, was Du verlangst, auf jeden Luxus will ich verzichten, mit Deinen Freunden will ich Freund sein, ich werde meine Krankheit bekämpfen, werde sanft sein. Lieber, Lieber, kehre zurück, Du mußt mich retten, ist doch im Evangelium gesagt worden, man dürfe seine Frau unter keinem Vorwand verlassen. Lieber, Täubchen, Freund meines Lebens, rette mich, kehre zurück, kehre wenigstens zurück, um Dich von mir zu verabschieden vor der letzten, ewigen Trennung!

Wo bist Du? Wo? Bist Du gesund? Martere mich nicht, Ljowotschka, ich werde Dir in Liebe dienen, mit meinem ganzen Wesen, meiner ganzen Seele. Kehre zu mir zurück, kehre zurück! Um Gottes willen, um der Liebe zu Gott willen, von der Du zu allen sprichst, ich schenke Dir eine solche demütige, selbstlose Liebe! Ich verspreche es Dir ehrlich und fest, mein Täubchen, wir werden in Freundschaft unser Leben vereinfachen, wir werden hinfahren, wohin Du willst, wir werden leben, wie Du willst.

Nun leb wohl, leb wohl, vielleicht für immer.

Deine Ssonja.

NB. Kannst Du mich denn wirklich für immer verlassen haben? Ich vermag ein solches Unglück nicht zu überleben, Du tötest mich! Lieber, rette mich vor der Sünde, Du kannst ja nicht glücklich und ruhig sein, wenn Du mich umbringst.

Ljowotschka, mein lieber Freund, verbirg nicht vor mir, wo Du bist, und erlaube mir hinzufahren und Dich zu sehen, mein Täubchen; ich werde Dir keinen Verdruß machen, ich gebe Dir mein Wort darauf, ich werde mich voll Demut und Liebe zu Dir verhalten.

Hier sind alle meine Kinder, doch sie helfen mir nicht in ihrem selbstzufriedenen Despotismus; ich aber brauche nur eines: Deine Liebe! Ich muß Dich sehen! Mein Freund, erlaube mir wenigstens, daß ich Abschied von Dir nehme und Dir zum letzten Mal sage, wie ich Dich liebe! Rufe mich oder komm selbst! Leb wohl, Ljowotschka! Ich suche und rufe Dich allezeit. Welche Qual für mein Herz!«

Ssonja hat ihren Brief vollendet. Sie meint, es wäre ganz unmöglich, daß Lew Nikolajewitsch ihre Worte nicht hört und nicht zu ihr zurückkommt.

Aber Lew Nikolajewitsch kommt nicht. Und am 2. November erhält sie von der Redaktion des »Russischen Worts« ein Telegramm:

»Lew Nikolajewitsch in Astapowo erkrankt. Vierzig Fieber.«

In derselben Stunde noch macht sich Ssonja mit Tanja und ihren Söhnen Andrej und Michail auf den Weg nach Astapowo.

3. November 1910

Astapowo ist eine kleine Station an der Moskau–Rjasaner Eisenbahnlinie. Im »Salon« des Stationsvorstehers, einem großen Zimmer mit einem Doppelfenster, liegt Lew Nikolajewitsch auf einem einfachen, eisernen Bett und betrachtet das Muster der Tapete. Wie zuwider sie ihm schon geworden sind, diese Zweige mit den vielen Blumen, die Primeln ähnlich sehen sollen. Der Kopf schmerzt ihn, das Atmen macht ihm große Mühe, sein Körper glüht im Fieber.

Lew Nikolajewitsch hat aufgehört, die Tage zu zählen, seit er von zu Hause fort ist. Zuerst war er in der Optiner Einsiedelei, erkundigte sich dort nach dem Leben im Kloster, wollte den Abt in seiner Zelle besuchen, erinnerte sich aber noch rechtzeitig daran, daß er ja aus der Kirche ausgeschlossen ist. Dann besuchte er im Kloster von Schamardino seine Schwester Maschenka; er suchte sich dort schon eine Hütte, in der er wohnen wollte, doch da kam Ssascha von Jassnaja Poljana und veranlaßte ihn zur Weiterreise, da sie fürchtete, Ssonja könnte ihn hier erreichen. Man machte sich wieder auf den Weg, doch während der Fahrt begann er zu fiebern, Schüttelfrost packte ihn, die Temperatur stieg schnell auf 38,3 und Dr. Makowitzki erklärte, es wäre unmöglich, weiterzufahren. Schon war das zweite Läuten erklungen, da verließen sie den Zug in Astapowo. Lew Nikolajewitsch war bereits so schwach, daß er nur mit Mühe, auf Ssascha gestützt, gehen konnte.

Und nun liegt er hier, todkrank, fern von seinem Heim. Er hat Briefe von seinen Kindern bekommen. Die einen billigen seinen Schritt, die anderen erzählen ihm eindringlich von den Leiden ihrer Mutter. Auch von Tschertkow hat er einen Brief erhalten, den er mehrere Male hintereinander durchgelesen und der ihm große Freude machte.

»Ich kann mit Worten nicht schildern«, steht darin, »mit welcher Freude ich die Nachricht aufgenommen habe, daß Sie fortgegangen sind. Mit meinem ganzen Wesen bestehe ich darauf, daß Sie so vorgehen mußten und daß das Fortführen Ihres Lebens in Jassnaja Poljana unter den Umständen, die sich ergeben haben, von Ihnen aus etwas Schlechtes gewesen wäre. Und ich glaube daran, daß Sie es lange genug aufgeschoben haben, in der Furcht, Sie könnten damit etwas ›für sich‹ tun, damit Ihrem Vorgehen nicht als Grundmotiv persönlicher Egoismus zugrunde gelegt scheint. Sie werden mit der Zeit einsehen, daß es Ihnen in Ihrer neuen Umgebung auch persönlich ruhiger, angenehmer und leichter sein wird, doch dies darf Sie nicht stören. Ohne eine Ruhepause für die Seele kann man nicht leben. Ich bin überzeugt, daß Ihre Handlungsweise allen Erleichterung bringen wird, vor allem aber der armen Ssofja Andrejwna, wie sehr sie auch äußerlich gesehen unter derselben leiden mag . . .«

An den ersten Tagen nach seiner Abreise war Lew Nikolajewitsch dieser Brief geradezu ein Talisman; doch jetzt bringt auch er ihm keinen Trost mehr. Nachdem er erfahren, daß Ssonja sich das Leben nehmen wollte, ist er überzeugt, daß er häßlich und grausam gegen sie gehandelt hat. Sein Gewissen peinigt ihn, und er sieht jetzt genau, daß es nur Heuchelei ist, wenn Tschertkow in seinem Brief von der »armen« Ssonja spricht. Daß sie bereits in Astapowo ist, hat man ihm verheimlicht. Ssascha, Dr. Makowitzki und der inzwischen angekommene Tschertkow verwehren ihr den Zutritt zu Lew Nikolajewitsch.

Die kleine, weltvergessene Station wimmelt von Menschen. Korrespondenten der Moskauer und Petersburger Zeitungen sind angekommen, von »Russkoje Slowo«, »Nowoje Wremja« und wie sie alle heißen mögen. Jeden Augenblick wendet sich einer von ihnen an Ssonja. Verzweifelt sagt sie zu jedem:

»Stellen Sie sich vor, Tschertkow hat man zu ihm gelassen, und mir, seiner Frau, verbietet man es!«

Bleich, zusammengekrümmt, entsetzlich gealtert, steht Ssonja vor den Journalisten, die sie ausfragen.

»Ja, ja«, sagt sie, »Lew Nikolajewitsch ist unter dem Einfluß einiger unerwünschter Menschen von zu Hause fortgegangen. Sie haben ihm ihren Willen aufgezwungen. Das ist die Wahrheit, davon müßte man in den Zeitungen schreiben. Von sich aus hätte er sich nie dazu entschlossen, und er hätte auch keinen Grund dazu gehabt.«

Mit dem Ausdruck des Mitleids und des Mitfühlens hören sie die Journalisten an, dann ziehen sie ihre Bleistifte hervor und machen sich Notizen.

Kaum haben die Zeitungsleute sie verlassen, beginnt sie wie ein verirrter Vogel um das Haus zu kreisen und den Fremden, die neugierig herumstehen, treten Tränen des Mitleids in die Augen.

Einmal stößt Ssonja vor dem Haus des Stationsvorstehers auf Tschertkow. Das Herz steht ihr fast still. Zornerfüllt, mit zitternder Stimme ruft sie ihm zu:

»Nun haben Sie erreicht, was Sie wollten, Sie haben ihn fortgeführt! Jetzt sind Sie zufrieden, daß Sie ihn aufs Sterbebett gebracht haben!«

»Wer ihm Schlechteres getan hat«, antwortet Tschertkow mit kalter Grausamkeit, »ist noch die Frage. Sie haben ihn aus seinem Haus geekelt.«

Dann läßt er die schluchzende Ssonja stehen und geht triumphierend zu Lew Nikolajewitsch, durch die Tür, zu der man ihr den Zutritt verwehrt. Warum nur, warum? Man sagt, er wäre zu schwach, es würde ihn zu sehr aufregen. Aber sie weiß genau, er würde sich freuen, wenn sie zu ihm käme. Er war ja doch auch sonst immer so froh darüber, wenn sie ihn während seines Krankseins pflegte!

Langsam geht Ssonja zu dem niedrigen Holzzaun, der das Haus des Stationsvorstehers umgibt. Weit beugt sie sich darüber, sie will wenigstens durch das Fenster sehen, einen schwachen Schein wenigstens erhaschen von dem Raum, in dem ihr Mann zu Tode krank liegt. Aber im gleichen Augenblick verhängt jemand die Scheiben. Weinend geht sie wieder zum Eingang des Hauses zurück.

Es wird Abend, Nacht. Eine trostlose Herbstnacht. Ssonja sitzt in ihrem Waggon. Der Regen schlägt dumpf dröhnend auf das Dach. Sie denkt an ihren armen, kranken Ljowotschka, den fremde Leute vor ihr bewachen, fremde, unmenschlich grausame Menschen – darunter ihre eigene Tochter!

Da klopft es an der Tür des Waggons. Man bringt ihr ein Telegramm, das an Lew Nikolajewitsch adressiert ist:

»Der Sinn des Lebens ist, alle Menschen glücklich zu machen, auch die eigene Familie. Deshalb darf man nicht von zu Hause fliehen. Kehren Sie zurück! Ihr Sie liebender Ssimonowitsch.«

Ssimonowitsch! Ein Fremder, dessen Namen sie nie gehört. Ach, wenn doch Lew Nikolajewitsch auf diesen Fremden hören wollte!

4. November 1910

Ein düsterer, regnerischer Herbstmorgen. Ssonja hat die ganze Nacht fast kein Auge geschlossen. Jetzt eilt sie wieder zum Häuschen des Stationsvorstehers, wo sie erfährt, daß Lew Nikolajewitsch schlecht geschlafen hat, daß sein Herz unregelmäßig arbeitet, bei 38 Temperatur und 100 Puls.

»Lassen Sie mich zu meinem Ljowotschka!« fleht sie, die Hände erhoben wie ein bittendes Kind. Aber sie begegnet kalten, abweisenden Gesichtern, und als sie dennoch eindringen will, hält man sie mit Gewalt zurück. Wieder treten einige Korrespondenten zu ihr, die auf der Jagd nach Neuem für ihre Zeitungen sind.

»Ich weiß nicht«, klagt sie, »was für Lew Nikolajewitsch schlechter wäre: daß er sich fortwährend meinetwegen beunruhigt, oder eine plötzliche Erschütterung durch das Wiedersehen mit mir, von dem man behauptet, es könnte seiner Gesundheit schaden. Man erzählt mir, daß er gleich zu weinen beginnt, wenn er sich meiner erinnert, und sagt: Was ist mit unserer Mama? Ach, sagt ihr nichts davon, beunruhigt sie nicht, bemüht euch, daß sie nichts von mir erfährt! Wenn er mich sähe, würde all seine Unruhe mit einem Mal schwinden. Wie mich das aufregt und quält! Achtundvierzig Jahre habe ich mit ihm gelebt, und jetzt läßt man mich nicht einmal zu ihm. Es ist entsetzlich!«

Fast den ganzen Tag verbringt Ssonja entweder vor der Eingangstür zum Haus des Stationsvorstehers, oder in der kleinen Laube vor den Fenstern sitzend, oder ruhelos auf dem Bahnsteig auf und ab gehend. Überallhin ist sie nach Nachrichten aus, jedes Wort fängt sie auf. Sie hört, daß die Lage ernst ist, daß man Professor Schtschurowski aus Moskau kommen läßt, daß Lew Nikolajewitsch keinen Appetit hat, daß das Herz zeitweise auszusetzen beginnt. Sie hört, daß vom Metropoliten Antonius ein Telegramm gekommen ist, mit der Einladung, sich mit der Kirche auszusöhnen, daß man Lew Nikolajewitsch aber das Telegramm nicht einmal gezeigt hat. Einige Male schickt sie um Doktor Makowitzki, der so lange in ihrem Haus gelebt. Sie möchte ihn um alles, um alle Kleinigkeiten fragen. Aber trotz aller Bitten kommt er nicht heraus, er behauptet, dies würde seine Konzentration auf den Kranken zerstreuen . . .

Wieder sitzt Ssonja allein in der Laube. Alles ist still ringsum. Niemand geht aus noch ein, und drinnen, bei ihm, sind Ssascha, Tschertkow und Makowitzki, die bösen Menschen, die ihr Ljowotschka weggenommen haben. Sie dürfen ihn pflegen, dürfen zärtlich zu ihm sein.

Es beginnt Abend zu werden; eine eisige, nasse Kälte steigt vom Boden auf. Durch den dichten Vorhang am Fenster dringt schwacher Lichtschein. Ssonja beginnt zu frieren. Ihre Füße und Hände werden gefühllos wie Stein. Aber sie will hier bleiben.

Vielleicht geht es in dieser Stunde mit ihrem Ljowotschka schon zu Ende!

Da verläßt jemand das Haus. Ssonja stürzt sich sofort auf ihn. Es ist Ssergejenko, der Sekretär Tschertkows. Oder ist es nicht er, sondern Goldenweiser? Gleichgültig wer! Jedenfalls jemand, der das Recht hat, bei ihm zu sein, ein Fremder, während sie, seine Frau, nicht zu ihm darf!

»Um Gottes willen«, fragt Ssonja mit zitternder Stimme, »wie steht es?«

»Die Lage ist ernst«, gibt der Mann zur Antwort, »er ist sehr schwach, schweigt fast immer. Das Bewußtsein ist zwar vorhanden, doch zeitweise verfällt er in volles Vergessen, manchmal phantasiert er.«

Einige Journalisten, die plötzlich von irgendwoher aufgetaucht sind, schreiben jedes Wort mit, trotz der Dunkelheit. Verzweifelt eilt Ssonja zum Eingang. Sie muß hinein, sie muß ihn sehen! Aber eine unsichtbare Hand schließt die Türe zu, und wieder steht Ssonja allein in der dunklen Herbstnacht, in der unheimlichen Stille, die nur von Zeit zu Zeit von dem Flüstern der Journalisten unterbrochen wird, das unbestimmt, abgerissen an ihr Ohr klingt. Manchmal bewegt sich ein schwarzer Schatten auf dem in matter Helle schimmernden Vorhang. Vielleicht ist es Tschertkow, der sich über Lew Nikolajewitsch beugt, oder der Doktor ...

5. November 1910

Ssonja fühlt sich heute hilflos krank. Es ist ihr unmöglich, aufzustehen und zum Haus des Stationsvorstehers zu gehen. Unbeweglich liegt sie auf dem Diwan und starrt auf die dunklen Wände des Waggons. Alles scheint ihr ein grausamer, quälender Traum.

Da tritt einer ihrer Söhne ein.

»Nun, was ist? Wie geht es ihm?« fragt sie und fängt sofort zu weinen an, wie sie sein gesenktes Haupt sieht.

»In der rechten Lunge Röcheln, Bronchitis«, gibt er ihr das Bulletin der Ärzte wieder. »In der linken Lunge Entzündung wie gestern. Er erhält Kampfereinspritzungen. Er fühlt sich matt, häufiges, quälendes Aufstoßen. Volles Bewußtsein, doch starke Apathie. Ermüdet sehr rasch. Man hat ihn in das zweite Zimmer getragen«, erzählt er dann weiter, »er liegt dort auf dem Bett, das man aus Moskau gebracht hat. Das Zimmer, in dem er früher war, wird gelüftet, die Möbel hat man herausgetragen und reinigt sie. Abends wird er zurückgebracht.«

Ssonja springt auf, mit einemmal ist alle Müdigkeit von ihr gewichen. Sie will hinaus, sie will wenigstens die Möbelstücke sehen, die ihn umgeben, wenn sie schon nicht ihn sehen darf! Und ihr Sohn erzählt ihr weiter, Ljowotschka habe verlangt, sein Bett solle ebenso an der Wand stehen wie in Jassnaja Poljana, und die Teppiche, das Tischchen mit den Streichhölzern, alles wie in Jassnaja Poljana. Wenn er es so haben will, heißt das nicht, daß er sich auch nach Ssonja sehnt, und nach ihrer liebevollen, verständigen Pflege?

Ssonja geht zur Station. Tiefe Stille herrscht ringsum, sogar die Züge fahren langsam und vorsichtig ein und aus, sie geben kaum hörbare Signale, denn die Bahnbehörde hat angeordnet, es solle alles vermieden werden, was die Ruhe des Kranken stören könnte. Ssonja sucht nach den Möbeln, kann sie aber nirgends finden. Wahrscheinlich ist sie zu spät gekommen!

Unentschlossen steht sie vor der Eingangstür, dann macht sie die Runde um das Haus und starrt zum Fenster, hinter dem Lew Nikolajewitsch liegt. Aber sie sieht wieder nichts als einen weißen Vorhang.

Ssonja kann es nicht länger ertragen, so nahe am Totenbett ihres Mannes, und doch so unendlich fern von ihm zu sein. Zaghaft klopft sie an das Fenster des Zimmers, in dem Ssascha wohnt. Sie will Ssascha sehen, sie will wenigstens einen Menschen sehen, von dem sie weiß, daß er in seiner Nähe weilt; es ist ihr, als ob dann doch noch ein Abglanz von dem Blick seiner Augen auf sie fallen würde.

Da öffnet sich die Türe und Ssascha tritt auf die Vortreppe heraus. Sie ist bleich und abgemagert, man sieht ihr an, wie sehr sie sich um den Vater sorgt, den sie so über alles liebt. Aber warum kann sie dann nicht auch einen Funken von Verständnis aufbringen für das, was ihre Mutter leidet? Es ist etwas Unheimliches, Unbegreifliches in diesem Verhältnis von Mutter und Tochter. Ssascha ist ein Kind, von dem sie nicht wollte, daß es auf die Welt käme, war sie doch in jenem furchtbaren Jahr empfangen worden, als Lew Nikolajewitsch ihr jeden Tag drohte, er werde sie verlassen, war sie doch in derselben furchtbaren Juninacht geboren worden, in der Ljowotschka das erstemal mit seiner Drohung ernst gemacht hat. Und diese Ssascha hat nun alles daran gesetzt, ihren Vater endgültig von ihrer Mutter zu trennen. Ssaschas Antlitz ist streng und ernst. Aber Ssonja sieht nicht, was Ssaschas Augen sagen, für sie ist sie jetzt nur der Mensch, der vielleicht in dieser selben Minute noch Ljowotschkas heiße Stirn gefühlt, der seine Hand in der seinen gehalten hat.

Ssascha beginnt zu berichten. Sie erzählt, daß Lew Nikolajewitsch sie gebeten hat, ihr aus dem »Lesekreis« vorzulesen, der Sammlung von Aussprüchen berühmter Männer, an der er die letzten Jahre gearbeitet hat; daß er Versuche macht, zu diktieren, wobei aber alles so zusammenhanglos herauskommt, daß man unmöglich mitschreiben kann, daß er dann sehr betrübt ist, wenn man seine Bitte, das Diktierte vorzulesen, nicht erfüllen kann; daß er mit der Hand fortwährend Bewegungen macht, als ob er schreiben wollte ...

Ssonja blickt sie an, die Augen voller Tränen. Ihr Blick fleht sie an, stumm. Wird sich nicht doch eine weiche Regung in ihrem Herzen zeigen, wird sie nicht ein ganz klein wenig Mitgefühl mit ihrer Mutter haben und ihr Einlaß gewähren, damit sie wenigstens einen Blick auf ihren Ljowotschka werfen kann? Aber nein! Kaum hat Ssascha das letzte Wort ausgesprochen, winkt sie ihrer Mutter mit einer müden Geste zu, geht ins Haus zurück. In der nächsten Sekunde schon dringt das Kreischen des Schlüssels an Ssonjas Ohr, den Ssascha eilig im Türschloß umdreht.

Ssonja geht wieder zu ihrem Waggon zurück mit schweren Schritten, wie ein Hund, dem man die Beine zerschlagen hat. Da trifft sie ihre Tochter Tanja und ihren ältesten Sohn Ssergej, die sich eben zu ihrem Vater begeben wollen, um Tschertkow und Ssascha in der Krankenwache abzulösen, und wie unter dem Zwang einer tiefen Hypnose schließt sie sich ihnen an, macht den Weg zum Haus des Stationsvorstehers mit ihnen, blickt ihnen mit starren Augen nach, wie sie eintreten.

Und während Ssonja vor der verschlossenen Tür steht, fragt drinnen Lew Nikolajewitsch Tanja um die kleinsten Kleinigkeiten aus, die Ssonja betreffen.

»Was macht sie? Womit beschäftigt sie sich? Mit wem ist sie zu Hause geblieben?« fragt er immer wieder.

»Väterlein«, sagt sie, »vielleicht sprichst du lieber nicht davon, es wird dich zu sehr aufregen!«

Doch Lew Nikolajewitsch entgegnet mit Tränen in den Augen: »Sprich nur, sprich nur! Was kann mir wichtiger sein als dies?«

Er fährt fort, Tanja genau über Ssonja auszuforschen, und zuletzt sagt er mit dem Ausdruck tiefer Reue und tiefen Mitleids:

»Viel Schweres fällt auf Ssonja! Schlecht, sehr schlecht sind wir mit ihr umgegangen!«

6. November 1910

Müde wandern die Journalisten während des regnerischen Morgens auf dem Bahnsteig auf und ab und warten auf Neuigkeiten aus dem Stationsvorsteherhäuschen. Endlich sind die langerwarteten Professoren Schtschurowski und Ussow aus Moskau angekommen. Es wird gemeldet, daß Lew Nikolajewitsch die Nacht unruhig verbracht hat, und daß er gegen früh zu phantasieren begann. Die Temperatur beträgt 37,2, die Atmung 40. Die Schwäche ist schon sehr groß, und das Herz arbeitet schwach.

Ssonja wartet mit Ungeduld, bis Professor Schtschurowski vom Besuch des Kranken zurückkehrt. Sie nährt leise die Hoffnung, der berühmte Arzt würde ihr doch vielleicht den Besuch bei ihrem Mann gestatten. Freilich, werden es Ssascha und Tschertkow aber nicht doch zuwege bringen, ihm einzureden, daß das für den Kranken schädlich wäre? Sie sinkt in ihrem Waggon auf die Knie und betet unter heißen Tränen zum Allmächtigen, er möge die steinharten Herzen dieser Menschen erweichen. Vielleicht hat Ljowotschka nur mehr wenige Tage zu leben, vielleicht sind ihm nur mehr noch Stunden eines klaren Bewußtseins gegeben! Und sie sollte ihn vor seinem Tod wirklich nicht mehr sehen, ihm nicht ein einziges Abschiedswort sagen dürfen?

Eine halbe Stunde etwa hat das Konsilium gedauert. Sechs Ärzte waren um das Krankenbett versammelt, und am Schluß ihrer Beratungen gaben sie folgendes Bulletin heraus:

»Ein Uhr. Temperatur 37,2. Der Prozeß in der Lunge ist stationär. Die Herztätigkeit flößt ernste Besorgnis ein. Das Bewußtsein ist ungetrübt.«

Die Ärzte begeben sich zu Ssonja in den Waggon und machen ihr von dem Zustand des Kranken Mitteilung, aber Professor Schtschurowski verbietet ihr kategorisch, ihn zu sehen. Ssonjas letzte Hoffnung ist zunichte geworden!

Nachmittags erfährt Ssonja, daß Lew Nikolajewitsch einen Anfall von Herzschwäche gehabt, daß man ihm Sauerstoff zum Atmen gegeben hat und daß er sehr leidet. Man erzählt ihr, er sei mit allen sehr lieb und sanft, es bedrücke ihn aber, daß man ihn mit solcher Aufmerksamkeit pflegt.

»Wenn ich ein einfacher Muschik wäre«, sagte er, »würde man nicht so viele Umstände mit mir machen.«

Und traurig habe er dann hinzugefügt:

»So ist es mir also doch bestimmt, in Sünde zu sterben!«

Heute wacht Tanja am Bett des Kranken, sie hat Ssascha abgelöst, die vom langen Wachen schon ganz erschöpft ist. Ssonja aber muß untätig im Waggon bleiben.

Gegen Abend erzählt man ihr, daß Lew Nikolajewitsch nach einem Anfall zu Tanja gesagt hat:

»Ich rate euch allen, daran zu denken, daß es auf der Welt viele Menschen gibt. Ihr aber kümmert euch immer nur um den einen, um Lew Nikolajewitsch allein!«

Nach dem Anfall hatten sich die Gesichtszüge des Kranken leicht verzogen, dann aber nahmen sie wieder ihren früheren ruhigen Ausdruck an. Um neun Uhr findet wieder ein Konsilium statt, doch Ssonja hat nicht mehr die Kraft, den Waggon zu verlassen. Wozu auch? Soll sie wieder vor dem Fenster stehen, um nichts anderes zu sehen als den dichten weißen Vorhang, die verschlossene Tür und die schwankenden Zweige der Birken?

Um elf Uhr nachts läßt Ssonja einen Arzt in den Waggon kommen, der ihr genau berichten muß. Die Temperatur hat sich um halb elf plötzlich auf 37,8 erhöht. Ssonja ringt verzweifelt die

Hände. Wird man sie morgen zu ihm lassen? Wird es dann nicht zu spät sein?

Um ein Uhr nachts schreckt Ssonja ein stürmisches Klopfen an die Waggontüre auf. Man teilt ihr mit, daß es schlecht stehe um Lew Nikolajewitsch. Ssonja eilt zu dem Haus, vor dessen Tür die Journalisten stehen, eingehüllt in ihre Mäntel, um sich vor dem kalten Herbstwind zu schützen. Sie stürzt sich gegen die Tür.

»Laßt mich hinein«, ruft sie, »laßt mich hinein!« Aber die Tür schließt sich vor ihr.

»Die Lage ist fast hoffnungslos«, flüstern die Journalisten.

»Hoffnungslos«, schreit Ssonja, »dann laßt mich zu ihm! Ich will Ljowotschka sehen! Laßt mich zu ihm!«

Doch die Tür bleibt geschlossen. Mit zitternden Händen klopft sie an das Fenster mit dem weißen Vorhang. Keine Antwort.

Halb zwei Uhr nachts. Die Tür öffnet sich, und ein Arzt teilt der Familie, die sich vor dem Haus versammelt hat, mit, daß Lew Nikolajewitsch einen neuerlichen Herzanfall erlitten hat und daß sein Puls fast vollständig aussetzt; um zwei Uhr meldet der Arzt wieder einen sehr starken Anfall. Der Kranke hat das Bewußtsein verloren. Ssonja steht vor dem Fenster, die Stirn an die Scheibe gepreßt, und ihre Augen starren auf den Schein der Kerze, der leise flackernd durch den Vorhang zu ihr dringt.

»Ljowotschka«, flüstert sie, »wo bist du? Was ist mit dir? Ruf mich zu dir, Ljowotschka!«

Aber niemand hört sie in dem Regen, der laut auf die Erde prasselt, in dem Herbststurm, der um sie braust. Endlich kann sie es nicht mehr ertragen, und weinend kehrt sie in ihren Waggon zurück. Ruhelos geht sie in dem kleinen Raum auf und ab, und von Zeit zu Zeit blickt sie durch das Fenster in das Dunkel hinaus, in dem unheimliche, schwarze Schatten hin und her wanken.

Drei Uhr nachts. Wieder wird die Familie zusammengerufen, wieder geht Ssonja zum Haus des Stationsvorstehers, wieder steht sie vor dem Fenster, und mit klopfendem Herzen folgt sie der kleinsten Bewegung der Schatten, die sich auf dem Vorhang abzeichnen. Da bringt ihr Sohn Ilja die letzten Berichte: starker Kräfteverfall, nach der Morphiumeinspritzung Schlaf.

Jemand sagt zu Ssonja, sie müsse nun schlafen gehen. Verständnislos blickt sie ihn an.

»Schlafen?« sagt sie. »Während Ljowotschka stirbt?«

Man führt sie in den Waggon zurück und zwingt sie mit Gewalt auf den Diwan. Weinend liegt sie da. Unsäglich quälend, unsäglich langsam schleichen die Minuten, die Viertelstunden . . .

Fünf Uhr früh. Die Ärzte geben folgendes Bulletin aus:

»Außerordentliche Verschlechterung der Herztätigkeit. Lage äußerst ernst!«

Einige Male wiederholt Ssonja mit heißen, trockenen Lippen diese Worte, bevor sie deren Sinn erfaßt. Dann springt sie auf und eilt zu dem Haus, in dem ihr Ljowotschka mit dem Tod kämpft. Man läßt sie nicht ein, und wie eine Wahnsinnige läuft sie in dem dichten weißlich-grauen Herbstnebel von der Tür zum Fenster, vom Fenster zur Tür.

»Wo ist die Gräfin Ssofja Andrejewna?« hört sie da plötzlich rufen. »Sie darf zu Lew Nikolajewitsch! Doktor Ussow hat es erlaubt!«

Ssonja stürzt zur Tür. Sie gleitet auf dem feuchten, schlüpfrigen Boden aus, rafft sich wieder auf, der eisige Wind und die Aufregung benehmen ihr den Atem. Da ist die Tür! Die Tür, vor der sie so viele qualvolle Stunden durchlebt, die sich immer wie von Zauberhand verschlossen hat, sobald sie eintreten wollte. Und jetzt steht sie offen! Laut schluchzt Ssonja auf, aber in der nächsten Sekunde schon hat sie sich wieder in der Hand! Nein, sie wird ganz ruhig sein, sie wird ihn nicht im geringsten aufregen.

Langsam tritt sie an das Bett. Lew Nikolajewitsch macht keine Bewegung, kein Zucken der Wimpern über den geschlossenen Augen, leblos liegen die Hände auf dem weißen Überzug. Seine großen, unschönen Hände mit den vielen blauen Venenknoten, die Hände, die sie so liebt! Und wie mager er geworden ist! Seine breiten, hohen Schultern sind eingesunken, und tief liegen die Augen im fleischlosen Gesicht. Der Ausdruck seines Antlitzes ist ernst und hart und unheimlich tot, ohne den gewohnten, undurchdringlichen, hellen Glanz der Augen.

Ssonja läßt sich auf die Knie nieder und küßt die hohe Stirn, in die sich in den letzten Tagen tiefe Furchen gegraben haben. Aber keine Bewegung läßt erkennen, daß Lew Nikolajewitsch etwas von ihrer Liebkosung verspürt. Da neigt sie sich über sein Ohr und flüstert ihm, mit all ihrer grenzenlosen Liebe in der Stimme, zu:

»Ljowotschka, ich war alle diese Tage in Astapowo, in deiner Nähe. Ich liebe dich, Ljowotschka! Ich habe immer nur an dich gedacht! Ich wollte um dich sein, dir dein Leiden erleichtern! Ljowotschka, du bist alles für mich! Verzeih mir, Ljowotschka!«

Sie flüstert Worte der Liebe und Zärtlichkeit; doch das Gesicht Lew Nikolajewitschs verharrt in steinerner Stille. Nur einmal entringt sich ein ganz schwacher, kaum hörbarer Seuzer seiner Brust.

Da tritt Doktor Ussow zu Ssonja und sagt ihr leise, es wäre besser, wenn sie das Zimmer verließe, man dürfe Lew Nikolajewitsch nicht in seinem Schlaf stören. Gehorsam erhebt sie sich und begibt sich ins Nebenzimmer. Das Herz will ihr zerspringen vor Leid, doch sie nimmt all ihre Kraft zusammen, um ihre Umgebung nichts merken zu lassen.

Da dringt ein klagendes Stöhnen aus dem Krankenzimmer; Lew Nikolajewitsch beginnt, aus dem Morphiumschlaf zu erwachen. Der Arzt fühlt den Puls; sein Gesicht nimmt einen sorgenvollen Ausdruck an. Er führt ein Glas an den Mund des Kranken. Lew Nikolajewitsch trinkt einen kleinen Schluck. Jemand hält ihm eine Kerze nahe vor die Augen, er runzelt die Stirn und wendet den Kopf leicht zur Seite.

»Befeuchten Sie Ihre Lippen, Lew Nikolajewitsch!« sagt Doktor Makowitzki. Lew Nikolajewitsch nimmt nochmals einen kleinen Schluck. Die Worte seines treuen Hausarztes waren die letzten, die er aus dieser Welt vernommen hat. Nur ein ganz schwaches Atmen zeugt davon, daß noch Leben in ihm ist.

Ssonja kehrt in das Krankenzimmer zurück. Sie sieht auf den ersten Blick, daß Lew Nikolajewitsch stirbt. Aber keine Klage, kein Laut kommt von ihren Lippen, unbeweglich, wie eine Bildsäule steht sie vor dem Bett ihres Mannes.

»Das erste Aussetzen«, sagt der Arzt, der die Atemtätigkeit des Sterbenden beobachtet.

»Das zweite Aussetzen«, sagt er, mit einer Stimme, die Ssonja aus einer anderen Welt zu kommen scheint. Brennenden Auges starrt sie in das Antlitz ihres geliebten Ljowotschka. Noch ein Atemzug, noch einer, wieder einer, ein leises Röcheln, und dann herrscht das Schweigen des Todes im Zimmer.

»Fünf Minuten nach sechs!« ertönt feierlich die Stimme des Arztes. Doktor Makowitzki tritt zu dem Toten und schließt ihm die Augen. Da ertönt ein leises, schüchternes Klopfen an der Scheibe. Jemand geht zum Fenster, öffnet und spricht mit schluchzender Stimme in den kalten, nebligen Herbstmorgen hinaus:

»Er ist tot!«

Ssonja hört draußen ein Aufschluchzen. Der durchdringende Pfiff eines ausfahrenden Lastenzuges zerreißt die Nacht. Dann aber kehrt unheimliche, furchtbare Stille in den Raum ein.

Mit unhörbaren Schritten schleichen die Menschen aus dem Zimmer, einer nach dem andern, bis Ssonja zuletzt allein bleibt, ganz allein mit ihrem toten Ljowotschka. Sie wirft sich auf ihn und umfängt mit ihren Armen seinen mageren, unbeweglichen Körper. Sie möchte ihm sagen, wie grenzenlos sie ihn immer geliebt hat, sie möchte ihn um Verzeihung anflehen für alles, womit sie ihn je im Leben gekränkt haben könnte, sie möchte noch ein einziges Mal seine Augen sehen und in ihnen seine Liebe lesen dürfen.

Doch sein Antlitz bleibt still und unbeweglich. Ein Ausdruck tiefen, unsäglichen Leides liegt um seine bleiche Stirn.